유럽역사의 이해

그리스·로마시대부터 EU까지

문명식 지음

신아사

유럽역사의 이해
지은이 문명식

머리말

냉전시대에 동·서로 나누어져서 대립했던 유럽은 1990년에 동유럽 공산권 국가들이 와해된 이후 시장경제와 민주주의로의 전환과정을 거치면서 경제적으로 정치적으로 문화적으로 군사적으로 통합되어 가는 과정에 있다. 서유럽국가들이 중심 회원국이었던 유럽연합(European Union)은 동유럽 국가들까지 가입하였고, 원하지만 자격여건 미비로 가입할 수 없는 남유럽의 몇 개 국가들(알바니아, 마케도니아, 세르비아, 보스니아－헤르체고비나 등)과 러시아의 잠재적인 갈등과 긴장을 고려하여 가입을 주저하는 벨라루시, 우크라이나 등을 제외한 거의 모든 유럽의 국가들 즉, 27개국이 가입한 세계에서 3번째로 인구(약 4억 9000만)가 많은 유럽합중국(United States of Europe)이 형성되는 과정에 있다.

이미 단일 통화인 유로화가 발행되어 유통되고 있어서 경제통합이 진행되고 있고, 국제문제에 있어서도 통일된 입장을 밝혀 오면서 정치·외교 분야에서도 통합되어 가고 있고, 개별국가 단위의 국내정책들을 조정하는 유럽 의회와 집행부 등이 구성되어 정치통합을 이루어 가고 있다.

따라서 미래에 점점 더 유럽이 국제 정치·경제·문화에 끼치는 영향은 증대될 것이다. 뿐만 아니라 유럽연합(EU)은 한국을 포함한 아시아의 국가들과 ASEM(아시아－유럽 정상회의)를 구성하여 정치·안보·환경·경제·사회·문화 등 다 방면에 걸쳐서 협력을 증진시키고 있다. 동북아의 긴장이 완화되고 평화가 정착되어 시베리아 횡단철도(TSR)와 한국종단철도(TKR)가 연결될 경우에 유럽 국가들과 우리나라와의 인적·물적 교류는 엄청나게 증대될 것이고 거기에 따른 경제적 파급효과도 지금보다 몇 십 배 더 커질 것이다.

따라서 현재의 중요성과 미래의 전망 등을 고려하여 여러 방면에서 유럽과 관련된 일에 종사할 유럽어문학부 전공자들과 다른 분야의 전공자들의 기본 교양인 유럽 전체의 개관적 이해를 돕기 위하여 이 책은 저술되었다.

필자는 7년간 유럽어문학부 공통 필수과목인 '유럽의 역사와 국제관계'와 '유럽의 사회와 문화'를 강의해 오면서 오늘날의 유럽의 여러 분야를 종합적으로 개관할 수 있는 적절한 교재를 찾을 수 없어서 어려움을 겪어 왔다. 쉽게 구할 수 있는 세계문화사와 서양사에서 유럽에 필요한 부분을 발췌하거나 오늘날의 유럽의 변화를 분석한 논문이나 인터넷 글들을 선별하여 정리한 것을 바탕으로 강의를 해왔다. 게다가, 2011년 1학기부터 교양 강좌인 '유럽의 이해'라는 과목을 강의하게 되었다. 이러한 이유로 적절한 교재편찬의 필요성을 절감하고 오랜 기간 강의를 해오면서 이용한 자료들과 최근의 유럽의 정치·사회·경제·문화 등의 변화를 분석한 국내외 서적들과 논문들을 참고하여 이 책을 저술하였다. 이 책이 수강생들과 유럽에 대한 체계적이고 개관적인 이해를 원하는 사람들에게 도움이 되기를 바라는 소박한 희망을 가져본다.

2011년 3월
북한산 기슭의 연구실에서
저자 씀

목 차

제1부 유럽의 정체성과 자연

제2부 그리스·로마시대의 유럽

제3부 중세 유럽

제4부 근대 유럽의 성립

제6부 유럽통합과 유럽연합

제7부 오늘날 유럽의 이해

제 1 부

유럽의 정체성과 자연

제1장 유럽의 자연환경, 인종, 언어, 문화

1. 유럽의 지리학적 환경

북쪽은 북극해, 서쪽은 대서양, 남쪽은 지중해로 둘러싸이고, 동쪽은 우랄산맥 · 우랄강 · 카스피해 · 카프카스산맥 · 흑해 · 보스포루스 해협을 경계로 아시아 대륙에 접한다. 지형적으로는 유라시아 대륙의 커다란 반도에 불과하나, 정치적 · 인종적 · 언어적 개념으로는 아시아 대륙과는 다른 하나의 뚜렷한 특성을 갖는 지역이다. 유럽이라는 명칭은 메소포타미아 지방(오늘날의 서남아시아 시리아 · 이라크 · 이란의 일부 지역에 걸쳐있는 지역 티크리스강과 유프라테스강 유역)에 살고 있었던 사람들이 단순히 '서쪽의 땅' '해가 지는 곳'이란 뜻으로 사용했던 '에레브(ereb)'란 단어에서 유래한다.

아시아와 유럽의 지형적 경계는 우랄 산맥으로 상정하는 관습이 오랫동안 고정화되어 왔고, 따라서 우랄산맥 서쪽의 러시아 영역을 유럽 러시아라고 불러 유럽에 포함시키는 것이 일반적인 구분 방식으로 되어 왔다. 그러나 유라시아 대륙 북부의 넓은 영역을 차지한 러시아는 면적·인구에서 하나의 대륙으로 볼 수 있을 만하므로 제2차 세계대전 후에는 유엔에서도 우랄 산맥 서쪽의 러시아 영토를 제외한 좁은 뜻의 유럽을 유럽 대륙으로 보는 구분 방식을 취했다.

좁은 의미의 유럽 대륙은 면적이 490여만 km^{2}로, 러시아의 1 / 4, 캐나다·중국·미국·브라질의 1 / 2보다 큰 정도의 작은 대륙이다. 이렇게 좁은 공간에 36개의 크고 작은 나라들이 있고, 대부분이 육지를 국경으로 삼고 있어 제2차 세계대전 전까지 오랜 동안 정치적·군사적으로 불안한 상태에 놓여 있었다. 유럽을 지리적 위치·정치·인종·문화적 특징에 따라 다시 나누면 **서부 유럽**(영국·프랑스·베넬룩스 3국), **북부 유럽**(아이슬란드·스칸디나비아 3국), 중부 유럽(독일·오스트리아·스위스), 남부 유럽(이탈리아 등 지중해 연안 국가), 동부 유럽(러시아·벨로루시·우크라이나·폴란드·유고슬라비아·체코·헝가리, 루마니아, 불가리아) 등으로 구분할 수 있다.

현재의 국제 관계에서 유럽 여러 나라들의 정치적·경제적 비중은 제2차 세계대전 이전에 비해 떨어졌으나, 문화적으로는 아직 다른 어느 대륙 보다 앞섰다고 할 수 있다. 유럽의 인구는 1990년 당시 약 4억 9,800여만 명(구소련 지역 인구 제외)이었다. 지금 현재(2011년)는 구 소련 구성 공화국이었던 발트 삼국 등이 편입된 유럽연합의 인구는 약 5억으로 추정된다. 유럽의 인구는 계속 줄어드는 추세에 있으며, 2002년에 유럽의 인구는 세계인구의 약 1/7 수준으로 떨어졌지만, 아시아와 아프리카 대륙 다음으로 많은 인구가 거주하고 있다. 이런 인구 감소의 추세가 지속된다면 2050년 쯤 유럽의 인구는 세계인구의 1/12 수준으로 떨어질 것으로 예상된다. 유럽 각국의 출산율은 1960년대 이래, 특히 1990년대에 급속히 떨어졌다. 그러나 최근에는 2002년을 최저점으로 하여 출산율(프랑스의 비교적 높은 출산율과 다른 국가의 낮은 출산율)이 조금씩 오르고 있다.

인구 밀도는 101인 / km^{2}로 아시아 대륙(113인 / km2)보다는 낮으나 세계 평균 인구밀도(39인 / km2)의 2.5배가 넘는 세계에서 가장 인구밀도가 높은 지역 중 하나이다. 네덜란드·벨기에 등은 인구밀도가 300인 / km^2 이상으로 세계적인 인구 조밀국들이다. 산업별 인구 구성에서는 농업 인구율의 평균이 8.6%로 세계에서 가장 낮은 율을 보이고 있고(알바니아만 농업 인구율이 47%로 가장 높다), 2·3차 산업 인구비율이 압도적으로 많은 것이 특색이다.

2. 유럽의 지형적 특징

유럽은 육반구(陸半球)의 중앙에 위치하고 있어 세계의 다른 대륙에 쉽게 도달할 수 있는 편리한 위치에 놓여 있다. 대륙 총면적의 약 35%가 반도와 섬으로 이루어져 있다. 따라서 면적에 비해 해안선의 길이가 대단히 긴 것이 특색이다. 유럽의 어떤 지점도 해안에서 500km 이상 떨어진 곳은 없다. 스위스·오스트리아·룩셈부르크·체코·슬로바키아·헝가리·마케도니아·벨로루시 등 8개국만이 내륙국으로 대양과 직접 접해 있지 않을 뿐이고, 그 밖의 나라들은 바다와 직접 접해 있다. 따라서 유럽인과 바다는 떼어놓을 수 없는 밀접한 관계를 유지하여 왔으며 그리스와 로마의 항해기술을 이어받은 유럽인들이 신대륙 발견과 더불어 과거 500년 동안 세계 곳곳으로 진출할 수 있었던 것도 만·갑(岬)·섬이 많은 해안지형의 영향을 받았다.

해안선의 길이 뿐만 아니라 평야비율이 높은 것도 유럽의 지형적 특색의 하나이다. 유럽은 해발고도가 345m로 아시아의 960m보다 훨씬 낮고, 200m 이하의 평지가 전체의 1 / 2 이상을 차지한다. 프랑스·스페인 사이의 국경을 이루고 있는 피레네산맥 북동쪽을 기점으로 유럽 대륙의 북부를 거쳐 러시아에 이르는 **북유럽 대평원**은 다른 대륙에서는 찾아볼 수 없는 연속적인 넓은 평야로 유럽 대륙의 역사에도 많은 영향을 주었다. 평야 면적이 넓은 반면 **알프스산맥**을 중심으로 해발고도 4,000m에 이르는 높은 산맥이 대륙 남부를 동서로 달리고 있고, 이베리아·이탈리아·발칸의 세 반도는 평야지역보다 산지면적이 넓어 남부 유럽 여러 나라에서 산업근대화가 늦어진 원인이 되기도 하였다.

한편 중부 유럽 지역은 여러 개의 작은 산지와 분지 지형이 교차된 복잡한 지형을 이루고 있다. 또, 북부 유럽 지역은 남북방향의 스칸디나비아 산맥이 스칸디나비아 반도를 종주하고 있어 반도의 중추를 이루고 있으나 고도는 오랜 침식으로 그렇게 높지는 않다. 스칸디나비아에서 영국 북부에 이르는 고지대는 고생대 실루리아기(紀) 말에서 데본기 초 사이에 있었던 칼레도니아 습곡운동(褶曲運動)으로 형성된 산지로, 3억 년간의 오랜 침식으로 현재는 준평원화되었고, 광범위한 지역에서 굳은 결정질 암석이 지상으로 솟아 있다.

핀란드를 중심으로 스칸디나비아 반도의 동반부와 러시아 북서부를 포함하는 발트해 연안지역은 습곡작용을 받은 적이 없는 안정된 지괴이다. 오랫동안의 침식작용으로 준평원화한 파랑상(波浪狀)의 평지를 이루고 있는 이 북부 유럽의 낮은 산지를 발틱 순상지 또는 페노스칸디아(Fennoscandia) 순상지라고 한다. 영국의 남부에서 프랑스의 중앙고원을 거쳐 독일·오스트리아·헝가리에 이르는 복잡한 산지지형은 고생대의 석탄기(石炭紀)·이첩기(二疊紀) 사이에 있었던 헤르시니아(Hersynia) 습곡운동으로 형성된 산지지형으로 그 후의 융기·함몰·화산·단층운동 등으로 복잡한 지형이 형성되었다.

특히 독일의 라인강 유역에는 심한 단층작용으로 절단되어 지구대(地溝帶)·분지·지루(地壘) 등의 단층지형이 이루어졌다. 유럽의 주요 탄전지대는 이 헤르시니아 산계의 주변에 분포하고 있어 이 지역은 유럽의 중심적 공업지대가 되었다. 남부의 알프스 산계는 제3기 조산운동(造山運動)에 의해 이루어진 신기(新期) 습곡산지로 유럽에서는 가장 높고 험준한 산지지형을 이룬다.

이베리아 반도의 여러 산맥을 비롯하여 이탈리아 반도의 아펜니노 산맥과 발칸 반도의 발칸산맥도 알프스산맥과 같은 시기에 형성된 산맥들로 고산지형을 이루고 있다. 이들 신기 습곡산지는 북유럽의 고기(古期) 습곡산지와는 달리 지각운동이 계속 일어나는 불안정 지괴로서 화산작용과 지진운동이 자주 일어난다. 이상 3개의 신·구 조산운동에 의해 그 골격이 이루어진 유럽 대륙은 네 차례에 걸친 홍적세 빙하작용에 의해 현재와 같은 복잡한 지형이 이루어졌다.

3. 기 후

노르웨이 북서 해안과 스코틀랜드 해안에 나타나는 피오드 해안, 핀란드를 비롯한 북부 유럽 여러 나라에서 볼 수 있는 크고 작은 많은 호수, 독일과 네덜란드의 북해 연안지방의 빙퇴석(氷堆石)·사구(砂丘) 등은 여러 차례에 걸친 빙하의 성장·후퇴의 결과 이루어진 빙하지형이다. 알프스 산정부에는 지금도 빙하가 발달되어 있어 U자형의 빙하곡이 여러 곳에 나타나고 있어 주요 교통로로 이용되고 있다.

열대와 빙설(氷雪) 기후를 제외한 **건조·온대·냉대·툰드라 기후구**(氣候區)가 존재하는 유럽 기후는 위도상의 위치(북위 35~71°)에 비해 따뜻한 것이 특색이다. 특히 겨울철 기온이 온화하다. 런던(북위 51.5°)의 1월 평균기온(4.4℃)은 제주도(북위 33.5°, 4.8℃)와 비슷하고, 노르웨이의 베르겐(북위 60.5°)은 부산(북위 35.0°)의 1월 평균기온과 비슷하다. 겨울철 기온이 이와 같이 따뜻한 것은 온난한 **북대서양 해류**의 영향과 북대서양 고압대(高壓帶)에서 대륙 서해안으로 부는 **편서풍**(偏西風)이 대양의 따뜻한 공기를 대륙으로 옮겨 주는 역할을 하기 때문이다.

편서풍의 영향은 내륙지방으로 들어갈수록 약화되어 독일 이동(以東) 지방으로 가면 강수량이 적어지고, 기온의 연교차(年較差)가 큰 대륙성 기후가 된다. 헝가리 분지 지역은 강수량이 극히 적어 수목의 성장이 어려워 푸스타라고 부르는 초원지대를 이룬다. 지중해 연안 지방에서는 건조하고 더운 여름과 강수량이 비교적 많고 온난한 겨울이 뚜렷이 구분되는 지중해성 기후가 나타난다. 1년을 통틀어 맑은 날이 많고, 기후 변화가 심하지 않으며, 과일류(올리브·포도·오렌지 등) 재배에 적합한 지중해성 기후는 고대, 중부와 동부 유럽의 **대륙성 기후**, 남부유럽의 **지중해성 기후**로 크게 나누어지고, 그밖에 스텝 기후(이베리아 반도 내륙 일부 지방), 타이가 기후(스칸디나비아 반도), 툰드라 기후(스칸디나비아 반도 북부 해안), 고산 기후(알프스 산지) 등이 나타난다. 식생은 기후와 밀접한 관계가 있어 유럽의 식생도 기후대에 따라 다른 특색을 가지고 있다. 서안해양성 기후 지대에는 오크·느릅·너도밤나무·갈참나무 등의 낙엽활엽수가 많고, 지중해성 기후 지대에는 관목과 풀이 산재하는 상록활엽수림대를 이루고 있었던 것으로 추측되나, 인류의 거주로 본래의 모습은 변모되어 현재는 올리브·포도·코르크나무 등의 식생이 두드러지게 나타나고 있다. 내륙지방인 동부 유럽 지방과 러시아 평원 지대에는 낙엽활엽수와 상록 침엽수의 혼합림이 분포되어 있고, 타이가 기후 지대에는 가문비나무·젓나무·소나무 등의 상록 침엽수가 무성하다.

4. 인 종

유럽 사람들은 분명히 백색인종이지만 황색인종·흑색인종도 살고 있고, 오랜 세월이 흐르는 동안에 서로 혼혈이 되기도 하였다. 유럽에 주로 거주하는 백색인종은 북방형 인종·알프스형 인종(Alpine)·지중해형 인종(Mediterranean)·디나르형 인종(Dinarics) 그리고 동유럽형 인종 등 크게 다섯 종으로 구분된다.

북방형 인종은 주로 북부 유럽에 거주하며, 특히 스칸디나비아 반도의 중부와 남부 및 영국·아이슬란드에 많다. 신체적 특징으로는 피부색이 희고, 키가 크며(173cm 이상), 머리는 장두형(머리지수 79 이하)이 많다. 코 지수는 65 이하로 좁고 높은 것이 특색이며, 무엇보다도 남부 지역의 인종보다 신체적으로 큰 것이 두드러진 특징이다.

알프스형 인종은 피부색이 대체로 희지만 북방형 인종에 비해 색소가 증가하는 경향이 있고, 모발은 갈색 또는 밤색이다. 키는 대체로 작고(163~164cm) 몸에 비해 팔·다리가 짧은 것이 특색으로 땅딸막한 인상을 준다. 이들 알프스형 인종은 프랑스 중부지방·이탈리아 북부지방·독일 남부지방·헝가리 등지에 주로 거주한다.

지중해형 인종은 키가 작고(163~164cm) 머리는 장두형이며, 얼굴은 달걀형의 긴 얼굴이다. 머리카락은 파상형(물결모양)이 많고 대부분의 경우 얼굴 전체의 길이에 비해 윗부분이 긴 것이 특징이다 이탈리아 남부, 지중해의 도서지방, 발칸 반도의 남동부에 주로 거주하고 있다. **디나르형 인종**은 키가 크고(168~172cm) 마른 편으로, 단두형(短頭型)이 많고, 특히 뒷머리가 편평한 것이 특색이다. 유고슬라비아와 알바니아의 디나릭 알프스 산지가 이들 인종의 주요 거주 지역이다.

동유럽형 인종(동발트해 인종이라고도 한다)은 북방형 인종보다 피부색이 희고, 키는 작으며(156~169cm) 머리는 단두형이 많다. 얼굴은 넓고 광대뼈가 나왔으며 코는 짧고 요곡선형(凹曲線型)이다. 이들 인종은 동부 유럽에 산재하며, 시베리아 지방에도 살고 있다. 이들 5대 인종 외에도 아시아 인종 계통의 마자르인(헝가리), 핀족(핀란드) 등이 있다.

5. 언 어

유럽에서는 비교적 좁은 지역에 많은 언어가 사용되고 있다. 유럽에는 30여 개의 국가가 있으나 사용되고 있는 언어는 그 2배가 넘는 70여 개이다. 따라서 한 나라 안에서 2개 이상의 언어가 사용되기도 하고(스위스·벨기에), 한 개의 언어가 여러 나라에 걸쳐 사용되기도 하는 등(독일·오스트리아·스위스의 독일어) 언어분포가 몹시 복잡하다.

유럽에서 사용되고 있는 언어를 역사비교 언어학적 연구의 성과에 의해 분류하면 대부분의 언어는 **인도-유럽 어족**에 속하고, 비(非)인도-유럽 어족에 속하는 언어 중 중요한 것으로는 헝가리어·핀란드어·에스토니아어(우랄-알타이 어족), 바스크어(바스크 어족), 그리고 몰타어(셈 어족) 등이 있다.

인도-유럽 어족에는 로마 어파를 비롯한 10여 개의 어파가 있는데 그 중에서도 문화적·사회적 측면에서 세계적으로 중요한 것으로는 영어·독일어 등이 속해 있는 **게르만 어파**와, 프랑스어·스페인어·이탈리아어 등이 속해 있는 **로마 어파**, 그리고 러시아어가 속해 있는 **슬라브 어파** 등이 있다. 게르만 어파는 유럽 북부지역에 주로 분포되어 있고, 크게는 동·서·북의 3대 방언이 있다. 영어·독일어·네덜란드어 등의 서부 방언, 스웨덴어·노르웨이어·덴마크어·아일랜드어 등의 북부 방언이 현존하고 동부 방언은 현재 사용되고 있지 않다.

로마 어파는 주로 남부 유럽에 분포되어 있고 라틴어에서 파생된 언어이다. 슬라브 어파는 동부 유럽 지역과 러시아 연방에 주로 분포되어 있다. 러시아 연방 내의 러시아어·우크라이나어·백(白)러시아어 등이 동부 그룹을 형성하고, 서부 그룹에는 폴란드어·체코어·슬로바키아어 등이 있으며, 불가리아어·세르보크로아티아어 등은 남(南)슬라브 어파에 속한다. 이상의 3대 어파 외에 인도-유럽 어족에는 켈트 어파(아일랜드어·스코틀랜드어·웨일즈어·브리튼어), 헬렌 어파(그리스어), 발트 어파(라트비아어·리투아니아어), 트라코-일리리아 어파(알바니아어) 등이 있다.

6. 문 화

유럽 문화는 고대 4대 문화 발상지보다는 분명 늦게 형성된 문화 지역이기는 하지만 그 어느 문화보다는 근세 이후 세계사에 가장 많은 영향을 준 문화이다. 어떤 의미로는 서구화·유럽화는 기독교화·민주주의화·산업화·기술문명화·과학화, 합리주의적 사고, 근대 교육의 보급을 뜻하기도 한다. 유럽은 세계에서 가장 높은 물질문명과 문화생활을 누리고 있는 지역임에는 틀림없다. 유럽·서구·서양이란 말은 단순히 위치를 가리키는 뜻만을 가지고 있는 것은 아니다. 유럽화·서구화·근대화를 뜻하는 유럽은 경제적·정치적 근대화를 뜻하게 되었고, 유럽사람(또는 서양사람)이란 말은 백인종을 의미하고 있으며, 기독교는 유럽·유럽인과 떼어서 생각할 수 없는 종교이다. 유럽 문화의 특성은 이 지역에 살고 있는 사람들의 문화적 특성에 의해 형성되었다.

유럽 사람들의 두드러진 **문화적 특성**으로 다음 세 가지를 들고 있다. 첫째 기독교를 믿는 사람, 둘째로 인도-유럽어족의 언어를 사용하는 사람, 셋째로 백색 인종이다. 이상의 세 가지(종교·언어·인종) 기본적 특성 외에 유럽의 정체성을 결정하는 요소는 얼마든지 있다. 교육 수준이 높다든지(문맹률이 다른 지역에 비해 극히 낮다), 건강과 영양 상태가 좋다든지(1인당 평균 칼로리 소비량이 높다), 출생률과 사망률이 낮다든지, 소득수준이 높다든지, 도시 인구율이 높다든지 제1차 산업보다 제2, 3차 산업이 경제의 중심을 이루고 있다든지, 상업적 농업을 한다든지 하는 것 등이다.

그리스·로마 문화의 영향과 기독교 문화가 유럽 문화의 기초를 이루었고, 산업혁명 이후로 상공업의 발달로 인해서 유럽 문화는 공업화·도시화·산업분화가 이루어졌고 **시민혁명**으로 다른 지역보다 민주화가 먼저 이루어졌다. 유럽 문화권은 튜턴족(게르만족의 일파) 중심의 **북서유럽 문화지역**, 라틴족 중심의 **남부유럽 문화지역**, 슬라브족 중심의 **동부유럽 문화지역**으로 크게 세 지역으로 나눌 수 있다.

북서유럽 문화지역은 북해 주변의 영국, 베네룩스 3국, 독일, 그리고 스칸디나비아 반도 등의 튜턴족 중심의 문화지역인데, 근대 산업혁명의 중심지이며, 높은 생활수준과 문화생활을 하는 지역이다. 주민의 대부분은 그리스도교의 프로테스탄트를 믿는다.

남부유럽 문화지역은 지중해 연안의 이베리아 반도, 이탈리아, 그리스, 그리고 프랑스를 포함하는 지역이다. 이곳은 유럽 문화의 요람지로 일찍부터 문화가 발달된 지역이다. 북서유럽 문화지역보다 상공업 발달은 뒤떨어졌으나 특색 있는 지중해식 농업이 발달된 지역이다. 라틴족계의 백인종이 주로 거주하고 있으며, 주민의 대부분은 로마 가톨릭교를 믿는다.

동부유럽 문화지역은 슬라브족계의 백인종이 주민의 중심을 이루고 있는 동부 유럽 여러 나라와 러시아가 포함된다. 북서유럽 문화지역과 남부유럽 문화지역, 그리고 건조 문화권(乾燥文化圈)과의 접촉 지대로 민족·언어·종교가 복잡하며 제2차 세계대전 이후 러시아의 강력한 영향으로 공산주의 체제가 발달했다. 주민의 대부분은 비잔틴 문화의 영향으로 동방정교회를 신봉하였고, 알바니아 주민만은 이슬람교를 믿고 있다.

세계 다른 지역에 끼친 유럽문화의 영향은 좋은 의미든 나쁜 의미든 매우 크다. 과거 400~500년간에 걸쳐 유럽의 정치·경제·문화의 영향을 받지 않은 지역은 드물다. 정치적으로는 민주주의와 공산주의의 진원지가 되었고, 콜럼버스 이후 지리상 대 발견으로 알려지지 않았던 지역이 그 모습을 드러냈으며, 산업혁명으로 대량생산과 기술혁신을 가져왔고, 유럽 인구의 대이동으로 세계는 유럽화(기독교의 전파, 근대 교육의 보급, 산업기술의 전달 등)가 촉진되었다. 제2차 세계대전 이후 초강대국인 미국과 러시아의 등장으로 유럽의 영향력이 줄어들기는 하였으나 유럽은 정치·경제 특히 문화면에 있어서 세계의 주요 지위를 유지하고 있다.

7. 선사시대의 유럽

아프리카에서 온 것으로 보이는 최초의 인류 **호모 에렉투스**는 150만 년 전에 유럽 남부일대를 살았고, 10만 년 전부터는 **네안데르탈인**이 출현했고, 4만 년 전 이후로는 **크로마뇽인** 유럽 전역에 살았다. 오랫동안 유럽북부는 빙하로 뒤덮여 있었고 빙하시대의 유럽인들은 다른 지역의 원시인들처럼 사냥과 채취로 동굴에서 살았고 상부상조하는 공동체 생활을 했다. 기원전 15,000년에서 1만년 사이에 진행된 해빙기 이후에 기후가 온화해졌을 때 유럽인들은 **석제 도끼**를 사용하면서 농경생활을 하면서 정착생활을 하기 시작했고 목축을 함께 했다. 서부유럽 대부분의 지역에서 석기시대 농경사회의 유물인 고인돌과 거석들이 발견되었다.

오리엔트 지방에서 전래된 **청동기 이용기술**은 **기원전 2000년**경에 그리스를 거쳐 유럽전역에 확산되었다. 당시의 유럽인들은 청동기 제조 원료인 **주석이나 구리의 공급**을 외부에 의존했다. 북유럽지역에서 주석을 오리엔트 지역에서 구리를 수입하면서 무역이 발달하게 되는데 그 중심지가 그리스 남쪽 지중해에 있는 **크레타 섬**이었다. 이 섬에서 생산되는 포도주, 올리브, 모직물이 수출되고 오리엔트 지방에서 구리를 수입하면서 크레타 섬은 번창하여 이른바 **미노아 문명**을 번창시켰다. 알 수 없는 이유로 미노아 문명이 쇠퇴한 이후로 새로운 기술인 **철기**가 그리스로 전래되면서 문명의 중심지는 그리스로 옮겨갔다. 기원전 1500년경에 소아시아와 카프카스 지역에서 시작된 철 제련 기술이 **기원전 1200년**경에 그리스로 전파되었고, 기원전 1000년과 500년 사이에 유럽 전역에 흩어져 살았던 **겔트인**들에게도 전파되었다.

제 2 부

그리스·로마시대의 유럽

제2장 그리스 세계의 성립과 발전

그리스는 오리엔트와는 다른 독창적인 문화를 발전시킴으로써 오늘날 유럽문화의 원천이 되었다. 에게문명은 오리엔트의 영향을 받았으나 오리엔트 문화와는 성격을 달리하였고, 후기의 미케네 문명은 그리스의 직접적인 선구가 되었다. 미케네 문명이 파괴되고 그리스사의 암흑기가 시작되었을 때, 오리엔트에서는 강대국들이 쇠망하여 일종의 힘의 공백 상태가 나타났다. 그리스는 이 힘의 공백상태에 그들 생활의 독자적인 기반인 폴리스를 형성하고, 독창적인 문화발전의 기초를 닦았던 것이다.

그리스는 여러 지역에 식민시를 건설하여 지중해 일대가 하나의 역사적 기반으로 형성될 기회를 만들었다. 이때 동방에서는 페르시아가 통일하고, 기원전 5세기에 양자는 패권을 겨뤄 그리스가 승리하게 된다. 이 대결에서 승리한 그리스는 아테네를 중심으로 황금기를 맞이하게 된다.

1. 에게 문명

발 견

19c 중엽까지 전설상에 묻혀있던 에게 문명은 슐리이만에 의해 1870년 소아시아의 서북부에 있는 **트로이**로 지목되는 곳을 발굴하여 9개의 성채와 도시를 발견하였다. 뒤이어 1900년부터 영국의 고고학자 아더 에반스는 크레타섬 북쪽에서 크노소스를 발굴하여 미노스왕의 궁전을 발견하였던 것이다. 이로써 **트로이 전쟁**의 사실성이 확실해지고 그리스문화보다 앞선 시기에 **에게해** 주변에 고도의 **청동기 문명**이 성립해 있었다는 사실이 명백해 진다. **에반스**는 크레타발굴에서 선상문자(線上文字)가 기록된 토판문서(土版文書)를 많이 발견하였다. 1952년 벤트리스는 선상 B문자(Linear)의 해독에 성공하여 미케네 문명에 관한 연구가 획기적인 단계에 접어들었다. 에게문명은 미노아 문명과 그리스와 트로이를 포함한 미케네문명으로 크게 구분된다.

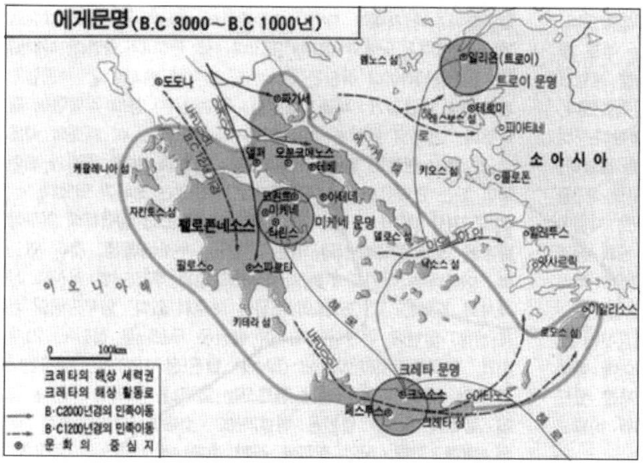

미노아 문명

크레타를 중심으로 발전한 미노아 문명은 오리엔트의 영향을 받으면서 B.C. 3000년기 중엽에 청동기시대로 들어섰으며, B.C. 2000년을 지나서는 선상(線上) A문자를 사용하게 되었다. 이 문명의 담당자는 인도유럽 어족이 아니라 **소(小)아시아**(오늘날의 터키지역)로부터의 이주민으로 생각되고 있다. 미노아 문명은 B.C. 2000년기에 접어들면서 비약적인 발전을 하여 전성기를 맞이하게 되었다. 크노소스에서 미노스왕의 궁전이 건축되었다. B.C. 16세기에 두 번(B.C. 1570년과 1500년)파괴되었다가 재건되었다. 이 궁전은 지진의 탓인지, 또는 이무렵 이집트에서 추방된 힉소스족의 침입의 탓인지 정확하게 그 원인을 알 수 없다. B.C. 1450년경에는 선상 A문자 대신 B문자가 나타나는바, 이는 **미케네인**이 **크레타**를 지배하게 되는 사실을 말해 주는 것이 아닌가 생각되고 있다. B.C. 1400년경 **크노소스 궁전**은 파괴되어 다시 재건되지 않음으로써 미노아 문명은 종말을 고했다. 이 원인에 대해서는 1960년대의 새로운 발굴에 의해 테라섬의 화산폭발로 인한 화재와 대해일의 결과라고 생각되고 있다. 미노아인은 **해상무역**에 종사하고 **도자기** 제조술이 뛰어났다. 미노아 사회는 전체적으로 활달하고 유복하고 상류층은 쾌적한 생활을 보냈다. "미노아의 예술은 화려하고 생생하며, 인간성과 개성에 충만해 있다. 바다와 태양, 수목과 꽃, 축제와 스포츠에 도취되어 있었다." 위와 같이 미노아 예술은 이집트의 영향을 받았으나, 곧 독자적인 발전의 길을 걸었다. 미노아 예술의 대표적인 것은 궁전의 프레스코화이다.

크노소스 궁전의 유적

크노소스 궁전의 벽화

크노소스 궁전의 벽화

크노소스 궁전의 벽화

미케네 문명

미케네 문자인 선상 B문자의 해독으로 미케네 문명의 담당자는 **그리스인의 선조**라는 것이 확인되었다. 그리스인은 B.C. 2000년경부터 남하하여 그리스 본토에 자리 잡고 원주민과 혼합하였다. 그들은 그리스와 펠로폰네소스의 반도에 많은 소왕국을 건설하였고, 미케네는 펠로폰네소스의 여러 왕국 중 '황금의 미케네'로 일컬어질 정도로 부강한 맹주 격이 되었다. 미케네는 미노아 문명을 흡수하면서 발전하였다. 테세우스의 전설은 미노아와 그리스 본토와의 관계의 일단을 말해 주는 것이다. B.C. 15세기 중엽에는 미케네가 크노소스를 지배하게 된 것 같으며, 미노아 문명이 몰락한 후에는 미케네가 **에게해**의 패자가 되었다. 트로이전쟁(1240－30 B.C.; 일설에는 1260 B.C.경)은 전설과는 다르게 강대해진 그리스 본토의 소왕국들이 미케네를 맹주로 결합하여 소아시아로 진출한 대원정이었다. B.C. 12세기에 결국 그리스인의 마지막 이주자인 **도리아족**에 의하여 몰락하였다.

보물창고

미케네 문명의 유적지

황금 마스크

트로이 전쟁

미케네는 미노아와는 달리 상무적이며 군사적인 성격이 강했다. 정치적으로 기본적으로 공납제에 의한 왕정으로 호메로스에 나오는 그리스 왕들에 비하여 약한 편이었다. 공유지와 사유지가 공존해 있었고 공유지의 존재는 공동체적인 성격이 아직도 강하다는 것을 말해 주며 사유지의 존재는 평민이 경제적 자립을 누리고 있으며, 미케네의 국왕이 오리엔트적 전제군주화 하는 것을 억제하는 요인이기도 하였다. 미케네인들도 **제우스**나 **포세이돈** 등의 후대 그리스 사람이 믿었던 신들을 믿었으나 미노아인들이 믿었던 뱀의 여신을 더 신봉했던 것 같다. 미케네의 사회구조는 국왕 밑에 귀족적인 전사계급이 있었고 다음에 관료인 서기, 그 밑에 상인과 농민이 있었으며 최하층에는 노예가 있었다. 노예제는 주로 왕실을 중심으로 발달하였다. 이렇듯 **미케네 사회**는 오리엔트 사회와 그리스 사회의 중간형이었다.

2. 폴리스의 성립과 발전

자연환경

그리스의 기후와 지세는 지중해형 풍토에 속한다. 산이 많고 평야가 적어 골짜기나 평지는 하나의 지리적 단위를 이루고 있다. 이러한 조건이 폴리스라는 소단위의 국가를 성립시킨 주요인이다. 그리스의 이러한 지형이 그리스인으로 하여금 바다로 진출케 하였다. 기후는 여름에는 덥고 건조하여 겨울에는 약간의 비가 오며 냉기가 돈다. 이런 환경으로 언제나 **물의 부족**이 고민거리였다. 이러한 기후로 그리스 일대는 포도와 올리브가 가장 중요한 농산품이었으며 소규모의 목축을 수반한 다각적 농업경영이 지중해 일대의 농업특색이다. 이렇듯 자연환경이 결코 유리하지 않기 때문에 그들은 일찍이 해외무역에 종사하였다. 포도주, 올리브와 공산품은 매우 중요한 물자였다.

폴리스의 성립

도리아족이 남하했을 때 미케네 문명은 완전히 파괴되어 사라졌다. 도리아족이 많은 혼란을 일으키며 남하했을 때 그리스인 일부는 **에게해**의 섬과 소아시아 방면으로 이동하였다. 그리스인들이 이주한 소아시아 해안지대와 인접한 섬들을 **이오니아**라고 부르거니와 그들은 미케네 문명의 유산을 지니고 있었고 **오리엔트 문화**와의 접촉이 용이한 곳이어서 폴리스도 소아시아의 서해안 지역에서 먼저 성립하였다.

미케네 사회가 붕괴된 후 그리스 본토에는 3개 내지 4개 부족으로 구성된 소왕국이 여기저기 나타났으며 현실적인 생활단위는 개별가족으로 구성된 촌락공동체였다. 정치는 왕정이었으나 미약하였으며 토지소유에 있어서도 미케네와는 달리 공유지와 이에 따른 공동체적 규제가 없고 촌락공동체의 성원은 저마다 **클레로스**(Kleros, 분배지)의 소유자로서 경제적 독립성이 강하였다. 폴리스 형성은 도리아족의 남하에 따른 혼란과 타 국가의 위협으로부터 스스로를 지키기 위하여 여러 촌락이 지리적으로나 군사적으로 중심이 되는 곳에 모여들어 도시가 형성되고, 그 도시를 중심으로 주변의 촌락들이 하나의 독립된 주권국가인 폴리스를 형성하였다는 **집주설**이 일반적으로 널리 통하고 있으나, 대체로 그 시기는 호메로스 시대가 끝나는 B.C. 800년을 전후한 시기로 보고 있다. 그러나 예외가 적지 않다. 그렇기는 하나 여러 촌락의 중심시로의 폴리스가 성립된 것이 전형이라 하겠으며, 따라서 이를 도시국가라고 불러서 큰 잘못은 없다.

폴리스의 중심이 되는 도시는 대체로 해안으로부터 멀지 않은 평지에 위치하였으며, 도시는 폴리스의 정치, 군사 및 종교의 중심이었다. 도시 안에는 그 도시의 수호신을 모신 신전이 건립된 **아크로폴리스**(acropolis)라는 구릉 내지 산이 있으며 아크로폴리스에 인접해서 **아고라**(agora)라는 광장이 있다. 이곳은 시장인 동시에 정치를 포함한 모든 공동 활동의 장소이며 사교의 장이기도 하였다. 폴리스 성립 당시 중심시로 모여든 사람은 주로 귀족과 수공업자 내지 상인들이었고 농민은 촌락에 머물렀으며, 귀족도 그 근거를 그대로 농촌에 가지고 있었다. 그렇기 때문에 폴리스 성립이전의 공동체적인 성격이 파괴되는 일이 없이 폴리스 전체가 하나의 **시민공동체**를 형성하게 되었다. 그러나 수많은 **노예**와 여러 대에 걸쳐 거주하고 있는 자유인과 외래거류민도 완전한 의미의 시민은 아니었고, 오직 폴리스를 형성하는데 참여한 부족의 성원 내지 그 후손만이 완전한 시민이었다. 이러한 것을 고려해 보면, 폴리스는 종교적·경제적 유대로 결합하고 법에 의해 규제되는 완전한 독립성과 주권을 가진 **시민공동체**라고 할 수 있다. 폴리스는 본토에서 만도 200개가 넘고, 소아시아로부터 에게해와 지중해 일대에 건설된 식민지까지 합치면 1000개가 넘었으나 그 넓이는 그다지 넓은 것은 아니었다.

그리스인들은 스스로를 **헬레네스**(Hellenes)라고 부르고, 이민족인 **바르바로이**(Barbaroi)와 구별하였으며, 헬레네스가 사는 곳을 본토와 식민시를 통틀어 **헬라스**(Hellas)라고 하였다. 폴리스들은 델피의 **아폴로**(apollo)**신전**을 중심으로 신전 관리와 제례유지를 위하여 **인보동맹**(隣保同盟: Amphictyony)을 맺고, 기타 정치적·군사적 동맹을 맺기도 하였다. **올림포스**의 **제우스 신전**에서 B.C. 776년부터 4년마다 모든 폴리스가 참여하는 체전을 열고 그 기간 동안은 서로 전쟁을 금지하였다. 이러한 동족의식이나 부분적 결합에도 불구하고 그리스 전체가 하나의 통일된 국가를 형성하지 못하고 도시국가의 상태를 벗어나지 못했다.

델피의 아폴로 신전

올림포스의 제우스 신전

식민생활과 사회 변화

폴리스가 성립한 B.C. 8세기에는 **호메로스 시대**의 왕들이 사라지거나, 존속한 경우라도 실권이 없는 명목상의 존재에 지나지 않고 정치권력은 귀족에게 넘어갔다. 촌락을 단위로 한 부족적인 성격이 강한 왕정으로부터 실권을 빼앗은 귀족들이 편의상 중심시로 모여들었다는 것이다. 이것을 폴리스의 성립과 귀족정치를 연관시키려는 견해도 있다. 귀족은 평민보다 많은 토지와 가축을 소유하고 있을 뿐 아니라, 혈통과 가계에 있어 뛰어난 자들이었다. 그들은 또한 폴리스 방위의 중요한 역할을 맡았었다. 이 시대에는 중무장을 한 1대1의 전투 방식이 있었다. 말의 사육이나 중무장에는 많은 비용이 들기 때문에 이를 부담할 수 있는 귀족이 폴리스 방위의 중요한 역할을 맡은 것이다. 즉 그들은 신이나 영웅, 또는 왕의 후예들임을 자랑하는 가장 유력한 씨족들의 출신인 것이다.

평민 중에는 약간의 수공업자와 상인이 포함되어 있었지만, 그 대다수는 클레로스, 즉 분배지를 소유한 중·소 농민이었다. 『노동과 세월』을 쓴 헤시오도스 (Hesiodos)가 귀족의 부정한 재판 등을 가차 없이 비판하고 있는 것으로 보아 폴리스의 자유로운 시민 공동체적인 성격과 자유롭고 독립적인 자영 농민의 존재를 확인할 수 있다.

올림포스 신전에서의 성화 채화

폴리스에서 귀족지배에 동요를 가져온 것은 식민운동과 그로 인한 폴리스의 사회·경제적 변화였다. 그리스인은 B.C. 8세기부터 약 2세기에 걸쳐서 활발한 해외진출과 식민운동을 전개하였다. 멀리 갈리아 남부와 스페인 해안까지 진출하였으며 가장 대표적인 식민시는 프랑스의 맛실리아, 시칠리아의 시라쿠사, 이탈리아 네아폴리스, 비잔티움 등이다. 해외진출과 식민운동의 동기는, 사회의 안정에 따른 자연적인 인구 증가, 정권을 장악한 귀족층 내부의 갈등과 분쟁, 귀족과 같은 대지주의 압박을 받은 소농 내지 빈농의 토지에 대한 갈망, 해상무역을 확대하려는 욕망, 해외로 진출하려는 개척자적인 모험심 등을 들 수 있다.

새로이 건설된 식민시는 일반적으로 모시의 정치적 지배를 받지 않고 저마다 독립을 유지하였다. 그러나 그들은 모시의 방언, 정치제도, 관직명 등을 거의 그대로 이식했으며 따라서 양자 사이에는 정치, 경제, 문화면에서 긴밀한 유대관계가 성립하게 되었다. 그리하여 소아시아의 식민시를 비롯하여 흑해로부터 서부 지중해에 걸쳐 범그리스 세계가 성립하게 되었다. 식민시들과의 접촉이 빈번해짐에 따라 해상무역이 왕성해지고, B.C. 7세기에 소아시아의 리디아(Lydia)로부터 **화폐**가 전해지자, 상공업의 발달은 더욱 촉진되었다. 화폐경제에 입각한 상공업의 발달은 농업에도 영향을 미쳤다. 은광은 국가의 소유였으며 개인들에게 임대되기도 하였다. 채굴방법도 매우 우수하였다. 대규모의 과수 재배가 일어나게 되어 이런 경영의 발달은 소농에게 경제적 압박을 가하게 되었다. 그리하여 소작농이나 농업노동자 내지 노예가 되는 농민의 경우도 많았다.

그러나 이러한 사회적 변화는 농촌에 국한된 것만은 아니었고, 도시의 평민들은 귀족정치에 도전하게 되었다. 평민세력의 대두에는 전술의 변화 또한 못지않게 작용하였다. **중장보병**의 밀집대가 과거의 귀족을 대신하여 전투의 중심이 되었다. 중무장의 비용은 각자 부담이었으므로 유산시민에게 한정되었다. 귀족만이 전투의 주역으로 활동하던 시대는 지나가고 도시의 유산시민도 국방의 주력이 된 것이다. 이러한 전술의 변화는 사회·경제적 변화와 더불어 평민의 정치에 대한 발언권을 증대시킬 수밖에 없었다.

귀족정치의 동요와 참주정치(僭主政治)

아테네 귀족정치의 중심은 집정관인 **아르콘**(archon)과 **아레오파구스**(areopagus)**회의**였다. 아르콘은 처음 군사, 종교, 민사의 3명이었으나, 후에 9명으로 증가하고 임기가 끝나면 자동적으로 아레오파구스 회의의 의원이 되었다. 아레오파구스 회의는 부유한 명문출신의 귀족들로 구성되며 귀족 지배의 가장 핵심적인 기관이었다. 일반시민으로 구성되는 **민회**가 있고, 아르콘도 여기서 선출되었으나 실질적인 권한은 없었다. 아테네에서 귀족에 대한 평민의 도전이 격화된 것은 기원전 7세기 말경이다. B.C. 7세기 무렵 **드라콘**(Dracon)의 **중벌주의**(重罰主義)로 유명한 법전을 만들었으나 오히려 평민의 도전을 격화시켰다.

B.C. 594년에 **솔론**(Solon)은 사회·경제적 측면에서는 부채를 말소하고, 부채로 인하여 노예가 된 자유민을 해방하였으며, 상공업을 장려하였다. 정치적으로는 시민을 재산 소유에 따라 4계층으로 구분하고 정치참여의 비중을 다르게 구분하였다. 그리고 새로이 각 부족으로부터 100명씩을 골라서 **400인회**를 만들어 민회에 제출할 안건을 만들게 했다. 이러한 **솔론의 개혁**은 종래의 귀족지배를 존속시키면서, 당면한 긴급한 문제를 우선 해결하고, 하층시민에게도 불완전하나마나 정치에 참여할 기회를 열어준 것이다. 그렇기 때문에 그는 '조정자'라고도 불리었다.

솔론의 개혁에도 불구하고 아테네는 내부문제를 가지고 있었다. 아테네는 최초의 대외전쟁인 **살라미스 전쟁**[1])을 승리로 이끌고, 이 전쟁의 지도자였던 **페이시스트라토**

---

1) 기원전 480년에 다리우스 대왕이 병사하고 그 뒤를 이어 즉위한 크세르크세스는 대군을 몰아 그리스를 침범하여 테르모필레에서 결사적으로 항전하던 스파르타군과 동맹군 3,000을 격멸시킨 후 아테네를 불태운다. 한편 아테네의 영웅 테미스토클레스는 페르시아의 침공을 예견하고 그리스의 해군을 강화하고 아테네의 시민들을 태워 근처의 살라미스 섬으로 피신시킨 후 살라미스 해협에서 진을 치고 페르시아 군을 기다렸다. 크세르크세스의 강력한 페르시아 함대는 살라미스 해협으로 유인되어갔지만 오히려 해협의 물살에 많은 수가 끼어서 이러지도 저러지도 못하는 도중에 강화된 아테네의 해군이 거세게 충각전술(배로 들이받는 전술– 고대에 자주 쓰임)로 몰아쳐 이들을 완파한다(살라미스 해전). 페르시아 육군은 아테네–스파르타 연합의 강력한 중무

스는 B.C. 561년에 평민층의 지지를 바탕으로 참주(僭主: Tyrannos: 비합리적인 수단으로 권력을 획득한 독재자)가 되었다. 페이시스트라토스는 그에 반대하는 귀족을 추방하고 그 토지를 빈농에게 분배하고 상공업을 장려하고 은광을 계발하여 시민의 세금 부담을 감소하였다. 그러나 이러한 정책은 매우 과감한 것으로서 귀족세력을 크게 약화시켰다.

참주정치(僭主政治)는 사회경제적 변화와 전술의 변화로 귀족지배가 동요하고 귀족과 평민의 대립과 분쟁이 격화된 상황을 이용하여 비합법적으로 정권을 장악하여 **독재적인 정치**를 행한 것을 말한다. 결국 귀족정치로부터 민주정치로 넘어가는 과도기에 나타나는 정치현상이었다.

스파르타

스파르타는 정복에 의해 건설된 폴리스이고, 정복에 의해서 영역을 확대시켰기 때문에 아테네와 같은 사회동요는 없었다. 도리아족이 남하하였을 때, 원주민 중에서 스파르타의 지배를 받아들이고 종속적인 지위를 감수한 자는 신분은 자유롭지만 시민권이 없는 **페리오이코이**(perioikoi)가 되고 처음부터 예속신분이었거나 끝끝내 저항한 자는 **헤일로타이**(heilotai)라는 노예신분이 되었다. 헤일로타이는 시민과 국가가 요구하는 공납을 납부하는 부자유한 몸이었다. 그들의 수효는 스파르타 시민에 비하여 엄청나게 많고 반란의 위험이 많았다. 신분과 거주지를 달리하는 페리오코이와 헤일로타이를 바탕으로 이뤄진 스파르타의 특이한 사회구조는 두 차례에 걸친 **메세니아 전쟁**을 통하여 더욱 강화되었다. 이 전쟁 후 스파르타는 메세니아의 주민 대부분을 헤일로타이로 만들고 그 토지를 스파르타 시민들에게 평등한 수익을 얻을 수 있도록 분배하였다. 그리하여 스파르타 시민은 실질적인 동등자가 되고 시민의 결속을 강화할 수 있었다.

스파르타의 국제는 기원전 9세기에 전설상의 입법자인 리쿠르구스(Lycurgus)가 제정하였다고는 하지만, 실제는 메세니아 전쟁에 이르는 역사적 발전의 소산이었다. 스파르타에는 두 사람의 왕이 있었으나 실권은 없고 두 왕을 포함하여 30명의 유명

장 보병에게 패퇴한다(3차 페르시아 전쟁). 페르시아 전쟁을 계기로 그리스의 폴리스들은 독자적으로 국가를 지킬 수 있었다. 전쟁에서 대활약한 수병들과 **중무장 보병**들은 대부분 평민들이었는데 이후 이들의 권리가 크게 신장되고, 특히 아테네를 중심으로 **델로스 동맹**이 체결되고 명지도자인 **페리클레스**가 집권하여 유명한 '페리클레스의 황금기'를 이룩하며 고대 그리스의 전성기를 누렸다.

가문 출신으로 구성되는 **장로회**가 국정의 중요 안건을 마련하지만 이는 20세 이상의 성년남자 시민전체로 구성되는 **민회**의 승인을 받아야 한다. 그러나 국정운영의 실권은 **에포르**에게 있었다. 에포르는 집정관이라고 볼 수 있으며 왕을 포함한 여러 관직자들의 행동을 감시하고 스파르타 특유의 생활양식의 준수 여부를 감시하는 것이기 때문에 감찰관의 기능도 겸하고 있었다.

이러한 스파르타의 정치구조는 왕정과 귀족정치를 혼합한 정치라고 할 수 있겠다. 그러나 일부는 성년남자의 전원이 분배지를 가진 동등한 자로서 중장보병의 의무를 지고 있었기 때문에 스파르타를 **중장보병민주정**(重裝步兵民主政)이라고 부르는 사람도 있다. 완전한 시민권을 가진 시민은 전 주민의 5%~10%에 불과하였다. 그 이유로 언제나 헤일로타이의 반란을 경계하지 않으면 안 되었다. 이러한 상황으로 스파르타는 쇄국주의, 군국주의의 길을 걷고 시민의 생활을 전시체제나 다름없이 조직하는 수밖에 없었다. 스파르타의 시민은 태어났을 때 심사를 거쳐 불구나 허약한 경우에는 남자뿐만 아니라 여자들도 버림을 받았다.

이러한 스파르타 시민에게는 개인적인 사생활이라는 것이 존재하지 않았고 오직 훌륭한 전사가 되는 게 인생의 목적으로 주어져 있었다. 일상용품의 생산과 상업도 **페리오코이**의 부담이었고, 화폐는 사용하기 불편한 철로 주조되었다. 외국과의 무역은 가능한 억제되어 **자급자족**을 원칙으로 하였다.

이러한 생활체제에서 학문이나 예술은 발전할 수가 없었다. 스파르타는 펠로폰네소스 반도의 대부분의 폴리스를 망라한 **펠로폰네소스 동맹**(기원전 560년 경)을 결성하고 그 패자로 군림하였으나, 그리스 문화에 직접적으로 아무런 공헌을 하지 않았다.

3. 페르시아전쟁과 아테네의 민주정치

클레이스테네스의 개혁

그의 개혁의 목표는 종전의 혈연적, 지연적 유대관계나 경제적 이해관계를 배제하고, 아테네의 전시민에게 평등한 참정권을 부여하는 것이다. 이를 위해 그는 우선 새로운 행정구역을 마련하였다. 노예와 외국인 거주자를 제외한 모든 구민을 등록케 하고, 등록된 구민에게는 핏줄이나 재산 또는 직업에 관계없이 동등한 참정권을 부여하였다. 중심시를 포함하여 앗티카 지방에 산재하는 촌락을 단위로 3개의 지역

집단으로 구성하고 각 집단 내의 행정구를 몇 개 씩 묶어 10개의 중간행정구역으로 조직한 다음, 각 지역집단으로부터 1개의 중간행정구역, 즉 3개의 중간행정구역으로서 하나의 행정부족으로 구성케 되었으며, 그 결과 아테네는 전체로 10개의 행정부족으로 구성되었다.

20세 이상의 시민권을 가진 성년남자로 구성되는 민회는 500인 회의 제안을 토의하여 채택 여부를 결정하고, 사법권은 500인 회의와 동일한 선출방식으로 구성되는 시민법연이 보유하였다. 귀족정치의 유제인 **아르콘**과 **아레오파구스 회의**가 그대로 존속하고, 아르콘은 보수가 없었기 때문에 여전히 부유한 상위 두 계층에서 선출되었으나 그 권한은 점차 축소되었다. 유명한 도편 추천방법은 참주(독재자)가 될 위험이 있는 인물의 이름을 **도편**(陶片: 오스트라콘)에 적게 하여 그 수가 6000개 이상에 달하면 해당인물을 아테네에서 추방하는 것으로 민주정치를 보완하는 것이었다.

페르시아 전쟁

폴리스들은 서로가 반목을 하고 있었으므로 소아시아의 강대국인 리디아가 페르시아에게 굴복되는 것은 쉬운 일이었다. 페르시아는 그리스 본토를 노렸으나, 페르시아의 지배를 받거나, 그들의 후원을 받는 참주지배하의 이오니아 식민시들의 반란으로 본토 진출을 주춤하였다.

그러나 기원전 409년 페르시아군은 **마라톤**에 쳐들어왔다. 아테네와 적대적인 폴리스들은 이를 이용하려 하였고, 스파르타는 구원병을 보내준다는 약속을 지키지 않았다. 그러나 **밀티아데스**의 선전으로 아테네는 승리하게 된다. 가죽을 사용한 갑옷 등이 등장하고 가벼운 헬멧의 사용으로 농촌이나 도시의 중산층에서도 전쟁에 참여할 수 있게 됐다. 마라톤의 승리에서는 '달리는 중장보병'의 역할이 컸다.

기원전 480년, 페르시아 왕 **크세르크세스**는 다시 침입하였다. 적과 내통하는 자로 인해서 요새를 지키고 있던 스파르타 군 전원이 전사하는 큰 타격을 입기도 하지만 **살라미스 해전**에서 아테네는 대승을 거둔다. 다음해 페르시아군은 아테네와 스파르타를 이간시키고 재차 앗티카 평원을 점령하여 아테네시를 완전히 파괴하였다. 이에 스파르타도 많은 구원병을 파견하고 각 폴리스들이 힘을 합쳐서 페르시아 군을 대파했고, 이와 동시에 **아테네 함대**를 주축으로 한 그리스 함대가 페르시아 함대를 격파함으로써 페르시아 전쟁은 그리스의 승리로 끝을 맺게 되었다.

아테네 제국

일단 페르시아를 이기기는 했으나 페르시아는 동방의 전제국가로 건재하며, 그 위협은 사라지지 않았다. 페르시아의 위협에 대비하여 아테네를 맹주로 해상동맹인 **델로스 동맹**이 결성되었다. 규약에 의하면 동맹 시는 일정한 병력과 함선을 제공하거나, 그것이 불가능 할 때는 자금을 제공하기로 되어 있었다. 그러나 후자가 대부분이었다. 동맹 시들이 제공하는 자금을 보관하는 금고를 **텔레스 섬**에 두었고, 관리는 아테네에 위임되었다.

페르시아의 위협이 사라지자 동맹 시들은 월등한 아테네의 지배적 지위에 분노를 느끼고 동맹에서 이탈하려 해서 동맹이 해체될 위험에 처하자 동맹의 해체와 동맹을 아테네의 제국으로 변형시키는 두 가지 대안에서 하나를 아테네는 선택해야 했다. 후자를 선택한 아테네는 동맹 시들의 반발을 억누르고 제국의 길을 택하였다. 동맹 시들이 내는 자금을 제국에 내는 공납금으로 변질시켰고 공동자금의 금고도 아테네로 옮겼다.

페르시아 전쟁

이것은 페르시아의 위협이 완전히 사라지지 않았고 아테네 내부의 사회경제적인 이유에서이다. 당시 아테네는 대도시로 팽창해 있었고 에게해의 행상무역과 그리스 세계의 상공업의 중심지였고 인구가 증가하여 동맹의 해체는 경제적 발전의 중단만이 아니라 내부적인 사회적 대립과 갈등을 초래할 수가 있었다. 동맹 시들로부터 받은 공납금과 행상무역에서의 아테네의 패권은 기원전 5세기 이후의 아테네 경제 번영의 가장 중요한 기반이 되었다.

아테네의 민주정치

상공인의 경제적 지위나 발언권도 증대하였다. 그리하여 **클레이스테네스**에 의하여 기초가 마련된 아테네의 민주정치는 페르시아 전쟁 후에 더욱 발달하였다. 에피알테스는 **아레오파구스 회의**의 권한을 대폭 축소시켰다. 이후에 **페리클레스**의 민주정치시대가 완성된다(기원전 457~429경). 주목되는 것은 민회의 권한이 대폭 강화되었다는 점이다. 500인회의 권한이 민회에 제출할 의안의 준비와 민회에서의 결정사항을 집행할 정도로 축소된 것이다. 다음으로 10명의 장군들의 권한이 확대되어 **아레오파구스 회의** 권한을 완전히 누른 것이다. **페리클레스**가 30년 가까이 아테네를 지도할 수 있었던 것은 장군으로서 매년 민회에 거듭 당선되었기 때문이다. 수당제의 확대와 국고부담을 조금이라도 줄이기 위하여 페리클레스는 부모가 다 시민권을 가진 자에게만 한정하는 시민권 제한법을 만들었다(이는 로마와 아주 대조되는 현상이었다).

국고에 의한 수당제의 확대와 철저한 추첨제, 그리고 1년 임기제는 시민으로서 원한다면 누구나 공직을 맡을 수 있게 하는 것이며, 민회의 권한 강화는 시민 누구나 국정에 참여할 수 있는 **직접민주주의**를 의미하는 것이다. 수적으로는 많은 수가 참여하는 민주제는 아니었으나 평등한 정신에 입각한 민주제였다. 이러한 민주제는 유능하고 헌신적인 지도자가 없을 경우에는 아테네 식의 민중지배가 쉽게 혼란에 빠지고, 이른바 **중우정치**로 타락할 위험성을 언제나 내포하고 있었다.

4. 펠로폰네소스 전쟁과 그리스의 쇠퇴

펠로폰네소스 전쟁

아테네와 스파르타는 모든 면에서 대조적이었고 따라서 대립의 소지가 컸다. 페르시아의 위협이 사라진 이후에 아테네가 **델로스 동맹**을 발판으로 강대한 제국으로 발돋움하자 그리스 내륙의 도시국가들로 구성된 **펠로폰네소스 동맹**의 맹주인 스파르타와 충돌은 피할 수 없는 상황이었다. 아테네가 중부 그리스의 코린트 및 메가라를 위협하면서 코린트 지역을 장악하는 동시에 서부 지중해로 진출하려 하자 스파르타와 충돌하게 된다(459－447 B.C.). 그러나 스파르타와 30년간 평화조약으로 끝을 맺었다. 욕심을 버리지 못하던 아테네는 펠로폰네소스 모시와 상업상 이해관계의 충돌에 있는 코르키라와 동맹을 하게 된다. 이는 펠로폰네소스 동맹에 커다란 위협이 되었다. 이것이 발단이 되어 28년간(431－404 B.C.)이나 계속된 **펠로폰네소스 전쟁**이 시작된다.

처음에는 아테네가 이길 공산이 매우 컸었다. 그러나 뜻밖의 재앙을 만나서 큰 피해를 입게 된다. 승패도 없이 전쟁이 계속되다가 니키아스의 평화가 맺어진다. 그러나 전쟁 중에 계속되고 있던 제국내의 분열이 계속 일어나는 것을 방치했다가는 제국의 영원한 멸망을 의미함으로 아테네는 기필코 승리를 얻어야만 했다. 지도자로는 **알키비아데스**가 추천되었다. 그는 시칠리아 원정을 위한 아주 치밀한 계획을 세웠으나 정적들의 사소한 고발로 알키비아데스는 결국 스파르타로 도망가 그 계획의 전부를 말해버린다. 이것은 아테네에게는 매우 큰 타격이었다. 페르시아와 조약을 맺은 스파르타는 흑해의 차단에 나섰다. 여기서 아테네 함대는 패하여 너무 많은 피해자를 내게 된다. 결국 지도자는 쫓겨나게 된다. 아테네는 스파르타가 제시한 평화 조건을 무조건 받아들이게 되었고, 아테네 제국은 완전히 해체되고 모든 해외 재산을 포기하며 많은 성들이 파괴된다. 아테네는 스파르타의 동맹국으로 전락한다.

펠로폰네소스 전쟁

그리스의 쇠퇴

스파르타의 후원 하에 아테네에는 **30인 참주 정치**가 시행되나 그들의 공포정치는 반항을 불러 일으켜 얼마 안 가서 민주정치가 회복되었다. 스파르타는 아테네보다 고액의 공납금을 요구했고, 마침 페르시아의 분쟁을 틈타서 소아시아에 군대를 파견했으나 실패하게 된다. 이를 틈타서 아테네는 과거의 동맹시들을 다시 규합하여 테베를 중심으로 결합하였다.

아테네는 제2차 해상동맹을 결성하고 테베와도 동맹을 맺었으나, 테베의 급신장으로 동맹도 곧 깨진다. **메세니아**가 해방되고 스파르타는 그 지도력을 상실하여 곧 **테베**가 지도적 위치에 서게 된다. 그러나 테베는 아테네와 같은 재력이나 문명을 가지고 있지 않았을 뿐더러 지도자의 전사로 곧 패권도 사라지게 된다.

펠로폰네소스 전쟁 이후 **아테네·테베·스파르타 사이의 패권** 다툼은 그 누구에게도 결정적인 승리를 주지 않고, 개별적인 폴리스의 자유와 독립을 고수하려는 분리주의를 더욱 강화시키고, 이에 따라 폴리스 상호간의 대립과 분쟁을 격화시킴으로써 그리스 정치정세를 혼란과 무정부 상태로 만들었다.

정치의 혼란과는 달리 경제에 있어서는 여전히 발전하는 듯 보였다. 농업은 생산력이 증가하였으며, 아테네의 '올빼미 은화' 등과 각 폴리스들의 풍부한 화폐는 상업과 무역의 발달을 촉진시켰다. 그러나 그리스는 원래 자원이 빈약한 곳으로 많은 양의 식량을 수입해야 했다. 기원전 5세기의 인구증가는 이러한 경향을 촉진시켰다. 그러나 식민시나 외국의 농업과 공업의 발달로 해외시장이 현저하게 줄어들었다. 이러한 해상무역의 축소는 실업자와 빈민들을 증대시켰다. 폴리스들은 불안한 사태가 일어나기 시작했다. 공직을 싫어하며, 군역을 기피하기 시작하여 용병이 나타나기 시작했고, 실업자, 무산자, 빈민들은 정치가들의 선동대상이 되어갔다. 이렇게 경제적·사회적·정치적 위기가 심화됨에 따라 기원전 4세기의 폴리스들은 본래의 시민공동체라는 성격을 점차 상실하게 되어 쇠퇴한 그리스는 기원전 4세기 후반에는 신흥 마케도니아에게 멸망하게 된다.

마케도니아의 등장

그리스인이 남하할 때 북쪽에 남아 있던 마케도니아인들은 그리스인들에 의해서 야만인들로 여겨졌다. 해안의 그리스 식민시들을 통해서 그리스 문화를 받아들이면서 서서히 발전한 마케도니아는 기원전 4세기 중엽에 왕위에 오른 필립이 정치·군사적 개혁을 하여 씨족을 토대로 한 봉건국가를 통일국가로 만들고 상비군을 두었다.

그는 폴리스간의 전쟁으로 분열된 그리스 도시국가들을 점령하여 규합하고 페르시아를 정복할 원정계획을 세우고 남하하여 아테네·테베 연합군과 싸워 **기원전 338년**에 대승을 거두었다. 계속해서 그는 스파르타를 제외한 그리스의 폴리스들과 **헬레네스 동맹**을 결성하여 페르시아 원정을 출발하려고 할 때 B.C. 336년에 암살되었다. 필립의 뒤를 이어 20세에 왕위에 오른 **알렉산더**는 아테네·테베 반마케도니아 연합전선을 분쇄하고 그리스 폴리스들을 규합하여 페르시아 원정의 길에 오른다.

5. 그리스 문화

그리스 문화의 성격

그리스 문화는 오리엔트 문화의 영향을 받으면서 발전했지만 오리엔트와는 전혀 특징과 유형이 다른 독자적인 문화를 창조하고 발전시킴으로써 오늘의 유럽문화의 원천이 되었다. 오리엔트와 그리스의 정치, 사회, 경제 구조의 차이가 다른 유형의 문화를 낳은 주된 요인으로 작용했다. 시민공동체로서의 폴리스는 그리스인들에게 자유로운 생활환경을 제공하여 개개인의 타고난 재능을 마음껏 자유롭게 발전시킬 수 있는 환경을 조성해 주었다. 그리고 두터운 중산층 시민들이 노예의 도움으로 힘든 육체노동이나 생산활동에서 해방되어 한가로운 시간을 가질 수 있어 문화창조나 문화활동에 직접 참여할 수 있었다. 그리스 문화는 인간적·현세적·합리적인 특징과 더불어 이와 대조적인 정열적·종교적·신비적 내세적인 면도 있었다. 그리스 문화의 위대함은 인간성을 전체적으로 넓고 깊게 파헤치고 파악한 데 있다. 그래서 그리스 문화 유럽문화의 출발인 고전문화가 되었다.

그리스의 신들

그리스인들은 인간적이고 현세적인 신들을 숭배했다. 올림포스 산정에 살고 있다고 믿는 12신을 숭배했다. 최고신 제우스와 정식 아내로 혼인을 관장하는 **헤라**, 바다의 신 **포세이돈**, 제우스와 메티스의 딸로서 지혜와 싸움의 여신 아테나, 제우스와 레토의 아들로 음악·예언·광명의 신인 **아폴론**, 그 쌍둥이 여동생으로 야수(野獸)가 득실대는 산야를 지배하는 사냥의 여신 아르테미스, 사랑과 미의 여신 **아프로디테**, 제우스와 헤라의 아들로 불과 대장장이의 신인 헤파이스토스, 싸움의 신 아레스, 제우스와 아틀라스의 딸인 마이아의 아들로서 신들의 사자(使者)이며 상업·목축·여행·음악의 수호신인 헤르메스, 곡물의 여신 데메테르, 화덕·불의 여신 헤스티아의 12신을 가리킨다. 이러한 신들은 인간들의 일상생활을 관장하는 **현세적인 신들**이다. 신관은 특권을 갖는 승려가 아니라 시민 중에서 선출되었고, 절대시하는 경전도 없었다. 이 외에도 그리스인들은 재생과 내세의 신앙을 상징하는 태양의 신 **아폴로**와 포도주의 신 디오니소스를 믿었다.

철학과 과학

그리스인은 자유롭고 사색하고 만물의 근원을 탐구하려고 하였다. 그들은 지식을 응용을 위해서가 아니라 만물의 근원을 찾아 객관적이고 합리적인 사색과 탐구를 하였으며, 지식을 일정한 이론과 논리로 정리하고 체계화하려고 하였다. 이러한 지식을 사랑하는 합리적인 정신은 유럽의 철학과 과학의 원천이 되었다.

그리스 철학은 기원전 6세기에 이오니아 지방에서 먼저 일어났다. 이오니아 학파로 불리는 초기의 **자연철학자**들의 주된 관심은 우주를 형성하고 있는 만물의 근원이 무엇인가에 대한 탐구였다. 탈레스는 만물의 근원은 물이라고 했고, 헤라클러투스는 만물은 유전한다고 했고, 파르메니데스는 변화는 환상이면, 실재는 완전하고 불가분의 거대한 전체라고 주장했다. 데모크리투스는 우주는 더 쪼갤 수 없는 다수의 원자로 구성되어 있다고 하였다. 현실이나 실용성과 동떨어진 추상적이고 논리적인 탐구를 하는 자연철학자들은 주목할 만한 결론에 도달한다. 기원전 6세기 후반에 이탈리아에 거주한 **피타고라스**는 우주와 자연의 질서의 근거를 수적인 원리에서 찾으려고 하여 직각삼각형의 정리를 발견하였다.

기원전 5세기에 등장한 **소피스트**들이 철학의 관심을 자연으로부터 인간의 세계로 돌렸다. 그들은 페르시아 전쟁 이후에 성립된 민주정치에 유용한 **수사학과 웅변술**을 가르치는 순회교사였다. 대표적인 인물인 **프로타고라스**는 '인간은 만물의 척도이다'라고 주장한 것처럼 소피스트들은 보편적인 영원불변의 진리는 인정하지 않고 시대가 요구하는 지식과 토론에서 승리하는 기술의 습득에만 관심을 가졌다.

소피스트의 회의주의와 상대주의에 대하여 **소크라테스**는 **보편적 진리**는 존재하며 그것은 자기성찰로 터득할 수 있다고 설파하고 다녔다. 광장에 나가서 시민들과 대화와 토론을 하면서 '스스로를 알라'고 외쳤다. 소크라테스의 **변증법**을 이용한 설득은 시민들의 오해를 사게 되어 청년들을 오도하고 기성종교를 부정한다는 죄목으로 고발되어 시민재판에서 사형선고를 받았다. 소크라테스의 사상과 변론은 **플라톤**에 의해서 저작되어 후세에 전해졌다.

소크라테스의 죽음

플라톤은 소크라테스를 주인공으로 한 수많은 대화편을 남겼으며, 아테네 교외에 **아카데미**를 열어 제자들을 가르쳤다. 플라톤 철학의 핵심은 이상주의적이고 관념론적인 **이데아론**이었다. 그는 우리가 감각으로 인식하는 모든 것은 가상에 지나지 않으면 참된 세계는 우리의 감각을 초월한 이데아의 세계라고 주장했다. 또한 그는 '**공화국**'에서 철인 왕을 정점으로 하는 **소수의 엘리트 집단**이 통치하는 **이상국가**를 묘사했다.

라파엘로의 아테네 학당

플라톤과 아리스토텔레스

피타고라스와 제자들

플라톤의 제자 중 가장 뛰어난 **아리스토텔레스**는 마케도니아 출신으로 알렉산더 대왕을 가르쳤으며 아테네에 머물면서 제자들을 가르쳤는데 걸어 다니면서 강의를 했다. 그는 플라톤의 학설과 달리하여 사물의 본질이 따로 이데아로 존재하는 것이 아니라 질량 속에 내재하고 있다고 하는 현실주의적인 실재론을 주장했다. 또한 그는 모든 학문분야를 논리학, 형이상학, 자연사, 윤리학(정치학, 수사학), 시학으로 구분하고 집대성했다. 그는 자연과학의 실험적이고 경험적인 방법을 사용하여 '**정치학**'을 저술하고 1인 지배, 소수지배, 다수지배로 정체를 구분하고 군주정치와 참주정치, 귀족정치와 과두정치, 민주정치와 민중정치를 객관적으로 분석했다.

히포크라테스는 오리엔트에서 받아들인 의술에서 주술적인 것을 배제하고 질병을 객관적인 임상적 관찰에 입각한 치료법을 제시해서 의학발달의 토대를 마련했고 '히포크라테스의 선서'를 통하여 의술의 윤리성을 강조했다.

역 사

헤로도투스(B.C. 484－420)는 **페르시아 전쟁사**를 서로 다른 두 문명 간의 충돌로 보는 관점에서 기술하였고, 그 전쟁을 전제와 자유간의 투쟁으로 보았다. 그는 각종의 사료를 확인하지 않고 무비판적으로 기술하였다는 평을 듣지만 문명사적인 배경을 고찰해서 역사를 서술했다는 평을 듣는다.

투키데스는 펠론폰네스 전쟁 때 군사령관으로서 직접 참전한 경험을 바탕으로 자신이 목격한 것을 근거로 **펠론폰네스 전쟁사**를 저술하였다. 그는 모든 자료를 수집하고 이를 엄밀하게 검토하여 정확성을 확인하고 사건을 세밀하게 저술하였다. 이런 점에서 그는 과학적, 비판적 역사서술의 시조라고 불린다.

문 학

호머는 트로이 전쟁을 주제로 한 서사시집인 '**일리아드**'와 '**오딧세이**'를 저술했다. 유명한 비극작가 **소포클레스**는 오이디푸스왕, 안티고네를 썼고, 희극작가 아리스토파네스는 '**류시스트라타**'에서 아테네와 스파르타의 여성들이 연합하여 남편과의 잠자리를 거부한다는 것을 코믹하게 묘사했고, 여자의 의회에서 남성 공유제를 우스꽝스럽게 묘사했다.

미 술

신전건축과 대리석 조각이 유명하다. 아테네의 아크로폴리스에 있는 **파르테논 신전**은 고대 그리스의 대표적 건물이다. 그 신전에 안치된 아테나 여신상이 유명하다.

파르테논 신전1

파르테논 신전 2

원형 극장

아고라

6. 알렉산더와 헬리니즘

헬레니즘의 세계

그리스의 반마케도니아파의 저항을 분쇄한 알렉산더는 기원전 334년에 마케도니아 군을 주력으로 한 그리스 연합군을 거느리고 페르시아 정복 원정에 나선다. 페르시아 함대의 근거지를 공격하기 위해 소아시아로부터 시리아를 거쳐 페니키아를 공약하고 이집트를 정복하고 나일 강 하구에 **알렉산드리아**라는 그리스식 도시를 건설하였다(B.C. 331). **페르시아**를 멸망시키고 **중앙아시아**를 거쳐 **인도**를 정복하려고 하였으나, 10년간의 오랜 기간의 원정으로 지쳐있는 병사들 때문에 회군하여 돌아온 뒤에 열병에 걸려 33세로 죽었다.

알렉산더 대왕의 동방원정

아리스토텔레스의 제자였고 그리스 문화에 심취해 있던 알렉산더는 정복지에 그리스식 도시를 건설하고 그리스·마케도니아인의 이주와 **그리스 문화의 이식**에 힘쓰고 동시에 자신은 물론 부하들에게 페르시아 여성과의 혼인을 권장하였다. 알렉산더 사후 그의 제국의 통치권을 둘러싸고 그의 후계자들 사이에 치열한 갈등과 분쟁이 계속되었다. **시리아, 이집트, 마케도니아** 3대국으로 분열되어 서로 패권을 다투었다. 시리아와 이집트가 펠레스타인과 패니키아를 놓고 쟁탈전을 벌이고, 이집트와 마케도니아가 **에게해**의 패권을 다투었다. 3대국 간의 계속되는 전쟁으로 자원과 힘이 고갈되어 갔고 쇠퇴하여 가는 중에 작은 왕국들이 독립하여 떨어져 나갔다. 이러한 혼란과 분쟁을 이용하여 아테네와 스파르타 등 그리스의 폴리스들이 마케도니아의 지배에서 벗어나려고 했지만 실패했다.

이와 같이 헬레니즘 세계가 분열과 분쟁을 거듭하고 있을 때 서쪽의 **로마**가 이탈리아 반도를 통일하여 시칠리아의 그리스인과 카르타고에 도전하려 하고 있었다.

기원전 8세기 중엽에 그리스는 경제강국이자 문화의 중심지로 유럽의 여타지역에 심대한 영향을 미치는 정치제도와 문화를 창조하기 시작한다. 이 시대에 그리스의 인구가 급증하여 식민지를 건설하여 이주하게 된다. 이 시기에 그리스인들은 해상무역에서 피노키아인들(오늘의 레바논 지방)과 경쟁하였다. 이때의 그리스 식민도시들은 19세기 식민지와 달리 완전히 본국과 독립적으로 자치권을 행사했다. 그리스인들은 해상 무역을 하면서 피노키아인들, 이집트인, 이탈리아인, 갈리아인 등과 접촉했다. 당시 지중해는 여러 민족들이 교역을 하는 공동시장의 역할을 했다

인구의 증가, 빈부격차의 증대, 대토지를 소유한 지배계급과 농민들 간의 갈등, 농토의 부족 등으로 야기된 정치적·사회적·경제적 긴장을 해결하기 위한 돌파구로서 해외 식민지 건설을 추진하게 되었다. 화폐가 사용되었고 상업·수공업자들의 권리와 영향력이 증대되었다. 노동력의 부족으로 노예가 증대되었다. 부채를 갚지 못한 농민들이 노예로 전락했고 해외 식민지에서 노예를 충당했다. 위상이 신장된 수공업자들과 도시 자유민들이 정치참여를 요구하기 시작함에 따라 귀족들과 기사계급과 갈등이 시작되어 계층 간의 싸움이 벌어져서 그리스 도시국가들이 혼란에 빠진다.

사회와 경제

헬레니즘의 지배자들은 마케도니아 인이나 그리스인 또는 그리스화한 야만인 출신의 용병에 의존했다. 알렉산더 대왕의 **이민 권장정책**은 당시에 경제적으로 쇠퇴하고 있었고 정치적 혼란에 시달린 그리스인들에게는 좋은 기회였다. 그들은 새로운 기회를 찾아서 용병으로, 이민으로 상인으로 또는 관리로 정복된 땅으로 이주하였다.

알렉산더의 동방원정은 지중해세계와 오리엔트 세계를 하나의 교역권으로 결합시켰으며 그의 사후에도 시칠리아, 흑해연안, 나일강 유역에서 **인더스 강**에 이르는 광대한 지역이 하나의 거대한 시장을 형성하였다. 알렉산더가 정한 기준의 주화가 널리 사용되었고 **그리스어**의 방언인 **앗티카**의 방언이 헬레니즘 세계의 공통된 상업어로 사용되었다. 페르시아 왕으로부터 탈취한 막대한 양의 금은이 부하들에게 상여금으로 나누어지거나 도시의 건설과 같은 큰 토목공사의 건축비로 쓰임으로써 구매력을 형성하여 상공업의 발달을 가져왔다.

이집트의 **알렉산드리아**는 인구 50만을 넘는 대도시로 당시 헬레니즘 세계의 경제 문화 중심지였고 흑해연안, 비잔티움과 에게해의 로도스 등이 교역과 수공업의 중심지였고, 티그리스 하구의 안티오크는 아시아나 인도와의 교육의 중심지였다. 도시의 번영과 인구의 급격한 증가는 식량 수요를 증대시켰다.

농업생산의 증대를 위해서 정복지가 병사들과 그리스계 이주민들에게 분양되었고 **노예노동**에 의존하는 대규모 농업경영이 나타났다. 경제적 발전의 결과 도시와 농촌에서는 새로운 중산층이 형성되었는데 이들 대부분은 그리스계 이주민들이었다. 이에 반하여 원주민들은 그들에게 종속되었다. 원주민들은 착취와 경멸의 대상이 되었다. 불만을 품은 원주민들의 반란이 헬레니즘 세계의 여러 곳에서 일어나서 사회 문제가 되었다. 게다가 왕조들 간의 계속되는 전쟁으로 증가된 농업과 수공업의 생산력으로 축적된 부와 자원이 고갈되었다. 이런 사회적 혼란과 경제적 쇠퇴기에 로마군이 침입해 왔을 때 저항할 여력이 없었다.

기원전 8세기경에 **에트루리아인**들이 오늘날 이탈리아 북·중부 지방에서 문명을 일으키고 400－500년 동안 거주하였다. 그들이 발견한 아치형 건축물은 후에 로마인들에 의해 계승되어 발전됨 지역특산물인 철광석을 그리스에 수출했다. 알프스 이북에는 **겔트족**이 로마인들이 그 지역으로 진출할 때까지 지배했다.

헬레니즘 문화

그리스 문화에 오리엔트 문화의 요소가 가미되어 독특한 세계문화를 형성한 헬레니즘 문화는 보편적이고 세계시민적인 성격이 강하여, 당시 유행했던 **제논**이 창설한 **스토아학파**의 철학에 잘 반영되어 있다. 제논은 자연법과 보편적인 정의에 의해 지배되는 **세계국가**를 구상하였고, 그 구성원인 세계시민은 이성을 가진 존재로서 모두가 평등하다고 주장하였다. 스토아학파의 철학자들은 인간의 행복은 정신과 영혼의 안정에 있으며 이를 달성하기 위하여서는 감정이나 정열, 욕망을 버리는데 있다는 **금욕주의**를 실천적인 생활윤리로 제시하였다.

니케의상

비너스 상

이에 반하여 **에피쿠로스 학파**는 국가를 개인의 생존과 행복을 위하여 사회질서를 유지하는데 편리한 발명으로 생각하고 개별적인 인간의 행복의 탐구를 추구했다.

그래서 그들은 인간의 최종 목표는 즐거움을 구하는데 있다고 주장하여 스토아학파와 달리 육체나 감각적인 즐거움을 배제하지 않았다는 점에서 쾌락주의로 알려지게 되었다.

승리의 여신 니케상에서 볼 수 있는 동적인 성격, **밀로**의 **비너스 상**이 관능적인 아름다움을 표현하고 있으며, 자연과학이 발달하여 **지동설**이 처음으로 **아리스타르쿠스**에서 제기되었고 수학에 있어 **유클리드**의 기하학과 아폴로니우스의 삼각법 부력의 원리를 발견한 **아르키메데스**가 유명하다. 지리학이 발달하여 **에라스토테베스**는 세계지도를 작성하였다.

제3장 로마제국

티베르(티베레)강 기슭의 작은 도시국가로부터 출발한 로마는 5세기 동안에 걸쳐 오리엔트를 포함한 전 지중해 세계를 정복하고 통합하여 3대륙에 걸친 거대한 제국을 건설하였다. 로마는 지중해를 중심으로 발전한 고대문화를 종합하고 거기에 라틴적인 요소를 첨가하여 유럽의 고전문화를 완성시켰다. 유럽문화의 또 하나의 원천인 기독교의 성장도 로마제국의 국교가 되었기에 가능했다. 이렇게 로마제국은 고전문화를 완성시키고 기독교 성장의 토대가 되는 동시에 이를 유럽대륙과 새로이 유럽 역사의 주인공으로 등장한 게르만족에게 전달함으로써 오늘의 유럽문화를 가능케 하였다.

1. 공화정의 성립과 발전

지중해를 중심으로 거대한 제국을 건설하였던 로마는 라틴 인이 **티베르 강변**에 세운 작은 도시 국가로부터 일어났다. 전설에 의하면 트로이 함락 때 트로이 왕자 에네아스가 이탈리아반도로 건너왔고, 기원전 753년에 그의 후손인 **로물루스**와 **레무스**가 로마 시를 건설했다. 기원전 6세기 이전만 하더라도 로마는 몇 개의 작은 촌락들이 모인 것에 지나지 않았으며, 반도 남부의 그리스 식민 도시들이나 반도 북부에 있었던 에트루리아 인의 도시에 비해 뒤떨어져 있었다. 로마는 한때 **에트루리아인**들의 지배를 받았으나, 기원전 6세기말 그들을 몰아내고 공화정을 세웠다.

로마 공화정은 도시 국가의 방어에 주도적 역할을 맡은 귀족들이 권력을 독점하고 있었다. 귀족들은 2명의 **집정관**을 비롯한 모든 관직을 독점하였고, 최고 의결기관인 원로원도 귀족 출신으로 채웠다. 그러나 군사적인 역할을 점점 더 맡게 된 **평민**들은 귀족들의 권력 독점에 불만을 품고서 자신들의 권리를 높이기 위해 오랫동안 싸웠다. 그 결과 평민의 권리를 수호하는 **호민관직**이 만들어지고 부유한 평민도 정치에 참여할 수 있는 길이 열렸다. **리키니우스 법**에 의해 2명의 집정관 가운데 한 명은 평민에서 뽑게 되었으며, **호르텐시우스 법**에 의해 **평민회의** 결의가 원로원의 승인 없이도 나라의 법으로 인정을 받게 되었고, 모든 관직이 평민에게 개방되고, 평민과 귀족은 적어도 법률상으로는 평등해졌다. 그러나 이처럼 평민의 권리가 신장되긴 하였지만, 아테네와 같은 민주정치 체제가 확립되지는 않았다. 정치 제도를 교묘하게 만들어 실질적으로는 귀족과 부유한 상층 시민들이 권력을 나눠 가지는 상태에 지나지 않았다.

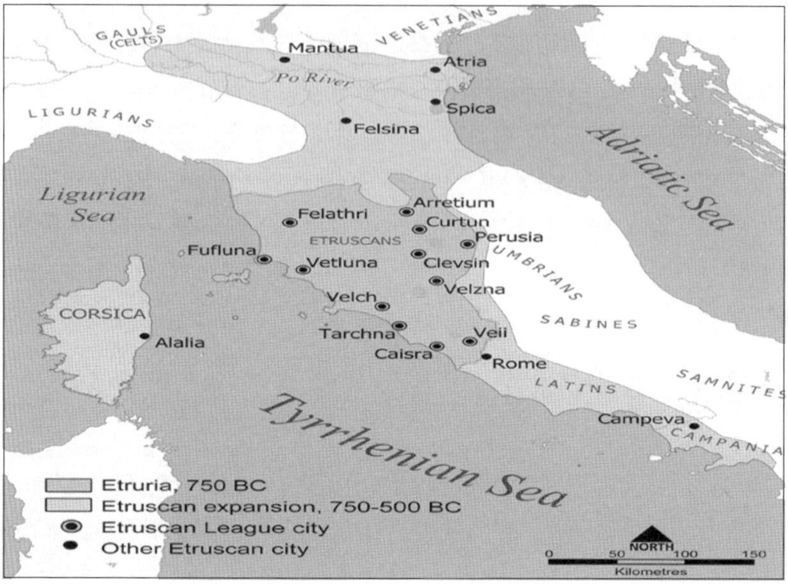

에트루리아 지배하의 로마

로마 공화정은 **원로원**, **정무관**, 그리고 **민회**로 구성되었다. 1년 임기의 정무관은 평민의 모임인 민회에서 선출되었는데 그 중에서 행정 및 군사업무를 담당했던 두 명의 집정관의 권력이 가장 강했고, 원로원과 협의하여 민회를 소집하는 권한을 가졌다. 임기는 1년이었고 한 달씩 교대로 직무 했고 상호간의 완전한 합의가 필요했다. 국가 비상시에는 한 사람의 독재관에게 전권이 위임되지만 그 기간은 6개월을 넘지 못하도록 했다. 집정관 밑에 **법무관**이 있어 사법을 관장했고, 국고수입을 관장하는 **재무관**, 징병을 위한 인구 및 재산을 조사하는 **감찰관**이 있었다.

원로원은 정무관을 지낸 사람으로 구성되었고 임기는 종신이었다. 형식적으로는 집정관에 의해서 소집되고 집정관과 협의하도록 되어 있으나 실질적으로는 공화정의 최고 권력기관으로서 국정전반에 걸쳐서 집정관에게 대안을 제시했다.

사회구조와 신분투쟁

공화정 초기에 로마사회는 귀족·평민·노예 세 계급으로 나누어져 있었는데, **귀족**과 평민의 구별은 통혼이 금지될 정도로 엄격했다. 귀족은 명문출신으로 대지주였고 원로원을 비롯하여 고위 정문관을 독점하고 기병으로 전투에 참가했다. **평민**은 자유인으로서 약간 명의 노예의 힘을 빌려 토지를 경작하는 대소 자영농민, 수업공자와 상인들로 구성되었다. 나중에 평민들은 법적·정치적 권리의 확대를 위해 귀족과 투쟁을 벌였다.

기원전 494년에 평민들은 로마 시에서 철수하여 근교의 성산에 모여 자신들의 권리확대를 요구하면서 세를 과시했다. 이것이 평민회의 기원이 되었고, 자신들의 권익을 대변해줄 **호민관**을 선출하여 정치에 참여시켰다. 귀족들은 계속되는 전투에 평민에 의존하지 않을 수 없었고 정복되는 로마의 영토가 넓어짐에 따라 토지를 소유하는 평민들의 수가 증가함에 따라 귀족들은 평민의 권리 확대에 대한 요구에 양보하지 않을 수 없었다.

로마의 시민군 편제는 **193개의 백인대**로 조직되었는데, 혈통이나 신분에 상관없이 재산소유의 수준이 군편제와 계급구분의 기준이 되어서, 로마의 시민군은 중장기병, 중장보병, 경장보병으로 구성되었고, 수공업자는 공병으로 종군했고, 무산 시민들에게도 병역의 의무가 부여되었다. 시민군에 참여한 병사들은 **병사회**를 구성하여 자신들의 권익을 증대시키는 노력을 하면서 정치에 참여했다. 이런 과정에서 부유한 평민이 지배계층에 가담할 수 있었다. 이렇게 새로 형성된 지배계층을 **노빌레스**라고 하는데, 로마공화정은 귀족정치에서 **노빌레스**의 과두정치로 변질되었다.

평민이 집정관이 될 수 있는 길을 열어준 **리키니우스 법**에 따라 귀족들의 대토지 소유의 폐단을 방지하기 위하여 토지소유 상한제가 실시되어 새로 정복된 땅이 평민에게 많이 분할되었다. 기원전 3세기 초 **호르텐시우스 법**에 따라 평민회의 결정이 원로원의 승인을 거치지 않고 그대로 법으로 인정됨으로써 입법권을 행사할 수 있었다. 이러한 평민들의 권리신장을 위한 신분투쟁을 통해서 평민들은 귀족과 형식적으로 거의 동등해졌고 로마는 시민공동체로서 일체감의 토대 위에 공고히 결속될 수 있었다. 그리고 평민과 귀족간의 권력투쟁이 유혈충돌이 아니라 절충, 타협, 양보로 진행된 것이 계층간의 화합에 기여했다. 이렇게 형성된 일체감으로 단합된 시민공동체와 그 바탕 위에 조직된 **시민군**은 로마팽창의 원동력이 되었다.

이탈리아 반도의 통일

로마는 공화정 초기부터 주변 도시들과 끊임없이 전쟁을 벌였다. 로마는 같은 라틴인 도시들과 동맹을 맺고 주변의 도시들을 정복하였으며, 정복된 도시들을 동맹으로 묶은 뒤 새로운 정복에 나섰다. 이탈리아의 **로마 동맹시**들은 동맹으로 대우받는 대신, 병력과 돈을 로마에 바쳐야 했다.

기원전 493년 라틴도시들과 맺은 **라틴동맹**은 로마팽창의 발판이 되었다. 기원전 5세기 후반에 인접지역을 정복했고 기원전 4세기 초에 티베르강 북쪽을 점령해 가는 과정에 기원전 387년에 북방의 갈리아 인의 침략을 받아 로마는 약탈되고 방화되었다. 배상금을 받고 갈리아인들이 물러간 후에 기원 4세기 후반에 동맹시들의 도전을 받은 로마는 기원전 340과 338년 사이에 그들을 제압하고 그들의 영토를 병합한다(이때는 마케도니아가 그리스를 지배하던 시기였다). 팽창을 계속한 로마는 **기원전 272년**에 이탈리아 반도를 통일한다.

로마는 새로 정복한 지역을 연결하는 요소마다 **군사 식민시**를 건설하여 요새를 짓고 수비대를 주둔시켜 점령지 치안을 유지했고 정복지에 로마의 빈민이나 무산자들을 이주시켜서 토지의 일부를 분할해 주었고 남는 여분의 토지를 로마시민에게 임대하거나 양도해 주었다. 로마에 편입된 **라틴인**에 대하여는 참정권을 포함한 완전한 시민권을 부여했지만, 정복지나 식민시의 주민들에게는 참정권이 없는 시민권을 부여했다. 몇몇 특정 종족과는 동맹관계를 맺고 자치를 부여했지만 군사와 외교권을 로마가 갖는 방식으로 간접통치를 하기도 했다.

2. 지중해 세계의 정복과 공화정의 위기

포에니 전쟁

이탈리아 반도를 통일한 로마는 **카르타고**와 지중해 패권을 놓고 싸우지 않으면 안되었다. 카르타고는 기원전 9세기말에 지금의 튀니스 부근에 건설된 **패마키아**의 식민시로서 농업과 해상무역으로 급속하게 발전하여 북부 아프리카의 해안지대, 시칠리아 서부 코르시카, 사르디니아, 이베리아 반도의 남부해안지대를 점령하여 서부지중해의 패권을 장악하게 되었다. 시칠리아의 그리스 식민시였던 **맷시나**가 침략을 받자 로마와 카르타고에 지원을 요청한데서 양국 간의 전쟁의 발단이 된다.

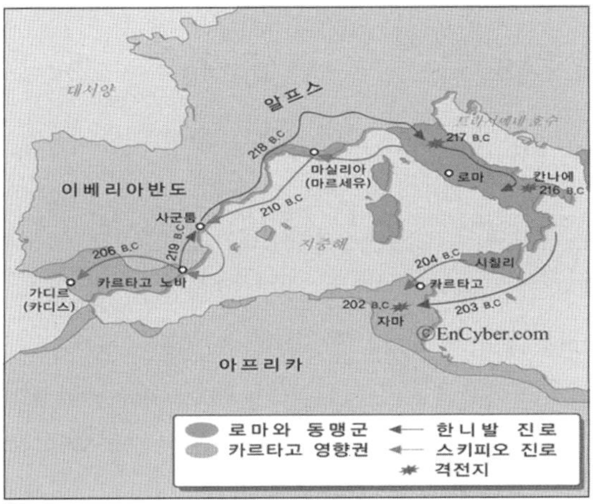

2차 포에니 전쟁

제1차 포에니 전쟁(264 – 241 B.C.)은 시칠리아 섬의 쟁탈전이었으나 로마가 승리한다. 로마는 이 전쟁에서 해군의 필요성을 절감하고 대함대를 건조하여 막강한 육군과 함께 해군력을 가지게 되었다. 로마는 획득한 시칠리아를 속주로 만들어 생산물의 10분의 1을 공납으로 징수했다. 그 후 시칠리아는 북부아프리카나 이집트와 더불어 로마의 곡창역할을 담당하게 되었고 **라티푼디움**으로 알려진 로마의 대농장 경영이 여기서 시작되었다.

제2차 포에니 전쟁(218 – 202 B.C.)은 이베리아 반도에서 군대를 양성했던 카르타고의 명장 **한니발**이 코끼리 부대까지 동원된 대군을 거느리고 알프스를 넘어 로마를 공격하여 시작되었다. 칸네 전투에서 로마 군은 대패하여 많은 손실을 입었지만. 로마를 중심으로 한 이탈리아 전체가 결속되어 군사력을 회복하고 카르타고 군과 대치하였다. 로마의 명장 **스키피오**가 이베리아 반도를 점령하고 카르타고의 본거지를 공격하였다. 이탈리아에서 급히 귀환한 한니발은 자마의 결전에서 로마군에 패함으로써 전쟁을 끝나게 된다.

제3차 포에니 전쟁(149－146B.C.)은 해상무역에 종사하면서 국력을 회복해 가는 카르타고를 멸망시키기 위해서 로마가 일으켰다. 카르타고 시는 완전히 파괴되고 포로는 노예로 팔렸으며 **카르타고**는 **'아프리카'**라는 이름의 로마의 속주가 되었다. 동맹시와 달리 속주의 주민에게는 시민권이 부여되지 않고 로마에게 세금을 납부해야 했다.

헬레니즘 세계의 정복

2차 포에니 전쟁에서 승리하고 서 지중해를 장악한 로마는 동방의 헬레니즘세계의 정복에 나섰다. 기원전 201－197년에 마케도니아의 필립 5세를 격파하고 **마케도니아**로부터 그리스 도시국가들을 해방 시켰다. 기원전 171－168년에 다시 원정하여 마케도니아를 멸망시키고 15만 명을 노예로 만들었고 저항하는 그리스로부터 1000명의 인질을 로마로 끌고 왔다. 그 후 마케도니아가 반란을 일으키자 진압한 후에 속주로 만들었다. 카르타고를 멸망시킨 같은 해인 B.C. 146년에는 그리스의 아카이아 동맹이 저항하자 진압하고 로마에 대한 반란을 주동했던 **코린트**를 완파해버린 후에 남자는 모두 살해하고 부녀자는 노예로 만들었다. 헬레니즘 세계의 정복으로 로마는 전지중해 세계를 지배하게 되었고, 유입된 헬레니즘의 영향으로 로마의 문화는 사치스럽고 향락적인 방향으로 변화되어갔다.

사회의 변화와 그라쿠스의 개혁

로마가 서부지중해의 패권을 장악하고 헬레니즘세계를 정복하여 전지중해 세계를 지배하는 대제국으로 팽창해 나감에 따라 로마사회에는 중대한 변화가 일어났고 그것은 공화정에는 큰 영향을 미쳤다.

정복사업이 로마에게 가져다 준 광대한 영토와 막대한 수입은 로마의 구성원 전부에게 고르게 분배되지 않고 원로원과 고위 정무관직을 독점하고 있는 소수의

노빌레스 계층과 신흥 부유층이 정복사업의 과실을 거의 독점했다. 로마의 노빌레스층은 폐쇄적이고 배타적인 소수지배계층을 형성하면서 정권을 독점하는 한편 공유지를 사유화하는 등 토지소유를 증대시켜 나갔고 세금 없이 무역 등 사업에도 관계했다. 기원전 218년의 법령으로 그들은 무역, 공공 토목공사, 금융업 등에 종사하는 것이 금지되자 그들은 주로 토지소유와 농업경영에 주력하면서 원로원을 중심으로 로마의 정치를 좌우하는 소수 지배집단이 되었다.

노빌레스에게 금지된 사업에 진출하면서 부를 축적한 **신흥부유층**(에퀴테스)이 등장했다. 그들은 해상무역, 각종의 군납업, 군대수송, 공공토목공사, 속주에서의 징세청부 등으로 점점 더 많은 부를 축적해갔고 그것을 이용하여 닥치는 대로 토지를 구입해서 대지주가 되었다. **신흥부유층**은 소유한 광대한 토지를 노예를 이용하여 경작하는 대농장 즉 **라티푼디움**의 경영주가 되었다.

신흥부유층의 출현과 뒤이은 라티푼디움의 확산으로 경쟁에 취약한 자영 농민층이 몰락한다. 거듭되는 전쟁의 주력으로 오랫동안 종군한 자유농민들은 사망하거나 오랫동안 농토를 돌보지 못함으로써 농토는 황폐화 되어 갔다. 게다가 대농장의 확산과 속주로부터 공납되는 농산물로 중소규모의 농업경영이 어려워지자, 농토를 대지주에게 팔고 로마로 몰려들었다. 시민군의 주력인 자유농민의 몰락은 군사력의 약화를 가져왔고, 중산층의 몰락으로 빈부의 양극화 현상이 나타나면서 심각한 사회불안이 초래되었다. 게다가 헬레니즘의 영향으로 사치와 향락을 추구하는 생활풍조가 만연하게 되었다.

자유농민을 부흥시켜서 사회불안을 해소하고 로마의 군사력을 예전처럼 회복하기 위한 개혁이 필요했다. 그래서 스키피오의 외손자이며 평민출신의 집정관의 아들이었던 **그라쿠스**가 기원전 133년에 호민관으로 선출되자 개혁을 감행한다. 리키니우스 법의 제한을 넘어서 불법으로 점유한 토지를 몰수하여 **무산시민**(proletarii)에게 분배하려는 개혁안을 제시했지만, 원로원을 중심으로 한 반대파에 의하여 그의 지지자들과 함께 살해되고 말았다.

기원전 123년에 호민관으로 선출된 그라쿠스 동생 **가이우스**는 다시 개혁을 시도했다. 빈민층에게 시장가격보다 싸게 곡물을 판매하고, 카르타고의 옛 영토에 식민시를 건설하여 무산시민을 이주시키고, 속주에서의 징세 특권과 착취를 제한하는 법안을 입안하려했지만, 개혁에 반대한 원로원과 속주의 총독, 신흥부유층 등의 기득권층의 반대로 실패하고 **가이우스**는 자결했다. **그라쿠스 형제의 개혁**이 실패한 이후 로마 지배층은 기득권과 현상유지를 지지하는 **옵티마테스**(optimates: 벌족파)와 평민의

그라쿠스의 형제

이익을 옹호하려는 **포플라레스**(populares: 민중파)로 분열되어 이후 약 100년간 양파는 치열한 권력투쟁을 벌리면서 유혈충돌을 빚었다.

내란과 공화정의 몰락

계속된 영토확장은 로마사회를 변질시켰다. 기원전 5세기부터 기원전 1세기 사이에 로마에서는 극적인 변화가 이어졌다. 그 전반기에는 그리스의 폴리스와 마찬가지로 귀족과 평민이라는 신분간의 갈등과 투쟁이 주제였다. 정복과 방위의 주된 역할을 맡은 중장 보병인 평민이 강력한 발언권을 가지게 되었다. 귀족의 양보가 계속되어 평민의 정치적 권리는 점차 인정을 받게 되고 민주 정치가 실현되었다.

로마는 그리스와는 달리 농업에 중점을 둔 사회였는데 영토 확장과 더불어 대농장(라티푼디움)을 가진 유력자가 나타나게 되었다. 유력자들은 정복에 의해 노예를 증가시켰다. 중소 농민의 지위를 지키려고 하는 개혁도 시도되었지만 실패로 끝났다 기원전 2세기 후반부터 약1세기 동안 로마는 유력자들 사이의 항쟁으로 얼룩져서 이 시기를 내란의 1세기라고 부른다.

그라쿠스 형제의 개혁이 실패한 이후 얼마동안 원로원이 권위를 회복하고 공화정은 지속될 수 있는 것 같았다. 그러나 로마사회의 내부 분열은 여전히 지속되었고 도시국가적인 공화제는 제국으로 팽창한 로마에 적합하지 않았다. 그럼에도 불구하고, 공화제의 중심 권력기관인 원로원은 정복전쟁의 열매를 독점하고 현상유지에만 관심을 가지고 새로운 변화에 대처할 능력을 상실해감에 따라 기원전 2세기말과 1세기 초부터 정치적 공백상태가 나타나게 된다. 무력한 원로원을 대신해서 군사령관 출신의 장군들이 정치무대에 등장하게 되고 지배층과 민중파 양파가 정권투쟁에서 유리한 위치를 점유하기 위해서 이들을 자기 쪽에 끌어드리려고 경쟁함으로써 정치는 복잡하고 혼란스럽게 되어 갔다.

자유농민의 몰락으로 기존의 시민군의 유지가 어렵게 되어 군의 전력이 약화되자 장군으로서 최초로 정치무대에 등장한 **마리우스**는 무직자나 무산자의 지원병으로 구성된 직업적인 군대를 편성하는 **군사개혁**을 단행하였다. 직업군인은 무장과 봉급을 받았고, 16년간의 복무를 마치면 정착을 위한 보너스와 토지를 받게 되었다.

따라서 전리품도 많이 챙길 수 있고 퇴역후의 생활보장을 받을 수 있기 때문에 직업군인들은 유능한 장군 밑에 많이 모여들었고 그들은 국가보다 그들의 상관인 장군에게 더 충성을 받치게 되었고 로마 군대는 장군의 사병으로 변질되어갔다.

작은 도시의 평민출신 **마리우스**는 북아프리카의 누미디아 왕의 반란과 이탈리아 북쪽의 이민족의 침입을 격퇴했고, 이탈리아 동맹 시들이 시민권의 부여를 요구하면서 반란을 일으켰을 때 진압하여 공을 세워서 명성을 얻었고 퇴역한 병사들에게 토지를 분배해 주려고 해서 민중 사이에 인기가 높았지만 원로원의 반대로 뜻을 이루지 못했다.

명문출신으로 마리우스의 부하였던 **술라**는 원로원의 지지를 얻고서 민중파를 숙청한 후에 흑해연안의 포투스의 왕 미트리다테스의 반란을 진압하기 위해 원정을 나선다. 그 사이에 지방으로 피신했던 **마리우스**가 로마로 돌아와 반대파를 숙청하고 사망한다.

미트리다테스의 반압을 진압하고 돌아온 **술라**는 마리우스를 지지했던 민중파들을 살해하고 재산을 몰수하고, 희생자들의 1만 명의 노예를 해방시켜 친위대로 편입시켰고, 몰수한 재산을 추종자들에게 분배해 주고 12,000명의 노병에게 토지를 주어 정착시켰다. 뒤이어 **종신 독재관**이 되어 평민회와 호민관의 권한을 축소시키고 원로원의 의원 수를 600명으로 늘려 자파 사람으로 충원시켜서 **독재정치**를 펼침으로써 로마의 공화정은 크게 훼손된다.

술라가 죽은 후에는 그의 부하장군이었던 **폼페이우스**는 마리우스파의 잔당을 소탕하는데 공을 세웠고 그의 동료인 **크라수스**는 **스파르타쿠스**[2])의 노예반란을 진압함으로써 명성을 얻었다. **폼페이우스**는 **크라수스**와 공동 집정관이 되어 술라의 독재체제를 원상으로 환원시켰고 시리아 왕국과 팔레스타인을 정벌하여 속주로 만들어 동방을 완전히 로마에게 굴복시킨다.

큰 공을 세우고 개선한 폼페이우스는 원로원의 지지를 얻기 위해서 군대를 해산하고 제대병에 대한 토지분배를 원로원에 요청했으나 승인을 받지 못했다. 이 때 로마의 전통적인 귀족가문 출신인 **카이사르**(Julis Caesar)가 실의에 젖어 있던 **폼페이우**

2) 중부 이탈리아 카푸아의 노예 검투사 양성소에 소속된 검투사였는데, B.C. 73년 70여 명의 동료 노예와 함께 양성소를 탈출, 목자(牧者)·농노(農奴)·빈농(貧農)을 규합하여 반란을 일으켰다. 정부에서 보낸 진압군 2개 군단을 차례로 격파하고 남부 이탈리아를 지배, 전성기에는 군세가 12만 명에 달하였다. 그러나 남이탈리아에서 시칠리아 섬으로 건너가려다가 실패하고, B.C. 71년 원로원에서 파견된 크라수스의 군단에게 루카니아에서 패사(敗死)하였다. 이 반란은 로마의 지배계급을 전율시켰으며, 후에 그에 관한 갖가지 전설이 생겨났다.

스와 그의 동료인 **크라수스**를 끌어들여 **제1회 3두정치**를 성립시킨다.

카이사르는 **자기의 딸 율리아**를 폼페이우스와 결혼시키고 기원전 59년에 집정관이 되어 노병에 대한 토지분배를 실시하였다. 58년에 **갈리아 원정**을 시작하여 8년에 걸쳐서 갈리아 정복을 완성한다. 도중에 **브리타니아**(오늘의 영국을) 침략하여 정복하기도 한다. 카이사르의 **갈리아 정복**은 지중해를 무대로 발전하였던 그리스·로마문화가 비로소 유럽내륙에 이식되어 깊이 뿌리를 내리게 되었다는 점에서 역사적 의의가 크다.

카이사르

카이사르(시저)는 장군으로 많은 공을 세웠을 뿐만 아니라 탁월한 정치가이기도 했다. 기원전 56년에 카이사르는 전쟁수행 중에 폼페이우스와 크라수스를 만나 **갈리아**, 에스파냐, 시리아를 맡기로 합의하여 3두정치의 결속을 다졌지만, **크라수스**가 동방으로 원정 중에 전사하자 3두 정치는 와해되었다. 시저에 강한 반감을 가졌던 원로원은 시저의 인기상승을 견제하기 위해 **폼페이우스**를 단독 집정관에 임명하여 시저를 제거하려 했다.

카이사르(시저)의 독재

기원전 49년 초 원로원으로부터 소환장을 받은 시저는 갈리아와 로마의 경계선인 **루비콘 강**에 이르러 결단을 내려야 했다. 당시 로마법에 따르면 루비콘 강을 군대를 거느리고 넘어서는 안 되었다. 카이사르는 '주사위는 던져졌다'는 유명한 말을 하면서 8년간 그와 함께 싸웠던 정예부대를 거느리고 로마로 진격하였고 로마의 공화정은 끝났다. **폼페이우스**와 원로원의 다수는 그리스로 도주했다. 시저는 이탈리아를 평정하고, 에스파냐를 진압한 후에 그리스로 가서 폼페이우스 군대를 격파하였다. 이집트로 피신한 폼페이우스를 추격하여 이집트로 가서 그를 살해하고 이집트 여왕 **클레오파트라**와 사랑에 빠져 그녀 사이에 아들을 얻었다. 로마로 돌아온 시저는 원로원의 정적들과 폼페이우스의 잔존세력들을 제거하여 독재권력을 확립했다. **종신 독재관**이 된 시저는 거대한 로마제국의 유일한 지배자가 되어 왕정에 가까운 독재권력을 행사했다.

카이사르는 술라와 달리 정적이나 반대세력에 대하여 관대하였고 불필요한 피를 흘리지 않았다. 그는 특권과 무능과 부정을 증오하여 로마의 재건과 개혁에 착수하였다. 사병들에게 보너스를 지급하고 노병들을 정착시켜 그들의 노고에 보답하였고, 신들에게 푸짐한 연회와 구경거리를 제공하여 환심을 샀다. 신전과 각종 공공건물을 건립하고, 징세제도를 개선하였고, 대신관의 자격으로 기존의 달력을 시정하여 새로운 달력을 만들었다. 가난한 시민들에게 곡물을 무상으로 배급했고, 카르타고와 코린트 등 새로운 식민시를 건설하여 가난한 사람들을 이주시켜 정착시켰고, 북부 이탈리아 지방과 시칠리아의 주민들에게 참정권 없는 시민권을 부여하는 등 제국의 점진적인 로마화 정책을 시작하였다.

클레오파트라

안토니우스와 옥타비아누스의 권력투쟁

브루투스와 **카시우스** 그리고 카이사르(시저)에게 원한을 품고 있던 원로원 의원들이 합세하여 원로원에서 카이사르를 암살하여 공화정의 회복을 시도하였으나 실패했다. 카이사르의 충실한 부하장군이었던 **안토니우스**와 시저의 양자였던 **옥타비아누스**, 카이사르의 옛 부하였던 **레피두스** 세 사람이 합의하여 **제2차 3두정치**를 성립시키고 시저의 반대세력들의 숙청에 나선다. 그 결과 900명이었던 원로원 의원 중 300명과 에퀴데스(신흥부유층)의 2,000명이 살해되었다.

카이사르의 암살

안토니우스와 옥타비아누스는 암살자들을 추격하여 마케도니아에서 이들을 살해했고 **부르투스**와 **카시우스**는 자살하였다. 상처한 안토니우스의 후처로 과부였던 옥타비아누스의 누이 옥타비아가 들어가서 3두정치의 결속은 굳어지는 것 같았지만, 곧 **레피두스**가 탈락한 후에 옥타비아누스와 안토니우스는 제국을 양분하여 전자가 서방을 후자가 동방을 지배하게 되어 양자 사이의 대립은 점점 더 격화되어 갔다.

동방을 지배하게 된 **안토니우스**는 **클레오파트라**에게 매혹되어 이집트에 머물러 로마를 무시하는 태도를 보이자 옥타비아누스는 이을 이용하여 안토니우스를 제거하려고 시도한다. 양자는 **악티움의 해전**에서 패권을 다투었는데 안토니우스 군대와 이집트 군의 연합군이 대패하여 안토니우스는 자결하고 뒤를 이어 클레오파트라도 자결한다. 이로써 이집트의 프틀레미 왕가는 단절되고 이집트는 옥타비아누스의 개인재산에 귀속되었다. 1세기 동안의 로마공화정의 몰락과정은 막을 내리고 황제가 통치하는 **제정시대**가 열리게 된다.

악티움 해전

로마공화정의 몰락

공화정 초기에 귀족과 평민 간 치열했던 계급투쟁이 종결을 지으면서, 로마는 해외로 팽창하기 시작했고, 그 극적인 예가 카르타고와 그리스의 정복이었다. 조그마한 도시공동체에서 출발하여 이제 지중해세계 전체를 아우르는 대제국으로 성장한 것이다. 그러나 이러한 성공적인 해외팽창은 필연적으로 원로원 과두체제로 다스려지던 도시공동체 로마에 변화를 강요하게 되었다. 과두지배체제하에서 지중해세계를 일원적 체제로 다스릴 수 없었던 것이다.

가장 두드러진 변화는 농업노동력 구성의 변화와 도시빈민의 급증이다. 이 두 가지는 서로 떼어서 설명할 수 없다. 변화의 양상은 **카르타고**와 오랜 격전(포에니전쟁)을 치르면서 나타났다. 장기간의 전쟁은 한창 일할 나이의 청장년층을 장기복무하도록 하였고, 그들이 장기복무 하는 동안 토지는 황폐화된 채 귀족의 소유로 넘어갔다. 또한 전쟁에서 승리한 로마의 지배층들은 적의 대토지를 몰수하여 자신의 토지로 삼곤 하였다.

토지를 잃은 병사들은 자연농민층의 자격을 잃은 채 무산자(proletarii)계층으로 전락했다. 귀족의 꾸준한 토지독점은 자영농민 층의 꾸준한 감소와 무산자 층의 증대와 맞물려서 나타났다. 이미 기원전 200~167년 동안에 로마 성년 남자들 중 10%는 항상 군복무 중이었으며, 또한 전쟁에서 사상자 또한 엄청난 것이었다. 이러한 엄청난 군사적 모험이 가능했던 이유는 후방의 민간경제를 노예들이 대신 전담하고 있었기 때문이다. 노예의 급증과 귀족사유지의 확대는 이제 기존의 소규모 토지보유자 중심의 로마 농업경제에 새로운 대농장제도(latifundium)를 도입하게 하였다.

이 **라티푼디움**의 출현이 포에니전쟁 전 기간을 통해 로마경제를 뒷받침했을 뿐만 아니라, 이후 로마의 주요 생산기반이 되었던 것이다. 물론 모든 자영농민층이 **무산자**(proletarii)가 된 것은 아니었다. 자영농은 완전히 사라지지 않은 채, 비록 산간벽지나 오지로 밀려났지만, 계속 존재했으며, 단지 눈에 띄게 감소했을 따름이다. 그러나 '자영농의 꾸준한 감소'라고는 하지만, 이 자영농의 감소는 로마 공화정을 뒤흔들기에 충분한 토양을 제공했다. 그들은 귀족의 소작인이 되기도 하였으나, 많은 수가 당시 호황기를 누리고 있던 도시로 몰려들었고, 곧 도시인구의 다수를 차지하게 되었다. 바로 이 무산자층이 공화정을 멸망시킨 정정(政情) 혼란에 중요한 변수로 작용하게 되는 것이다.

변화에 대해 근본적인 해결책은 간단했다. 무산자가 된 그들에게 토지를 다시 마련해 주어 정착케 하는 것이다. 그러나 그것이 말처럼 쉬운 일이 아니었다. 최초로 개혁을 시도했던 티베리우스 **그라쿠스의 개혁**은 현재 귀족들이 보유하고 있는 토지를 인정해 주는 대신에 공유지를 나누어주자는 것이었음에도 불구하고 이미 기득권을 확보하고 있던 원로원과 귀족, **벌족파**들에 의해 반발을 샀으며, 원로원의 사주를 받은 무산자계급에 타살 당함으로써 개혁은 실패로 돌아갔다. 그의 동생 가이우스의 개혁안은 형의 것보다 더 과격한 개혁안이었다. 가이우스는 형의 실패를 되씹지 않기 위해 많은 지지자들을 확보하는 등 준비를 철저히 하였지만, 그도 역시 개혁엔 실패하였다. 이때 그는 중요한 정치적 자충수를 두었다. 전통의 로마국제를 어기는 정치적 행위를 한 것 때문에 공화정의 전통을 지키려는 로마귀족들과 그들의 사주를 받은 무산자층에 의해 쫓겨났고, 토지를 재분배하려던 그들의 개혁은 수포로 돌아갔다.

그러나 이 과정에서 중요한 것은 무산대중(proletarii)의 역할이다. **프롤레타리아**는 특별한 정견 없이 그때 그때 각 정파가 제공하는 향응과 선동에 휘말리기 일쑤였다. 이들 무산대중의 폭력적 행동이야 말로 **라티푼디움**(latifundium)의 출현과 함께 로마공화정을 뒤흔들어 놓은 주범이었던 것이다. 벌족파와 민중파들은 서로 **프롤레타리아**를 위해 싸운다고 선전하였고, 프롤레타리아는 정파의 향응과 선전에 따라 서로 폭력을 행사하였다. 이러한 계속되는 폭력행위로 서로 압도적인 승리를 거둘 수 없었던 정파들은 군부의 힘을 빌리기 시작하였다.

이때의 군대는 이미 국가에 대한 충성심을 지닌 과거의 로마군이 아니었다. 마리우스의 병제개혁 이래 군대는 장군들의 사병이 되고 있었다. 군대 자체가 무산자화되가는 과정 속에서 **마리우스**는 무산자들을 징집하면서, 그들에게 퇴직금과 토지하사를 약속하는 방식으로 군대를 충원하였다. 국가는 병사들에게 아무런 보상도 해주지 않았다. 전리품은 오직 지배계급들만이 나누어 가질 뿐이었다. 그러한 때에 장군들이 병사들의 경제적 처우개선을 약속하고, 실행하면서, 군대는 더 이상 국가의 군대가 아닌, **장군들의 사병**이 되고 있었다. 마리우스, 술라, 시저, 폼페이우스, 크라수스 등 숱한 군벌이 나타난 것은 **마리우스의 병제개혁** 이후이다.

시간이 지나면서 원로원이 군대를 이용하는 것이 아니라 군대가 직접 통치자로 나서는 상황이 벌어졌다. 그들의 절대적인 지지세력은 바로 프롤레타리아였다. 장군들 간의 내전에서 최후로 승리한 자는 **아우구스투스**였고, 역사에서 그의 집권 이후에는 로마를 공화정이라 부르지 않고, 제정이라 부른다.

3. 제정의 성립과 로마의 평화

제정의 구조

장기간에 걸친 내란과 전란으로 지칠 대로 지친 로마시민들은 평화와 안정을 원했다. 로마의 실질적인 유일한 최고의 지도자가 된 **옥타비아누스**는 서둘지 않고 공화정의 형태를 유지하면서 서서히 새로운 정치체제인 일인 황제정치를 굳혀갔다. 로마로 개선하자 옥타비아누스는 원로원을 축소하고 원로원 의원의 명부의 첫 번째에 자신의 이름을 올렸다. 그는 기원전 27년에 평화와 질서가 회복되었다는 이유로 모든 비상대권을 원로원에 반환하였고, 원로원은 그에게 군대지휘권을 포함한 속주의 관리 및 통제권과 더불어 존엄하다는 의미의 '**아우구스투스**'라는 존칭을 부여했고, 집정관에 뒤이어 호민관도 되었다.

기원전 23년부터 아우구스투스는 로마군제를 개편하여 이탈리아 출신과 속주의 로마시민으로 충원되는 25개 군단의 정규군단과 속주민으로 구성되는 보병과 기병으로서 구성된 보조군을 창설하였다. 정규군단의 군인들은 복무기간이 20년이었고, 보조군 병사들의 복무기간은 25년으로서 제대 후에는 그들에게 로마시민권이 부여되었다.

아우구스투스는 속주를 원로원과 나누어 통치하기로 하고 군사적 위험이 많은 속주를 황제관할로 하였다. 그는 군의 정치개입을 방지하기 위해서 이탈리아에는 군대를 주둔시키지 않고 속주에만 배치하였고, 군단장과 같은 고급 지휘관은 원로원 의원 중에서 직접 임명하고 임기도 1년으로 하였다. 그는 에퀴테스(신흥부유층)계층 출신을 대장으로 하는 약 9,000명의 친위대를 창설하여 황제의 신변을 맡겼고, 노예, 해방노예, 최하층 시민, 속주민으로 구성된 **상설해군**을 창설하였다. 또한 그는 모든 군통솔권을 황제인 자신에게 집중시켰고, 사병들의 봉급과 연금제에 필요한 재원에 많은 사재를 투입하여 실질적으로 군을 완전히 장악하였다. 그는 방대한 군대의 유지, 각종의 토목사업, 시민들의 복지 등에 소요되는 국가재정의 상당한 부분을 자신의 사유재산에서 충당함으로써 군통제와 정치뿐만 아니라 경제까지 장악함으로써 명실상부한 절대권한을 가진 황제로 통치할 수 있게 되었다.

옥타비아누스

로마의 평화

아우구스투스는 제정을 확립하여 방대한 로마제국에 평화와 질서를 가져왔고, 그후 로마의 평화는 **200년간 계속**되었다. 그는 로마의 평화를 확보하기 위하여 다뉴브강과 엘베강을 로마의 경계선으로 삼기 위하여 오늘날의 발칸반도와 흑해방면으로 진출하였다. 그런데 라인강을 넘어 엘베강으로 진출하려 시도했는데 게르만족에게 로마의 3개 군단이 전멸당하여 좌절되었다(A.D. 9). 이것으로 로마의 북방경계선은 라인강과 다뉴브강(도나우 강)으로 굳어지게 되었다.

아우구스투스는 내치에도 많은 업적을 남겼다. 그는 당시 국제적 도시로 인구 1백만 명의 로마의 2십만 명의 가난한 시민에게 곡물을 무상으로 나누어주었고, 노예 검투사의 투기와 아프리카의 맹수와의 투기 등의 흥행을 시민들에게 보여주었고, 대리석으로 많은 공공건물 세웠고, 사회기강을 확립하기 위해서 간통자를 추방하였다. 그러나 그에게는 친자식이 없어서 후처가 데리고 온 **티베리우스**를 양자로 삼아 제위를 물려주고 76세의 나이로 A.D. 14년에 죽었다. 그는 사후에 그의 공적을 기리어 신격화되었다.

55세의 나이로 제위에 오른 **티베리우스**는 아들이 살해당하는 등 암살위협을 두려워해서 칩거하여 통치하였다. 그의 뒤를 이어 조카의 아들 **가이우스**가 계승하였으나 친위대 장교에게 살해되고 친위대의 추대로 그의 숙부인 **클라우디우스**가 황제에 오른다. **클라우디우스**는 황제의 행정권을 강화하고 선정을 베풀었지만, 처복이 없어서 여러 명의 아내를 맞이한다. 세 번째 아내가 황제를 제거하려는 음모로 처형당하고, 네 번째 아내는 정부와의 사이에 태어난 **네로**를 제위에 앉히기 위해 클라우디우스를 살해하였다.

16세에 황제가 된 **네로**는 자제력이 없고 감정적이어서 그의 어머니가 섭정을 하고 후견인으로 덕망 높은 철학자 **세네카**를 두었다. 그런데 그의 참견이 심하자 그들을 제거하고 아내도 살해하고 요부 **포파에아**와 결혼하는 등 불륜을 저지르고 폭정을 펼쳤다. 그는 서기 64년에 로마시 절반이 타버리는 대화재가 일어났을 때 시민들의 마음을 진정시키기 위해서 기독교도들을 방화범으로 몰아 투기장에서 대학살을 자행하였다. 이때 로마를 탈출한 **베드로**가 만나 '**주여 어디로 가시나이까**'라고 물었을 때, '로마에 가서 십자가에 못 박히련다'라는 대답에 베드로는 발길을 돌려 로마로 돌아가서 십자가에 결박되어 순교했다는 전설이 전해진다.

68년에 네로는 반란이 일어나서 자살을 한 후 1년간 네 황제가 교체된 끝에 플라비우스가의 **베스파시아누스**가 제위에 올라 사태는 수습되었다. 그는 팔레스타인과 갈리아의 반란을 진압하고 제정을 안정시켰으며, 5만 명을 수용하는 거대한 **원형극장**(colosseum)을 건조하였다. 그의 아들 **티투스**(79－81) 때는 나폴리 근처의 화산의 폭발로 인구 2만 명의 아름다운 상업도시였던 **폼페이**가 매몰되는 참사가 일어났다.

티투스를 뒤이어 동생 **도미티아누스**가 제위에 올랐다. 그는 변경의 방비강화 등에 노력했으나 전제적인 경향이 강하여 궁중의 음모로 암살되었다.

콜로세움

폼페이 유적지

65세의 고령으로 원로원의 추대로 제위에 오른 **네르바**는(96–98) 아들이 없었기에 게르마니아 총독 **트라야누스**을 양자로 삼아 후계로 지명하였다. 이때 시작된 **제위의 양자상속제는 마르크스 아우렐리우스**에 이르기까지 지속되었다. 위대한 장군이었고 현명한 황제였던 **트라야누스**는 내치로는 경제부흥에 힘쓰고 대외적으로 영토확장에 노력하였다. 다뉴브 강을 넘어 다키아(지금의 루마니아의 일부)를 속주로 만들고, 아프리카로 진출했고, 아르메니아, 메소포타미아, 아시리아를 속주로 삼았다.

마르크스 아우렐리우스의 기마상

트라야누스를 계승한 **하드리아누스**(117–138)는 교양 있는 황제로서 유능한 평민들을 관리로 등용했고, 법전을 편찬하였다. 그는 선황제의 영토팽창정책을 포기하고 방위위주로 정책을 전환하여 브리타니아와 게르마니아에 장성을 쌓았다. 그를 이은 **안토니누스 피우스**는 성실한 인품으로 국가재정의 절약과 재판의 공정에 힘쓰는 등 내치에 힘을 기울였다. 뒤를 이은 **마르쿠스 아우렐리우스**는 **스토아학파**의 **철인황제**로서 명상록을 남겼다. 그의 치세 기간에 북방의 게르만족의 침입이 빈번히 있었는데. 이들을 회유하기 위해서 그는 게르만족의 일부를 로마영내 정착과 로마군 입대까지 허용하였다. 나중에 이것은 로마의 변경방비태세의 붕괴를 초래했다.

로마 제국의 사회와 경제

제정이 성립된 이후 로마 사회는 원로원 계층, **에퀴테스**, 평민의 세 계층으로 분명하게 구분되었다. 원로원 계층은 부와 지위를 유산 받은 세습 귀족층으로서 집정관이나, 법무관 또는 감찰관 등의 고위정무관을 독점했고 임기가 끝나면 자동적으로 원로원 의원이 되었다. 원로원은 대부분의 속주의 총독과 군단의 지휘관을 임명하는 권한이 있었고 **황제의 자문기관**으로서 국정에 참여했다.

공화정 말기에 등장한 에퀴테스 계층은 제정시대에 와서 자신들의 권한을 더 확대시킨다. 배심원, 군장교, 궁정관리, 세금 징수원 등 실무 관리와 친위대 대장 등 중간 지위를 차지했고, 일부는 상업과 교역으로 부를 축적하기도 했다. 평민층은 퇴역해서 토지를 분배받은 자유농민, 독립적인 소상인들, 도시 빈민, 그리고 해방노예들로 구성되었다. 이들 세 계층의 구분은 엄격한 신분제는 아니었고 일부가 상층계급으로 신분 이동하는 경우도 있었다.

제정로마시대의 경제는 영토팽창에 따라 방대한 정복지에서 획득한 전리품과 속주에서 걷어 드리는 정기적인 공납으로 번영했다. **아우구스투스** 때부터 **5현제** 때까지의 2세기 동안 로마는 평화롭고 경제적으로 번창했다. 제정 초기에는 노예에 의존한 농업이 번창하였으나 노예수가 줄어듬에 따라 농업이 쇠퇴했다.

제국 영내간의 교역과 무역이 로마로 통하는 군사도로를 상업도로로 이용하여 활발히 이루어져 상업이 발전하였다. 멀리 인도와 중국과의 교역이 이루어졌고 그곳에서 상품이 수입되었고, 중앙아시아 지역과도 교역이 이루어졌다. 수출품은 금과 은이었고 수입품은 지배층을 위한 사치품들이었다.

4. 로마제국의 쇠퇴와 붕괴

군인황제시대

철인황제 **마르쿠스 아우렐리우스**는 5대나 계속된 양자제도를 무시하고 친아들 **코모두스**를 후계자로 지명하고 변경지역에 침입한 게르만 족을 격퇴시키러 나갔다가 전장에서 병사하고 죽자 200년 동안 지속되어 온 로마의 평화기는 끝나고 1세기기간의 살육과 혼란과 무질서의 시대가 시작된다.

코모두스(180－192)는 무능하고 잔인하였으며 정사는 돌보지 않고 주색과 검투사의 경기에 빠지는 등 폭정을 일삼다가 친위대장과 측근에 의해 살해되었다. 그 후 1년 사이에 친위대가 옹립한 두 황제가 살해되고 핀노니아(지금의 헝가리) 지방의 군사령관으로서 카르타고 출신의 **세베루스**(193－211)가 로마로 진군하여 제위에 올랐다. 그는 친위대를 자신의 군대출신으로 개편하고, 원로원 계층을 군사령관직과 속주 총독직에서 추방하고 그 자리를 군장교로 대체했고, 영토확장을 위한 출정 중에 전사했다.

그는 두 아들 **카라칼라**와 **게타 형제**에게 합심하여 통치할 것을 유언으로 남겼지만, 형 카라칼라는 동생을 죽이고 단일 황제가 되었다. 그는 전차경주와 야수와의 투기를 좋아하고 로마시 남쪽에 **대목욕장**을 건설하는 등 재정을 탕진하여 국고가 고갈되게 되자 세금을 증대시킬 목적으로 로마제국 내의 모든 자유민에게 시민권을 부여하여 각종의 세금을 징수하였다. 이때부터 로마 및 이탈리아의 특권적 지위는 사라지고 속주와의 구별이 없어지게 되었다.

카라칼라가 군대에 의하여 살해된 후 친위대장 **마크리누스**(217－218)가 제위에 올랐으나 무능하여 살해되고 속주의 탕신숭배의 신관이었던 **14세의 엘라가발**(218－222)가 제위에 올랐지만 병사들에 의해서 살해되고 그의 의복 동생인 **세레부스 알렉산더**(222－235)가 제위에 올랐다. 그는 로마 고대의 전통을 존중하고 원로원과 화해하여 공사에 참여시키려 하는 등 선정을 베풀었지만 게르만족과의 전투에서 군대의 반란으로 살해되었다. 세베루스 알렉산더가 죽은 후 약 반세기(235－284) 동안에 26명의 군출신 황제가 번갈아 가며 제위에 올랐지만 살해되거나 전사했다.

이러한 황제계승의 난맥은 로마제국의 내부에 큰 혼란과 무질서 상태를 가져왔을 뿐만 아니라 외부로부터의 위협도 증대되었다. 동방에서는 오랫동안 로마를 괴롭히던 파리티아(고대이란의 왕국)를 대신하여 **사산조 페르시아**가 부흥하여 동방의 국경선을 위협하였고, 다뉴브 강으로부터 라인 강으로 이어지는 북방 국경선에는 게르만족이 끊임없이 침범해 왔다.

이러한 내우외환의 상황으로 군체제는 개편되지 않을 수 없었다. 정규군단에 속주 출신의 병사들이 많아졌고 국경선에 주둔한 군부대에는 현지 주민들로 충원되었고 기동성이 강한 기병부대가 창설되었다. 그리고 군대 내에 이질적인 병사들이 뒤섞여 있어서 지휘와 통솔에 문제가 생겨 전력이 약화되어 갔고 증가된 병사들에게 봉급을 지불해야 했다. 이러한 군대유지비는 국가재정에 큰 부담이 되어 재원을 마련하기 위해서 세금을 많이 거두어 드리는 수밖에 없었다. 그래서 도시의 상인들과 수공업자, 그리고 지주들에게 높은 세금이 부과되었고 이것은 상업과 수공업의 위축을 초래하였고 지주로부터 전가된 조세부담을 떠 않은 **소작 농민**들의 생활은 점점 더 어려워져서 로마제국의 경제는 쇠퇴해 갔다.

로마제국의 재편

3세기에 로마제국은 심각한 위기를 맞이하였다. 이러한 혼란과 무질서를 수습하고 개혁을 통하여 제국의 재편성을 시도한 것이 **디오클레티아누스**와 **콘스탄티누스**(306−337)였다. **디오클레티아누스**(284−305)는 발칸반도 출신으로서 병졸에서 출발하여 장군이 되어 군대의 추대로 제위에 올랐다. 그는 제국의 분할통치를 위해 행정조직을 재편하였다. 두 명의 황제와 그 밑에 각 한 명의 부황제를 두고 제국을 행정적으로 나누어 통치하되, 디오클레티아누스가 최고권을 장악하고 황제 유고 시에는 부황제가 그를 계승하게 함으로써 왕위 계승에 대한 군의 개입을 방지하려 했다.

디오클레티아누스는 수도를 소아시아 서부의 니토메디이로 옮겨 소아시아, 시리아, 이집트 및 트라키아를 통치하고, 그의 부황제는 지금의 유고슬라비와 그리스를 포함하는 지역인 발칸지방을 통치하게 하였다. 공동 황제인 **막시미아누스**는 이탈리아, 북부아프리카, 지금의 오스트리아의 일부를 지배하고, 그의 부황제는 트리에르, 갈리아, 에스파냐, 브리타니아를 통치하였다. 최고권을 가진 **디오클레티아누스**는 점차로 동방의 전제군주의 기풍을 모방하여 옷차림이나 궁정의 예식도 이에 맞추고 신하는 그 앞에 무릎을 끓고 그를 대해야했고, 행정관리와 보좌관을 거느렸다.

속주는 세분화되어 100으로 쪼개졌고, 이를 12개 관구로 묶고, 이를 다시 4개의 대관구로 묶었다. 이에 따른 행정관리의 수가 엄청나게 증가하게 되었다. 군체제도 대폭으로 재편되어 중무장의 기병대를 중심으로 한 기동 부대 격인 야전군이 창설되었고 국경지대에는 변경주둔군을 상주시켜 국경선의 수비와 순찰을 담당케 하였다. 중앙의 기동부대에는 출신을 따지지 않은 능력에 따른 충원원칙에 따라 많은 게르만 출신들이 복무하게 되었고, 변경 주둔군은 현지민으로 충원하고 병역의무를 세습화 시켰다.

디오클레티아누스는 군대의 정치개입을 방지하기 위하여 文·武의 직책을 구분하고 속주의 총독이 행정권과 군대 지휘권을 가지지 못하도록 하였다. 이러한 행정과 군대의 개혁은 국가재정에 큰 부담이 되었고 재원마련을 위해서 세금을 올릴 수밖에

다시 로마를 약탈하였다. 이렇게 되자 서로마 제국은 이민족의 침입을 막고 국가를 유지해 나갈 힘이 없었다. **476년** 최후의 황제 **로물루스 아우구스**가 게르만 출신의 용병대장 **오도아케르**에 의하여 폐위됨으로써 서로마 제국은 멸망하고 말았다.

5. 로마제국의 멸망 원인

로마제국은 멸망했지만, 유럽인들의 로마에 대한 향수는 대단한 것이었다. 동로마 제국의 역대 황제들도 그 점에 있어서는 다를 바가 없었다. 동·서교회가 완전히 분리되기 이전까지만 하더라도 동로마제국의 황제들은 옛 로마제국의 부흥에 열성적이었다. 중세 때에 신성로마제국의 황제들은 대대로 이탈리아를 장악하려 애썼으며, **샤를마뉴 대제**의 서로마 제국의 황제로 대관이라든가 '신성로마제국'이란 명칭 자체가 로마에 대한 유럽인들의 향수를 말함이다. 히틀러의 경례로 널리 알려진 '오른팔 들기'는 사실 로마제국의 인사법이었다. 로마제국의 **독수리상**은 그 후 유럽 각국에서 국가문장으로 채택되었다.

라틴지방의 작은 공동체였던 로마는 일찍 귀족과 평민 간에 계급투쟁을 종결짓고, 그 힘으로 이탈리아를 통일하고 **카르타고**를 역사속의 한 줌의 재로 날려버리고 지중해의 제해권을 장악한 뒤, 세계제국으로 성장하였다. 도시공동체의 단결된 힘에서 나온 이러한 놀라운 발전은 모든 유럽인들의 선망이 되었으며, 유럽의 정신사에 중요한 한 줄기를 이루고 있는 그리스문화도 로마가 아니었으면, 오늘날까지 누리고 있는 지위와 영향력을 이렇게 누리고 있을 수는 없었을 것이다.

로마제국의 영토는 당시 문명을 이룩하고 있던 지역의 절반을 차지하고 있었으며, 그 영토를 유지하기 위한 로마의 관료제와 잘 훈련된 로마군, 법, 교통망은 근세 이후에야 유럽제국들이 달성할 수 있었던 것이었다. 로마의 상업 활동은 멀리 중국에까지 진출할 정도로 활발했다. 마치 영원히 번영할 것처럼 보였던 로마였다.

라틴지방의 작은 도시공동체로 출발하여 로마는 400여년의 장구한 세월 끝에 전 지중해세계를 포괄하는 대제국(大帝國)을 건설하였다. 그 과정은 험난의 연속이었다. 공화정 초기에는 귀족과 평민간의 계급투쟁으로 로마는 분열의 위기를 겪어야만 했다. 켈트족의 침입, 동맹시의 반란, 카르타고와의 한 세기에 걸친 장기전, 공화정 후기의 정치적 분열과 혼란, 이 모든 것을 겪어내고 로마는 대제국으로 성장하였던 것이다.

로마는 잘 정비된 관료제와 상비군, 교통망과 법망을 갖추고, 제국을 유지해나갔다. 동방과의 활발한 상업 활동과 제국 내에서 이루어진 상업 활동은 제국을 유지해 나가는 필수적인 요소였고, 그들의 부는 상상을 초월하는 것이었다. 찬란한 흔적을 남긴 그리스 문화도 로마제국이 없었으면, 지금과 같은 영향력을 남기기 힘들었을 것이고, 기독교 또한 로마 제국이 없었으면, 발전하기 힘들었을 것이다. 그런 로마제국이었지만, 그들의 흔적은 지금 유적과 법률 속에서만 찾을 수 있다.

로마제국의 멸망

로마제국의 사회·정치·경제구조는 공화정 후기와 비교해서 달라진 것이 없다. 이전에 원로원 과두 지배 체제였던 것이 황제의 통치로 바뀌었다는 것 외에는 없다. 공화정에서 제정으로 변하면서 발생한 근본적인 문제인 가진 자와 못 가진 자 사이의 계급투쟁은 해결되지 않았다. 근본적으로 해결되지 않은 채 넘어갔으며, 특히 **5현제시대**엔 그러한 모순은 제대로 드러나지 않았다. 정확하게 표현하자면 생산 기반의 한계와 긴장을 은폐하고 있었을 따름이다.

공화정 말기에 성립된 노예제 대농장 제도는 또 한 차례 변혁기를 맞이할 수밖에 없었다. 노예들은 대부분 전쟁포로출신이다. 전쟁에서 포로가 되어 노예로 전락한 것이다. 브리타니아의 정복과 **튜토브르거** 숲에서 대패한 이래 로마의 팽창은 정지하였고, 그것은 노예공급의 끝을 알리는 것이었다. 또한 노예제의 생산 체제하에서 생산성은 그 한계를 극복할 수 없었으며, 이는 노예공급의 감소와 노예인구 자체의 감소로 말미암아 더욱 심각해졌다. **노예제 대농장**은 바뀌지 않을 수 없게 되었다.

농촌경제의 어려움은 이외에 또 하나의 요소 때문에 문제는 심각해지고 있었다. 그것은 이른바 군대의 황제에 대한 충성심의 기반인 황실재정이었다. 이 **황실재정**은 공화정 말기에 구체화 된 것으로 아우구스투스가 최초로 공식화한 것이었다. 제국 초기에는 충분했으나, 군인황제시대를 거치면서 군대의 충성심을 확보하는 것이 역대 황제의 주요 관심거리로 등장했고, 과다한 출혈을 강요하게 되었다. 황제는 황실재정을 메우기 위해 **세수증대**를 시도하였지만, 오히려 속주의 **자영농민층**을 이탈시키는 구실을 하게 된다. 노예노동이 이전에는 값이 쌌지만, 2세기 후반 이후에는 오히려 비생산적인 비싼 투자로 변모하게 되었고, 지주계급들은 이제 서서히 노예제 대농장 대신 **콜로누스**(colonus)라 불리는 소작농을 채택하게 되었다. 그렇지만, 농촌 인구의 감소로 대지주들은 경제적 농민을 토지에 결박시키는 칙령이 반포되기 이전까지 어려움을 참아야 했다. 제국의 도시경제 역시 제국경제 전반에 도움이 되지는 못했다. 도시들은 제국 전반기에 수적으로 엄청난 팽창을 하였으나, 도시 인구의 대부분은 빈민계층이었으며 소비시장은 위축되었고, 이에 따라 수공업생산과 상업 활동 역시 위축되고 있었다.

로마제국의 정치적 혼란은 **디오클레티아누스**에 의해 동방식 전제정치를 채택하는 것을 핵심으로 한 개혁을 단행하게 하였다. 그러나 전제정치를 유지하기 위한 필연적으로 **관료제**가 출현하였으며, 군대유지로 이미 휘청거리던 **황실재정**은 직업적 관료제의 출현으로 압박 받게 되었다. 황제들은 재정문제의 해결을 주로 세제개혁에 의존하였다. 제정초기에는 황제의 직할령에서 나는 수입에 주로 의존하였지만, 시대가 흐르면서 점차 황제 직할령의 수입만으로는 부족해졌다. 이러한 경향은 **디오클레티아누스**가 제국을 4등분하고 속주를 세분화하여 관료들의 수요를 대폭 늘리면서 더욱 심각해졌다. **디오클레티아누스**의 이후 조치들은 세금을 늘려 이러한 확대된 관료제를 유지하려는 목적이었다. 그러나 이것이 제국의 경제와 사회구조에 미친 영향은 실로 심각하다.

각 시의회 의원 및 도시의 각종 직업들은 세습화되어 강제로 세금을 내게 되었고, 농촌 역시 마찬가지였다. 이렇게 되자 도시민들은 과중한 세금압력에서 벗어나고자, 도시를 떠나기 시작했으며, 각 속주의 대지주나 농민들은 국가에 대한 충성심을 잃어가고 있었다. 자영농들은 스스로 대귀족에게 토지를 바치고 그들의 소작농이 되어, 무거운 부담에서 벗어나고자 하였다. 이로써 서방속주에는 점차 중앙권력과는 동떨어진 독립국에 가까운 대영지들이 출현하였다. 이들의 생산품이 중앙으로 제대로 들어가지 않았으며, 황제들은 관직매매로 부족한 재원을 충당하려 하였으나, 장기적 안목으로는 오히려 관직매매는 세원을 감소시킬 따름이었다.

걷힌 세금도 생산적 투자보다는 전제정치 하에서 비대해진 관료제와 군대를 유지하기에 벅찬 형편이었다. 서방 속주들의 대지주들은 점차로 독립적인 왕국에 가까워졌으며, 국가에 대한 충성심은 희박해져 갔다. 대지주 귀족층들은 국가기구를 철저히 자신들의 이익과 목적에 부합하게만 조종하였으며, 국가는 염두에 두고 있지 않았다. 게르만족이 쳐들어왔을 때, 그들은 간단하게 충성의 대상을 **로마 중앙정부**에서 이민족으로 바꾸었던 것이다.

이러한 지배 계급의 분열만이 아니라, 하층 피지배계층의 봉기 또한 로마제국을 밑에서부터 뒤흔들어 놓았다. 봉기의 직접적인 원인은 무거운 세금과 착취였다. 그것은 국가와 귀족의 착취에 대한 하층민들의 반항이었다. 5세기가 시작될 무렵

국세와 지대의 견딜 수 없는 중압, 원로원의 복권 후 변경의 황폐와 동요의 외중에 반란은 계속 확대되었고, 심지어 국가를 건설하기까지 하였다. 이러한 서방의 사회적 양극화는 암울한 2중주의 피날레로 끝났으니, 제국은 밖으로부터 일격이 가해지기 전에 이미 안에서부터 위·아래에서 분열되어 무너지기 일보직전이었다.

결 론

로마제국의 멸망원인은 이미 공화정 후기에 그 싹이 뿌려져 있었다. **노예제 대농장 제도**는 공화정 후기에 성립되어 초기로마제국의 번영을 가져왔다. 그러나 그 번영은 노예제 생산양식의 한계를 억압과 강제와 착취로 가린 번영이었다. **노예제 생산양식**은 생산력에 한계가 왔으며, 노예제 생산양식의 성립에 따른 자영농의 희생과 이러한 상황을 타개하려던 노력은 실패로 돌아간 채 제정으로 넘어오게 되었다. 노예제 생산양식의 한계는 결국 **소작농 제도**를 만들어내었으나, 소작농제도의 출현은 중앙과 지방의 분열, 즉 중앙의 황제권력과 지방의 대토지 귀족간의 정치적 분열을 가져왔다. 재정위기와 정치적 혼란을 타개하려던 제국말기 황제들의 노력은 문제를 해결하기는커녕 더욱 악화시켰으며, 농업과 상업, 도시를 피폐시키는 결과를 가져왔다.

농업과 상업의 쇠퇴는 더 이상 로마제국이 유지될 수 있는 하부구조를 상실해나갔고, 하부구조에서 쇠퇴에 반비례하는, 하부구조의 튼튼한 받침이 필요한 중앙집권적 국가의 수립기도는 오히려 하부구조를 더욱 쇠퇴시켰을 뿐만 아니라, 중앙과 지방간의 분열을 조장했다. 이러한 상하부 구조의 쇠퇴와 혼란, 분열은 한 국가가 유지·발전할 수 있는 객관적 조건을 완전히 상실케 한 것이었다.

게르만족의 침입이 로마제국을 멸망시킨 것이 아니다. 로마제국은 이미 게르만족이 침입하기 이전에 썩은 고목이 쓰러지듯이 무너져가고 있었다. 게르만족의 침입은 쓰러져 가는 고목을 한 번 밀어주어 더 빨리 무너지게 했을 뿐이었다.

6. 로마의 문화와 기독교의 발전

로마 문화

독창적이고 추상적인 고대 그리스인에 비하여 로마인은 현실적이고 실제적인 사람들이었다. 고대 로마인들은 그리스 문화를 계승하고 모방하는데 그치지 않고 독특한 라틴적 요소를 첨가하여 유럽의 고전문화를 완성시켰다. 로마는 오리엔트 문화와 그리스·헬레니즘 문화를 하나로 융합하여 이를 유럽과 이슬람 세계에 전해 주었다. 로마인들은 학문과 예술에서는 그리스인에 미치지 못하였으나, 제국 통치를 위한 법률 제도나 토목·건축 등 실용적인 문화를 발전시키는 데 뛰어난 재능을 보였다.

로마법은 로마의 가장 위대한 문화적 유산의 하나이다. 실용적이며 현실적인 감각의 소유자였던 로마인은 세계제국으로 발전하면서 자신의 법률전통을 기본으로 하여 허다한 이민족의 법적 전통을 포섭하여 장기간에 걸쳐 정연한 법적 논리체계를 정비했다. 로마인들은 관습법 대신에 합리적 원칙과 추론에 입각한 법사상을 발전시켰다. 관습법을 성문화한 **12표법** 제정 이후 로마가 제국으로 확대됨에 따라 로마 시민에게만 적용되던 시민법이 모든 민족에게 적용되는 **만민법**으로 발전하였다. 또한 자연법 사상의 발전으로 로마인들은 보편에 입각한 법체계를 이룩하였다. 6세기 동로마 황제 **유스티니아누스**가 집대성하게 한 **로마법대전**은 중세 전성기의 유럽에서 재발견된 이래, 오늘날 서구사회의 법률정신, 성문법주의의 근간을 이룩하고, 19세기 서구 제국주의가 확산됨에 따라 비서구 사회에 까지 전래되어서 오늘날 전세계의 법률체계에까지 영향을 미쳤다.

조각이나 회화에서는 로마인은 그리스와 헬레니즘의 전통을 계승하는데 불과했고 독창적인 미의 세계를 창조하지 않았다. 로마인들의 현실적·실용적 재능은 토목과 건축에서 두드러졌다. 코린트식의 기둥과 **에르투리아**의 **원형 아치**와 독창적인 도움형의 지붕을 건축에 도입했다. 신전, 거대한 5만 명을 수용할 수 있는 **콜로세움** 같은 **원형극장**, 수천 명이 이용할 수 있는 대형 대중목욕탕, **개선문** 등 공공물을 많이 지었다. 그들은 각지에 도시를 만들고 로마시를 본뜬 건축물들을 세웠으며, 건설은 제국의 통치와 특히 군대의 신속한 이동을 위해서 필수적이었던 로마 시와 제국 전역을 잇는 **도로망**을 건설했다. **콘크리트 공법**을 발명하여 도로와 교량을 튼튼하게 건설하였고 오늘날 같은 **수도**를 건조하였다.

개선문

학문과 문학은 대체로 그리스 문화를 계승·발전시켰다. 헬레니즘 시대의 대표적 철학인 **스토아 학파**와 **에피쿠로스 학파의 사상**이 전파되어 널리 유형했다. 로마제국의 전성기의 마지막 황제였던 **마르크스 아우렐리우**는 스토아학파 철학자로서 유명했고 **명상록**을 저술했고, **에피쿠로스 학파**의 현실적이고 쾌락주의 적인 사상이 당시 로마의 상류층에 확산되어 그들이 사치하고 향락적인 생활을 하도록 영향을 미쳤다. 키케로의 문장과 베르길리우스의 서사시 등은 라틴 문학을 빛나게 하였고, **타키투스**의 **게르마니아**와 시저의 **갈리아 전기**는 문학적인 서술로 된 역사서적으로 유명하다. 자연과학에서는 플리니우스가 『자연사』를 써서 과학을 집대성하였고, 그리스 귀족출신인 **폴리비우스**의 **로마제국 흥망사**, 그리스 출신인 **플루타르쿠스의 영웅전**이 유명하다.

기독교의 발전

본래 로마인들은 그리스의 영향을 받아 자연의 힘을 신격화한 다신을 믿었다. 그래서 라틴어로 개명된 그리스 **올림프스의 신**들을 믿었다. 제정 초기에는 죽은 황제를 신으로 섬기는 **황제숭배**가 국가종교의 형태로 유행했다. 제정말기에 이르러 정치적·사회적 혼란을 겪으면서 불안해진 로마인들은 운명의 여신이나, 동방의 점성술,

그리고 동방의 잡다한 신비한 종교들을 믿고 있었다.

기독교는 제정 초기에 헬레니즘 세계에서 탄생하여 급속히 로마 제국의 중심부로 전파되었다. 유대교의 계율주의와 배타적 종족주의를 뛰어넘은 기독교는 인간을 신 앞에 평등한 존재로 보며 진실한 믿음에 의해 영혼이 내세에서 구원받는다고 하여, 노예를 비롯한 하층 민중에게 큰 호소력을 발휘하였다. 이를 주장한 예수의 가르침은 그의 부활을 믿은 **바울**과 **베드로** 등에 의하여 제국 내에 널리 전파되었다.

처음에 로마는 기독교에 대하여 무관심하였으나 교세가 확장됨에 따라 기독교 신자들이 병역과 황제의 숭배를 거부한다고 하여 혹독한 박해를 가하였다. **네로**는 로마의 대화제가 일어났을 때 속죄양으로서 기독교인들을 다수 학살했고, 교세가 크게 확장된 3세기 중엽에 **데키우스**(249－251)는 기독교를 체계적으로 파괴하려고 하였고. **디오클레티아누스** 황제는 칙령을 발하여 기독교인의 집회를 금지하고, 교회와 집회소의 파괴, 성경과 제기의 소각을 명하고, 기독교 신자로부터 모든 관직을 박탈하였다. 그럼에도 불구하고 기독교 교도의 수는 더욱 늘어나 세력이 커져 갔고, 마침내 제국 정부는 박해가 소용이 없다는 사실을 깨닫게 되었다. 그리하여 **313년 콘스탄티누스 황제**는 **밀라노 칙령**으로 기독교를 공인했다.

그 후 기독교는 392년 **테오도시우스 황제** 때 **국교**로 지정되었고, 로마제국의 행정조직에 따라 교회 조직이 이루어짐으로써 제국 안에서 기반을 굳혔다. 도시에 주교가 있었고 속주의 수도에 대주교, 황제 직할지나 대도시에는 **수좌 대주교**가 있었다. 수좌 대주교는 로마, 안티오크, 알렉산드리아, 콘스탄티노플과 나중에 예루살렘에서 교회업무를 관장하는 5인의 수좌 대주교가 있었다. 로마의 수좌 대주교의 우위가 점차로 확립되어 서방에서의 황제권의 약화와 더불어 교권의 권위는 상승하였다. 그리하여 로마의 수좌 대주교는 **교황**으로 불리게 되고 서방교회의 실질적인 교회관리자가 되었다.

동방교회에서는 그리스어 원본 성경이 사용되었고 서방교회에서는 4세기에 성히에로니무스의 주관 하에 번역된 **라틴어판 성경**이 사용되게 되었다. 아리우스파와 아타나시우스파 간에 이단 교리 논쟁이 있었고, **성아우구스티누스** 같은 신학자가 그리스 철학과 스토아 철학과 접목시켜서 기독교 교리를 세우는데 기여했다. 또한 변경 너머의 이교도들에게도 선교 활동을 벌여 나가, 유럽을 기독교 안에 묶을 수 있었다. 한편, 기독교가 발전함에 따라 교리상의 의견 대립이 생겨났으나, 이를 해결하는 가운데 교리의 체계도 잡혀갔다. 기독교는 서양의 고대와 중세를 잇는 다리역할을 하였으며, 그리스·로마문화와 더불어 유럽 문명의 중요한 바탕이 되었다.

제 3 부

중세 유럽

제4장 유럽세계의 성립

게르만족의 이동과 서로마 제국의 몰락으로 유럽의 역사는 새로운 국면을 맞이하게 된다. 역사무대가 지중해로부터 유럽대륙으로 변하고 **게르만족**이 새로운 역사의 주인공으로 등장한다. 그리하여 그리스·로마문명과 기독교, 그리고 게르만적 요소가 새로 융합되어 새로운 시대와 사회인 중세 유럽의 **봉건사회**가 성립된다.

로마제국이 붕괴된 이후 문명세계는 3대문화권 즉, 유럽, 서로마제국의 멸망 후에도 1000년간 유지된 동로마제국(비잔틴 제국), 7세기에 아라비아 반도에서 일어나 급속도로 팽창한 이슬람세계로 3분된다.

11세기까지 유럽은 비잔틴세계나 이슬람세계에 비해 문화적으로 뒤떨어져 있었고, 오랫동안의 혼란과 무질서 상태의 암흑시대에 있었다. 이 시대에 유럽의 정신적·문화적 공동체 의식과 유대가 형성되었다.

1. 게르만족 이동과 프랑크 왕국

민족이동

오늘날 스웨덴인·덴마크인·노르웨이인·아이슬란드인·앵글로색슨인·네덜란드인·독일인 등의 조상인 게르만 민족은 인류학 상으로는 **북방인종**에 속하며, 남방인종에 비하여 키가 크고 금발에 벽안(碧眼)이 특징이다. **원시 게르만족**의 **원주지**는 확실하게 알려진 것이 없지만 발트해 연안과 스칸디나비아반도 남부에서 유틀란트반도와 북독일에 걸치는 지역이었으나, B.C. 2세기~B.C. 1세기에 이동을 개시하여 동남쪽으로는 멀리 흑해 연안에, 서남쪽으로는 라인강 유역까지 퍼져 나가서 **북게르만**(덴마크인·노르만인 등), **서게르만**(앵글인·아라만인·색슨인·프랑크인 등), **동게르만**(동고트인·서고트인·반달인·부르군트인 등)의 세 그룹으로 갈라졌다.

로마의 변경지대로 이주하여 로마의 국경선인 라인강 동쪽과 다뉴브강 북쪽 지역에 거주했던 게르만족은 A.D. 3세기경부터 로마문화의 영향을 받고 로마화되기 시작하였다. 개인적으로 나중에는 집단적으로 로마군에 편입되기도 했었고 4세기에는 부족단위로 로마군에 편입되어 로마군의 지휘 아래 변경지대의 수비를 담당했고, 5세기에 이르러 게르만 출신의 로마군 사령관도 등장했다.

로마의 변경지대에 거주했던 게르만족이 로마제국 영내로 대규모로 이동한 것은 4세기 후반 중앙아시아의 유목민족인 **훈족**이 오늘날의 루마니아와 우크라이나 지방에 살고 있던 고트족을 압박한데서 시작되었다.

훈족에게 밀린 서코트족은 다뉴브 강을 건너 불가리아로 이동하고 **아드리아노플**에서 동로마군을 격파하여(378) 콘스탄티노플에 접근하였으나, 방비가 견고한 것을 보고 진로를 바꾸어 발칸반도로 들어가서 아테네를 포함한 그리스 도시들을 약탈하고 다시 북상하여 이탈리아로 들어가 로마를 약탈하였다(410). 그들은 다시 알프스를 넘어 갈리아를 거쳐 에스파니에 자리자보 왕국을 건설하였다. 6세기 후반에 가톨릭으로 개종한 후로는 원주민인 로마 시민과의 융합이 진행되었으나 8세기 초에 이슬람의 공격을 받고 서코트 왕국은 멸망하였다.

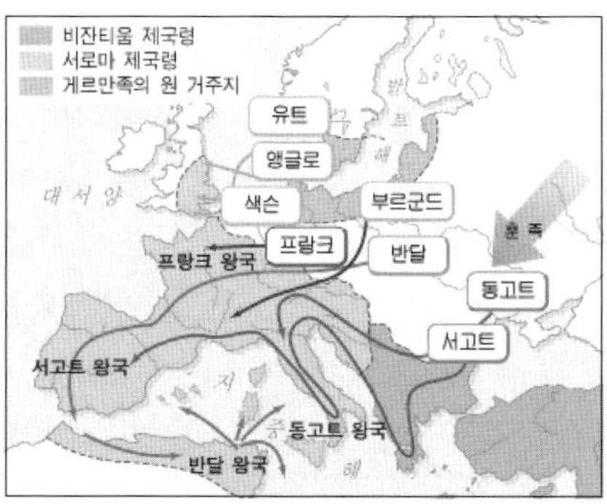

게르만 민족 대이동 1

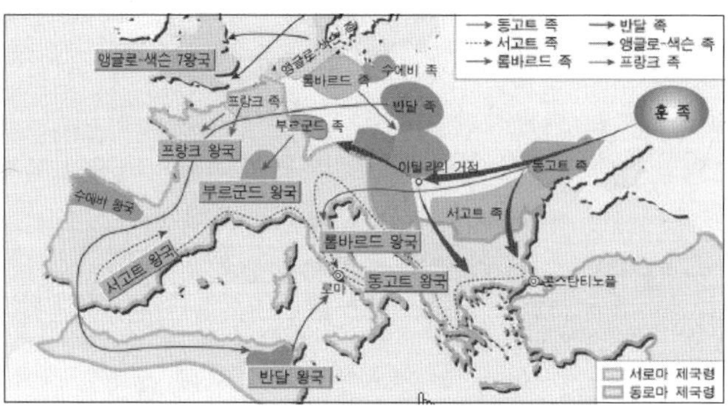

게르만 민족 대이동

오늘날의 독일에 거주했던 **반달족**은 **서코트족**과 같은 시기(5세기초)에 이동하여 갈리아를 거쳐 에스파냐 남부에 자리 잡았다. 그들은 북아프리카의 로마 총독의 지원요청을 받고 아프리카로 원정을 했고(429), 동진하여 카르타고(지금의 튀니지)에 정착했다. 그들은 시칠리아와 이탈리아 해안을 수시로 습격하고 455년에는 로마까지 약탈하였다. 이들 역시 아리우스파의 기독교를 믿고서 가톨릭을 박해하였으나 동로마의 유스티니아누스 황제에 의하여 멸망하였다(533).

게르만족이 대거 이동으로 대륙이 불안해지자 브리타니아의 로마군단이 철수한 공백을 이용하여 앵글족과 색슨족이 북부독일과 덴마크로부터 북해를 건너 이동하여 여러 개의 왕국을 세웠지만 스코틀랜드, 웨일즈, 아일랜드에는 계속 켈트족이 거주하였다.

5세기 초에 유럽에 침입한 훈족은 루마니아, 헝가리, 유고슬라비아의 일부, 폴란드 및 체코를 정복하고 다시 라인 강을 건너 갈리아로 침입하였으나 살롱에서 패하여(451) 아시아로 후퇴하였다.

동고트족과 이탈리아

훈족의 지배에서 해방된 **동코트족**은 이탈리아로 이동하여 나라를 세웠다. **테오도릭**은 동로마 황제가 임명한 총독지위를 누리면서 **라벤나**를 수도로 30여 년 간(489–526) 군사만 장악하고 행정을 로마관리들에게 맡김으로써 이탈리아에 질서와 안정을 초래하였다. **데오도릭**의 사후 동로마의 **유스티니아누스 황제**는 옛 로마령의 회복사업에 착수하여 북아프리카의 반달왕국을 멸망시킨 후 시칠리아를 점령하고 이탈리아에 상륙하였고 동고트족은 사라졌다. 유스티나아누스가 죽은 후 3년 만에 아리우스파를 신봉한 **롬바르드족**이 북부이탈리아에 침입하여 왕국을 건설하였지만. 동로마제국은 동쪽 국경선의 위협 때문에 이탈리아 반도에 신경 쓸 겨를이 없었다.

이러한 상황에서 교회와 교황의 지위가 크게 향상되었다. **레오 1세**(440–461)와 **그레고리 1세**(590–604)와 같은 유능한 교황이 등장하여 교황권 강화에 기여하였다. **레오 1세**는 훈족이 로마에 접근하였을 때 아틸라를 설득하여 로마의 약탈을 방지하였고, 그레고리 1세는 로마를 요새화하고 시민을 위한 식량 확보에 노력하고 교회의 재산과 토지관리에 힘쓰고 라벤나의 총독과 롬마르드족과의 교섭을 하는 등 위대한 행정능력을 발휘하였다. 로마의 행정기능이 마비된 민족 이동기에 교회와 주교들은 로마의 행정관리를 대신하여 게르만족과의 교섭을 통한 시민들의 보호와 **게르만족**

의 교화에 힘쓰고 그들에게 로마문화를 전달하는데 매우 중요한 역할을 수행하였다.

유스티아누스 대제의 비잔티움 제국

프랑크 왕국

동게르만족이 세운 여러 부족국가는 5~8세기까지 서로 싸워서 멸망하여 이후의 유럽사 형성에 큰 영향을 미치지 못하였다. 그들은 정복지에 제일 먼저 군사 정권을 수립하였는데, 새로운 지배자는 고도의 농업사회와 찬란한 로마 문화를 그들의 이질적인 생활환경에 적응시키지 못하였다. 결국 그들은 정복지에 적합한 새로운 지배원리를 새로이 발견하지 못하였고, 일시적인 군사지배로 단명하였다. 이들은 또 기독교의 교단인 소수파인 **아리우스파**를 신봉하여 **아타나시우스파**의 로마인과 종교적 대립을 초래하였다는 것도 멸망의 한 요인으로 작용하였다. 그러나 동게르만족 제국과는 달리 **서게르만족** 제국, 특히 **프랑크 왕국**은 약 4세기 동안 서유럽의 중심국가로서 거의 로마 제국의 영토를 회복하여 역사에 큰 발자취를 남기는데 성공하였다.[4]

---

4) 게르만족은 발트해연안과 스칸디나비아 반도에 거주하면서 부족사회의 단계에 있었으며, 농경, 목축, 사냥에 종사하고 어느 정도의 사회계층이 분화되어 있었다. 정치제도는 매우 엉성하였으며, 나중에 봉건제도의 주종제도에 기원이 되는, 수장들은 저마다 무기와 식량들을 공급받고 그 대신 싸움터에서 충성을 다하여 싸울 **종사단**을 거느리고 있는 從士制(comitatus)가 있었다. 이것이 훗날 유럽 봉건제도 특유의 주종관계에 의한 기사제도로 발전하게 된다. 게르만족은 평화롭게 로마領내로 진출하기도 했지만, **민족 대이동**으로 알려진 게르만족의 대대적 이동은 **375년** 중앙아시아의 훈족이 루마니아와 우크라이나 지방에 있던 **고트족**을 압박한데 기인한다. **서고트족**은 그리스 도시와 로마를 약탈하며 에스파냐에 자리잡고 왕국을 건설하였다. 8세기 초에 이슬람의

프랑크 왕국의 성립

프랑크족은 **갈리아 지방**에서 주변지역으로 세력을 확장시켰다. 대부분의 게르만 왕국이 단명에 그 친데 반면 프랑크 왕국은 원주지를 버리지 않고 팽창형태로 이동하였으며, 가톨릭 개종으로 로마 영내의 교회와 마찰이 없었으며, 비잔틴이나 이슬람의 직접적인 공격을 받지 않았기 때문에 유럽세계 성립의 중심세력이 될 수 있었다. 프랑크 왕국이 **가톨릭**으로 개종한 것은 이후 유럽사에서 중요한 한 계기가 된다.

프랑크족은 원래 라인강 하류지방에 거주한 여러 부족의 총칭으로 각기 부족 집단을 형성하여 왕을 받들고 있었다. 이들은 훈족의 침입으로 4~5세기경부터 라인강을 건너 갈리아 지방으로 진출하였는데, 481년 **메로빙가**의 **클로비스**(Clovis, 481~511)가 전 부족을 통일하여 프랑크 왕국을 건립하였다. 클로비스는 로마인들과의 융화에 힘써 496년 스스로 로마 가톨릭으로 개종하였다. 이는 다른 게르만 국가들이 아리우스파로 개종하여 로마인과 종교적 마찰을 일으킨 것에 비하면 매우 현명한 정책이었다. **클로비스**는 또한 **로마**인과 게르만인을 차별 없이 평등하게 법률을 적용함으로써 지배력을 오래 지속시킬 수 있었다. 클로비스가 죽은 뒤 메로빙거가의

공격을 받고 서고트 왕국은 멸망하였다. 지금의 독일에 자리 잡고 있던 반달족은 남부 에스파냐에 자리 잡았다. 그들은 함대를 조직하여 이탈리아 해안을 수시로 습격하고 로마까지 약탈하였다. 533년에 동로마의 유스티니아누스 대제에 의하여 멸망하였다. 이와 같은 게르만의 대거 이동으로 대륙 정세가 급박해지자 브리타니아에 주둔하던 로마군단이 철수하게 되고 5세기 초에 7개의 앵글로-색슨 왕국이 브리타니아에 건설되었다. 이러한 게르만족의 대이동과 로마의 멸망을 가져오게 한 장본인인 훈족은 5세기 초에 유럽의 루마니아, 헝가리 등을 정복하였으나, 지도자 앗틸라의 죽음으로 훈족의 제국은 무너졌다. 훈족의 멸망으로 해방된 동고트족은 이탈리아에 이동하여 나라를 세웠다. 국왕 테오도릭의 선정으로 이탈리아에 질서와 안정이 초래됐다. 그의 사후 동로마의 유스티니아누스 대제는 옛 로마領 회복사업에 착수하여 동고트족은 사라졌다.

왕들은 무능한데다 분할 상속제의 관습으로 내분이 자주 발생하였으며, 이후 **메로빙거가** 왕조사는 술책과 상쟁, 그리고 연이은 전쟁으로 인하여 점차 쇠퇴를 겪게 되었다.

야만적인 프랑크 지배층과 문화적인 로마 지배층간의 분열과 상쟁은 7세기 초 마침내 왕이 없는 시대, 즉 무정부 상태를 초래하게 되었다. 이러한 틈을 이용하여 왕령을 관리하고 근위병을 장악하고 있던 궁재(宮宰) **카알 마르텔**(Karl Martel)이 세력을 얻게 되었다.

카알 마르텔은 732년 이베리아 반도 깊숙이 침입한 이슬람 군대를 프와티에 전투에서 물리침으로써 서유럽의 이슬람화를 저지하였다. 마르텔의 아들 **피핀**(Pipin)은 751년 국내의 반란 세력을 격퇴하여 사라센 제국을 정복하고, 로마교황의 양해 하에 약체 **메로빙거 왕조**를 무너뜨리고 왕위에 즉위하여 **카롤링거 왕조**를 열었다. 피핀은 후에 로마교황에 대한 답례로서 이탈리아를 원정하여 롬바르드족을 굴복시키고 754년 라벤나(Ravenna) 부근의 토지를 교황에게 기증하였다. 이것이 바로 **교황령의 기원**이 되었다.

2. 유럽세계의 성립과 발전

새 왕조하의 프랑크 왕국은 기독교의 포교정책을 더욱 추진시켜 나갔다. 이와 같이 로마 교회와 프랑크 왕국과의 상호협력은 피핀의 아들로 중세의 가장 위대한 통치자로 불리는 **샤를마뉴**(카롤루스) **대제시대**(768－814)에 더욱더 적극적으로 표현되었다.

샤를마뉴 대제는 중세에 보기 드문 인걸로서 재위 40년 동안 옛 서로마 제국의 영토 대부분을 회복하여 프랑크 왕국의 전성시대를 이룩하였다. 그는 새로운 영토를 확장할 때마다 포교단을 보내어 기독교화에 주력하였을 뿐만 아니라, 교황에게 토지를 기부하고 교황 레오 3세를 도와 로마시의 분쟁을 진압하기도 하였다. 이에 **교황 레오 3세**는 샤를마뉴 대제에게 '**로마인의 황제**'라는 칭호를 주었다. 이리하여 로마제국의 전통이 게르만의 군주에 의해 부활되었으며, 이를 통해 진행 중에 있던 교속양권의 제휴, 즉 세속계의 강자인 군주와 정신계의 지주인 교황과의 상호협력의 추세는 분명한 역사적 사실이 되었다. 또한 로마제국을 멸망시킨 게르만 민족 출신의 왕이 로마황제의 칭호를 얻게 된 것은 10세기 말 오토 1세로부터 시작되는 신성로마 제국의 전통에까지 이어지게 되었다.

샤를마뉴 대제의 프랑크 왕국

샤를마뉴 대제는 군현제도를 실시하고 각 지방에 순찰사를 파견하여 지방 행정을 감독하여 강력한 중앙집권적 정부를 수립하였다. 그는 또한 학문과 교육의 부흥에 힘써, 789년 칙령을 공포하여 수도원 학교를 세우고, 수도 엑스 라 샤펠에 왕립학교를 설립하였다. 샤를마뉴 대제는 이곳에 영국 출신의 색슨족 후예인 대학자 알퀸(Alquin)을 초빙하여 고전적 서적과 자료를 편찬케 하고, 파괴되었던 라틴어와 고전을 부활시켜 중세 학문의 발전에 크게 기여하였다. 그는 또한 궁전과 사원을 건축하고 예술을 장려하여 라틴-게르만 요소를 융합시킨 이른바 '카롤링거 왕조의 르네상스'라고 불리는 문화적 번영기를 이룩하였다.

프랑크 제국의 분열

샤를마뉴 제국은 언어와 풍속을 달리하는 여러 부족으로 구성되어 있었고, 지방분권적인 성격이 강했으며, 오직 샤를마뉴 같은 위대한 지배자에 의해서만 통합이 가능했다. 그러므로 그가 죽은 후에 843년에 맺어진 **베르뎅 조약**에 따라, 세 왕자 사이에 프랑크 왕국은 3분됐다. 서·동·중부 프랑크 왕국으로 후에 다시 프랑스, 독일, 이탈리아 3국의 어렴풋한 윤곽이 드러나는 **메르센조약**(870)으로 프랑크 왕국은 완전히 분열됐다.

3. 비잔틴 제국(동로마 제국)

민족이동의 혼란 속에서 서로마 제국이 몰락한 후에 동로마제국은 약 1000년간 명맥을 유지하였다. 서방에서 로마·게르만적 사회가 형성되어 가고 동로마에서는 그리스·동방적 사회와 문화가 발전되어 가고 공용어도 라틴어에서 그리스어로 변하였다.

민족이동의 혼란이 어느 정도 안정된 6세기에 과거의 로마제국의 재건과 그 전통의 계승을 시도한 황제가 **유스티니아누스**(527－565)였다. 그는 **로마법전**을 편찬하였고, 북아프리카의 반달왕국을 정복하고, 시칠리아를 거쳐 이탈리아의 동고트족을 굴복시켜 과거의 지중해 연안의 로마영토를 회복하였다.

유스티니아누스가 죽은 후 비잔틴 제국은 북에서 아바르족과 슬라브족의 침입을 받고 동쪽에서는 사산조 페르시아의 공격을 받아 시리아와 이집트를 상실하였다. **헤라클리우스**(610－641)는 페르시아를 공격하여 시리아와 이집트 등을 회복하였지만 새로 일어선 이슬람의 공격을 받아 소아시아를 포함한 수도 주변으로 축소되었다.

비잔틴문명(동로마제국)과 이탈리아

동서로마가 분리되었지만, 제국의 중심은 동로마에 있었다. 서로마는 476년 공식적으로 막을 내렸을 뿐만 아니라, 이교도와 야만인들이 설치는 폐허나 다름없는 상태였으므로, 동로마제국이 제국의 중심을 이루는 것은 어찌 보면 당연한 일이었다. 그러나 5세기와 6세기를 통틀어 동로마의 황제들은 동로마제국만을 지켜내기에도 버거운 형편이었다. 간신히 동로마 영토에서만 황제권을 수호할 뿐, 서로마 제국의 탈환은 꿈도 꾸지 못하고 있었다. 이러한 상황은 6세기중엽 이후, 동로마제국의 황제로서 동로마를 다스렸던 **유스티니아누스 황제**가 등장하고서야 겨우 타개된다. 그리고 그는 라틴어를 사용하며 라틴문화를 지켰던 최후의 황제였다. 그 이후 동로마는 급속히 그리스화하였다. **유스티니아누스 1세**(재위 527~565)는 그들을 자기의 지배하에 끌어들이려고 서방 재정복 전쟁을 일으켰으나, 이탈리아, 시칠리아, 카르타고 주변, 이베리아 반도 남부 등 서부 지중해 연안의 지역만을 획득했을 뿐이었다.

경시되었던 발칸에서는 슬라브족이 도나우 강을 건너 남하하기 시작하였고, 대제 후계자 치세에는 페르시아 군은 근동을 석권하여 소아시아 깊숙이 진출하였다. 탈환한 지 얼마 안 되는 이탈리아도 **랑고바르드족**의 침입을 받았다.

7세기 들어 동로마제국의 관심사는 동지중해 지역에 집중되었다. 게르만계의 야만족들에게 유린당한 서유럽의 속주들은 그들에겐 더 이상 관심사가 아니었다. 이미 그리스화한 그들은 서유럽보다는 동방에 관심을 더욱 집중시켰고, 강력한 적인 페르시아와 충돌하게 되면서 그러한 경향은 더욱 강해졌다. 중요한 점은 동로마제국이 동방에 관심을 집중하면서도 계속 이탈리아에 대해 간섭하고 있었다는 것과 그러면서도 이탈리아에 대해 아무런 실질적인 도움을 주지 않았다는 점이다. 그러나 로마와 이탈리아가 갖는 역사적 중요성, 그리고 베드로가 가지는 의미 등으로 인해 동로마는 여전히 8세기에 들어가도 이탈리아를 수중에 넣고자 끊임없이 시도하고 있었다.

동지중 해에서 옛 제국의 영광을 되찾으려던 동로마제국은 새로운 적과 마주치게 되었다. 새로운 적은 **이슬람 세력**이었고, 비잔틴제국은 이들과 오랜 투쟁에 들어가야 했다. 8세기 초에 비잔틴제국은 이슬람의 침략을 격퇴하는데 성공했으나, 그로 인해 심각한 재정위기를 맞게 되었다.

비잔틴제국의 황제 **헤라클리우스**(재위 610~641)는 7년간에 걸친 페르시아 원정을 진두지휘하여 빛나는 승리를 거두고, 629년 수도에서 개선식을 거행하였으나 그것도 한 순간에 지나지 않아, 이슬람교도인 아랍인에 의해 시리아·메소포타미아·이집트·아르메니아를 계속해서 잃고 말았다. 674~678년 마침내 콘스탄티노플이 아랍 함대에 포위되었다. 이것을 격퇴할 수 있었던 것은 신병기인 '그리스의 불'(비잔틴제국 시대에 그리스인들이 사용한 해전용 화기·액체화약) 덕택이었다. 발칸에서는 수많은 **슬라브인 이주민**들이 펠로폰네소스까지 이르렀고, 북쪽에서는 도나우 강 일대에 불가리아족이 강력한 왕국을 건설하였다.

그러나 이 암흑의 7세기에는 **그리스어**가 라틴어를 대신하여 공용어가 되었고, 군단장이 주둔지역의 속주행정(屬州行政)을 겸임하는 군관구제도(軍官區制度)가 창설되는 등 제국 내에서 큰 변화가 일어났다. 도시는 외적에 대비하여 요새화 되고, 농촌지방에는 이제까지의 대토지 소유를 대신해서 소토지 소유 농민으로 조직된 농민공동체가 우세하였다. 이사우리아 왕조의 **레오 3세**(재위 717~741), 콘스탄티누스 5세(재위 741~775)는 동부전선에서 이슬람과 사투를 되풀이하는 한편, 국내적으로는

'**우상**(성화상)**파괴주의**'의 종교정책을 제시함으로써 그에 따르는 혼란은 726~842년의 1세기 이상 계속되었다. 로마 교회는 이탈하고 남부를 제외한 이탈리아 전부를 잃게 되어, 로마의 보호자로서 비잔틴 황제를 대신하는 프랑크 국왕 **사를마뉴**(카롤루스)**대제**가 800년의 성탄절에 로마 황제로 추대되었다.

4. 우상숭배 파괴 운동과 동서 기독교의 분열

배 경

7세기와 8세기에 들어와, 유럽은 중요한 사건을 겪게 된다. 그것은 크게 5가지로 요약할 수 있다. 수도원운동, 프랑크 제국의 성립, 이슬람의 팽창, 동서로마교회의 분열, 그리고 마지막으로 새로운 서로마 제국의 수립이다. 7세기와 8세기에 벌어진 이 일련의 사건들은 중세의 남은 기간 동안 서방 세계의 종교적·정치적 구조에 크게 영향을 미쳤다.

새로운 예언자 모하메드의 추종자들, 즉 이슬람교도들은 북아프리카와 동지중해를 기독교의 영역에서 빼앗아 갔다. 북유럽에서는 새로운 수도원 운동이 벌어져 로마 교황의 권위를 세워나갔으며, 교황들은 유서 깊고 세련된 동방적인 비잔틴문명(동로마제국)과 북방의 새로운 세력 사이에서 망설이고 있었다. 프랑크 왕국의 왕들, 로마교황, 동로마 제국의 황제들은 영향력 확대를 위해 서로 경쟁하면서 분명히 결단을 내려야 했고, 그들의 결단은 이후 중세 유럽을 형성하는데 결정적인 영향력을 미쳤다. 이 사건들은 일종의 병목현상을 일으키면서 한 지점에서 만나게 된다. 그것은 726년의 동로마황제에 의한 **우상파괴령**이다.

당시 주변상황과 수도원 운동

일찍이 동지중해에서 출발한 수도원운동은 초기 중세 문명에서 중요한 역할을 하였다. 고전문화의 보존 및 전달, 이교도들의 개종이 그들의 주요임무였다. 그것은 불가분의 관계로 이교도들의 침입으로부터 고전문화를 보존하면서 동시에 그들을 기독교도로 개종시키는 전도 사업이었다. 동지중해와 이집트의 사막에서 출발한 엄격한 수도원 운동은 갈리아로 전파되었다. 갈리아에 전파되었던 수도원은 다시 잉글랜드와 아일랜드로 건너갔다.

6세기와 7세기에 걸쳐, 이 두 섬에서는 믿을 수 없을 만큼의 전도활동과 수도원 운동이 전개되었다. 사실상 7세기와 8세기에 들어가 아일랜드와 잉글랜드에서 선교 사업은 큰 성공을 거두었고, 거꾸로 그들이 보존한 여러 고전문화들이 대륙으로 역수출되는 일까지 있었다. 대표적인 예가, 아일랜드 수도승들은 고전 문법책을 구해 그것을 라틴어로 완벽하게 재현했다. 반면, 대륙의 라틴어들은 지방 속어들과 융합되면서 본래의 모습을 잃어가고 있었던 것이다.

그들은 단순히 고전문화만을 보존하고 전파한 것이 아니었다. 초기에 대륙에서 섬나라로 들어갔던 기독교가 이제는 다시 섬나라들에서 대륙으로 퍼지게 되었다. 대표적인 인물이 아일랜드 출신 수도승인 **보니파키우스**(680~755)이다. 그는 서로마 교회가 위기에 처했을 때 프랑크 왕국과 제휴를 위해 정략적으로 파견되었으며, 프랑크 왕국의 새로운 **카롤링거 왕조**의 첫 번째 왕 **피핀**에게 국왕으로서 자격을 부여하는 세례식을 한 장본인이다. 아일랜드와 잉글랜드 출신의 수도승들은 농촌지역의 미개하고 원시적인 농민대중을 개종시켜 유럽을 기독교 대륙으로 만들었다.

여기서 말하는 '기독교'는 삼위일체설을 주장하는 **아타나시우스 계열**의 기독교이고, 그의 출발지는 로마를 중심으로 한 이탈리아였다. 대륙의 기독교 수도원들은 대부분 **보니파키우스**의 영향을 받아 아일랜드 베네딕트계의 계율을 받아들였다.

특히 **보니파키우스**의 업적은 두 방향에서 이후 서방 교회 발전에 큰 영향을 미친다. 첫째는 그의 전도 사업으로 대부분의 게르만족이 최초로 기독교 세계에 편입되었으며, 둘째로 갈리아 지방에서 그의 활약으로 프랑크 교회와 로마교황 사이의 관계가 전례 없이 밀접해지게 되었다.

동로마 황제 레오 3세의 우상파괴령(726년)

수도원 운동으로 서로마 교회는 수많은 이교도인 야만족들을 개종시켰으며, 그 중에 한 부족인 프랑크족은 통치상의 필요로 서로마와 가까워지고 있었다. 라틴화된 갈리아를 지배하는 데에 라틴문명인 서로마 교회의 협력은 절대적으로 필요한 것이었다. 그리고 프랑크족은 롬바르드족의 침략으로부터 서로마 교회를 지켜주었다. 로마교황이 동로마로부터 독립하고 프랑크 왕국과 제휴하게 된 결정적인 이유는 동로마 교회와의 신학논쟁이었다.

8세기 초 이슬람의 침략을 물리친 동로마제국의 **레오 3세**는 심각한 문제에 처했다. 하나는 **우상숭배**였고, 다른 하나는 대토지 소유에 의한 조세수입의 격감이었다. 새로 개종한 이교도 지역일수록 **우상숭배**는 심했다. 여기서 '우상'이라 함은 성인들을 그린 그림, 조각, 모자이크, 등을 총칭하는 것이다. 그것들은 문맹인 야만족들을 개종하는 데에 다소 효과가 있었지만, 기독교 자체보다는 오히려 그 우상들을 숭배하는 경향이 심해지고 있던 것이다. 우상숭배에 부정적인 시각을 갖고 있던 신앙심 깊었던 동로마제국 황제 **레오 3세**는 이런 폐단을 제거하고자 하였다. 다른 문제는 소토지를 보유한 자유농민의 몰락과 대토지 겸병의 증대였다. 소규모 자영농은 비잔틴군의 주력을 이루었으므로 제국정부로서는 그들의 몰락을 방치할 수 없었다. 방치하게 되면 비잔틴제국은 이슬람에게 넘어갈 지도 몰랐다. 대토지 소유자들 중에서도 레오 3세가 적대시한 것은 수도원과 교회가 소유한 대영지였다. 게다가 이 양자는 면세의 특권을 누리고 있었던 것이다. **레오 3세**는 우상 파괴령을 이용하여 토지개혁을 달성하고자 했다. 토지개혁이 이뤄지면, 소규모 자영농이 증대하고, 조세수입도 증대될 것으로 기대한 것이다.

이런 저런 이유와 목적으로 726년에 첫 우상파괴령이 내려졌다(그 후, 몇 차례 번복 과정을 거치면서 843년에 우상파괴령은 최종적으로 폐기되었다). 이 파괴령은 로마와 콘스탄티노플을 결정적으로 갈라놓았다. 이전까지는 교리상의 논쟁에도 불구하고 로마교황들은 로마황제, 즉 동로마제국 황제의 충성스런 신하로 자처했으며, 황제를 그들의 군주로서 존경과 예의를 갖추었다.

726년 동로마 제국의 레오 3세는 대토지 소유자인 동시에 성상숭배의 경향이 강한 수도원의 세력을 억제하기 위해 성상숭배금지령을 내렸다. 그러나 로마교황 **그레고리우스 2세**는 **레오 3세의 우상파괴령**을 거부할 뿐만 아니라, 황제에게 도전하였다. 그러나 문맹인 게르만족 교화사업에 성상이 필요했던 관계로 로마교회는 금지령을 불복종하고, 이 사건으로 동·서교회의 분열은 결정적인 사실이 되었다.

이 도전에 격분한 **레오 3세**는 라벤나 총독에게 **그레고리우스 2세**의 체포를 명령했고, 비잔틴 제국의 라벤나 총독은 황제의 명을 받아 **그레고리우스 2세**를 체포하려고 출동했다. 그러나 그들은 롬바르드군에 의해 격퇴되었고, 분노한 레오 3세는 남이탈리아와 발칸일대의 로마교황의 권리를 모두 몰수하여 콘스탄티노플의 총주교에게 넘겨주었다.

이탈리아에서 사건에 영향을 미친 마지막 요인은 **롬바르드족**이었다. 가톨릭으로서 교황에 우호적이던 **롬바르드족**이었으나, 아이스툴프 왕이 들어서면서 이탈리아 전체를 석권하려는 야망을 드러냈다. 그는 로마교회를 새로운 이탈리아의 중심교구로 삼을 계획을 가지고 있었다. 그러나 성 베드로의 유지를 이어받아 전 서방세계의 기독교를 다스린다는 체면이 있던 로마교황은 로마와 주변지역에 대한 지배권을 포기하면서 **롬바르드 왕국**의 최고 성직자에 불과한 존재가 될 생각이 전혀 없었다. 그렇다고 동로마제국의 보호를 청할 생각도 없었다. 새로운 보호자를 찾아야 했고, 이때 등장한 인물이 **피핀**이다.

751년, 왕이 되고자 했던 프랑크 왕국의 **피핀**은 보호를 약속하는 대신, 그의 왕위 계승에 신의 재가를 교황에게 요구했고, **교황 자카리아스**는 즉시 보호를 대가로 그를 새로운 프랑크 왕국의 국왕으로서 인정하였다. 피핀은 752년에 로마를 위협하던 **롬바르드족 아이스툴프**를 완전히 패배시키고, 중부 이탈리아와 라벤나를 차지했다. 가만히 보고만 있던 비잔틴 제국은 라벤나를 제국으로 귀속시키라고 요구했으나, **피핀**은 이를 거부했다. 그는 자기가 롬바르드족과 싸운 것은 성 베드로를 위한 것이며, 따라서 **성베드로**에게, 즉 그의 후계자에게 넘긴다고 선언하였다. 이로써 서로마 교회는 프랑크 왕국과 밀접하게 결합되었으며, 동로마제국으로부터 완전히 독립하게 된다. 그리고 이때부터 가톨릭과 그리스 정교로 기독교사회는 1차 분열을 하게 된다(2차 분열은 16세기에 서구 가톨릭교회 내부에서 일어난다).

이슬람과 프랑크

630년, 메카의 정복을 시작으로 전 아라비아반도와 북아프리카, 그리고 동지중해를 장악하고 비잔틴제국을 노린 이슬람, 그리고 거의 동시대에 서유럽을 통일한 프랑크 왕국. 이슬람이 우상 파괴령에 영향을 미쳤다면, 프랑크 왕국은 우상파괴령을 둘러싼 동서 로마 교회의 대립에 **서로마 교회**의 손을 들어줌으로써 이미 페르시아와 이슬람을 상대로 한 오랜 전쟁에 지쳐있던 동로마제국으로부터 서로마 교회가 독립하는데 결정적인 역할을 하였다. 거기에서 그치는 것이 아니라 프랑크 왕국은 두 개의 새로운 서로마 제국을 만들어냈다. 800년의 서로마 제국과 962년에 신성로마제국의 수립이다. 서로마 교회는 프랑크 왕국 덕분에 동로마로부터 독립할 수 있었고, 새로운 서유럽을 본격적으로 만들어나갈 수 있었던 것이다.

결 론

8세기에 들어와 유럽은 크게 두 가지 발전노선 중에서 하나를 선택해야 하는 기로에 서 있었다. 첫 번째는 서로마를 중심으로 북쪽 야만족들과 제휴한 라틴문명과 게르만족 문명의 결합이며, 다른 발전노선은 그리스를 중심으로 발칸과 남부 이탈리아, 소아시아를 포함한 그리스적인 로마제국이었다. 로마교황들은 전자를 선택하였으며, 여기에는 앞서 언급한 수도원 운동과 프랑크족의 발흥이 배경이 되었다.

동로마 측의 우상 파괴령과 그에 대한 서로마 측의 반발은 단순한 교리상의 문제가 아니며, 새로 강력한 정치세력으로 등장하던 프랑크족과 교세의 확장을 발판으로 동로마로부터 독립함과 동시에 유럽세계에서 주도권을 장악하고자 하는 서로마와 교회의 결합, 그리고 이 양자와 동로마간의 정치투쟁이라 규정할 수 있을 것이다.

현재 우리가 알고 있는 중세 유럽은 726년 **우상 파괴령**을 시발점으로 서로마 교회가 동로마와 연결고리를 절단하고 라틴문명과 게르만 문명을 융합시킴으로써 형성된 것이다. 또한 이때의 분열은 지금도 그 흔적을 고스란히 남겨 가톨릭과 개신교는 서유럽에, 정교회는 그리스와 동유럽 그리고 러시아에 남아있으며, 그 접점지역이 보스니아이다.

5. 이민족의 침입

9세기말에 알타이어 계통의 **마자르족**이 헝가리 평원에 나타나 20년간 **동프랑크 일대**를 점령했다. 남쪽에서는 9세기에 이슬람세력이 시칠리아 등 남 이탈리아 해안 지역을 침략했다. 스칸디나비아 반도와 지금의 덴마크에 거주하는 게르만족의 일파인 **노르만족**이 유럽 지역을 배를 타고 다니면서 침략했다.

노르만족은 스칸디나비아 반도와 지금의 덴마크에 거주하는 게르만 계통의 부족들로서, 모험심이 강하고 항해에 능한 사람들이었다. 노르만이란 **북부 사람들**(North men)이란 말에서 유래되며, 이들은 **바이킹**(Vikings)이라고도 불렀는데, 이는 **협만**(Vik)에서 온 사람들이라는 뜻이다. 이밖에 데인인, **바랴그인** 등의 별칭이 있다. 게르만의 대이동 때에 원주지에 머물러, 어업, 농경, 목축 또는 해상 약탈에 종사했는데, 8세기경 본국의 통일 왕권의 형성에 따라, 종래의 독립적 지위를 잃은 세력들은 **인구증가** 때문에 토지를 소유하지 못한 주민을 이끌고 약탈적 이동을 개시하였다. 그 범위는 전 유럽에 미치고, 제2차 민족 이동이라고 부를 만한 양상을 보였다. **스웨덴의 노르만**은 동으로 슬라브족의 땅으로 진출하였다. 9세기 중엽에는 노브고르드에 기지를 설치하고, 다시 남쪽으로 진출하여 드네프르 강변의 **키예프**에 정착하였다. 그들은 일명 **바랑고이족**(바랴그족)으로도 알려졌으며, 여러 지역에 요새화한 기지를 마련하여 주변의 농촌 주민을 정복하였다. 10세기 **바랑고이족**은 현재의 서부 러시아의 지배자가 되고, 이 넓은 땅에 키예프 공이 지배하는 최초의 러시아 국가를 건설하였다. 노르만족은 북해와 대서양에도 출현하였다.

9세기에 그들은 수시로 영국과 프랑스의 해안 지대와 하천 유역에 출현하여 약탈을 일삼았다. 그들의 침입과 약탈에 시달린 서 프랑크 왕은 10세기 초(911)에 그들에게 **세느강 하구** 일대를 주어 **봉신**으로 삼았다. 이것이 후에 커져서 **노르망디 공국**이 되고 11세기에는 그들의 일부가 멀리 지중해로 진출하여 시칠리아를 이슬람으로부터 탈환하고 남 이탈리아에 나라를 세우는 한편, 영국을 정복하여 **노르만 왕조**를 세우기도 하였다(1066). 이보다 앞서 9세기 후반에 영국은 덴마크 계통인 **데인족**의 침입에 시달린 끝에 북동부 지방을 그들에게 할애하였다. 이들은 후에 기독교로 개종하여 앵글로 색슨족과 융화하게 되었다. 노르만은 아일랜드에도 침입했으나 원주민인 **켈트족**에게 격퇴되었다. 그들은 다시 멀리 아이슬란드와 그린란드로 진출하고, 일부가 그곳에서 북아메리카 대륙까지 건너갔다는 설이 있다. 이러한 노르만과 이민족의 침입은 가까스로 이루어졌던 질서 회복과 안정을 완전히 파괴하여 사회의 전반적인 봉건화를 촉진하고 부흥하는 듯이 보였던 문예도 완전히 사라지는 형편이 되었다. **서프랑크**에서는 대부분 수도원이 노르만 약탈과 파괴의 대상이 되었으며, 많은 도시가 약탈되고 불탔다. 인명의 피해도 많았거니와 많은 경작지가 방치되어 삼림이나 황무지로 변하였다. 노르만의 이동은 처음에는 약탈적이었으나, 정착과 더불어 점차 상업에 종사하게 되어, 상업의 부활에 큰 자극을 주었다. 또한 정주지에서 원주민과 융합·동화하여 유럽 중세 세계의 형성에 커다란 역할을 하였다. 마자르 족의 침입은 노르만처럼 장기간은 아니었으나, 파괴성에서는 더욱 격심하였다. 이러한 황폐의 늪으로부터의 부흥 과정에서 유럽의 중세 사회와 문화가 발전되었다.

제5장 봉건사회의 기원과 성립

1. 봉건제도의 성립과정

봉건사회(feudal society)와 봉건제(feudalism)라는 용어는 일정한 의무수행에 대하여 수여되는 **봉토**를 뜻하는 말에서 유래되었다. 그렇기 때문에 일찍부터 봉건제도를 일정한 의무 수행과 이에 대한 봉토수여로 성립하는 **주종제도**를 중심으로 이해하려고도 한다. 농노제에 입각한 **장원제도**를 봉건제도의 보다 더 본질적인 내용으로 이해하기도 한다. 봉건제도는 **게르만의 종사제도**와 **로마의 은대지제도**가 결합하여 탄생한 제도이다.

봉건제도의 기원은, 개인적인 보호관계의 측면은 로마사회의 보호자와 피보호자와의 관계에서 볼 수 있으며, 주종제도와 유사한 것은 게르만 사회의 종사제(從士制)이다. 봉토의 한 중요한 속성인 토지의 불완전 소유는 로마사회의 프레카리움(precarium)을 들 수 있으며, 프랑크 왕국의 은대지제도와 관련을 가지고 있다.

사라센의 격퇴를 위하여 대규모의 기병이 필요했던 **샤를르마뉴 대제**는 유능한 기사를 모집하여 절대적인 충성을 맹세케 하고, 종군의 보상으로 은대지(恩貸地, benefice)를 수여하였다. 왕령으로만은 부족하여 교회토지로 이를 충당했다. 교회의 토지는 완전한 소유권 이전이 불가능하고 이용권만이 허용되는 **은대지**로 수여케 되었다. 전사가 사망한 후에도 이 **교회 토지**는 다시 다른 전사에게 수여되었다. 이리하여 **주종제도**[5]와 **은대지제도**가 결합하게 된 것이다.

봉건제도는 9세기로부터 10세기에 걸친 이민족의 극심한 침투기에 완성되었다. 봉건제 완성의 역사적 상황은 극도의 혼란과 무정부상태, 그러한 가운데서의 국가의 무력화와 국가 공권력의 해체라고 할 정도의 약화와 분산, 그리고 지방 내지 작은 영역단위의 방어의 필요성이다. 사회·경제적 국면은 사라센의 팽창으로 유럽이 지

5) 주군과 가신의 관계는 봉토(땅)을 매개로 쌍무적 계약관계(지방분권적)이다. 왕은 영주에게 땅을 주고 영주는 땅을 받은 대가로 전쟁이나 위험 발생시 군대를 이끌고 가서 왕을 도와 싸우는 관계입니다. 농노는 영주의 땅을 할당받아 농사를 지어 세금을 바치고 전쟁이나 건설에 나가야하는 부역의 의무가 있었으며 거주 이전의 자유가 없었으나, 결혼하여 재산을 자식에게 물려줄 수는 있었으며 관습법의 보호를 받았다. 한마디로 농노는 영주의 노예처럼 농사 및 노력봉사를 해야 하는 불쌍한 존재였다.

중해를 상실함으로써, 상공업의 쇠퇴, 화폐사용과 유통의 소멸이라고 할 정도의 격감, 상공업 중심으로서의 도시의 쇠퇴 등이 유럽을 자연경제로 돌아가게 하고 농촌화 시켰으며, 토지가 가장 중요한 유일한 재산 형태로 되어갔다. 이러한 상황 속에서 토지를 매개로 전사와 토지 소유자간에 그리고 일반인이나 무력자는 예속적인 관계로 봉건제가 성립하게 되었다.

좁은 의미의 봉건제의 핵심은 주종제도였다. 봉건적 주종관계는 자유인 사이의 개인적 보호관계와 사적인 계약관계로서 어느 한 쪽이 의무를 수행하지 않는 경우 깨어질 수 있는 성질의 것이었다. **주종제도**로 맺어지는 상하관계는 피라미드형의 봉건 계층제를 형성하였다. 이 주종제도는 무질서와 혼란 속에서 붕괴한 국가의 공적 질서를 대신하여, 그나마 질서와 평화를 유지하는 기능을 발휘할 수 있는 중요한 정치적 기능을 하였다는 것이다.

봉건제도 성립과 더불어 초래된 가장 중요한 정치적 상황은 **지방분권**이었다. 이는 유럽의 전반적인 정세의 결과이기도 하지만 봉토수여에 수반된 **불입권**(immunity) **수여**의 결과이기도 하다. 불입권은 행정, 사법을 포함한 광범위의 자치적 통치권을 의미하는 것이다. 이러한 통치권이 봉토소유자인 개인에게 광범위하게 분산되고, 지방분권적인 정치체계가 성립하게 된 것이다. 주종제도의 봉건적 지배층은 전사인 동시에 토지 소유자였고, 그들의 토지는 장원으로 조직되어있었다. **장원제도**(manorial system)는 주종제도의 사회경제적 기반으로서 봉건사회의 핵심을 이루고 있으며 양자는 구조적인 관련을 가진다. 장원은 유럽 역사상 시장경제의 요소가 가장 희박하고 자급자족적 농업경제의 요소가 강했던 8~12세기경까지 거의 전 유럽에 파급되어 있던 농촌 사회조직인 동시에 영주의 지배조직이다. 구(舊) 로마령 갈리아(프랑스)의 교회령·왕령에서 7세기경부터 서서히 형성되기 시작하였다고 생각되며, 9세기에는 이탈리아, 라인강 유역의 독일, 지중해안 에스파냐 등에도 거의 완성된 형태의 장원이 있었다. 영국은 그보다 늦었으나, 노르만 정복 이후 급속히 진전되었으며, 장원조직의 한 전형이 만들어졌다.

장원의 중심에는 **장관**(莊館)이 있고, 거기에는 영주 자신 또는 관리인이 살고 있으며, 하인과 직인(職人)의 오두막집·창고·작업장 등이 부속되어 있다. 농민의 가옥은 보통 취락을 이루고 있으며, 각각 조그만 채마밭과 창고 등을 가지고 독립해 있었다. 장원의 토지는 일괄적으로 2~3개의 큰 밭으로 나누어지고, 각각 여러 개의 영주 직영지, 농민 보유지로 분할되어 윤작으로 경작되었다.

농민은 라틴계 제국의 만수스(mansus), 독일의 후페(Hufe), 영국의 하이드(hide)라고 불리는 표준 규모의 토지를 점유·경작하여 가족의 생계를 유지했고, 영주 직영지에서 **부역**을 제공하여 영주경제를 지탱하였다. 그러나 직영지가 없었던 장원도 많았는데, 그곳에서는 곡물·양모·마(麻)·유산물(乳産物)·포도주·가축 등 온갖 종류의 현물세 이외에도, 성제일(聖祭日)의 음식물, 결혼할 때 부과되는 결혼세, 가장이 사망하여 보유 명의인을 변경할 때 납부되는 사망세, 영주의 필요에 따라 임시로 부과되는 각종의 모든 세금을 납부해야 했다. 그러나 장원은 농업생활의 사회조직이기도 하여 흉작이나 기타 이유로 농민경제가 궁핍해졌을 때는 영주로부터 여러 형태의 구제책이 강구되었다.

장원과 촌락과의 관계는 1촌(村) 1장원이라는 관계보다는 1촌이 몇 명의 영주에게 나누어지는 것이 원칙이었다고 한다. 즉, 한 마을에 많은 토지를 가진 영주는 그곳에 장관을 세우고, 직영지를 설정하여 농촌 내뿐만 아니라 주변 농촌의 장원 예속민으로부터도 부역과 공조를 받아들여 단위장원을 운영하였다.

또한 도시의 발달, 상업의 발전에 따라 자급자족을 명분으로 하는 장원도 **화폐경제**에 휩쓸려서 영주는 직영지를 감소시키고, 생산물 지대 또는 화폐지대를 받게 되었다. 프랑스에서는 11세기 말, 영국 ·독일에서는 13세기경부터 직영지와 부역이 없는 토지소유의 형태를 취하게 되었는데, 그 결과로 영주와 농민의 관계가 지주와 소작인의 관계로 변화하였으며, 장원은 해체되어 갔다.

2. 유럽의 중세 봉건왕국의 성립

롤로(Rollo, 860－931)

노르만 족의 수장으로 890년 노르만족의 대부대를 이끌고 **센 강** 하구에 침입하여 그 하류 지역을 점령하고, 나아가 파리를 포위했을 뿐 아니라(892), 내륙으로 깊숙이 침해 들어갔다. 그래서 911년 프랑스 왕 샤를 3세는 그와 조약을 맺어 센강 하류의 점령지를 그에게 봉토로 주었다. **롤로**는 초대 노르망디 공 로베르 1세로서 프랑스 왕의 충실한 봉신이 되고, 영내의 통치에 있어서도 훌륭한 솜씨를 보였다. **노르망디 공국**의 잘 정비된 봉건제도는 그 뒤 1066년의 노르만 정복으로 영국에 옮겨졌다.

영국의 노르만 왕조(Norman Dynasty; 1066－1154)

노르망디 공 정복왕 **윌리엄(1066~1087)**의 즉위부터 시작된 영국 왕조. 그 뒤 왕위는 윌리엄 2세, 헨리 1세로 계승되었다. **헨리 1세**는 그의 딸 **마틸다**(독일 황제 하인리에 출가시켰으나, 그가 죽은 뒤 앙 주 백 제프리와 재혼)를 후계자로 했으나, 귀족은 이를 승인하지 않고 블르와 백 스티븐(1135~1154)을 왕으로 삼았기 때문에, **마틸다**는 의형 그로스터 백 로버트와 함께 서부 영국을 근거로 스티븐 왕과 대립, 19년간의 내란을 겪은 뒤, 마틸다의 아들 앙주 백 **헨리 2세가 즉위**(1154)해서 앙주 왕조를 열게 되어 **노르만 왕조**는 끝나고, **플랜탄지네트 왕조**가 들어선다.

정복왕은 **노르만** 봉건제를 도입하여 귀족을 지배, 중앙 집권적 봉건제를 유지했으나, 헨리 1세 시대에 다시 중앙 정부가 전문화되고, 주 법정에 중앙에서 임명한 사법관을 두어, 왕의 순회 재판이 행해지는 등 왕권이 강화되었다. 그 뒤 스티븐 시대의 내란에 의해 무질서와 혼란을 가져왔으나, **앙주 백 헨리**의 즉위로 다시 봉건 왕정의 질서가 회복되었다.

프랑스의 카페 왕조(987－1328)

서프랑크는 봉건 제후들의 등장과 노르만족의 빈번한 침입, 왕위계승을 위한 내분으로 왕권은 점점 쇠약해갔다. 10세기말에 카롤링거 왕조의 마지막 왕인 **루이 5세**가 사망한 후에 봉건귀족과 고위성직자들이 모여서 **카페**를 국왕으로 추대하였다.

카페 왕조의 카페 가문은 본래 일드 프랑스 지방에 영지를 가지고 **파리 백**이라고 일컬어졌다. 서프랑크의 카롤링거 왕조가 쇠퇴하는 틈을 타서 887년 파리 **백외드**(Eudes)는 노르만 족 침입군을 센 강 유역에서 격파한 공으로 한 때 왕위를 얻었다. 그러나 **외드**가 죽은 뒤 왕위는 다시 카롤링거 가문으로 돌아갔다. 그 뒤 외드의 손자 **위그 카페**의 시대에 카롤링거 왕조가 단절되자 위그 카페가 왕위에 올라 **카페 왕조**를 열었다. 왕이라는 이름을 얻기는 했으나 카페 왕조의 영토는 좁아, 부르고뉴·플랑드르·가스코뉴·아키텐·프로방스 등에서 할거하고 있던 제후들에 비해 왕가의 세력은 그다지 크지 않았다.

그러나 **카페 왕조**는 파리를 중심으로 프랑스의 선진 농업 지대였던 일드 프랑스 지방을 영지로 하고 있었기 때문에 산업·상업·기술·문화의 발전으로 유리한 고지를 점령했다. 파리는 프랑크 왕국 초기부터 수륙 교통의 요충지로 대주교가 있었으며, 견고한 성벽에 둘러싸여 시민 생활은 갈수록 번영했다. 카페 왕조의 5대 왕인 **루이 6세**(재위 1108~37년)는 왕권의 기초를 다지는데 많은 힘을 기울였다.

루이 6세의 뒤를 이은 **루이 7세**(재위 1137~80년)는 아키텐 공의 딸 **엘레오노르**와 결혼해 그녀의 지참금이라고도 할 수 있는 영토를 얻음으로써 영지를 확대했다. 그러나 지나치게 정사에 몰두한 나머지 왕비를 보살피지 않아서, **제2차 십자군 원정** 도중 엘레오노르가 잘생긴 아라비아인 하인과 정숙하지 못한 행실을 보여 소동이 일어나기도 했다. 여러 나라의 왕족과 제후들 앞에서 부인이 불륜을 저지르자, 루이 7세는 어쩔 수 없이 왕비와 이혼함과 동시에 어렵게 손에 넣었던 영토까지 잃었다. 게다가 **엘레오노르**는 다음에는 **영국 왕 헨리 2세**와 결혼함으로써 프랑스 국내에 영국의 영토가 생기게 돼, 양국의 숙명적인 분쟁의 화근이 됐다. **카페 왕조** 권력이 안정되기까지 로마 교회가 왕권에 제공했던 정신적·물질적 지원은 유례없는 것이었다. 왕의 영지 외의 사제들까지도 교계의 봉건 영주로서 국왕에게 군사적·경제적 원조를 했으며, 또 궁정에서 교양 있는 측근의 역할을 했다. 국왕이 기적을 일으키는 힘이 있다는 주장도, 주로 국왕이 교회로부터 신성성을 부여받았던 결과이다.

루이 7세에 이은 **필립 2세**와 **루이 9세** 시대에 카페 왕조는 비약적인 발전을 이루었다. 12·13세기 유럽에서 화폐 경제가 발전하면서 왕권과 도시가 서로 협조하게 됐고, 왕의 영지가 확대되면서 종전의 봉건 가신적 지배가 국가적 지배로 바뀌어 왕의 정치력은 향상됐다. 왕권은 지방 통치를 위해 대관(bailis)·지사(Seneschal)라 일컫는 관료 조직을 갖추고 행정·사법·재정·군사의 상급권을 장악했다. 또한 **루이 9세** 시대에는 중앙 관제를 정비해 사법을 담당하는 파를망 고등 법원, 재정을 담당하는 회계 검사원과, 나중에 대고문부라 일컬어지는 행정 관청을 설립했다. 그리하여 13세기 말 **필립 4세** 시대에는 **삼부회**를 설립해 신분에 따라 국민의 권리와 의무를 정하고, 신분에 따라 대표를 회의에 보내 국왕의 자문과 과세 요구에 답변하는 구조가 갖추어졌다. 카페 왕조의 발전과 함께 왕권의 수도였던 파리는 더욱 번창해 영역도 필립 2세 때보다 확대됐다. **루브르 왕궁**과 왕실 고문서관, 파리 대학이 본격적으로 착공된 것도 이 시기다. 또한 파리 동쪽의 습지대도 상업가로 변해, 시청과 중앙 시장도 건설됐다.

영 국

앵글로 색슨족의 7왕국은 9세기~10세기에 걸쳐서 지금의 덴마크 지역의 노르만족의 침입을 격퇴시키는 과정에서 통일국가로 발전하였다. **알프레드 대왕**은 노르만족과 평화협상을 맺고 왕국을 재건시켰다. 11세기에 **덴족**이 재차 영국을 침범하여 덴마크 왕 **카누트**가 영국왕을 겸임하게 되었다. 그는 영국의 법과 관습을 존중하여 선정을 펼쳤다. 카누트가 사망한 후에 왕위 계승을 위한 내분이 일어나서 노르만디공 **리처드 2세**의 누이동생이 아들인 **에드워드**가 왕으로 추대되었다. 에드워드가 후손 없이 사망하자 그의 외사촌인 **노르만디공 윌리엄**이 왕위계승에 나섰다. 윌리엄이 5천명의 기사를 이끌고 가서 경쟁자들을 물리치고 영국왕위에 올랐다.

정복왕 **윌리엄**은 군사기지에 성채를 축조하고 도버해협 쪽에의 침략에 대비하여 요새를 축조하였다. 앵글로 색슨 시대에 이미 봉건제로 기우는 경향을 보이는 제도가 존재하였다. 그러나 영국에서 본격적으로 봉건체제를 받아들인 것은 1066년의 노르만인의 정복에 의해서이다. 그것을 입증하는 봉건법 상의 예는 1086년 솔즈베리의 서약이다. 누구를 막론하고 잉글랜드에서 토지를 보유하고 세력이 있는 모든 사람이 **윌리엄 1세**에게 충성을 선서하도록 되어 있었다. 즉, 신하나 가신을 막론하고 국왕과 일반민과의 사이에는 다른 관계에 우선해서 일반적 신종(臣從)의 관계가 유지되었다.

독 일

9세기 중엽에 **동프랑크**의 카롤링거 계통의 왕권이 쇠퇴하자 프랑켄, 작센, 슈바센, 바이에른에 거주하는 부족들은 과거의 독립적인 직위를 회복하려고 시도하였다. 공이라고 부르는 이러한 부족장들은 대토지를 소유하고 군사적 지도자로서 권력을 행사할 수 있었다. 그들을 점차 자신들의 권력을 확대하여 왕령을 잠식하고 교회에 대한 보호권을 획득하고 동프랑크 왕국 말기에는 각 공국에서 왕과 같은 존재가 되었다.

부족 공들은 통일군주의 등장을 바라지 않았지만 교회는 강력한 통일 군주를 원하였고, 마자르족 등 이민족의 침입은 통일군주의 필요성을 절감케 하였다. 10세기 초에 카롤링거 왕가가 단절되자 강력한 부족공인 **작센공**인 **하인리히 1세**(919－936)를 국왕으로 선출하였다. 그는 지방제후들에게 통일군주로서의 국왕의 권위를 인정시켰고 각 지방의 자치를 허용하였다. 이와 같이 독일은 처음부터 부족적인 지방할거주의가 강하였다.

하인리히 1세의 아들 **오토대제**(재위 936~973)는 왕권을 강화하고 **신성로마제국**을 건설하고 **마자르족**을 격파하였다. 오토는 대관식을 성대히 거행하고 지방제후의 반항을 분쇄하였다. 그는 밖으로는 마자르인(헝가리인)의 침입을 격퇴하고 국경 부근에 마르크(변경구)를 설정하여 국경방비를 견고히 하고 동시에 국내에서는 왕권에 대항하는 귀족 세력을 억압하고 국왕의 지배력을 강화하기 위하여 기독교 교회를 이용하려 하였다.

당시 독일 내부의 교회·수도원은 귀족의 침략을 받고 경제적으로 퇴폐 하였으나 **오토 1세**는 교회를 귀족의 침략으로부터 수호하고 토지를 기증하여 교회 소속으로 해주었으며, 시장 개설권·주화권 등의 수익원이 되는 권리를 부여하였다. 그와 동시에 그들의 자제나 가신을 주교·대수도원장 등 고급 성직자의 지위에 취임시켜 국왕의 집안과 교회를 결합시켰다.

국내의 기독교 교회를 자기 쪽으로 끌어들인 오토 1세는 로마교황에게도 접근하여 교황의 구원 요청에 응하여 이탈리아에 원정하여 교황을 괴롭히던 현지의 귀족을 토벌하고 교황을 구출하였다. 이에 대해 교황 요한 12세는 962년 로마에서 오토 1세(오토대제)에게 로마황제의 제관을 씌워줌으로써 보답하였다. 이로써 **신성로마 제국**이 출현하였으며, 이후 역대 독일 국왕은 황제의 칭호를 가지게 되었다.

오토 1세의 제국을 고대 로마제국의 부활로 여긴 것은 샤를마뉴 대제가 이룩한 제국의 경우와 같고 기독교 교회와의 제휴로 생긴 사정도 비슷했지만 오토 1세의 제국과 교회와의 결합은 한층 더 깊어서 **오토 1세**는 교회를 왕권 지주의 하나로 생각하고 그 목적을 위하여 교회를 지배하였으며 고급 성직자를 임의대로 임면(任免)하려 하였다. 이 정책을 **제국교회정책**이라 하는데, 이것과 서로 연관되어 출현한 것이 **신성로마제국 성립**의 특수성이다.

신성로마제국은 창시자 오토 1세에서 비롯된다. 오토 1세는 고위성직자를 고위관직에 등용했다. 그것은 성직자들이 독신이기 때문에 세습적 이해관계를 가지지 않으며, 교회가 초부족적·전국적인 조직을 갖추고 있다는 이유 외에, 세속영주가 창건한 교회에 대한 것과 마찬가지로, 국왕은 그의 직속 교회에 대하여 사유 교회주로서, 관장의 임면이나 재산의 이용에 대하여 지배권을 행사할 수 있었다.

오토 1세와 그 후계자들은 **직속교회**에 대한 이 특별한 보호관계에 의해 고위성직자를 국왕의 관료로 대우했고, 교회·수도원의 영지를 왕령지(王領地)에 준해서 자기 뜻대로 처분했고, 교회에 광대한 토지를 기증하여 공권불입권(公權不入權) 기타의 특권을 주었다.

오토 이후 3대로서 **작센 왕조**가 단절되고 프랑켄 공 **콘라드 2세**(1024－1029)이 국왕으로 선출된다. 콘라드 2세는 왕권의 새로운 기반으로서 왕령으로 선발된 농민을 행정관료와 전사로 훈련시켰다. 이들은 기존의 귀족이나 성직자와 친분이 없는 독립된 행정 관리층과 기사 군대를 구성하였다. 콘라드의 아들 **하인리히 3세**(1039－1056)는 부왕의 정책을 답습하여 왕권의 세력기반을 확장하였고 가신들을 중용하여 귀족과 제후들의 영향력을 약화시켰다. 교회의 지지로 독일 전역에서 **국왕의 통치권**을 확립하는데 성공하였다.

마침내 황제가 교황마저도 임의로 임면하는 풍조에 대하여, 11세기 이래 **클루니 수도원**의 개혁운동을 계기로 교회 내부에 자각의 소리가 높아져, 국왕의 초월적 권위와 교회를 사유(私有)하는 지배가 부인되어, **월므스 조약**(1122)에서 교회법에 따른 성직자의 선거의 원칙이 승인되어 **제국교회정책**은 끝이 났다.

북유럽 3국

노르만이 유럽의 여러 지역을 침공하고 있던 9－10세기에 스칸디나비아의 여러 나라들은 지방호족들이 대립과 분쟁을 거듭하는 이교도의 나라였다. 10세기 후반부터 11세기 전반에 걸쳐서 덴마크, 노르웨이, 스웨덴 3국이 통일왕국을 건설하고 기독교를 공식적으로 받아들인다.

11세기부터 12세기에 걸쳐서 이들 북유럽 3국은 서로 싸우고 국내에서는 왕위 쟁탈전이 반복되었다. 11세기에는 소농들도 대지주와 함께 왕의 소집에 따라 종군했지만, 13세기에는 지주귀족만이 참전의 의무의 대가로 면세의 특권을 부여받은 반면에 일반 자유농민들은 참전의무가 없어지고 대신 납세 의문만 지게 되고 점차로 지주 귀족에게 예속 되어갔다.

그러나 왕이 참전의 대가로 부여하는 토지는 세습되지 않았고, 봉건화의 경향에도 불구하고 봉토소유자와 귀족은 관직보유자가 아닌 경우는 영민에 대한 사법권을 가지고 있지 않았다.

동유럽과 슬라브족

10세기부터 11세기에 걸쳐서 동유럽에 폴란드, 보헤미아(체코슬로바키아), 헝가리에 왕국이 설립되어 독일 전도사들에 의해 로마 가톨릭 교회가 전래되었다. 9세기 후반(863)에 비잔틴 황제 미카엘은 **키릴과 메토디우스 형제**를 슬라브족 거주 지역으로 전도사로 파견하였다. 이 들 형제는 슬라브 알파벳을 발명하여 성경을 슬라브어로 번역하고 동방정교를 전도했다. 그들과 그들의 제자들의 노력으로 남 슬라브족에게 동방정교가 전래되었는데 로마와 콘스탄티노플은 이들을 자기 세력권에 흡수하기 위해서 서로 경쟁하였다. 그 결과 크로아티아인은 로마교회에, 세르비아인은 동방교회에 불가리아는 동방교회에 속하게 되었다.

10세기 후반에 키예프 러시아 공국도 그리스 정교를 받아 들였다. 키예프 루시의 **블라디미르**는 비잔틴 황제의 청을 받아들여 군사적 원정을 했고 비잔틴 황제의 누이동생을 아내로 받아들여 황실의 위엄을 높였다.

3. 중세교회의 발전과 성직 임명권의 분쟁

수도원은 중세 정신생활이나 문화에 있어서 매우 중요한 역할을 담당하였다. 수도원은 중세교회가 타락하고 있을 때, 이를 정화하고 개혁하는 원동력이 되었다, 중세 초기의 문화적 암흑기에 중세 문화를 유지하고 문화를 꽃피우기도 하였다.

로마제국 때 점점 교세가 커져가던 교회는 큰 재산의 소유자가 되었고, 세속화 현상이 일어나게 되었다. 이러한 세속화를 반대하고 초기 교회의 이상으로 되돌아가려는 움직임에서 **수도원**이라는 제도가 생겼다.

수도원생활은 먼저 동방에서 시작되었다. 서방의 수도원은 동방과는 다른 독자적인 것으로 청빈·정결·복종을 이상으로 삼으며 매일의 일과가 노동과 기도로 나누어진다. 수도사의 필사작업은 중세문화에 매우 중요한 역할을 하였다.

사회의 봉건화에 따른 교회의 봉건화와 타락을 막을 수는 없었다. 이 무렵 프랑스의 주교들은 고위성직자의 압력에 시달려 지위가 불안정하였고, 세속 봉건귀족의 압력에 시달리고 있었다. 그리하여 그들은 주교의 지위를 안정시키고 교회재산을 세속 제후로부터 지키기 위한 선례를 찾았으나 발견하지 못했다.

10세기 초의 교황은 로마시의 귀족들의 붕당의 수령에 불과하였고, 유럽전체가 봉건화의 길을 걷고 있었다. 교회와 성직자도 살아남기 위해 세속제후의 보호를 구해야 했고, 중세교회의 하부구조라 할 수 있는 교구 및 사제의 경우에는 대제후의 봉신이 되는 경우가 심했다. 주교나 수도원장 등 고위성직자는 그래도 봉건귀족층에 속하였지만, 교구사제는 세속영주의 고용인에 불과하였다. 이러한 상태는 교회를 세속화하고, 성직자의 기강을 완전히 붕괴시키는 결과를 가져왔다. 이러한 **교회의 봉건화**에 따른 **세속화**와 성직자의 타락에 대한 개혁운동은 **클루니 수도원** 중심으로 일어났다. 10세기 후반에는 영국에서도 개혁운동이 일어나고, 11세기 중엽에는 교황의 영도 하에 전 유럽적인 규모로 전개되었다.

최초의 개혁적 교황은 **레오 9세**로, 성직자의 혼인과 성직매매를 금지하는 입법을 하여 성직자의 정화작업을 추진시키고, 각 유럽 중심지를 돌면서 개혁운동을 독려하였다.

성직 임명권 문제

9세기에서 10세기에 걸친 혼란 속에 성직자들은 강력한 국왕을 기대하게 되었고, 국왕에게 의지하려 하였다. 국왕은 이런 상황을 이용하여 성직자를 지명할 뿐 아니라, 서임까지 하게 되었다. 성직자들은 교황이 무력한 까닭으로 국왕의 세속 서임을 당연한 권리로 생각하였다. 실제로 서임까지 하던 국왕들에게 교회의 개혁자는 세속 성직 임명권에 도전을 하게 되었다.

1059년 로마에서의 종교회의는 교황선출에서 로마귀족의 붕당과 독일황제의 개입을 반대하고, 로마 교회의 추기경에 의한 선출을 규정하였다. **그레고리 7세**는 교황으로 선출되자 성직 임명권 문제를 둘러싸고 독일황제 **하인리히 4세**와 정면충돌을 하게 되었다. 그레고리 7세는 밀라노의 주교 선출에 관하여 하인리히 4세에게 간섭을 받지 말고 교황에게 황제를 폐위시킬 권한이 있다고 선언하였다.

처음에는 국내사정으로 타협적이었던 황제가 다시 밀라노의 황제파 주교에 대한 후원을 시작하자 교황은 **하인리히 4**세의 파문과 폐위를 선언하였다. 그리하여 1077년 아우크스부르크에서 국회를 소집하여 이 문제를 합의 보기로 하였다. 교황을 만나러 가던 **하인리히 4세**는 카노사에서 교황과 마주치고 3일간이나 기다린 후 용서를 받는다. 이것이 '**카노사의 굴욕**'이다. 용서를 받은 후 곧 하인리히4세는 자파세력을 구축하고 로마에서 허수아비 교황을 세워 대관식을 올렸다. 여러 개혁에도 불구하고 해결을 보지 못하던 문제는 **영국**에서 먼저 실마리가 풀렸다. 내용은, 주교는 주교 내에서 선출하되, 주교로 취임하기 전에 그는 국왕에게 봉신으로서 신서(臣誓)를 하고 국왕으로부터 봉토와 이의 관할권을 수여 받는다는 것이다.

남은 것은 독일이었다. **교황 파스칼 2세**는 영국과 프랑스에서 타협안이 지나친 양보였다고 뉘우치고 있었다. 세속군주가 **주교 성직 임명권**을 요구하는 것은 주교가 봉토와 이에 대한 관할권을 보유하고 있기 때문이다. 따라서 이를 포기한다면 세속군주의 요구의 근거는 없어질 것이라는 것이다. 그리하여 교황은 주교들이 봉토를 포기하고 오직 영적 세계의 관장에만 전념할 것을 제안한 것이다. 이 안은 확실히 문제의 핵심을 찌르고 있었으나 실시되지는 않았다.

카노사의 굴욕

여러 우여곡절 끝에 **보름스 협약**(1122)이 맺어짐으로써 **성직 임명권 문제**는 일단락을 짓게 되었다. 성직 임명권 문제의 해결은 결국 타협으로서 일단락을 지었지만, 주교 선출의 기준이 종전보다 훨씬 강화된 것만은 사실이었고 동시에 교황권이 크게 강화되었다. 성직 임명권 문제를 둘러싼 교회와 국왕간의 투쟁은 중세정치의 한 특성인 2원성을 강하게 부각시키는 동시에 교회 내에서나 국가 내에서도 지배자에 대한 반항권을 내세우는 경향을 강화시키는 결과를 가져왔다. 이러한 정치적 결과는 영국과 프랑스의 경우는 문제가 되지 않았지만 독일의 경우에는 **지방할거주의**를 강화시키는 결과로 나타났다.

성직 임명권 문제의 발생은 독일의 지방제후들에게 왕권에 저항하는 기회를 주게 되어 독일에서의 강력한 왕권수립은 좌절되었다. **하인리히 5세** 사후에 지방제후들은 무력한 작센 공을 왕으로 선출하여 왕권을 잠식하여 자신들의 권한을 강화해나감으로써 독일에서의 봉건제도는 더욱 더 확산되어 갔다.

제6장 중세 유럽세계의 발전

10세기로 접어들면서 유럽사회는 점차 안정을 찾아간다. 9세기에 격심했던 노르만, 마자르, 사라센의 침입도 잠잠해지고 봉권사회가 확립되어 발전해 나갔다. 10세기부터 11세기에 걸친 사회의 안정과 봉건 사회의 발전은 농업생산력과 인구의 증대를 가져오고, 교환경제가 일어나기 시작하고 도시가 생기기 시작했다.

십자군 원정은 성지회복의 목적을 달성하지 못하였지만 원격지와의 통상을 포함한 상업의 발달을 초래하였고 이에 따른 도시가 발달하게 되었다. 중세도시는 상공업 발달의 중심지로서 자유와 자치권을 획득하여 시민계급이라는 새로운 사회계층을 탄생시켰다.

11세기로부터 13세기에 걸쳐 일어난 이러한 사회·경제적 변화는 정치적 발전을 가져왔다. 유력한 제후 중의 한 사람에 불과했던 국왕이 점차로 그 권한을 강화하여 봉건제를 타파하려는 **시민계급**(상공업 계층)과 제휴하여 **중앙집권적 국가통일**에 나서게 된다.

1. 중세 봉건왕정의 발전

영국의 봉건왕정의 발전

영국의 노르만 왕조는 정복왕조라 왕권이 강대했다. 헨리 1세(1100－1135)와 헨리 2세(1154－1189)때부터 **중앙집권적인 국가통합**이 시작되었다. 헨리 1세는 국왕의 **재판관**을 전국에 파견하고, 왕실제정의 정비를 위해 재무관을 두었다. 헨리 1세가 죽은 후 유일한 후계자인 딸과 그의 남편 앙주백작을 제치고 헨리 1세의 누이동생의 아들 **스테판**(1135－1154)이 왕위에 오르자 양자 간의 치열한 왕위 쟁탈전이 벌어지는 사이에 봉건 제후들의 세력이 신장되었고, 양세력 간의 타협으로 앙주백의 아들 **헨리 2세**가 왕위를 계승하게 된다.

헨리 2세는 노르만디 공이었던 아버지 앙주백이 소유했던 프랑스 내의 땅을 상속받게 되었다. 그는 외국으로의 종군을 기피하는 봉건영주들에게서 **군역대납금**을 받아 용병군대를 조직하여 프랑스 내의 영토의 보전 확대에 이용하였다. 그는 교회에 대한 통제의 강화를 시도했고, 재판제도를 개혁하여 왕국의 모든 사람과 지역에 통용되는 **보통법**(common law)을 확립하였다.

리처드 사자심 왕(리처드 1세)은 1190년에 프랑스의 **필리프 2세**와, 그리고 신성로마 황제 **프리드리히 1세**와 제휴하여 **제2회 십자군**을 편성, 이를 주도하여 출정하였다. 그 동안 십자군을 위하여 약 8,000의 병력과 100척의 수송선을 준비하였다. 1191년 리처드는 성지 예루살렘 근처에서 적왕 라딘을 격파하여 3년의 휴전을 맺고(1192), 그의 용맹성으로 사자왕(獅子王)이라는 별명을 얻었으나, 귀국하는 도중 빈에서 오스트리아 왕에게 붙잡혀 많은 액수의 몸값을 바치고 1194년에 석방되어 귀국하였다. 이때 프랑스 왕의 뒷받침으로 이미 왕위를 찬탈한 **아우 존**을 몰아내고 다시 왕위를 차지하였으며, 제후들의 반란도 진압시켰다. 그 뒤에 본국의 통치를 유능한 행정관 H.월터에게 맡기고, 다시 프랑스로 건너가 **필리프 2세**와 싸우다 1199년 4월 리모주 부근에서 전사하였다.

필리프 2세

필리프 2세의 십자군원정

리처드 1세는 재위 10년 중에서 본국에는 반년밖에 있지 않았으며, 나머지는 프랑스에서 또는 십자군원정으로 허비하여 막대한 전비를 지출하였다. 또, 자신의 몸값으로 무거운 세금을 국민으로부터 징수하였고, 정치에도 무능하였으므로 부왕시대에 눌려 있던 제후(諸侯)들의 세력이 재위 중에 다시 대두하는 일도 있었지만, 전투에서의 영웅적인 행위는 중세기의 전형적인 기사로서 좋은 평을 받았다.

존왕은 헨리 2세의 막내 아들로 형인 **리처드 1세**의 뒤를 이어 왕위에 올랐지만, 본래 조카 아서가 왕위 계승권자였기 때문에 그를 살해하고 즉위하였다고 한다.

그 관계로 프랑스 왕 필리프 2세와 싸움이 벌어졌으나 패하여 프랑스 안에 있는 영토의 대부분을 잃었다(1204~1206). 이어 캔터베리 대주교(大主教) 선임 문제로 **교황 이노센트 3세**와 맞선 결과 1209년에 파문당하고, 1211년에 왕위 박탈 처분을 받아, 1213년에 마침내 교황에게 굴복하여 잉글랜드 전 국토를 교황에게 헌상하고 자신은 교황의 봉건적 신하로서 교황이 내려주는 봉토를 다시 받는다는 형식의 굴욕을 겪었다.

사자왕 리처드 1세의 십자군 원정

1214년에 프랑스 안의 영토를 프랑스 왕으로부터 다시 찾으려고 출병하였으나, 귀족들이 군역(軍役)과 면제금(免除金) 문제로 분개하여 종군을 거부하였기 때문에 프랑스에게 다시 패하여 돌아왔다. 1215년에 귀족들이 왕에게 맹세한 충성을 파기하고 반항하였으며, 그 결과 그는 '**마그나카르타**'[6]의 승인을 강요받고 부득이 승인하였으나, 즉시 교황에게 호소하여 그 무효를 선언하였기 때문에 또다시 내란이 일어

6) '대헌장(大憲章)'으로 번역된다. 존의 실정에 견디지 못한 귀족들이 런던 시민의 지지를 얻어 왕과 대결, 템스 강변의 러니미드에서 왕에게 승인하도록 한 귀족조항을 기초로 작성되었다. 구래(舊來)의 관습적인 모든 권리를 확인한 문서로서 교회의 자유, 봉건적 부담의 제한, 재판 및 법률, 도시특권의 확인, 지방 관리의 직권남용 방지, 사냥, 당면한 애로사항의 처리 등 여러 규정을 포함하고 있다. 본래는 귀족의 권리를 재확인한 봉건적 문서였으나, 17세기에 이르러 왕권과 의회의 대립에서 왕의 전제(專制)에 대항하여 국민의 권리를 옹호하기 위한 근거로서 이용되었다. 특히 일반 평의회의 승인 없이 군역대납금·공과금을 부과하지 못한다고 정한 제12조는 의회의 승인 없이 과세할 수 없다는 주장의 근거로서, 또 자유인은 같은 신분을 가진 사람에 의한 재판이나 국법에 의하지 않으면 체포·감금할 수 없다고 정한 제39조는 보통법재판소에서의 재판요구의 근거로서 크게 이용되어 금과옥조가 되었다. 이와 같이 국민의 자유와 권리를 지키는 투쟁의 역사 속에서 항상 생각하게 되고 인용되는 가장 중요하고 기본적인 문서로서 영국의 헌정뿐만 아니라, 국민의 자유를 옹호하는 근대 헌법의 토대가 되었다.

났고, 그 소란 속에서 병사하였다.

존의 맏아들인 **헨리 3세**(어머니는 앙글램 백작가의 이사벨라. 왕비는 프로방스 백작가의 앨리너 9세)는 즉위하여, 펨브루크 백작 윌리엄 마셜 등 정신(廷臣)의 보좌를 받다가, 20세로 친정(親政)을 시작하였다. 어머니와 왕비의 출신관계로 프랑스인을 궁정에 중용하고, 또한 로마 교황에 대한 신종의 자세를 취하는 등으로 영국 귀족의 반감을 샀다. 특히 둘째 왕자 에드먼드를 시칠리아 왕위에 앉히려는 책모, 프랑스에서 잃은 영지 회복을 꾀하여 거듭 파병함으로써 다액의 증세와 헌납금으로 귀족·평민 양쪽의 불만을 가중시켰다.

1258년 S.몽포르를 중심으로 하는 귀족들의 반항으로, 왕과 귀족 대표가 국정의 지도방침을 정한 '옥스퍼드 조례' 등을 양보해 놓고 얼마 뒤 이를 부인하여, 1264년 몽포르 등의 반란이 일어났다. **헨리 3세**가 대헌장을 무시하자 **시몽드 몽포르**가 이끄는 귀족들은 국정회의에 성직자, 귀족 외에도 주나 시의 대표자도 참여하도록 결정한다(1265). 이로서 영국의회제도의 기틀이 마련되었다. 그 후 1295년 에드워드 1세가 모범의회를 소집하였다. 모범의회에는 성직자, 대귀족, 각 주와 시에서 기사 2명과 시민 대표 2명씩을 참석시켰다. 그해 5월 왕군은 루이스 전투에서 몽포르군에 패하였고, 반란군에 잡힌 왕은 그들의 강요로 이듬해 최초의 의회를 열었다. 그러나 곧 왕자 에드워드 1세의 군대가 이브샴 전투에서 몽포르군을 패퇴시킴으로써 권력을 회복하였으나, 이후 사실상의 국권은 에드워드에게 넘어갔다.

에드워드 1세는 헨리 3세의 맏아들이다. 왕자 시절에 시몽드 몽포르의 반란으로 1264년 헨리 3세와 함께 포로가 되었으나, 탈출에 성공하여 다음해에 시몽을 패사(敗死)시키고 부왕의 지배를 회복하였다. 즉위한 뒤에는 강력하고 유능한 국왕으로 이름을 떨쳤고, 여러 가지 입법을 단행하여 '잉글랜드의 유스티니아누스'라고 불렸다.

그의 치세는 봉건제도 해체의 초기에 해당하며, 그에 따른 왕권의 신장, 국가기구의 정비 등에서 괄목할 만한 발전을 보였다. 우선 법제의 정비에서 오랜 세월에 걸쳐 발달해온 관습법을 체계적으로 정비하는 한편, 귀족의 세력을 견제하고 그들의 군사력을 약화시키는 법률을 많이 제정하였다. 또 입법·사법·행정의 기능이 분명하지는 못하였지만 분리되기 시작하였고, 국왕재판소가 형태를 갖추기 시작하였다. 의회도 1295년의 **모범의회**에서 그 뒤의 의회의 한 전형이 이루어졌다. 이렇듯 국제(國制)를 정비하는 한편 대외적인 발전에도 힘써, 자신이 직접 군사를 지휘하여 먼저 웨일스를 정복하고 이어서 스코틀랜드를 공격하였으나, 뒤에 스코틀랜드인이 반란을 일으켜 그 정벌 중에 진중에서 죽었다.

프랑스 왕정의 발전

루이 6세 무렵부터 활발해져서 동세기 말부터 13세기에 걸쳐서 필리프 2세·루이 9세 시대에 **중앙집권화**(集權化)하기 시작하여 국내로부터 영국 왕실의 세력을 크게 후퇴시키고 국내의 왕령화(王領化)를 적극적으로 촉진하였다. 13세기말부터 14세기 초 필리프 4세 때에는 권력도 증대하여 행정기구의 정비와 함께 사실상의 **국가통일**이 처음으로 실현되었다.

루이 7세는 루이 6세의 장자로, 17세에 즉위하자 곧 추종자 중의 한 주교를 대주교로 승격시키려다 교황청 및 샹파뉴 백작과 대립하였다. 부왕 루이 6세의 정책을 계승하여 일드프랑스 지방의 평정을 이룩하고 샹파뉴 백작과 싸워 제압하였다. 1147년 **제2회 십자군 원정**에 참가하였으나, 1148년 다마스쿠스에 도달하지 못한 채 실패하고 귀국하였다. 아키텐공의 상속자인 왕비 **엘레오노르**와 이혼함으로써 아키텐 지방을 상실하였는데, 엘레오노르가 앙주 백작 앙리와 재혼한 후 앙리가 영국의 왕위를 계승하여 **헨리 2세**가 되었기 때문에 영국 왕의 광대한 대륙령이 형성되어 프랑스의 왕권 신장에 장애가 되었고, **백년전쟁**의 원인이 되었다.

존엄왕(尊嚴王: uguste)이라고도 불리는 **필리프 2세**는 봉건군주로서의 왕권충실을 위해 정력적이고 교묘한 정책을 펴, 오랫동안 약화된 프랑스 왕권의 위신을 높였다. 영국 플랜태저넷 왕조와 날카롭게 대립하여 처음에는 영국왕 헨리 2세와 다투어, 1189년 마침내 헨리에게 신종의무(臣從義務)를 확인시켰다. 1190년 **영국 왕 리처드 1세**와 함께 **제3회 십자군**에 참가하였으나 곧 불화를 빚게 되어 귀국하였으며, 신성로마황제 하인리히 4세로 하여금 리처드를 체포하게 하였다.

1194~1199년 영국의 왕제 **존**과 결탁하여 리처드와 싸워 그를 패사(敗死)시키고 노르망디에 침공하였다. 1199년 존이 영국 왕이 되자 그를 적대시하였고, 브르타뉴에서 대(對)존 반란이 일어나자, 봉건법 위반을 이유로 존의 대륙령 몰수를 선언하였다. 그리고 노르망디·멘·앙주·투란·푸아투 등을 탈환하여, 프랑스 왕령을 확대하였다. 존이 플랑드르백작 및 신성로마황제 오토 4세와 동맹하여 반격을 가해 오자, 필립 2세는 그 연합군을 부빈의 싸움에서 격파함으로써(1214) 프랑스 왕의 권위를 부동의 것으로 확립하였다.

또, 알비주아 십자군 때에는 신중하게 개입하여 남쪽에 왕권을 침투시켰다. 왕령의 관리를 위하여 국왕대관(國王代官) 제도를 확립하고, 파리에 새 성벽을 축조하여 수도의 위용을 갖춘 것 등은, 이후의 왕권신장에 중요한 기초가 되었다. 유대인에게는 가혹한 박해정책을 취하였다.

루이 9세는 별칭이 성왕(聖王)으로 정의에 입각한 평화, 덕과 정치의 일치를 추구한 왕이다. 카페가(家) 역대의 왕이 확대된 왕령을 계승하였고, 봉건제후 영내에 국왕직속의 관료를 두어 국가적 기관을 정비하여 중세 프랑스의 집권적 왕정을 완성하였다. 대외적으로는 영국과의 싸움을 종결시켰고, 여러 국왕과 제후 사이의 평화수립에 노력하였다. 왕은 십자군 원정 도중에 사망했으나, 이 시기에 프랑스는 서유럽의 중심이 되었다.

필리프 3세는 강용왕(剛勇王 : le Hardi)이라고도 한다. 부왕 루이 9세와 함께 제8회 십자군에 출전하였다가 부왕이 아프리카의 진중에서 죽었으므로, 튀니스 성 밖에서 즉위하였다. 알폰스 드 푸아티에의 상속인이 없었으므로, 푸아투 및 툴루즈백(伯)의 영토를 회수하여 남프랑스의 주요부분을 단번에 왕령에 병합하였다(1271).

그의 치세 전반은 총신들에게 농락당하였고, 후년에는 숙부와 교황 마르티누스 4세 등의 교사를 받아 '시칠리아 만도(晩禱) 사건'(1282)으로 프랑스인이 학살된 일을 보복하기 위하여, 그 사건의 한 선동자였던 아라곤 왕을 치기 위해 아라곤 십자군에 참가하였다(1284~1285). 그러나 아라곤 왕 페드로 3세를 카탈루냐에서 공격하다가 패하여 철군하던 도중에, 국경 근처 페르피냥에서 병사하였다.

필리프 4세의 성격에는 수수께끼가 많고 당시의 평판도 여러 가지이며, 의지가 박약하였다고 한다. 그러나 프랑스 통일의 체제를 처음으로 갖추고 측근의 법조정치가들이 추진한 정책을 과감히 수행하였으며, **왕권신장**에 중요한 계기를 마련하였다. 즉위 후 곧 아라곤과의 싸움을 종결시켰고, 플랑드르 문제가 정책의 초점이 되어 그 동안 브뤼지의 봉기로 프랑스병(兵)의 학살과 쿠르트레 전투의 패배(1302)를 경험하였다.

그러나 화의를 맺어 전쟁을 종결시켜 플랑드르 백작령의 자립을 확인함과 동시에, 그 일부를 할양받았다. 한편, 국내 교회령(敎會領)에 대한 과세문제가 발단이 되어, 로마교황 **보니파키우스 8세**와 일대 분쟁을 일으켰다. 교황이 군주에 대한 교황권의 우위를 주장한 데 대하여, 1303년 최초로 **삼부회**를 소집하고 국내를 결속시킨 뒤, 아나니로 교황을 급습하는 강경수단을 취하였다. 마침내 교황청을 **아비뇽**으로 옮김으로써, 교황의 **바빌론 유수시대**(1309~1377)를 열었다. 또, 1307년 템플 기사단의 해산을 명하여 전 재산을 몰수하고, 유대인(人)·롬바르디아인 등의 외국 고리대금업자에 대한 박해정책을 취하였다.

독일왕정의 발전

호엔슈타우펜 왕조를 연 **프리드리히 1세**(1152－1190)는 대제후의 권한을 인정해 주는 대신 황제에 대한 충성의 약속을 받았고 소제후와 귀족을 대제후에 복종하게 하여 독일을 봉권국가로 조직하였다. 그는 6차에 걸친 대규모 이탈리아 원정을 감행하였지만, 롬바르디아 도시동맹의 반항에 부딪히고, 1176년 레냐노 전투에 패하여 화의를 맺었다.

만년에는 그의 사촌이며 독일의 가장 유력한 제후(諸侯) 작센공(公) 하인리히 사자공과 대립하였으나, 마침내 1180년에 사자 공을 추방하고 그 봉토(封土)를 몰수하는데 성공하였다. 그리하여 **프리드리히 1세** 치세기에 오랜 부족태공(部族太公)의 시대는 끝나고 새로운 제국제후가 등장하게 되었다. 제6차 이탈리아 원정(1184~1186) 후, 제3차 십자군(1189~1191)을 거느리고 소아시아를 원정 중 세우레키아에서 사례프강을 건너다가 익사하였다.

프리드리히 1세가 익사한 후에 그의 아들 **하인리히 6세**(1190－1197)가 제위에 올랐다. 그는 아버지의 치세 중에 아버지의 정치적 계획에 따라 시칠리아 국왕의 딸 콘스탄체와 결혼하였고, 나중에 시칠리아 왕이 후계자 없이 사망하자 왕위를 상속하였다. 대담하고 비정한 군주였던 그는 영국 왕 리처드 1세(사자왕)가 제3회 십자군 원정 중 오스트리아 군에게 포로가 되자, 그 석방의 대가로 막대한 돈을 받아냈다. 젊은 나이로 사망하였기 때문에 독일의 제권(帝權)은 사실상 붕괴되었다.

하인리히 6세가 사망하자 그의 아들 프리드리히 2세의 나이가 아직 어린 것을 이용하여 벨펜가의 오토가 영국왕 리처드의 후원을 얻어 왕위에 올랐다.

이노센트 3세와 프리드리히 2세

교황 이노센트 3세는 기독교 세계의 통합과 안정을 이루기 위해서는 유럽의 모든 세속군주가 교황을 최고지배자로 인정할 것을 주장하면서 교황의 정치권력을 최대한으로 확대시키려고 했다. 그는 처음 독일황제로 오토를 지지하였으나 시칠리아를 교황에게 돌려주는 약속을 지키지 않자 오토를 파문하고 젊은 프리드리히 2세를 독일황제로 지지하였다. 또한 프랑스의 **필리프 2세**의 이혼문제에 개입하여 첫 번째 왕비를 다시 맞아들이게 하고, 영국왕 존과는 **켄터베리** 대주교의 임명문제로 대립하여 존을 굴복시켜 교황이 지지하는 성직자를 대주교로 임명하고 영국을 교황에게 바치게 한 후에 이를 다시 봉토로 존왕에게 하사하였다. 뿐만 아니라 교회의 도덕적 개혁과 교회의 내부행정의 개선에 노력하였다.

호엔쉬타우펜가의 **프리드리히 2세**(1215－1250)는 이노센트 3세의 지지로 황제가 되었지만 교황과 대립하였다. 그의 몸에는 시칠리아인의 피가 절반이나 섞여 있었고, 이슬람문화에 젖어 있는 시칠리아 궁정에 자라난 탓으로 신앙심도 깊지 않았고 성직자나 교황을 존경하는 마음도 없었다. 그는 높은 수준의 교육을 받고 총명하였으며 학문과 예술을 보호하였다.

교황 그레고리 9세(1227－1241)가 십자군에 참여하지 않은 이유로 **프리드리히 2세**를 파문하자, 그는 성지로 향하여 이집트의 술탄과 협약을 맺고 예루살렘, 베들레헴 등을 확보하였다. 귀국하여서는 중부 이탈리아의 영토를 침범한 교황을 격파하고, 멜피헌장으로 시칠리아와 중부 이탈리아를 중앙집권적인 통일구가로 재편성하였다. 즉, 봉건귀족과 도시의 자치권을 대폭 축소하여 왕권을 절대화하고, 관료적인 중앙정부의 통제 하에 황제가 임명하는 지방행정관으로 하여금 지방의 사법과 행정을 관장케 하였고, 상업을 장려하고 귀족, 성직자 및 시민대표로 구성되는 회의를 소집하였다.

또한 **프리드리히 2세**는 '독일제후의 이익을 위한 헌장'을 선포하여 지방제후에게 실질적인 독립과 주권을 부여하고, 롬바르디아에 대하여서는 멜피헌장과 동일한 체제의 적용을 선언하였다. 이에 롬바르디아의 도시들은 다시 동맹을 결성하여 저항을 하고, 교황 **이노센트 4세**(1243－1254)는 다시 프리드리히 2세를 파문하고 롬바르디아 도시동맹을 지원하였다.

프리드리히2세는 이를 굴복시키지 못하고 사망했다. 그의 사망으로 호엔쉬타우펜가는 쇠퇴하기 시작하였고 황제권도 약화되었다. 프리드리히 2세의 아들 **콘라드**가 1254년에 사망한 후에 대공위시대(大空位時代: 1254－1273)가 나타나고, **합스부르크가의 루돌프**(1273－1291)가 황제로 선출되었지만 과거 황제권의 위엄을 찾아볼 수 없었다. **루돌프**는 교황령에 대한 요구를 포기하여 교황의 지지를 획득하였으나, 독일 내에서의 왕권을 강화하거나 중앙집권을 시도하지 않았다. 이리하여 독일의 지방제후들은 제각기 영방국가(領邦國家: Territorial State)를 형성하는 방향으로 나아가게 되었고, 도시는 자위를 목적으로 **도시동맹**을 결성하게 되었으며, 이탈리아는 정치적으로 분열을 계속하게 되었다.

2. 십자군 원정

십자군 전쟁은 1096－1270까지 7차례 있었다. 10세기를 지나 봉건사회가 안정되어 생산력이 높아지고 인구가 증가하여 서유럽은 대외진출을 꿈꾸다가 서아시아의 이슬람세력과 충돌하게 된다. **셀주크 터키**가 비잔틴 제국을 위협하자 비잔틴 제국의 황제가 **교황 우르반 2세**에게 구원을 요청하자, 교황은 1095년 **클레르몽 공의회**를 열어 성지회복을 위해 전쟁을 결의하자 많은 제후·기사·농민이 이에 동조하여 **200년간** 7차례의 원정을 했으나 실패한다.

경 과

십자군 원정의 발동은 다분히 동유럽의 그리스도교 국가인 비잔틴 제국의 내외정세판단에 따른 것이며, 이슬람세력의 동태는 간접적인 동기를 이루는 데 지나지 않았다. 11세기 중엽, **셀주크 터키**가 동(東)이슬람권의 실권을 장악하여 예루살렘을 비롯한 시리아와 소아시아의 요충지를 잇달아 점령하고, 1071년 말라즈기르트(지금의 터키 동부)에서 비잔틴 군을 격파하였다.

이에 비잔틴 제국은 위기감 속에서 국토방위와 실지회복을 목적으로 하는 전략적으로 친서유럽정책을 채택하여 나폴리·시칠리아에 진출해 있던 노르만인 기사와 성지순례 중에 있는 서유럽 제후에게 용병파견을 요청하였다. **황제 알렉시우스 1세**는 1095년 피아첸차 교회회의에 사절을 보내, 동방에 있어서의 '이슬람화(禍)'를 과대선전하고 그리스도교 신도·교회·순례가 입은 피해를 호소했다.

이 요청을 받고 **교황 우르반 2세**는 동서교회의 재결합, 동방에 교회국가 창설, 서유럽 여러 국민의 대량 이민 등을 목적으로 하는 대규모 구원군의 파견 계획을 구상하였고, 같은 해 11월 **클레르몽 공의회** 개최 중에 제1차 십자군 발동을 선언했다. 그 취지는 전 기독교 교도의 의무로서 성묘에 참여하는 서원(誓願)을 하고 이슬람이 점령한 성도를 탈환하여 시리아·팔레스타인의 교회를 해방하기 위한 군사행동을 역설했다.

교황 우르반은 즉위 이래의 현안이었던 독일(신성로마제국)황제와의 **'성직서임권투쟁'**을 교황 쪽에 유리하게 해결하려는 의욕과, 서유럽 봉건사회의 적폐였던 제후들과 기사 들 사이의 사적 투쟁을 <신(神)의 평화운동>으로 억제하려는 염원을 달성하기 위해서 고조된 십자군 운동을 교묘하게 이용하여 교황대리 르퓌, 주교 아데마르를 총사령관으로 하는 군단편성을 프랑스 왕에게 호소하였다.

그레고리우스 7세의 정책을 답습한 **우르반 2세**의 성지 십자군 운동에는 적어도 네 가지 목적이 있었다. 그 하나는 그리스 정교회를 로마 교회로 통합시키고자 하는 것이었다. 막강한 자원군을 동방에 파견함으로써 비잔틴으로 하여금 서유럽의 위력에 압도당하도록 하고, 나아가 그들로 하여금 로마 교회의 우위를 다시금 받아들이게 하고 싶었던 것이다. 만일 이 계획이 성공한다면 그는 그레고리우스가 추구한 교황 군주국가 정책에 커다란 승리를 가져올 수 있었다.

두번 째 동기는 교황 최대의 적인 **독일 황제**를 곤경에 빠뜨리기 위한 것이었다. 1095년에 이르러 **하인리히 4세**는 군사적으로 지극히 강대해져서 우르반 2세는 그에게 쫓겨 이탈리아를 떠나 프랑스로 도망을 가지 않으면 안 될 정도였다. 그러므로 교황은 독일인을 제외한 모든 서유럽 인에게 십자군을 호소함으로써 황제가 편협하고도 비기독교적인 박해자임을 알리고, 아울러 서유럽의 영적 지도자로서 자신의 능력을 과시하고 싶었던 것이다(십자군의 지휘관은 모두 프랑스 귀족들이었다).

셋째로 우르반 2세는 대규모 병력을 외부로 방출시킴으로써 유럽의 대내적 평화를 이룰 수 있으리라고 생각했다. 이미 10세기 말부터 프랑스 교회는 봉건기사들의 전투를 줄이기 위해 "**평화운동**"을 전개하고 있었다. 즉 "신의 평화"라 하여 비전투원에 대한 공격을 금지했고, "신의 휴전"이라 하여 특정한 축일에 전투행위를 금지했던 것이다. **우르반 2세**는 제1차 십자군 소집 직전에 이 평화운동을 교황령에 의해 승인한다고 처음으로 발표했고 이를 확대시킬 것을 공표 했다. 분명히 십자군은 평화운동과 연관되어 있었다. 사실 우르반 2세는 거칠기 짝이 없는 전사들에게, 정말로 싸우기를 원한다면 해외로 나가 기독교의 대의를 위해 십자군으로서 정당하게 싸울 수 있을 것이라고 말했다.

끝으로 예루살렘 성지의 회복이라는 목표 그 자체가 우르반에게 중요한 동기가 되었음이 틀림없다. 예루살렘은 지구의 중심이자 기독교의 가장 거룩한 성지였다. 예루살렘 순례는 결코 방해받아서는 아니 되었고, 예루살렘에 대한 지배권은 기독교인이 직접 가져야만 했다. "세상의 올바른 질서"는 바로 그것을 의미하는 것이었다.

제1차 십자군원정의 경제·정치적 원인

비잔틴 황제의 요청을 받은 지 8개월 후인 1095년 11월에 **우르반 2세**는 프랑스의 **클레르몽시**에서 **종교회의**를 개최하고 십자군을 요청했을 때, 그는 기대했던 것보다 훨씬 열렬한 반응을 얻게 되었다. 많은 군중은 누가 시킨 것도 아니건만 "신께서 원하신다"며 너무 열렬히 외쳐 대는 바람에 교황이 연설을 중단할 수밖에 없을 정도였다. 그리고는 바로 수많은 사람들이 동방으로 향했다. 대략 10만 명의 인원이 십자군 주력부대에 가담했는데, 그것은 당시로서는 엄청난 숫자였다. 그러므로 우르반 2세의 호소가 어떻게 그토록 성공적인 반응을 얻을 수 있었는가 하는 의문이 제기된다. 여기에는 경제·정치적 이유가 있었다.

십자군에 가담한 **빈민** 중 많은 사람들은 1095년 당시 인구가 과밀했던 지역의 출신자들이었다. 이들 십자군은 인구가 조밀한 유럽보다는 동방에서 더 나은 생활을 누릴 수 있으리라고 기대했다. 마찬가지로 상당수 귀족들은 정치가 점차 안정되고 **장자 상속제**가 널리 수용되면서 압박을 느끼고 있었다. 그때까지 차남 이하의 귀족 자제는 서유럽 내에서의 **국지전쟁**을 통해 재산을 모으거나, 최소한 작은 땅이나마 상속받을 수 있으리라는 희망을 가질 수 있었다. 그러나 이들 형제들의 수가 늘어났고, 수명도 길어졌으며, 전쟁은 점차 줄어들었고, 장자만이 부친의 토지를 상속받게 되었다. 분명 동방으로 떠난다는 것은 고향에서 따분하게 지내던 귀족들에게 매혹적인 일이었다.

종교적 원인

무장 순례단 그러나 제1차 십자군의 가장 중요한 동기는 역시 종교적인 것이었다. 아무도 순수한 이해타산에 의해 십자군에 가담할 수는 없었다. 당시로서는 누구도 새로운 땅을 얻을 수 있으리라고 확실하게 예측할 수 없었기 때문이다. 사실 아무리 합리적으로 따져보아도 십자군 참여는 잘해야 소득 없는 귀환이요, 대개는 무슬림의 손에 죽기 십상이기 때문이다. 그러나 십자군 참여는 기독교인의 영혼에 커다란 위안을 주었다.

여러 세기에 걸쳐 순례는 기독교인들 사이에 가장 널리 행해지던 고해방식이었다. 특히 **예루살렘 순례**는 순례 가운데서도 가장 성스럽고 효과 있는 것으로 손꼽히고 있었다. 하물며 기독교 최고의 성지를 이교도의 수중에서 되찾기 위한 예루살렘 무장 순례는 단연 최대의 영적 보상을 가져다주는 일이었다. 이 점을 분명히 하기 위해 클레르몽에서 **우르반 2세**는 십자군 참가자 전원에게 교회에서 부과하는 다른 모든 고해를 면제해 주겠다고 약속했다. 교황의 약속이 있은 후로 십자군 설교자들은 **우르반 2세**의 재가도 받지 않은 채 더욱 큰 약속을 하고 말았다. **대사면**을 약속했던 것이다. 이것은 십자군 참가자 전원에게는 내세에서 연옥의 형벌이 완전히 면제되며, 십자군 참가 도중 사망한 자의 영혼은 곧장 **천국**으로 갈 수 있다는 약속이었다. 대사면은 실로 파격적인 은사였으며 그것을 얻고자 군중이 쇄도했다. 일단 군중이 한자리에 모이게 되자, 그들은 설교자의 언변에 고무되어 종교적 열광에 빠진 채 집단적 히스테리 증상까지 보이게 되었다. 그들은 자신들이야말로 불신자들의 세상을 일소하기 위해 선택받았다고 확신하게 되었다. 그로 말미암은 가공할 결과로서 그들은 동방으로 원정을 떠나기도 전에 유럽의 유대인들을 학살하기 시작했다. 이것이 서유럽 반유대주의의 효시였다.

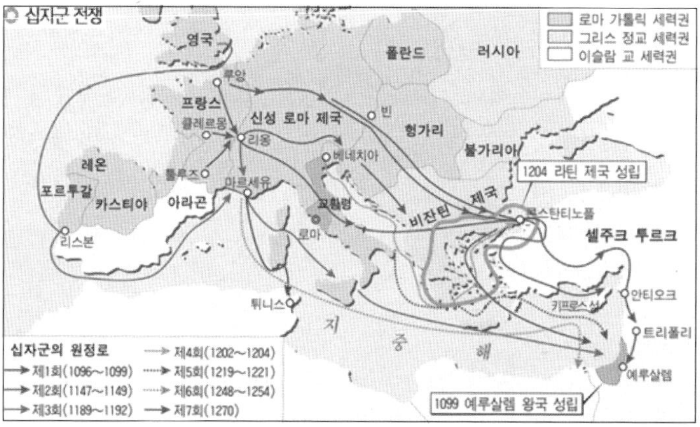

십자군 원정로

십자군의 만행과 크나 큰 역경에도 불구하고 **제1차 십자군**은 완벽한 성공이었다. 1098년에 십자군은 **안티오크**를 함락했고, 그와 더불어 시리아의 대부분을 정복했다. 1099년에 그들은 예루살렘을 탈환했다. 그들이 성공할 수 있었던 것은 때마침 무슬림 세력이 내부적으로 분열되어 있었던 데다가, 무슬림들이 기괴하고 야만적인 서유럽인의 모습을 처음 대하고는 크게 놀랐기 때문이다. 성지에서 십자군은 처음부터 제국주의자처럼 행동했다. 새로운 영토를 정복하자마자 그들은 이를 자기네의 소유로 삼고 4개의 공국으로 분할했다. 그들은 또한 난폭한 행동을 자행했다. 안티오크를 점령했을 때 그들은 사로잡은 투르크인들을 포로로 삼지 않고 닥치는 대로 학살했다. 예루살렘을 정복했을 때에도 그들은 그리스도의 평화주의적인 가르침을 묵살하고, 이 도시에 거주하던 모든 무슬림들을 무자비하게 살육했다.

예루살렘의 살육

몇몇 십자군들은 그들의 고향에 보낸 편지에서 다음과 같은 자랑을 늘어놓았다. "솔로몬 궁의 회랑과 성전에서 우리 군대는 말을 타고 달렸는데, 말의 무릎까지 사라센인의 피로 젖었다." 성지에 머무른 십자군들은 점차 유순해지고 관대해졌다. 그러나 서유럽으로부터 새롭게 밀어닥치는 무장 순례단은 계속해서 야만스런 행동을 자행했다. 더욱이 정착한 십자군들은 지방 주민들과 완전히 융합하지 못한 채 이슬람 세계의 한 복판에서 별개의 착취적인 외국인으로 남아 있었다.

십자군이 건설한 기독교 국가들은 시리아와 팔레스타인 해안선에 위치한 인구가 희박하고 좁은 지역이었으므로 그 지역이 이슬람 세력에 의해 탈환되는 것은 시간문제일 뿐이었다. 1144년에 이르러 최북단에 위치한 공국이 함락되었다.

그러자 프랑스 왕과 독일 황제의 지휘 하에 동방으로 온 **제2차 십자군**의 기독교 전사들은 실지를 회복하고자 했으나, 그들은 내부적으로 너무나 분열되어 있어서 도저히 승리를 거둘 수 없었다. 그후 얼마 되지 않아 그 지역의 이슬람 영토는 술탄 살라딘에 의해 통합되었으며, 그는 1187년 예루살렘을 탈환했다. 다시 한 번 예루살렘을 회복하기 위한 십자군이 조직되었다.

제3차 십자군은 독일 황제 프리드리히1세, 프랑스의 존엄왕 필리프 2세, 잉글랜드의 사자왕 리차드 1세에 의해 주도되었다. 그러나 이러한 대군을 거느리고도 승리를 거둘 수가 없었다. 무엇보다도 경쟁관계에 있던 국왕들 사이에 다시 내분이 벌어졌기 때문이다.

3차 십자군-3국의 왕

이노센트 3세가 교황이 되었을 때 그의 야심은 예루살렘을 회복하는 것이었다. 그는 이를 위해 **제4차 십자군**을 소집했다. 그러나 그 십자군은 통합된 기독교 세계의 관점에서 본다면 미증유의 재난이었다. 교황은 십자군의 진로를 통제할 수 없었고, 십자군은 1204년 성지로 진군하는 대신 콘스탄티노플을 점령하기에 이르렀다. 이러한 행동은 결과적으로 비잔틴 제국의 멸망을 재촉했으며, 오스만투르크족에게 동유럽으로의 진입로를 열어주는 결과를 가져다주었다.

이노센트(이노켄티우스) **3세**가 1215년 제4차 **라테란 종교회의**를 소집한 것은 부분적으로 교황이 직접 지휘할 또 한 차례의 십자군을 준비하기 위한 것이었다. 이 **제5차 십자군**은 무슬림 세력의 본거지를 무찌르기 위해 이집트를 향해 바다로부터 출발했다. 그러나 위풍당당한 출진에도 불구하고 이 역시 실패로 끝나고 말았다. 오직 1228년에서 1229년까지 독일황제 **프리드리히 2세**에 의해 지휘된 **제6차 십자군**만이 성공을 거두었다. 그러나 이 성공은 군사적 원정에 힘입은 것이 아니었다. 아랍어를 구사할 줄 알아 이집트의 술탄과 쉽사리 교신할 수 있었던 프리드리히 2세는 무력으로 싸우는 대신 교묘한 협상을 통해 예루살렘 및 예루살렘으로 가는 좁은 접근 통로를 확보할 수 있었다. 그러므로 전쟁으로 실패한 것을 외교로써 이루어낸 셈이었다.

루이 9세가 일으킨 마지막 두 차례의 십자군(제7차 1248–54, 제8차 1270)은 이집트와 튀니지를 향해 정예의 대군을 보냈으나 모두 이슬람의 포위망 속에 고립되어 성지 구원에 직접적인 영향을 주지도 못하고 패퇴하였으며, 오히려 카이로의 신정권 맘루크 왕조의 그리스도 교도 소탕작전을 도발시키는 결과를 가져왔다.

1265년부터 1291년에 걸쳐 시리아 해안의 안티오키아 후령·트리폴리백령을 비롯하여 잔존 영토 전부를 상실하였고, 예루살렘 왕국 직할령은 마지막 거점 **아크레**가 함락됨으로써 멸망했다.

그리스도 교도에게 성지 상실은 십자군 그 자체의 종말을 뜻했으나, 대(對) 이슬람 전쟁이라는 정략적 구상에 의한 동방관은 근세까지 지속되어 맘루크 왕조에 대한 항쟁, 새롭고 강대한 적대자 오스만투르크 제국과의 대결은 '이후의 십자군'이라는 개념으로 생각되었다. 그 과정에서 1344년의 키프로스 십자군과 1396년의 니코폴리스 십자군이 특기할 만하다.

15세기에 들어오자 1440년 헝가리 십자군을 전기로 하여 동서세력관계는 뒤바뀌었으며, 오스만 제국군의 서방진출이 고조기에 달하여 1453년에는 비잔틴 제국이 멸망하게 되었고 16세기에는 동지중해 제해권의 전면적 포기를 강요당함으로써 십자군은 소멸했다.

3. 십자군 원정과 유럽사회의 변화

성지회복은 실패했지만 교황의 권위가 약해지고 종교적 열정도 식어갔으며 많은 봉건 영주들의 살림이 거덜 나서 봉건사회가 급속히 흔들거리게 되었어요. 반면에 **국왕**들은 십자군 전쟁을 통해 왕권을 확실히 강화하게 되었습니다. 전사(戰死)에 의해 단절된 귀족가의 소유영지는 왕령(王領)에 편입되어 왕권의 기반을 강화하였다.

십자군의 이상은 한편으로는 교황 군주 국가의 건설에 기여한 바도 있지만, 다른 한편으로는 그 파멸에도 기여했다. 긍정적인 측면에서 볼 때, **제1차 십자군**의 믿을 수 없을 정도의 놀라운 성공은 중세 서유럽인의 자신감을 고취하는 데 크게 기여했다. 수백 년 동안 서유럽은 이슬람 세력에 밀려 수세에 놓여 있었다. 그런데 이제는 서유럽 군대가 이슬람 세력의 핵심 지역으로 진군해 들어가 마음대로 약탈·유린할 수 있게 되었다. 이러한 극적인 승리로 말미암아 12세기의 유럽인 사이에는 낙관주의가 팽배해졌다. 서유럽의 기독교인들은 신이 그들의 편이라 믿고, 그들이 원하는 것은 무엇이든 다 이룰 수 있다고 생각하게 되었다.

십자군은 또한 서유럽인의 시야를 넓혀 주었다. 성지의 유럽인들 가운데 아랍어를 배우거나 이슬람 사상, 또는 제도로부터 무언가 얻어내기 위해 힘쓴 사람은 거의 없었다. 기독교인과 무슬림 사이의 문화교류가 가장 활발히 이루어졌던 곳은 에스파냐와 시칠리아였다. 그러나 이슬람국가를 통과하여 먼 지역을 여행한 십자군들은 어딘가 좀 더 세련되지 않을 수 없었으며 십자군 운동은 특히 그때까지 알려지지 않았던 사치품에 대한 관심을 자극했으며, 문학과 우화의 풍부한 소재를 제공했던 것이다.

무역과 세금, 경제적 관점에서 볼 때 제1차 십자군의 성공은 서유럽인에게 지중해를 새로운 무역 활동의 무대로 제공했다. 특히 베네치아 및 제노바 등 이탈리아 도시들이 이 해역의 상권을 제패하기 시작했고, 그로써 서유럽 경제의 번영에도 기여했다. 원격지로 대금을 송금할 필요성으로 인해 초보적 금융 기법의 발달 또한 자극했다.

십자군 운동으로 통상범위가 넓어지자 지중해 상업권이 크게 발달하여 베네치아, 제노바 등의 이탈리아 북부 도시에서 향신료, 염류, 견직 물 등이 거래되었다. 또한, **밀라노**와 **피렌체**에서도 상업과 모직물 공업이 발달하였다. 한편, 북유럽 플랑드르 지방, 북부 독일 등의 북유럽 상권도 번창했고, 이 북유럽상권과 지중해 상권을 연결해 주는 내륙지방의 도시가 크게 발달하였는데 프랑스의 샹파뉴 지방이 유명했다.

상권 발달과 더불어 자치 도시들이 성장하였다. 국왕이나 제후로부터 특허장을 얻어 주변에 성벽을 쌓고 행정·사법부를 조직해 독립적인 도시를 건설하였다. 도시들끼리 **도시동맹**을 맺어 결속을 강화하고 상권을 장악하였다. 북부 이탈리아의 롬바르디아 동맹, 북부 독일의 한자 동맹 등이 있었고, 상인들과 수공업자들은 길드라는 조합을 만들어 봉건영주와 투쟁하였다. 상인 조합은 회원들의 복리와 후생산업을 증진하고 도시의 종교적 축제를 관장하고 영주와 교섭하여 자유와 권리를 증진시키는 등 여러 가지 기능을 수행하면서 상업권을 독점하였다. 상인조합은 도시행정에서 자신들의 발언권을 증대시켜서 나중에는 도시 귀족으로서 도시의 행정권을 독점하였다. 수공업자 조합은 동일업종마다 조직되어 동업조합의 성격이 강했다. 수공업자 조합에 가입할 수 있는 자격을 가진 장인은 한 두 명의 직인과 한 두 명의 도제를 거느렸다. 장인과 침식을 같이 하면서 7년 동안 기술을 배운 후에 월급을 받은 직인이 될 수 있었다. 직인으로서 오랫동안 기술을 연마한 뒤에 기술을 인정받아야 독립된 사업을 열수 있는 장인이 되었다. 그러나 길드는 자유로운 경쟁과 창의력을 배제하여 시장경제의 발달과 기술발달에 장애가 되었다.

정치적으로 서유럽 군주 국가들은 십자군에 필요한 자금 조달 명목으로 성직자에게 세금을 부과한 선례로 말미암아 직접적인 혜택을 받게 되었을 뿐만 아니라, 국가에 의한 세금징수를 다양한 형태로 발달시켰다. 더욱이 자금과 식량 조달에 의해 국왕이 십자군을 돕고자 국가를 조직화하다 보니, 신흥 국민 국가들의 효율적 행정 제도 발달에도 중요한 자극제가 되었다.

그러나 십자군에는 부정적 측면 또한 있었다. 유럽 내와 유럽 밖의 무슬림을 무자비하게 학살한 십자군의 만행에는 변명의 여지가 없다. 십자군은 서유럽과 비잔틴의 관계의 단절을 더욱 가속화했고, 비잔틴 제국의 멸망과 잇따른 재난에 근본적인 영향을 미쳤다. 아울러 성지에서의 서유럽인들의 식민주의는 그 후 근대에까지 이어지게 된 서유럽 식민주의의 기나긴 역사의 출발이 되었다.

4. 봉건사회의 붕괴

화폐유통과 **흑사병**은 농민들의 지위를 향상시켜 주었다. 13세기경 상업 발달로 화폐가 보급되자 장원내부에서 큰 변화가 왔다. 농민들은 부역을 화폐로 대신 납부하였으며 지대도 화폐로 낼 수 있게 되어 농민들이 자유로워졌다. 농민들은 점차 힘이 세지고 봉건 영주들은 점차 약해지게 된 것이다.

더구나 14세기에 **흑사병**으로 유럽인구의 거의 절반이 줄어들자 봉건 영주는 농민들을 잡아두기 위해 농민들에게 잘 해주었고, 자영농민들이 나타났다. 강압적으로 농민들을 누른 영주들은 대규모의 농민 반란에 직면하게 되었다. 대표적인 농민의 난으로 **자크리의 난**(프랑스), **와트 타일러의 난**(영국) 등이 있다.

아비뇽 수도원

십자군 전쟁 실패 후 교황의 권위는 현저히 약화되었고. 십자군 전쟁 실패 후 교황과 봉건 영주들의 힘이 약해지자 왕들의 힘이 강해졌다. 드디어. 14세기 초 **교황 보니파키우스 8세**는 **프랑스 왕 필리프 4세**에게 싸움에서 패한 후 교황청은 프랑스의 아비뇽으로 옮겨져 약 70년간 프랑스 왕의 지배를 받기도 했다. 이것이 **아비뇽 유수**(1309－77)이다. 14세기 후반 교황이 로마에 돌아오자 아비뇽에서도 교황이 따로 추대되어 2명의 교황이 나와 교회는 크게 분열된다. 이것을 교회의 대분열(1378)이라고 한다.

14세기 후반 영국의 위클리프는 성서에 근거하는 신앙을 주장하고 보헤미아의 **후스**도 여기에 동조한다. 이에 가톨릭 교회는 **콘스탄츠 공의회**(1414)를 소집하여 로마 교황을 정통으로 인정하고 후스를 화형에 처했다. 그러나 그 이후에도 계속 교회의 개혁을 주장하는 개혁운동가들이 나와 교황의 권위는 크게 약화된다.

봉건사회의 붕괴와 교황권의 쇠퇴

14세기로부터 15세기에 걸쳐 중세유럽의 봉건사회는 붕괴내지 해체의 길을 걷게 된다. 13세기까지 성장을 계속하던 봉건경제가 전반적으로 위축되기 시작하고, 심각한 기근, 가공할 흑사병, 장기간에 걸친 대전쟁, 농민 반란 등이 발생하여, 영주제는 위기에 당면하고 장원제도가 붕괴하게 된다. 도시에서도 부유한 상인과 금융가들이 폐쇄적인 도시귀족으로 변함으로써 도시의 하층민 내지 노동자의 폭동과 반란이 빈번하게 일어나고, 길드적인 도시경제의 틀이 흔들리게 되었다.

정치면에서는 봉토를 매개로 한 주종관계가 깨어지고 왕권을 중심으로 한 집권적인 통일국가의 형성이 촉진되지만, 백년전쟁이나 장미전쟁과 같은 큰 전쟁의 진통을 겪지 않으면 안 되었다. 13세기에 절정에 달했던 교황권도 14세기에는 교회의 대분열 등으로 쇠퇴하고, 가톨릭 교리에 도전하는 이단설이 나오고, 종교개혁의 선구적인 움직임이 나타난다.

봉건제도의 붕괴와 근대국가로의 발전과정

장원제의 핵심은 노동지대였다. 그러므로 장원제도의 붕괴는 기본적으로 부역의 소멸, 직영지의 소멸 또는 그 경영형태의 변화는 **농노해방**, 즉 농노제의 소멸을 뜻한다. 농노에 의한 직접 부역을 기반으로 형성되어 있던 봉건제도는 서서히 붕괴해갔던 것이다. 농노의 부역에 의한 조세제도가 금납에 의한 조세제도로의 변경은 빠른 경우 12세기에 시작되고 있으며, 13세기에 일시 중단되었다가 14세기부터 본격적으로 진행되었다. 이렇게 부역이 공납화로 변하는 경우, 장원제도는 그 형태를 바꾸지 않으면 안 되었다. 따라서 대부분의 영주들은 지대납부와 기한부로 분할해서 임대하는 것이 보통이었다. 그 결과 나타난 것이 정기 소작제이다. 이렇게 부역이 소멸하고 직영지가 임대로 대여되게 되자, 구태여 농민을 얽매어 둘 필요는 없었다. 그리하여 자발적으로 또는 농민의 요구와 압력으로 농노를 해방시키게 되었다.

영국이나 프랑스의 경우에는 장원제도의 붕괴가 순조로웠다. 그러나 엘베강 이동의 동독지역에서는 예속적인 농민의 노동력에 입각한 영주제적인 대농장 경영이 성립하여 농민들은 농노와 다름없는 예속농으로 전락하였다.

장원제도의 붕괴원인은 이렇다. 상업의 부활과 도시의 발전, 그리고 이로 말미암아 나날이 발전하는 시장경제, 이런 경제 발전에 따른 영주들의 욕구 증대는 농민들에게 부담을 증가시켜 압박을 가하게 되었다. 여기에 따른 농노의 도망, 14~5세기 **흑사병 유행**, 큰 규모의 기근, 대 전쟁에 따른 전반적인 인구감소와 농촌의 황폐는 영주 수입을 격감시키고, 이러한 위기에 처한 영주들은 **부역의 금납화**(金納化), **농노해방**으로 양보하지 않을 수 없었다.

14세기 중엽에 나타난 흑사병은 전 유럽 인구의 3분의 1이상이 감소하게 만들었다. **흑사병**으로 인한 농촌에서의 가장 뚜렷한 결과는 격심한 노동력의 부족과 경작되지 않은 많은 토지, 그리고 농업노동자의 임금인상 요구였다.

14세기의 **농민반란**은 규모도 컸을 뿐만 아니라, 사회구조 그 자체에 대한 도전적인 성격을 띤 심각한 것이었다. '자끄리'로 알려진 프랑스의 농민반란은 백년전쟁과 흑사병, 그리고 봉건귀족들의 압박의 가중에 시달려 극도로 비참해진 농민들이 터뜨린 분노와 절망의 폭발이었다. 1381년 영국에서는 **와트 타일러의 난**이 일어났다. 흑사병으로 인구가 격감하여 임금이 앙등하고 이로 말미암아 자유노동을 얻기 어렵게 된 영주들이 흑사병 이전에 진행되던 금납화를 취소하고 부역을 부활하려 하였으며, 흑사병 직후 임금을 동결시키기 위하여 제정한 '노동조례'는 노동자 계층의 불만을 자아냈으며, 백년전쟁의 전비를 마련하기 위하여 의회가 신설한 인두세의 1381년도분은 특히 빈민층에 과중한 것이었다는 여러 요인이 결합되어 나타난 것이다. 농민들이 그들의 해방과 자유를 더욱 확고하게 하기 위한 반봉건적인 성격이 강한 반란이었다. 그리고 그들이 외친 구호 속에는 평등사상이 뚜렷하게 나타나 있었다.

5. 중세 말의 유럽의 중앙집권적 통일 국가로의 발전

영국의 발전

에드워드 1세 때 성립한 의회는 14세기에 발전을 계속하여 **에드워드 3세** 때는 상·하원이 분리되고, 의회의 권한도 강화되었다. 왕실의회의 대제후와 귀족이 따로 **상원**(House of Lords)을 구성하고, 주와 도시대표들은 **하원**(House of Commons)을 형성하게 되었다. 하원은 입법권을 가지고 있지는 않았으나 입법이 하원에서 발의되고, 과세나 왕이 필요로 하는 돈의 교부 등의 결정이 하원에서 행해졌다. 에드워드 3세는 의회의 승인 없이 직접세를 징수하지 않을 것을 약속하여, 의회는 영국의 통치기구의 중요한 일익을 담당하게 되었다. 에드워드 3세 때의 또 하나 중요한 발전은 치안판사의 설치이다. 치안판사는 젠트리 층에서 왕으로부터 직접 임명되었고, 지방에서의 왕권 대행자였으나 원칙적으로 보스가 없기 때문에 상당한 독립성을 유지하였다. 지방자치의 중추적 지위를 차지하게 된 것이다.

귀족들의 압박과 반항에 시달리면서도 의회는 의회 내에서의 발언에 대한 면책권과 개회중의 의원의 신체의 자유보장을 확보하고, 의회를 통과한 법령에 대한 국왕과 왕실회의의 내용수정이 불가능하게 되는 권리를 획득하였다.

백년전쟁(1337－1453)

백년전쟁의 원인은 프랑스에서의 **발로아 왕조**의 성립과 이에 관련된 왕위 계승권 문제이다. 카페왕조는 오래 왕위를 누려왔다. 그러나 **필리프 4세**는 후계자를 가지지 못하였다. 많은 논의 끝에 필리프 4세의 동생의 아들인 발로아 백작이 **필리프 6세**로서 왕위에 오르고 발로아 왕조가 성립케 되었다. 그러나 여자가 직접 왕위계승이 불가능하다 하더라도 만일 그녀의 아들에게 계승시킬 수 있다면 영국왕 에드워드 2세의 왕비 이사벨라의 아들이 왕위계승자라는 주장이 성립할 수가 있다는 의견이 나왔다. 이와 같은 문제 이외에 **노르만디공의 영국정복** 이래 영국 왕은 프랑스 내에 광대한 영토를 소유하였고, 역대 프랑스 왕들은 이를 회복하려고 노력하여 양국 사이에는 언제나 전쟁과 대립이 그치지를 않았다. 바로 이 가스코뉴의 영유문제와 플랑드르 지방의 문제는 분쟁과 대립의 씨앗이었다.

백년전쟁

백년전쟁이 시작될 무렵은 프랑스는 인적, 물적 자원이 훨씬 유리하였다. 그러나 실제로 쓸 수 있는 재원은 서로 비슷하였다. 프랑스군의 핵심은 중무장을 한 봉건귀족의 기사가 그 핵심이었고 영국군의 경우는 봉건군대에 보태어 새로운 무기인 장궁을 가진 자영 농민출신의 보병대가 실전의 경험을 가지고 참가하고 있었다. 최초의 큰 전투는 1346년의 크레시 전투이다. 한편 흑색 갑옷을 입고 출전하여 **흑태자**라는 별명을 가지게 된 에드워드 3세의 장남은 프랑스 국왕과 그의 아들 필립, 많은 귀족들을 사로잡았다. 그 결과 양국사이에는 **브레티니의 휴전**이 성립하였다.

흑태자가 사망하고 에드워드 3세, 샤를르 5세가 사망하자 양국은 국내문제로 20년간의 휴전에 합의하였다. 프랑스에서는 어린 샤를르 6세가 왕위에 오르자 왕족인 **오를레앙가와 부르고뉴가** 사이에 치열한 붕당 싸움이 계속되어 완전히 분열상태였다. 영국에서도 랭카스터 왕조를 연 **헨리 4세**의 치세는 농민반란, 국내 대제후들 간의 세력 다툼으로 어수선하였다. 그러나 헨리 4세를 계승한 **헨리 5세**는 프랑스의 분열상태를 가만두지 않고 쳐들어갔다. 헨리 5세는 '왕태자 샤를르의 왕위 계승권을 부인하고, 헨리 5세가 샤를르 6세의 딸 캐더린과 혼인하여 프랑스의 왕위계승자가 되는 **트로와 조약**을 체결하였다. 샤를르 6세와 헨리 5세가 잇따라 사망하자 프랑스는 생후 수개월의 헨리 6세와 그와 결탁한 브르고뉴가가 지배하는 북불과 부르즈에 도읍한 황태자 **샤를르**에 속하는 남불로 양분되었다.

쟌 다르크

1428년 영국은 프랑스 전체를 지배하려 남하하여, 프랑스군은 큰 위기에 처했다. 이때 나타난 사람이 **쟌 다르크**였다. 쟌은 렝스에서 왕태자를 즉위시키라는 성인들의 계시를 듣고 왕태자를 만나게 되었다. 쟌은 왕태자와 그 주변, 프랑스군 지휘관과 병사들에게 자신감을 주는데 성공하였다. 렝스로 진격하여 **샤를르 7세**의 대관식을 거행하였다. 콩피에뉴에서 포로가 되어 마녀로 규정되어 화형에 처해졌다. **샤를르 7세**는 그녀가 처형된 후 종교재판을 다시 열어 부당한 선고를 뒤집었다. 그녀의 죽음 뒤에 전쟁은 프랑스군에 유리하게 되어갔으며 **부르고뉴 공**과 **샤를르 7세**가 **아라스의 평화조약**을 맺음으로 프랑스에게 전쟁은 더욱 유리하게 작용하였다. 프랑스는 1450년에는 노르망디에서 승리하고 1452년에는 보르도에서의 승리로 영국의 가스코뉴 지배를 종식시켰다. 이것으로 백년전쟁은 끝나게 되었으며, 영국의 수중에는 칼레시와 그 주변의 지역만이 남게 되었다.

백년전쟁 후의 프랑스

백년전쟁의 싸움터였고 제대로 지급되지 않은 급료 때문에 도적단으로 변한 프랑스 용병대의 약탈로 프랑스는 황폐의 극치에 도달했다. 백년전쟁은 이러한 프랑스에 두 가지 이점을 주었다. 영국으로부터의 영토회복과 새로운 국민의식의 성장이다. 샤를르 7세는 15개의 기사군단을 설치함으로써 약 6천명의 상비군을 가지게 되었다. 이 상비군의 출현과 소화기의 출현, 훈련받은 보병부대의 등장 등은 종래의 전술에 큰 변화를 가져오고, 정치적인 측면에서는 왕권 강화와 봉건기사의 몰락을 촉진시키게 되었다. **루이 11세** 때는 왕권과 시민권의 제휴가 강화되고 그의 현실적인 정치로 왕족령과 대제후령을 흡수하여 영토적 통합을 크게 진전시키고, 절대왕정의 기반을 닦게 되었다.

중세 말의 영국

백년전쟁이 영국에 끼친 영향은, 영국 역시 국민의식이 강화되고 특히 섬나라로서 자각을 가지게 된 것이다. 중세 말 영국사회의 정상에는 약 50명의 대제후가 군림하고 있었다. 광대한 토지재산으로부터의 지대를 비롯한 막대한 수입으로 그들은 성채에 거주하며, 필요한 경우에는 사병을 동원할 수 있었고, 그러한 사병 동원을 가능케 하는 요인은 군역 제공에 대한 급료(livery)와 법정에서 보호(maintenance)였다. 이 급료와 보호에 의하여 종래의 봉건제와는 다른 새로운 사적 주종관계가 성립하게 되었으며, 이를 유사봉권제도(擬似封建制度)라고 한다. 이 새로운 봉건제도는 끊임없는 사회불안과 무질서의 원천이 되었으며, 대제후는 **사병**을 중앙정부에 대해서도 사용할 위험이 있었다. 이들 대제후는 작위 소유자이거나 곧 작위를 가지게 될 유력자들이었다.

작위귀족이나 곧 그 지위로 상승할 부유한 기사의 하위에 있는 것이 **젠트리**(gentry)였다. 젠트리란 농업생산에 직접참여 하지 않고 토지로부터의 지대 수입으로써 여유있는 생활을 할 수 있는 정도의 토지 소유자, 즉 지주라고 규정하는 것이 가장 적절하다. 하원의원으로 선출되는 대부분이 **젠트리**였고, 치안판사는 젠트리라야만 했다. 이리하여 개인적으로는 **작위귀족**과 어깨를 겨눌 수가 없었으나, 집단적으로는 유력한 사회계층을 형성하고 있었다. 그리고 **젠트리**에게는 상업 종사의 자유가 있었다. 젠트리의 차남들은 상인으로 진출하여 재산을 축적하였고, 부유한 상인들은 토지를 매입하여 한 세대 후에는 젠트리로 행세할 수 있었다. 젠트리 밑에 위치한 것이 독립적인 **자영농민층**이었다. **요우먼**(yeoman)은 소규모의 자유토지 보유 농민으로서 직접 농사에 종사했으나 임금노동자를 고용하는 경우가 많았다. 다른 계층과 마찬가지로 자영농민층도 유동적이었다. 헨리 6세 때는 년수(年收) 40실링 이상의 자유토지 보유 농민에게 주지사 선거권이 부여되는바, 년수(年收) 40실링의 작은 액수로서 선거권을 가지게 되었으며, 백년전쟁 때는 **요우먼**이 창병이나 궁병으로서 활약함으로써 그들의 중요성을 증대시켰다.

장미전쟁

장미전쟁은 적색장미를 휘장으로 삼은 랭카스터가(家)와 백색장미를 휘장으로 삼은 요크가(家)와의 왕위 쟁탈전이었다. 정신이상이 된 **헨리 6세**를 요크가의 리처드가 섭정하자 위협을 느낀 왕의 부인이 리처드를 추방하였다. 그가 돌아와서 장미전쟁이 시작되었다. 랭카스터 왕군은 요크군을 격파하고 리처드가 전사하였으나, 그의 아들인 에드워드가 랭카스터 군을 무찌르고 왕위에 올랐다. 에드워드 4세가 사망하였을 때 두 젊은 왕자와 왕녀가 있었으나 의회는 왕자를 서자라고 선언하고 섭정이었던 리처드가 왕위에 올랐다. 이에 어머니 계통으로 왕실에 연결된 랭카스터가(家)의 유일한 왕위 요구자인 헨리 튜터가 프랑스의 루이 11세의 지원을 받아 리처드 3세를 격파하고 **헨리 7세**로 즉위하였다. 이로써 장미전쟁은 끝나고 튜터 왕조가 열리게 되었다.

장미전쟁은 왕가와 대제 후 및 귀족들 사이의 싸움이었으며, 양측이 다 일반 민중에게 손상을 미치지 않도록 유념하였으며, 대도시들도 중립적인 태도를 지켰다. 그 결과 주로 피해를 입은 것은 내란에 참가한 귀족들이었으며 많은 귀족들이 살해되고 재산이 몰수되었다. 일반 국민은 물론 젠트리와 시민계급은 귀족의 횡포와 무질서를 증오하고 이를 방지할 수 있는 강력한 왕권의 출현을 갈망하였다. 절대왕정은 이러한 상황을 배경으로 나오게 되는 것이다.

중세말의 독일

영국과 프랑스가 통일국가로의 발전을 걷고 있을 때 독일은 영방국가(領邦國家)와 자치도시, 기사령 등의 수많은 대소의 독립적인 정치 단위로 분열의 길을 걸었으며, 그러한 추세는 황제권의 쇠퇴와 보조를 같이 하는 것이었다. 황제 자리는 이 왕가에서 저 왕가로 전전하다가 황금칙서(黃金勅書; 1356)로 7명의 선제후에 의하여 선출되게 되었다.

선제후는 다른 제후보다 우월한 위치에 서게 되고 완전한 주권군주와 다름없게 되었으며 그들은 또한 제국의 전반적인 사태에 관한 감시 역할도 수행하게 되었다. 이 황금칙서는 황제선출에 관련된 분쟁의 발생을 방지하거나 그것을 감소시키게 되었으나, 황제권의 약화 내지 유명무실화를 확인하고 이를 확정지은 것이기도 하다.

13세기 후반과 14세기에 걸쳐 유력한 봉건 제후들은 영방단위로 영토를 다지고 집권화를 추진하면서 독립적인 경향을 강화시켰다. 15세기에 이러한 발전이 특히 현저하였던 것은 브란덴부르크, 바이에른, 메클렌부르크 등으로서 신분제 의회의 소집권을 장악하고, 의회로 하여금 영방군주의 과세권을 안정시켜 그 수입으로 능률적인 행정기구를 발전시켰다. 이리하여 19세기 까지 독일의 정치질서의 중추적인 존재가 된 **연방국가**가 성립하였으며, 15세기로부터 16세기에 걸친 **영방국가**는 봉건적 질서로부터 근대적인 절대왕정으로 넘어가는 과도기적인 국가의 형태를 취하였다.

그 외의 국가들

13세기 중엽에 합스부르크가(家)가 이 지역에 세력을 확대하려고 하자 삼림지대의 3개 **주**가 동맹을 맺고 이에 저항하여 14세기초에 합스부르크군을 격파하였다(모어가르텐 전투). 이것이 오늘날 **영세 중립국 스위스**의 출발이다. 그 후 다른 주들도 동맹에 참가하여 14세기 말 합스부르크군을 격파하여 독립의 기반을 굳혔다. 그 후 영토를 더욱 확대하고, 1477년에는 남쪽으로 팽창하려는 부르고뉴공 샤를르를 격파하여 전유럽에 그 용맹을 떨치기도 하였다. 그러나 그 후 이탈리아로 진출하려다가 프랑스군에게 격파 당한 뒤 도로 알프스 산맥으로 올라갔고, 그 이후 지금까지 **영세 중립**의 전통을 지켜오고 있다.

노르웨이, 덴마크, 스웨덴의 이른바 북유럽 3국은 **칼마르 동맹**으로 통합(1397)되었으나 스웨덴의 민족주의적 반란이 거듭된 끝에 스웨덴이 따로 독립하여 동맹은 깨지고 말았다.

러시아는 13세기에 몽고족의 침입 이래 여러 공국으로 분열되어 몽고족의 지배하에 막대한 공납을 바치게 되었다. 모스크바 공국이 여러 공국들을 합병하여 **이반 3세 때** 몽고족의 내분과 이로 인한 약화를 틈타 몽고의 지배로부터 해방되어 중앙집권 국가의 토대를 확립했다.

이베리아 반도에서는 재정복을 통해 성립한 아라곤, 카스틸라, 포르투갈의 크리스트교 3왕국이 그라나다의 무어인 이슬람 국가에 대한 공격을 계속하는 가운데 도시경제가 발달하고 신분제 의회인 코르테스도 발전하였다. 아라곤의 페르디난드와 카스틸랴의 이사벨라의 결혼으로 **에스파냐 왕국**이 탄생케 되었다.

중앙집권 국가의 성장

대포가 나오자 백마 탄 기사들은 무의미해지고 봉건제는 끝난다. 봉건 영주와 교황이 약해지자 국왕은 제후들에게 나누어주었던 과세권과 재판권을 되찾아 왕권을 강화하였다. 관료제와 상비군도 정비하였다. 이에 소요되는 돈을 확보하기 위해 도시의 상공업자들을 끌어 들여 통일적인 재정 정책을 취했다.

국왕이 보호해 주자 도시의 시민들은 스스로 관리가 되어 국가에 봉사하였다. 시민의 지위가 상승되자 시민은 신분제 의회에 참석하여 정치에 참여하게 되었다. 화약과 대포의 발달로 성곽도시가 더 이상 필요 없어지자 봉건시대의 기사들은 쓸모가 없어져 유명무실해지고 말았다.

독일은 크고 작은 30여개의 제후국과 도시로 분열되었다. 독일 제후들의 세력이 강하여 통일이 어려워졌다. 14세기 중반에 **카를 4세**는 황금문서를 만들어 7명의 제후가 황제를 선출하도록 하였으나 유력한 제후는 독립권을 가지므로 황제권은 더욱 약화되어 결국 30여개의 연방으로 분리되고 말았다.

이탈리아는 도시공화국으로 분리되었다. 도시 국가 간의 항쟁과 내분이 계속되고 황제와 교황의 대립도 계속되고 독일과 프랑스의 간섭으로 통일국가를 만들지 못하고 15세기에는 남부의 나폴리 왕국, 중부의 교황령, 북부의 제노바, 피렌체, 베네치아 등의 도시국가가 나타났다.

스페인에는 에스파냐 왕국이 건설된다. 십자군 전쟁 후 이슬람 세력에서 기독교 국가가 부활하였다. 12세기경 이베리아 반도의 북부에 카스티야, 아라곤, 포르투갈 등이 강성하였으나 카스티야와 아라곤이 통합되어 에스파냐 왕국이 건설되었다. 그 후 이슬람 세력의 마지막 거점인 그라나다를 함락시키고(1492) 해외진출에 적극적으로 나서게 된다.

한편 12세기경 카스티야에서 독립한 포르투갈은 15세기 후반에 제후세력을 누르고 통일 국가를 이룬 후 인도 항로를 개척하는 등 해외 진출에 주력했다. 상업의 발달과 함께 도시도 성장케 되었다. 상인, 수공업자들은 도시의 핵심을 이루었으며, 유리한 장소로의 상인들의 집합은 곧 그곳으로 수공업자들을 모여들게 하였던 것이며, 그들을 중심으로 새로운 사회계층이 성장하였다. 상공업에 종사하는 사람들은 봉건제도로부터의 해방을 위해 서약으로 단결하고 코뮌(commune)을 형성하였다. 봉건귀족을 배제하는 북구형과 봉건귀족과 상공인이 공존하는 남구형이 있었다. 대부분의 도시가 12세기 중엽까지 자유와 자치권을 획득하게 되었다. 신분과 경제활동의 자유가 주어졌으며 영주재판권이나 교회법으로부터도 해방되었다.

중세 상인과 수공업자는 **길드**라는 조직을 형성하고 이를 통하여 경제활동에 종사하였다. 상인길드는 도시에서의 여러 기능도 맡고 영주와의 교섭도 그들이 맡았다. 따라서 그들은 도시의 행정에 있어서 발언권이 강했다. 수공업 길드는 동일업종마다 조직되기 때문에 **동업조합**이라고도 한다. 동일업종간의 경쟁을 배제하고 생산과 판매를 통제하였다.

봉건제도하에서는 국왕이라 하더라도 명목상의 통일군주에 지나지 않고, 실질적인 권한은 왕령의 범위를 넘지 못하였다. 이런 상태에서 중앙집권과 국토의 통합이 필요하였으며, 이러한 과업 수행의 핵심이 된 것이 왕권이었다. 교황과 싸우면서 중앙집권을 이룩해야만 했고, 국토통합의 경우는 무력이나 평화로운 여러 방법으로 왕권을 확대시켜 나가는 방식으로 진행되었으며 이러한 국토통합의 진행과정에서 주민들 사이에 국민의식이 싹트게 되었다.

교황권의 쇠퇴와 중세문화의 쇠락

교황권의 성장은 민족이동과 서로마 제국의 몰락으로 조성된 혼란과 무질서 상태라는 중세초기의 역사적인 상황과, 지방분권적인 봉건사회의 구조와 깊은 관련을 가지고 있었다. 그렇기 때문에 중세 말에 이르러 봉권사회의 붕괴, 집권적인 통일국가 성장에 따라 교황권은 존립 기반을 상실하면서 세속적인 왕권의 도전을 받을 수밖에 없었고, 그 과정에서 교황권은 쇠퇴의 길을 걷게 되었다.

13세기말 프랑스 **필리프 4세**가 가스코뉴 공령의 쟁탈전에 필요한 전비를 염출하기 위하여 국내 성직자에게 과세하고, 프랑스에서 교황청으로 금전유출을 금지했다. 교황은 이에 맞서 "만일 세속권이 과오를 범하면 영적 권력에 의하여 심판을 받아야 하며, "영적 권력은 위엄이나 고귀함에 있어 어떤 세속권보다 우월하다"고 선언하였다.

이내 필리프 4세는 교황을 습격하여 사로잡았다. 다시 풀어주나 충격과 굴욕으로 곧 교황은 사망하였다. 1305년 새로운 교황으로 크레멘트 5세가 선출됐다. 그는 28명의 추기경을 새로 선출하였는데, 그 중 25명이 프랑스인이었고, 그는 거처를 남불의 **아비뇽**으로 옮겼다. 아비뇽은 프랑스 세력 하에 있던 곳으로, 이 사건으로 교황권은 완전히 프랑스의 지배하에 놓이게 되었다. 이 사건을 아비뇽 유수 또는 '**교황의 바빌론 유수**(1309－1376)'라고 한다.

1377년 교황청은 다시 로마로 돌아가게 되고 로마시민의 압력으로 이탈리아 출신의 **우르반 6세**가 교황으로 선출되나, 곧 추기경들과 대립하게 되어 새로이 프랑스인 교황 클레멘트 7세를 선출하고, 교황청을 아비뇽으로 옮겼다. 이 사건으로 교황청은 로마와 아비뇽으로 갈라지고 이른바 '교회의 대분열'(Great Schism 1378－1417)로 알려진 기독교 세계의 양분현상이 일어나게 되었다. 교회의 대분열의 사태수습 방법으로 두 교황의 퇴위가 결정되고, 새로운 교황이 선출되었으나, 기존의 구 교황이 퇴위를 거부하여 세 사람의 교황이 있게 되는 형세가 되었다.

1414년 **교회의 대분열**을 종식시키고 이단을 억압하며 교회의 개혁을 도모하기 위하여 **콘스탄츠 의회**가 소집됐다. 신앙문제에 있어서의 공의회의 정당성과 권위를 규정하고, 교황도 이에 복종해야 한다는 결정이 채택되고 새로운 교황을 선출함으로써, 교회의 대분열은 종식되었다. 교회의 대분열시에 영국과 독일은 로마를, 프랑스와 에스파냐는 아비뇽을 지지하였으며, 이러한 세속적인 세력의 지지가 교회의 분열을 조장하고 장기화 시켰다. 대립하는 두 교황과 세속군주와 결탁은 교황권의 위엄을 손상시킴은 물론, 교회 전체를 타락시키는 결과를 가져왔다.

중세 문화

14-5세기에는 봉건사회와 중세 문화가 붕괴하고 시들어갔으나, 그 밑바닥에서 새로운 사회와 문화가 움트고 태동하고 있었다. 중세에는 신분제가 매우 강하였다. 그러므로 각 신분은 저마다 별도의 상이한 생활과 문화를 가지고 있었다. 민족이동 후 10세기까지는 유럽문화는 암흑기였다. 11세기 이후 중세문화는 개화하기 시작하고, 상공업과 도시의 발달을 배경으로 12-13세기에 중세문화는 만발하게 되었다.

학문의 부활

11세기 이후 에스파냐의 재정복과 십자군의 결과로 유럽인의 시야는 넓어지고, 선진문화인 사라센 문화와 접촉하게 되었다. 그리고 아리스토텔레스의 전 저작에 접할 기회를 가지게 되어 유럽 학문의 부활에 영향을 주었다. 12세기 후반에는 아리스토텔레스의 저작이 아랍학자들의 주석과 더불어 라틴어로 번역되어 유럽에 소개되었다. 이것은 중세학문의 발달을 크게 자극하였다. 11세기 이후의 상공업과 도시의 발달은 중세학문과 문화발달에 또 다른 자극제였다.

중세대학

12세기 후반부터 13세기 초에 걸친 시기에 학생 또는 교사조합으로부터 출발하였다. 대학의 기원은 기본적으로는 교육을 위한 길드였으며, 이탈리아와 남부에서는 학생길드, 알프스 이북에서는 교사 길드가 형성되었다. 이탈리아 **볼로냐 대학**은 법학으로 유명하며, **파리 대학은** 신학으로 유명하였다.

13세기에서 15세기에 걸쳐 많은 대학이 설립되었다. 모든 대학은 세속 군주나 도시당국, 교회의 지배나 통제로부터 독립하기 위해 장기간 투쟁을 하였다. 대학의 구조면에서의 중요한 발전은 단과대학의 출현이다. 소르본 대학, 머튼대학, 멀리올 대학 등이 가장 오래되었다. 중세대학의 학생은 일단 승적에 속하고 성직자 같이 삭발하였으나 그 언동은 반드시 경건한 것만은 아니었다. 학생신분을 얻기도 쉬웠고, 범죄인이 학생신분을 가장하는 경우도 적지 않았다. 13세기 이후 중세문화의 발전은 대학에 힘입은 바가 크다 하겠다.

스콜라 철학

스콜라 철학은 그것이 주교성당이나 수도원의 부속학교인 스콜라에서 명맥을 유지하고 자라났기 때문에 그렇게 불리며, 기반은 로마시대의 교부철학과 아우구스티누스의 사상이었다. 12세기 후반에 소개된 아리스토텔레스의 철학체계를 수용하면서 그것이 제기한 새로운 도전을 극복하고 스콜라 철학을 대성시킨 학자가 **토마스 아퀴나스**였다. 그는 이성과 신앙의 진리가 있으며, 양자는 서로 대립하거나 모순되는 것은 아니다라고 하였다. 또한 국가가 인간에게 있어 자연스러운 것임을 시인하고 국가권력의 형태도 자연과 인간의 필요에 대한 합리적인 성찰로써 결정될 문제라고 하였다.

문학, 미술, 건축양식, 기타

교회는 처음 모든 상업 활동에 대하여 부정적이었으나 상업과 도시의 발달이 일반화되자 경제 윤리의 초점은 빈민구제와 공정가격, 이자로 압축되었다. 자연과학에 있어서는 아리스토텔레스의 저작을 통해서 점성술과 연금술의 발달을 가져왔다.

상공업과 도시가 발달하기 시작한 1100년경부터 로마법에 대한 관심이 높아지고 로마법이 부활하게 되었다. 12세기에 들어오면서 로마법을 이해하고 이를 존중할 수 있는 사회적 상황의 조성이 로마법 부활의 중요한 계기가 되었다. 1140년경 그라티아누스의 법집령은 교회법에 가장 권위 있는 법령집으로서 널리 이용되게 되었다. 중세에는 교회, 학문, 법률에는 라틴어가 사용되었고, 가정이나 일상생활에는 속어가 사용되었다. 이러한 언어생활의 이중구조로 중세문학 또한 라틴어문학과 속어문학으로 나우어지게 되었다.

중세문학의 주류는 속어문학으로써 **기사문학**이 대표적이다. 베이어울프, 니벨룽겐의 노래 등이 있으며 12세기 남불 지방에서는 사랑의 서정시가 유행하였다. 프랑스에서는 무훈시가 같은 시기에 유행하였다. 중세의 역사 서술은 문학에 관련시켜 서술하고 있다. 인간보다 신이 더 중요했던 시대라 대부분의 사서는 연대기라는 역사기보다 역사의 소재에 지나지 않는 기록들이었다.

중세의 미술은 **교회건축** 중심이었다. 모든 예술 활동이 신의 영광을 나타내고, 집단의 시대였기 때문에 중세 예술가들은 그들의 이름을 밝히지 않았다. 10세기경의 **로마네스크**(Romanesque)와 12세기 이후의 **고딕**(Gothic)**양식**이 있다. 로마네스크식은 천장이 돌로 되었고, 두껍고 튼튼한 벽과 큰 창이 있다. 원형의 아치가 로마네스크양식의 특색이다. 고딕양식은 독자적인 크리스트교 예술을 대표하는 교회건축이었다.

제7장 근대 유럽문화의 시작

14세기경부터 중세봉건사회가 무너지기 시작하고, 중앙집권적 통일국가가 성장함에 따라 교황권은 쇠퇴하고 중세 문화도 쇠퇴하게 되었다. 이러한 봉건사회의 붕괴와 중세문화의 쇠퇴기에 새로운 근대사회와 근대문화가 싹트고 시작하였고, **르네상스, 종교개혁,** 그리고 **지리상의 발견**이 14세기로부터 16세기에 걸쳐 일어났다. 르네상스는 고전고대문예의 부흥을 바탕으로 새로운 근대문화를 창조하려는 문화운동이었고, 종교개혁은 1,000년간 유럽의 문화를 지배해 온 중세교회의 통일에 종지부를 찍음으로써 세속적인 근대적 발전을 촉진시켰고, 지리상의 발견은 유럽세력의 전지구상으로의 팽창과 확대의 계기가 되는 동시에 유럽경제의 비약적인 발전을 초래하였다.

1. 르네상스 시대의 유럽

중세와 근세 사이(14~16세기)에 서유럽 문명사에 나타난 역사 시기와 그 시대에 일어난 문화운동인 르네상스는 학문 또는 예술의 재생·부활이라는 의미를 가지고 있는데, 프랑스어의 renaissance, 이탈리아어의 rina scenza, rinascimento에서 어원을 찾을 수 있다. 고대의 그리스·로마 문화를 이상으로 하여 문화를 부흥시킴으로써 새 문화를 창출해내려는 운동으로, 그 범위는 사상·문학·미술·건축 등 다방면에 걸친 것이었다. 5세기 로마 제국의 몰락과 함께 중세가 시작되었다고 보고 그때부터 르네상스에 이르기까지의 시기를 야만시대, 인간성이 말살된 시대로 파악하고 고대의 부흥을 통하여 이 야만시대를 극복하려는 것을 특징으로 한다.

이 운동은 14세기 후반부터 15세기 전반에 걸쳐 이탈리아에서 시작되었다는 것이 통설인데, 이 운동은 곧 프랑스·독일·영국 등 북유럽 지역에 전파되어 각각 특색 있는 문화를 형성하였으며 근대 유럽문화 태동의 기반이 되었다.

이탈리아의 르네상스

르네상스가 이탈리아에서 발생하여 다른 곳으로까지 파급된 데에는 그럴 만한 역사적 배경이 있다. 이탈리아는 고대 로마 이래 오랜 역사가 축적되어 온 곳일 뿐만 아니라, 지리적 혜택으로 이슬람세계 및 비잔틴과의 접촉을 항상 유지하여, 이들과 서유럽을 연결시키는 소임을 맡아왔다. 특히 11·12세기의 '상업의 부활"과 십자군 운동의 참여를 통하여 도시가 발전하기 시작하였고, 12세기에는 중·북부의 많은 도시가 자치도시로 조직되었다. 이들 자치도시들은 주위의 농촌지대도 지배하여 도시국가의 형태를 취하였다.

또 기존 봉건귀족층과 토지소유자 계층은 농촌에서 도시로 이주하게 되었으며, 이들이 도시의 경제활동과 정치에 참여하게 되었다. 특히 13세기 후반의 경제적 발전기에는 사회계층의 변화도 심하여, 상인의 현실적인 감각이 사회의 모든 면에 침투함으로써 이탈리아 특유의 시민문화의 기반을 형성하였다.

이탈리아는 지리적인 조건과 상업적 교류의 필요에 따라, 이슬람과 비잔틴 문화와의 접촉 가능성이 가장 많았고, 또 실제로 그런 교류가 유지되고 있었다는 사실도 간과해서는 안 된다. 학문의 전통 면에서도 스콜라 철학으로 대표되는 서유럽문화의 중심지인 프랑스와는 달리 그들 나름의 독자적 전통을 보유하고 있었다. 정치적인 측면에서도 이들의 정치는 도시국가의 형태로 운영되었으며, 그리스 · 로마의 고대 문화 역시 도시국가에서 발생·발전한 것이었다.

물론 고대의 도시국가와 이탈리아의 코무네(자치도시)와는 사회적인 기초구조에서 크게 다르지만, 형태 등의 면에는 공통성도 가지고 있었다. 따라서 고대의 법과 정치이론이 코무네에 적용될 가능성은 충분히 있었다. 이와 같이 특수한 사회구조와 독창적인 문화유산을 가지고 있으면서도 비잔틴과 이슬람 문화권과의 접촉을 유지할 수 있었던 것은 이탈리아 코무네가 르네상스운동의 진원지가 될 수 있는 조건을 구비한 것이었다고 할 수 있다.

고대문화에 대한 동경은 중세에도 계속 이어졌다. 샤를마뉴 대제(카롤루스 대제)의 '로마제국 '이나 오토의 '신성로마제국'이라는 명칭도 사실은 고대 로마황제의 후계자가 되고자 하는 그들의 바람을 나타내는 것이다. 그러나 이와 같은 로마의 정통성 계승 의도를 르네상스로 보는 것은 잘못이다. 르네상스의 특징은 고대문화를 이상으로 하여 신문화를 만들어내려는 자각적인 태도로서, 고대가 지난 후 암흑시대가 있었고 이제 새로운 재탄생의 시대가 도래하였다는, 역사의 3분법(고대·중세·근세의 시대구분)에 기초하고 있는 것이다.

따라서 이들 운동의 근거는 고전연구로부터 공급되었다고 볼 수 있다. 이 고전은 수사학·역사·도덕·철학 등의 인문학이며, 이와 같은 연구에 종사하는 사람들을 인문주의자라고 불렀다. 이와 같은 새로운 학문에 **휴마니타스**(Humanitas)라는 이름을 붙인 것은 피렌체의 L.브루니였다. 최초의 인문주의자라고 할 수 있는 시인 F.페트라르카는 리비우스의 역사와 키케로의 도덕철학에 깊은 관심을 보였으며, 텍스트의 발견과 교정에 전력을 쏟았다. 고대인들의 생각과 생활을 바르게 파악하고 다시 그것을 현실에 적용하려는 인문주의의 전통은 **페트라르카**를 출발점으로 하고 있으며, 후세에 큰 영향을 끼쳤다.

14세기 이탈리아에는 또한 새로운 스타일의 회화와 조각이 등장하였는데, 공간과 시간을 다루는 데에 고대의 스타일을 부활시켰으며, **조토**는 이 분야의 선구자로 평가받고 있다. G.바사리에서 볼 수 있는 것과 같이, 고대의 재탄생이란 고대의 모델을 모방하는 것뿐만 아니라, 자연을 관찰하고 모방하는 능력까지를 일컬었다. 법률 분야에도 새로운 기운이 일어났는데, **볼로냐 대학**을 중심으로 부활한 로마법 연구는 **바르톨루스**에 의하여 새로운 체계화가 이루어졌다.

15세기에 들어서면서 **피렌체**를 중심으로 인문주의자들의 활동이 일제히 전개되었다. 피렌체 공화국의 서기장관 **C.살루타티**는 키케로의 서간을 발견하여 고전 시대의 라틴어의 수사법을 처음으로 공문서에 도입한 것으로 유명하다. 그러나 그보다도 더 중요한 것은 소위 '시민적 인문주의(civic humanism)'의 확립에 크게 공헌했다는 사실이다. 그는 어떠한 사람에게도 예속되지 않는 시민의 자유와 그것을 보호하는 공화정을 중요시하였다.

피렌체의 대성당

피렌체의 도시전경

이것은 역사적 맥락에서 이해되었는데, 공화정은 로마의 귀중한 유산이며 그것을 보존하는 일은 피렌체의 책임이라는 것이었다. 로마공화정시대야말로 인간의 가능성이 가장 크게 열린 시대였으나, 카이사르를 비롯한 독재자들이 국민의 자유를 빼앗아 버렸으므로 피렌체의 이상은 로마공화정을 다시 회복시키는 것이라고 믿었다. 이런 생각은 당시의 정치적 상황과도 밀접히 연결되어 있다. 당시 피렌체는 밀라노를 중심으로 북이탈리아를 지배한 비스콘티가(家)로부터 끊임없는 위협을 받았으며, 살루타티는 적 비스콘티를 카이사르에 비유하여 독재자로 규정하고 이로부터의 자유수호를 국민에게 호소하였다.

이와 같은 시민적 인문주의는 역시 서기장관으로 봉직한 살루타티의 후계자 L.브루니 때에 이르러 절정에 달하였다. 그는 저서 ≪피렌체 국민사≫에서 **피렌체**의 자유의 역사는 에트루리아 사람들이 자유도시를 세우기 이전부터 이미 투스카니(Tuscany)의 토양에 깊숙이 뿌리 박혔다고 주장하고, 평등은 정의의 균등한 기회에서 실현되는 것이라고 하였다.

이와는 대조적으로 **밀라노** 쪽의 인문주의자들은 로마공화정 말기의 혼란에 종지부를 찍고 이를 수습한 것은 카이사르라고 찬미하고 비스콘티를 카이사르에 비유함으로써 그들의 치정(治政)을 합리화시켰다. 피렌체와 밀라노 사이에 이와 같은 의견의 차이가 있음에도 불구하고 그들은 공통점을 가지고 있었는데, 정치의 정통성을 고대에서 구하려고 했다는 점이다. 15세기 이탈리아의 현실이 과거에 투영된 결과, 고대문화의 부흥은 단지 학문상의 문제에 머물지 않고 보다 넓은 사회적 의미를 지니기에 이르렀던 것이다.

인문주의자들은 고대의 역사와 학문을 배우고 여기에서 현실에 적용할 수 있는 정치와 도덕의 원리를 구하려고 노력하였다. 그러기 위해서는 고대인의 생각과 생활을 정확히 이해하는 것이 필수적이었는데 그 과정에서 사본을 비교하고 정확한 텍스트를 확정해야 하기 때문에 **언어문헌학**의 발달을 보게 되었다. 인문주의자들에게는 이 방법이 단순히 연구의 보조수단이라기보다 참다운 전체적인 인간성을 추구하여 자기를 자각하려는 본질적인 것이기도 하였다.

이 시기는 미술에도 고전주의적 이상주의가 확립된 시기로서 회화의 마사초, F.안젤리코, 그리고 "**비너스의 탄생**"으로 유명한 S.보티첼리가 있고, 조각에서는 도나텔로가 뛰어났으며, 건축분야에서는 F.브루넬레스키 등이 배출되어 르네상스 미술의 황금시대를 구축하였다.

15세기의 인문주의자들은 현실문제에 적극적인 자세를 취하여 시민으로서의 정치적 활동도 중시하였다. 그러나 15세기말에 이르러서는 이러한 분위기에 변화가 일어나면서 지식인들 사이에 현실도피의 경향이 현저히 나타났다. 이 무렵 이탈리아에서는 고대문화 부활의 기반을 이루고 있던 코무네 체제가 쇠퇴하고 마키아벨리가 "군주론"에서 주장하고 있던 군주국 현상이 발달하였다. 피렌체의 경우 명목상 코무네를 유지하고 있었으나, 1434년 이후 **메디치가**(家)의 지배하에 놓임으로써 시민적 인문주의는 크게 쇠퇴하였다.

당시 이탈리아의 정치판도는 비교적 단순하였는데, 북에는 스포르차가(家)의 지배를 받는 밀라노와 귀족지배의 공화국 베네치아가(家) 있었고, 중부에는 피렌체와 교회국가, 남에는 아라곤가(家)의 나폴리 등 강국 간에 일종의 세력 균형이 성립하였다. 비교적 소규모의 도시에서도 각기 군주국을 형성하고 화려한 궁정생활의 분위기를 가지고 있었다.

이제 공화정의 이상은 실현 불가능한 것으로 보였으며, 지식인은 궁정에 기식하는 궁정문화인이 되거나, 현세를 도피하는 자세를 택하였다. 또, 비잔틴 학자들의 영향이 더해져서 지식인들은 학문연구 중심의 사변적 경향을 띠게 되었다. 1453년 비잔틴제국의 몰락을 전후하여 플레톤이나 베사리온과 같은 다수의 뛰어난 그리스인들이 이탈리아에 와서 그들의 학문, 특히 플라톤 철학을 전하였고, 그 영향으로 C.메디치는 피렌체에 '플라톤 아카데미아'의 창설을 결심하기에 이른다.

그때까지의 시민적 인문주의는 도덕철학·정치학 등에 주된 관심을 두었으나, 15세기 후반에 이르러서는 C.란디노와 같이 명상적인 생활을 중시하게 되었으며, 플라톤 아카데미아의 중심인물인 M.피치노의 학문도 플라톤의 형이상학과 신학을 결합시킨 것이었다. 이상과 같이 15세기말부터 16세기에 걸친 문화는 군주들의 보호 아래 궁정적 성격을 띠게 되었으며, B.카스틸리오네가 쓴 ≪정신론 Il Cortegiano≫은 이상적 인물로서의 궁정인을 묘사하고 있다.

이탈리아 문학도 단순한 고전의 모방으로부터 벗어나려는 현상을 나타냈으며, 중세기사도에 대한 로맨틱한 관심은 귀족적인 서정시의 경향을 띄게 되었고, T.타소와 L.아리스토의 작품이 이를 반영하고 있다. 미술 분야에서도 이와 같은 변화가 뒤따르게 되었는데, 개성과 활력에 넘치는 **레오나르도 다빈치, 라파엘로, 미켈란젤로** 등과 같은 거장이 배출된 뒤로는 차차 **바로크 미술양식**으로의 전환이 눈에 띄게 나타났다.

그러나 이탈리아의 경제적 기반이 쇠퇴함으로써 르네상스에도 변화가 왔다. 오랫동안 동서간의 무역을 독점한 이탈리아 상인들은 외국상인, 특히 절대주의 국가들의 강력한 도전을 받게 되었는데, 영국이나 네덜란드와 같이 국가의 보호를 받는 상인

최후의 만찬

들과의 경쟁은 불가피한 것이었다. 또 에스파냐의 주도 아래 이루어진 신항로의 발견과 동양과의 직접무역은 이탈리아의 경제적 지위를 떨어뜨렸다.

정치적으로도 강대국의 정치적 관여로 이탈리아 내 국가 간의 세력균형과 타국가 간의 관계가 힘에 의해 지배되어 그들의 독립성조차 크게 위협받게 되었다. 1494년 프랑스의 샤를 8세는 샤를마뉴 대제의 꿈을 재현해 보려는 듯 나폴리에 침입하였으나, 그 기도는 실패로 돌아갔다. 그로부터 이탈리아는 에스파냐의 관여와 독일 합스부르크 왕가 및 프랑스 발루아 왕가간의 세력 다툼 속에 끼여 정치적으로 쇠퇴하였다.

신성로마 황제 카를 5세와 프랑스의 프랑수아 1세간에 벌어진 '이탈리아 전쟁'은 1521년부터 1544년까지 네 차례 되풀이되면서 이탈리아의 국토를 유린하였다. 사실상 합스부르크 왕가의 입장에서 볼 때에는 에스파냐와의 연결을 위해서도 이탈리아의 지배는 매우 중시되었다. 후기 르네상스 문화의 중심지였던 로마가 1527년 황제군에 의하여 약탈당하면서 많은 문화재가 파괴되었는데, 일반적으로 이 시점을 이탈리아 르네상스의 종말로 보고 있다.

모나리자

아테네의 아카데미

미켈란제로의 천지창조

18세기 계몽주의 시대가 등장함과 동시에 학문 부활에 대한 관심이 크게 높아갔다. 19세기 초에 이르러서는 고전부활이 서구문명에 긍정적이고 창조적인 기여를 했다는 사상이 팽배하게 되었다. 이와 같은 사상 속에서 지적이고 문화적인 관심은 그들 각자의 분야에 따라 이탈리아와 자기 분야와의 관계 탐구에 쏠리게 되었다. J.러스킨과 같은 비평가와 더불어 르네상스라는 용어가 보편화하기 시작하였고, 휴머니즘이라는 말도 고전 스타일의 범주를 넘어선 지적 운동을 가리켜 사용하게 되었다.

이러한 경향은 1855년 J.미슐레가 그의 ≪프랑스사≫의 제7권을 '르네상스'라고 이름을 붙였을 때 그 절정에 달한 감이 있다. 사실 이 책에서 미슐레는 르네상스에 대한 근대적 사상을 거의 모두 다루었다고 볼 수 있다. 그는 그 시대를 중세와 정반대되는 시대로 묘사하고, 그 시대의 정신을 '세계의 발견과 인간의 발견'이라고 보고 있다. 그러나 그의 르네상스관(觀)은 프랑스 중심적인 데에 문제가 있으며, 아마 이러한 경향은 당시 민족주의가 팽배했던 시대적 배경이 가져온 불가피한 결과인지도 모른다.

보다 보수적이며 초연한 입장에 서려고 노력했던 스위스 문명사가 **부르크하르트**는 미슐레와 같은 민족주의 성향이나 중세에 대한 노골적인 반감은 가지고 있지 않았다. 부르크하르트의 르네상스관은 이탈리아적인 것으로서 중세적인 것도 아니며, 그렇다고 단순히 근대의 시작이라고만 볼 수도 없는 하나의 구분된 시대, 즉 14세기부터 16세기에 걸쳐 일어났던 '그 자신의 어머니를 가진' 문화시기로 보았던 것이다. 그는 주로 새로운 문명의 정신적인 특성에 관심을 가지고 있었지만, 동시에 새로이 배태된 정신과 이탈리아인의 사회·정치적인 경험을 밀접하게 관련시켜 보려고 하였다. 즉, 14세기의 시작과 함께 생성된 이탈리아의 정치적 경험은 새로운 정신의 발달을 가져오게 하는 조건이 되었다는 것이다. 교황과 황제 간에 진행되었던 오랜 갈등이 이 무렵 막바지에 이르렀고, 이러한 장기간의 투쟁은 양편을 기진맥진하게 만들었기 때문에 이탈리아는 새로운 상황에 놓이게 되었다고 보고 있다.

당시 유럽의 어느 곳에서나 봉건주의는 중앙집권적 군주국으로 바뀌어 가고 있었고 이탈리아도 예외는 아니어서, 앞서 언급한 것과 같은 정치적 변화를 겪게 되었다. 공화국이든 군주국이든 간에 이들 국가들의 특징은 '개인주의'에 있다고 지적하고 있다. 그래서 이러한 개인주의는 바로 세계와 인간의 발견을 가능하게 했다는 것이다. 이러한 새로운 정신의 발현에 중대한 소임을 담당한 것이 **인문주의자**라고 지적하고 있다.

부르크하르트의 르네상스 개념은 이후 엄청난 양의 연구를 촉진·자극하였고, 수많은 논쟁의 근거가 되었다. 일부 저명한 학자들은 부르크하르트의 견해에는 부분적으로 과장과 잘못이 있지만, 기본적으로는 그의 해석을 벗어날 수 없다고 인정하고 있다. 또 다른 학자들은 물론 부르크하르트의 입장을 부분적으로 받아들이지만 중요한 몇 가지는 수정되어야 한다고 주장한다.

또 어떤 학자들은 부르크하르트의 르네상스 사상에는 동의한다고 할지라도 이탈리아 중심적인 그의 주장과는 달리 유럽의 다른 지역, 프랑스나 독일, 그리고 북부 제국의 르네상스도 이탈리아의 그것과 평행하게 전개되었다고 주장하고 있다. 사회경제사의 등장은 사회를 보는 새로운 방법을 제시하였고, 르네상스 사가(史家)들에게 새로운 해석으로 도전해 왔다. 도시사회와 자본주의가 고대에 기원을 둔 것이 아니라, 중세에 연원을 두고 있다고 하는 이들의 주장은 부르크하르트의 르네상스관에 대한 재해석을 불가피하게 하였다.

그들 중의 한 사람인 사포리는 서유럽의 결정적인 르네상스는 11세기 십자군의 출현과 함께 시작되었다고 선언하였다. 그에 따르면 12세기에 이탈리아에 새로운 사회가 등장했는데, 이때는 도시중심, 상업자본주의, 자치적인 도시국가, 대중의 새로운 문화의 출현으로 특징짓는 시대이다. 레인 또한 르네상스가 12세기부터 16세기에 걸쳐 일어났다고 하는 페거슨의 시대 구분에 동의하고 있다.

이와 같은 관점에서 볼 때 르네상스는 재생이나 시작의 국면으로 볼 것이 아니라, 중세의 말기적 현상으로 보아야 한다는 추론에 이르게 된다. 이러한 주장이 부르크하르트적인 해석을 앞지를 것인 지의 여부는 아직 예견할 수 없으나, 분명한 것은 어느 쪽이든 르네상스가 하나의 뚜렷한 구획이 되는 역사적 시대 구분 용어로 자리를 굳히고 있다는 사실이다.

르네상스의 영향

유럽에서는 14세기경부터 봉건 체제가 무너지고 신 중심의 교회 문화가 쇠퇴하는 가운데, 새로이 근대 사회와 근대 문화가 나타나기 시작하였다. 그러한 근대 사회와 근대 문화의 태동은 르네상스, 유럽 세계의 확대, 그리고 **종교개혁** 등으로부터 시작되고 또한 표출되었다.

이탈리아의 도시 국가들에서 시작되어 알프스 이북의 북서 유럽으로 확대되어 나간 르네상스 인문주의 운동은 고대 그리스·로마 문화의 부활을 발판으로 하여 새로운 인간주의적이고 세속적인 문화의 창조를 지향하는 운동이었다. 르네상스 운동은 정치, 신, 윤리, 미 등에 대한 유럽인들의 감각과 사고에 커다란 변화를 초래하였으며 비판적인 시각과 가치관을 육성해 주었다. 고전 문헌 속에 들어 있던 인간주의 정신과 제반 과학적 발견은 가톨릭교회의 전통적인 가치관과 우주관에 회의를 불러 일으켰고, 궁극적으로 그것을 와해시키고 새로운 근대정신과 문화를 일으키게 되었다.

르네상스와 종교개혁

르네상스의 정신은 자유와 개성의 존중이다. 르네상스는 14세기경 이탈리아에서 시작되었다. 그리스·로마 문화를 다시 부활하는 운동이었고, 인간적인 근대 문화를 창조하는 시발점이 되었다. 이탈리아는 도시들이 번창하고 시민 계층이 이미 성장해 있었으며 로마·비잔틴·이슬람 문화가 살아 숨 쉬는 곳이었다. 그래서 이탈리아가 새로운 문화 기운의 중심에 서게 된다. 이탈리아에서 시작된 르네상스가 16세기 이후 알프스 이북으로 빠른 속도로 퍼져 나갔다.

2. 유럽의 대외 팽창과 신항해 시대

유럽의 대외·경제적 팽창

15세기말에서 16세기 초의 시기는 서양의 역사에 있어서 이른바 '**지리상 발견**'의 시대 또는 **대항해 시대**라고 불리고 있다. 이 시대에는 시민 계급의 경제적 요구, 새로운 국민 국가의 발전의 의욕, 그리고 새로운 과학과 기술의 발전을 토대로 한 해외 탐험과 모험을 통하여 새로운 동양 무역로와 신대륙이 발견되었다.

이러한 유럽 세계의 팽창을 통하여 유럽 사회는 커다란 변화를 겪게 되었는데, 특히 경제적으로 큰 변혁을 이루게 되어 '**상업혁명**'으로 표현되는 유럽 경제의 비약적인 발전을 초래하였다. 또한 종래 유럽에만 국한되었던 유럽인들의 활동이 아프리카 아시아 아메리카에로 확대되었고, 그 반면에 이들 지역의 비유럽 문명과 사회들은 유럽 문명의 거센 물결에 크게 시달림을 받게 되었다. 그리고 이 과정에서 진정한 의미의 세계사가 비로소 시작되었다.

대체로 15세기 이전까지는 동양이 서양보다 우위에 있었다고 평가된다. 서양이 동양을 앞서게 된 계기는 다름 아닌 그들의 대외·경제적 팽창이었다. 서양인들은 봉건 위기의 돌파구를 대외 진출에서 찾았다. 르네상스가 근대의 정신적·내면적 발전의 제일보였다면 지리상의 발견은 근대를 받들어 나갈 세계권의 외면적 확대였다. 정치적으로 중앙집권화에 성공한 각국의 군주들은 경제적인 통제권도 아울러 장악하게 되었고 이제 실력에 의한 국토확장이라는 길로 그 여력을 배출할 수 있는 능력을 갖추게 되었다. 따라서 중앙집권화하지 못한 이탈리아는 탐험을 위한 여력이 없이 마침내 제2선으로 물러나고 이에 대신하여 포르투갈과 스페인이 새로운 활동 무대의 주역을 맡게 되었다.

그러나 이것은 비록 정치·사회적 여건이 모두 갖추어져 있었다고 하여 결코 우발적으로 일어날 수 있는 사건은 아니었다. 십자군 및 몽고의 서정 이후에 나타난 동서의 빈번한 교류, 이에 따라 **마르코 폴로**(Marco Polo, 1254－1323)의 **동방견문록**이 서양인에게 미친 동양에 대한 호기심과 자극, 항로 발견에 소용되는 과학 기술의 발달 등 세계 진출의 잠재적 내지 예비적인 요인이 충분히 마련되어 있었다. 또한 **오스만 터키족**이 일어나 종래의 소아시아, 시리아 경유의 동방과의 육로무역이 불가능하게 된 것이 직접 계기가 되어 항로 발견의 필연성이 나타나게 되었다.

그러나 오스만 터키의 육로 차단이 항로 개척의 직접 동인이라는 점에 대해서는,

그들의 육로 차단 이전에도 항로를 발견하려는 움직임이 얼마든지 있었다는 점에서 비판을 받고 있다. 하지만 당시 유럽인들은 전설에 프레스터 존(Prester John)이 통치하는 기독교 국가가 어딘가 동양 땅에 있다고 믿었고, 이슬람세계를 협공하기 위해서 그 나라와의 연합이 불가피하다는 종교적 동인이 추가되었던 것만은 사실이다.

마르코 폴로

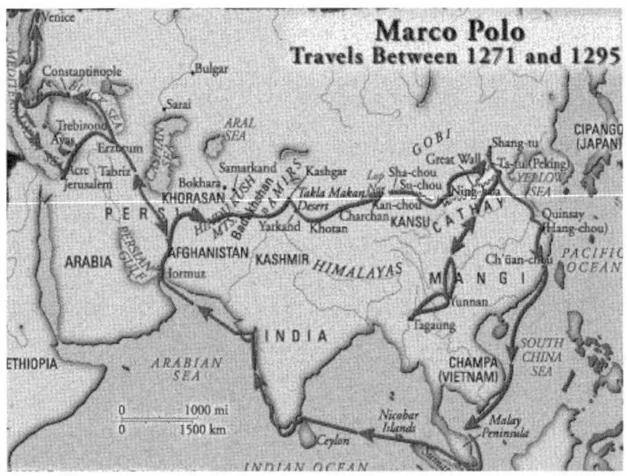

마르코 폴로의 여행로

1453년 이슬람에 의한 콘스탄티노플의 함락은 기독교 문명에 종말을 고하는 것으로 생각할 수도 있다. 동유럽이 사실 더 이상 이교 세력을 막아내지 못하고 수세에 몰려있을 때 서유럽에서는 그 기독교 문명 세력의 범위를 미지의 땅으로 넓히려 하고 있었다. 먼저 당시 서양인은 미지의 땅에서 기독교인을 찾아 동맹을 맺고 이슬람이라는 거대 이교도 세력을 협공하려 했다는 것이다. 비록 기독교인들이 없더라도 서양인들은 그곳에 복음을 전파하겠다는 종교적 목적도 갖고 있었다.

그러나 보다 근본적인 요인은 무엇보다도 경제적 필요성이었다. 그것은 포르투갈과 에스파냐의 경우에서 확인할 수 있다. 이들 국가는 기존의 지중해 세계에서는 변두리 지역이었다. 그래서 그들은 동방과의 직접 교역을 통해 아랍 상인이나 이탈리아 상인의 독점을 피해 막대한 경제적 이득을 올릴 수 있기를 바랐다. 특히, 당시 동방과의 주요 무역품인 향료의 경우, 그 산지에서 물건만 구해 올 수 있으면 엄청난 경제적 이윤을 확보할 수 있었다.

유럽의 대외 팽창에 있어서 기술적인 문제와 방대한 항해를 지원해줄 만한 중앙 집권의 왕조를 빼놓을 수 없다. **르네상스의 3대 발명**(화약, 나침반 그리고 활자) 등을 통해 한 차원 높은 항해 기술이 개발되었다. 거기에 새 항로 탐색과 발견에 필요한 막대한 비용을 후원해 줄 강력한 중앙집권의왕조가 있었던 것이다.

포르투갈은 에스파냐와 함께 대서양에 위치한 국가였다. 포르투갈은 항해 왕 헨리(1394－1466)에 의한 항해 장려 정책에 따라 1486년에 이미 **디아즈**(1455－1500)가 희망봉을 발견했고, 이어 1498년 **바스코 다 가마**(1469－1524)는 이를 토대로 하여 인도의 캘리컷(Calicutt)에 도달했다. 오랜 동안에 걸쳐 희망하여 온 동방과의 직접 무역로가 열리게 되었고 이제 매력 있고도 수지맞는 동양의 향료와 비단이 뱃짐으로 실려 오게 되었다. 이후 포르투갈 사람들은 신항로를 이용하여 인도 무역을 독점함으로써 막대한 이익을 올렸으며 포르투갈의 수도 리스본은 일약 유럽의 대무역항으로서 등장하게 되었다.

이 무렵 신대륙에의 항로 개척도 에스파냐의 이사벨라 여왕에 의하여 진행되고 있었다. **토스카넬리**의 지구 구체설을 믿고 마르코 폴로의 동방견문록을 읽은 **콜럼부스**(1446－1506)는 일본의 소재에 흥미를 가지고 여기에 도달하려고 시도했다. 지구는 둥글기 때문에 동으로 가서 멀다면 반대로 서회하는 것이 첩경일 것이라고 확신한 그는 아메리카 신대륙을 끝까지 인도의 서쪽이라고 믿었고 그 원주민을 '**인디언**'이라고 생각했다.

콜럼부스

콜럼부스의 항해

콜럼부스가 첫 번째 항해에서 돌아온 후 에스파냐의 요청도 있고 또한 포르투갈과의 분쟁의 염려도 있어 교황 알렉산더 2세는 베르데 제도의 서방 약 500㎞ 해상에 가상 경계선을 설정하고, 이후 발견되는 육지를 경계선의 서쪽은 에스파냐, 동쪽은 포르투갈의 영토로 정했다. 이에 포르투갈은 구태여 반대할 필요를 느끼지 않았으나, 경계선을 1,300㎞ 가량 더 서쪽으로 이동시킬 것을 요청했다. 그것이 합의가 되어 **토르데실라스**(Tordesillas) **조약**으로 나타난 것이다(1494). 그것이 브라질(Brazil)이 포르투갈의 식민지가 될 것이라고는 당시에는 아무도 생각할 수 없었다.

그 후 **아메리고 베스푸치**(Amerigo Vespucci, 1451－1512)는 브라질 해안을 탐험하고 대륙의 지리를 상세히 서술했다. 그 결과 그곳이 인도와 다른 신대륙임을 밝혀졌고 그의 이름을 따서 **아메리카**라 불려지게 되었다.

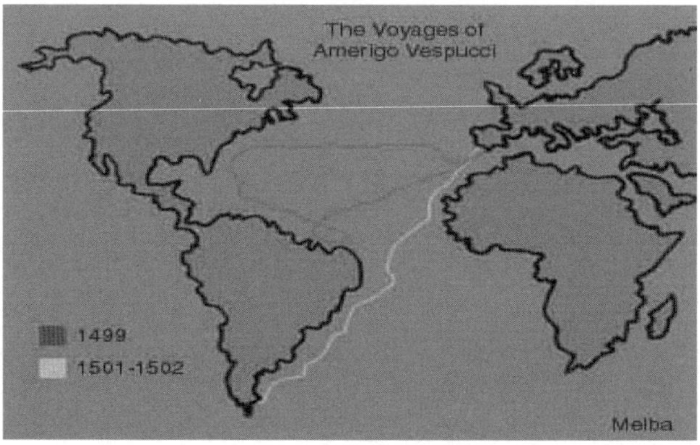

아메리고 베스푸치의 항해

또 에스파냐의 사령관 **발보아**(Balboa)는 1513년 파나마 지협 부근에서 태평양을 멀리 바라보게 되었고, 그것이 태평양을 발견한 시초였다. 이어서 포르투갈인 **마젤란**(Magellan, 1480－1521)은 에스파냐 왕명에 의하여 1519년 대서양을 횡단하고 남미 대륙의 남단(마젤란해협)을 거쳐 고요한 대양에 나왔다.[7] 그는 아메리카 대륙의 동안(東岸)을 따라 남하하여 남미의 최남단을 최초로 통과하여 **마젤란 해협**이라는 이름을

7) 미젤란(Magellan)의 선상생활: 1520년 11월 28일 수요일, 우리는 해협을 통과하여 태평양으로 진입했다. 우리는 석 달하고도 20일 동안 신선한 음식이라곤 전혀 입에 대지 못했으며 바구미가 들 끓고 역한 쥐 오줌 냄새를 풍기는 먼지덩이에지나지 않는 비스킷을 먹고 있다. 이미 오래 전부터 썩어서 노릇하게 된 물을 마신다. 또 우리는 돛대 줄을 보호하기 위해서 주항(主桁)의 끝 부분에 씌워 놓은 소가죽도 일부 먹어치웠다. 그러나 그 가죽들은 햇볕과 비바람으로 인해서 너무나 딱딱해져 있었기 때문에 그것들을 4－5일 동안 바닷물에 담가서 부드럽게 하지 않으면 안되었다. 그리고 나서 그것들을 잠시 약한 불 위에 놓아두었다가 먹었던 것이다. 우리는 종종 나무 톱밥도 마찬가지 방법으로 먹곤 했다. 사람들은 한 마리 당 반 뒤카(ducat)를 받고 쥐를 팔기도 했는데, 쥐를 찾아낸 경우는 거의 없었다.

마젤란

남겼으며, **발보아**(Balboa)가 발견한 대양을 횡단한 최초의 인물이었다. 이것이 곧 '태평양'이요, 비록 그가 필리핀에서 피살되었지만 그 섬을 에스파냐 왕 **필립**에게 바친다는 의미에서 '**필리핀**'이라 명명하였다. 그리하여 그는 이 바다를 **태평양**(Pacific Ocean)이라고 명명하고 1521년에는 태평양을 횡단하여 필리핀 군도에 도달했다. 여기에서 그는 토인들과 싸워 전사했다. 그의 부하들은 몰루카 제도, 인도양, 희망봉을 거쳐 무사히 본국에 귀환했다. 그 결과 지구 구체설이 입증되었다. 출발 시의 5척의 배와 280명의 일행은 끝에는 1척의 배와 단 31명으로 줄었다고 한다.

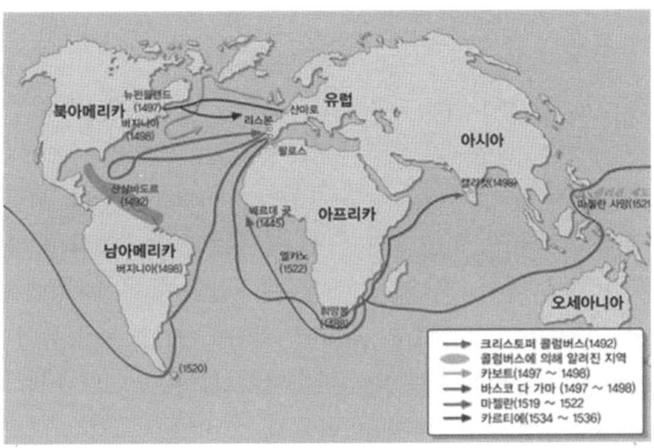

마젤란의 항해도

포르투갈이 동방에 주력한 데 반해 에스파냐는 아메리카를 활동의 무대로 삼았다. 1521년 **콜테스**(Cortez, 1485 – 1547)는 **멕시코**를 정복했다. 피사로(Pizaro, 1475 – 1541)는 **페루**의 **잉카**(Inca)**제국**을 점령했다(1532). 그 후 에스파냐는 동양 방면에도 경영의 손을 뻗치어 마젤란이 발견한 필리핀 제도를 점령하고(1571) 마닐라(Manila)를 근거지로 하여 포르투갈인들과 대항했다.

3. 유럽 세계의 변화

유럽인의 세계 진출과 더불어 세계사에는 새로운 또 하나의 단계가 열리게 되었다. 이제 세계는 하나가 되었고 어느 세계든, 고립하여 살기가 어렵게 되었으며, 동시에 서양 세력이 동양으로 침투하는 계기가 열리게 되었다. 이른바 세계사적 세계의 성립을 이룩하여 놓았던 것이다.

이에 대해서 시야를 좁혀 놓고 볼 때에도 상업 활동의 중심 무대가 지중해로부터 대서양으로 옮겨진 데 우선 다시 한 번 주목된다. 발트해 및 지중해 무역을 장악하고 있던 **한자**(Hansa)**동맹** 및 이탈리아의 여러 도시가 쇠퇴하는 반면 이베리아 반도 및 대서양 연안의 여러 지방이 번영하였다. 경주에 비유하면 가장 후미를 달리던 대서양 연안의 제국이 뒤로 돌아 뛰게 되면서 맨 앞장에 서게 된 격이었다.

그러나 한때 유럽의 수도로서 그 번영을 자랑하던 포르투갈의 우세에도 한계가 있었다. 생산의 기반이 없던 포르투갈로서는 남독의 은만이 동양의 향료와 교환될 수 있는 전부였기 때문이었다. 본국 산업과 결합되어지지 않은 이 같은 중계 무역에 의하여 들어오는 부는 불안정한 것이었다.

이에 대하여 당초에는 아무 소득도 얻지 못하였던 에스파냐의 경우 문제는 판이하였다. 에스파냐인은 멕시코와 페루의 은광 개발을 통해 1520년대부터는 막대한 양의 금은을 유럽에로 유입시켰고 종래 은의 생산으로 번영하였던 남부 독일을 여지없이 압도하면서 유럽제국의 물가를 폭등시켰다. 이것이 이른바 **가격혁명**으로서 유럽의 경제 사정에 일대 변혁을 가져온 것이다.

상업자본의 증대와 구매력의 증강에 따라 소위 **상업혁명**이 야기되었다. 르네상스와 종교개혁이 근대의 지적 종교적 변혁 운동이라 한다면 상업 혁명은 근대의 경제 구조적 변혁 운동이라 말할 수 있다. 그것의 영향은 대체로 다음과 같이 요약될 수 있다.

첫째, **자본주의**의 발생을 들 수 있다. 자본주의가 생산과 분배, 교환 수단을 통하여 사유 재산의 이윤을 추구하는 제도라고 한다면 자본주의의 바탕이 되는 중요한 기초들이 상업혁명을 통하여 이미 이루어졌던 것이다. 둘째, 은행업의 발달을 들 수 있다. 셋째, 신용 제도의 확장을 들 수 있다. 어음 거래, 국가간 청산 거래, 금은 대신 수표 사용 등이 이탈리아인들에 의해 도입되었으며 점차 북유럽에도 파급되었다. 넷째, 생산 방법의 근본적인 변화와 가내 공업의 발달을 들 수 있다. 중세

관장(官匠)에 의해 배타적이며 이기적으로 독점되던 수공업자 길드가 무너지고 새로운 산업이 길드 밖에서 서서히 일어나고 있었다. 마지막으로 통제회사와 합자회사(the joint-stock company)의 발달을 들 수 있다.

한편 새로운 물품의 구입은 유럽인들의 생활을 크게 변화시켰다. **옥수수**와 **감자**와 같은 새로운 곡물이 유입되면서 식생활이 변화되었을 뿐만 아니라, 달콤한 과자와 함께 하는 오후의 **커피 브레이크**, 또는 **티 타임**의 문화는 이 시기로부터 비롯했다. 여기저기 커피 하우스에서 사람들은 차를 마시고 **담배**를 피우면서 담소를 즐겼으며, 이는 지적 활동을 크게 촉진시켰다. 또는 **면**이 유입되어 유럽인들의 의생활은 더욱 풍요롭고 편리해졌으며, 면직 공업의 발달은 모직물 중심이었던 유럽 생산업의 판도를 변화시킴으로써, 궁극적으로 산업혁명에 이르는 길을 열었다.

4. 종교 개혁

지적인 요인

르네상스는 유럽의 지적인 생활에 근본적인 변화를 가져오게 했다. 고대 문학에로의 복귀, 개인주의적 각성, 지리상의 발견에 따라 동서 문화의 교류, 봉건제도의 붕괴에 뒤따른 상업인구의 격증, 스콜라 철학의 퇴조와 함께 득세한 육감주의의 득세, 이 모든 것들이 중세의 사상적 기초를 흔들었다. 북유럽에서는 인문주의가 대학가를 휩쓸었다. 르네상스에 뒤따른 새로운 학문 열은 교부신학과 성서의 원어인 히브리어와 헬라어 연구의 열기를 자극했고 **종교개혁**의 사상적 배경을 제공하여 주었다. 중세의 긴 지적인 통제는 성서적 인문주의의 세찬 도전을 받기에 이르렀다.

사회적 요인

십자군 원정 이후 봉건 사회가 점차 무너지면서 상업의 발달로 농업경제가 상업경제로 옮겨지는 과정에서 사회의 구조에 변화가 생겼다. 국가주의의 등장으로 스페인과 프랑스에서는 교회가 국가의 지배아래 들어오게 되고 '교황청의 바벨론 포로'로 인한 교황 위신의 실추는 교회개혁을 부채질했다. 교회가 부과하는 세금과 교황청의 사치는 백성들의 원망을 사게 했고 **루터**가 개혁의 봉화를 들자 독일의 농민들은 일제히 봉기했다.

십자군 운동의 결과로 동방의 사치품이 수입되고 서방사회는 사치풍조에 휩쓸리게 되었고 사제주의의 횡포로 하나님께 직접적인 교제가 단절된 무리들은 영적인 해갈을 위하여 현실 도피적 신비주의에 휩싸이게 되었다. 이렇듯 교회와 백성사이에 생겨진 괴리에 새로운 개혁의 가교를 누군가가 놓아야 만했다.

도덕적 요인

만일 루터가 **속죄부 판매**를 비판하지 않았다면 종교개혁은 늦어 졌을지 모를 일이다. 교회가 신령한 축복을 돈 받고 파는 장사를 하면서도 그것을 합리화시키려 할 때 루터의 반발을 불러 일으켰다. 그 외에도 **성직매매**가 성행했다. 그리고 신부의 문란한 생활과 사회의 지탄을 받는 생활을 했다. 이러한 도덕적 타락은 일부 주교들이 교회개혁을 교황 바울 3세에게 정식으로 건의하기에 이르기까지 했다.

경 과

16세기 독일에서 가톨릭 교회의 수사이며 신학자였던 **루터**가 **면죄부 판매**를 비난하며 95개 조의 **반박문**을 발표하여 종교개혁 방아쇠를 당겼다(1517). 신성로마제국의 황제 카를 5세는 **보름스 국회**를 소집하여 루터에게 반박문의 주장을 철회하라고 했으나 루터는 단호하게 거부하고 피신하여 신약성경을 독일어로 번역하여 일반인들도 쉽게 성경을 읽도록 하였다.

보름스국회 황제 앞에서의 루터

면제부의 판매

루터를 지지하는 독일의 일부 농민들이 **농민의 난**(1524)을 일으켜 농노제와 교회세의 폐지를 주장했다. 루터파의 제후들과 자유도시들은 **슈말칼덴 동맹**을 맺고(1531)

황제 카를 5세와 전쟁을 하였다. 드디어 1555년 루터파 교회가 정식으로 인정받고 **프로테스탄트 교회**가 성립되었다. **루터파**는 주로 북부 독일을 중심으로 덴마크, 스웨덴, 노르웨이로 퍼져나갔다.

독일에서 일기 시작한 개혁의 움직임은 스위스를 거쳐서 프랑스와 영국, 그리고 북부지방에 이르기까지 전 유럽으로 번져나갔으며, 16세기 내내 유럽은 대변혁을 맞이하였다. 이 사이에 국가는 점차적으로 교회의 억압으로부터 서서히 벗어나기 시작했으며, 문예부흥과 더불어서 지금까지의 신본주의에서 인본주의로 변화하였으며, 신학의 시녀로서 빛을 보지 못했던 철학이 과학적인 방법의 도입과 더불어서 독자적인 길을 걸어가기 시작했다. 그리고 자연과학의 발달과 더불어서 무조건적인 신앙의 강요가 호소력을 잃어가고 있었다. 신대륙의 발견으로 교회의 확장과 박해받던 유럽의 개신교들에게 탈출의 기회가 마련되었으며, 지금까지 억압받던 노동자와 농민들이 제 몫을 찾기 위해서 조용한 시위를 일으키는 등 사회전반에 걸친 새로운 양상의 변화가 일어났었다.

칼뱅의 종교개혁

루터의 개혁 운동에 자극을 받아 유럽 각국에서는 교회 개혁 운동이 일어났다. 스위스에서는 루터와 거의 때를 같이 하여 **쯔빙글리**(Zwingli, 1484–1531)가 개혁 운동을 일으켰는데, 에라스무스[8] 사상에 크게 영향을 받은 그는 스위스 북부의 여러 지역에 개혁 교회를 세웠다. 그러나 가톨릭교의 세력이 강한 중부 지방에서는 쯔빙글리에 반대하여 1529년 양 세력 사이에 전쟁이 일어났다. 쯔빙글리는 이 전쟁 중에 전사하였으며, 이후 개혁 교회의 세력은 침체하였다. 스위스에서의 개혁 운동은 그 뒤 **칼뱅**(1509–1564)에 의하여 수행되었다.

칼뱅의 교리는 루터의 그것에 비하여 신비주의 경향이 강했다. 1536년에 칼뱅은

---

8) 로테르담 출생. 1495년부터 파리대학에서 신학을 연구하였고, 여러 저술에서 가톨릭 교회 제도에 대하여 신랄한 비판을 했다. ≪우신예찬(愚神禮讚)≫(1511)에서, 철학자·신학자의 공허한 논의, 성직자의 위선 등에 대한 날카로운 풍자가 서술되었다. 그는 교회의 타락을 준열하게 비판하고, 성서의 복음 정신으로의 복귀를 역설하였으므로 제자들 중에서 많은 종교개혁자가 나왔다. 에라스무스는 가톨릭 교회에 대한 비판은 할지언정 이것에 반역하는 것은 좋아하지 않았다. 루터의 과격한 종교개혁에는 동의하지 않았고, 루터의 동참요구를 거부하였다. 에라스무스의 영향은 전 유럽에 미쳤는데, 세계주의적 정신의 소유자로서 근대자유주의의 선구자이며, 특히 프랑스의 16세기의 문화사상사에 미친 영향은 뚜렷하다. 저서에는 주로 라틴어로 쓴 신학적인 것이 많으나 문학작품으로 현재까지도 유럽의 사려 깊은 사람들의 마음의 양식이 되는 ≪격언집(格言集)Adagia≫(1500) ≪우신예찬≫(1511) ≪대화집(對話集) Colloquia≫(1518) 등을 들 수 있다.

제네바로 들어가 그곳에서 종교 개혁을 단행하고, 죽을 때까지 **제네바**를 종교적으로 지배하였다. 그의 지배는 일종의 신정정치였으며, 축제와 오락적인 모임을 금지하고 극장도 폐쇄하는 등, 시민들에게 매우 엄격한 금욕적인 생활이 강요되었다.

그러나 칼뱅의 명성은 전 유럽에 퍼져 각처로부터 그에게서 배우고자 하는 숭배자들이 모여들어 칼뱅은 '프로테스탄티즘의 교황'이라고까지 칭해졌다. 칼뱅의 교리 중 가장 핵심적인 것은 **예정설**(Predestination)[9]이다. 그에 의하면 인간은 죄악으로 타락하여 모든 정신적 선과 구제를 초래할 수 있는 것에 대한 의지 능력을 완전히 상실하였으며, 신은 스스로의 영광을 나타내기 위하여 그 결의로써 어떤 사람들을 영원의 생명으로 예정하고, 다른 사람들은 영원의 죽음으로 예정하였다는 것이다. 이는 어떤 의미에서 무서운 교리이다.

그러나 이 교리는 그것을 받아들인 사람에게 역사상 보기 드문 영웅적 행동을 할 수 있는 힘을 주고, 그들의 교회를 '전투적인 교회'로 만들었다. 예정설을 받아들인 칼뱅 교도들은 구제의 확신과 더불어 신에 의하여 선택되었다는 선민의식을 가지고 신의 영광을 이 지상에 나타내기 위하여 현세로 향하였기 때문이다.

이제 그들에게 있어 세속적 직업은 단순히 신으로부터 주어진 것으로서, 각자 그 신분에 따라 의무를 이행해야 한다는 다분히 중세적인 루터의 직업관과는 달리, 신에게 구제를 받았다는 '**확신의 표지**' 또는 악마와 나날이 싸우면서 신의 영광을 나타낼 '**신앙의 싸움터**'라는 매우 적극적인 의미를 가지게 되었다. 그리하여 칼뱅 교도들은 근면하게 직업 노동에 종사할 것이며, 이를 위하여 모든 사치와 낭비를 배격하고, 그들의 생활 전체를 합리적으로 조직할 것이 권고되었다. 뿐만 아니라 그 결과로써 초래되는 재화의 축적이 적극적으로 긍정되고 축적된 재화는 절약으로 자본을 형성하고, 금욕적인 소비 억제로 재생산에 투입되어 생산력의 확대를 초래하게 되었다.

---

9) … 일찍이 신께서는 당신의 영원불변한 섭리를 통해서 구제해 주시고자 하는 자들과 파멸에 빠뜨리시고자 하는 자들을 결정하였다. 선택된 자들에게 이와 같은 섭리는 인간의 자질과는 아무런 관계가 없는 신의 자비에 근거한 것이며, 또 반대로 신께서 지옥에 떨어뜨리시려고 하는 모든 자들에게는 생명으로 나아가는 길이 막혀 있음을 뜻하는 바이다. 이 모든 것은 은밀하고 알 수 없는 신의 심판에 의해서 이루어지며, 그럼에도 불구하고 그것은 정당하고도 공평하다.… 신께서 예정해 놓은 것을 뒤집기 위해서 몇몇이 만든 몽상을 나는 여기서 버리려고 한다.… 왜냐 하면 많은 사람들은 신께서 각자의 덕행이 장차 어떠할 것인가를 예지하시고 그에 따라 인간들 가운데에서 이 사람 또는 저 사람을 선택하신다고 생각하고 있기 때문이다. 이렇듯 신께서는 당신의 은총을 입을 만한 자격이 있는 자들을 선택하는 것이며, 필시 악행과 불경으로 기울어질 것임을 당신께서 미리 알고 계신 자들에게는 단죄를 내리시는 것이다.

종교개혁을 이룬 칼뱅의 초상화

칼뱅은 **직업소명설**을 주장하여 자본주의 발전에 기여했다. 또한, 이윤추구는 당연한 것으로 정당화시켜 자본주의 발전에 기여했고, 또한, 금욕, 근면한 절제된 생활, 노동의 가치를 중시하여 이렇게 축적된 것을 생산에 투여하여 생산을 증대시켜 이윤을 추구하는 것을 정당화하였다.

이상은 막스 베버(Max Weber, 1864－1920)가 그의 유명한 『**프로테스탄트의 윤리와 자본주의의 정신**』에서 주장한 내용의 요지이며, 그의 주장에 대하여 오늘날까지 찬부양론이 있다. 그러나 칼뱅주의가 재화의 축적과 합법적 이윤의 추구를 적극적으로 긍정하고, 이를 위한 금욕적인 생활 윤리 형성의 주된 원천이 되었으며, 그러한 생활 윤리가 당시 향상의 길을 걷고 있던 생산적인 **중산계급**에게 널리 받아들여진 것은 사실이다.

그리고 공격을 받은 가톨릭 내부에서는 조용하게 자신들에 대한 반성과 더불어서 개신교들을 반격할 수 있는 철갑을 더욱 단단히 함으로써 더욱 폐쇄적인 모습으로 바뀌었으며, 다른 한 쪽에서는 개신교들이 미처 힘을 쓰지 못하는 사이에 교황권 옹호와 해외선교에 힘을 쏟는 교단이 시대적 필요에 부응해서 창설되기도 하였다.

칼뱅의 교리는 프랑스, 스코틀랜드, 영국, 네덜란드 등지로 확산되어 **근대 장로교회**로 발전했다. 그리하여 그의 새로운 교리는 유럽의 여러 곳에 널리 전파되었으며, 프랑스의 **위그노**(Huguenots), 네덜란드의 **고이센**, 스코틀랜드의 **장로파**(Presbyterians), 영국의 **청교주의**(Puritanism) 등이 그에 속한다.

1562년에 프랑스의 칼뱅파 신교도들인 위그노들이 구교도에 대항하여 신앙의 자유를 위해 전쟁을 일으켰어 30년 동안 지속되었는데, **앙리 4세**가 **낭트칙령**(1598)을 발하여 신교도인 위그노의 신앙의 자유를 인정함으로써 프랑스에서의 종교전쟁은 끝났다.

1545－1563년 **트리엔트 공의회**에서 교리를 재확인하고 종교재판과 금서목록을 작성하여 신교의 확산을 막았다. 에스파냐의 로욜라는 **예수회**를 창설하여 교황에 절대 충성을 맹세하고 남독일, 오스트리아, 폴란드, 신대륙, 아시아까지 가톨릭을 전파하기 시작하자 여러 곳에서 종교 전쟁이 발생했다.

영국의 **헨리 8세**는 로마 교황이 자신의 이혼을 승인하지 않자 수장령을 선포하여 로마교회에서 떨어져 나갔다. 수도원을 해산하고 그 토지를 몰수했다. 그 후 **엘리자**

엘리자베스 1세

베스 1세는 1559년에 통일령을 선포하여 **영국 국교회**(성공회)를 확립하고 교리와 의식을 확정했다.

네덜란드 독립전쟁

16－17세기에 구교와 신교의 대립으로 종교전쟁이 여러 번 있었다. 가톨릭 국가인 에스파냐가 네덜란드 신교파를 억압하자 전쟁이 일어나 네덜란드가 독립했다. 이것이 1568－1609에 있었던 네덜란드의 독립전쟁이다. 중세 이후 네덜란드 지방은 모직물공업과 중계무역으로 번영하여 도시는 광범한 자치권을 소유하며 자유의 바람이 넘쳐 있었고, 종교개혁 이후에는 북부 여러 주에 칼뱅파(派)의 신교도가 급증하였다. 1556년 에스파냐 왕위에 오른 펠리페 2세가 가톨릭 교회의 수호자임을 호언하면서 네덜란드 지방에 대한 신교파의 탄압을 강행하였으며, 도시에 대해 중세(重稅)를 부과하고 상업을 제한하며 자치권을 박탈하면서 본국의 재정수입의 증대만을 도모하였다. 이러한 학정에 대항하여 북부는 물론 남부 여러 주의 가톨릭교를 신봉하는 시민계급까지 참여한 항거운동이 1566년부터 전개되었다. 이때의 지도자들은 봉건적 대귀족 출신인 에그몬트 백작과 호른 백작 등이었다.

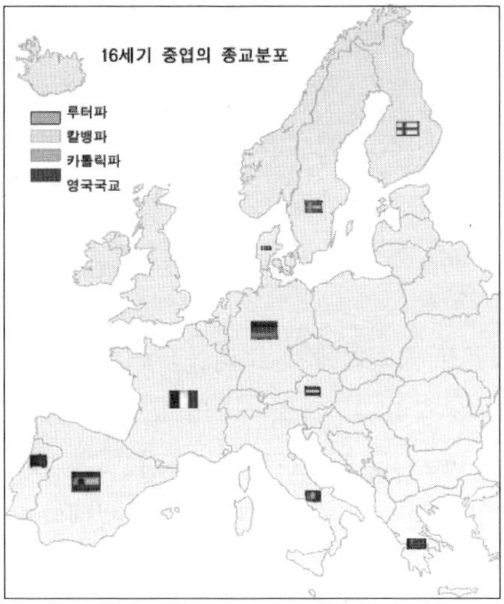

네덜란드 독립전쟁

이 전쟁에 영국이 개입하여 엘리자베스 1세 때(1572~1609) 영국은 에스파냐와 전쟁을 하게 되었고 스페인의 **무적함대**를 격파하여 해상권을 장악하였고, 에스파냐의 속령(屬領)인 네덜란드의 홀란트·위트레흐트 등 **북부 7주**가 본국과의 항쟁에서 독립을 쟁취하였다.

30년 전쟁

독일에서는 30년 전쟁(1618－1648)이 일어나 덴마크, 스웨덴, 프랑스가 신교파에, 가톨릭 편에는 에스파냐가 가담하여 국제전쟁으로 확대되었고. 1648년 **베스트팔렌 조약**으로 30년 전쟁은 끝난다. 그 결과 신교도들에게도 신앙의 자유가 인정되었으나 국토의 황폐화, 인구의 감소, 산업의 쇠퇴, 제후의 주권 인정 등으로 독일은 더욱 심하게 분열되었다.

30년 전쟁은 최대의 종교전쟁이며, 최후의 종교전쟁으로 그 기간은 대체로 4기(期)로 구분되는데 전반의 2기는 종교적 색채가 짙고 후반의 2기는 정치적 색채가 짙다.

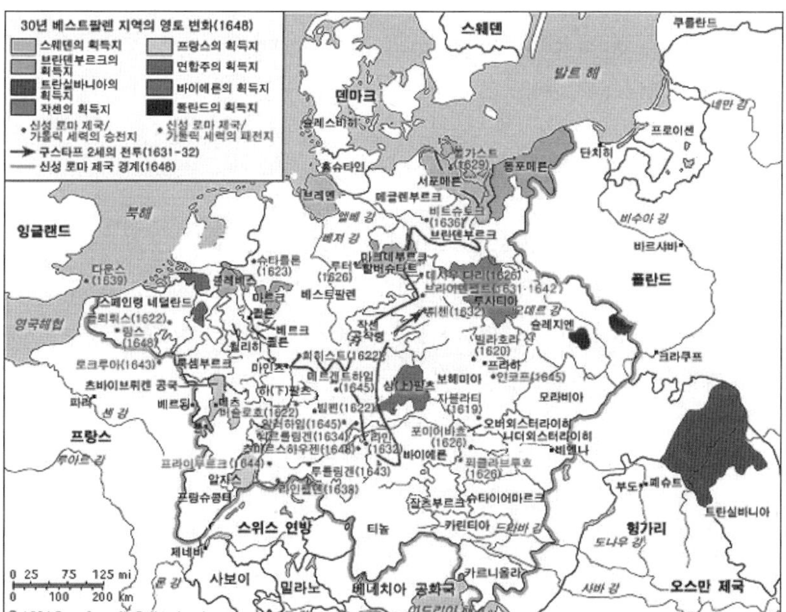

30년 전쟁

제1기(1618~1620)

독일의 프로테스탄트·가톨릭 양교도 간의 반목은 1555년에 있었던 **아우크스부르크 화의**(和議) 이후에도 그 응어리가 가시지 않아, 17세기 초 양파의 제후(諸侯)들은 각기 프로테스탄트 연합과 가톨릭교 연맹을 결성해서 대립하였다. 이와 같은 정황 속에서 1617년 가톨릭교도인 페르디난트가 보헤미아(오늘의 체코남부)의 왕위에 올라 가톨릭 절대 신앙을 강요하려 하자 보헤미아와 오스트리아의 프로테스탄트 귀족들이 반란을 일으켰다. 1619년 페르디난트 2세가 황제가 되자 보헤미아인들은 팔츠 선제후(選帝侯) 프리드리히 5세를 국왕으로 받들고 이에 대항하여 싸웠으나 1620년 바이서베르크 싸움에서 패배하여 **프리드리히 5세**는 네덜란드로 망명하고 보헤미아의 프로테스탄트 교도들은 탄압을 받기 시작하였다.

제2기(1625~1629)

진작부터 독일에 영토적 야심을 가지고 있었던 덴마크 왕 크리스티안 4세는 이를 기화로 **영국** 및 네덜란드로부터 군자금을 얻어 1625년 프로테스탄트군의 총수로서 독일에 침입하였으나 황제군의 장군 발렌슈타인과 틸리에게 패배하여 1629년 양측은 **뤼베크 조약**으로 화해하였다. 이에 따라 황제는 배상령(賠償令)을 내려 종교제후(宗教諸侯)의 영지 회복과 루터파의 공인을 선포하였다.

제3기(1630~1635)

그러나 이듬해 **스웨덴왕 구스타브 2세**가 프로테스탄트교를 옹호하고 프랑스의 후원을 얻어 다시 독일에 침입하였다. 스웨덴군은 황제군을 라이프치히 전투에서 격파하고 틸리를 전사시켰으나 1632년 뤼첸 전투에서 구스타브 2세도 전사하였다. 이후에도 스웨덴군은 전투를 계속하였으나 패배를 거듭하여 1634년 황제군 사령관 발렌슈타인이 모반혐의로 암살되자 1635년 황제와 신교도군의 작센 선제후 사이에 **프라하 화의**가 성립되었다.

제4기(1635~1648)

프라하의 화의 직후인 1635년, 1631년 이래 배후에서 프로테스탄트 세력을 밀었던 프랑스가 전면에 나서서 독일에 **출병**하고 에스파냐에도 선전을 포고, 스웨덴과 연합전선을 폈다. 전쟁은 일진일퇴의 전황 속에 끌어가다가 1637년 황제위를 계승한 페르디난트 3세는 전세의 불리와 국내 제후들이 오랜 전쟁으로 시달려 1641년 종전을 제의하였다. 1644년부터 열린 강화회의는 지지부진하다가 1648년 **베스트팔렌 조약**이 성립되어 30년 간의 종교전쟁은 종지부를 찍었다. 이로써 독일 제후국 내의 가톨릭·루터파·칼뱅파는 각각 동등한 지위를 확보하였다.

베스트팔렌 조약

1648년 10월 24일 독일 30년 전쟁을 종결시킨 유럽사상 최초의 국제회의로서, 베스트팔렌 오스나브뤼크에서 조인되었다. 주요내용을 보면, ① 프랑스는 알자스 대부분과 메츠·베르 등을, 스웨덴은 서(西)포메라니아·브레멘주교령(主教領) 등을, 브란덴부르크는 동(東)포메라니아를 얻고, 그 밖에 바이에른·작센 등도 약간의 영토를 각각 획득한다. ② 스위스·네덜란드를 독립국으로 승인한다. ③ 1555년 아우크스부르크 종교화의(宗教和議)가 승인되며, 캘빈파에게 루터파와 동등한 권리를 인정한다. ④ 독일의 국가체제에 대해서, 제후는 영토에 대한 완전한 주권과 외교권·조약체결권이 인정된다. 조약으로 독일은 분권적 경향이 더욱 강화되었고, 스웨덴이 엘베·오데르강 하구를 장악함으로써 상업·무역상 활동을 제약받았다.

30년 전쟁후의 독일의 종교분포도

베스트팔렌 조약

종교개혁의 유럽에 미친 영향

종교 개혁은 중세의 오랜 시기동안 유럽인들의 정신세계를 지배해 온 로마 교황과 가톨릭 교회의 권위를 부정하고 신앙과 성서의 우위성을 확립하려는 운동이었다. 이렇게 종교개혁은 중세 말 세속화되어 권위를 상실한 가톨릭 교회의 여러 가지 모순에 대한 개혁 운동으로 출발하였으나, 그 당시 봉건적 구속으로부터 해방되고자 했던 모든 사회 계층의 욕구, 교황의 지배로부터 벗어나려는 국민적 자각 및 세속 군주의 정치적 이해관계와 결부되어 하나의 거대한 세속적 사회 운동 또는 국민운동으로까지 발전하였다. 그리하여 종교개혁은 유럽의 종교적 통일을 결정적으로 분열시킨 동시에, 르네상스와는 비교가 되지 않을 정도로 유럽 사회가 중세를 부정하고 근대 사회를 이룩하는 데 있어서 커다란 역할을 하였다.

제 4 부

근대 유럽의 성립

제8장 절대 왕정의 시대(1550-1770)

국가에 따라 차이는 있으나, 일반적으로 16-18세기에 걸친 시기를 유럽사에서는 절대주의, 절대왕정시대라 한다. 이 시기는 유럽의 봉건사회가 근대적 발전의 단계로 접어든 시기에서 나타난 과도기적 정치형태이다.

절대왕정국가는 봉건제후의 지방분권적인 정치체제를 지향하고 왕권을 중심으로 국가 통일이 이루어지고, 행정, 사법, 군사 면에서 중앙집권이 달성된 근대초기의 국가를 말한다. 그러나 절대왕권이라는 표현처럼 왕권이 어떤 제한도 받지 않는 절대적인 권력은 아니었고, 여러 제약과 견제가 있었다. 고로 절대왕권의 절대성은 중세의 봉건성에 비해 절대성이었고, 구체적으로는 정치적 대립이 발생했을 때, 국가내의 다른 세력에 비해 왕권이 자기 의사를 관철시킬 수 있는 정도를 말함이다.

절대왕정의 성립과 유지에 가장 중요한 요소는 관료제와 **상비군**이다. 관료제는 통치와 행정에 있어 국왕의 의사를 충실히 수행함으로써 왕권강화에 중요한 첫 걸음이었으며, 상비군의 보유는 국왕으로 하여금 봉건적인 구속을 탈피할 수 있는 계기가 되었다. 또 쇠퇴해 가는 귀족과 상승일로에 있는 시민세력간의 힘의 균형위에 성립한 것으로 당시의 사회경제적 변동은 통일군주의 출현을 야기했다.

1. 서구의 절대주의

페리 앤더슨의 『절대주의 국가의 계보』에 의하면, 절대주의국가란 봉건제로부터 자본주의로의 이행기에 농민들의 저항과 자본주의 경제의 침식으로부터 지배계급으로서의 그들의 사회적 지위를 수호하기 위하여 봉건귀족들이 창출해낸 "최후의 정치적 보루"라는 것이다. 즉 절대주의 국가는 본질적으로 봉건귀족의 이익을 수호하기 위해 재편된 봉건국가라는 것이다. 절대왕정은 그에 앞선 봉건-신분제적 왕정과는 형태상으로 다르나 지배계급은 동일하다. 농노제의 해체현상에 따라 귀족들은 위기에 직면하고, 그 결과는 중앙집권화되고 군사적 힘을 가진 정상·절대주의 국가로서 정치적·법적 강제의 상향적 전위였다. 또 서부유럽의 귀족들은 두 번째 적대자인 중세 도시에서 온 **상업 부르주아지**에 또한 적응해야 했다.

그래서 절대주의 국가들이 서구에서 확립되었을 때 그 구조는 근본적으로는 농노제의 해체 이후의 농민에 대한 봉건적 재편에 의해 결정되었다. 그러나 그 구조는 2차적으로는 일련의 기술적·상업적 진보를 거쳐 상당한 규모로 매뉴팩처로 발전해 가는 도시 부르주아지의 성장에 의해 결정되었다.

서구 절대주의 국가의 로마법의 부활과 도입은 경제적으로 도시와 농촌에서 자유로운 자본의 성장에 유익하였고, 정치적으로는 중앙권력을 증대시키려 노력한 것에 있었다. 그 이유는 그 법은 절대적이고 사적 소유권의 개념이었다. 그 법은 전통적 봉건계급의 지배를 강화하는 것이었다. 그 증거로 혁신들, 군대, 관료제, 조세, 무역, 외교를 살펴보면,

첫째, 군대를 보면, 이 군대들의 형태와 역할은 근대 부르주아지 국가에 특징되는 것과 달랐다. 절대주의 시대의 군대는 국민적 징병군이 아니라 용병이 중심이었다. 그 이유는 귀족계급이 그들 자신의 농민들을 완전히 무장시키기를 거부했다는 것이다. 반대로 말해서 용병부대는 지역반란을 진압하는 데 안심하고 의존할 수 있다는 것이다.

둘째, 관료제를 보면, 서구에서 봉건귀족이 절대주의 국가로 편입해 들어가는 지배적인 방식은 '관직'의 구매라는 형태를 취한다. 프랑스의 고등법원의 '관직보유자들'은 1780년대에 일어난 귀족반동의 가장 완강한 보루였다.

셋째, 조세를 보면, 절대주의 국가는 가난한 자에게 과세했다.

넷째, 무역을 보면, **중상주의**는 국가의 번영과 경제의 강성이라는 공동이익을 위해 정치적 국가가 경제의 운영에 일관성 있게 개입하는 이론이다. **중상주의** 이론은 전쟁이 필요하며 전쟁이 이익을 가져다준다는 것을 강조하는 호전적인 것이다. 즉, 강력한 경제의 목적은 정복전쟁의 성공적인 수행이었다. 프랑스의 콜베르는 재무총감으로 10년 있으면서 국가재정을 회복시켜 놓았으나 루이 14세는 정복전쟁으로 재정을 탕진했다.

다섯째, 외교는 절대주의 시대가 창출해 낸 위대한 제도적 발명이었다. 사상 최초로 국가 간에 압력과 교류의 공식화된 체계가 창출되었다. 상호간의 대사관 파견, 대외관계를 정리하는 부서, 그리고 '치외법권'이라는 새로운 개념을 정립했다. 무력보다는 외교적 책략이나 결혼으로 영토를 점령했다.

스페인의 절대주의

스페인의 절대왕권은 사라센 이교도의 소탕과정에서 형성된다. 아라곤의 페드로와 카스틸의 이사벨의 결혼으로 성립된 스페인의 절대군주들은 지리상 발견의 선도적인 역할을 수행한다.

필립 2세, 1559－98시기에 통치한 필립 2세 때 스페인의 절대왕권은 절정기에 이른다. 영국 메리 여왕과 결혼하였고 네덜란드, 밀라노, 나폴리를 획득하였고 아메리카의 식민지를 차지했고, 1571년에 레판요 해전에서 터키를 격파하여 지중해 해상권을 장악했고, 1580년 포르투갈을 영토에 통합시킨다.

그러나 식민지였던 네덜란드의 독립전쟁에서 개입한 영국과의 전쟁에서 패배함으로써 네덜란드를 상실했고 **무적함대**가 영국의 해군에 격파 당하여 해상의 패권을 잃은 후 쇠퇴기를 밟는다.

네덜란드의 독립

당시 네덜란드는 유럽의 교통 요충지로서 모직물 공업과 중개무역으로 번영을 이루고 있어서 스페인의 조세수입원의 상당한 부분을 차지하고 있는 지역이었다. 북부는 칼뱅 신교도들이 밀집해서 살았고 남부는 구교도들이 많이 살고 있었다.

그런데 스페인 왕은 알바 총독을 파견하여 네덜란드의 북부지역의 칼뱅 신교도들에게 중과세를 부과하여 상공업 발달을 저지하고 구교를 강요하면서 칼뱅 교도들을 탄압하고 저항하는 신교도들을 8,000명을 처형하였다. 여기에 대항하여 북부의 신교도들이 무장하여 저항하면서 독립전쟁을 벌리기 시작하였고(1572) 영국의 도움을 받아서 전쟁에 승리하여 1581년에 스페인으로부터 독립하였다.

이 네덜란드 독립전쟁은 절대왕정에 대항하여 시민들이 거둔 최초의 승리로서 시민혁명의 선구로서 역사적 의미가 있다.

네덜란드는 영국의 엘리자베스 여왕의 무적함대 격파에 편승해 직접 동양무역과 식민지 경영에 나서게 되고 17세기 중엽에까지 스페인 역할을 대행하여 세계 제일의 상업국이 되었지만 한계를 보였다. 동양무역의 많은 이득에만 눈이 팔려 국내산업에 대한 충분한 배려가 없었고 국력의 기초를 불안정한 중개무역에만 편중하여 주도권을 영국에 빼앗겼다.

영국의 절대주의

영국의 절대왕정(1485－1603)은 백년전쟁·장미전쟁을 통하여 봉건귀족세력이 결정적으로 약화된 뒤에 성립되었다. 헨리7세와 헨리 8세를 거쳐 **엘리자베스 1세**에 이르러 영국의 절대왕정은 절정기에 도달했다. 그 이후 절대왕권은 여러 사건으로 도전을 받기 시작했다.

국왕과 의회의 대립

스코틀랜드의 왕 제임스 6세가 제임스 1세(1603－25)라는 명칭으로 영국 왕을 겸하게 되었다. 그는 **왕권신수설**을 주장하여 의회를 무시하고 국교를 강요하자 청교도들이 반발하여 신대륙으로 망명하여 미국을 건설했다.

찰스 1세는 제임스 1세의 차남으로 왕위에 오른 후에 여러 대외 전쟁에 참여하여 국고를 탕진하고 국민에게 중세를 과하였기 때문에, 1628년의 의회에서 **권리청원**이 제출되어 악정을 비난당하였다. 그럼에도 불구하고 이듬해에 의회를 해산하고 그 후로는 11년간 의회를 소집하지 않고 불법과세를 강요하였다.

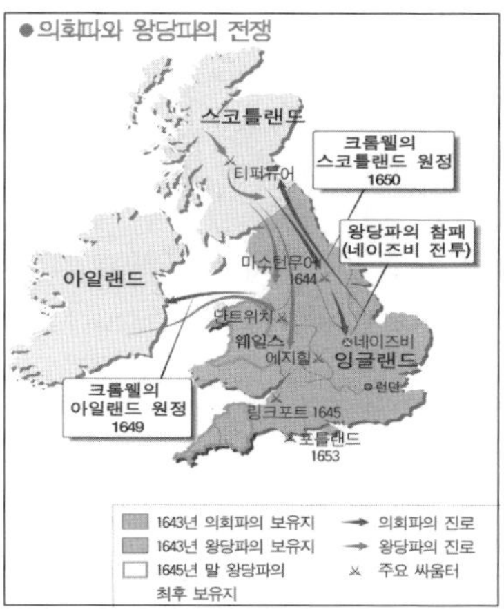

청교도 혁명

크롬웰

그러나 스코틀랜드에 강제로 국교(國敎)를 시행하려고 하여 1640년에 스코틀랜드에서 반란이 일어났다. 전비 충당을 위해 장기의회를 소집하여 의회의 도움을 청했을 때 의회가 반대했다. 1642년에 의회 지도자들을 체포하려하자 의회가 반발하여 왕당파와 의회 간에 전쟁이 벌어지고 이것이 이듬해에 **청교도 혁명**으로 확대되었다. 1646년에 왕은 **크롬웰**이 이끄는 의회 군에 패배하였으며 이듬해 항복하고 유폐되었다. 그는 유폐 중에 스코틀랜드 군과 통모(通謀)하여 제2차 내전을 일으켰으나 실패하고, 1649년 1월 재판결과에 따라 '국민의 적'으로서 처형당하였다.

찰스 1세가 처형된 후에 의회군 지도자 **크롬웰**이 청교도 정신을 바탕으로 한 독재정치를 실시한다. 크롬웰 사후 왕정이 복귀되어 찰스 2세가 즉위하였고 **인신보호법**이 제정되어 인(人)의 자유가 보장되었다(1679).

1685년 왕위에 오른 **제임스 2세**는 가톨릭교도로서, 가톨릭교 부활정책과 왕권강화정책을 강력히 추진하였다. 가톨릭 교도를 관리로 등용하고 국민들이 싫어한 상비군(常備軍)을 설치하였다. 이에 대해 캔터베리 대주교를 비롯하여 7명의 주교가 반대청원을 하자, 왕은 그들을 투옥하였다. 이 같은 폭정에 대해 국민들의 반감이 고조되던 중, 왕자 출생을 계기로 왕과 의회간의 대립이 표면화하였다.

제임스 2세는 왕자가 없었기 때문에, 왕위는 장녀인 신교도 메리에게 계승되리라고 기대하였으나, 1688년 6월 5일 왕자가 탄생함으로써 신교도들의 반가톨릭 정책의 꿈이 사라졌다. 따라서 의회 지도자들이 협의하여 6월 말 메리의 남편인 네덜란드 총독 오렌지공(公) 윌리엄과 메리 부처에게 영국의 자유와 권리를 수호하기 위하여 군대를 이끌고 귀환하도록 요청했다.

11월 윌리엄·메리 부처는 1만 5,000명의 군대를 이끌고 영국 남서부에 상륙하여 런던으로 진격하였다. 국내 귀족과 지방호족들도 잇달아 윌리엄·메리 부처의 진영에 가담하였다. 이렇게 되자 제임스 2세는 왕비와 왕자와 함께 프랑스로 도피하였다. 처음에는 실패하였지만 윌리엄 부처의 묵인 하에 12월 도피에 성공하였다. 런던에 입성한 윌리엄 부처에게 1689년 2월, 의회는 '**권리선언**'을 승인하도록 요청했고 윌리엄 3세와 메리 2세는 공동으로 왕위에 올랐다.

권리선언은 뒤에 '**권리장전**(權利章典)'으로서 재차 승인을 받았다. 이 장전의 원칙에 따라 의회는 왕권과 왕위 계승권을 제한할 수 있게 되었고. 왕은 의회의 승인 없이는 조세를 부과할 수 없게 되었다. 이것으로 오래 동안 지속되어 온 의회와 왕권의 권력투쟁은 끝났고 입헌군주제의 토대가 마련되었다. 이로써 이른바 **명예혁명**이 성취된 것이다.

프랑스의 절대주의

샤를 7세(勝利王)는 국토를 확보한 후 관료제를 정비하고 재정을 개혁하는 한편 상비군을 창설하여 왕권을 강화하였다. 그 다음의 루이 11세(재위 1461~83) 시대에는 최강의 귀족 부르고뉴 공가(公家)가 멸망한 데 이어 아르투아 백령(伯領)·프랑슈콩테·앙주·멘·프로방스도 왕령에 병합되어 절대왕권의 기초가 다져졌다. 그의 아들 **샤를 8세**는 브르타뉴를 합병하고 이탈리아와 전쟁을 벌였다. 루이 12세(발루아오를레앙가(家), 재위 1498~1515)와 프랑수아 1세(발루아-앙굴렘가(家), 재위 1515~47) 때 계속되는 전쟁 동안에 이탈리아의 르네상스 문화가 유입되었다. 또 당시 신대륙과의 무역이 이루어져 자본주의 경제의 발달을 가져왔다. 이어 프랑수아 1세(1515~47)는 신성 로마 제국의 제위를 놓고 에스파냐 왕 카를로스 1세(나중에 신성 로마 황제 카를 5세)와 다투어 패하였으며, 합스부르크가(家)와의 항쟁도 격화되었다.

한편 독일에서 일어난 종교개혁은 1520년경부터 프랑스에도 파급되기 시작하였으며, 장 칼뱅을 중심으로 하는 엄격한 칼뱅주의가 형성되었다. 칼뱅은 파리에서 추방되어 제네바로 피하였으나 국내에서는 신·구 양파의 분쟁이 심해졌다. 16세기 후반에는 8차례나 종교전쟁(위그노 전쟁: 1562~98)이 일어났다. 종교적 분열은 마침내 성(聖)바르톨로메오의 학살과 같은 대참사까지 야기시켰다. 1589년에는 **앙리 3세**가 암살되었고 성왕(聖王) 루이 9세의 후예 부르봉가(家)의 앙리 드 나바르(앙리 4세: 재위 1589~1601)가 왕위를 계승, 발루아 왕조가 종식되고 **부르봉 왕조**가 창시되었다.

앙리 4세는 스스로 가톨릭으로 개종한 뒤 **'낭트칙령'**(1598)을 반포하여 신앙의 자유를 인정함으로써 내란을 수습하였다. 그는 쉴리를 등용하여 프랑스의 재건에 힘썼으며, 캐나다에 최초의 식민지 **퀘벡**을 개척하고 부르봉 왕조의 기초를 세웠으나 열광적인 구교도에게 암살되었다(1610). 그의 아들 **루이 13세**는 **리슐리외**를 재상으로 등용하여, 국내에서는 귀족과 신교도를 억압하고 밖으로는 합스부르크가(家)에 대항하여 **30년 전쟁**에 참가하는 등 절대왕권을 공고히 하였다.

이어서 **루이 14세**(재위 1643~1715) 시대에는 유년기에 '프롱드의 난(亂)'(1648~53)이 일어났으나 섭정모후(攝政母后) 안도트리슈와 재상 **마자랭**이 교묘하게 평정하고, 대외적으로는 피레네 조약을 체결함으로써 에스파냐에 대하여 우세한 위치를 유지하였다. 1661년 국왕의 친정이 시작된 뒤 재정총감(財政總監) **콜베르**는 중상주의 정책을 시행하여 부국강병과 해외식민에 노력하였다. 한편, 이 당시 베르사유 궁전을 중심으로 하는 **궁정문화**가 개화되고, 고전주의 문학이 확립되었으며 파리에는 문학 살롱이 문을 열었다. 이리하여 루이 14세는 '태양왕(太陽王)'이라고 불렸으며, 프랑스는 유럽 최고의 문화국이 되었다. 이로써 17세기는 **'루이 14세의 세기'**라 불리게 되었으며, 부르봉 왕권은 국내외에서 이른바 '빛나는 군림(君臨)의 시대'를 맞이하여 절대 왕권의 전성기를 이루었다.

그러나 대외전쟁(플랑드르전쟁·네덜란드침략전쟁·팔츠전쟁·에스파냐 계승전쟁)과 낭트칙령의 폐기에 따른 신교도·상공업자의 망명 등으로 재정은 점차 악화되었다. 루이 14세의 증손인 **루이 15세**(재위 1715~74)의 치세는 초기의 섭정(오를레앙공(公) 필리프) 시대부터 파란을 안고 있었다. 존 로에 의한 경제개혁의 실패, 궁정의 재정낭비, **7년 전쟁**(아메리카·인도에서 일어난 영국과의 식민지 전쟁, 1756~63)에 패배한 결과 식민지를 상실하는 등 국위가 실추되었다. 국내에서도 **계몽사상**이 확산되고, 신흥 부르주아지의 성장이 이루어져 '구(舊)제도(Ancien Regime)'를 타파하려는 조짐이 나타났다.

그의 손자 **루이 16세**(재위 1774~92)는 우둔하고 정치에는 관심이 없었으며 왕비 마리 앙투아네트의 지나친 낭비로 국민의 신뢰를 상실하였다. 튀르고·네케르 등을 등용, 재정 위기를 타개하려 하였으나 이 역시 헛되이 끝나고 1789년 5월 **삼부회**가 소집되었다. 곧 이어 제3신분 의원들에 의해 **'국민의회'**의 성립이 선언되었으며, 7월 14일에는 **바스티유 감옥**이 시민에 의해 탈취됨으로써 **프랑스 혁명이 발발**하였다.

삼부회의

바스티유 감옥의 습격

독일의 절대주의

독일의 절대주의는 봉건국가의 최고이자 최후의 형태로서 기형적으로 왜곡되어 발달하였다. 1648~1789년까지 독일 특유의 형태로 절대주의가 발달하였다.

30년 전쟁을 고비로 독일은 이를 구성하고 있는 각 영주(領主)나 제후들의 영방국가(領邦國家)를 중심으로 발전하게 되면서 제각기 절대왕정체제로 발전해 갔다.

15세기 이래 브란텐부르크 선제후였던 호헨졸겐가(家)는 17세기 초(1618년)에 독일기사단이 개척한 땅인 **프로이센**을 호헨졸렌가(家)가 상속하면서 브란덴부르크－프로이센이 되었다. 대선제후 **프리드리히 빌헬름**(1640－1689)은 30년 전쟁 피해의 복구에 노력하고, 산재한 영토를 통합하고, 절대왕정체제를 수립하여 장차 프로이센이 강대국으로 발전할 기반을 닦았다.

그는 인구증가와 산업발전을 위하여 프랑스의 위그노 등 외국이주자를 받아들이고, 귀족들의 정치적 권한을 억제하고, 상비군을 설치하는 등 절대왕권을 강화해 갔다. 그러나 귀족들을 회유하기 위해서 그들의 경제적 기반인 영지내에서의 권한을 증대시켜주고, 그들을 행정의 요직과 군대의 장교로서 등용하였다. 그 결과 **융커**로 알려진 **토지귀족**과 절대왕권은 다른 나라에서처럼 대립관계가 아니라 서로 협조하는 관계에 있었다.

프리드리히 빌헬름의 아들인 **프리드리히 1세**(1688－1713)는 1701년에 합스부르크 왕가의 동의를 받아 선제후에서 '프로이센 왕'으로 승격한다. **프리드리히 빌헬름 1세**(1713~1740)는 프로이센이 유럽의 강대국으로 발전할 토대를 마련했다. 그는 국가기구에 대한 왕의 통제를 강화하고 관료조직을 정비했고, 상비군의 수를 배로 늘리고 잘 훈련시켰고, 근검절약하여 국가재정을 충분히 축적했다.

그의 아들 **프리드리히 2세**(대왕, 1740~1786)는 부왕으로부터 상속받은 능률적이고 충성스런 관료조직, 풍부한 재정, 기강이 엄하고 잘 훈련된 군대를 이용하여 국력을 신장시켜 프로이센을 강대국으로 발전시켰다.

점점 독일은 호헨졸렌가(家)의 **프로이센**과 **합스부르크가**(家)의 **오스트리아**로 이원화되어 갔고, 프로이센은 오스트리아에 대해 공세적으로 되어간다. 국제무대에서 위치를 강화하고자 절치부심이었던 프로이센은 강대국간 갈등이 있을 때마다 개입하였고, **오스트리아 왕위계승전쟁**(1740~1748)과 7년 전쟁(1756~1763)에 개입하면서 **프로이센**은 유럽의 강대국으로 도약하게 된다.

프로이센의 **프리드리히 2세**는 7년 전쟁이 끝난 후, 중상주의정책 등으로 국가부흥에 힘썼으며, 행정말단까지 군주 1인이 지배하는 군국주의적 관료제적 절대왕정을 수립하였다. 그는 음악과 시를 좋아했고, 계몽사상 특히 볼테르의 사상에 영향을 받아 계몽군주로 자처하였다. 그는 오직 **토지귀족층인 융커**를 국가의 근간이라고 생각하고 농노에 대한 지배권을 강화하는 반면, 중산층을 이해하지 못하고 경멸하였다. 군국주의적 절대왕정 체제하에서 **프리드리히 2세**는 많은 발전을 이루었으나 매뉴팩처는 주로 국가가 소유했다.

이 매뉴팩처들은 서서히 사적 자본으로 넘어갔으나 프로이센의 자본주의는 아직 봉건적인 잔재들에 묶여있었다. 프리드리히 2세는 독일의 국가이성을 강조하였는데, 이것은 국가의 우위성과 절대성을 강조하는 것이었다. 1770년대 말부터 부르주아와 귀족 사이에 세력판도의 변화가 일어났다.

군국주의 전통아래 국가의 검열에도 불구하고, **계몽주의 사조**의 책 생산이 증가하면서 부르주아와 독서층이 형성되었다. 독일 문학의 새로운 움직임인 이른바 "질풍노도의 시대"가 몰아닥쳤고, 본질적으로 부르주아적 자유를 원하는 계몽작품들이 등장하였다. 이 시기에 **칸트** 등이 활약한다. 1737년에 괴팅겐 대학이 설립되었는데, 이 대학이 계몽주의와 자유주의 도입의 단초라 여겨지고 있다. **괴팅겐 대학**이 교회의 통제에서 벗어난 최초의 대학이었던 것이다. 이 시기 역사학 연구는 전통적 보수주의 역사에서 벗어나 보조과학을 이용하면서 광범한 역사연구가 진행되기 시작했다.

7년 전쟁(1756 – 1763)

슐레지엔 영유를 둘러싸고 유럽 강대국들이 둘로 갈라져 싸운 전쟁으로 제3차 슐레지엔(오늘날의 서폴란드 지방) 전쟁이라고도 한다. 오스트리아 왕위계승전쟁 때에 프로이센에게 슐레지엔을 빼앗긴 오스트리아의 **마리아 테레지아**는 탈환을 기도하여 군비증강에 주력함과 동시에 200년 동안 적대관계에 있던 프랑스와 제휴하고 다시 러시아·스웨덴·작센 기타 독일의 제후국들과도 동맹을 맺고 프로이센을 포위할 체제를 정비하였다. 한편 영국과 동맹을 맺은 프로이센의 **프리드리히 2세**는 1756년 8월 기선을 제압하여 작센에 침입함으로써 전쟁이 터졌다. 전격전으로 프로이센은 서전의 승리를 거두었으나 얼마 후 우세한 적군의 반격을 받아 점차 병력이 소모되어 수세에 몰렸다. 특히 1759년 8월 오스트리아·러시아 연합군에게 쿠네르스도르프 회전에서 대패한 후로는 일시 베를린도 점령당했고 게다가 영국의 피트 수상이 실각하여 군자금의 원조도 끊어져서 고립무원의 상태에 빠져 프리드리히는 절망 끝에 자살을 결심할 정도로 위기에 빠진 상태에 있었다.

마리아 테레지아

그런데 1762년 러시아의 엘리자베타 여제(女帝)가 급사하고 프리드리히 2세를 숭배하는 **표트르 3세**가 즉위하고부터는 형세가 일변하여, 1763년 2월 후베르투스부르크 화약이 성립되고 프로이센은 슐레지엔의 영유를 확인받게 되었다. 그 결과 프로이센은 유럽 열강의 지위에 올라 독일에서의 패권의 기초를 확고히 하였다. 또 국제적으로 보면 7년 전쟁은 해외 식민지를 둘러싼 영국·프랑스 양국의 오랜 싸움의 일환이며 이로 인하여 영국은 대식민제국으로서의 지위를 확립하기에 이르렀다.

1763년 **파리조약**에서 영국·프랑스·스페인은 아메리카의 식민지 분할에 합의한다. 프랑스는 영국에게 퀘벡을 제외한 캐나다의 전 지역과 미시시피강 이동지역을 양도했고, 스페인은 영국에게 플로리다를 양도하는 대신 프랑스로부터 뉴올랜즈를 포함한 루이지애나를 양도받는다. 프랑스는 영국에게 서인도제도와 해군 기지를 양도하고, 영국은 스페인에게 하바나와 마닐라를 반환했다.

7년 전쟁의 결과로 프러시아는 강대국으로의 지위를 확고히 한 반면에 오스트리아는 상대적으로 위축되었고 영국은 프랑스와의 식민지 경쟁에서 절대적 우위를 차지하게 되지만 전비로 탕진된 재정적자를 메우기 위해 식민지 주민들에게 여러 가지 명목의 세금을 부과함에 따라 **식민지의 독립전쟁**을 유발하는 원인을 제공하게 된다. 프랑스 역시 오랜 기간의 국제전쟁에서 패배함으로써 절대왕정이 약화되고 고갈된 재정을 충당하기 위한 지나친 세금징수는 1789의 **프랑스 대혁명**의 원인이 되었다.

오스트리아의 절대주의

18세기 초 **합스부르크가**와 부르봉 왕가의 갈등이 본격화하면서 스페인 왕위계승 전쟁 등 숱한 전쟁을 치르게 되는데 이 전쟁의 결과로 합스부르크가의 영향력이 확장되었다. 이때에 오스트리아는 중앙관료체제가 성립되었고, 경제적 성장을 이루었다. 오스트리아의 예술과 문화도 발달하기 시작했다.

7년 전쟁으로 오스트리아는 실레지아를 상실하였으나 여전히 중부유럽의 강대국이었다. 영토는 광대하고 흩어져 있어서 이질적인 민족과 주민들로 구성되어 있어 한 국가로서의 굳건한 통일성이 없었다.

7년 전쟁 후 **마리아 테레지아**는 개혁을 시도하였으나, 가톨릭의 신앙심이 두터운 귀부인으로서의 한계가 있었다. 계몽군주로 오스트리아의 전반적인 개혁을 시도한 것은 **요셉 2세**(1765－1790)였다. 그는 마리아 테레지아의 장남으로서 부친 프란츠가 사망하자 제위를 계승하였으나, 모왕이 생존하는 동안은 그 뜻을 펴지 못하였다.

1780년에 마리아 테레지아가 사망하자 요셉 2세는 이성의 시대에 적합한 제반 개혁에 착수하였다. 농노를 해방하고, 평등주의에 입각한 새로운 법령을 마련하여 사형과 고문을 폐지하고, 신앙의 자유를 선포하고 교육의 보급에 힘써다. 그러나 이러한 개혁의 대부분은 귀족들의 반대에 봉착하여 실패하고, 전인구 중 4분의 1밖에 되지 않는 독일인을 중심으로 전 영토를 통합하고, 중앙집권을 강화하려는 정책 또한 이질적인 민족과 주민들의 반항에 부닥치게 되었다. 그리하여 당시 가장 참되고 진지한 계몽군주였던 요셉 2세는 스스로 다음과 같은 묘비명을 작성하였다. “가장 훌륭한 의도를 가졌으나, 하려고 한 모든 일에 성공하지 못한 요셉 2세가 잠들다.”

러시아의 절대주의

이반 3세(1462–1505) 때 ‘타타르의 멍에’, 즉 몽고의 지배에서 벗어난 후 이반 4세(1533–1584)에 이르러 국가의 틀이 잡혔다. 이반 4세는 차르의 권력을 강화하여 강력한 중앙집권적 전제국가를 확립하였다. 이반 4세 사후에 왕위 계승의 혼란이 생기고, 귀족들 간의 갈등, 폴란드와 스웨덴의 침략 등 무질서와 혼란을 겪은 후에 **로마노프 왕조**가 들어섰다.

17세기 말 로마노프 왕조의 3대 차르인 **표트르 대제**가 왕위에 오르면서 러시아는 서구화 개혁을 단행하여 군사, 교육 관료제 등 서구식으로 정비하여 국력확장에 발판을 마련하였다.

새로 개편된 군대를 토대로 스웨덴과 20년 전쟁에 승리하여 유럽의 강대국으로 등장하였다. 표트르 대제 사후 37년간 여러 황제가 교체되는 등 왕위계승에 난맥상을 보이는 혼돈의 시대에 빠졌다. **예카테리나 2세**가 제위에 오른 후 혼란을 수습하고 여러 국제전쟁에 개입하여 영토를 확장하였다. 그녀는 초기에는 프랑스의 계몽사상과 문화를 받아들여 개혁정책을 펼쳤으나 프랑스 혁명이 일어 난 후에는 반동정책으로 전환하였고 귀족들의 권한을 증대시키고 농노제를 강화하는 정책을 실시하여 **러시아 절대왕권**을 강화하였다.

폴란드의 분할

17~18세기, 폴란드왕국의 쇠퇴와 내분에 편승하여 인근 열강의 내정간섭이 노골화하였다. 특히, 러시아의 예카테리나 2세는 그의 총신(寵臣) 스타니슬라프스키를 폴란드 왕으로 즉위시키고, 그에 불만을 품은 반왕당파(反王黨派) 귀족의 반란을 진

압한다는 구실로 출병의 기미를 보였다. 그러자 프로이센 왕 프리드리히 2세는 러시아가 단독으로 폴란드를 합병할 것을 우려하여 오스트리아 여제(女帝) 마리아 테레지아를 끌어들여 '폴란드 분할'을 시도하였다(1772). 이것이 **제1차 분할**이다.

그 결과 러시아는 드비나·드네프르강(江) 이동(以東)의 벨라루스, 프로이센은 서(西)프로이센, 오스트리아는 갈리치아를 얻었다. 그 뒤 프랑스 혁명을 전후하여 폴란드에서는 혁신파가 세력을 얻었으며, 1791년 진보적인 '신헌법'이 성립하게 되자 그에 반대하는 보수파 귀족의 요청에 의하여 예카테리나 여대제는 재차 간섭에 나섰고, 프로이센도 기회를 놓치지 않고 출병하여 1793년 **'제2차 분할'**(오스트리아는 불참)이 이루어져, 러시아는 다시 민스크·보루이니·포돌리아를 포함하는 **백러시아**와 **우크라이나**의 일부를 얻었으며, 프로이센은 그단스크·토룬·포즈난 지방을 얻었다.

그러나 이 분할에 항의하여 폴란드는 코시치우슈코가 이끄는 민족 독립혁명(1794)이 일어나고, 곧 이어 바르샤바에 '임시정부'가 수립되자, 그것을 진압할 명목으로 러시아·프로이센군이 침입, **1795**년에 **'제3차 분할'**이 이루어져 독립국 폴란드는 완전히 분할되어 제1차 세계대전 말까지 독립국으로서는 역사상 그 자취를 감추고 말았다.

2. 17－18세기의 유럽문화

바로크 예술

17세기는 근대국가만이 아니라 근대과학과 근대철학이 형성된 시기였으며, 그 밑바닥에는 인간의 새로운 힘의 자각, 즉 스스로의 사회를 형성하고, 자신의 운명을 개척할 수 있다는 힘의 자각이 있었다. 바로크 예술의 이러한 새로운 힘의 자각은 예술적 표현이었다.

베르사유 궁전으로 대표되는 **바로크 건축양식**은 장대함과 장려함, 복잡한 장식과 풍요, 뛰어난 기교를 특징으로 하고 있다. 바로크 회화는 선명한 색채나 명확한 선보다 광선과 음영의 미묘한 대조와 단계적인 색조의 결합이다. 플랑드로의 루벤스 나체화는 육감적인 장미 빛의 풍만함으로 표현되어 있다. 네덜란드의 **렘브란트**의 '방탕아의 귀환'이 유명하다.

베르사유 궁전

베르사유 궁전내부

바로크 시대의 음악은 비발디, 바하, 헨델에 이르러 절정에 달하고 베네치아의 몬테베르디가 오페라를 처음으로 시작하였다. 18세기에 이르면 미술은 스케일이 작아지고 역동성이 줄어들고 우아하고 섬세하고 기교적인 **로코코 양식**으로 변하고 하이든, 모차르트, 베토벤 등의 **고전음악**이 확립되었다.

문 학

17세기 프랑스 문학의 특징은 고전주의라고 말할 수 있다. 과거와 전통에서 발견된 규범, 품위나 세련을 존중했고, 엄격한 형식의 틀에서 표현되었다. 희극작가 **몰리에르**(1622－1699)는 독특한 여러 인간형을 풍자적으로 묘사하였다. 청교도 혁명기에 크롬웰의 비서였던 **밀턴**(1608 – 1674)은 **실낙원**을 저술하였고. 데포우의 **로빈슨 크루소**가 유명하다. 18세기 말 괴테와 실러는 '질풍과 노도'라 불리는 운동을 전개하였다. 그들은 고전주의의 형식주의나 합리주의를 벗어나서 강한 정열적인 개성의 해방을 추구하는 문학운동을 전개하였다. 괴테의 젊은 베르테르의 슬픔, 파우스트 등이 유명하다.

과학혁명

영국의 **프란시스 베이컨**(1561 – 1626)은 중세 이래 유행했던 연역법을 배격하고 구체적인 사실과 현상의 관찰과 가능한 많은 자료의 축적을 권장하고, 그것으로부터 일반적인 법칙에 도달하는 **귀납법**을 강조하였다. 그의 귀납법과 사물의 관찰과 실험의 강조는 근대과학의 발전에 공헌하였다.

네덜란드에서 렌즈가 발명되고 이탈리아의 **갈릴레이**(1564 – 1642)는 이를 이용하여 망원경을 만들어서 우주를 관찰하여 코페르니쿠스의 **지동설**의 정당성을 확인하고 공포한 죄로 종교재판을 받고 나오면서 "그래도 지구는 움직인다"라는 말을 했다, 네덜란드의 반 레벤후크는 **현미경**을 만들었다. 프랑스의 **데카르트**는 기하학과 대수를 결합시킨 **해석기하학**과 영국의 뉴턴과 독일의 라이프니츠는 미적분을 창안하였다. 뉴턴(1642 – 1727)은 **중력의 법칙**을 발견하였다. 독일의 **케플러**는 태양의 주위를 돌고 있는 유성의 궤도는 원형이 아니라 **타원형**이라고 주장하였다.

과학혁명은 미신과 종교적 편견을 타파하고 계몽된 시대를 준비하게 되었다. 과학의 발달은 유럽 근대문화의 주요 특징인 합리주위의 소산인 동시에 그것을 강화하고 발전시키게 되었다. 우주와 자연이 불가측성의 신비스러운 대상이 아니라 합리적인 법칙과 질서로 구성된 대상으로서 인간의 이성으로 파악하고 조작할 수 있다는 믿음과 자연과학적 인식은 우주와 자연의 정복을 가능케 하고 자연과학과 산업기술의 발달을 가져오게 되었다.

근대철학

근대철학에는 두 조류가 있었다. 영국에서 전개된 **경험론**과 대륙에서 발전한 **합리론**이다. 영국의 **존 로크**(John Locke, 1632 – 1704)는 「인간이해에 관한 시험」에서 인간의 정신은 원래 아무 것도 쓰여 있지 않고, 아무 생각도 들어 있지 않은 백지와도 같으며, 그것을 메우는 것은 한 마디로 경험이라고 하였다. 그는 인간의 이성은 인간이 필요로 하는 모든 것을 이해할 수 있는 능력을 가지고 있다고 생각하였다. 인간의 지식의 원천은 환경과의 접촉에서 얻는 경험과 이에 대한 성찰, 즉 이성의 작용이라는 것이다. 로크의 사상은 18세기 계몽 사상가들에게 깊은 양향을 미쳤다.

한편 프랑스의 **데카르트**(1596－1650)는 수학자로서 철학자이기도 했던 그는 합리론을 수립하였다. 그는 "학문에서 확실한 기초를 세우려 하면, 적어도 조금이라도 불확실한 것은 모두 의심해 보아야 하는데, 세계의 모든 것의 존재를 의심스러운 것으로 치더라도 이런 생각, 즉 의심을 하는 자신의 존재만은 의심할 수가 없다." 그리하여 그는 '나는 생각한다, 고로 나는 존재한다(cogito, ergo sum)'라는 명제에서 출발하여 그의 이론을 『**방법서설**』에서 이론화하였다.

정치사상

16－17세기 근대국가의 수립기에 정치사상의 중심과제는 주권과 국가이성이었다. 국가이성이란 국가가 국가의 존립과 발전을 추구하는 욕구를 말하며, 다른 모든 이해관계보다 앞선다는 것이다. 이러한 국가 이성을 제일 먼저 제기한 사람은 마키아벨리였고 17세기의 절대국가의 군주들이 국가이성을 추구했다. 프랑스의 **보댕**(Jean Bodin, 1520－1596)은 주권을 "법의 구속을 받지 않는, 또한 어떤 상위자도 인정하지 않는 국가에서의 최고권력"이라고 규정하고 그 내용으로서는 입법권, 군대유지권, 전쟁선포 및 평화체결권, 최고사법권, 과세권, 화폐 주조권 등을 열거하였다. 그는 이러한 주권은 당연히 군주에 의하여 행사되어야 한다고 주장하여 당시 형성과정에 있었던 **절대왕정**을 옹호하였다.

17세기에는 또한 **왕권신수설**이 제기되어 유행되었다. '국왕은 지상에서의 신의 대리인이며, 왕권은 신으로부터 주어졌기 때문에 신성불가침이요, 절대적이며, 국왕은 신에게만 책임을 지고, 신하에게는 오직 복종의 의무가 있을 뿐이라고 하였다.' 프랑스의 **보쉬에**(1627－1704)는 이러한 입장에서 루이 14세의 절대왕정을 적극적으로 옹호하였다. 영국의 **제임스 1세** 또한 이러한 왕권신수설에 바탕을 두고 자신의 절대왕정을 정당화하였다.

홉스(Thomas Hobbes, 1588－1679)는 청교도 혁명기간(크롬웰의 독재기간)에 프랑스로 망명하여 데카르트 등과 교류를 하였고 '인간의 자연상태란 만인 대 만인의 투쟁의 연속이므로 이를 극복하기 위해 계약을 맺고 국가를 형성하였고, 이 때도 권리를 지배자인 왕에게 양도하였기 때문에 국왕은 절대적인 존재라고 주장하여 영국의 왕정복고 시대의 절대왕정을 합리화하였다.

외적 자극에 대한 이론적 반응이 감각인 데 반하여, 실천적 반응은 쾌(快)·불쾌(不快)의 감정이다. 선(善)이란 쾌이므로 인간이 바라는 것이고, 악(惡)이란 불쾌이므로 인간이 싫어하는 것이다. 의지(意志)는 외적으로 결정되며 결정론(決定論)은 필연이다. 본질적으로 선한 것은 없고, 선악(善惡)·정사(正邪)는 상대적인 것이어서 국가와 법이 성립되었을 때에 그 판정의 기준이 생긴다. 인간은 본래 이기적이어서 '자연상태'에서는 아무 것도 금할 수 없고, 개인의 힘이 권리이다. 그러나 모든 사람이 자기 이익만을 끝까지 추구하는 자연상태에서는 '만인(萬人)의 만인에 대한 투쟁'이 있고, '사람은 사람에 대하여 이리[狼]'이기 때문에 자기 보존(自己保存)의 보증마저 없다. 그러므로 각자의 이익을 위해서 사람은 계약으로써 국가를 만들어 **'자연권'**을 제한하고, 국가를 대표하는 의지에 그것을 양도하여 복종하여야 한다고 자신의 ≪**리바이어던 Leviathan**≫(1651)에서 주장하였다.

17세기 말 영국에서는 명예혁명이 일어나 절대왕정이 무너지고 의회중심의 새로운 입헌정치가 발전하기 시작하였다. 이러한 변화를 반영하여 경험론 철학을 확립한 **존 로크**는 「**정부론**」(Two Treatises of Government, 1690)에서 새로운 민주주의 이론을 전개하였다. 그의 이론에 따르면 인간의 자연상태는 자연법이 지배하는 평등한 상태이며, 인간은 재산과 생명, 그리고 자유라는 자연권을 누리고 있었다. 인간은 이러한 자연권을 보다 더 확실하게 누리기 위하여 계약을 맺고 사회, 즉 국가를 형성하였다. 따라서 계약에 의한 국가의 성립은 자연권의 완전한 향유와 자연법의 원활한 실시를 위한 것이고, 권리를 양도한 것이 아니라 위임한 데 지나지 않는다. 그러므로 개인은 국가나 군주에 복종해야 하지만, 그것은 자연권의 완전한 향유를 위한 자유로운 동의에 의한 것이다. 따라서 지배자가 계약에 따른 위탁받은 권한과 한계를 넘어서 자연권을 유린 할 때 이에 반항하는 것은 시민의 자연권에 속한다. 이러한 로크의 주장은 명예혁명을 정당화하는 것이었고 그대 민주주의 사상의 가장 중요한 기반이 되었고, 18세기의 **계몽사상**과 **미국혁명**에 큰 영향을 미쳤다.

네덜란드의 **크로티우스**(Hugo Grotius, 1583－1645)는 이러한 자연법사상에 입각하여 **국제법의 필요성**을 주장하였다. 그는 30년 전쟁의 참상을 보고 「전쟁과 평화에 관한 법」을 저술하였다. 그는 전쟁터에서는, 야만인조차 부끄러워할 만행과 잔인한 행동이 기독교들 사이에 횡행한다고 개탄하고, 모든 국가가 지켜야 할 정의, 윤리, 즉 국제법을 제창하였다.

계몽주의 사상

계몽은 무지한 민중들을 이성으로 깨우친다는 의미이다. 16세기 영국과 네덜란드에서 일어나 18세기 말에 프랑스에서 전성하였다. 시민사회의 대두와 자연과학의 발달을 배경으로 합리적인 비판정신에 입각하여 기존의 종교, 사회, 정치의 인습과 전통의 속박에서 민중을 벗어나게 하려는 운동으로 발전하였다.

계몽주의 사상가들은 영국과 네덜란드 정부를 추종해야할 모범으로 생각하였다. 계몽주의 사상가들은 인간의 이성에 대한 절대적인 신뢰를 바탕으로, 인간이 스스로의 힘으로 사고하고 행동하며 결국 인간 사회를 진보시킬 수 있다고 보았다. 당연히 구시대의 정치, 종교, 사회, 사상 등에 대해서 비판적이었다. 특히 종교적으로는 무신론에 가까웠고, 정치, 사회적으로는 절대왕권의 전횡에 대하여 매우 비판적이었다. 계몽주의의 정신은 다음과 같은 구호에 잘 나타나 있다. “스스로의 힘으로 과감하게 사고하라!” 요컨대, 합리적 이성 이외의 그 어떤 판단 기준도 용납하지 않았던 것이다.

볼테르(Voltaire, 1694－1778)는 이신론의 입장에서 종교적 관용을 주장하였다. 그는 재치 있고 풍자적인 수많은 작품을 통하여 교회의 부패를 공격하고, 신앙과 언론, 그리고 출판의 자유를 주장하는 한편, 미신과 광신의 타파에 노력하였다. 정치적으로는 영국의 입헌정치를 동경하는 비교적 온건한 입장을 취하였다. 존로크의 정치론을 프랑스에 소개하였고, 그는「루이14세시대사」와「제국민의 습속과 정신에 관한 시험」등에서 왕, 전쟁, 궁정 등 종래의 정치중심의 역사를 비판하고 역사서술을 예술, 산업, 풍습, 사상 등으로 확대시킬 것을 주장하여 오늘날의 문화사를 제창하였다.

법률가인 **몽테스키외**(1699－1755)는「**법의 정신**」에서 3권 분립을 주장했다. 몽테스키외는 자유란 어디까지나 법이 허용하는 것을 행할 수 있는 권리를 뜻한다고 보았던 것이다. 따라서 **권력분립론**은 그러한 자유를 보장하기 위한 제도라고 할 수 있다. 누군가가 법이 허용하는 한도를 넘어서 권력을 남용한다면 결국 다른 누군가의 자유는 침해당하기 마련이다. 몽테스키외의 이러한 정신은 미국의 독립 혁명과 프랑스 혁명을 통해 실현된 것으로 평가받는다. 특히 <프랑스 인권선언> 제16조는 ‘권리의 보장이 확보되지 아니하고 권력의 분립이 규정되어 있지 않은 사회는 헌법을 가졌다고 할 수 없다’고 규정하고 있으며, 미국 헌법도 3권 분립의 정신에 입각하여 제정되었다.

쟝 자크 루소(1712 – 1778)

그는 스위스 제네바에 살았던 신교도인 시계공의 아들로 태어났다. 1742년에 파리로 와서 계몽주의 사상가들과 친교를 맺는다. 『엘밀(Emile)』(1762)에서 혁신적인 교육론을 주장하고, 『예술과 학문론』(1750)과 『인간 불평등 기원론』(1755) 등 평생 동안 많은 저서를 통하여 지극히 광범위한 문제를 논하였으나, 그의 일관된 주장 '인간 회복'으로, 인간의 본성을 자연상태에서 파악하고자 하였다. 인간은 자연상태에서는 자유롭고 행복하고 선량하였으나, 자신의 손으로 만든 사회제도나 문화에 의하여 부자유스럽고 불행한 상태에 빠졌으며, 사악한 존재가 되었기 때문에 다시 자연 상태의 인간의 참된 모습을 발견하여 인간성을 회복하지 않으면 안 된다는 것이다. 이와 같은 입장에서, 인간 본래의 모습을 손상시키고 있는 당대의 사회나 문화에 대하여 통렬한 비판을 가하였으며, 그 문제의 제기 방법도 매우 현대적이었다. 한편, 그의 작품 속에 나오는 자아의 고백이나 아름다운 자연묘사는 19세기 프랑스 낭만주의 문학의 선구적 역할을 하였다.

『사회계약론』에서 루소는 자연 상태에서 원래는 자유롭고 평등하던 인간이 자유의지에 따라 **사회계약**을 통하여 사회구성원 전체의 개별적인 의지의 집약인 동시에 그것을 넘어선 **일반의지**에 따를 것을 약속함으로써 국가가 성립한다고 주장하였다. 개인의지가 때로 사리사욕에 빠지는데 반하여 **일반의지는** 언제나 공동의 선과 공동이익을 추구한다. 이러한 일반의 의지의 표현이 바로 법이며, 일반의지의 행사가 주권이다. 그러므로 주권은 언제나 인민에게 있는 것이며, 불가분이요, 양도할 수 없는 것이다. 따라서 루소는 대의제 민주주의를 거부하고 순수한 직접 민주주의를 주창하였다. 그의 정치사상은 프랑스혁명에 영향을 주었을 뿐만 아니라 근대 민주주의 사상의 고전으로 널리 읽히고 있다.

그러나 그 일반의지의 형성조건 내지 성격에 관해서는 명확히 규정되어 있지 않다. 그것을 초개인적인 것으로 해석하면 헤겔의 **전체주의**와도 연결되고, 또 실제적으로 국민투표를 통한 다수의사에 의하여 형성된다고 보면 그것은 다수결원리에 의한 민주주의로 해석되기도 한다. 그러나 분명한 사실은 당시 역사적 현실의 과제가 절대주의의 타파와 시민사회의 확립이었음을 감안한다면 이 개념은 근대민주주의의 확립에 크게 기여하였다는 것이다.

디드로(1713 – 1784)와 **달랑베르**(1717 – 1783) 등 이른바 백과전서파는 새로운 과학적 지식과 계몽사상을 널리 보급시키려는 뜻에서 당대의 저명한 학자와 사상가 160명을 동원하여 정치적 억압을 극복하면서 총 33권에 달하는 **백과전서**를 편찬하였다. 이는 당대의 지식과 계몽사상을 집대성한 기념비적 사업이었다.

새로운 경제사상

계몽사상은 절대주의의 경제정책이었던 중상주의를 비판하는 새로운 경제사상을 낳았다. 프랑스의 케네(1694-1774)를 중심으로 한 **중농학파**는 중상주의가 금을 재산과 부의 원천으로 삼는 것을 비판하고, 토지와 농업을 재·부의 근원으로 삼았다. 그들은 또한 국가의 통제와 간섭이 자연에 어긋난다고 비난하고 **자유방임**을 주장하였다.

아담 스미스(1727-1790)는 **국부론**(1776)에서 자유방임주의를 더 강력하게 주장하고, 자유주의적인 고전경제학의 초석을 놓았다. 그는 중상주의를 더 체계적으로 비판하는 동시에, 재·부의 원천을 산업 각 분야에서의 상품을 생산하는 **노동**이라고 주장하였다. 각 개인이 자기의 이익을 추구하도록 방임하면 '**보이지 않은 손**'이 작용하여 사회전체의 복리를 통제나 간섭보다 더욱 증진시키게 된다고 하였다. 그리고 정부의 기능을 외적의 침입 방지, 사회질서유지, 공공기관의 유지라는 수동적인 경찰의 기능으로 제한하여야 한다는 **야경국가론**을 제창하였다.

제9장 시민혁명과 산업혁명

18세기 후반부터 19세기 초에 걸쳐 유럽과 신대륙은 격동의 시기, 즉 혁명의 시기를 맞아하게 된다. 신대륙의 미국혁명과 유럽의 프랑스혁명은 다 같이 민주주의를 지향하는 **시민혁명**으로서, 미국혁명은 아메리카 합중국이라는 새로운 근대적인 공화국을 탄생시키고, 프랑스 혁명은 전제적인 **절대왕정**을 타도하고 봉건제의 잔재를 청산하여 자유롭고 평등한 근대시민사회건설의 길을 열었다.

미국혁명과 **프랑스혁명**과 거의 같은 시기에 그것에 못지않게 중요한 산업상의 큰 변화가 영국에서 시작되고 있었다. **산업혁명**은 농업적이던 유럽사회를 산업화함으로써 산업사회로 전환케 하는 계기가 되었으며, 자본주의를 완성하여 유럽의 경제, 사회, 정치에 심대한 영향을 미쳤다. 16세기 이후 본격적인 발전을 하게 된 유럽의 근대화는 프랑스 혁명과 산업혁명을 계기로 완성단계에 들어서며, 19세기에 이르러 **근대 시민사회**와 **근대 국민국가**가 확립된다.

1. 미국혁명

식민지시대

영국의 식민지 개척은 17세기에 본격적으로 시작되었다. 종교적 탄압을 피하여 청교도를 비롯한 자유를 찾는 사람들이 신대륙으로 이주하였고, 경제적 부를 노린 모험자나, 국왕으로부터 특허장을 얻어 식민지 경영에 나서는 사람도 있었다. 18세기 초에 북아메리카의 동해안 일대에 13개의 영국식민지가 건설되었다. 13개 식민지는 비교적 빈부의 격차가 큰 편이 아니었고, 사회적 지위의 불평등은 있었지만 유럽에서처럼 신분제도 없었고 경제적 기회가 많아서 사회적 유동성이 두드러졌고 계급구조도 매우 유연하였다. 남부에서는 노예를 사용한 농장경영이 성행하였고 북부에서는 자영농민이 압도적으로 많았으며, 상공업도 발달하고 있었다.

영국은 식민지에 총독을 파견하고 있었지만, 실제정치는 **식민지 의회**를 중심으로 한 상류계층의 수중에 있었다. 식민지 의회는 토지 소유자에 한하여 투표권을 제한하였으나 투표권자의 수는 상당히 많았고 유럽대륙의 어느 의회보다도 큰 권한을 누리고 있었다. 1760년까지의 총독과의 권한 투쟁은 식민지 의회에 유리하게 해결되어 상당한 자유와 자치를 누리고 있었다. 이러한 전통 속에서 식민지인들은 고도의 공동체의식과 유대감을 가지게 되어 13개 식민지는 상호 간의 차이와 대립을 극복하고 본국정부에 대항하여 결합할 수 있었다.

식민지에는 본국의 법률이 적용되었고, 식민지의 무역은 본국의 이해관계에 의하여 제약을 받았고, 본국산업과 경쟁상대가 될 산업은 금지되었다. 그러나 7년 전쟁이 끝난 1763년까지 본국정부의 식민지에 대한 태도는 건전한 방임정책으로서 중상주의적 통제나 종교 등에 관한 본국의 법이 엄격하게 적용되지 않았기 때문에 식민지인들의 불만은 본국에 전면적으로 반항할 정도의 것은 아니었다.

혁명으로의 길

그러나 영국의 식민지 정책은 **7년 전쟁**이 끝난 후 크게 변하였다. 종전의 '건전한 방임' 정책을 포기하고 **과세**와 **중상주의적 통제**를 강력하게 실시하려고 하였다. 당시 영국왕 **조오지 3세**(1760－1820)는 왕권을 강화하고 정치에 관여하려는 정책을 식민지에 대해서도 적용하려 하였고 7년 전쟁에 승리한 영국은 7년 전쟁의 전비와 새로이 획득한 영토의 방위비를 비롯한 각종 비용을 신대륙에서 충당하기 위한 재정적인 고려에서, 식민지에 여러 명목으로 세금을 부과하였다.

그런데 1765년에 신문, 각종 책자, 법원 문서 등을 비롯하여 카드놀이의 카드와 학위증서에까지 인지를 첨부할 것을 규정한 **인지 조례**가 발표되자 식민지인들의 광범위한 분노와 강한 반대에 부딪쳤다. 즉, 식민지인들은 영국의 상품을 일체 사지 않기로 결의하고, "대표 없는 곳에 과세할 수 없다." 즉, 식민지는 본국 의회에 대표를 보내고 있지 않기 때문에 **본국 의회**는 식민지에 과세할 권리가 없다는 헌정적인 원칙을 내세우고 맹렬한 반대운동을 전개하여 **인지 조례를 철폐**시켰다.

이에 대하여 영국은 선언법을 채택하여 본국은 식민지를 통제할 법을 제정할 권리를 보유한다고 선언하면서, 1767년에 **타운젠드법**을 제정하여 차(茶), 종이류, 도료 등에 대하여 과세하였다. 그러나 이것 역시 식민지인들의 강한 반대로 체면상 차에 대한 세금만 남기고 나머지는 폐지하였다. 그러나 식민지인들은 **차세**를 본국정부의 식민지에 대한 계속적인 억압의 상징으로 보고 반항의 고삐를 늦추지 않았다.

1773년 겨울 보스턴 항구에 차를 싣고 정박 중이던 동인도 회사의 선박에 인디언으로 가장한 시민들이 난입하여 차 상자를 바다로 던진 이른바 '**보스턴 차사건**'이 발생하였으며, 영국은 이에 대한 보복으로 보스턴 항구의 봉쇄를 비롯한 일련의 강압적인 조치를 취하였다.

보스턴 차사건

이에 각 식민지 대표들은 1774년에 필라델피아에서 **제1차 대륙회의**를 열고, 본국 의회의 식민지에 대한 입법권을 부정하고, 영국의 국왕에 충성을 거부하고, 본국과의 통상을 단절하는 등 영국과의 모든 정치적 연결의 단절을 선언하자 사태는 매우 험악해졌다. 마침내 **1775**년 4월 보스턴 근교의 **렉싱턴**에서 영국군과 식민지의 민병대(총사령관 조지워싱톤)가 충돌하여 사태는 독립전쟁으로 발전하였던 것이다.

독립전쟁과 그 결과

식민지대표들은 1775년 5월에 **제2차 대륙회의**를 열어 본국과의 전쟁이 불가피함을 인정하고 **조오지 워싱턴**을 총사령관으로 임명하였다. 실질적인 전쟁지도를 담당하게 된 대륙회의는 전쟁준비를 추진시키는 동시에 1776년 7월 4일에 모든 인간은 평등하게 창조되었고, 양도될 수 없는 생명, 자유, 행복을 추구할 권리를 신에게서 부여받았다는 내용을 핵심으로 하는 **독립선언문**을 공포하였다. 독립전쟁이 시작되자 식민지인은 독립을 원하는 애국파와 영국을 지지하는 충성파로 갈라졌으나, 식민지인의 다수는 애국파를 지지하였다. 전쟁 초기에 불리했던 식민지군은 프랑스, 에스파냐, 네덜란드의 원조를 받아 전세를 역전시켰다. 영국은 **파리조약**(1783)으로 미독립을 승인하고 북은 5대호, 서는 미시시피 강, 남은 조지아의 지역을 그 영토로 인정하였다.

1783년 파리회담

2차 대륙회의

헌법제정

독립전쟁이 시작된 후 각 식민지는 식민지 시대의 정부조직을 바꾸어 저마다 헌법을 가진 독립국가가 되었다. 이러한 상황에서 대륙회의는 통합의 필요성을 절감하여 연합규약의 원안을 마련하여 1781년에 발효시켰지만, 연합규약에 따르면 미국은 13개의 독립국의 연합에 불과하였고, 연합의회는 과세권이 없고 연합에 대한 통제력이 없었다.

독립이 승인된 후에 강력한 중앙정부의 수립의 필요함을 인식한 연합 의회는 1787년 필라델피아에서 연합규약을 대신할 헌법제정회의를 열어 **몽테스키외**의 3권 분립의 원리에 입각한 공화제 헌법을 채택하여 각 주에 광범한 자치권과 권한을 인정하되, 중앙에 연합의회보다 훨씬 강력한 연방정부를 두기로 하였다. 1788년 발효하게 된 헌법에 따라 **1789**년 조지 워싱턴이 초대대통령에 선출되었고 아메리카 합중국(United States of America)이라는 새로운 공화국이 탄생하였다.

미국혁명의 성격

여러 가지 학설이 제기되었다. 혁신주의 역사가들은 미국혁명은 일반시민들이 자신들의 정치·경제적 지위향상을 위하여 토착귀족세력에 대하여 투쟁을 벌인 **사회혁명**으로 보았고, 이에 반하여 미국혁명의 본질은 자유의 추구였으며, 식민지의 자유와 재산을 수호하기 위한 **보수적인 운동**이었고 정치권력의 분포와 기본적인 사회구조나 제도에는 큰 변화가 없었다고 보는 견해도 있었다. 이와 같이 상반되는 양측의 견해를 절충하여 미국혁명을 18세기 후반의 프랑스 혁명을 비롯한 유럽의 혁명들과 본질적으로 동일한 **민주주의 혁명**으로 파악하려는 견해가 있다.

2. 1789년의 프랑스 혁명

프랑스는 루이 14세 말년부터 재정 곤란을 겪다가, 7년 전쟁과 미국의 독립전쟁 참전 등으로 루이 16세 때에 이르러서는 재정 파탄에 빠지게 되었다. 당시의 프랑스 사회는 **앙시앵 레짐**(구제도)이라 불린 봉건적 신분제도가 엄격하게 유지되고 있었다. 즉, 약 2천7백만 명의 총 인구 중 특권신분으로서, 십만 명을 넘지 않는 성직자(제1신분)와 약 4십만 명 정도의 귀족(제2신분)은 토지와 관직을 독점하고 면세의 특권을 누리고 있는 데 반하여, **제3신분**인 농민과 상공 시민은 봉건적 부담과 속박에 얽매여 있었다.

그런데 제3신분 중에서 대다수를 차지하는 농민은 농노신분으로부터 해방되어 자유로운 몸이긴 하였으나 공납을 영주에게 바치고 있었고, 18세기 후반에는 이른바 '**봉건적 반동**'으로 그 부담이 오히려 더 무거워졌다. 뿐만 아니라 그들은 국가 세금의 대부분을 부담하면서도 한편으로는 도로부역과 같은 무보수의 노동력을 제공하고 있었다. 한 연구에 의하면, 프랑스혁명 전 농민의 세금과 공과부담은 농가소득의 약 81%에 달하였다고 한다.

그리고 높은 교양과 경제력을 가진 상공시민은 당시 유포되고 있던 **계몽사상**을 받아들여 현상 타파에 대한 열망을 품고 있었으며, 실질적으로 사회의 주인공이 되어가고 있던 시민계급이 귀족적이고 봉건적인 앙시앵 레짐(프랑스 혁명전의 구제도)과 이를 떠받치고 있던 절대왕정을 타도하려고 나섰을 때 농민들도 그 뒤를 따라 나선 것이 프랑스혁명인 것이다.

경 과

왕실의 재정위기가 혁명의 발단이 되었다. 미국의 독립전쟁에 참전은 국가재정을 더 어렵게 만들었다. 1788년 흉작으로 식량 공급이 부족하여 밀가격 폭등하자 도시민과 농민의 불만이 증대되어 있는 상황에서 루이 16세의 우유부단한 처신은 정치적 위기를 초래하였다. 정부는 납세자의 수를 늘리고 공평과세를 추진하려했지만 특권층의 저항으로 실시되지 못하여 재정난과 정치적 혼란은 가중되었다. 귀족들이 장악하고 있던 고등법원은 개혁안에 반대하여 3부회의 소집을 요구하였다.

위기를 타개하기 위한 **삼부회의**가 소집되었지만 성직자들과 귀족들은 신분별 분리된 토의와 표결을 요구했고, 제3신분 대표들은 공동논의와 머릿수에 따른 표결을 요구하면서 베르사유의 궁전에 진을 치고 대치하기 시작했다.

루이 16세는 굴복하여 국민의회의 개최를 결정했는데 1789년 7월 14일 폭력시위가 발생하자 군대를 동원한 진압 움직임에 대항하기 위하여 파리 시민들은 **바스티유 감옥**을 습격하였고 폭력사태는 프랑스 전역으로 확산되었고 귀족들과 성직자들 국외로 피신하여 사회 무질서와 공포가 확산되었다.

1789년 8월 4일에 제헌의회가 소집되어 구체제(앙시앙 레짐)의 소멸을 가결시켜서 귀족의 특권을 폐지하였고, 3주후 제헌의회는 인간의 자유·평등, 국민주권, 법 앞의 평등, 사상의 자유, 과세의 평등, 소유권의 신성 등 신질서의 기본적인 모든 원칙을 명시한 **'인간 및 시민의 권리선언'**[10]을 채택하였고 1791년에 헌법을 제정하여 **입헌군주제**를 채택하고 일정한 액수의 세금을 납부해서 선거권을 얻은 사람들에 의해서 의회가 선출되었고, 프랑스 교회는 교황에 대해서 약화된 권위만을 인정하는 방향으로 재조직되었고, 성직자들의 재산은 국가에 의해서 몰수되고 경매 처분되었고, 지역에서 선출된 주교와 사제는 국가로부터 봉급을 받도록 개혁되었다

외세의 개입

프랑스 귀족들이 대거 망명해 있던 **오스트리아**는 프랑스 혁명을 저지하기 위하여 개입했다. 1791년 6월 왕가의 탈주와 체포사건은 루이 16세와 처남·매부간인 **레오폴트**를 격앙시켰고, 드디어 이런 행동을 취하게 되었던 것이다. 오스트리아의 레오폴트 황제는 프로이센 국왕과 회동한 뒤에 프랑스혁명에 대한 간섭의지를 밝혔으며, 이것은 오히려 프랑스인들의 민족적 자존심에 상처를 주어 단결하게 만드는 계기가 되었다.

공화정을 선포한 프랑스는 1792년 4월 20일 오스트리아에 선전포고를 했고, 프로이센은 오스트리아에 가담했다. 혁명정부는 레오폴트를 폭군이라 부르면서 오스트

---

10) 라파예트 등이 기초하였다. 전문(前文) 및 17조로 되어 있는데, 제1조에서 "인간은 나면서부터 자유로우며 평등한 권리를 가진다"라고 하여, 인간의 자유와 권리의 평등을 내세우고 있다. 그밖에 압제에 대한 저항권(2조), 주권재민(主權在民: 3조), 사상·언론의 자유(11조), 소유권의 신성불가침(17조) 등 인간의 기본권과 근대 시민사회의 정치이념을 명확히 표현하였다. 이 선언의 근본사상은 근세의 자연법 사상과 계몽사상을 통해 자라난 인간해방의 이념으로서, 인간의 자연적 권리(자유·소유권·안전 및 압제에의 저항)의 존재를 전제로 하고, 이를 보전하기 위하여 정치적 결합, 즉 국가의 형성을 인정하며, 국가 형성의 기본원칙으로서 시민적 제권리(주권재민·권력분립·법률제정권 등)를 보장하는 내용으로 구성되었다. 이 인권선언은 1891년의 프랑스 헌법을 비롯하여 그 후 세계 여러 나라의 헌법 및 정치에 크게 영향을 미쳤다.

리아와·프로이센과의 전쟁을 "폭군에 대한 국민의 저항"으로 인식했으며, 왕당파를 제외한 정치적 다툼을 계속하던 각 정파도 오스트리아와 전쟁에는 찬성하고 있었다. 그러나 프랑스군은 전혀 준비가 되어 있지 않았다.

1791년 7월, 연합군 사령관 브라운쉬비그 공은 "파리를 점령하겠다"고 프랑스를 위협했는데, 겁을 주려고 했던 행위가 오히려 프랑스인들을 단결하게 만들었으며, 이는 '**국민의용군**'이라는 형태로 나타난다. 1792년 9월 20일, **발미 전투**에서 프랑스의 "오합지졸" 국민의용군은 잘 훈련된 연합군을 처참하게 격파했으며, 이후 혁명은 루소의 영향을 받기 시작한다.

제1공화정 선포

루이 16세가 오스트리아로 도망가다가 바렌느에서 체포된 이후 혁명정부는 1792년 9월 22일에 공화정을 선포하고 루이 16세에게 반역죄를 적용하여 1793년 1월 16일 사형에 처하자 영국과 러시아 등 다른 보수주의 국가들의 정책에 큰 변화를 가져온다.

루이 16세의 처형 장면

영국의 경우 이미 발미 전투 이후 프랑스의 벨기에 진출에 대해 큰 분노를 느껴오던 터에 왕의 처형소식이 전해지자 초기에 우호적인 정책이 급변한다. 국왕을 처형했다는 것은, 왕과 왕권에 대한 도전을 의미하는 것이다. 영국은 1793년 2월 1일 유럽의 각국들과 동맹을 체결한다. 이것이 **제1차 대불동맹**이다. 프랑스혁명의 여파를 제대로 이해하지 못한 각국 군주들은 프랑스혁명의 저지보다는 자국의 이해타산과 다른 나라의 견제에 더 관심이 있었다. 따라서 이 동맹은 매우 취약할 수밖에 없었다.

당시 프랑스는 반혁명세력과 혁명세력간의 대치 그리고 혁명세력 내의 여러 정파 간의 갈등 등 각 정파 간 분열이 심했으며 거기에 경제적 혼란도 가중되고 있었다. 그래서 이런 문제를 해결하기 위해 공안위원회를 구성하는데, **로베스피에르**가 이것을 자파의 독재정치의 도구로 장악해버리고는 공포정치를 실시한다.

3. 나폴레옹의 등장

장교의 대부분을 차지하는 귀족들이 도망쳤기 때문에 장교가 부족하자 혁명정부는 전쟁수행을 위해 능력본위로 장교를 선발하고 승진시켰으며, **국민개병제**를 실시하여 애국심으로 무장된 막강한 군대를 가지게 된다.[11] 이러한 군사력을 배경으로 1794년 이후 계속 전쟁에서 승리를 거두었으며, 특히 **나폴레옹**이 사령관으로 있던 이탈리아가 가장 상황이 좋았다.

나폴레옹

보나파르트 나폴레옹은 승리 이후 약탈한 물자를 프랑스로 보내 혁명가들로부터 유능한 장교라는 평판을 얻었으며, 그는 이탈리아에 이어 이집트를 석권하여 영국을 굴복시키고자 이집트를 침공하는데, 거기서 그는 많은 문화재를 약탈하여 프랑스로 보내 **이집트학의 기초**를 닦는데 기여한다. 이러한 승리 뒤에 혁명정부는 1795년에 바셀에서 프로이센과 잠정적인 평화조약을 맺는다.

제2차 대불동맹

러시아가 개입하여 오스트리아와 프로이센이 다시 연합하여 나폴레옹이 이집트에 가 있는 틈을 타 이탈리아를 탈환하고 프랑스를 위협하는 한편 영국은 알렉산드리아에 정박해 있는 프랑스함대를 전멸시킨다.

이 소식에 접한 나폴레옹은 즉각 귀국하여 **쿠데타**를 일으켜 제1통령으로 정권을 장악한다. 오랜 전쟁과 경제난, 무능한 정치인들에 염증을 느낀 나머지 강력한 지도

11) 나폴레옹도 이때 등용되었다.

자를 원했던 프랑스인들은 이 혁명을 지지했다. 나폴레옹은 1804년에 황제로 등극하여 프랑스 황제임을 선언한다.

제3차 대불동맹(1805년)

영국이 주도로 영국, 러시아, 오스트리아, 프로이센 사이에 제3차 대불동맹이 맺어졌고 대규모의 지상군을 가지지 못한 영국은 주로 돈을 지원했고, **트라팔가 해전**에서 프랑스 해군을 궤멸시켜 나폴레옹의 영국침입기도를 꺾어 놓았다. 이 소식에 접한 나폴레옹은 오스텔리츠에서 오스트리아·프로인센·러시아 연합군을 철저히 궤멸시켜버렸다. 이후 제3차 대불동맹은 깨졌으며 프랑스는 베네치아를 차지하고 신성로마제국을 해체시키고 점령지역에 **라인연방**을 수립하여 자신의 보호 하에 두었다.

제4차 대불동맹과 틸지트 조약

나폴레옹의 침략에 위협을 느낀 프로이센이 1806년 7월 영국, 러시아, 스웨덴 등과 더불어 **제4차 대불동맹**을 결성하고, 10월 9일 프랑스에 선전포고를 하였다. 그러나 10월 14일 프로이센군은 대패했고, 나폴레옹은 10월 27일 베를린에 입성하였고, 11월에 **대륙봉쇄령**을 발표했다.

프랑스군은 프로이센을 구원하러 온 러시아군을 격멸했다. 1807년 2월, 러시아 황제 알렉산드르 1세와 나폴레옹은 네만 강에 띄운 뗏목에서 협상하여 전후 처리를 위한 **틸지트 조약**을 체결했다. 1807년 2월, 러시아 황제 알렉산드르 1세와 나폴레옹은 네만 강에 띄운 뗏목에서 회견하였다. 이어서 프로이센 왕과는 7월에 화약이 성립되었다. 조약에는 엘베강 좌안 전역이 웨스트팔리아 왕국으로 되고 나폴레옹의 아우 제롬이 원수(元首)로 취임한다는 것과 단치히는 자유시가 된다는 것, 또 구폴란드령에 **바르샤바 공국**이 건설되고 작센 왕이 지배자를 겸한다는 것 외에 방대한 보상금과 군비의 제한이 프로이센에게 부과되었다.

대륙봉쇄와 스페인

트라팔가 해전에서 고배를 마신 나폴레옹은 영국을 굴복시키기 위해 다른 수단을 하지 않을 수가 없었다. 그래서 나온 것이 대륙봉쇄령인데, 해외식민지가 많았던 영국에게는 별로 타격을 주지 못했고, 오히려 대륙 국가들에게 더 피해가 커서,

나폴레옹과 프랑스에 대한 반감만 높아갔고, 결국 대륙 봉쇄령은 나폴레옹의 몰락을 가져왔다. 나폴레옹은 스페인을 굴복시키기 위해 동생을 스페인 왕으로 삼았으나, 스페인 민중들은 게릴라전을 펼쳐 그의 군대 중 25만 명의 발을 묶어놓았다.

트라팔가 해전

제5차 대불동맹

나폴레옹이 스페인에서 고전하는 것을 목격한 오스트리아는 영국과 **제5차 대프랑스 동맹**을 결성하여 1809년 4월 9일 오스트리아군은 프랑스군을 공격했다. 그러나 오스트리아 군은 나폴레옹의 신속한 반격에 패배했고, 프랑스 군은 5월 13일 빈으로 입성했다. 오스트리아군 주력은 도나우 강 북쪽으로 후퇴했다. 그 후 프랑스군은 **바그람**(5일~6일)에서 오스트리아군에 승리했다. 10월 14일 프랑스는 오스트리아와 **쇤부른 조약**을 체결하고, 영토할양과 거액의 배상금을 얻어냈다.

보수주의국가들의 대응(1808~1812)

러시아의 **알렉산드르 1세**는 나폴레옹의 러시아 침략에 대비하여 다른 유럽국가들과 반프랑스 전선을 결성하려고 시도했고 프랑스 대사로 있으면서 나폴레옹을 잘 살펴볼 수 있었던 오스트리아의 **메테르니히**는 수상이 된 후에 나폴레옹을 회유하기 위해 레오폴트 왕을 설득하여 황녀인 라루 루이제를 나폴레옹의 황비로 보냈다.

나폴레옹 시대의 유럽

러시아 침공과 나폴레옹의 몰락(1812~1814)

러시아가 대륙 봉쇄령을 무시하고 있다는 이유로 1812년 나폴레옹의 군대는 러시아를 침공한다. **쿠투쵸프** 장군이 지휘하는 러시아군은 **보로지노 전투**에서 패하자 모스크바 소개작전을 펼치면서 초토화 작전으로 맞선다. 모스크바 입성 후 나폴레옹은 알렉산더1세의 평화제의를 기다리나 알렉산더의 평화제의는 오지 않고 겨울장비와 식량이 부족한 프랑스군에게 치명타인 혹독한 추위가 몰려오고 있었다. 러시아 각 지역에서 군민으로 구성된 **파르티잔 부대**가 프랑스 병참대를 습격하여 타격을 가한다. 보급품이 제대로 공급이 안 되었고 추위가 몰려오자 준비가 안 된 프랑스군은 철수하는 수밖에 없었고 러시아군은 후퇴하는 나폴레옹 군대에 공격을 가하여 타격을 입힌다.

쿠투쵸프 장군의 모스크바 철군결정

보로디노 전투

제6차 대불동맹

자신감을 갖게 된 알렉산드르 1세는 1813년에 영국·스웨덴·프로이센·오스트리아와 함께 **제6차대불 동맹**을 결성하고 프랑스 제국에 대한 전쟁을 시작하였다. 독일의 라이프치히에서 대승을 거둔 후 알렉산드르 1세는 **채티본**을 파견하여 나폴레옹과 협상을 시도한다. 채티본은 힘의 균형에 입각한 평화를 수락한다면 전쟁을 그만두겠다는 제안을 하나, 나폴레옹은 이를 거부했다.

1813년 3월 **쇼오몽**에서 영국·프로이센·오스트리아·러시아간에 **4국 동맹**이 체결되어 나폴레옹과 결전을 결의하고, 어느 국가도 나폴레옹과 단독평화협정을 맺지 않을 것과 전쟁의 목적을 유럽에서 힘의 균형을 회복시키는데 합의를 했다. 1813년 3월 31일 4개국 연합군은 파리에 입성한다. 러시아의 황제 알렉산더 1세는 나폴레옹에게 양위를 요구했고, 부르봉 왕가를 복고시키고, **엘바 섬**으로 유배된 나폴레옹은 황제의 칭호를 유지한 채 매년 충분한 생활비 지급을 약속받았다.

나폴레옹 군대의 후퇴

러시아 군의 파리입성

제7차 대불동맹

부르봉 왕가가 복구되어 프랑스 왕으로 즉위한 **루이 18세**의 시대착오적인 통치에 대해 민중은 점차 불만을 품기 시작했다. **1815년** 나폴레옹은 엘바 섬을 탈출하여 파리로 돌아와 복위하는 데 성공한다. 나폴레옹은 자유주의적인 새로운 헌법을 발표하여 자신에게 비판적인 세력과의 타협을 시도했고, 연합국에게도 강화를 제안했지만 거부당하여 또다시 전쟁을 하게 되었다. 복원된 나폴레옹 군에 대응하여 영국, 러시아, 프로이센, 오스트리아가 중심이 되어 **제7차 대불동맹**이 결성되었다.

초반에는 승리를 했으나, **워털루 전투**에서 영국과 프로이센의 연합군의 공격으로 완패하여 **백일천하**는 끝났다. 나폴레옹은 다시 퇴위되었고, 미국으로의 망명도 시도했지만 항구 봉쇄로 단념하였고, 최종적으로 영국 군함에 투항하였다. 영국 정부는 **웰링턴 장군**의 제안을 받아들여 나폴레옹을 남대서양의 한가운데에 있는 **세인트헬레나**에 유폐시켰다.

제10장 자유주의와 민족주의의 확산

유럽의 근대사회는 프랑스혁명과 산업혁명을 계기로 19세기에 확립되었다. 프랑스 혁명으로 자유주의와 민족주의가 확산되었고, 산업혁명으로 산업화가 진행됨에 따라 노동문제와 사회문제가 대두되기 시작했다. 나폴레옹 몰락 후에 한 때 유럽에는 보수적이고 복고적인 **비인체제**가 수립되어 자유주의와 민족주의가 억압된다. 그러나 1820년대에 중남미 여러 나라가 독립을 확보하고, 그리스가 독립을 쟁취하는 등 비인체제에는 틈이 생기고, 1830년에는 **프랑스의 7월 혁명**이 발생하였고, 그 이후 산업혁명이 유럽에 전역으로 확산되었고 1848년에 **프랑스 2월 혁명**이 일어나 비인체제는 붕괴된다.

2월 혁명은 자유주의의 위대한 승리였으나 나폴레옹 3세의 제2제정이 수립되어 후퇴하게 되었고 독일과 이탈리아에서의 자유주의적인 통일운동이 좌절된다. 영국만이 개혁을 통한 자유주의를 발전시켜 나갔다. 19세기 후반에 접어들면서 이탈리아와 독일의 통일이 이루어졌고, 러시아에서도 농노해방 등 대개혁이 단행되지만 차르체제를 전복시키려는 혁명운동이 일어난다.

1. 산업혁명

산업혁명이란 용어는 문명사가인 아놀드 토인비가 옥스퍼드 대학의 바리올 칼리지에서 행한 산업혁명 강의를 통해 널리 알려졌는데 그의 이 강의는 『Lectures of Industrial Revolution』란 책으로 출판되었으며 이 강의에서 그는 산업혁명이 노동자들의 생활을 악화시켰다고 하여 이것을 비관적으로 보았다. 그러나 산업혁명이란 용어는 토인비 이전인 1860년대에 칼 마르크스가 그의 저서 『자본론』에서 이미 이 용어를 이미 사용하였으며 최근의 연구는 이 용어가 1820년대에 프랑스에서 최초로 사용되었다는 것을 밝혔다.

산업혁명은 정치적으로 부르주아 혁명을 이룬 세력이 경제적으로 기반을 마련한 것으로 볼 수 있는데 정치적인 프랑스 혁명 보다 후대에 더 많은 영향을 미친 사건으로 평가되어진다. 그러나 이 '혁명'이라는 용어에 대해서는 이 시기에 일어난 그렇게 혁명이라 부를 만큼의 급격한 변화가 있었느냐는 논의가 계속되어 혁명을 인정하지 않는 층은 '근대화(Modernization)'라는 용어를 사용하고 있으며 현재까지도 이 용어에 대한 비판과 검토가 가해지고 있다. 그리고 시기문제에 있어서도 대략 1760년에서 1840년까지로 보고 있으나 학자에 따라서는 이견을 보여 시작 연대에 대해서는 1770년, 1780년 설이 있으며 끝난 시기에 대해서도 다른 견해들이 있다. 하지만, 어쨌든 시기적으로 80년에 걸쳐서 일어난 일을 혁명으로 볼 수 있는가 하는 문제는 여전히 제기된다고 할 수 있다.

산업혁명에 대한 정의에 대해서는 1760년대 이래 자본과 기계의 힘에 의하여 종래의 수공업과 공장제 양식이 혼합된 방식인 공장제 수공업(Manufacture) 단계의 생산 양식을 대규모 공장제 생산양식(Factory system)으로 전환시켜 상품을 대량생산하여 산업뿐만 아니라 인류의 사회생활 전반에 일대 변혁을 가져온 산업상의 변화라고 말할 수 있다.

시기 문제에 대해서는 그 시작 연대로 먼저, **1760년대**를 잡는 경우는 이 시기에 많은 작업 기계들이 발명 된 것을 산업혁명의 원인으로 보고 이때를 시작기로 잡는 것이다. 다음으로 1770년대를 시작 시기로 보는 경우에는 1774년에 '기계 수출 금지령'이 내린 것을 사회 내에서 기계의 적용이 이루어진 반증으로 보고 시작기로 보는 주장과 1776년에 **아담 스미스의『국부론』**이 저술되어 이것으로 새 시대가 시작한 것으로 보는 주장이 있다. 그리고 1780년대에는 많은 기계들이 특허를 얻은 시기로서 이 시기를 시작 년대로 보는 주장도 있다. 이 강의에서는 많은 기계들이 발명된 1760년대를 시작기로 본다.

산업혁명의 종결 시기에 대해서는 많은 사람들이 1840년대로 보고 있는데 '기계 수출 금지령'을 산업혁명의 시작으로 주장하는 사람들의 경우는 1843년에 기계 수출 자유화 조치가 시행된 것을 정확한 산업혁명의 종결기로 보고 있다. 즉, 이것은 자신들이 기계로써 어느 정도 기반을 잡았다는 반증이므로 산업혁명의 끝으로 볼 수 있다는 것이다. 이처럼, 산업혁명의 완성으로 상품과 원료의 수송을 위한 **철도 시대**가 열렸으며 공장에서 일하는 어린이, 여자 등의 작업 환경의 개선을 위해 '**공장법**'이 제정되었다.

영국은 세계에서 최초로 산업화가 자생적으로 진행되었는데 그 원인 중에 내적 원인으로는 먼저, 자본이 축적되어 있었다는 주장이 있다. 즉, 다른 국가보다 먼저 봉건제가 해체되고 독립 자영농(Yeomenry)과 중소 지주계급(Gentry) 등이 등장하여 이들이 자수성가해서 금욕적인 생활을 함에 따라 자본이 축적되었다는 것이다. 그리고 해외에 나가서 중상주의에 성공하여 **상업자본**이 형성된 것도 자본 축적의 원인으로 들 수 있는데 해외 진출에 대해서는 당시 영국의 상속법상 장자만이 모든 유산을 상속받음에 따라 차자 이하는 독립생활을 해야 했고, 그들은 자연히 해외로 나가게 되었다는 설명이 있다.

자본의 축적과 함께 또 들 수 있는 원인으로는 저렴한 노동력이 있었다는 것을 들 수 있다. 영국은 18세기 전반부터 급격한 자연적인 인구의 증가가 있었으며 '농업혁명(Enclosure Movement)'이 발생하여 자본주의적인 농업이 성행함에 따라 많은 농민들이 농토로부터 추방되어 도시의 산업 예비군화 한 것이 저렴한 노동력 존재의 원인이라 할 수 있다. 그리고 이외에도 영국에는 철과 석탄 등의 지하자원이 풍부했다는 주장과 베이컨의 경험 철학 이래로 실용적인 학문 연구의 경향이 일반화되어 있었다는 것을 원인으로 들 수 있다.

영국 산업혁명의 외적 원인으로는 영국은 식량을 자급하기 어려우므로 자신들의 생산물을 수출하고 외국에서 식량을 수입함에 따라 일찍부터 양모와 백포(염색하지 않은 모직물) 등의 수출 공업이 발달하였다는 주장이 있다. 그리고 산업혁명 직전에는 모직물 대신 면제품이 수출의 주요 품목으로 성장하였는데 이 수출 과정에서 면제품의 원료인 목화는 아열대 식물임으로 면제품을 위한 원료는 다른 나라(이집트, 미국, 인도)에서 수입하여 이것을 가공하여 수출하거나 가공전의 인도 백포(Calico)를 수입하여 이것을 다시 가공하여 수출하였다. 그러나 이런 방법으로는 수출의 수요를 충당하지 못 하므로 원료 구입 대가로 과거에 모직물을 지급하던 것을 노예를 지급하는 것으로 바꾸게 된다. 하지만, 노예무역에 대해 비판의 목소리가 높아지자 원면을 수입하여 면제품이 수출의 주종이 되었고 원면 생산국인 인도는 파산하게 된다.

이처럼 모직물 위주의 수출에서 면제품 위주의 수출로 전화되는 과정에서 섬유공업에서 먼저, 산업혁명이 일어난다. 그리고 영국은 외국에 상품 시장과 원료의 공급지 구실을 하는 식민지가 많았던 것을 산업혁명의 원인으로 볼 수 있다. 즉, 원면을 받아 면제품을 만들어 수출하면서 영국의 산업혁명은 시작되는데 이렇게 되기 위해서는 기계의 발명, 동력의 발명, 소재의 발명과 같은 몇 가지 조건이 필요하다.

면공업 기계의 발명으로는 먼저, 목화에서 실을 뽑는 기계가 가장 중요하고 가장 필요한데, 먼저, 나타난 것은 천을 짜는 기계로서 John Key에 의해서 Flying Shuttle이라 불리는 직포기가 1733년에 발명된다. 이 기계는 실이 모자랄 정도로 빨리

실을 뽑았다고 하는데 이 기계의 뒤를 이어 섬유 기계의 4대 발명이라 불리는 기계들이 속속 나타난다. 먼저, J. Hargrevs에 의해서 Jenny 방적기가 1764년에 만들어진다. 이것은 다축 방적기로서 과거보다 많은 양의 실을 생산할 수 있게 된다. 그러나 이것은 위사 즉, 날실을 뽑는 방적기로서 1769년에 R. Arkwright에 의해 경사 즉, 씨실을 뽑는 수력 방적기가 발명되자 직포기가 감당하지 못 할 정도의 실이 생산된다. 그리고 1779년에 사물엘(Samuel)과 크롬톤(Crompton)에 의해 물레(Mule) 방적기가 만들어지는데 이것은 경·위사 모두를 뽑는 것이었다. 그러던 것이 에드몬드 카드라이트(Edmond Cartwright)에 의해 1785년에 제임스 와트의 증기 기관을 이용한 동력직기가 만들어지자 실과 천의 대량 생산이 가능해졌다. 그래서 1810년에는 대량생산이 이루어져 면제품이 제1위의 수출 상품으로 발달하였고 이것이 세계를 휩쓸게 된다. 그리고 이것들과 함께 1793년에 미국에서 E. Whitney에 의해 씨를 뽑는 기계인 씨아가 발명되어 원면에서 씨를 뽑는 작업이 한결 쉬워지게 된다.

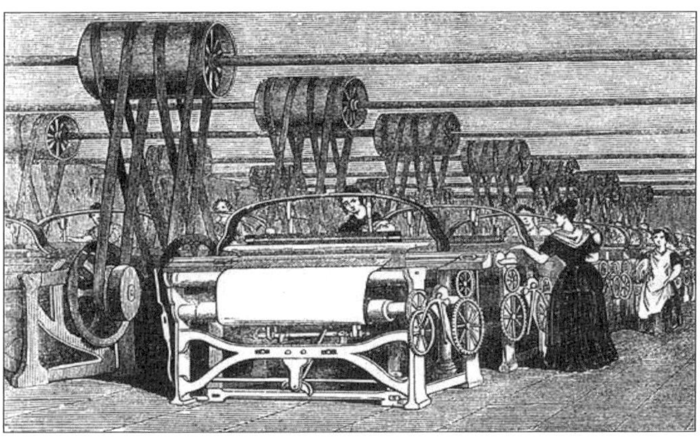

산업혁명기의 방직공장

이러한 면공업의 발달은 세계 자본주의의 형성에 영향을 미치는데 원면은 비유럽지역에서 생산되기 때문에 면공업은 그 자체로써 세계성을 띠고 있는 것이다. 즉, 아메리카와 인디아 이집트가 원면의 생산국으로 영국에서 건너온 이주자들은 미국의 남부에 대규모의 '목화농장'을 만들었고 이곳에서는 면화의 수확을 위해 막대한 노동력이 필요하게 됨에 따라 이것을 위해 영국은 아프리카에서 노예를 수입하게 되는데 이것은 유럽, 아메리카, 아프리카가 한 경제 범위에 포함되는 것을 의미한다.

그리고 상품으로서의 면제품은 유럽은 물론, 아메리카, 멀리는 아시아에까지 침투해감에 따라서 면제품이란 상품은 세계를 하나로 묶어 주는데 이것은 세계 체제로서의 자본주의가 성립되는 것을 의미한다.

이와 함께 관련 산업들도 발달하는데 면공업의 기계화는 기계의 수요를 증대시켜 기계를 만들기 위해 철공업이 발달하는 것을 한 예로 들 수 있다. 이러한 철공업의 발달은 1820년대에 절정을 이루는데 이것은 나폴레옹 전쟁과 또한 연관이 있다. 즉, 1805년에서 1815년 사이에 영국은 무기 제작에 치중하여 철공업이 발달하는데 이것이 전쟁 후에도 남아 기계 공업 발달에 기여하였다. 이와 함께 기계를 돌리기 위한 동력, 즉, 당시로는 석탄 산업이 발달하게 된다. 영국은 석탄이 풍부한 나라로서 이미 16세기부터 석탄이 사용되기 시작하여 18세기에 이르면 채굴이 쉬운 지상의 석탄 즉, 노천석탄광은 이미 고갈상태에 빠지게 되고 점차 지하 채광이 이루어지게 되고 지하 채광 과정에서 지하수에 대처하기 위해 펌프 등이 발달하는데 이것은 동력과 운송 수단의 발달로 이어진다.

이 시기의 가장 중요한 발명의 하나로 산업혁명을 위한 동력으로써 나타났던 **증기기관의 발명**을 들 수 있는데 이것은 1769년에 **제임스 와트**에 의해서 만들어진다. 그는 스코틀랜드 출신으로 글래스고우 대학에서 수학 교재를 만드는 기술자였는데 광산에서 물을 퍼내기 위해 동력을 이용하는 것을 연구하다가 증기 기관을 발명하게 된다. 그리고 1781년에는 이것을 더욱 개선하여 최초 발명에서 상하 운동하는 피스톤을 회전하도록 만든다. 이로써 값싼 석탄의 대량 생산이 가능하게 되었다. 그리고 이러한 석탄의 운송을 위해 많은 운하를 파는데 1790년대는 운하의 붐 시대를 맞게 되고 이러한 문제는 철도가 나타나면서 완전히 해결된다. 철도의 등장은 철공업, 증기 기관의 등장과 함께 **운수혁명**이라고도 할 수 있는데 1776년에는 최초로 레일이 사용되었고 1806년에는 증기 기관차가 최초로 발명되었으며 최초의 철도는 1830년에 공장지대인 맨체스터와 항구인 리버풀을 잇는 노선이었다. 그러나 최초의 철도는 속도가 무척 느려 기관차와 말이 경주하는 일도 있었다. 그리고 해상 운송의 부문에서도 1814년에 최초의 증기선이 등장하였다.

그래서 1840년대에는 산업혁명이 일단 완성되는데 **증기기관**이라는 동력을 이용하여 동력 직기, 수력 방적기라는 작업 기계에 의해 작업이 이루어지고 기계에 의한 기계의 제작도 이루어지게 된다. 이로써, 빅토리아 여왕 전성기의 영국은 '**세계의 공장**'으로 불리게 된다.

산업혁명의 결과

산업혁명은 시민 혁명과 함께 근대 시민 사회의 성립에 있어서 겪어야할 도정일 뿐만 아니라 시민 계급의 사회·경제적 기반을 확립하는 과정이었고 자생적인 영국의 산업혁명은 세계 산업의 전제 조건이 되었고, 후발 국가들의 모델이 되었으며 산업혁명 그 자체는 풍부한 물질생활을 가져와 서양 물질문명을 건설하는 원동력이 되었다. 그리고 산업혁명은 자본주의라는 세계 경제 체제를 확립하여 세계를 지배 종속 관계 하에 놓이게 만들었으며 자본가와 노동자라는 두 개의 사회 세력을 형성시켜 새로운 사회 문제를 야기시켰다.

2. 자유주의와 민족주의 발전

자유주의는 개인주의적 사회관과 인간관을 가리키는데 여기서 개인주의적 사회관이란 개인이 사회나 집단보다 우선하는 것을 의미하며 개인주의적 인간관이란 인간은 자율적이라고 보는 것을 말한다. 그리고 개인주의는 집단, 사회, 국가 등과 개인 중에서 어느 것이 우선이냐는 철학적 문제에서 개인의 권리와 자유를 우선시 하는 것을 말한다. 이러한 자유주의가 추구하는 것은 소극적으로는 개인의 권리와 자유를 국가 권력과 사회로부터 보호하는 것이고 적극적으로는 리더십이나 사회의 구원, 모든 독창성 등이 개인으로부터 나온다고 믿고 반집단주의, 반엘리티즘 등을 주장하는 것이다. 그래서 이 시기에 나타난 **비인반동체제**는 극단적인 집단주의라 할 수 있다.

자유주의와 함께 19세기를 이끈 또 하나의 사상은 바로 **민족주의**였다. 그러나 이것은 역사상에서 볼 때 3가지의 의미를 지니는데 Nation이라는 용어는 Nation－State를 국민국가라고 부를 때와 같은 '국민'의 의미와 '국가' 그리고 '민족'의 의미를 같이 지니는 것이었다. 그리고 역사적으로는 국민(주의)－국가－민족의 순서로 사용되었는데 19세기에 발생한 최초의 Nationalism은 19세기 후반까지 "국민주의"로 사용되었다. 그리고 19세기 말에서 20세기 초까지의 기간 동안에 제국주의와 결합된 Nationalism은 '국가주의'의 의미를 지니는 것이었고 1945년 이후 식민지와 민족적 분열이 있는 지역에서 추구한 Nationalism이 '민족주의'이다.

민족주의에 대한 정의로는 먼저, 이것이 자유주의와 함께 **근대국민국가** 성립의

2대 사상이요, 이론이라 할 수 있고 다음으로 이것은 일반적으로 과거의 전통, 현재의 이해관계, 그리고 미래의 이상을 공유하는 동일 민족이나 동일 국민이 단일체로서의 독립 국가를 형성하여 그 민족의 자유와 번영을 촉진하려는 사상이나 정치적 운동을 가리키며 민족의 구성요소로서 첫째는 문화적 동일성을 들 수 있고 특히, 언어의 동일성이 중요하다. 그리고 한 민족의 자유와 번영을 추구하는데 있어서 다른 민족을 짓밟으면서도 이를 추구하면 '제국주의'로 변하게 되는데 이점에서 토인비는 민족주의는 최악의 이데올로기라고 비난하였다.

민족주의는 18세기 말 자유주의와 함께 등장하는데 본격적인 것은 아니지만 중세에도 Nation의 개념이 존재했다. 즉, 중세의 Colleage에서는 같은 국가 출신들이 같이 거주하며 공부하였는데 이것은 Nationalism의 성격을 띠는 것이었다. 그리고 나폴레옹이 유럽을 침략하는 과정에서 **민족의식**이 나타났는데 최초의 발현은 프랑스 혁명이라 할 수 있고 최대의 발로는 **1848년 2월 혁명**이었으며 독일이 통일되면서 그 목적이 달성되었다. 그리고 미국에서는 남북 전쟁을 통해 Nationalism이 완성되었다. 이것의 정신적 기반은 계몽시대의 인민주권 사상과 자유주의 사상이라 할 수 있는데 그것은 개인의 자유가 보장되기 위해서는 소속 집단의 자유가 보장되어야 하기 때문이었다.

Nationalism의 형태는 역사적 조건에 따라 **서구형과 중·동부형**으로 나눠는데 먼저, 서구형은 분열된 동일 민족이 통일 국가를 형성하면서 나타나는 것으로 **국민주의**라고도 할 수 있고 독일과 이탈리아가 이에 해당된다. 그리고 중·동부형은 달리 20세기 **아시아, 아프리카형**이라고도 하는데 이민족의 예속으로부터 해방하여 민족적인 독립국가를 형성하려는 것으로 헝가리, 체코슬로바키아와 20세기에 독립한 아시아와 아프리카의 국가가 이에 해당한다. 그리고 Nationalism의 원리가 실현될 때 진정한 근대국가가 형성되므로 이것을 19세기 정치의 지도이념이라 할 수 있다. 그런데, Nationalism은 민족국가 형성이라는 대명제를 성취하고 나면 계속해서 자기 민족만의 이익과 번영을 추구한 나머지 도리어 다른 민족을 침략하는 배타적(국수적·침략적·제국주의적) 경향으로 흐를 위험성을 내포하고 있어 이것을 민족주의의 양면성이라 할 수 있다.

비인체제의 성립

제1차 파리조약에서 4국은 프랑스 국경선을 1792년 1월 이전의 상태로 되돌릴 것을 합의한다. 루이 16세가 통치할 때의 영토는 인정하나, 공화국 성립 이후의 영토는 인정하지 않음으로서 혁명 후에 수립된 공화국을 인정하지 않았다. 그리고 부르봉 왕가의 복구와 쇼오몽 조약의 재천명과 전후 여러 가지 문제해결을 위한 비엔나 회의를 개최하기로 결정했다. 혁명에 의해 타도된 군주제 같은 구체제를 복귀시키고, 나폴레옹에 의해 파괴된 유럽의 힘의 균형을 되돌리기 위해서 프랑스의 인접국을 강화하여 프랑스의 재등장을 저지하면서 동시에 4강대국 간의 힘의 균형을 이루는 방향으로 국가 간의 국경선을 재편성하는데 목표가 있었다.

비인회의

1814년 9월 오스트리아의 재상 **메테르니히**의 주도로 비인에서 개최되었다. 회담의 난제는 폴란드와 삭소니(작센)에 관한 영토문제로, 러시아는 폴란드 전체를 요구하고 프로이센은 폴란드를 러시아에 주는 대신 삭소니 전체를 요구했다. 그러나 삭소니가 프로이센에게 넘어가면 이는 오스트리아에 대한 중대한 도전이었기 때문에 오스트리아로서는 도저히 받아들일 수 없는 요구였다. 영국으로서도 이러한 요구를 달가워하지 않았으므로 오스트리아 편을 들고 나섰다. 연합국간의 이러한 갈등의 틈새를 이용하여 아무런 발언권도 없이 옵저버로 참가했던 텔레이렌드는 이때부터 프랑스의 이익을 대변하며 나선다. 프로이센－러시아가 영국－오스트리아－프랑스 진영과 대치하는 대결구도가 성립된다. 난제는 나폴레옹의 탈출로 급하게 합의를 보게 된다.

비인회의의 목적은 나폴레옹 이후 깨진 유럽의 세력균형을 회복하기 위해서 프랑스를 철저히 견제하기 위해서 프랑스 인접국들을 강화하는데 있었다.

4국동맹

4강대국 간의 세력균형을 위한 합의로 **비인회의**의 결과를 유지하기 위하여 무력을 사용할 수 있다는 내용을 포함하여 비인체제를 유지하기 위한 실질적인 국제기구 구실을 하게 되었다. 네덜란드에 오스트리아 영토였던 벨기에를 합쳐서 새로운 네덜란드를 만들었는데, 이것은 당시 벨기에의 민족구성을 고려하지 않고 프랑스를 견제하기 위해서 이루어졌다.

독일인들은 Diet(議會)라 부르는 국가연합체제인 **독일국가연합**이 결성되었고, 스위스는 영세중립국이 되었다. 오스트리아는 벨기에를 양도한 대신 이탈리아에서 가장 부유한 지역이었던 베네치아와 롬바르디아 지역을 차지하여 오스트리아에 유리한 지위를 차지하였다. 이 밖에 폴란드의 일부분인 갈리시아 지방과 아드리아 해안의 달마티아 지역을 획득하고 독일국가연합의 의장국의 지위를 차지했다.

러시아는 폴란드의 대부분과 핀란드·베싸라비아(오늘날의 루마니아)를 할양 받았고, 프로이센은 러시아에 폴란드를 양보하는 대신 삭소니의 2/5를 차지하여 중유럽에서 비약적인 세력확장을 이루었고, 이밖에 스웨덴으로부터 포멜라니아를 할양받았다.

영국은 해상국답게 몰타섬과 남아프리카의 희망봉·기니아·실론을 차지하여 중요한 무역거점을 차지하여 해상수송과 해군력증강에 유리한 지위를 차지하였다. 반면에 네덜란드는 희망봉·실론·기니아를 영국에 넘겨주는 대신 벨기에를 병합하고, 인도네시아에 대한 권리를 획득했고, **스웨덴**은 핀란드 대신에 **노르웨이**를 얻었다.

제2차 파리조약

빈회의의 합의사항을 보충하는 성격의 조약으로서 비엔나 회의와 다른 점은 프랑스와의 평화공존이 아닌 나폴레옹의 백일천하를 가져온 프랑스에 보복하기 위해 프랑스 국민들에게 보상을 요구했다. 프랑스에게 1790년의 영토로의 환원과 5년간 7억 프랑의 배상금의 지불이 강요되었고, 나폴레옹은 **세인트헬레나섬**으로 유배되었고, 파리에 연합군이 주둔하게 되었다.

신성동맹

앞으로 유럽문제를 해결함에 있어서 기독교 정신으로 해결하는 동맹을 러시아의 알렉산드르 1세가 제의했지만, 영국이 거절하자 오스트리아와 프로이센의 동의를 얻어 동유럽 3대 보수반동국가들이 동맹을 형성했다.

비인체제의 붕괴(1818－1856)

19세기의 관계사는 비인체제의 붕괴과정이며 비엔나 회의의 의의는 18세기와는 다른 새로운 역사를 창조했다는데 있다. 프랑스는 모든 유럽자유주의자들의 북극성 같은 존재가 되었다. 비엔나 회의 당시의 지도자들은 민족주의를 극복하려고 애썼으나, 산업혁명 전이어서 경제라는 새로운 요소를 전혀 고려하지 않고 새로운 지도를 그렸다.

1818년 엑스 라 샤펠조약

프랑스의 요청으로 열렸으며, 배상금을 다 갚았기 때문에 연합군 군대의 철수를 요구하여 관철시켰다. 이는 유럽협조체제의 첫 성공케이스로 프랑스가 국제사회에서 동등한 지위를 차지하게 된다. 이 조약 이후에는 4대강국에 프랑스가 참여한 **5국 동맹 체제**로 나갔다.

스페인과 이탈리아

이탈리아에서 입헌군주제를 요구하여 혁명이 일어났으며, 이 문제를 해결하기 위해 강대국들이 **1820년 트로파**에서 회의를 개최한다. 영국과 프랑스는 국내문제라며 간섭을 거부하였으며, 외상이 아닌 대표를 파견한다. 회의는 러시아·오스트리아·프로이센에 의해 주도되었으며, 영국은 끝내 이탈리아 정황에 간섭을 거부한다. 영국의 이러한 태도 때문에 회의는 아무런 합의도 보지 못하고 종결된다. 동맹의 이름으로 간섭하고 싶었는데, 영국이 완강히 거부했기 때문에 합의를 못 본 것이다. 영국·프랑스 등의 서유럽국가는 자유주의적 성격이 강했으며, 동유럽 3개국은 보수적이었다. 앞서의 **트로파 회의**에서 합의를 못 본 상태에서 1821년 1월 라이바흐에서 다시 열린 이번 회의에서 오스트리아가 네이플·피에몽트의 혁명을 진압하기로 결정했다.

베로나 회의

스페인 혁명이 중심과제였으며, 오스트리아의 메테르니히와 영국의 웰링턴은 또다시 대립한다. 영국은 국내문제라며 간섭을 거부한 것이다. 러시아의 알렉산드르 1세는 언제든지 명령만 내려달라고 했으나, 어떤 나라도 러시아군이 자국을 통과하는 것을 달가워하지 않은 터라 거부되고 지리적으로 가까운 프랑스군이 동원된다. 프랑스군은 혁명을 진압한 후 곧장 군대를 철수시켜 영국의 의심을 불식시킨다.

왕정복고 이후 스페인은 남아메리카에 대한 권리를 주장했으며, 남아메리카제국은 스페인 본국정부를 상대로 독립운동을 시작했고, 포르투갈은 브라질의 독립을 순순히 승인했다. 이러한 남아메리카의 식민지 독립운동으로 시작된 국제정서의 불안에 대한 강대국의 입장은 각기 달랐다.

새로운 시장의 개척을 기대한 영국과 영향력 확대를 기대한 프랑스는 스페인의 영향력이 남아메리카에 존속되는 것을 싫어했다. 프로이센과 오스트리아는 스페인의 주장에 동조하여, 남미제국의 독립에 반대했다.

미국의 몬로선언

영국의 수상인 캔닝이 유럽의 미대륙에 대한 간섭배제를 같이 표명하자며 몬로에 접근하자, 몬로는 캔닝의 접근을 무시하고 독자적으로 몬로 독트린을 발표한다. 이후 **몬로 독트린**은 미국외교정책의 핵심이 되었다. 몬로는 의회에 보낸 연두교서에서, 남아메리카는 유럽강대국의 식민지의 대상으로 간주되어서는 안 되며 유럽강국들의 그런 시도는 미국에 대한 비우호적인 태도(외교에서는 외교단절과 무력사용, 즉 전쟁을 의미함)로 간주한다고 주장했다. 미국은 영국의 해군지원을 믿고 있었고 실제로 몬로 독트린은 영국해군의 지원으로 성공할 수 있었지만, 나중에 몬로 독트린은 남미에 대한 미제국주의의 상징으로 곡해되었다.

지중해, 발칸, 근동문제

이 지역에서 종교적인 문제와 인종적인 문제로 분규가 자주 발생했다. 러시아는 이런 문제로 오토만 제국과 갈등을 자주 빚었다.

그리스 독립문제

오토만 제국은 세금만 잘 내면, 종교적 자유를 부여했으나, 그리스는 오토만 제국의 지배를 달가워하지 않고 있었다. 그리스인들은 결국 1821년, 러시아 장교출신인 알렉산더 입실란티를 중심으로 투쟁을 시작했다. 그러나 독립운동은 몰다비아와 모라비아에서 시작되었으나, 무자비하게 진압 당했다. 이때 오토만 제국이 취한 무자비한 진압방법에 유럽의 지식인들과 차르는 매우 분개했고, 러시아의 차르 알렉산드르 1세는 오토만 제국에 무력행사를 암시하면서 즉각 혁명군에 대한 탄압을 중지할 것을 요구하는 최후통첩을 발했으나, 오토만 제국은 이를 거부했다. 차르는 즉각 개입하고 싶었으나, 메테르니히의 방해로 러시아는 쉽사리 개입을 하지 못하고 있었다. 그리스는 이런 와중에서 1821년 8월에 독립을 선언했으며, 바이런 등의 유럽인들이 자진해서 독립운동에 참가하게 되었다.

당시 그리스 독립문제에 대한 강대국의 입장은 각기 달랐다. 러시아는 적극적

개입을 희망했으며, 그리스 정교도들의 해방을 비인회의의 합의보다 중요하게 생각했으나, 영국이나 오스트리아는 러시아의 세력 확장을 꺼려했으며, 프랑스는 별로 관심을 갖고 있지 않았다.

프랑스군 장교를 고문관으로 초빙하여 근대적인 군대를 키운 이집트의 모하메드 알리는 오스만 터키의 조공국으로서 아이브라힘 파사를 사령관으로 군대를 파견한다. 이집트군은 1825년에 모리아에 도착한다.

1825년 12월 러시아황제 알렉산드르 1세가 죽고 **테카브리스트의 난**을 겪은 철저한 보수반동주의자인 **니콜라이 1세**가 새 차르로 등극한다. 그는 보수반동주의자이지만, 러시아의 이익을 최우선으로 여기는 까닭에 1826년 3월 오토만 제국에 다시 최후통첩을 발한다.

영국은 러시아에게 오토만 제국 내에서 그리스인의 자치국 수립을 제안하고 합의를 본다. 한편, 니콜라이 1세의 속셈을 꿰뚫어 본 오토만 제국은 러시아와 직접 협상을 벌여 몰다비아와 왈라치아의 할양을 제의하는데 이것은 유럽강대국들이 합의인 그리스의 자치국가화를 좌절시키려는데 그 목적이 있었다.

첫 번째 협상의 실패와 전쟁, 두 번째 협상(런던)

1826년 런던회의에서 그리스의 자치정부를 세우기로 합의를 보았지만, 오토만 제국은 이를 거부했고, 영국과 프랑스는 외교적 압력의 수단으로 모리아에 함대를 파견한다. 그런데, 일이 어떻게 꼬여서 터키-이집트 연합해군과 영·불 함대 간에 전투가 벌어져 1827년 10월 21일, 영국과 프랑스 해군은 터키-이집트 연합해군을 격파한다. 이는 영국이나 프랑스에게는 전혀 예기치 않았고 원하지도 않던 사태진전으로 무력개입의 주도권을 빼긴 러시아는 이러한 사태진전에 불만을 품고 1828년 4월 28일에 오토만 제국에 선전포고를 한다. 그 후, **2차 런던회의**에서 그리스의 **자치국가안**을 재확인하나, 러시아와 터키간의 전쟁에서 터키가 패하는 바람에 그리스는 자치국가가 아닌 독립국가로서 출범한다.

1829년 아드리아노플 조약으로 그리스는 정식으로 독립하며, 1832년 약소국의 왕가로 군주를 삼는다는 원칙아래 바이에른 왕의 둘째아들 오토를 그리스 왕으로 추대하여 그리스 독립국가는 건설된다. 그리스 독립의 의의는 민족주의의 승리로, 근본적인 변혁은 아니나, 비인 체제에 금이 가기 시작했다는 데에 있다.

이 과정에서 이상하게도 오스트리아는 어느 쪽에도 끼어들지 않고 관망했는데,

메테르니히는 오토만 제국에는 관심이 없었고 유럽 내의 일에만 관심이 있었으며, 영국·프랑스·러시아가 제대로 합의를 못 볼 경우를 예상하고 캐스팅 보드가 되어 주도권을 잡으려는 속셈이었다.

프랑스의 1830년 7월 혁명

러시아는 데카브리스트 난의 진압에 성공했으며, 전쟁에도 승리한 터라 국내외에서 도전 받지 않는 전제군주국가가 되어 있었고, 오스트리아는 별로 변화가 없었으며, 프로이센은 외교적으로는 오스트리아를 추종했으며, 국내적으로는 독일 내 자유무역으로 독일국내의 산업화에 정신이 없었고, 영국은 프랑스 혁명의 여파로 상당히 보수화되어 있었다.

프랑스의 왕정복고는 되었으나, 형식적으로나마 상하양원의 국회를 갖는 헌법을 갖고 있었다. 그러나 연 300프랑 이상의 세금을 내는 자만이 선거에 참여할 수 있었으며, 그나마 하원은 입법권조차 없었다. 왕당파의 백색테러는 계속되었으며 가톨릭교회의 특권이 부활되고 망명귀족들의 토지가 재 몰수되어 도로 귀족에게로 넘어간 상태였다. 이 모든 상황은 자유주의자·공화주의자·보나파르티스트에게는 불만이었다.

샤를르 10세가 보수주의자 폴리냐 공을 수상으로 임명하자 하원은 이를 거부했으며 왕은 이에 의회해산으로 응수한 것이 혁명의 직접적인 발단이 되었다. 그러자 시민들은 1789년 혁명의 영웅 **라파예트**의 주도로 다시 한 번 바리케이드를 치고 혁명을 일으켰다. 주변 강대국들의 혁명에 개입을 염려하여 공화정은 세우지 못하고, **루이 필립**을 왕으로 하는 입헌군주제를 세운다. 혁명 후 개혁이 이루어져서 선거권이 확대되었고, 일 년에 200프랑 이상의 세금(그전에는 300프랑)을 내는 자만이 선거권을 갖도록 자격이 완화되었지만, 노동자들은 여전히 선거권을 받지 못해 큰불만을 가지게 되었다.

벨기에의 독립

소수의 네덜란드인들이 모든 권력을 장악하고 있는데 대해 벨기에 인들은 매우 불만스럽게 여기고 있었는데, 그리스 독립과 프랑스의 7월 혁명의 소식이 전해지자 독립의 기운이 고조되고 있었다.

1830년 8월 25일, 오페라 하우스에서 네덜란드로부터 독립과 네덜란드 정부에 대해 도전을 선언하자, 러시아와 오스트리아는 비인체제에 대한 근본반역이라며 적극적 개입을 시사했지만, 영국과 프랑스는 러시아와 오스트리아를 설득하여 벨기에의 독립을 인정케 하였다

강대국 간의 합의에 바탕을 둔 벨기에 문제의 외교적 해결은 유럽협조체제가 작동되고 있음을 재확인시켜주었다. 이러한 과정에서 영국과 프랑스가 외교의 주도권을 장악하고 오스트리아와 러시아는 수동적으로 따라갔다.

폴란드 문제

니콜라이 1세가 벨기에 문제에 대비하기 위해 폴란드 군을 동원하자, 동원된 폴란드군이 반기를 들어 1월 25일 독립을 선포한다. 이 또한 강대국간 합의를 통한 해결이 기대되었으나, 영국은 폴란드의 독립은 지리적으로나 이념적으로 프랑스에 이익이 될 뿐이라는 생각에 비에나 회의의 합의를 고수하였고, 오스트리아와 프로이센은 국경선을 폐쇄시켰고. 프랑스의 루이 필립은 지금 막 즉위한 처지여서 영국이 나서지 않으므로 나서지를 않았다. 결국 폴란드의 독립시도는 실패할 수밖에 없었다. 이후 니콜라이 1세는 의회해산 및 러시아어를 국어로 강요하고, 철저한 군사정부에 의한 탄압정책을 실시하는 등 철저한 반동정책을 실시했다(알렉산드르 1세는 폴란드의 자체적인 의회와 폴란드어의 사용을 인정해 주었다).

오스만투르크 문제

그리스 독립전쟁 때 영·불 연합군에 대항하여 터키를 군사적으로 도운 대가로 이집트는 크레타 섬을 차지했는데, 이집트의 왕 알리는 거기에 만족 못하고 시리아마저 요구한다. 자기 아들을 사령관으로 임명하여 군대를 팔레스타인으로 진출시킨다. 알리는 러시아는 터키가 더 약한 상태로 되기를 원하고, 오스트리아는 관심이 없을 것이라고 생각했고, 프랑스의 도움을 확신했다. 그러나 영국과 러시아는 이집트의 알리가 새로운 술탄이 되는 것을 두려워하였고, 러시아는 터키를 도우려고 했다.

러시아는 무라비예프를 콘스탄티노플(이스탄불)로 파견하여 술탄에 대한 지원을 시사한 뒤 이집트로 그를 보내 알리에게 경고를 주었다. 1833년 2월에는 러시아 함대가 보스포러스 해협에 등장하는데 이는 이집트에 대한 압력의 수단이었다. 영국과 프랑스는 러시아를 견제할 목적으로 함대를 보스포러스 해협으로 파견하고 러시

아는 이러한 영·불의 간섭과 싸울 의사는 없었다. 러시아는 오토만과 협상 후 현상 유지만 해도 큰 이익이라고 생각했기에 오토만과 움키아르-스켈레시조약[12]을 맺는다. 조약의 내용은 상호방위조약인데 평등한 조약은 아니었으며, 오토만이 러시아에 의존하는 성격의 것이었다.

각국의 반응과 새로운 위기

1832년의 좌절에 불만이 많은 술탄은 1839년 4월 시리아에서 적대행위를 벌인다. 그러나 터키군은 이집트 군에 격파되고 해군도 이집트 군에게 전멸하자 술탄은 죽고 어린 아들이 술탄의 지위에 오른다. 이집트의 승리는 이집트를 지원한 프랑스의 국제적 지위의 향상을 의미하며 이는 영국으로서는 수락하기 어려운 상황이었다. 당연히 영국과 프랑스 간에 대립이 발생하게 되었다. 영국은 시리아를 터키로 반환할 것을 주장하였으나 프랑스는 이에 반대했으며, 당시 시어즈 프랑스 수상은 적극적인 외교를 펼치고 있었다. 이집트 문제가 영국과 프랑스간의 대립으로 그 본질이 바뀌게 되었다.

1840년 7월 15일 프랑스가 빠진 채로 유럽의 국가들은 **런던조약**을 체결하는데 그 내용은, '이집트가 시리아를 터키에 반환하지 않으면 이집트에 무력을 사용한다. 시리아 남부는 인정하나 크레타·레바논·아라비아남쪽·알렉산드리아에서 항복한 터키 해군 등을 반환하라.' 그러나 프랑스의 지원을 믿은 이집트는 이 최후통첩을 거부한다. 그리고 프랑스의 시어즈 수상은 "어떤 강대국도 알리에 대한 무력사용을 좌시하지 않겠다."고 말하면서 영국이 이집트에 강요하지 말 것을 요구한다.

그러나 영국군은 베이루트를 포격하고 육군을 상륙시킨다. 아이브라힘 휘하의 이집트 군은 철수했고 프랑스의 지원은 없었다. 그러나 영국의 수상 팔머스톤은 프랑스와 이집트의 국제지위에 손상줄 생각은 없었고, 1841년 7월 13일 해협에 대해 합의를 본다.[13]

---

12) 터키가 제3국과 전쟁시 러시아는 군대를 파견하고, 러시아가 전쟁상태에 들어가면 터키는 해협을 봉쇄한다. 이것은 유사시 영국과 프랑스 해군의 진입을 봉쇄하기 위한 것이었다.

13) 해협에 대한 합의내용: 러시아와 맺은 움키아르-스켈레시 조약이 휴지화되었다. 신 협약은 터키가 평화를 유지하는 한 함대는 해협에 진입하지 못한다는 내용 포함되었다. 이것은 러시아 해군의 지중해 진출을 방지하기 위한 것이다. 터키가 전쟁시에는 어느 나라 해군이든지 해협에 진입할 수 있다. 이것은 프랑스의 영향력 증대를 억제하고, 터키를 유럽의 공동보호체제아래 넣어 터키의 현상 유지를 바라는 영국의 정책의 승리를 의미한다. 해협문제로 영국의 지위가 상승되었다.

프랑스의 1848년 2월 혁명과 그 여파

루이 필립은 외교에서 국민들로부터 특히 나폴레옹 주의자들을 만족시키지 못했다. 보나파르티즘이 다시 고개를 들었으나, 영국과 오스트리아를 추종하는 그의 외교정책은 프랑스인들, 특히 적극적인 해외시장개척을 바라는 신흥자본가들의 불만을 샀고, 자유주의자·공화주의자들로부터도 공격을 받았고, 1846년 **루이 필립**은 스페인여왕 이사벨라와 그녀의 여동생이 동시에 결혼식을 치르는데 여동생의 결혼 상대자가 루이 필립의 막내아들로 이는 부르봉 왕가와 스페인간의 결혼을 의미하며 **유트레히트 조약**에 위배되는 일이다. 영국은 즉각 결혼취소요구를 했으나 루이 필립은 거부했고 영국은 무력을 사용하지 않았지만 프랑스를 불신하게 되었다.

이러한 국내 공화주의자, 보나파르트 주의자들의 불만은 곧 선거권에 관한 요구로 확대된다. 7월 혁명 이후 7월 왕정이 선거권확대에 인색했기 때문에 자유주의자·공화주의자·보나파르티스트 모두가 선거권의 확대를 요구하나 귀족들이 이걸 거부했다. 루이 필립에 대한 반감이 고조되었으며, 혁명의 분위기가 무르익어 가자 개혁을 요구하는 모임을 프랑스정부가 금지시키자 하원이 루이 필립을 성토한다. 1848년 2월 15일, 루이 필립에 대한 공격이 시작되었고, 1848년 2월 22일에는 파리에 바리케이드가 설치되었다. 루이 필립은 군을 동원하였으나, 군의 일부는 오히려 혁명세력에 가담하였다. 루이 필립은 퇴위하고 영국으로 망명했다.

의회구성과 노동자들의 6월 폭동

제2공화정이 선포되었고, 21세 남자 모두에게 보통 선거권을 부여하는 개혁이 실시되었고, 동시에 실업자의 구제기관인 **국립작업장**(일을 하는 자는 하루 2프랑, 일이 없는 자는 하루에 1프랑씩 받는 제도)이 설립되었다. 4월 23일의 선거에서 온건파와 보수세력이 압승하자 새로 선출된 의회는 재정 부담이 큰 국립 작업장을 폐쇄했다. 이에 불만을 품은 노동자들이 **6월 폭동**(6. 23~26)을 일으켜 완강하게 저항했다. 의회는 카베냐크 장군으로 하여금 폭동을 진압하게 하고 보통선거제로 선출되는 대통령과 단원제 의회를 규정한 헌법을 제정했다. 12월에 실시된 선거에서 나폴레옹의 조카로서 영국 망명생활에서 돌아온 **루이 나폴레옹 보나파르트**가 압도적 다수표로 당선되었다.

대통령선거와 쿠데타

두 번째 혁명의 진압에 대한 불만과 나폴레옹의 향수로 나폴레옹의 조카로서 영국 망명생활에서 돌아온 **루이 나폴레옹**이 대통령으로 당선되었다. 원래의 헌법은 4년 단임제였으나, 나폴레옹은 프랑스의 지위와 자신의 지위의 상승을 노리고 이의 개정을 노린다. 그래서 집권 뒤에 로마에 군대를 파견하면서 교황과 가톨릭에 대한 지지발표를 하고 전국을 순회하면서 나폴레옹 보나파르트의 후계자라는 인상을 남긴다. 각종 건설사업·산업확장·고용창출 등으로 내치에 힘썼으며 특히 파리의 도로를 데모가 나도 쉽게 진압할 수 있도록 크게 넓힌다. 그는 연임을 허용하는 헌법개정을 희망했지만, 1851년 의회의 다수가 이를 거부할 것이 확실해지자, 1851년 12월 1일 친위 쿠데타를 감행하여 전권을 장악한 뒤 이를 국민투표로 합리화시켰다. 그는 1852년 12월 1일, 2차 국민투표로 **나폴레옹 3세**가 황제로 즉위하였고 2월 혁명은 실패했다.

프랑스 대혁명과 2월 혁명의 차이

2월 혁명의 영향은 7월 혁명의 그것보다 훨씬 컸으며, 유럽 각처에서 자유주의와 민족주의 운동을 초래했다. 대혁명 때에는 전 유럽이 전쟁상태로 들어갔으나, 2월 혁명 때에는 그렇지 않았다. 프랑스에는 보수적 온건파가 집권했고, 오스트리아는 집안단속에 여념이 없었으며, 프로이센은 오스트리아에 굴복했기 때문에 연합전선 결성은 어려운 상태였다. 2월 혁명은 빈, 베를린, 부다페스트 등 유럽의 자유주의자들을 크게 고무시켰다. 상징적인 사건으로 오스트리아의 메테르니히가 사임했다는 사실을 들 수 있다. 러시아 역시 오스트리아를 돕기는 했지만 폴란드에서 발이 묶여 있는 상태였고, 영국은 벨기에만 괜찮으면 간섭할 생각이 없었다. 유럽은 양극체제가 되지는 않았으며 이념적인 면이 부각되지 않아 국내전쟁에 그치고 국가 간 전쟁으로 확대되지는 않았다.

1848년의 이탈리아 혁명

1840년대의 이탈리아에서는 세 개의 자유주의 세력이 형성되고 있었다. **사르디니아 왕국**과 교황을 중심으로 한 세력은 비교적 온건하였지만, 이상주의적인 민족주의자 **마치니**(Mazzini, 1805－1872)를 중심으로 한 제3의 자유주의 세력은 이탈리아의 민주적 공화국으로 통일되어야 한다고 주장하였다. **마치니**는 '**청년 이탈리아 당**'을 창건하였고, 독일과 폴란드 등에서도 이와 유사한 집단의 형성을 지원하여 '청년 유럽당'이라는 연합체를 구성하였다.

2월 혁명 직전(1848년 1월) 나폴리에서 발생한 혁명으로 온건한 자유주의 헌법이 채택되었고, 2월 혁명 후에는 사르디나 왕국도 나폴리의 뒤를 따랐다. 비인에서 혁명이 일어났다는 소식이 전해지자 오스트리아의 지배하에 있던 밀라노에서 혁명이 발생하여 성공하고, 베네치아에서는 공화국이 수립되었다. 이러한 추세에 편승하여 **사르디니아 공화국**을 중심으로 오스트리아의 세력을 완전히 추방하려는 민족해방의 성전이 일어나고, 나폴리와 교황이 지원군을 파견하여 이탈리아에서 모처럼 민족주의와 자유주의가 승리할 듯이 보였다. 그러나 사르디니아 왕국의 급격한 세력팽창은 다른 도시국가들의 두려움을 자아내고 교황은 초국가적인 가톨릭의 영도자라는 입장을 내세워 중립을 선언하였고 나폴리도 지원군을 철수하였다. 홀로 남은 사르디니아 군은 오스트리아 군에게 격파 당하여 이탈리아의 혁명은 좌절되는 것처럼 보였다.

그런데, 그해 11월에 로마의 급진파가 혁명을 일으켜 마치니를 수반으로 하는 **로마 공화국**을 수립하고, 이들 급진파의 압력으로 사르디니아 왕이 다시 한 번 오스트리아에 도전하였지만 패하였고, 로마공화국은 프랑스군에 의해 와해되어 1848년 이탈리아의 혁명은 좌절되었다.

독일제국의 혁명

2월 혁명의 영향은 서부독일의 여러 국가들에게 파급되어 자유주의적 헌법이 채택되고 3월에는 베를린과 비인에서 혁명이 발생하였다(3월혁명). 프로이센의 프리드리히 빌헬름 4세는 자유주의자와 민족주의자의 요구를 받아들이고 새로운 헌법을 약속하였다. 1848년 5월에 보통선거로 선출된 독일의 각 연방대표들이 프랑크푸르트의 성 바울 대성당에서 모여 독일연방의 자유주의적 개혁과 통일과업을 추진하기 위한 대학교수, 교사, 법률가 등 독일지식층이 참여하는 국민의회를 구성하였다. 그들은 비독일인 지역을 제외할 것과 통일의 중심으로 오스트리아를 택하려는 **대독일주의**와 프로이센을 중심의 **소독일주의**를 놓고 격론을 벌인 끝에 후자를 선택하였고, 1849년 3월에 미국의 연방제도와 영국의회의 관례를 참작하여 자유주의적 통일헌법을 마련하고 프로이센 왕을 황제로 선출하였지만 프리드리히 빌헬름 4세는 제관을 거절하였다. 대신 빌헬름 4세는 부르주아지와 토지 귀족인 융커들의 기득권을 보장하는 종래의 체제를 확인하는 헌법을 채택하였다.

오스트리아의 1848년의 3월 혁명

2월 혁명의 영향으로 3월에 다민족국가인 오스트리아 제국 내의 비인, 헝가리, 그리고 보헤미아에서 거의 동시에 혁명이 일어났다. 비인에서 노동자와 대학이 궐기하자 메테르니히가 영국으로 망명했고 5월에 혁명위원회가 구성되어 제헌의회가 소집되었고, 9월에 개혁안이 마련되었고 농민의 부역의무가 폐지되었다.

헝가리에서는 **마자르족**의 급진적 민족주의 지도자 코슈트를 중심으로 정치적 자치권을 획득하고 선거에 의한 의회를 구성하고 정부를 수립하였고 귀족의 면세특권과 농노제를 폐지하였다. 그러나 의원자격으로 헝가리어를 필수조건으로 규정한 결과 다른 소수민족의 반감을 사게 되었다.

거의 같은 시기에 보헤미아의 프라하에서는 체코의 민족주의자들이 헝가리와 동일한 권리를 요구하고, 1848년 6월에는 범슬라브회의를 소집하여 슬라브족의 단결을 촉진하였다. 그런데 시위 중에 우연히 오스트리아의 프라하 주둔군 사령관 빈디쉬그레쯔의 부인이 살해된 사건이 발생하였다. 빈디쉬그레쯔는 프라하를 포격하여 혁명파를 분쇄하고 보헤미아를 군사적으로 지배하였다.

오스트리아의 보수파들이 헝가리에서 차별대우를 받는 크로아티아인을 부추겨 마자르족을 공격케 하자 이에 분노한 비인의 혁명파가 마자르족에 대한 지지를 선언하고 오스트리아를 **민주공화국**으로 선언하였다. 10월 말에 빈디쉬그레쯔의 오스트리아 군이 빈을 공격하여 점령하고 혁명파 지도자를 처형하였다. 11월에는 빈디쉬그레쯔와 남매간의 슈바르쩬베르크 공이 내각을 조직하여 무능한 페르디난드를 퇴위시키고 그의 조카 프란쯔 요제프를 황제로 즉위시켰다. **마자르족**은 항전을 계속하면서 헝가리 독립공화국을 선포하였다. 이러한 혁명의 파급이 폴란드에 미칠 것을 염려한 러시아가 오스트리아를 지원하게 된다. 오스트리아는 러시아군의 도움을 받아 1849년 8월 헝가리 공화국을 무너뜨렸다.

3. 영국의 자유주의 개혁과 민주적 발전

산업혁명의 진행과정에서 신흥자본가와 노동자 계급이 형성되고, 신흥공업도시가 출현되어 농촌인구의 도시로의 이동현상이 나타났다. 이러한 사회경제적 변화는 의회구성과 선거법의 모순을 수정하는 정치개혁을 초래했다. 1832년에 인구변화에 따른 선거구 조정과 선거권 자격의 완화가 이루어졌다. 인구가 많은 신흥공업도시에 많은 의석이 배분되었고 종전의 토지소유 외에 동산소유자에게도 선거자격이 부여되어 유권자의 수가 약 50%가 증가되었다. 아직 노동자에게 투표권이 주어지지 않았지만 큰 민주적 발전이 있었다.

선거법 개정은 정당의 변화를 가져와 **휘그당**은 산업자본가와 중산계급을 지지기반으로 하는 자유당이 되었고, **토리당**은 농촌과 영국교회를 기반으로 하는 보수당이 되었다. 이 양당은 대중정당으로 발전하여 확립된 의회정치의 틀 안에서 타협하고 선의의 경쟁을 벌였다.

산업자본가들은 자유무역을 통하여 자신들의 이익을 증진시키기 위하여 1846년에는 곡물법을 폐지시키고, 공업제품에 대한 보호관세의 철폐, 1849년의 해운조례의 폐지 등을 통하여 경제적 승리를 거두었다.

산업자본가들의 괄목한 정치·경제적 권리의 신장에 비해 노동자들의 권익의 보장은 아직 미미했다. 그래서 노동자들은 자신의 참정권을 요구하는 **차아티스트 운동**을 벌려서 다음과 같은 구체적인 **선거권의 확대**를 주장했다. 즉, '성년남자의 보통선거, 인구비례에 의한 평등한 선거구 설정, 하원의원의 재산자격폐지, 비밀투표, 의원에 대한 봉급 지불, 매년선거' 등 이러한 요구를 관철시키기 위해서 노동자들은 수차례 의회 앞에서 대규모 민주적 시위를 벌였다.

1867년의 선거법 개정으로 도시의 대부분의 임금노동자에게 투표권이 부여되었고, 1884년과 1885년의 선거법의 개정으로 농업노동자에게 투표권이 주어졌지만 성인 여성에게는 아직 선거권이 부여되지 않았다.

참정권의 확대와 더불어 노동자들의 노동조건과 지위도 점진적으로 개선되었다. 1833년의 공장법이 선포되어 9세 이하의 아동 노동이 전적으로 금지되었고, 노동시간을 13세 이하는 9시간, 18세 이하는 12시간으로 제한하였고, 실시여부를 확인할 감독관을 두기로 하였고, 작업 중의 사고에 대한 고용주의 보상 등을 규정한 노동입법이 이루어졌으며 1871년에는 **노동조합법**이 제정되어 노동자들의 조합운동이 합법화되었다.

1880년대부터 노동자들 사이에 사회주의 사상이 전파되었지만 마르크스주의는 뿌리를 내리지 못하고 1884년에 설립된 Fabian Society가 내세운 온건한 개량주의적 사회주의가 주류를 이루었다. 1900년에 사회주의 단체들이 결합하여 노동대표자위원회를 조직하고 1906년에 선거에 참여하여 29명의 의원을 당선시킨 후에 노동당으로 명칭을 바꾸었다.

노동당의 진출에 자극을 받아 1911년에 **국민보험법**이 제정되었다. 이 법은 정부, 고용주, 그리고 노동자가 다 같이 기여금을 분담하여 의료보험과 실직보험을 의무적으로 실시할 것을 규정하였다. 이 법의 제정으로 영국은 실적인 복지국가의 길을 열었다. 이와 같은 여러 가지 개혁이 이루어진 **빅토리아 여왕시대**(1837－1901)는 영국역사의 황금기였다.

4. 근동문제의 재발 : 오토만 터키제국과 크림전쟁

문제의 발단

근동문제에 제일 먼저 관심을 기울인 국가는 프랑스였다. 나폴레옹 3세는 외교에서 뭔가 보여주기 위해서 **팔레스타인**에 관심을 기울이고 오토만 제국 내에서 가톨릭 교도들이 갖는 처지에 관심을 가지게 되었다.

당시 상황을 보면, 오토만 제국은 종교적 자유 대신에 인두세를 부과하고 있었다. 예루살렘은 유태인·기독교·이슬람교도들에게 똑같이 성지였다. 오토만 내 기독교 종파는 러시아의 지원을 받는 그리스 정교와 프랑스의 지원을 받는 로마 가톨릭으로 양분되어 있었다. 대혁명 이후 프랑스가 오랫동안 이 지역의 가톨릭 교도들을 보호해 주지 못하는 동안 많은 가톨릭의 권리가 그리스정교 쪽으로 넘어가 있었고, 나폴레옹 3세는 이런 상황에서 가톨릭 교도들의 권리를 회복하는 것이 프랑스의 지위향상에 도움이 될 거라고 생각했다. 나폴레옹 3세는 그리스 정교회로 넘어간 가톨릭의 권리를 가톨릭에게로 돌려달라고 요구했으며 술탄은 별 관심이 없는 문제인지라 굳이 거부하지를 않았다.

이것은 러시아의 니콜라이 1세로선 용납할 수 없는 일이었다. 니콜라이 1세는 즉시 멘쉬코프 공을 대표로 한 대규모 사절단을 터키에 파견한다(1853년). 멘쉬코프는 1774년 조약을 상기시키면서 그리스 정교도들에 대한 러시아의 보호권을 천명하고 보호권의 보장을 요구했다. 1774년의 조약을 확대 해석하여 러시아는 터키 국내 문제에 간섭하고 개입할 구실을 찾고 있었던 것이다. 이때 영국은 오토만 제국의 현상유지 정책을 내걸고 술탄을 지지하였으며, 터키는 1853년 5월 4일에 멘쉬코프의 요구를 거절한다. 이에 불만을 품은 러시아는 터키에 대한 압력의 수단으로 **몰다비아·왈라치아**를 점령하겠다고 위협했으며, 아무런 반응이 없자 6월에 군대를 파견했다.

문제의 확대

영국과 프랑스는 그들의 함대를 베시카 만에 파견했다. 이 당시 3국 중 어느 나라도 전쟁을 원하지 않았다. 단지 외교적 압력의 수단으로 함대를 파견했을 따름이었다. 이런 상황 속에서 오스트리아가 개입하게 된다. 오스트리아 수상 보울이 당사국들의 비엔나 주재대사를 모아 1853년 7월 28일에 소위 비엔나각서를 교환한다.[14)] 같은 날 러시아는 **몰다비아**와 **왈라치아**를 점령한다.

1853년 10월 4일 터키에 선전포고

영국과 프랑스는 러시아에게 **몰다비아**와 **왈라치아**에서 군대를 철수시킬 것을 요구하고 협상이 잘되기를 바라면서 함대를 천천히 다다넬즈 해협으로 진입시킨다. 그러나 러시아가 아무런 반응을 하지 않자 동맹을 맺고 선전포고를 한다.

각국의 입장을 살펴보면, 러시아는 물론 양 지역을 절대로 포기할 수 없는 상황이었으며, 프랑스는 영국의 승리를 예상하고 전후 발언권을 얻기 위해 영국을 지지했고, 오스트리아는 프로이센 때문에 참전을 꺼리고 있었고, 프로이센 견제가 필요했으므로 프로이센과 동맹을 맺었다.

영토의 순수성을 인정하고, 러시아 세력의 확장을 공동 저지한다는 명분으로, 오스트리아와 프로이센군은 러시아가 양 지역에서 철수할 것을 요구하면서 양 지역의 관리권을 행사하는 명분으로 평화유지군 성격으로 두 지역에 진입한다. 비엔나를

14) 러시아를 견제하여 터키를 보호할 목적아래 만들어졌으나, 표현상의 악용의 소지가 있기 때문에 터키는 이를 거부했다. 터키는 이 문장을 러시아가 악용할 소지가 있다고 하여 각서를 거부하였으며, 러시아는 실제로 "이로써 우리는 기독교를 위해 터키에 간섭할 수 있는 권리를 가졌다"라고 주장하여 터키의 그런 의심을 확인시켜 주는 경솔함을 보인다.

외교의 중심지로 삼고 싶은 생각에 오스트리아가 **중재**에 나섰다. 오스트리아·프랑스·영국의 대표가 모여 4개국 간의 합의사항을 도출해내지만 러시아는 이러한 합의사항에 반대한다.[15]

영국과 프랑스의 대응

영국과 프랑스는 9월에 크림 반도로 군대를 상륙시켰는데 러시아군은 보급상의 문제 때문에 어려움을 겪고 영·불 연합군에 대패하고 이 전투의 패배로 충격을 받은 니콜라이 1세는 1855년 3월에 죽고 알렉산드르 2세가 즉위한다. 1855년 말, 오스트리아가 러시아에 최후통첩을 발한다. 이때 오스트리아는 군대파견을 약속만 했지, 군대는 보내지 않았으며, 그러나 최후통첩이 거부되면 군대를 파견하겠다고 선언했고 러시아는 이를 받아들일 수밖에 없었다.

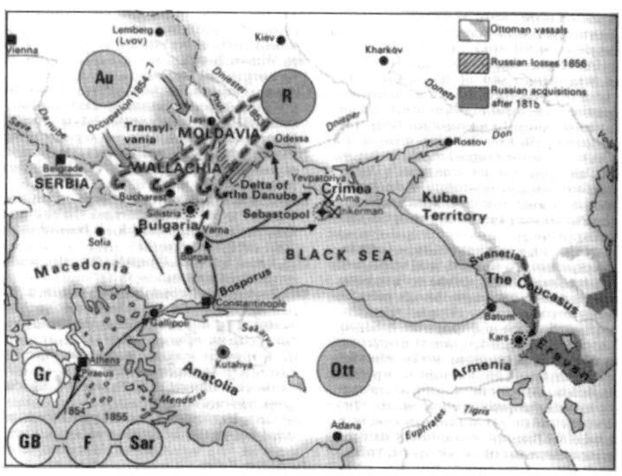

크림전쟁

세바스토폴 공방전

사르디니아 왕국의 카부르 황제의 개입

이탈리아가 통일국가를 이룩함에 있어서 오스트리아의 간섭을 배제하기 위해서는 앞으로 영국과 프랑스의 도움이 필요하다는 생각에 자발적으로 전쟁에 참가한다. 오스트리아는 이러한 **카부르**의 속셈을 눈치 채고 영국·프랑스와 방위조약을 맺어

15) 몰다비아·왈라치아는 유럽이 집단으로 보호한다 ; 다뉴브강의 항 자유를 보장한다 ; 1841년의 해협의 합의사항을 수정하여 힘의 균형을 유지한다 ; 러시아는 오토만 제국 내 기독교의 배타적 권리를 포기하고 대신 유럽 강대국들이 집단보호한다.

(1854. 12. 3.) 카부르의 의도를 좌절시키려 한다. 그러나 카부르는 1855년 1월 12일 군대를 파견한다. 카부르는 크림 전쟁에 참여로 이탈리아 통일에 영국과 프랑스의 관심을 초래하는 성과를 거두고 훗날을 기약할 수 있게 되었다.

1856년 2월 파리회의

크림전쟁 참가국들은 파리회의에서 전쟁을 종결짓는 조건에 합의한다. 합의 사항은 다음과 같다. "러시아는 아무런 배상금을 지불하지 않는다. 전쟁이전 상태로 돌아간다. 몰다비아와 왈라치아로 향하는 통로의 영토를 떼어내어 두 지역을 위한 완충지대를 설치한다. 이 조약으로 러시아는 다뉴브 강으로부터 분리되었다; 오토만 제국내 기독교도들에 대한 권리를 포기한다. 터키에 대한 내정간섭을 불허한다. 터키는 앞으로 유럽협조체제에 포함된다. 세르비아는 오토만 내에서 자치적 지위를 확보한다. 흑해는 비무장화된다." 이러한 조항들 때문에 러시아는 흑해에서 함대를 보유할 수 없게 되었다.

유럽 강대국 간의 세력 재편성

1856년 2월 파리회의 이후 외교의 무대가 비엔나에서 파리로 옮겨지게 되었다. 오스트리아의 기회주의적인 우유부단한 처신으로 스스로 위상추락을 자초했다. 영국과 프랑스는 오스트리아의 늦은 참여 때문에 전쟁에서 많은 희생을 치렀다고 생각했고, 러시아는 오스트리아가 전쟁 초반의 중립입장을 깨고 개입한데 대해서 불만을 가졌다. 오스트리아는 고립되었으며, 프로이센은 지위가 상승하고 동유럽과 중유럽으로 진출길이 막힌 러시아는 이때부터 극동, 주로 중국으로 진출하기 시작한다.

빈회의 이후 1856년 파리회의까지 프랑스가 유럽강대국으로부터 일관되게 견제를 받아왔으나, 파리 회의 이후로 프랑스가 러시아를 견제하기 시작하면서 **신성동맹은 붕괴**되고, 프랑스는 이제 다른 나라를 견제하는 지위로 상승한다. 프랑스는 이제 세력균형이라는 원칙에 입각한 기회를 포착하고 활용할 수 있는 자국의 국제적 지위를 향상시킬 수 있는 소득을 거두었다.

5. 이탈리아의 통일

나폴레옹의 침략전쟁은 이탈리아인들에게 외국에 대한 적개심을 가지게 하였고, 또 나폴레옹이 뿌리고 간 **자유주의와 민족주의**가 고조되고 있었는데, 비인 회의의 결과로 **베네치아와 롬바르디아**가 오스트리아의 지배하에 들어갔으며, 이탈리아 각국에는 과거의 왕정이 부활되었다. 제노바 공화국은 **사르디니아 왕국**에 병합되었으며, 오스트리아는 이탈리아 전반에 걸쳐 내정 간섭권을 가지고 있었다.

그러나 당시 이탈리아는 깊은 지역주의의 역사를 갖고 있었다. 물론 이탈리아인이라는 공동의식이 없었던 것은 아니었다. 그러나 통일을 이루겠다는 의식을 가진 자는 소수 지식인에 불과했고, 당시 이 통일이라는 것은 대중적 공감대를 형성하지 못하고 있었다. "우리는 이탈리아를 만들었다. 이제 남은 문제는 이탈리아인을 만드는 것이다." 통일 이후에 나온 이 말은 당시 이탈리아의 상황을 단적으로 보여주는 것이라고 할 수 있을 것이다.

초기의 통일운동은 지하단체들에 의해서 주도되었다. **카르보나리당**은 공화주의자와 민족주의자들이 소속되어 활발한 활동을 하던 단체로 마치니와 나폴레옹 3세도 한때 이 단체의 회원으로 활동한 적이 있다. 1820년에 네이플에서 혁명을 일으켰다가 트로파 회의와 라이바흐 회의의 결정사항에 따라 메테르니히가 개입하여 진압하는 바람에 실패한 적이 있다.

찰스 엘버트는 사르디니아 왕국의 자유주의적이고[16] 진보적 성향의 군주였고, **마치니**는 공화정을 추구하는 당을 결성하여 조국의 독립과 통일에 앞장섰다. 1830년 7월 혁명 이후 카르보나리당[17] 등 여러 지하단체들의 혁명운동이 모두 실패로 돌아

---

16) 이 자유주의라는 개념은 19세기와 20세기가 다르다. 19세기의 자유주의는 홉스, 로크, 몽테스키외, 토마스 페인 등의 주장으로, 인간은 선하며 따라서 인위적인 통제는 안 된다는 것이 그 요지이다. 그것이 구체적으로 나타난 것이 미국의 헌법이며, 19세기의 자유주의자들의 주장은 입헌정치, 즉 헌법의 요구로 나타났다. 20세기의 자유주의는 대개 '신좌파'의 Marxist와 사회주의자들을 일컫는 말이 되었다.

17) 이탈리아어로 '숯 굽는 사람'이라는 뜻으로, 결사단원이 숯장이로 위장했기 때문이라고도 하고, 혹은 스스로 숯장이라는 사회의 하층계급에 비유한 것이라고도 한다. 19세기 초 남이탈리아에서 프랑스의 지배에 항거하여 조직되었으며, 빈회의 후의 부르봉가(家)의 전제정치에 항거하여 활발한 활동을 전개하였고, 남이탈리아에서 북이탈리아로 세력을 확대하였다. 지도자의 출신성분은 중산계급과 하급장교·하급관리 등으로 다양했으며, 그리스도교에 바탕을 둔 신비적인 성격이 강한 급진주의 운동을 전개하였으나, 전제정치에 대한 항거라는 주장 외에는, 정치적·사회적 강령은 막연하였다. 1820년 나폴리 혁명, 1821년 피에몬테 혁명, 1831년 중부 이탈리아의 혁명에

가 마치니는 **카를로 알베르토**에 접근하여 '**청년 이탈리아당**'의 대표자가 되어줄 것을 부탁하고 오스트리아를 축출하고 통일을 이루자고 호소한다(1831. 5-6월경의 편지). 그러나 찰스 엘버트는 이런 호소에 냉담했는데, 엘버트는 오스트리아와 싸우고 싶지 않았다. 무엇보다도 그는 오스트리아군과 싸울 군대를 갖고 있지 못했고, 공화주의자 마치니를 믿지 못하고 있었다. 1847년에 그는 왕으로 등극하면서 자유주의적인 정책을 펼쳐 나갔지만 마치니는 그를 오해하고 의심하고 있었다.

프랑스 2월 혁명의 여파는 이탈리아에도 밀어닥쳤다. 신질서를 요구하며 이탈리아 각지에서 혁명이 발생한 것이다. 이 혁명들은 공통적으로 **오스트리아의 축출**을 요구했고 당시 언론인이었던 **카부르**도 신문사설에서 오스트리아의 축출을 강력히 주장하였다. 엘버트는 이런 여론에 힘입어 오스트리아를 상대로 전쟁을 일으켰으나 패한다. 교황은 자유주의자들이 수상을 암살하자 도망치고 마치니는 로마공화국을 선포하고 자신의 꿈을 펼쳐나가지만 **프랑스군의 개입**으로 좌절되고 만다. 오스트리아와 재차 전투를 벌인 엘버트는 또 패했고 왕위를 아들 **비토리오 엠마뉴엘**에게 양위하고 물러난다.

이 무렵에 마치니는 **가리발디**와 조우하게 된다. 후에 가리발디는 남부이탈리아를 석권하고 로마로 진격하나, 로마주둔 프랑스군의 존재가 그의 의도를 좌절시킨다. 이때 진주한 프랑스군은 1871년 8월에 철수했고 이탈리아군은 그때서야 로마에 진주한다.

통일방법

통일의 방법에는 세 가지를 생각할 수 있었다. 먼저 자유주의·민족주의에 의한 방법이다. 마치니가 열정적으로 매달렸던 공화정운동이다. 그러나 이는 이웃 프랑스와 오스트리아의 개입을 불러일으킬 소지가 많은 것이다. 이탈리아 내 국가 간에도 반목이 많았다. 결국 실패하고 만다. 두 번째는 자주역량이나, 이는 불가능한 것이고, 마지막이 카부르가 취하여 성공한 방법으로, 외교적 방법이다. 강대국 간의 이해관계를 이용하여 통일한다는 방법이다.

서 지도적 역할을 했으나, 혁명운동이 탄압되어 와해되었다.

카부르의 통일운동(1852 – 1860)

카부르는 취임하자마자 교통과 통신의 개혁·가톨릭 교회의 영향력 감소를 비롯한 각종 개혁을 단행한다. **카부르**는 **사르디니아 왕국**의 근대화를 위해 산업화를 단행하고 군비를 증강하였으며 제노바를 항구와 도시로 발전시킨다. 오스트리아의 축출을 위해서는 영국과 프랑스의 도움이 필요하다고 느낀 카부르는 아무런 이득이 없는 크림전쟁에 군대를 파견한다. 오스트리아는 카부르의 이러한 의도를 눈치채고 영국·프랑스와 동맹을 맺어 카부르의 의도를 좌절시킨다. 그러나 카부르는 묵묵히 군대를 출동시켰고, 그의 이러한 조치가 아주 성과가 없는 건 아니어서 파리회의에 다른 열강과 동등한 자격으로 참가하게 되고 이탈리아 문제를 전 유럽에 환기시키는 데 성공한다. **카부르**는 이런 정도에 만족하고 후일을 기약하는 수밖에 없었다. 프랑스는 이탈리아 통일은 오스트리아의 세력약화라는 측면에서 환영하였으나, 한편으로는 통일 이탈리아가 뒤에 프랑스에 위협적인 세력이 되지 않을까 하는 의구심도 동시에 갖고 있었다. 나폴레옹 3세는 카르보나리 당원으로서 활동한 경력 때문에 호의적이었으나, 그는 어디까지나 프랑스의 황제였다. 그는 강력한 이웃의 출현을 꺼려하여 특별한 행동을 취하지 못하고 있었다.

이 무렵 **카부르**는 1858년부터 프랑스와의 동맹을 추진해 오고 있었다. 그는 나폴레옹 3세와 비밀히 만나 여러 가지를 제안한다. 즉, 이탈리아가 오스트리아와 싸워서 이길 경우 이탈리아는 롬바르디아와 베네치아를 차지하고 대신 프랑스에 사보이와 니스를 할양한다. 교황은 중부이탈리아에 연방정부를 세워 교황이 그·수반이 된다. **엠마뉴엘 국왕**의 딸과 나폴레옹 3세의 조카 제롬 공이 결혼한다. 이러한 합의 조건하에서 1859년 1월 21일, 전쟁은 먼저 이탈리아가 시작하고 프랑스는 즉각 지원하기로 하는 내용의 조약을 체결한다.

카부르의 계산

러시아는 크림전쟁 이후 오스트리아에 대한 감정이 안 좋아 오스트리아를 도와주지 않을 것이며, 프로이센 역시 1848년 혁명을 통한 통일운동이 실패하고 올뮈쯔 굴복의 경험으로 역시 오스트리아를 도와주지 않을 것이다. 영국은 관심도 없고 여유도 없을 것이라고 생각했다. 실제로 영국은 그 무렵 인도의 **세포이 반란**에 휘말려 있어서 다른 곳에 신경 쓸 여유가 없었다. 프랑스는 동맹국이니 말할 필요 없을 것이다.

이탈리아 통일전쟁의 시작

오스트리아군의 징집령을 거부하고 피에몬트로 도주해 온 롬바르디아 지방의 징집기피자들을 사르디니아가 돌려보내지 않고 동원령을 내렸다. 사르디니아 내의 오스트리아인의 지위문제와도 겹쳐 오스트리아와 사르디니아 사이에 불화가 증폭되었다.

러시아는 오스트리아를 괴롭히고 이탈리아의 통일을 막으려는 생각에 국제회의를 제안하나 실패로 돌아간다. 영국은 이탈리아문제의 해결을 위해서 국제회의를 제안했는데, 다만 회의를 열기 전에 피에몬트군은 해산해야 한다는 조건을 달았고, 프랑스가 이에 동의하자 카부르도 별수 없이 받아들인다.

그러나 "무장해제는 오스트리아군이 직접 해야 하며 영국이 해서는 안 된다."면서 4월 26일에 최후통첩을 발령한다. 이 기회에 유럽외교의 주도권을 장악하려는 의도였지만 결국 카부르의 소원을 들어준 셈이 되었다.

전쟁의 경과

1859년 4월 29일 오스트리아군이 이동을 개시했으며, 1859년 5월 2일 프랑스군 10만 명이 이동을 시작한다. 오스트리아군은 여기서 결정적인 실수를 했다. 프랑스군이 이동할 시간을 준 것이다. 1859년 6월 4일 마젠타와 솔페리노전투에서 오스트리아군이 패하여 후퇴한다. 이 전투에서 엄청난 희생자를 낸 나폴레옹 3세는 휴전을 결심한다. 오스트리아는 그들대로 전쟁에 졌으므로 휴전을 생각하게 되었다.

빌라프란카 평화조약

나폴레옹 3세는 엄청난 사상자뿐만 아니라 프로이센의 움직임에 신경을 쓰고 있었다. 실제로 프로이센군은 부분 동원령을 내린 상태였다. 프랑스로서는 라인연안과 이탈리아에서 양면전을 수행할 수는 없었던 것이다. 또한 통일 이탈리아는 나중에 프랑스에 위협적인 존재가 될 수도 있었다. 따라서 오스트리아와 프랑스는 평화조약을 맺고 다음과 같은 합의에 이른다. "오스트리아는 베네치아를 영유하는 대신 프랑스는 롬바르디아와 파르마를 갖고 프랑스는 다시 이것을 사르디니아 왕국에 할양한다. 토스카니와 모데나는 원래의 통치자들이 계속 통치한다. 중부이탈리아는 교황을 중심으로 하는 Confederal Government를 구성한다." 그러나 이 소식에 접한 카부르는 격분한 나머지 사임하고 만다(1860년 1월에 카부르는 수상에 재취임한다). 베네치아를 제외시킨 이런 조약을 카부르나 사르디니아 왕국으로선 수락하기 어려운 것이었다.

중부이탈리아

중부이탈리아의 소요사태로 카부르는 다시 한 번 호기를 잡았다. 사실 이 소요는 카부르가 주도하던 '국민친선협회'라는 묘한 단체가 일으킨 것이었다. 카부르는 중부이탈리아를 병합하면서 나폴레옹 3세가 아무런 간섭도 못하게 조치를 취했다. 국민투표의 형식으로 중부이탈리아를 병합한 것이다. 나폴레옹 3세는 이에 대해 아무 말도 하지 못 했고, 잠자코 사보이와 니스를 차지하는 수밖에 없었다. 사실상 나폴레옹 3세로선 이런 사태진전이 달가울 수가 없었다. 왜냐하면 중부이탈리아에 그의 조카인 제롬공을 왕으로 하는 친프랑스적인 왕국건설을 계획하고 있었기 때문이다. 한편 사보이와 니스의 병합은 나폴레옹 3세의 영토야욕을 확인시켜주었고, 영국은 프랑스에 불신감을 가지게 되었다. 이때 생긴 불신감은 프로이센-프랑스 전쟁 때까지 계속되었다.

남부이탈리아

가리발디

마치니는 시실리 왕국의 전복을 기도하면서 **가리발디**를 설득하여 시실리를 해방시키려 했다. 가리발디는 적의대(赤衣隊)라고 하는 천명의 의용군을 이끌고 5월 5일에 시실리에 상륙하여 간단히 평정하고 이어 본토에 상륙하여 1860년 8월 네이플을 함락한다. 네이플 함락 후에 **가리발디**는 로마로 진격할 태세를 갖추는데 지금까지 가만히 보고만 있던 사르디니아 왕국이 군대를 파견하여 그의 로마입성을 저지한다. 만일 가리발디가 로마에 진격하면 로마에 주둔하고 있는 프랑스군과 충돌할 우려가 있었고 전쟁의 패배를 되씹고 있는 오스트리아가 다시 간섭할 가능성도 있었던 것이다. 결국 가리발디는 그의 조국을 위해 로마입성을 포기하고 그가 점령해온 땅을 **비토리오 엠마뉴엘** 국왕에게 바치고 그에게 굴복한다.

비토리오 엠마뉴엘

통일 이탈리아의 선포와 이탈리아 통일의 외교사적 의의

마침내 1861년 5월 17일에 **비토리오 엠마뉴엘** 국왕은 전 이탈리아의 국왕으로 등극한다. 그러나 아직 베네치아와 로마는 미수복지구로 남아 있었는데, 베네치아는 1866년에, 로마는 1870년에 회복한다.

이탈리아 통일은 비엔나 회의에서 합의를 본 영토사항에 대한 가장 강력한 타격이었다. 벨기에가 독립한 예가 있기는 하지만 벨기에의 경우는 이탈리아 같은 강력한 유럽국가의 출현의 예가 아닌 것이다. 이탈리아는 프랑스와의 동맹이 없었으면 통일을 이루지 못했으므로 이탈리아는 프랑스의 영향력 아래에 들어갔고 이탈리아의 독자적인 외교사는 프로이센-프랑스 전쟁으로 나폴레옹 3세가 몰락한 이후부터이다. 프랑스는 이후 현상유지만이 아니라 영토를 확장하려는 것이 아니냐하는 의심을 사게 되었으며, 독일은 이탈리아의 통일과정에 자극을 받아 새로운 통일에의 희망에 부풀게 되었다.

6. 독일통일

통일 이전의 독일에는 1815년에서 1866년 사이에 '독일 영방(Deutscher Bund)'이 존재했고 그 이전에는 962년부터 1806년까지 **제1제국**이라는 신성로마제국이 있었는데 내부적으로는 많은 영방국가로 분열되어 있었다. 그리고 1871년에 통일이 되어 1919년까지는 비스마르크 제국이 유지되었는데 이것을 '**제2제국**'이라 하고 1920년－1932년 사이에는 바이마르공화국이 있었으며 1933년부터는 히틀러에 의해서 **제3제국**이 성립된다.

비인 회의 후 독일에는 39개의 영방국가들이 형성되는데 각 영방은 독자적인 외교 및 정치 활동을 폈으며 각 영방에서 파견한 군대로 영방군을 조직하였다. 이 중 프러시아는 비인 회의에서 라인 강 연안에 위치한 비옥한 베스트팔리아를 얻게 되는데 통일문제에 관심을 가진 프러시아로서는 이것이 통일을 위한 유리한 조건이 되었다. 그리고 프러시아의 재상인 비스마르크는 덴마크, 오스트리아, 프랑스의 삼국과 전쟁을 겪으며 통일을 이루는 과정에서 능란한 외교술을 발휘하게 된다.

당시 독일 통일을 위한 방안으로는 프러시아 중심의 통일을 주장하고 통일 독일에서 오스트리아를 제외하는 **소독일주의**와 오스트리아 중심의 통일을 주장하고 오스트리아를 포함한 통일 독일을 주장한 **대독일주의**가 대립하였다. 1848년 3월에 베를린에서 **3월 혁명**이 발생하고 자유헌법을 제정한 영방국가가 나타난다. 그리고 1849년과 1850년 사이에는 프랑크푸르트에서 국민회의(연방회의)가 열리고 이 회의에서 소독일주의와 대독일주의가 대립하는데 당시까지는 오스트리아가 강했으므로 소독일주의가 크게 나타나지 못 하였다. 하지만, 당시 프러시아는 넓은 지역을 가지고 있었고 국경수비의 부담을 가지고 있음에 따라 점차 통일에 적극적이 된다. 그리고 자본가 세력이 중심이 되어 통일을 주도했으며 정치적 통일 이전에 "**관세동맹**"이라는 경제적 통일이 이루어진다.

독일 통일의 전제로서 먼저, **관세 동맹**이 이루어지는데 이것은 정치적인 통일보다도 우선시 되었다. 이것은 독일이 내부에서 경제적 통일을 이루기 위해 제후 국가들 간의 관세 장벽, 화폐, 도량형의 통일을 이루어야 한다는 필요성과 영국의 경제적 침략에 대비한다는 목적에서 이루어졌는데 특히, 부르주아들은 사업할 때 겪게 되는 어려움을 없애기 위해 이것을 주도하였다. 당시 자유무역을 주장한 **아담 스미스**에 반해 **프리드리히 리스트**는 외국의 경제침략에 대비하기 위해서는 **보호무역정책**을 실시하여야 한다고 주장하였는데 독일의 경제적 분립으로 인한 폐해를 실감하고 있는 나라가 오스트리아보다는 프러시아였고 따라서 이것을 없애기 위해 프러시아가 주도적으로 노력하게 된다. 그래서 1818년에는 60여 개의 관세가 폐지되고 1820년에는 지역적으로 남부독일 관세동맹, 중부독일 관세동맹, 북부독일 관세동맹이 체결되는데 이것은 독일의 부르주아가 프러시아를 독립의 중심으로 만들었다는 의의가 있다.

1848년의 3월 혁명은 독일 자본주의의 발전에 유리한 체제를 조성했고, 1850년대에 독일에게 산업혁명이 일어났고, 이 시기 건설된 철도망은 경제적 분립주의를 제거하는데 기여하게 된다. 또한 프러시아는 라인강 연안의 베스트팔리아를 병합했는데 이 지역에는 철과 석탄의 매장이 매우 풍부하여 프러시아 자본주의의 발전에 기초가 되었고 산업혁명이 진전되면서 성장한 부르주아가 정치적 통일을 열망하게 되었다. 하지만, 오스트리아가 연방 의장국으로서 반동정책을 추구했기 때문에 프러시아는 오스트리아를 제거하기 위하여 전쟁이 불가피하게 되었고 또, 산업혁명의 결과로 프러시아가 중심이 되어 성장하게 되자 이를 오스트리아가 방해하였다.

프러시아의 국력양성은 군제개혁과 군비증강을 통해 이루어졌는데 이탈리아 통일의 3걸을 카부르, 마치니, 가리발디라고 할 경우 독일 통일의 3걸은 **빌헬름 1세**와 **몰트케**, 그리고 **비스마르크**를 들 수 있다. 먼저, 빌헬름 1세는 프러시아의 왕으로서 1861년에 즉위하여 7년 만에 통일을 완성한다. 그리고 오스트리아를 타도하기 위하여 군제 개혁을 추진했고 융커계급 출신의 새로운 훌륭한 참모들을 많이 채용하는데 이 과정에서 육군대신 룬을 채용하고 그의 추천으로 참모총장에 **몰트케**를 그리고 1862년에 수상 비스마르크를 기용한다. 군제 개혁은 룬에 의해서 주도되었는데 그는 모든 사람에게 3년의 병역 의무를 부과하여 병력의 수가 19만에서 45만으로 증원되었고 이러한 개혁에 부르주아지들은 통일을 위해 군사비를 지원하였다.

몰트케는 융커계급 출신의 부르주아 층으로 보수적인 성향을 지닌 인물이었고, **비스마르크**는 **수상**으로서 대·내외 정책을 성공적으로 수행하였는데 그 역시 융커 출신으로서 1847년에는 의회의 의원을 역임하였고 1851년에는 프랑크푸르트 연방회의에 프러시아의 대표로서 참석하기도 하였다. 그리고 1859년에는 러시아 주재 대사를 그리고 1862년에는 파리 주재 프러시아 대사를 맡았다. 그는 독일 통일과 프러시아의 관료체제를 유지하기 위하여 군사력 강화를 추진하는 **부국강병책**을 수행하였는데 의회 등의 반대세력이 그를 억압하자 의회에서 유명한 '철혈연설(Eisen und Brut)'하였다. 이 연설에서 그는 "우리 시대의 중대사는 의회의 토론에 의해서가 아니라 철과 혈에 의해서 결정되는 것이다."라고 주장하였다.

독일 통일 3걸

덴마크 전쟁

통일을 위한 작업은 1864년 덴마크 전쟁부터 시작되었는데 이 전쟁의 발단은 덴마크의 지배를 받고 있으나 주민의 대부분은 독일인인 **슐레스비히**(Schleswig)와 **홀스타인**(Holstein) 주에서 주민들이 독일에 병합되기를 희망하면서 비롯된다. 1848년에 2월 혁명이 벌어지고 프러시아와 덴마크 사이에는 전쟁이 발생한다. 그리고 1852년에 "**런던 조약**"이 체결되는데 이 조약에서는 양주에 대한 덴마크의 주권을 인정하되 양주는 분리될 수 없으며 자치권을 가진다고 명시하였다. 하지만, 덴마크 왕이 양주를 분리시켜 홀스타인을 병합하고자 시도함에 따라 프러시아는 이것이 런던 조약에 위배됨을 주장하고 1864년 덴마크에 선전 포고하게 된다. 전쟁은 프러시아가 오스트리아와 공동 작전을 편 결과 승리하는데 1864년에 '**비인 조약**'이 다시 체결된다. 이 조약으로 덴마크는 양 주를 독일에 할양하고 양 주에 대해서 프러시아와 오스트리아는 다시 조약을 체결하는데 이것이 '**가스타인 조약**'으로서 프러시아와 오스트리아는 양주를 양 국의 공동 관리 하에 둘 것을 약속하고 프러시아가 **슐레스비히**를 관리하고 오스트리아가 **홀스타인**을 관리한다는 것을 약속하였다. 하지만, 프러시아가 홀스타인을 오스트리아에 양도하려 하지 않아서 다시 전쟁이 발생하는데 이것이 프로이센－오스트리아 **전쟁**이다.

프로이센－오스트리아 전쟁

전쟁은 1866년 6월 15일에서 8월 3일까지 진행되었는데 7주 동안 전쟁이 있었기 때문에 '**7주 전쟁**'이라고도 한다. 전쟁의 원인은 두 개의 주를 두고 양국 간에 대립·갈등이 생긴 때문인데 프러시아는 오스트리아를 이용하여 양주를 자국에 병합시키고자 하였고 오스트리아는 양주를 연방내의 독립국으로 자치화 시키고자 하였다. 그리고 대 오스트리아 전쟁을 준비하는 프러시아는 양주를 병합하는 것과 소독일주의로 통일을 이루기 위한 목표를 지니고 있었고 이를 위해 대내적으로는 군비 강화에 주력하였고 대외적으로는 먼저, 러시아에 대해서 러시아와 오스트리아가 불화관계에 있음을 확인하였다. 이러한 양국 간의 불화관계는 헝가리 반란시에 러시아가 오스트리아를 지원하였으나 크림 전쟁시에는 오스트리아가 러시아를 지원하지 않았기 때문에 러시아가 오스트리아에 대해 배신감을 느낌에 따라 발생하였다.

그리고 프랑스에 대해서는 나폴레옹 3세와 제휴해야 할 필요성을 인식하고 비아리츠(Biaritz)에서 1865년 10월에 만나 회담을 하고 이 회담에서 비스마르크는 프러시아가 오스트리아와 전쟁을 할 경우에 프랑스가 중립을 지켜준다면 벨기에와 라인강 좌안을 프랑스가 병합하더라도 묵인할 것을 암시하였고 프랑스가 이탈리아와 프러시아간의 동맹을 체결할 수 있도록 주선해 줄 것을 요구하였다. 그래서 1866년에 프러시아와 이탈리아 사이에는 '**공수동맹**'이 체결된다.[18] 이 동맹의 내용으로는 첫째 프로이센-오스트리아 전쟁이 일어나면 이탈리아는 대 오스트리아에 선전포고한다. 둘째, 단독 강화는 하지 않는다. 셋째, 전쟁에 승리할 경우에는 베네치아를 이탈리아에 돌려준다는 것 등이었다.

이상과 같이 대내외적인 준비를 갖춘 프러시아는 홀스타인에서 분쟁이 일어나도록 조종하고는 그 책임을 오스트리아에 묻는다. 그리고 이에 분노한 오스트리아는 홀스타인에서 철병하고 연방회의에 해결을 요청하게 되는데 연방 의회는 오스트리아의 요구를 받아들여서 작은 나라들을 보호하기 위해 연방군의 동원을 6월 10일에 가결한다. 이 때 프러시아는 연방 회원국 중에서 오스트리아를 제거할 것을 요구하나 묵살 당하고 6월 16일에는 먼저 오스트리아에 선전 포고한다. 그리고 6월 17일에는 오스트리아가 프러시아와 이탈리아에 선전포고함에 따라 오스트리아 대 이탈리아와 프러시아 간에 전쟁이 발발한다.

전세는 오스트리아에 불리하게 진행되었는데 7월 3일 사도바(Sadowa) 전투에서 오스트리아는 대패하고 수도 비인이 함락되기 직전의 상황에 처한다. 이 때 이런 위급한 상황에 놀란 프랑스는 나폴레옹 3세가 중재하여 휴전을 제의하고 비스마르크는 이 제의를 받아들인다. 그래서 1866년 8월 23일에 "**프라그 조약**"이 체결되는데 이 조약에서는 독일 연방의 해체와 독일 재조직에 오스트리아와 합의할 것을 결정하였고 홀스타인, 슐레스비히, 하노버 공국, 섹소니아, 튜닝기아를 프러시아에 그리고 베네치아를 이탈리아에 할양할 것을 결정하였다. 반면, 비스마르크는 오스트리아에 대해 오스트리아의 영토나 배상금을 전혀 요구하지 않았는데 이것은 비스마르크의 외교적 묘수라 할 수 있다. 즉, 그는 오스트리아를 비참하게 패배시키면 다음 전쟁에서 적이

18) 프랑스의 중립을 확보하고서도 비스마르크는 뭔가 부족하다고 느꼈다. 좀 더 확실한 승리를 위해서는 오스트리아 군을 분산시킬 필요가 있었으며, 아직 베네치아를 확보하지 못해 오스트리아에 대한 감정이 안 좋은 이탈리아를 끌어들이게 된다. 지지부진하던 협상은 나폴레옹 3세가 보증을 서는 바람에 3개월 이내에 프러시아가 전쟁을 일으키면 이탈리아는 즉각 양면전을 벌이기로하고 대신 베네치아를 이탈리아가 차지하기로 한다. 당시 국제상황은 프랑스는 중립이고 러시아는 친프로이센적이며 영국은 프랑스를 견제하고 있었다. 이탈리아는 프로이센과 군사동맹을 맺고 있었다. 따라서 오스트리아는 외교적으로 고립되어 있었다.

될 수 있으므로 오스트리아에게 선심을 베풀어 자신들에게 동조하게 만든 것이었다.

이로서 프러시아는 **북독일 연방**을 체결하여 프러시아 왕이 연방의 의장이 되고 비스마르크는 재상이 되었는데 이 연방의 의결기관으로는 보통 선거에 의해 선출되고 법률과 예산의 표결권을 가지는 **제국의회**와 프러시아가 지배권을 가지고 제국의 표결에 대해 거부권을 행사할 수 있었던 **연방의회**가 있었다. 그리고 당시 비스마르크가 추구했던 통일 정책은 연방 내에서는 주소 이전의 자유와 교통의 자유를 보장하고 화폐와 도량형을 통일하며 길드를 폐지하는 것 등이었다. 한편, 남독일 지역은 프랑스의 영향 하에 있었는데 이 지방을 획득하기 위해서는 프랑스와의 전쟁이 불가피하였고 이로 인해 **프로이센-프랑스 전쟁**이 발생한다.

프로이센-프랑스 전쟁(1870-1871)

이 전쟁의 결과로서 1871년에 독일과 이탈리아의 통일이 완성된 전쟁인데 원인으로는 먼저, 비스마르크의 배신과 그에 대한 **나폴레옹 3세**의 분개를 들 수 있다. 즉, 당시에 국내적인 실정으로 난처해진 나폴레옹 3세는 룩셈부르크를 매수하고 **벨기에**를 병합하려고 했는데 이 문제를 두고 런던회의를 개최한다.[19] 그런데 이 회의에서 비스마르크가 나폴레옹 3세의 정책에 반대함으로써 룩셈부르크는 중립국이 되는 결과가 나타난다. 그리고 이 일로 인해 프랑스와 프러시아 사이에서는 전쟁불가피론이 일어나는데 나폴레옹 3세에게는 비스마르크와의 일전으로 인기를 만회하고 국위선양을 꾀한다는 목적이 있었고 비스마르크는 독일 통일을 위해서는 전쟁이 불가피하다고 생각하게 된다. 그래서 비스마르크는 1866년에 **프로이센-오스트리아 전쟁** 후 처음으로 의회를 소집하여 지난 4년간의 헌법 유린을 사죄하고 헌법 부활을 선언하여 자유주의자들의 지지를 받는다.

두 번째 원인으로는 **스페인 왕위계승 문제**를 들 수 있는데 이것은 프랑스와 프러시아 양국이 모두 왕위 계승권이 있음을 주장함으로써 비롯된다. 1868년에 스페인에

19) 당시 유럽의 세력균형은 프로이센에 유리했다. 영국은 프랑스의 견제를 위해서 프로이센이 강대해지기를 기다리고 있었으며, 식민지 문제에 관심을 집중하고 벨기에 문제에 대해 나폴레옹 3세를 감시만 하고 있었다. 오스트리아는 전쟁패배 이후 다시 봉기한 헝가리인들을 진정시키기 위해 오스트리아-헝가리 왕국을 선포하고 헝가리의 자치를 인정하는 등 국내적으로 어수선한 상태였다. 러시아는 비스마르크가 제안한 1856년 파리회의에서 결정된 흑해의 비무장화 조약을 풀어주겠다는 약속에 프랑스의 동맹제의를 거부한다. 프랑스는 1867년 4월경 오스트리아에 동맹을 제의하나 오스트리아는 기본적으로 발칸에 관심이 있었고, 반대로 프랑스는 발칸에 별 관심이 없었다. 또, 동맹에 이탈리아를 끌어들일 것을 오스트리아는 요구했지만, 이탈리아와 프랑스는 로마문제로 대립이 있어서 결렬되고 만다.

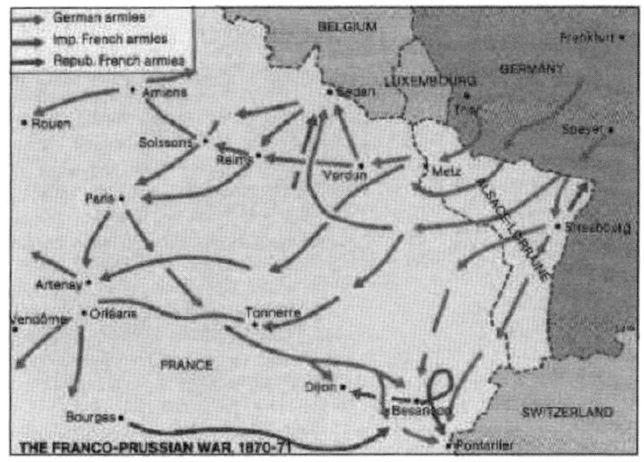

프로이센 - 프랑스 전쟁

서는 혁명이 발생하여 이사벨라 여왕이 추방당하고 혁명 정부는 프러시아 왕의 사촌동생인 레오폴트를 스페인 왕으로 추대했고 이것을 프러시아의 **빌헬름 1세**는 쾌히 승낙한다. 그러나 프랑스가 이것을 강력히 반대하자 빌헬름 1세는 겁을 먹고 사퇴하는데 이것을 기회로 나폴레옹 3세는 강경책을 더욱 강화하여 프랑스 공사 **베네데티**를 파견하고 빌헬름 1세로 하여금 앞으로도 호헨졸레른 왕가에서 스페인 왕위를 포기할 것을 문서로 확약하도록 요구한다. 이 때 엔스에 휴양을 가있던 빌헬름 1세에게 베네데티가 찾아가 위의 사항을 요구하자 굴욕적이라고 느낀 빌헬름은 불복하고 비스마르크에게 이 사실을 알리는 전보를 친다. 이것이 계기가 되어 '엔스 전보사건'이 발생하고 이것은 양국 간에 전쟁으로 이어지는 도화선이 된다.

당시 빌헬름으로부터 전보를 받은 비스마르크는 이 전보를 양 국민 모두를 자극시킬 목적으로 단축·변조하여 전 매스컴에 공개한다. 즉, 독일인에게는 프랑스 공사의 무례함에 대해 분노케 하고 프랑스인에게는 독일 국왕이 프랑스 공사에게 모욕을 주었다고 과장하여 그들 역시 격분시키는 것이다. 그래서 양국민은 모두 상대방에 대해 격분하고 나폴레옹 3세가 먼저, 1870년 7월 19일에 프러시아에 대해 선전포고를 한다. 그러나 프러시아군은 이미 대 오스트리아전과 대 덴마크 전을 통해 실전 경험이 풍부한 상태로서 파죽지세로 진격하여 9월말에는 스트라브스브르그를 함락시킨다. 당시 프랑스 군대는 메츠에 17만 병력을 가진 바자느 장군과 세단에 **맥마흔 장군**이 주둔하고 있었는데 이들은 프러시아 군에게 포위되어 결국 항복하고 만다. 그리고 당시에 포위된 맥마흔 장군이 지원을 요청하자 나폴레옹 3세는 직접 지원부대를 이끌고 출전하지만, 그 역시 포위되고 10월 13일에는 항복하고 프러시아의 포로가 되었다. 그래서 결국 1870년 10월에 패전하고 이것은 **프랑스 제2제정의 붕괴**를 의미하는 것이었다.

하지만, 프랑스 본국에서는 시민이 중심이 되어 "국민방위정부"를 조직하고 항쟁을 계속한다. 그리고 이들이 만든 정부가 바로 "**파리코뮨**"인데 이것을 마르크스는 최초로 인민에 의한 정부 탄생으로 높이 평가하였다. 1870년 10월에서 1871년 1월까지 이들은 항전을 계속하지만 프러시아군은 20만 명의 프랑스군 포로들을 이용하여 **파리코뮨**과 싸우게 하였고 3개월간 시민들은 결사 항전하였으나 추위와 굶주림으로 인해 결국, 1월초에 파리는 함락되고 만다. 그리고 연이어 '**프랑크푸르트 강화조약**'이 체결되는데 이 조약으로 프랑스는 **알자스**와 **로렌 지방**을 독일에게 할양하였고 50억 프랑의 배상금을 지불하여야 했다. 또한, 1871년 1월 18일에 비스마르크는 독일 제국(제2제국) 성립을 베를린에서 선언하고 황제로 빌헬름 1세를 추대하여 그와 함께 **베르사유 궁전**으로 가서 미러 홀(Mirror Hall)에서 대관식을 거행한다. 이 일로 프랑스 인들은 민족적인 굴욕감을 느꼈으나 반면에 독일은 통일이 완성되었고 이것은 독일 민족주의 승리였다.

베류사유 궁전에서 독일제국의 선포

프로이센-프랑스 전쟁은 결국 독일의 통일을 완성시키는 작용을 하였는데 남독일의 여러 나라들은 정식 수속에 의해 북독일 연방에 편입됨으로써 통일이 완성된다. 그리고 독일의 통일을 계기로 프러시아의 편을 든 이탈리아는 실지를 회복하여 그들 역시 통일을 완성하게 되었으며 1875년에 프랑스에서는 **제3공화정**이 성립된다. 이러한 일련의 사건들은 민족주의의 승리를 의미하는 것이라 할 수 있는데 이 시기 이후 민족주의는 **제국주의**로 변형되고 1875년 이후 '**제국주의 시대**'가 계속되다가 각 민족 간의 민족주의가 충돌하면서 제1차 세계대전이 발발하게 된다.

제 5 부

현대 유럽

제11장 제국주의와 제1차 세계대전

19세기 중엽 이후부터 산업혁명이 유럽각국과 미국에 파급되어 대량 생산이 이루어지고 자본주의가 고도로 발달되어 자본 축적을 한 선진자본주의 국가들은 1870년대부터 잉여상품의 시장, 원료공급지, 잉여자본의 출구를 확보하기 위하여 경쟁적으로 해외 식민지를 차지하기 위하여 해외진출에 나서기 시작한다. 이런 과정에서 자본주의 국가들 간에 빈번한 충돌이 일어난다.

1815년 영국은 네덜란드로부터 케이프 식민지를 획득한 후에 **보어전쟁**을 일으켜 남아프리카 연방을 건설하였고 수에즈 운하의 주식을 대량 매입하고 이집트를 보호국으로 만들어 아프리카 남북에 거점을 확보하여 이를 연결하는 아프리카 **종단정책**을 추진한다. 이와 대조적으로 프랑스는 1830년에 터키로부터 획득한 **알제리아**를 거점으로 동진하여 튀니지아를 얻는 아프리카 **횡단정책**을 추진하였다. 양국의 아프리카 식민지 경쟁은 **파쇼다**에서 충돌한다. 파쇼다를 양보하는 대신 프랑스는 **모로코**를 보호령으로 삼는데 성공한다.

뒤늦게 식민지 획득에 나선 독일은 토고랜드와 카메룬과 동아프리카를 차지한다. **이탈리아**는 이디오피아를 침략하여 차지하려 시도하였는데 실패하고 1911년 터키에서 트리폴리를 얻고 **리비아**를 식민지로 획득한다. 벨기에는 **콩고**를 식민지로 병합하였고, 포르투갈은 **앙골라**와 **모잠비크**를 획득하게 되었다.

1. 비스마르크 시대(1871~1890)

독일 통일을 이루고 난 뒤에는 비스마르크는 철저한 평화의 사도로 변신하여 철저히 유럽의 안정에 힘을 기울인다. 더 이상의 영토나 식민지를 추구하지 않았다. 만일 유럽 내 영토를 구한다면 전 유럽을 적으로 돌릴 수 있고, 식민지를 추구하면 영국과 충돌하게 된다. 사실상 비스마르크는 식민지를 불필요한 것으로 간주했다.

1차 삼제협상(1872-3)

비스마르크의 외교정책은 프랑스의 철저한 고립으로 특히 러시아와 오스트리아와 동맹을 맺지 못하게 하는 것을 최대의 목표로 삼았다. 비스마르크는 러시아와 오스트리아와 동맹을 맺어 발칸반도의 안정유지와 프랑스의 고립을 가져오려고 했으나, 발칸문제로 인해 그 취약성이 드러나게 된다.

오토만 터키 문제

1875년 보스니아-헤르체고비나·세르비아·불가리아·몬테네그로가 터키에서 독립을 요구하면서부터 문제가 발생한다. 러시아가 **3제 동맹**을 통해 오토만에게 개혁을 요구하는 각서를 발송하는데 영국이 반대하고 나선다. 터키도 영국을 믿고 각서를 거부한다.

부다페스트 협정(1877년 1월 15일)

오스트리아가 중립을 지키는 대신에 보스니아-헤르체고비나를 차지하고 대신 러시아에 대한 열강의 집단견제를 막아준다는 내용이다. 이로써 행동의 자유를 얻은 러시아는 4월 24일 터키에 선전포고한다. 현상유지를 바라는 영국의 **디즈레일리** 수상은 러시아에 대한 위협으로 함대를 파견하고 비스마르크는 협상에 의한 문제해결을 촉구하고 전쟁에 지친 러시아가 수락하여 러시아에 유리한 **산스테파노 조약**(1878년 3월 3일)을 체결한다.[20] 그러나 지역에 깊은 이해관계를 가지고 있던 영국과 오스트리아는 러시아의 영향력이 발칸반도에 깊숙이 들어감을 우려하여 반발하고 디즈레일리는 개정을 요구한다.

베를린 회의

1878년 러시아-투르크 전쟁의 결과로 체결된 산스테파노조약으로, 러시아 남하정책은 매우 유리해져 실제로 비약적인 진전을 보였다. 그러나 영국·오스트리아는

---

20) 투르크는 세르비아·몬테네그로·루마니아 등의 독립을 승인하고, 러시아에 영토를 할양하며, 다르다넬스해협을 개방할 것을 약속했다. 그 결과로 대(大)불가리아 자치공국(自治公國)은 러시아의 세력 하에 들어가고, 러시아의 발칸 진출과 범(汎)슬라브주의가 크게 진전되었다.

이 강화조약 조건을 재검토할 필요가 있다고 주장하여, 영국·러시아 관계가 매우 험악해졌다. 이에 비스마르크는 강대국 간의 조정역을 스스로 맡고 나서, 결국 이 회의를 개최하였다. 영국·독일·러시아·오스트리아·프랑스·투르크·이탈리아 등 7개국 대표들이 출석하였고, 비스마르크가 의장이 되었다. 그는 외교적 수완을 발휘하여, 러시아 주장을 누르고 영국·오스트리아 요구를 지지함으로써 **산스테파노 조약**을 폐기시키고, **베를린 조약**을 성립시켰다. 이 조약에 의해서 루마니아·세르비아·몬테네그로 등의 독립이 인정되었다.

불가리아는 산스테파노 조약에서 정한 것보다 훨씬 더 축소돼 반(半)독립자치국이 되었으며, 불가리아 남방에 새로운 주(州) 동(東)루멜리아가 만들어져서 투르크 주권하에 특수한 자치가 허용되었다. 그리고 보스니아·헤르체고비나 2주(州)를 투르크의 명목상의 주권 하에, 오스트리아가 그 행정권을 얻게 되었다. 러시아는 **남(南)베사라비아**와 기타 아주 작은 땅만을 투르크로부터 얻는 데 그쳤다.

베를린 조약의 성립은 유럽세계 정국에 중대한 영향을 끼쳐, 열강의 외교관계에 큰 변화를 주었다. 이 회의에 의해서 불리한 입장에 놓인 러시아는 발칸반도의 남하진출이 저지되었고, 투르크는 **산스테파노 조약**에서의 조건이 훨씬 가벼워졌지만 그 영토는 현저히 축소되었다. 이에 비해 영국은 베를린회의에서 외교적 승리를 얻었을 뿐만 아니라, 다음해 투르크로부터 **키프로스 섬**을 매수하여 그 승리를 더 굳혔다. 러시아는 이 회의에서 독일의 호의를 기대하였기 때문에 처음에는 열국과 함께 참석하였는데, 독일은 오히려 오스트리아의 배경이 됨으로써 오스트리아가 발칸반도로 진출하는 데 성공할 수 있었다. 그래서 러시아·독일 관계는 험악하게 되었다.

결국 회의의 결과는 **범슬라브주의**와 **범게르만주의**가 맞선 형국이 되었고, 투르크 영토 내에는 많은 소독립국이 대두하여 발칸의 민족주의 운동을 촉진시켰다. 그리고 거기에 오스트리아·러시아 대립이 결부되어, 발칸 문제는 이후 강대국 간의 분쟁의 화근이 되었다. 그러나 이 회의는 19세기 말기부터 제1차 세계대전에 이르기까지, 발칸 지역에서의 열강의 세력관계를 획정하였다.

독·오 동맹(1879년)

오스트리아가 유럽의 심장부에 있기 때문에 오스트리아가 영국이나 프랑스와 동맹을 맺기 전에 동맹을 맺을 필요가 있다고 느낀 비스마르크는 1879년 10월 7일에 동맹을 맺는다. 이 동맹은 러시아를 상대로 한 것으로 발칸의 안정, 나아가 유럽의 안정에 기여했다.

2차 삼제동맹

1881년 6월 18일에 체결된다. 이 조약은 만일 한나라가 다른 나라와 전쟁시 다른 두 나라는 중립을 지키며, 유럽권내 터키를 침략할 때에는 미리 삼국 간에 합의를 봐야 한다는 내용을 가지고 있다. 이 삼제협상은 발칸문제로 인한 러시아와 오스트리아 간의 불신감 때문에 취약할 수밖에 없는 조약이었다. 결국 1885년 발칸에서 분쟁이 일어났을 때 붕괴하고 만다.

1차 삼국동맹(1882년 5월 10일)

1881년에 프랑스가 튀니지아를 무력으로 보호령으로 만들자 위협을 느낀 이탈리아가 독일에 접근하기 시작했다. 무엇보다도 튀니지 문제에서 독일과 영국이 프랑스를 지지하는 바람에 이탈리아가 소외되어있다는 것이 이탈리아에게는 큰 충격이었던 것이다. 그러나 비스마르크는 이탈리아와의 동맹에 대해 먼저 오스트리아와 화해를 선결조건으로 내세웠다.[21] 이 조약은 5년마다 갱신이 가능했고 한 국가가 전쟁에 들어갔을 때 최소한 우호적인 중립을 지키도록 했다. 이 조항이 뒤에 이탈리아가 1차 대전에 처음엔 불참하는 근거가 된다.

2차 삼국동맹(1887년 2월 20일)

이 조약은 각국별로 맺었는데 1차보다 공격적인 성격이 강해졌다. 이 조약에서 이탈리아는 발칸지역에서 동등한 지위를 확보했고 이탈리아가 식민지를 요구할 때에는 독일과 오스트리아가 지지한다는 내용을 담았다.

재보장 조약(1887년 6월 19일)

사실상 3제 협상의 붕괴는 오스트리아와 러시아간 갈등에 기인하므로 독일과 러시아간 사이는 좋은 편이어서, 독일과 러시아간에는 아직 협상의 여지는 있었다.

---

21) 비스마르크는 이미 1877년에 크리스피 이탈리아외상에게 이런 말을 했다. “The road to Berlin lies through Vienna.”

프랑스와 러시아의 동맹을 막기 위해 비스마르크는 독·오 동맹을 수정할 필요성을 느꼈고 이래서 나온 것이 이 재보장 조약이다. 이 조약의 내용은 다른 강대국과 한 나라가 전쟁을 할 때 우호적인 중립을 지키기로 하고 러시아가 오스트리아를, 독일이 프랑스를 공격할 대는 적용되지 않는다는 내용을 담고 있다. 사실상 이 조약은 비스마르크로서는 프랑스를 공격할 의사가 없었기 때문에 순전히 러시아가 오스트리아를 침략하지 못하게 견제하는 것이었다. 그러나 한편으로 이 조약으로 비스마르크는 러시아가 해협과 발칸에 더 큰 관심이 있음을 알고 있었기 때문에 러시아의 이익을 지지하는 내용을 담고 있었다.

지중해 협정 1차(1887년 2월 12일)

처음에 이 조약을 제의한 것은 영국의 솔즈베리로 영국과 이탈리아 간에 체결된 조약이다. 이 조약은 양국이 지중해를 현상유지하고 이를 위해 양국이 협조한다는 평범한 선언에 불과한 것이었다. 이탈리아와 비스마르크는 좀 더 강력한 형태를 원했지만 영국이 응하지 않았다. 이 조약은 사실상 비스마르크가 조장한 것이었다.

지중해 협정 2차(1887년 12월 12일)

비스마르크가 권하여 영국·오스트리아·이탈리아 간에 체결된 조약으로 여기에 비스마르크 외교의 묘미가 있다. 즉, 6개월 전 **재보장 조약**을 통해 러시아의 발칸에서 이익을 지지한다고 해놓고서는 이 조약으로 다른 세력들이 러시아를 견제해 놓도록 한 것이다. 영국과 독일은 동지중해에서 속뜻은 달랐지만, 겉으로 추구한 바는 똑같았다. 그것은 평화와 안정이었다. 결국 러시아는 고립되었고 다시 극동으로 진출하게 된다.

비스마르크의 몰락

1888년에 새로이 **빌헬름 2세**가 카이저로 등극하면서 두 사람 간에는 정책상의 대립이 잦아지더니, 결국 비스마르크는 사임한다. 카이저가 발칸에 영향력을 행사하려 했고 해군의 증강과 해외식민지를 추구하려했던 반면 비스마르크는 반대했던 것이다. 비스마르크가 프랑스의 고립을 위해 러시아와 우호적으로 지내려한 반면에 카이저는 프랑스와 러시아가 동맹을 맺는 일은 없을 것이라고 생각했다. 이념적으로 다른 공화국 프랑스와 전제군주정인 러시아가 어떻게 동맹을 맺느냐고 생각한 것이다. 비스마르크가 군사적 관점에서 국제관계를 본 것과는 다르다.

2. 강대국 간의 세력재편(1890–1904)

노·불 동맹

러시아는 **재보장 조약**의 갱신을 기대했으나, 독일은 이를 사실상 거절했고 당시 증대되던 영국과 독일의 협력관계는 러시아를 불안하게 만들었다. 여기에 접근한 것이 그간 외교적 고립에서 탈피하려던 프랑스였다. 특히 1890년에 3국 동맹의 갱신은 영국이 발칸과 북아프리카에서 관련된 것 같은 인상을 주었고, 이는 프랑스와 러시아에 충격으로 받아들여졌다.[22] 그러나 노·불간의 협상은 지지부진이었다. 러시아는 일차적으로 독일과 관계개선에 더 큰 관심이 있었다. 그러나 꾸준한 프랑스의 노력은 1891년 8월 27일에 위험이 현실이 될 경우 양국이 합의한다는 내용의 공문을 교환하는데 성공했고, 뒤이어 1892년 8월 27일에는 군사협정에 양국은 서명하는 데에 성공했다. 이 조약은 어디까지나 독일을 대상으로 한 것이었다. 1894년 1월 4일에는 완전한 동맹을 맺는데 성공한다.

독일군 전략의 변화

노·불 동맹의 체결에는 독일군의 전략변경도 한 몫 했다. 1892년 여름 **노·불** 간에 군사동맹이 체결될 때 독일군은 양면 전에 대비한 새로운 쉴리펜 계획을 세운 것이다. 이것은 러시아가 총동원령을 내려도 6개월이라는 시간이 걸릴 것이라는 가정 하에 먼저 벨기에를 통해 프랑스를 침공하여 굴복시키고 그 다음에 러시아를 공격한다는 것이다.

당시 독일과 영국은 서로 동맹을 채결하려고 했었다. 그러나 동맹의 형식 때문에 이견을 보여 실패로 돌아갔다. 영국은 영국과 독일간의 동맹을, 독일은 3국 동맹에 영국이 끼어 4국 동맹체제를 원했던 것이다. 영국은 독일과 동맹에 실패한 이후로

22) 사실은 그런 관련은 없었다. 그 지역에서 영국과 이탈리아가 우호적이기는 했지만, 영국은 지중해협정을 갱신하거나 연장할 생각이 전혀 없었다.

일본과의 동맹을 모색하게 된다.

파쇼다 사건과 영불협상

1884년 5월 베를린 회의에서 강대국 사이에 식민지에 대한 합의를 보았다. 열강의 직접 정치력·행정력이 미치는 곳을 식민지로 인정하자는 것이었다. 이것은 종족·종교를 고려하지 않은 국경분할이어서 나중에 국가 간의 분쟁의 불씨가 되었다.

이집트를 기반으로 영국은 이집트와 남아프리카의 케이프 타운을 잇는 **종단정책**을 추구했고 프랑스는 알제리에서 출발하여 마다카스카르를 잇는 **횡단정책**을 추구하고 있었는데, 이는 어느 지역에서인가 충돌할 우려가 있었고, 1896년 **파쇼다**에서 양국은 결국 충돌을 일으킨다. 영국은 강경한 입장이었고, 프랑스의 델카세는 전쟁을 주장하였으나, 수상 루비에르는 굴복하기로 했고, 델카세는 사임을 한다. 루비에르 프랑스 수상은 프랑스 제1의 적이 독일임을 감안하여 나중에 동맹국이 될지도 모를 영국에 굴복하기로 하고 친영주의자 깜봉을 협상대표로 보낸다.

영·불합의(1899년 3월)

프랑스가 일방적으로 철수하고 영국은 이집트와 수단에서의 우위를 인정하는 대신 모로코에서 프랑스의 지위를 인정하였다.[23] 이 협약의 상징적인 의미는 두 강대국이 군사적 대치상태에서 타협으로 긴장완화를 가져왔다는 것으로 강대국간 대립이 꼭 전쟁을 가져오지 않는다는 선례를 남긴다. 이 조약은 1904년의 영·불 협상을 이루는 계기가 된다. 1901년 국가원수간의 상호방문이 이루어지면서 영·불간에 식민지문제, 주로 북아프리카에 적극적인 경쟁을 하지 말자는 합의를 본다.

영·불 협상(1904년 4월 8일)

영국은 독일과의 동맹교섭에서 실패하자 차선책을 강구하게 되었다. 사실 영·독의 협상결렬은 독일이 해군력 증강계획의 강행이었다. 영국은 프랑스와 동맹을 맺어 지브랄타에 인접한 모로코의 프랑스 해군기지로 독일을 견제할 생각을 하게 되었다. 또, 프랑스와 동맹은 극동에서 프랑스의 동맹국인 러시아와의 관계에서

23) 여기에는 스페인도 가세했다. 동년 10월 3일 영국, 프랑스, 스페인 간에 모로코에 대한 비밀협정이 체결된다. 여기서 스페인과 프랑스는 모로코를 양분하기로 하고 경계선을 설정했다.

프랑스를 중립화할 수도 있었다. 오랜 시일이 걸렸지만, 양국은 결국 합의를 보고 1904년 4월 8일에 동맹을 맺게 된다. 영국과 프랑스는 아직 군사문제까지 합의를 본 것은 아니었지만, 프랑스는 이 정도에서 만족하였다.

3. 제1차 세계대전

1914년 7월 28일 오스트리아의 세르비아에 대한 선전포고로 시작되어 1918년 11월 11일 독일의 항복으로 끝난 세계적 규모의 대전쟁이다. 이 전쟁은 영국·프랑스·러시아 등의 연합국과 독일·오스트리아의 동맹국이 양 진영의 중심이 되어 싸운 전쟁으로서, 그 배경은 1900년경의 '제국주의'개막의 시기부터 고찰되어야 할 것이다.

배경과 원인

제1차 세계대전은 20세기 초엽 인류가 경험한 최초의 대규모적인 세계전쟁이었는데, 그 발발의 배경에는 19세기말부터 20세기 초에 걸쳐서 나타난 세계 제국주의의 성립이 있었다. 이 시기에 유럽 제국과 미국, 약간 뒤늦게 일본 등에서는 자본주의 경제가 독점단계로 들어가, 각국은 대량 생산된 상품의 시장을 필요로 했고, 이에 따라 이들 국가는 해외에서 식민지나 세력권을 넓히기 위한 격렬한 경쟁을 전개하였다. 그 결과, 세계는 제국주의 국가들에 의하여 거의 분할되었으며, 이제는 그 재분할이 강대국의 주요한 관심사가 되었다. 그리하여 19세기말의 쿠바나 필리핀을 둘러싼 **미국-스페인 전쟁**이나, 남아프리카의 **보어전쟁**(Boer War) 후, 20세기에 들어서 제국주의 국가들의 식민지 재분할 경쟁의 새로운 초점이 된 것은 '아시아의 병든 대국'인 중국과 투르크(터키)였다. 따라서 중국 동북(만주)과 한반도의 지배를 놓고 일본과 러시아 사이에 제국주의 전쟁이 일어난 것도 우연한 일이 아니다. 러·일전쟁의 배후에는 각각 영국·미국과 프랑스·독일이 있으며, 1905년까지 제국주의의 국제 대립의 중심은 동아시아에서의 러시아와 영국 간의 경쟁에 있었다. 그러나 러·일 전쟁 후 러시아는 후퇴하고, 다시 그 진로를 발칸·중근동으로 향했기 때문에, 이후 제1차 세계대전 발발까지 제국주의 강대국들의 국제 대립의 무대는 종래 오스만투르크 제국의 지배영역이었던 **발칸·근동지역**으로 옮겨졌으며, 그곳에서 대립의 주역이 된 것은 선진자본주의 국가인 영국과 신흥자본주의 국가인 독일이었다.

3국 협상과 3국 동맹

러·일 전쟁 후의 세계정세의 새로운 전개는 이미 전쟁 중인 1904년, 영국과 프랑스 사이의 협상 성립에 의하여 시작되고 있었다. 이 양대 식민제국은 세계 각지에서의 양국의 대립을 해소하고, 특히 이집트와 모로코를 서로 상대국의 보호령으로 인정하여 협정을 맺었다. 이어 영국과 러시아도 러·일 전쟁 후 중국에서의 대립이 완화됨으로써 접근하기 시작하여, 독일의 중동진출과 이란에서의 입헌혁명이 직접적 계기가 되어, 양국은 이란에서 서로의 세력권을 확인하는 등, 1907년 영국과 러시아 사이의 협상을 성립시켰다. 이렇게 성립된 3국간의 협상체제는 이들 3국이 세계 가운데서의 식민지 지배체제를 유지하기 위한 힘의 과시인 동시에, 독일·오스트리아·이탈리아 **3국 동맹**에 대항하여 유럽의 세력균형을 유지하기 위한 외교관계였다.

한편, 3국 동맹 내에서는 이탈리아가 오스트리아와의 대립에서 프랑스에게 접근하기 시작하였으므로 독일은 점차 국제적 고립을 더하여 갔다. 3국협상과 3국동맹의 대립의 주축은 영국과 독일로서 그것은 세계시장에서 이미 우월한 지위를 차지한 선진 식민제국과 그 경쟁에 뒤늦게 참가한 신흥 제국주의국가 간의 대립을 나타내고 있었다.

양국 대립의 근원은 1880년대로 거슬러 올라간다. 1880년대에 시작된 영국의 **3C정책**(Calcutta·Cairo·Capetown을 잇는 지배권)과 독일의 **3B정책**(Berlin·Byzantium·Baghdad를 잇는 지배권) 간의 암투는 90년대에 들어오면서 독일의 공업과 무역이 영국의 구세력을 위협하자 더욱 첨예화하였으며, 양국은 세계시장에서 격렬한 경제 경쟁을 전개하였다. 뿐만 아니라, 1898년에 독일이 대함대 건설에 나서면서 해군력 증강의 경쟁이 일어났으며 이로써 양국 간의 군비경쟁은 더욱 격화하였다. 이와 같은 정세 하에서 독일은 프랑스의 모로코 보호령화에 반대하여 1905년 3월, **제1차 모로코 사건**을 야기했으나, 오히려 국제적으로 고립되었고, 영·프의 협력관계는 더욱 강화되었다. 또한 11년 7월의 **제2차 모로코 사건**에서도 영국은 프랑스를 지지하여 전쟁도 불사한다는 강경 태도를 취하였으므로 독일의 외교공세는 두 번 다 실패하였다.

한편 1903년 이래, 독일은 투르크에서 바그다드 철도의 건설을 추진하였고, 또 투르크 육군의 근대화를 지도하여 이 나라에 대한 영향력을 강화하여 갔다. 그리하여 국제적으로 고립되어 감에 따라 독일의 대외 진출의 중점은 중동으로 옮겨졌다. 따라서 이 지역에서의 **독일**의 **3B정책**은 지중해로의 진출구인 **다르다넬스·보스포루스 해협**의 지배를 노리는 러시아의 **진출**과 함께 대영제국의 생명선을 잇는 **3C정책**에 대한 위협으로 느낀 영국과의 마찰을 증대시켰다. 그러나 제1차 세계대전 전의 국제 대립에서 이른바 주역을 담당하였던 영국과 독일은 서로 예리하게 대립하면서도, 그 행동은 신중하였다. 양국은 1908−12년 해군 군축 교섭을 계속하였고(불성립), 또 중동에서도 오랜 교섭 끝에 타협에 도달하였다. 결국 대전은 양 대국의 직접적인 충돌에서가 아니라, **3국 협상** 대(對) **3국 동맹**이라는 두 개의 블록 사이의 대립, 특히 양 진영 내에서의 조역 러시아와 오스트리아간의 발칸 반도에서의 대립을 직접적 계기로 일어났다.

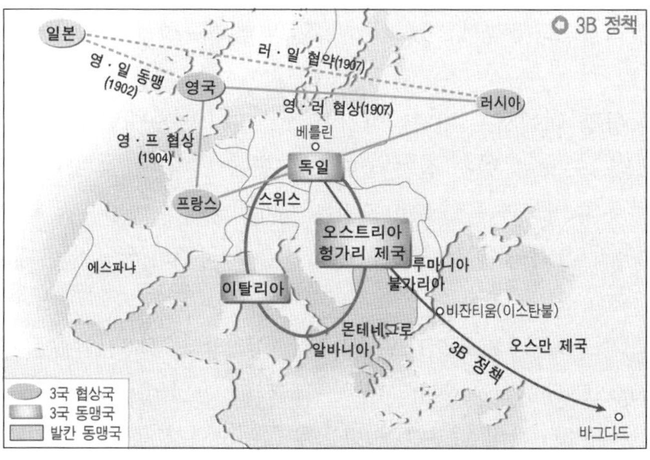

제1차 세계대전 직전의 유럽의 강대국들의 식민지에서의 충돌

발칸 문제

발칸은 일찍이 터키의 지배하에 있었고 '유럽의 화약고'였다. 이곳에는 강대국인 러시아와 오스트리아가 진출하고 있어서, 러시아는 **범슬라브주의**를 내걸고 슬라브계 제민족의 결집을 꾀하였으며, 한편 오스트리아는 범슬라브주의 영향을 겁내어, 독일의 지지 하에 **범게르만주의**를 주창하여 이에 대항하였다. 1908년 터키에 혁명이 일어나고 불가리아가 독립하자, 오스트리아는 슬라브인이 사는 보스니아 헤르체고비나

를 병합하였다. 이에 불만을 품은 **세르비아**는 러시아에 지원을 바랐으나 러·일전쟁과 제1차 러시아 혁명(1905)의 후유증에서 아직 회복되지 못한 러시아는 오스트리아 배후의 독일과의 충돌이 두려워 1909년 독일의 오스트리아의 병합정책 지지성명에 굴복하고 말았다.

이 후 러시아는 1912년, 세르비아·불가리아 등에게 발칸동맹을 결성케 하였고 같은 해, 동맹은 터키와 싸워(제1차 발칸전쟁) 승리하였으나 터키로부터 얻은 영토의 분배를 놓고 불가리아와 세르비아와 기타 제국 사이에 1913년 **제2차 발칸전쟁**이 일어났다. 패한 불가리아는 이후 오스트리아·독일에 접근하였으나 세르비아의 승리는 러시아의 범슬라브주의의 승리를 뜻하여 오스트리아는 큰 타격을 입었다. 이리하여 유럽의 일각 발칸에서 제국주의 강대국들은 자국의 세력 확장 때문에 군소국의 운명을 조종하여 대립을 격화시키고 이곳에서의 전쟁의 불꽃이 전 유럽을 휩쓰는 위험한 정세를 만들어내고 있었다.

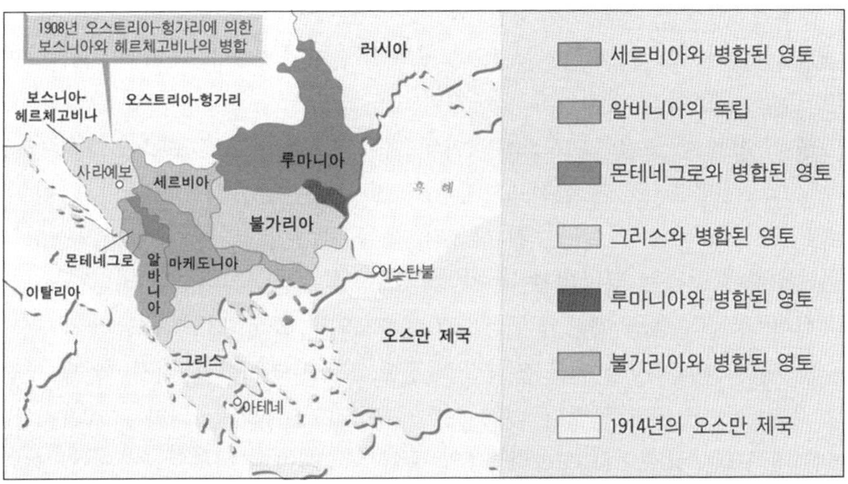

제1차 세계대전 직전의 발칸의 정세

제1차 세계대전의 발발

1914년 6월 28일, 긴장이 고조되는 발칸의 일각, 보스니아의 **사라예보**에서 오스트리아 육군 대연습의 통감(統監)으로 이곳을 방문한 오스트리아의 황태자 **페르디난트 부부**가 세르비아의 참모본부 정보부장이 밀파한 7명의 자객 가운데 G.프린치프의 흉탄에 맞아 피살되었다. 오스트리아는 이 사건을 이용하여 세르비아를 타도하고, 발칸에서의 열세를 일거에 만회하고자 하였으며, 독일도 그것을 지지하였다.

오스트리아는 7월 23일, 세르비아가 도저히 받아들일 수 없는 조건을 붙여 **최후통첩**을 보냈으며, 이것이 일부 거부되자, 즉각 세르비아와 국교를 단절하고 이어 28일에는 선전을 포고하였다. 그 동안, 오스트리아는 7월 5일에 황제 특사를 독일로 보내어 대(對)세르비아 강경방침에 대한 독일 측의 양해를 얻었다. 종래의 정설은 독일이 오스트리아에 끌려서 전쟁에 말려들었다고 보았으나 근년의 연구로는 세르비아에 대한 강경 방침을 내세우면서도 주저했던 오스트리아의 지도자를 격려하고, 오히려 빨리 전쟁을 개시하도록 압력을 가한 것이 독일 측이었음이 밝혀졌다. 독일의 정부·군부 지도자가 오스트리아와 세르비아의 전쟁이 러시아나 프랑스까지도 끌어들이는 유럽전쟁으로 될 것을 충분히 알면서도 이와 같은 강경 방침을 선택한 것은 깊어져 가는 국제적 고립과 해외 진출에서의 벽에 부닥친 처지를 타개하기 위하여 전쟁의 위험을 무릅쓴다는 결의가 되어 있었기 때문이다. 더욱이 독일이 이 시기를 택한 것은 독일 측의 군비강화가 14년 여름에 그 절정에 달하는 데 대하여, 프랑스나 러시아의 그 시기는 15년 또는 16년이었음으로, 따라서 지금이 가장 유리하다고 판단했기 때문이기도 하였다.

한편, 러시아는 7월 28일, 오스트리아의 대(對)세르비아 선전포고에 대하여 즉각 대(對)오스트리아에 대하여 선전포고를 하고 30일에는 총동원령을 내렸고, 이 또한 전쟁의 국지화(局地化)를 불가능케 하였다. 독일은 23－27일 러시아와 오스트리아 사이를 조정해 달라는 영국의 여러 차례의 요청을 무시하거나 거부하였다. 그러나 29일 심야, 영국의 중립 예상이 무너지고 전쟁개입이 확실해지자 독일의 정부 지도자는 그 때까지의 강경한 태도를 약간 바꾸어, 오스트리아에게 러시아와의 교섭에 응할 것을 권장하였다. 그러나 때는 이미 늦어서 **7월 위기**는 위기로 그치지 않고 마침내 대전으로 급선회하고 만다. 31일 독일은 러시아에 대하여 총동원령 철회를 12시간의 기한부로 요구하는 **최후통첩**을 보내고, 러시아로부터 아직 회답이 없는 상태에서, 8월 1일 대러시아 선전포고를 하였다. 더욱이 8월 3일 독일은 프랑스의 벨기에 중립 침범을 비난하여 선전포고를 해놓고서도 스스로, 북서 프랑스 진공(進攻)을 위하여 벨기에로 침입하였고 영국은 이것을 이유로 하여 다음날(4일) 대독 선전포고를 하였다. 이리하여 제1차 세계대전은 이탈리아를 제외한 전유럽 강대국들이 참가하는 유럽전쟁으로 발전하였다.

전쟁의 경과

독일의 작전은 서쪽에서 프랑스를 먼저 굴복시키고, 이어 동쪽으로 옮겨서 러시아를 칠 계획이었다. 따라서 독일군은 개전 후 가장 먼저 북서 프랑스로 침입, 파리로 육박하였으나 9월 초순 마른(Marne)의 싸움에서 진격이 저지되었다. 한편 동부전선에서는 러시아군이 의외로 빨리 프로이센으로 침입하였으나, 독일군은 힌덴부르크 원수의 지휘 하에 8월말 타넨베르크에서 러시아군을 대패시켰다(타넨베르크전투). 그러나 동서 공히 결정적 승리를 거두지는 못하였으며, 곧이어 참호전으로 바뀌어, 전선은 교착(膠着)되었다.

이 사이에 동아시아에서는 일본이 연합국 측에 참전(8. 23)하여, 이 기회에 동아시아 및 태평양에서의 독일의 권익을 빼앗고, 특히 중국에서의 발판을 굳히려고 하였다. 한편 전전(戰前) 독일과의 군사적 유대를 강화하고 있던 오스만투르크는 11월 2일 동맹국으로 참전하였다. 그 때문에 유럽의 전선은 카프카스, 메소포타미아로 넓혀졌으며, 15년 2월에서 4월에 걸쳐 영·프 연합함대는 다르다넬스 해협에서 격렬한 공격을 가하였으나 실패로 끝났다. 1915년 4월 서부전선에서 독일군은 최초로 영국군을 상대로 독가스를 사용하였다. 동년 연합국과 동맹국 쌍방에 있어서 가장 큰 관심사는 3국 동맹에 속해 있으면서 중립을 지키고 있던 이탈리아의 동향이었다. 참전의 조건에 대하여 양진영과 거래하였던 이탈리아는 결국 동년 4월 '런던 밀약'에 의해 '미수복지'와 달마티아 등의 영토 획득을 약속 받고 5월 23일 오스트리아에 선전하고 연합국 측으로 참전하였다. 이탈리아는 군사적으로는 약체이었기 때문에 그 참전이 전황에 결정적 영향을 끼치지는 못하였다.

또한 같은 해 9월에는 불가리아가 동맹국 측으로 참전하여 독일·오스트리아군은 그 협력을 얻어 세르비아를 점령하였다. 한편 16년 8월에는 루마니아가 연합국 측으로 참전하였으나, 곧 동맹군에 의하여 제압되었다.

제1차 세계대전 격전지

제1차 세계대전 때 사용된 탱크

이와 같이 1915~16년 동맹국은 동유럽·발칸에서 적극적 공세로 나와 전황이 유리하게 전개되었으나, 서부전선에서의 교착상태는 지속되었다. 즉, 1916년 2월에서 6월에 걸쳐, 독일군은 베르 요새에 4회에 걸치는 대공격을 가하여 50만 명의 병사를 희생하며 막대한 탄약을 소모하여 사투를 감행하였다. 그러나 프랑스군은 페탱 장군의 지휘 하에 요새를 굳게 지켰으며, 6월말부터 영·프 연합군은 서쪽의 솜(Somme)에서 총반격으로 나왔고, 9월 15일 영국은 최초로 18대의 전차를 병기로서 전장에 투입하였다(솜의 싸움). 약 5개월에 걸친 이 전투에서 영·프 군은 **90만 명**, 독일군도 **60만 명**의 사상자를 내면서도, 승패가 가려지지 않았다.

이와 같은 육상에서와는 달리, 해상에서는 영국이 압도적으로 우세하였다. 독일 해군은 대폭적 증강에도 불구하고 영국에 비하여 수적으로도 열세이어서 개전 이래 북해에 갇히고 말았다. 중요한 해전으로는 1915년 12월 도거뱅크의 해전과 16년 5월 유틀란트 해전이 있었을 뿐인데, 모두 승패를 가리지 못하였고, 영국의 해상 지배권은 흔들리지 않았다. 이 전쟁에서 신병기로 등장한 **전차**는 영국에 이어 1917년 프랑스, 1918년 독일이 각각 그 뒤를 이었으며, 주로 정찰용으로 쓰인 **비행선**은 독일이 처음 사용하였다.

교전국의 국내정세

대전 발발에 즈음하여, 각국 정부는 전쟁이 각각 상대방 측의 공격에 의하여 야기된 정당방위의 전쟁이라고 주장하고, 국민에게 그것을 믿게끔 할 수가 있었기 때문에, 어디에서나 드높은 애국심의 고양(高揚)이 엿보였다. 각국의 지도자가 가장 근심한 것은 국내의 사회주의 정당이나 노동조합의 동향이었다. 왜냐하면, 20세기에 들어서면서 사회주의 운동의 국제조직인 **제2인터내셔널**은 그 대회 때마다 전쟁 반대 결의를 하였는데, 특히 1912년의 바젤 대회에서는 제국주의 전쟁에는 혁명이라는 수단으로써 반대한다는 결의를 하였다.

그러나 각국 특히, 서유럽 대국의 사회주의 정당 내부에는 기회주의나 내셔널리즘의 경향이 강하여서 제국주의 전쟁에 단호히 반대하는 자세는 어느 정도 약화되어 있었다. 세계대전이 시작되자 각국의 **사회주의 정당**은 일부를 제외하고 종래의 슬로건에서 180도 전환하여 전쟁협력으로 내달았다. 특히, 당시 유럽에서 가장 유력한 사회주의 정당이던 **독일 사회민주당**이 정부의 군사예산에 찬성하고, 전쟁협력을 약속하였으며, 각국의 사회주의 정당이 그 뒤를 따름으로써, **제2인터내셔널**은 붕괴되었다.

그러나 전쟁은 예상을 뒤엎고 장기화함으로써 국민에게 막대한 희생을 강요하였다. 이 전쟁 중에 예를 든다면 독일에서는 인구 6,000만 명 가운데 1,100만 명이

동원되었고, 그 중 전사자 177만 명, 부상자 422만 명을 내었으니, 국민 가운데 5명에 1명이 동원되어 그 반수 이상이 사상(死傷)한 것이 되는데, 이 비율은 프랑스에서 거의 같고 영국에서는 약간 떨어진다. 또한 이 전쟁은 공전의 물량 전쟁으로 이미 개전 당초, 불과 1주일간의 마른의 싸움에서 탄약 100만 발, 솜의 싸움에서는 그 20배인 2,000만 발이 소모되었다. 이와 같은 전쟁 수행을 위하여 각국은 자국의 경제력을 동원하고 경제 전체를 전쟁을 위한 것으로 개편해야 할 필요에 직면하게 되었다.

그러나 전쟁이 장기화하여 국민들 사이에 불만이 높아지자, 각국 정부에게는 국민의 불만을 누르고, 국가의 총력을 기울일 수 있는 강력한 지도체제를 만드는 일이 사활문제가 되었다. 이리하여 영국에서는 16년 12월에, 로이드 조지 거국일치내각이 만들어졌고, 프랑스에서도 1917년 11월에 클레망소 내각이 성립되었다. 이들 내각은 경제통제를 강화하고, 군수생산을 높이는 한편, 국내외 반전 평화운동을 탄압하였다. 그러나 영·프 양국은 식민지에게 식량과 원료의 공급을 강제할 수가 있었을 뿐만 아니라, 인도에서 150만 명, 아프리카에서 100만 명이나 되는 원주민을 병사 혹은 노동자로서 유럽의 전선과 공장에 투입하여, 식민지인의 희생으로써 국민의 부담을 경감시킬 수가 있었다.

이에 대하여 식민지나 해외시장을 모두 빼앗긴 동맹국 측에서는 물자의 부족, 국민생활의 궁핍은 그야말로 심각하였다. 독일에서는 이미 1915년부터 빵의 배급제를 도입하였고, 곧이어 고기·우유·버터 등도 배급제가 되었다. 16년 겨울을 예로 들면, 어른 한 사람의 1주일분 배급량은 빵 1,900g, 감자 2,500g, 버터 80g, 고기 250g, 설탕 180g으로 평상시의 3분의 1에 불과하였다. 더욱이 16년 말에는 노동력 부족을 보충키 위하여, 국내에 있는 16~60세의 남자를 탄광이나 공장에 동원하는 힌덴부르크 계획이 실시되었다. 그러나 국민의 불만이 높아짐에 따라 17년 7월 의회 다수파가 '화평결의'를 행한 뒤, 재상 베트만 호르웨크는 강경노선의 군부와 의회 사이에 끼어 맥없이 사임하고, 이후 군부에 의한 사실상의 군사독재체제가 성립되었다. 한편 같은 해 4월 사회민주당에서 '성내 평화'에 협력하지 않는 좌파가 따로 분열하여 독립 사회민주당을 결성함으로써 노동자의 반전(反戰) 운동과 스트라이크가 번져갔다.

대전 중의 비밀외교

전쟁 중에 교전국은 결속을 다지고 또한 중립국을 끌어들이기 위하여, 전후의 영토나 세력권의 재분배를 약속하였다. 1915년 협상국측은 이탈리아에게 '미수복지'를 비롯하여 터키령과 아프리카의 독일령 식민지 등의 분할을 약속하였다. 또, 불가리아는 세르비아령 마케도니아를 약속 받고 동맹국 측으로, 루마니아는 헝가리령 트란실바니아의 영유를 미끼로 연합국 측에 끌려들었다. 또, 오스만투르크의 영토를 에워싸고 영·프는 러시아에 다르다넬스·보스포루스 양 해협의 영유를 약속하였으며, 다시 영국·프랑스·러시아 3국은 16년 5월 **사이크스-피코 협정**을 맺고 러시아에 흑해 동남 연안을, 프랑스에게 시리아를, 영국에는 남메소포타미아의 영유를 합의하였다.

또한 투르크령 서아시아에서는 아랍인의 독립운동이 고조되었는데, 영국은 16년 초에 아랍인에게 전후 이 지방에 아랍국가 건설을 약속(마크마옹 선언)하는 한편, 1917년 11월 연합국에 사는 유대인의 협력을 얻기 위하여 같은 지역의 **팔레스티나**에 유대인의 국가건설을 확약하였다(밸푸어 선언). 또 인도에 대하여서도 전쟁협력의 보상으로서 전후의 자치(自治)가 약속되었으나, 그것도 이루어지지 않은 채로 끝났다.

똑같이 동맹국 측에서도 독일은 대전 중 러시아령의 핀란드인, 발트 3국의 여러 민족들, 폴란드인, 우크라이나인에게 독립을 약속하였으나, 그것은 모두 러시아 제국의 해체를 목표로 한 것이었다. 한편, 일본은 15년 1월 중국의 위안스카이[袁世凱(원세개)] 정부에게 산둥성이나 만주, 몽골을 위시한 중국 전토에서의 일본의 권익 획득에 대한 '21개조 요구'를 강요하고, 최후통첩에 의하여 그 대부분을 승인케 하였다.

전쟁의 종결

1917년에 전쟁은 최종 단계로 접어들었다. 독일은 같은 해 1월, **무제한 잠수함전**의 개시를 선언하였는데, 이것은 영국 주변의 해역에서 중립국을 포함한 모든 나라의 상선을 무경고로 격침하여 식량이나 원료를 수입에 의존하는 영국을 굴복시키려고 한 것이었다. 그러나 이 작전은 영국과 경제적으로 굳게 맺어져 있는 **미국의 참전**을 초래할 것이 분명하였으므로, 미국 참전의 효과가 나타나기 이전에, 즉 6~8개월 이내에 성공을 거두지 못한다면 독일 자신의 패배가 결정적이 되는 위험한 도박이었다. 독일의 잠수함은 이 싸움에서 예상을 넘는 전과를 올렸으나, 영국도 중립국의 상선까지 동원하여 곤경을 타개하였기 때문에 결국 **무제한 잠수함전**은 1917년 4월 **미국의 참전**을 야기했을 뿐, 실패로 끝났다.

이리하여 패배가 결정적으로 된 독일에게 있어, 나머지 승리의 최후의 기회라고 할 **러시아 혁명**이 같은 해 3월(러시아曆 2월)에 일어났다. 러시아는 정치·경제 체제의 후진성 때문에 장기에 걸치는 총력전에는 견디지 못하여, 군수품·식량의 부족, 정정(政情)불안 등으로 고통을 받고 있었다. 3월(2월)혁명이 일어나 차르 정부가 쓰러졌고, 이어 11월(러시아曆 10월) 혁명으로 소련 정권이 수립되어, 즉각 정전을 전(全)교전국에게 제안하였다. 소련정부의 평화 호소와 비밀외교의 폭로는 세계에 충격을 주었는데, 미국 대통령 윌슨은 1918년 1월 **'14개조 평화원칙'**을 발표하여 연합국 측의 동요를 억제하려 하였다. 그러나 러시아 혁명으로 인하여 제1차 세계대전의 전선의 일각이 무너졌으며, 독일과 러시아는 같은 해 3월 **브레스트-리토브스크**에서 평화조약[24]을 맺었다.

동부전선의 부담에서 해방된 독일은 서부전선에서 최후의 대공세를 폈으나 3~7월의 반복된 공격에도 불구하고 실패로 끝나자, 독일은 이 공격에서 힘이 소진되었고, 7월 18일에는 미군의 증원을 얻은 연합군이 반격으로 나왔다. 이제까지 '승리의

---

24) 1918년 3월 3일 러시아혁명으로 성립된 러시아의 소비에트 정부가 제1차 세계대전 중의 교전국인 독일·오스트리아·불가리아·터키 등과 체결한 단독 강화조약. 이에 따라 러시아는 전쟁에서 이탈하고, 영국·프랑스·미국·일본 등 연합국은 이에 대한 응징으로 대(對)소간섭 전쟁까지 일으켰다. 이보다 앞서 단독강화를 둘러싸고 소비에트 정부와 당내에서는 심각한 의견대립이 일어났다. 당시의 유럽은 특이한 상황에 놓였으므로, 강화교섭을 단순한 혁명 선전장으로 이용하고 혁명전쟁을 결행하면 유럽혁명, 나아가서는 세계혁명을 유발할 수 있다는 기대가 부하린·트로츠키 등을 중심으로 한 당 간부 사이에 강하게 일어났었다. 그러나 레닌은 현실적인 입장을 취하여 소비에트정권의 존속이 지상명령이라 하고 이를 위한 양보는 어쩔 수 없는 일이라고 주장, 반대론자를 누르고 교섭을 전개하게 하였다. 이 역사적인 교섭은 1917년 12월 3일에 시작되어 15일에 잠정 정전협정이 성립된 뒤, 일단 휴회에 들어가서 18년 1월 9일 재개되었다. 그러나 당시의 독일과 오스트리아 국내에서 혁명정세가 진전되었기 때문에 이에 맞추어 소비에트측은 교섭의 지연전술을 폈다. 그러나 독일 정부의 최후통첩을 받자 트로츠키의 '전쟁도 아니고 평화도 아니다'라는 선언에 따라 회담은 결렬되었다. 2월 18일 독일군이 전투를 재개하여 소비에트정권의 존립이 위기에 놓이자 정부와 당의 내부에서는 부하린을 중심으로 한 혁명전쟁파, 레닌을 중심으로 한 즉시 강화파, 트로츠키를 중심으로 한 중간파 간의 격렬한 논쟁이 벌어졌다. 24일 레닌의 주장이 겨우 채택되어 앞서보다 더욱 나쁜 조건을 감수하고 마침내 이 조약이 조인되었으나, 그 내용은 러시아에게 매우 굴욕적인 것이었다. 즉, ① 폴란드·발트지방·그루지야 등에서의 주권 포기, ② 핀란드·우크라이나 정부의 승인, ③ 카르스·아르다한·바투미 등의 터키에의 할양, ④ 적위군을 포함한 육·해군의 해체, ⑤ 60억 마르크의 배상금 지불 등이었다. 그러나 18년 11월 독일혁명이 일어나자 소비에트정부는 즉시 이 조약의 폐기를 성명하였고, 연합국도 이 조약의 실효(失效)를 독일 항복의 조건으로 넣었기 때문에 독일의 패전과 함께 파기되었다. 그러나 그들이 기대하던 세계혁명은 끝내 성공하지 못하였다.

평화'를 주장하여 모든 타협을 거부해 오던 군부도 이에 패배를 자인하고, 9월말에는 연합국에게 휴전 제의를 하도록 정부에 제안하였다. 이와 동시에 군부의 괴뢰내각은 쓰러지고, 의회 다수파로 이루어진 막스 폰 바덴 내각이 성립되었는데, 신내각은 즉시 '위로부터의 개혁'을 단행하여 국민의 불만을 가라앉히는 한편, 미국 대통령 윌슨에게 **'14개조 평화원칙'**[25]에 의거하는 화평개입을 제의하였다.

그러나 이 사이에 동맹 측은 총 붕괴되어, 9월 30일 불가리아, 10월 27일 오스트리아, 30일에는 오스만투르크의 항복이 잇따랐다. 독일에서도 11월 3일 킬 군항(軍港)에서 수병(水兵)폭동이 일어나 **독일혁명**이 일어나자, 카이저는 1918년 11월 혁명으로 네덜란드로 망명한다. 곧이어 제정(帝政)이 붕괴되고, 임시정부는 무조건 항복을 하고 11월 11일 연합국과의 휴전조약에 조인하였다. 이리하여 5년에 걸쳐 전쟁은 2개의 혁명을 유발시키고, 연합국 측의 승리로서 종결되었다.

4. 전후처리

파리평화회의

제1차 세계대전의 결말을 짓기 위해서 1919년 1~5월까지 프랑스 외무성에서 열렸다. 이 회의는 처음 미국·영국·프랑스·이탈리아·일본 등 5개국에 의해서 진행되었으나 일본의 무성의와 이탈리아의 철수로 결국 미국 대통령 윌슨, 영국 수상 로이드조지, 프랑스 수상 클레망소 등 3거두에 의해 주도되었다. 그리고 이 회의에는 패전국의 출석이 허가되지 않았으며 여러 작은 나라의 의견도 반영되지 않았다. 회의는 각국의 이해관계로 의견의 일치를 얻지 못하고 패전 동맹국 측에 가혹한 제재만을 가하고 말았다. 이 회의에 따라 1919년 6월의 독일에 대한 **베르사유조약**[26],

25) 제1차 세계대전이 발발한 후 미국은 전통적인 중립정책을 유지해 왔으나 1917년 독일이 무제한 잠수함전을 선언하였으며, 또 러시아혁명의 발발로 연합국의 전국(戰局)이 불리해질 것이 예상되자 1917년 4월에 참전을 결단하였다. 그러나 윌슨 대통령은 미국의 참전 목적이 국제사회의 공정한 평화수립에 있음을 내외에 천명할 필요가 있었으므로, 1918년 1월 의회에 14개조 평화원칙을 공표하였다. 그 내용은 ① 강화조약의 공개와 비밀외교의 폐지, ② 공해(公海)의 자유, ③ 공정한 국제통상의 확립, ④ 군비의 축소, ⑤ 식민지 문제의 공평무사한 해결, ⑥ 프로이센으로부터의 철군과 러시아의 정치적 발달에 대한 불간섭, ⑦ 벨기에의 주권 회복, ⑧ 알자스 로렌을 프랑스로 반환, ⑨ 이탈리아 국경의 민족문제 자결(自決), ⑩ 오스트리아-헝가리제국 내의 여러 민족의 자결, ⑪ 발칸제국의 민족적 독립 보장, ⑫ 터키 제국하의 여러 민족의 자치, ⑬ 폴란드의 재건, ⑭ 국제연맹 창설 등이다.

26) 프랑스 베르사유궁전 '거울의 방'에서 조인된 것으로, 제1차 세계대전 후의 국제관계를 확정한

9월의 오스트리아에 대한 **생제르맹조약**[27], 11월의 불가리아에 대한 **뇌이조약**[28], 1920년 6월의 헝가리에 대한 **트리아농조약**[29], 8월의 오스만투르크에 대한 **세브르조약**[30]

의의를 지닌 회의다. 중국도 참석하였으나, 산둥[山東]문제 처리에 반대하여 조인하지 않았다. 또 미국 상원은 조약의 비준을 거부하였다. 이 조약으로 독일은 해외식민지를 잃고, 알자스 로렌을 프랑스에 반환하였으며, 유럽 영토를 삭감당하였다.(면적에 있어서 13%, 인구에 있어서 10%). 또한 전쟁도발의 책임을 물어 연합국 손해에 대한 배상지불이 부과되었고, 군비에 대해서도 육군병력은 10만 이내, 해군의 군함보유량은 10만 t 이내로 제한되었으며, 참모본부·의무병역제도는 폐지되고, 공군 ·잠수함의 보유도 금지되었으며, 육해군의 무장에 대해서도 엄한 제한과 감시를 받았다. 라인강(江) 좌안(左岸)은 비무장지대로서 15년간 연합국의 점령하에 두고, 자르지방은 15년간 국제연맹의 관리 하에 두며, 15년 후에 주민투표에 의해 그 귀속을 결정하기로 하였다. 그리하여 국제연맹규약은 베르사유조약의 제1편이 되었다. 파리강화회의 운영이 일방적이고, 이 조약으로 말미암아 독일 국민에 대한 압박이 컸기 때문에, 나중에 이에 따른 독일국민들의 불만을 이용하여 히틀러가 정권을 잡았다.

27) 1919년 9월 10일, 파리 서쪽 생제르맹에서 조인이 이루어졌으며 오스트리아 제국 내의 여러 이민족(異民族)의 분리·독립·징병제도 금지·군비제한·배상지불 등이 규정되었다. 그 결과 체코슬로바키아·폴란드·헝가리·유고슬라비아 등 새로운 독립국이 탄생하였고 오스트리아는 면적과 인구가 전쟁 전의 1 / 4 정도로, 경제적 자립도 곤란한 변칙적인 소국이 되었다. 이 조약은 동일민족인 독일과의 합병을 금지하고, 체코슬로바키아와 이탈리아령 치로드에 상당수의 독일인을 남겨 놓았으므로 민족자결의 원칙상으로도 불충분한 것이었다. 이 강화는 거의 동시에 독일과의 사이에 체결된 베르사유조약과 더불어 베르사유체제의 중요한 일환을 이루지만 전후의 유럽 국제관계에서 새로운 불안정 요인이 되었다.

28) 파리 근교 뇌이쉬르센에서 1919년 11월 27일 서명하고 주요 내용은 불가리아는 세르보－크로아티아－슬로벤(뒤의 유고슬라비아)의 독립을 인정하고 이에 관련된 여러 사항을 규정하였다(36조 이하). 또 불가리아는 자국의 경계 외 지역을 그리스를 위해 포기하며(42조 이하), 국내 소수민족의 보호를 약속하고 본조약 또는 다른 여러 조약들에 의하여 결정된 국적의 선택을 인정(49조 이하)할 것을 서약하였다.

불가리아는 전승국이 러시아제국의 영역 내에서 구성한 국가, 또는 앞으로 구성할 여러 국가와 체결하는 여러 조약 또는 협정의 효력을 승인하고, 이들 여러 나라의 독립을 존중하며, 러시아의 브레스트리토프스크조약 및 러시아 과격파 정부와 체결한 일체의 조약을 폐기할 것을 규정(58조)하였다. 또 불가리아는 전승국이 정한 바에 따라 오스트리아·그리스 ·헝가리·폴란드·루마니아·세르보－크로아티아－슬로베니아 및 체코슬로바키아의 국경을 승인하고(59조), 전승국이 여러 나라와 체결한 강화조약 및 추가조약, 구(舊)독일제국, 구 오스트리아, 헝가리 및 오토만 제국(帝國)과의 여러 조약을 승인(60조)할 것과 프랑스의 모로코에 대한 보호권, 영국의 이집트에 대한 보호권을 승인(62 ·63조)할 것 등이다.

29) 제1차 세계대전의 결과에 따라 1920년 6월 4일 베르사유의 대(大)트리아농 궁전에서 연합국과 헝가리가 체결한 강화조약이다. 헝가리의 오스트리아로부터의 분리가 승인되었고, 헝가리는 체코슬로바키아·유고슬라비아의 독립을 인정하여 체코슬로바키아·유고슬라비아·루마니아·오스트리아에게 영토를 갈라주고 군비제한과 배상의 의무가 과해졌다. 이 결과로 헝가리의 영토가 축소되었고 약 300만의 마자르인(人)이 국외에 놓이게 되어 새로운 분규의 원인이 되었다.

30) 1920년 8월 10일, 프랑스의 세브르에서 연합국과 패전국 오스만투르크제국 사이에 조인된 강화조약. 투르크는 식민지를 연합국의 위임통치 또는 아랍국가의 독립으로 말미암아 잃게 되고, 투르크족(族)이 거주하는 본토도 연합국의 세력범위 등의 명목으로 거의 태반을 할양한다. 다르다넬스·보스포루스 양 해협, 마르마라해(海)를 국제적으로 개방하고 해협지대는 해협위원회의 관리 하에 두며 외국군대가 주둔한다. 투르크의 군비를 제한하여 소규모의 치안병력만을 남기고 치외법권을 부활시키고 다시 연합국 재정위원회가 재정에 간섭한다. 이와 같은 내용은 투르크의

등 모두 5개의 조약이 조인되었다.

소련은 **파리강화회담**에 초대받지도 못했으며, 폴란드와 루마니아 등에 영토를 할양해야 했다. 폴란드는 독일과 러시아의 완충지대로 건설되었으며, 알바니아는 존속되었다. 이탈리아는 오스트리아로부터 영토를 획득하였으나, 식민지를 얻지는 못하여 불만이 많았다.

국제연맹

제1차 세계대전에서 승리한 연합국을 주축으로 국제 평화와 안전을 유지하고 경제적·사회적 국제협력을 증진시킨다는 목적으로 1920년 설립되었다. 설립 구상은 대전 중에 영국과 프랑스에서 이미 진행되었으나, 미국 대통령 토머스 윌슨이 1918년 1월 **〈평화를 위한 14개 조항〉**에서 제창하면서 표면화되었다. 1919년 1월 개최된 파리평화회의에서 집단안보와 국제분쟁의 중재, 무기감축, 개방외교를 원칙으로 하는 연맹의 규약을 정하고 본부는 스위스의 제네바에 두었다.

성립 후 10년간 국제평화와 안전을 위하여 순조롭고 효과적으로 운영되었으며, 국제협력 분야에서는 상당한 성과를 올렸다. 그러나 1930년대 들어 독일·이탈리아·일본·소련 등의 침략행위에 대하여 합당한 조치를 취할 수 없을 정도로 약화되었다. 즉, 제창국인 미국이 베르사유조약에 대한 의회의 인준거부로 인하여 처음부터 불참하였고, 영국·프랑스간의 이견이 많았으며, 신흥 군국주의 세력의 도발에 대하여 **집단적인 제재능력**을 갖지 못하였다.

일본의 만주·중국 침략, 이탈리아의 에티오피아 침략, 독일의 베르사유조약 거부를 막지 못한 국제연맹은 제2차 세계대전의 발발과 함께 스스로 붕괴되었다. 1946년 4월 18일 개최된 연맹총회에서 해체를 결의하고, 국제연맹의 구조와 형식, 목적을 이어받은 국제연합을 발족시켰다.

설립 당시는 제1차 세계대전의 전승국과 초청된 중립국을 포함한 42개국이었고, 추가로 가입하려는 국가는 국제의무의 준수와 군비축소를 수락 조건으로 총회의 2/3 이상의 다수결로써 가입하였다. 가맹국 수가 가장 많았을 때는 63개국이었으나 이 중에는 에티오피아·라이베리아·이라크·아프가니스탄·이집트·인도 등 당시

독립을 침해하는 것이었으므로 투르크 내에는 조약에 반대하는 케말 파샤를 중심으로 하는 민족운동이 일어나 세브르조약 파기를 목표로 그리스군을 격파하고 투르크 정부를 폐지하여 터키공화국을 수립하였다. 1923년 7월 24일 새로이 로잔조약을 체결하고 세브르조약은 자동적으로 폐기되었다.

열국의 자치령(自治領) 등도 가맹국이 되었다는 특색이 있다. 독일을 비롯한 제1차 세계대전의 패전국들도 1926년 가입이 승인되었고 소련은 1934년 가입하였다.

연맹규약에 가맹국이 2년 전에 예고를 하면 탈퇴가 허용되었는데, 연맹기간 중 총 16개국이 탈퇴하였다. 특히, 당시 강대국이던 **일본**이 만주사변을 계기로 1933년 3월 탈퇴하였고 그해 10월에는 **독일**이, 또한 1937년에는 이탈리아가 탈퇴하였으며, 소련은 1939년 핀란드 침략을 이유로 제명되었다. 고립주의를 표방하는 미국은 처음부터 가입하지 않았으며, 강대국으로서는 **영국**과 **프랑스**만 있었다.

국제연맹은 국제협력기구로서 군비축소, 안전보장, 국제분쟁의 원만한 해결, 문화발전과 인도적 사업 등을 그 주요업무로 삼았다. 스위스의 제네바를 본부로 하고 주요기관으로 총회(Assembly), 이사회(Council), 이사국(Secretrariat)이 설립되었다. 이외에 보조기수로서 국제사법재판소를 상설하고 국제노동기구(I.L.O.)를 설치하여 국제노동 문제들을 다루었다.

국제연맹은 암통치 제도를 두어 패전국의 해외영토를 특정의 국가에게 위임하여 자치정부로 만들게 하였다. 하지만 전쟁 이후 국제평화를 이룩하는 데에 가장 큰 걸림돌은 독일에 대한 프랑스의 지나친 복수심과 경계심이었다. 이것은 양국뿐 아니라 주변 유럽국가들의 분쟁을 야기하는 요인이 되기도 하였다. 그리하여 1925년 10월 독일외상의 제의에 따라 **로카르노 조약**을 체결함으로써 프랑스를 안정시키고 독일을 국제연맹에 가입(1926)하게 함으로써 평화무드를 다시 회복케 하였다. **로카르노 조약** 이후 국제적 평화 열기가 고조에 달하여 전쟁을 없애자는 언론이 비등하였다. 그 결과 나타난 것이 1928년 켈로그－브리앙 협정으로 알려진 **겔로그·브리앙 조약**이었다. 그러나 협정위반에 대한 구속력이 약하여 실질적인 실효성은 거두지 못하였다. 독일의 배상금을 어떻게 이행하느냐 하는 문제는 전후 국제평화와 직결된 문제였다. 특히 강경한 입장을 고수하는 프랑스와 관대한 입장을 나타내는 영국의 대립은 국제분쟁의 또 다른 불씨가 되었다. 독일의 배상액은 330억 달러로서 이 천문학적 거액을 독일로서는 해결하기 어려웠다. 이 문제를 해결키 위해 1924년 미국이 the Bowes Plan과 the Young Plan을 제의하여 배상 문제는 일단락되는 듯 하였으나 미국에 몰아닥친 **세계공황**의 여파로 독일은 다시 파산의 위기를 맞이하게 되었다. 이에 미국의 후버 대통령은 1년간의 상환정지를 통고하였으나 히틀러의 등장으로 이것조차 무효화되었다. 배상 못지않게 국제평화에 중요한 것은 전채 문제였는데 독일의 지불지연으로 차질이 생겨 채무국들 사이에 분규가 일어나고 결국 독일의 전채 문제는 흐지부지 하다가 암초에 걸리고 말았다.

5. 제1차 세계대전 이후의 유럽상황

앞에서 살펴본 것처럼 전후 베르사유 체제와 배상금 문제로 휘말린 세계 국가들은 1939년경을 중심으로 해서는 민주주의를 지향하려는 진영과 독재주의를 지향하려는 진영으로 양분되었다. 3대 강대국인 영국과 프랑스, 미국은 민주주의 국가군에 머물러 있었으며, 소수의 라틴 아메리카 공화국들, 그리고 영국의 연방자치국들은 민주주의 틀 속에 살아남아 있었다. 이러한 양분화는 소위 가진 국가와 가지지 못한 국가 사이의 갈래로서 민주주의와 독재주의의 갈래를 나타냈다.

일반적으로 전후 민주주의는 세 가지 기간을 거치면서 발전하여 나갔다. 첫째 기간은 1918년에서 1923년까지의 심각한 **경제공황기**이며, 둘째 기간은 1923년에서 1929년까지의 번영기이며, 셋째 기간은 **1929년** 이후의 만성적 공황기이다. 1929년 9월 중순 뉴욕 월가의 주식거래소의 투자자들이 그들의 주식을 팔기 시작하였다. 시장은 한동안 휘청거리다가 결국 10월 24일('검은 목요일') 팔려는 소동 속에서 무너지고, 몇몇 사업가들과 정치지도자들이 여론을 안심시키려 했으나 소용이 없었다. 이것은 전쟁으로 야기된 투기 심리와 지나친 확장의욕으로 인한 것으로 실제로는 거품경제임에도 소비욕구를 조장하였다. 또 미국정부의 지나친 관세정책을 들 수 있다. 이것은 다른 국가들의 관세보호를 자극하고 국제무역을 파괴하는 결과를 낳았다. 1929년까지 세계적으로 생산이 과잉상태에 들어간 것이 **세계공황**의 마지막 이유였다. 이러한 경제적 공황으로부터 미국을 건져 낸 것은 프랭클린 루스벨트로 소위 '**뉴딜**(New Deal)'이라는 정책으로 미국의 '잊어버린 사람들'을 구제하였다. 루스벨트의 계획은 자본주의를 파괴하는 것이 아니라 오히려 보존하였으며 미국의 경제적 안정의 수준이 이전의 어떤 시대보다 훨씬 높게 만들었다. 그러나 실업자 수를 대폭 증가한 부정적인 효과를 낳기도 하였다.

세계대공황 때 미국의 실업자들

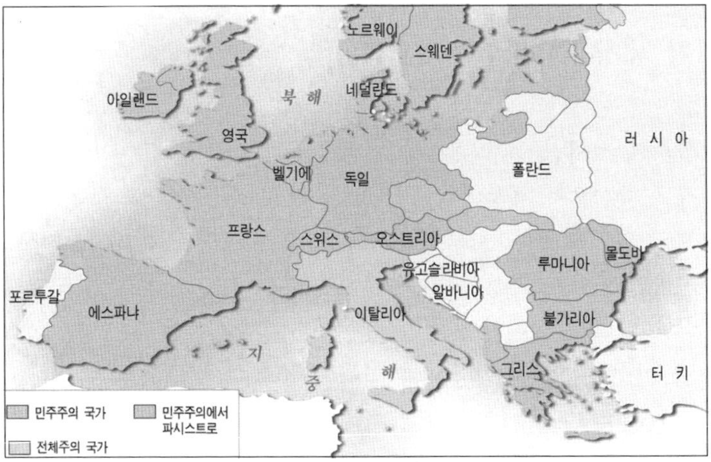

제1차 세계대전 이후의 유럽의 정치· 사회적 변화

제1차 대전 후 국제질서 변화

전후 새로이 형성된 독립국들은 대개 민주주의의 공화정을 채택했다. 기존의 유럽민주주의도 발전해서 남녀평등의 보통선거에 입각한 대중민주주의가 등장했으며, 세계공황을 계기로 **복지국가**의 개념도 확대되었다. 영국에서는 노동조합의 강세로 1906년 노동당이 창립되고 자유당이 쇠퇴해 노동당과 보수당의 양당정치체제가 정착했다. 전쟁피해가 심했던 프랑스는 인플레이션과 정치혼란으로 시달렸으나, 1926년 거국내각의 조직 및 통화의 평가절하로 다소 안정되었다. 그러나 전후(戰後)의 유럽은 대체로 시련과 갈등을 겪었다. 무엇보다도 **계급갈등**이 심화되었으며, 독일과 이탈리아와 같이 민주적 전통이 일천했던 국가들에서는 무능한 의회에 환멸을 느낀 국민들의 반동적 정서가 강화되기도 했다.

제1차 대전은 기존의 국가질서를 크게 변화시켰다. 종전의 식민지가 독립하면서 대영제국의 체제는 영국연방의 체제로 개편되었다. 미국은 전후 세계의 주도국가로 부상했다. 미국은 대전기간에 유럽에 무기와 식량을 공급하면서 경제력을 향상시켰고, 전후 유럽 을 대신하여 공산품의 수출국, 세계금융의 중심지가 되었다. 미국은 이후 축적된 자본을 해외에 활발히 투자하는 달러외교로써 세계 최고의 제국주의국가가 되었는데, 라틴아메리카에 대한 투자가 가장 큰 비중을 차지했고, 동아시아와 유럽에도 많은 자본이 투자되었다. 동아시아의 경우, 미국의 달러외교는 근대화 이후 상공업의 발전 및 영토적 팽창을 꿈꾸던 일본과의 충돌을 불가피하게 하여 태평양전쟁의 원인을 이루었다. 또한 유럽에서의 미국자본은 특히 독일의 전쟁배상금을 상환하고 전쟁에서의 피해복구를 위한 자금으로 이용되었으나 전승국인 유럽 각국과의 이해관계 조절이 쉽지 않았으며, 1929년 대공황으로 역할 수행을 제대로 하지 못한 채 사태는 제2차 세계대전으로 치달았다.

제12장 제2차 세계대전과 전후 유럽의 질서

1. 제2차 세계대전

제2차 세계대전의 배경과 원인

제1차 세계대전 후 자본주의 세계는 전반적 위기단계에 돌입하였다. 더욱이 자본주의 제국의 발전의 불균등이 두드러졌고, 1929~33년의 **세계공황**은 이와 같은 불균등에 근거하는 국제대립을 일거에 첨예화시켰다. 즉 자본주의 열강의 블록화와 폐쇄경제적인 경향은, 자본주의 국가로서 기초가 약한 독일·이탈리아·일본 등에게 심각한 영향을 주었다.

일본은 국내정책의 정돈상태를 타개하기 위하여 1931년 9월 중국 동북에서 침략행동을 개시, 1933년 '**만주국**'을 성립시켜, 이 지역에 자본주의 발전의 기반을 얻으려고 하였다. 1933년 3월 국제연맹이 만주국을 부인하자 일본은 곧 연맹을 탈퇴하였다.

한편 독일에서는 국내정치의 혼란 가운데에서 1933년 베르사유 체제 타파를 외치던 **히틀러**가 정권을 장악하고 같은 해 10월 제네바 군축회의 결과의 불만으로 국제연맹을 탈퇴하였으며, 1935년 3월에는 재군비를 선언, 1936년 3월 라인란트 비무장지대에 진주하여 로카르노 조약을 파기함과 아울러 베르사유 조약을 유명무실하게 만들었다. 이를 본 이탈리아는 1935년 10월 에티오피아에 침입하여 1936년 5월에는 전지역을 정복하였다.

이와 같은 침략의 확대, 전쟁 위기의 임박을 앞에 두고 반(反)파시즘, 민주주의 옹호를 주창하는 민중의 반전(反戰)운동도 활발해져서, 이것을 배경으로 1935년 여름의 코민테른 제7회 대회는 인민전선의 결성을 제창, 1936년 2월에는 스페인에, 같은 해 6월에는 프랑스에 인민전선정부가 성립되었다. 그러나 스페인에서는 독·이의 노골적인 개입으로 내란이 벌어졌고, 중국에서는 1936년의 시안[西安]사건을 계기로 항일민족통일전선이 결성되자, 일본은 이를 응징한다는 명목으로 1937년 7월 전면적인 중일전쟁을 도발하였다.

1936년 11월 독·일은 방공협정(防共協定)을 체결하였고, 1937년 11월 이탈리아가 이에 가입하여 독·이·일 3국은 반소(反蘇)를 공공연히 외쳤으며, 이것을 구실로 하여 국내에서의 파시즘화와 대외침략을 추진하였을 뿐만 아니라, 나아가서는 똑같이 공산주의를 겁내는 미·영·프의 지배층으로부터 그 침략을 용인 받으려고 하였다. 미·영·프의 지배층은 일면으로는 독·이·일과 제국주의적 대립을 나타내면서도, 일면으로는 이들 3국의 창끝이 소련이나 식민지 민족해방운동에로 향해지는 한, 이들 국가들과 타협한다는 경향을 보였다.

1937년 11월 **오스트리아와 체코슬로바키아의 합병**을 결의한 히틀러는 1938년 2월 일련의 인사이동으로 나치스 체제를 강화하고 같은 해 3월 오스트리아를 합병하였다. 이어 **체코슬로바키아**의 **수데텐 지방**을 요구하여 전쟁의 위기를 조성하자, 영국 총리 체임벌린은 1938년 9월 **뮌헨 회담**에서 체코슬로바키아로 하여금 수데텐 지방을 할양케 하였다. 이리하여 독일은 동·중부 유럽 진출을 위한 전략적 지위를 확보하였으나, 한편 국제연맹 또는 집단안전보장 체제는 붕괴되어 갔다.

뮌헨회담

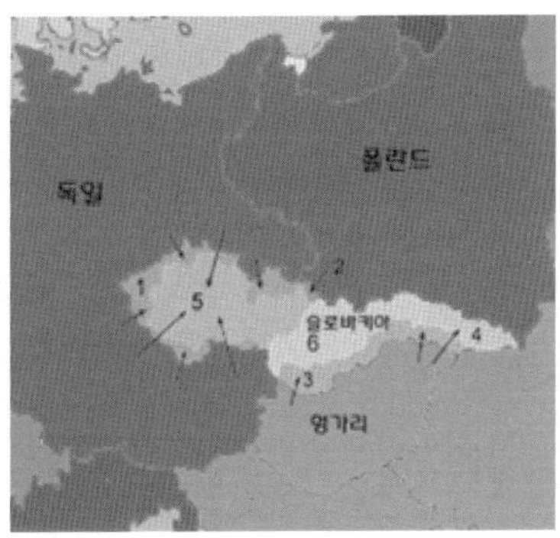

뮌헨회담 지도

소련은 독·일의 연맹 탈퇴 후인 1934년 9월 국제연맹에 가입하여 점증하는 독일의 침략위협에 대비하여 영국과 프랑스와 **집단안전보장협약**을 맺으려고 노력(리트비노프 외교)하게 되는데 체코슬로바키아와 상호원조조약을 맺은 소련이 **뮌헨 회담**에서 제외된 것은 **리트비노프** 외교의 노력이 실패한 것을 의미한다. 더욱이 스페인에서는 1939년 1월 독·이가 원조하는 **프랑코**가 인민전선정부를 타도했다. 1939년 5월 집단안전보장 정책을 추진했던 리트비노프를 대신하여 소련 외상 **몰로토프**가 취임하여 독일과의 화해외교로 자국의 안전을 꾀하려 하였다. 1939년 3월 히틀러는 체코슬로바키아를 해체하고 이어 폴란드의 단치히(그단스크)를 요구하였다. 끝없는 히틀러의 요구에 영·프에서도 유화정책에 대한 비판의 소리가 높아져, 양국은 폴란드에 원조를 약속하였다.

독일·폴란드간의 긴장 격화와 함께 영국은 독일과의 전쟁에 대비하여 소련과 교섭을 시작하지만, 한편으로는 극비리에 독일과도 교섭하고 있었다. **뮌헨 회담** 이래로 소련의 영·프에 대한 불신은 숨길 수 없게 되었고, 8월에는 영·소 교섭이 정체되고, 이에 따라 독·소 교섭이 갑자기 활기를 띠게 되었다. 이미 폴란드 공격을 결의하고 있던 히틀러는 동서 양쪽 전선에서의 양면전쟁을 피할 필요가 있었고, 소련은 독일－폴란드전쟁이 반소(反蘇)전쟁으로 변할 것을 두려워했기 때문이다. 8월 23일의 **독·소 불가침조약**[31)]은 전세계를 깜짝 놀라게 하였다. 전혀 상반되는 이데올로기를 가진 양국이 제휴였기 때문만은 아니다.

독소불가침조약

31) 1939년 8월 23일 모스크바에서 독일 외상 리벤트로프와 소련 인민위원회 의장 겸 외무인민위원 몰로토프가 조인한 상호불가침조약. 조약의 내용은 ① 상호불침략, ② 일방국이 제3국으로부터 공격을 받았을 경우에 다른 일방국은 그 제3국을 원조하지 않으며, ③ 상호간에 정보교환·협의를 위하여 접촉하고, ④ 쌍방 모두가 일방을 직·간접의 적으로 삼는 국가집단에는 참가하지 않으며, ⑤ 상호간의 분쟁은 평화적으로 처리한다는 것이었다. 또 이 조약에서 교환한 부속 비밀의정서에서 독－소양국은 전쟁발발시 폴란드동부의 일부분을 소련영토에 편입시킬 것과 라트비아의 소련병합을 합의하였다.

영·프의 대독유화정책은 결정적으로 파탄되었으며, 대소 침략을 겨냥한 일본의 대독 군사동맹교섭은 내각이 교체되면서 끝나 버렸고, 가장 큰 충격을 받은 것은 파시즘에 반대해 온 유럽의 공산주의자, 소련 지지파, 인민전선 옹호자들이었다. 소련의 중립을 확보한 독일은 예정대로 **1939년 9월 1일 폴란드에 침입**하였다. 9월 3일 영·프는 독일에 선전(宣戰)함으로써 제2차 세계대전은 시작되었다.

전쟁의 경과

폴란드에 침입한 독일군은 2주일이 못 되어서 폴란드군 주력을 격파하였다. 이것은 사전준비뿐만 아니라, 전략공군과 기갑부대의 밀접한 제휴에 의거한 전격전의 성공에 따른 것이었다. 폴란드를 점령한 후에 히틀러는 영·프에게 화평을 제의하였지만 영·프는 이를 거부하였다. 그러나 영·프는 서부전선에서 적극적 공세를 취하지 않아 약 반 년 동안 전쟁다운 전쟁은 볼 수 없었다. 영·프는 독·불 국경에 연하여 구축된 요새, **마지노선**에 의존하고, 해상봉쇄·경제압박에 의하여 독일의 국력을 소모시키려고 하였던 것이다.

소련은 영·독전에서는 제국주의 전쟁이라 하여 중립의 입장을 취하였지만, 독일의 군사력과 침략성을 겁내어 국경방위선을 서쪽으로 확대하려 하였다. 1939년 9월 17일 소련군은 폴란드의 러시아인 보호라는 명목으로 갑자기 폴란드에 침입하고 부그 강변까지 진격하여, 9월 28일 독일과 폴란드를 분할하였다. 이어서 소련은 에스토니아·라트비아·리투아니아와 각각 상호원조조약을 체결하고, 1940년 7월에는 이들 3국을 합병하였다. 또 1940년 6월에는 루마니아로부터 베사라비아 지방과 부코비나 북부를 획득하였다. 이리하여 제1차 세계대전 후 잃었던 영토의 대부분을 회복하였다. 더욱이 핀란드에게는 영토의 교환을 요구하였으나 거부되자 1939년 11월 전쟁을 개시하여 1940년 3월에 간신히 그 요구를 실현시켰다[32](**소련-핀란드**

---

32) 대전 초기인 1939년 10월, 소련은 유럽의 전화(戰火)에 말려들어가는 것을 두려워하여 이웃나라인 핀란드에게 상호원조조약 체결을 제안했다가 거절당했다. 소련은 특히 레닌그라드(지금의 상트페테르부르크)의 방위를 위하여 핀란드에게 국경선의 변경과 핀란드의 만구(灣口)에 있는 항코항(港)을 군사조차(軍事租借)하는 대신 소련 영토인 동부 카레아에 그 두 배에 해당하는 땅을 할양할 것을 약속하였으나 이 역시 거절당하였다. 당시 핀란드 정부는 영국·프랑스·미국이 뒤에서 밀어주고 있었기 때문에 강경한 태도로 맞섰다. 1939년 11월 28일 소련의 모로토프 외상은 국경분쟁 사건을 발단으로 1932년에 체결된 불가침조약을 일방적으로 폐기하고 핀란드에 대하여 개전(開戰)하였다. 양국의 국경에 가까운 텔리오키에 쿠시넨의 친소(親蘇)정권인 핀란드 민주공화국 인민정부가 수립되고, 소련 정부는 이와 제휴하여 전투를 계속하였으나 만넬하임 원수가 지휘하는 핀란드군의 끈질긴 저항을 받고 고전하였다. 영국·프랑스·미국의 신문들은

전쟁(=겨울 전쟁)).

이 때, 거의 유명무실해졌던 국제연맹은 창립 이래 최초로 소련을 제명처분 하였고, 영·프도 핀란드 원조를 위하여 병력을 파견하려고 하였다. 영·프는 핀란드 원조를 구실로 나르비크 등 노르웨이 여러 항구를 확보하여, 독일 공업에 불가결한 스웨덴 철광석을 장악하려 하였으나, 독일군은 선수를 쳐서, 1940년 4월 덴마크를 점령함과 동시에 노르웨이에 침입하여 영·프군을 격퇴하였다. 이 성공에는 육군장관 V.A. 크비슬링 등 노르웨이 파시스트의 공모가 기여하였는데, 크비슬링이라는 이름은 이후 '조국을 판 사람'이라는 뜻으로 통하게 되었다.

1940년 5월 10일 영국에서는 노르웨이에서의 패배의 책임을 지고 **체임벌린** 내각이 물러나고, 대독 강경론자인 **처칠**이 노동당을 포함하는 거국내각을 조직하였다. 그러나 바로 그 날 독일군은 제1차 세계대전 때와 똑같이 중립국인 벨기에·네덜란드·룩셈부르크를 침입하였고, 나아가서 마지노선의 북단을 가로질러 영국 해협으로까지 진출하여 영·프군을 남북으로 갈라놓았다. 북부에 고립된 영·프군 30만은 케르크에서 영국 본토로 기적적으로 철수하였다(**케르크의 철수**).

한편 독일군은 파리를 목표로 쇄도하여, 6월 14일 파리를 점령하였다. 정세를 관망하고 있던 이탈리아는 6월 10일 갑자기 참전하여 남프랑스에 침입하였다. 프랑스에서는 6월 16일 P.레노가 사직하고 H.P.페탱이 수상이 되어, 다음날 휴전을 제의하였다. 6월 22일 제1차 세계대전에서 독일이 항복했을 때와 똑같이 콩피에뉴의 열차 안에서 휴전협정은 조인되었다. 이 결과 프랑스 본국의 약 2 / 3는 독일군의 점령 하에 놓였고, 남부의 나머지 지역은 '**자유지대**'로서 비시(Vichy)로 옮긴 **페탱** 정부에 위임되었다. **비시 정권**은 7월 10일 제3공화국 헌법을 폐지하고, 파쇼적인 신헌법을 공포하였다.

한편 항복과 동시에 탈출한 **드골**은 런던에서 대독항전(對獨抗戰)을 국민에게 호소하여 '**자유프랑스위원회**'를 결성하였다. 히틀러는 계속하여 영국 본토 상륙작전의 단행을 결의하였다. 하지만 이에 불가결한 **영국 해협**의 **제공권**(制空權)을 둘러싼 전투,

---

소련을 일제히 비난하였고 국제연맹은 소련을 침략국으로 몰아 제명하였다. 영국과 프랑스는 핀란드를 돕기 위해 출병을 준비하였고 미국도 소련에게 금수(禁輸)조치를 취하여 국제적인 대(對)소련전쟁으로 발전하려는 양상을 보였으나 스웨덴과 노르웨이가 독일의 압력을 받고 영국·프랑스 군대의 국내 통과를 거부한 데다 당사국인 핀란드와 소련은 말할 것도 없고 중부 유럽 여러 나라의 여론이 전쟁의 확대를 바라지 않았기 때문에 1940년 3월에 강화가 성립되었다. 핀란드는 소련의 당초의 요구를 무상으로 받아들이고 또한 브이보르그 이남의 땅을 할양하였다. 그러나 1941년 6월 히틀러에 의한 독·소전쟁이 개시되자 핀란드도 재빨리 소련에 선전(宣戰)하여 잃었던 땅을 되찾기 위하여 일어섰다. 이것을 제2차 소련핀란드전쟁(1941~1944)이라 한다.

즉 '브리튼의 싸움(Battle of Britain)'에서는 영국 공군을 제압하지 못하였고, 1940년 9월에는 이 작전을 무기연기하고 소련에 대한 공격을 준비하기 시작하였다.

'동방제국'의 건설은 히틀러 본래의 목적이었는데, 이 실현에 의하여 군사 경제의 기반을 강화하여 영·미에 대항코자 하였던 것이다. 이리하여 발칸제국에 대한 공작이 활발해졌다. 이곳은 대소(對蘇) 공격의 전진기지로서 뿐만 아니라, 터키를 거쳐 중동으로 진출하는 데에도, 더욱이 루마니아의 석유를 비롯한 전략물자의 공급지로서도 확보해 놓을 필요가 있었다. 히틀러는 1940년 8월, 루마니아에게 압력을 가하여 **트란실바니아** 지방을 헝가리에, 또한 도브루야 지방을 불가리아에 할양시켜 분규중에 있는 영토문제를 해결함과 동시에 아울러 이들 3국을 독·이·일 3국 동맹에 가맹시켜 기지를 확보하였다.

이것을 본 무솔리니는 1940년 10월 돌연히 그리스에 침입하였으나, 2주간도 못되어 좌절하고 독일의 원조를 요청하였다. 히틀러는 우선 그리스의 고립을 획책하고 1941년 3월 유고슬라비아를 독·이·일 3국 동맹에 가맹시켰으나, 2일 후에는 친서구적인 군부의 쿠데타가 일어났으므로, 4월 유고슬라비아에 침입하여 단시일에 전지역을 제압하였다. 이와 동시에 그리스에도 침입하여 영국군을 격퇴하고, 더욱이 5월에는 공수부대가 크레타섬을 점령하였다.

이리하여 발칸 제국을 제압한 4월 말, 히틀러는 **6월 22일**을 소련에 대한 공격일로 명령하였다. 5월 10일 나치스 부총통 헤스는 단신 비행기를 조정하여 영국본토로 가서, 대소전(對蘇戰)을 위하여 영·독 휴전을 실현코자 하였으나 무위로 끝났다. 한편 소련은 1941년 4월 13일 **일본**과 **불가침조약**을 맺고 5월 6일 스탈린이 새 수상이 되어 예상 못한 사태에 대처하게 되었다.

1941년 6월 22일 독일군은 핀란드에서 흑해에 이르는 모든 전선에서 일제히 소련으로 침입하였다. 북부군은 발트 3국을 거쳐 레닌그라드로 향하였고, 중부군은 모스크바로 직진하였으며, 남부군은 우크라이나로 동진하였다. 히틀러는 소련군 주력을 2개월 내에 분쇄하고 우크라이나와 카프카스의 자원을 확보할 수 있으리라고 생각하였다.

그것은 소련군에 대한 과소평가, 사회주의 체제의 급속한 내부붕괴의 기대에 근거하고 있었다. 그러나 모스크바 공략은 엄동(嚴冬)의 도래와 함께 정체되었고, **12월에는 소련군의 반격이** 시작되었다. 이것은 대소전의 단기승리를 전제로 하는 히틀러의 세계전략의 좌절을 의미한다. 더욱이 독·소전이 발발하자 영·미는 즉각 소련에 대한 원조를 발표하였고, 8월 12일 영·미가 '**대서양헌장**'[33]으로 전쟁목적을 분명히 밝히자 소련은 즉각 이를 지지하는 등, **영·미·소의 반(反)파시즘 대연합**이 형성되기 시작하였다.

독일의 소련침공

그 해 12월 일본은 태평양전쟁을 일으켰다. 1937년 7월 이래로 일본은 중일전쟁의 늪 속으로 깊이 빠져들었고, 영·미와의 관계도 악화되었다. 1940년 5월 이래 독일이 네덜란드·프랑스를 항복시키고 영국 본토 상륙의 기미가 보이자, 일본은 1940년 9월에 독일·이탈리아와의 **3국 동맹**을 체결하였고, 프랑스령 인도차이나 및 네덜란드령 인도차이나를 침공하였다. 이에 대하여 미국은 수출제한, 미·영 결속,

33) 제2차 세계대전 후의 세계 국민복지와 평화 등에 관한 양국 정책의 공통원칙을 정한 것으로 내용은 다음과 같다. ① 양국은 영토의 확대를 원하지 않는다. ② 관계 주민의 자유의사에 의하지 아니하는 영토 변경을 인정하지 않는다. ③ 주민이 정체(政體)를 선택하는 권리를 존중하며, 강탈된 주권과 자치(自治)가 회복될 것을 희망한다. ④ 세계의 통상 및 자원에 대한 기회균등을 도모한다. ⑤ 노동조건의 개선과 경제적 진보 및 사회보장을 확보하기 위하여 경제 분야에서 국제협력을 도모한다. ⑥ 나치스의 폭정을 파괴한 다음 모든 인류가 공포와 결핍으로부터 해방되어 생명의 보전이 보장되는 평화를 확립한다. ⑦ 공해의 자유항행을 확보한다. ⑧ 침략의 위협을 주는 나라의 무장을 해제하고, 항구적이며 전반적인 안전보장제도를 확립하며, 군비부담의 경감을 조장한다. 대서양헌장은 다른 전시선언(戰時宣言)과 마찬가지로 그다지 실제적인 것은 아니었지만 미국이 참전한 후 이 원칙이 연합국의 공동선언에 채택되어 제2차 세계대전에서의 연합국의 공통 선생목표의 기초가 되었을 뿐만 아니라 국제연합의 이념적 기초가 되었다.

장제스[蔣介石]정권 원조강화로 대응하였다.

1941년 6월 독·소전(戰)이 시작되자, 일본에서는 재차 '북진론'이 대두되어 대소전의 준비가 진행(관동군 특별연습)되지만, '남진'방침을 결정하고 7월에 프랑스령 인도차이나 남부에 진주하였다. 이것은 미·일 관계를 결정적으로 악화시켰다. 미국은 즉각 재미 일본 자산을 동결하였고 석유의 대일 금수를 실시하였다. 이 조치는 일본 군부의 대미 개전론을 자극하였고, 10월에 주전파인 도조 내각이 들어섰다. 12월 8일 일본은 진주만을 기습 공격하였다. 동월 11일 독일·이탈리아도 미국에 선전포고하였다. 이리하여 세계의 여러 전장은 일체가 되었고, **연합국(민주주의) 대 추축국(파시즘)**이라는 기본적 대항관계의 성격은 명료해졌다. 1942년 1월 1일, 미·영·중·소 등 26개국은 '연합국 선언'에 조인하였다.

일본은 진주만 공격과 함께 말레이반도 해역에서 영국의 신예 전함 2척을 격침하여 제해권을 잡았다. 또 개전과 동시에 육군은 말레이반도·필리핀에 상륙하여 1942년 2월 싱가포르를 점령하고 영국 극동군을 무조건 항복시켰다. 필리핀에서는 1942년 1~3월 마닐라를 위시하여 수마트라섬·자바섬을 점령하고, 네덜란드 군을 항복시켰다. 또한 원장(援蔣) 루트의 절단, 인도에 대한 대영(對英) 이간공작을 위해 미얀마에 침입하여 양곤을 함락시켰다. 이리하여 남방작전은 일단락을 보았다. 하지만 주전장(主戰場)인 중국전선은 교착상태가 계속되었고 중국의 항전체제는 강화되어 갔다.

1942년 1월에 일본 총리 도조 히데키는 '**대동아공영권**(大東亞共榮圈)'의 **건설** 방침을 제시하였으나, 원래 '남진'의 목적의 하나는 전략물자의 확보에 있었기 때문에 '대동아공영권'이란 유럽의 식민지지배에 대체되는 새로운 일본의 식민지적 체제에 불과하였다. 일본의 침략과 가혹한 점령정책에 따라 동남아시아의 각지에서 반일저항운동이 일어나고 이 저항을 통하여 아시아의 민족해방 운동은 비약적인 발전을 이루었다.

한편 히틀러는 1939~42년에 정복한 유럽 제국을 그 인종론적 이데올로기에 따라 재편성하고자 하였다(신질서). 네덜란드와 노르웨이에는 독일 군정 사령관에 의한 민간정부가 설치되었지만, 언젠가는 대독일 제국으로 편입할 예정이었다. 룩셈부르크·알자스로렌·단치히 등은 대독일 제국에 합병되었다. 폴란드와 러시아에서는 열등인종으로 취급된 슬라브계 주민이나 유대인을 강제로 이주시키거나 대량 살상하고, 이에 대신하여 독일인을 식민시킬 계획이었다. 점령지역의 행정권은 히틀러의 친위대(SS)에게 위임되었다. 또한 히틀러의 국가 비밀경찰(게슈타포)은 유대인 문제의 '최종적 해결'을 명령받고, 독일의 지배가 미치는 모든 곳에서 유대인을 잡아들여 아우슈비츠·트레브링카 등의 가스실에서 420만 명 이상을 학살하였다.

군수생산 강화에 따라 심각해지는 노동력 부족을 해결하기 위하여, 1942년 3월 노동총감 자우케르는 독일 지배하의 유럽 전역에서 노동자의 강제징용을 시작하여 적어도 750만 명이 독일의 공장으로 송출되었다. 이상의 몇 가지 예에서 볼 수 있는 나치스의 점령지 지배에 대하여, 민중들은 지하투쟁을 포함한 갖가지 형태로 저항하였다. 연합군의 반격은 동·서에서도 이러한 민중의 저항운동과 맞호응하면서 전개되었다.

태평양전쟁이 시작되었을 때, 영·미 회담에서 먼저 독일 타도에 전력을 다한다는 **유럽 제1주의**가 결정되지만, 독일 타도의 전략을 놓고 영국과 소련은 대립하였다. 소련이 유럽에서의 '**제2전선**'을 요구한 데 대하여 영국은 북아프리카 작전을 고집하였다. 지중해에서 중동·인도에 이르는 대영제국의 식민지체제를 확보하고 추축국의 '부드러운 아랫배'부터 공격하자는 것이었다. 더욱이 1942년 여름에 북아프리카 전선은 긴박해졌다. 패배를 거듭하는 이탈리아군을 원조하러 간 **롬멜 장군**의 기갑사단은 토브룩을 점령하고 카이로 약 100km까지 육박하였다. 1942년 10월 영국군은 반격을 시작하였고, 이에 호응하여 영·미 연합군은 프랑스령 북아프리카에 상륙하였다. 독일·이탈리아군은 동서에서 협공을 받아 1943년 5월에 북아프리카에서 완전히 소탕되었고, 이어서 영·미 양국은 이탈리아 진공작전을 계획한다.

이와 같이 제2전선이 연기됨으로써 유럽 전선에서 독일군의 95%를 떠맡은 것은 소련이었다. 1942년 봄 재개된 독일군의 공격은 남부전선에 중점을 두었고, **스탈린그라드**(볼고그라드)에서는 독·소 양군 간에 치열한 공방전이 전개되었다. 격전 결과 포위당했던 독일군은 **1943년 1월 말 항복**하였는데, 이 패배가 가져다 준 영향은 매우 컸다. 민중의 저항운동을 비롯하여 연합국 진영의 사기를 북돋우었을 뿐만 아니라, 독일 군부 내의 히틀러에 대한 불신이 커졌으며, 이탈리아는 영·미측과의 강화를 획책하기 시작하였기 때문이다. 이리하여 독·소전은 히틀러에게는 '사활의 투쟁'이 되었다. 히틀러는 총동원 체제를 취하였지만, 1943년 여름의 총공격에서 실패하였고, 이후 대세를 만회하지 못하였다.

스탈린그라드 전투 장면

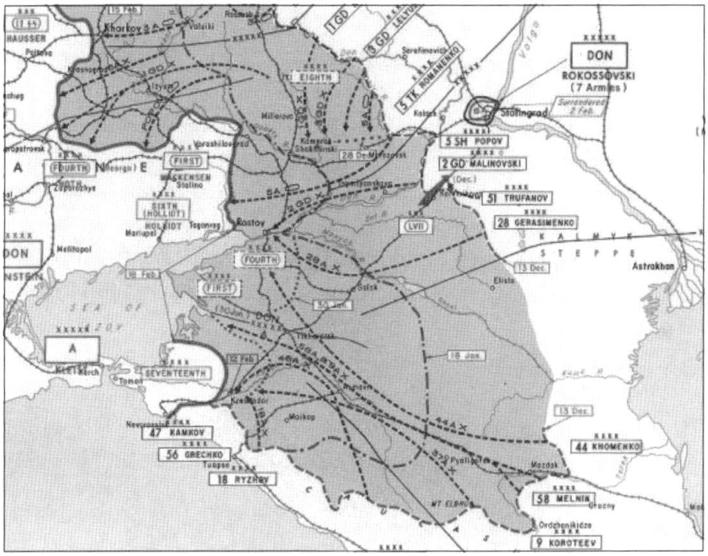

스탈린그라드 전투

1943년 7월 영·미군이 시칠리아 섬에 상륙하자 이탈리아에서는 국왕을 중심으로 하는 군부와 보수파가 무솔리니를 감금하고 바돌리오 내각을 성립시켰다(7월 25일). 바돌리오는 즉각 영·미와 교섭을 개시하여 9월 3일 무조건항복을 하였다. 항복은 9월 8일 발표되었고, 남이탈리아로 피신하였던 국왕과 바돌리오 정부는 10월 13일 독일에 선전포고하였다. 히틀러는 무솔리니를 구출하고 북이탈리아에 공화 파시스트 정부를 수립하였다. 이탈리아에서의 전쟁은 1945년 5월초까지 계속되지만, 이 일종의 내란상태에서 국왕과 보수파의 권위는 상실되었다(1946년 5월, 왕정폐지).

무솔리니

1943년 태평양에서의 전황도 전환되었다. 서전에 성공한 일본은 제2단계 작전으로서 미국과 오스트레일리아를 차단하려 하였지만, 1942년 5월의 산호해 해전, 특히 같은 해 6월 미드웨이 해전에서 심대한 타격을 받았다. 일본 해군 기동함대의 주력이 상실되었고, 태평양에서의 전략적 주도권은 미군이 장악하게 되었다. 1942년 8월 미군은 과달카날 섬에 상륙하였다. 격전 끝에 1943년 2월 일본군은 패퇴하였다. 이후 미군의 반공은 격렬하여 뉴기니·솔로몬제도·길버트제도·마셜제도로 향하여 전개되었다.

1943년 12월 1일 카이로 선언에서 미·영·중은 전후 일본의 영토 처리방침을 분명히 하였다. 1944년 3월 미얀마의 일본군은 임팔 작전으로 인도에 침입하려 하였으나 7월 대패하였다. 마리아나제도에 육박하는 미군도 7월 사이판섬을 점령하고, 일본 본토 공습의 기지를 얻었다. 태평양 방면 총사령관 맥아더는 필리핀 탈환을 위하여 10월 레이테 섬에 상륙하였다. 일본 해군은 전력을 다하여 레이테만의 미 함대를 격멸시키려 하였으나 실패하였다. 중국전선에서도 1943~44년에 중대한 변화가 일어났다. 중국 공산당의 팔로군·신사군(新四軍)에 의하여 화북과 화중(華中)에 해방구가 만들어짐에 따라 일본군은 간신히 점(點 : 都市)과 선(線 : 鐵道)만을 확보하는 데 그쳤다.

아이젠하워 장군

이탈리아 항복 후의 1943년 11월, 영·미·소는 **제2전선**의 실시에 의견이 일치하였다. 1944년 6월 6일 **아이젠하워 장군**이 지휘하는 영·미 연합군은 북프랑스의 **노르망디**에 상륙하였다. 영·미군의 진격과 함께 프랑스의 저항운동도 활발해졌고, 8월에는 파리 시민이 봉기하여 파리를 해방하고 드골을 맞아들였다. 독일에서도 군부를 중심으로 하는 보수파가 7월 20일 반 히틀러 쿠데타를 시도하였으나 실패로 끝났다. 미·영 군에 호응하여 소련군의 진격도 활발하여, 1944년 가을에는 소련 영토를 해방하였다.

노르망디 상륙작전

이러한 소련군의 진격과 이에 호응하는 지하저항전의 격화를 앞에 두고 동유럽의 동맹제국은 동요하여, 잇달아 대독참전으로 전환하였다. 1944년 3월 루마니아는 소련군이 육박하자 국왕과 군부가 인민민주주의 블록에 협력하고 쿠데타를 일으켜, 9월 소련과 휴전협정을 체결하고 독일에 선전포고(宣戰布告)하였다. 불가리아는 영·미에 선전하고 소련에는 형식상 선전하지는 않았으나, 소련이 1944년 9월 선전하자 조국전선은 임시정부를 수립하고 독일에 선전하였다(10월).

이어 소련군은 유고슬라비아에 들어오지만, 이곳에서는 일찍이 저항운동이 활발하여 1942년 유고 인민해방군이 결성되었고, 1943년 11월 **티토**가 임시정부를 수립하고 있었다. 인민해방군은 1944년 10월 베오그라드를 해방하였고, 거의 자력으로 독일군을 전 지역에서 몰아냈다. 이어서 소련군은 헝가리로 향하였다. 홀티 섭정이 휴전을 제의하자 독일은 홀티를 감금하고 친독 정부를 수립하였다. 공산당 등의 '헝가리 전선'은 소련군의 협력으로 임시정부를 수립하고 독일에 선전하였다(1945년 1월).

파르티잔 지도자 시절의 티토

소련군은 1945년 2월 **부다페스트**를 함락시켰으며, 소련군의 진격과 함께 동유럽 제국에는 저항운동을 기초로 하는 새로운 정권이 탄생하기 시작하였다. 이미 1944년 10월 스탈린과 처칠은 루마니아·불가리아·헝가리에는 소련, 그리스에는 영국의 우월권을 인정하기로 합의하였다. 유고슬라비아에서는 영·소가 대등한 입장에서 함께 티토 정권을 인정하였다.

그러나 폴란드에서는 분규가 생겼다. 저항운동과 밀접한 관계에 있던 런던 망명정부는 반소적이라고 하여 소련은 이와 단교하고, 1944년 7월 루블린에 임시정부를 수립하였다. 1944년 8월 런던 망명정부는 무력봉기에 의한 바르샤바 해방을 시도하

얄타 회담

였으나, 독일군에게 진압되었다. 1945년 1월 소련군이 바르샤바에 입성하고, 폴란드의 두 정권의 통일과 국경에 관하여는 1945년 2월 **얄타회담**에서 일단 해결을 보았다. 또한 이 회담에서는 독일 처리문제가 검토되었으며, 소련의 대일 참전도 결정되었다.

히틀러는 1944년 12월 서부전선 아르덴에서 일대 반격을 시도하지만 4일 만에 괴멸당하고 만다. 1945년 2월 소련군은 오데르 강, 4월 나이세강에 도달하였다. 동시에 영·미군도 공격을 재개하여, 3월 쾰른을 점령하고 라인강을 건너 4월 25일 **엘베강**의 토르고에서 소련군과 만났고, 이 날 소련군은 베를린에 돌입하였다. 사태에 절망한 히틀러는 4월 30일 애인 에바 브라운과 결혼식을 올리고 자살하였다.

엘베강의 미소군의 만남

얄타 지도

후계자로 임명된 데니츠 제독은 군대와 민간인을 가능한 한 영·미 점령지구로 옮기면서 5월 7일 무조건 항복하여 9일 항복이 정식 조인되었다. 5월 23일 데니츠 정부의 전원이 체포됨으로써 독일의 **제3제국**은 소멸되었다. 이탈리아 전선의 독일군이 4월 29일 항복하면서 무솔리니는 4월 28일 밀라노 근교에서 살해되고, 유럽에서의 전쟁은 끝났다.

1944년 11월 이래, 미군 폭격기 B-29에 의한 일본 본토 공습은 격화되었다. 1945년 2월 미군은 마닐라를 탈환하고 이오시마[硫黃島]에 상륙하였다. 4월에는

포츠담 회담

오키나와 본섬에 상륙, 3개월이나 걸린 오키나와 전에서는 전 도민이 동원되어 희생됨으로써(9만여 명), 닥쳐올 본토 결전의 비참한 양상을 암시하였다. 7월 26일 미·영·중은 '**포츠담선언**'에서 전후 대일처리방침을 명시함과 아울러 무조건 항복을 요구하였다. 일본이 이를 묵살하자 미국은 8월 6일 히로시마(廣島)에, 9일 나가사키(長崎)에 원자폭탄을 투하하였고 소련은 이 날 대일 참전하여 만주에서 일제히 공격을 개시하였다.

이에 이르러 일본 군부도 항복을 결의하고 10일 밤 포츠담선언 수락을 결정하였다. 그러나 주전파의 '국체수호(國體守護)'고집으로 진통을 겪다가 일본 왕의 결단으로 14일 가까스로 수락을 통고하고, 15일 일본 왕은 이것을 국민에게 방송하였다. 30일 미군은 일본 본토를 점령하였고, 9월 2일 도쿄만의 **미주리호**에서 항복문서가 조인되면서 태평양전쟁과 함께 제2차 세계대전은 끝났다.

미주리호함상의 항복문서조인식

2. 제2차 세계대전의 결과와 영향

제2차 세계대전은 문자 그대로 세계를 전장(戰場)으로 하고 세계의 거의 모든 나라를 끌어들인 전쟁이었다. 참가국은 연합국 측이 49개국, 동맹국 측이 8개국이며, 중립국은 스위스 등 6개국에 불과하였다. 동원병력 1억 1000만 명, 전사자 2,700만 명, 민간인 희생자 2,500만 명으로, 그 중에서 독·소 양국의 희생이 가장 많아 소련의 전사자 1,360만 명, 민간을 포함하여 사망자 2,000만 명, 전인구의 약 1 / 10, 독일의 전사자 500만 명, 민간인을 포함하여 사망자 550만 명, 전인구의 약 1 / 10이라고 알려졌다. 일본의 전사자는 185만 명, 민간인을 포함하여 사망자 250만 명, 전인구의 약 1 / 40이라고 한다. 제1차 세계대전과 비교할 때 제2차 세계대전에서는, 동원병력수는 약 2배, 전사자는 약 5배, 민간인 희생자는 약 50배이다.

제2차 세계대전에서는 민간인의 희생자가 현저히 많다. 민간인의 희생자 가운데 약 500만 명은 유대인인데 이것은 나치스 지배하의 유대인 총수의 약 70%라고 한다. 또 하나의 이유는 현대의 전쟁이 민간인을 제외하지 않은 대량살육전쟁으로 된 데에서 찾을 수 있겠다. 전비, 파괴된 재산을 오늘날의 물가에 맞추어 재평가한다면 너무나 방대하여서 아마도 계산할 수가 없을 정도일 것이다.

제2차 세계대전의 두드러진 특징의 하나는, 최초부터 전쟁 책임의 소재가 명료하였다는 데 있다. 독일·이탈리아·일본은 국내에서는 파시즘화를 추진하면서 대외침략으로 나아갔기 때문이다. 이리하여 연합국은 첫째로는 전쟁범죄인을 단죄하고, 둘째로는 일본·독일을 점령하고 정치적·경제적·사회적인 민주화를 꾀하고자 하였다.

확실히 파시즘에 대항하는 연합국의 공통된 슬로건은 민주주의였으나, 자본주의국과 사회주의 국과는 그 이해에 차이가 있었다. 이 차이는 일본·독일의 전후처리를 에워싸고 양 체제의 대립으로까지 발전하였다. 그 배경을 살펴보면, 최대의 피해를 받고 대독전쟁 승리에 최대의 기여를 하였던 소련은, 내외의 사회주의에 대한 신뢰를 높이고 국제적 발언권을 강화하였다. 소련의 지도하에 동유럽 제국은 인민민주주의라고 불리는 정치체제를 채택하였다.

동아시아에서는 오랜 대일 항전에 견디어 낸 중화민국이 5대국의 하나가 되었으나, 국공대립(國共對立)은 내전으로 발전하여 1949년 10월 중화인민공화국정권의 성립을 보았다. 동남아시아에서는 일본의 패퇴와 동시에, 프랑스령 인도차이나에서는 베트남공화국, 네덜란드령 인도차이나에서는 인도네시아공화국이 성립되지만, 종전의 식민국인 프랑스·네덜란드는 이것을 무력으로 진압하려 하였다. 하지만 동남아시아뿐만 아니라 인도에서 중동아프리카에 이르는 지역에서 민족해방운동은 고조되어 잇달아 독립하였다.

이리하여 패전국 일본·이탈리아는 물론, 전승국 영국·프랑스 뒤이어 식민지를 잃었다. 더욱이 영국에는 노동당내각이 성립되었고, 프랑스·이탈리아에서는 저항운동 가운데에서 공산당의 영향력이 신장되었다. 미국만이 '민주주의 병기창'으로서 생산력을 발전시키고, 최대최강의 자본주의국가로서 세계를 지도하기에 이르렀다.

미·소를 정점으로 하는 양 체제의 대립이 격화, 냉전화함으로써 추축국과의 평화조약 체결은 용이하지 않았다. 1946년 7~10월의 파리 평화회의에서는 트리에스테(Trieste) 문제를 둘러싸고 미·소가 대립하였으나, 1947년 2월 10일 간신히 이탈리아·루마니아·헝가리·불가리아·핀란드에 대한 강화조약이 조인되었다.

이탈리아는 북아프리카의 식민지를 잃었고, 프랑스·유고슬라비아·그리스에게 영토를 할양하였다. 트리에스테는 국제연합 통치하의 자유지역이 되었으나, 1954년 이탈리아와 유고슬라비아에 분할되어 일단 해결을 보았다. 루마니아는 1940년의 소련에의 영토할양을 재확인하였으나 트란실바니아 지방의 대부분을 회복하였다. 헝가리의 국경은 거의 1938년의 국경으로 되었고, 불가리아는 도브루자 남부지방의 영유가 인정되어 1941년의 국경을 거의 유지하였다. 핀란드에 대하여는 1939년의 소련－핀란드전쟁에 따른 소련으로의 영토할양이 인정되었다.

독일처리방침은 1945년 8월 2일 포츠담 의정서에서 명확히 되었으나 그 해석을 에워싸고 미·소는 매사에 대립하여, 1947년 말의 런던 4국 외상회담은 결렬되었다. 1949년에는 **독일연방공화국**(서독)과 **독일민주공화국**(동독)이 수립되었고, 미·영·프는 1952년 5월 서독과 '평화확정조약'을 맺었으며 1954년 10월 파리협정에서 서독의 주권을 회복하고 사실상의 단독강화를 체결하였다. 이에 대하여 소련은 1953년 5월 동독에 자립권을 주었고, 1955년 9월 동독의 주권을 회복하였다. 이리하여 두 개의 독일은 고정화되었다.

1945년 7월 26일의 **대일 포츠담선언**에 명시되었으나, 대일 강화문제에서도 미·소는 일치되지 않았으며, 또 일본 여론도 분열하였다. 그러나 1951년 9월 8일 샌프란시스코에서 대일 강화조약이 조인되었다. 소련·체코슬로바키아·폴란드는 조인을 거부하였다. 중국은 초청되지 않고 인도·미얀마·유고슬라비아는 회의에 참가하지 않았다(중화민국·인도·미얀마와는 별도로 평화조약이 체결되었다).

3. 제2차 세계대전 이후의 유럽

냉전과 동·서 유럽의 분열

제2차 세계대전 막바지인 1945년 5월 나치 독일이 항복하자 미·영 양국과 소련 사이의 불안정한 전시동맹관계는 해체되기 시작하였다. 1948년까지 소련은 동유럽에 공산주의 국가들을 건설하였으며, 미국과 영국은 독일 내 양국 점령지구의 대소(對蘇)배상을 중단하는 것으로 이에 대응하였다. 미국과 영국은 소련의 항구적인 동유럽 지배와 서유럽 및 그 밖의 지역에서 소련의 영향을 받는 공산당이 집권할 가능성을 우려하였다.

한편 소련은 독일의 군사위협재발을 방지하기 위해 동유럽에 대한 지배를 계속하기로 결정하였으며, 주로 이데올로기적인 이유에서 공산주의를 세계적으로 보급시키는 데 주력하였다. 1947년 3월 "오늘날 발트해로부터 아드리아해에 이르기까지 유럽을 둘러싼 철의 장막이 드리워져 있다"는 윈스턴 처칠의 반공연설, 미국의 상·하 양원 합동회의에서 미국이 공산세력을 저지하는데 지도적인 역할을 해야 한다는 **트루먼 독트린**, 이어 6월 트루먼 독트린에 발맞추어 유럽부흥을 위해 실시한 **마셜원조 계획**으로 대응하였고, 이에 대해 1947년 7월 이후 소련과 동유럽 국가들 상호 간의 물자교환협정 및 통상차관협정을 체결하는 **CMEA(상호경제원조회의)**의 설치로 대응함으로써 양진영간에 긴장이 고조되었다.

그 후 냉전체제가 고착화되어 가는 과정에서 1948년 4월 서독이 독일점령지역에 대한 통합을 이루고, 통화개혁을 시행하였는데, 이에 대해 소련이 **베를린을 봉쇄**함으로써 냉전은 극에 달하였다. 제2차 세계대전 이후 베를린은 남부(미국), 서부(영국), 서북부(프랑스), 동부(소련)의 4개 지구로 분할·점령되었고, 이의 공동관리를 위해 연합국의 베를린통치기구가 구성되었다. 이와 함께 베를린을 제외한 전 독일도 4개국에 의해 분할·점령되었고 독일에 대한 공동관리를 위해 독일관리위원회(Allied Control Council)가 설치되었다. 그러나 서방측 3개국과 소련 간에 의견대립이 격화됨에 따라 소련은 48년 3월 20일 동위원회를 탈퇴하고 이때부터 단계적으로 서방측 점령지역으로부터의 베를린 출입을 제한하였다.

이에 대해 서방측은 6월 중순 그들의 점령지역 내에서 통화개혁을 단행하고 이를 베를린에 적용할 것을 결정하였다. 이를 계기로 소련은 연합국의 베를린통치기구까지도 보이코트하고, **6월 25일** 서방측 점령지구로부터 베를린에 이르는 모든 육로와 수로를 전면 봉쇄하였다. 서방측 3개국은 미군을 주축으로 하여 인원과 물자의 대규모 **공수작전**을 전개함으로써 이에 대항하였다. 이렇게 되자 9월에는 독일인에 의해 베를린시의 행정도 분열되어 동서에 각각의 시청이 생겼다. 이렇듯 베를린은 양대 진영의 냉전의 초점이 되었다.

이와 같은 위기는 1949년 4월 12일 소련의 베를린 봉쇄해제로 일단 해소되었으나, 그 동안의 봉쇄과정을 통해 서베를린에는 자본주의적 사회질서가, 동베를린에는 사회주의적 사회질서가 형성되었다. 베를린 봉쇄 해제 이후 미국과 서유럽국가들은 소련의 군사적 위협에 대응하기 위해 1949년 4월에 NATO를 결성했고, 그해 가을 서독에는 독일연방공화국이, 동독에는 독일민주공화국이 수립되었다.

베를린 봉쇄와 공수작전

독일의 분단

제2차 세계대전이 끝난 후에, 독일은 미국·영국·프랑스·소련의 4대 강국에 의해 점령되었다. 그러나 이 '군사적 점령'은 구체적인 점령기간을 정하지도 않은 상태였고, 분할된 각 점령지역이 장차 별개의 국가가 될 것이라고 아무도 생각하지 않았다. 물론 독일인들도 마찬가지였다.

연합국의 전후 독일정책은 전쟁 중에 수립되었다. 1944년 말, "독일통제기구협정"이 베를린에 설치되었고, 이 기구의 임무는 전(全)독일에서 통일된 점령군 정책을 수행하는 것이었다. 그러나 조정이 불가능할 경우 각 군사정부의 사령관은 자국 정부의 지시에 따라 해당 구역 내에서 독자적인 결정을 할 수 있었다. 이로써 전승국의 독일정책에 관한 거부권이 도입된 셈인데, 전(全)독일에서 사태 발전이 어느 일방 점령군의 목표대로 되지 않을 경우 점령지역 내에서는 독자적인 행동이 가능해졌다. 이미 독일분단의 씨앗은 뿌려지고 있었던 것이다.

독일의 역사학자 안드레아스 힐그루버는 그의 저서 『독일현대사』에서 연합국이 서로 대립하게 된 결정적인 계기는 배상문제라고 언급하고 있으나, 이는 매우 지엽적인 문제라고 생각한다. 보다 중요한 문제는 소련의 동유럽으로 진출야욕과 1919년의 실수를 되풀이하지 않고 세계의 패권을 장악하려는 미국 간에 세력다툼이 주요한 요인이라 여겨진다. 그렇지 않다면, 미국이 소련의 배상요구에 대해 그렇게 완강하게 반대하지 않았을 것이다. 소련은 배상을 통해 소련의 경제력을 미국과 동등한 수준으로 끌어올리려 했고, 그럼으로써 그들의 영향력을 확실하게 중·동부 유럽에 뻗으려고 했다. 미국으로선 이러한 소련의 의도를 받아들일 수 없었을 것이다. 힐그루버가 "결정적인 원인"이라고 언급하면서 상당히 비중 있게 다루고 있는 배상문제는 이러한 대립 속에서 배경을 찾아야 할 것이다. 여기에 그들의 이념적인 대립 또한 간과할 수 없는 부분이다.

독일이 항복한 후에 열린 **포츠담회담**에서 연합국은 "독일을 경제적 통일체로 간주한다."라는 것에 동의했으며, 독일은 "민주화하고, 민주주의 이념의 성공적 발전"을 추구한다는 것에 합의하였다. 그런데 문제는 이러한 일반적이고 화려한 수사 뒤에 숨겨진 그들의 서로 다른 생각들이다. 미국 등 서방측은 자본주의 경제체제 및 서방식 민주주의 체제를 생각했던 것이며, 소련은 소련식 사회주의 체제를 구상하고 있었다. 이미 소련은 독일이 항복하기도 전인 1945년 4월 30일에 발터 울브리히트를 중심으로 한 독일인 공산주의자들을 모스크바로부터 독일로 파견하여 소련식 행정체계를 구축하고 있었다.

소련은 소련으로부터 미국과 영국을 분리시키기 위해 병합, 인민민주주의 지대, 완충지대를 구사했고, 완충지대가 실패로 돌아가자 동부 독일을 인민민주주의, 즉 소련식 체제로 개편하고자 했던 것이다. 이러한 전략 아래 소련은 1946년 독일사회주의 통일당(SED)을 강제로 만들어 냈고, 미국 군사정부 사령관 클레이는 1946년 5월 3일 배상물품 인도 거부로 맞대응하였다. 이러한 상황 속에서 1946년 6월에서

7월에 걸쳐 파리 외상 회담에서 소련의 몰로토프 외상은 "소련 지역의 예를 따른 민주화"를 요구했고, 미국은 이에 대해 "미국은 유럽으로부터 힘의 정치적 군사적 퇴각을 생각하지 않는다"고 강조하였다. 덧붙여서 미국지역에서부터 연방제 독일을 수립하겠다고 밝혔다.

이 무렵부터 구체화되기 시작한 미국의 공격적 외교방향은 1947년, **트루먼 독트린**과 **마셜플랜**으로 명확하게 드러났다. 마셜플랜을 수용하느냐 하는 여부를 둘러싸고 유럽은 이제 분명하게 동서진영으로 구별되기 시작했다. 마셜플랜에 독일의 서방 3국 점령지역을 포함시킨 것은 독일을 서방식으로 해결하겠다는 것을 의미하며 이는 소련으로선 받아들일 수 없는 것이었다. 소련은 마셜플랜에 대항하여 1947년 7월 14일에 소련 점령지구에만 해당되는 "독일경제위원회"를 신설하였고, 미국은 서부지역만의 재건 정책을 바꾸었다. "전(全)독일" 표방은 미국에게는 더 이상 부합되지 않았으며, 특정조건하에서만 소련과 일치하였다.

1947년 11월 25일에서 12월 15일까지 열린 런던 외무장관 회담은 이제 냉전을 사실상 공식화하는 계기가 되었다. 이 회담에서 미국 국무장관 마셜과 영국 외무장관 베빈은 슐레지엔의 독일 귀속을 주장했다. 이것은 소련은 미국이 그들의 지배권을 소련 점령지역인 동쪽으로 확대하려는 시도로 보았고, 미국의 독일정책은 마셜의 한 마디에 급선회하게 된다. 미국은 '서방식' 해결을 위해 서방점령지역의 독일인의 지지를 유도하게 되었다. 독일인들은 사실 미국이 소련보다 더 독일에 파괴적이었음에도 불구하고 소련을 따르지 않고 다수가 서방측에 기울고 있었다.

이 시기 독일인들은 어떠했는가? 그들은 크게 세 그룹으로 나뉘었다. 첫째는 정통적인 독일 외교정책인 '줄다리기' 정책을 계승한 소국으로 축소된 중립국 독일을 지향하는 집단과, 동방화된 독일, 그리고 마지막으로 서방으로 통합된 독일을 지향하는 집단이었다. 이 세 집단의 공통점은 하나의 독일, 즉, 이른바 '전(全)독일'을 지향했으며, 어느 누구도 독일의 분단을 생각한 사람은 없었다는 점이다.

이 중에서 가장 중요한 그룹은 중립국 독일을 지향하는 세력과 서방통합을 주장하는 이들이었다. 소련은 독일에서는 인기가 없었다. 따라서 동방화를 추구하는 세력은 독일 내에서 소수집단이었으며 큰 영향력을 갖지 못했다. 중립국 독일을 지향하는 세력은 그것이 독일의 전통적인 대외 정책이었으므로 중요하다. 반면, 서방화를 지향하는 그룹은 당시만 해도 별로 알려지지 않은 집단이나, 전후 독일의 재건을 담당한 이들은 바로 이들 서방화 지향 세력으로부터 나왔다. 아데나워가 그 중 대표적인 인물이다. 특히 이들은 서방 3개국 연합국으로부터 충분한 지원을 얻을 수 있다는 이점도 갖고 있었다. 제2차 대전 직후의 독일에서 서방 3개국의 지원은 매우 중요한 요소이다. 논쟁 역시 주로 중립국 독일을 지향하는 그룹과 서방화를 지지하는 세력 사이에 논쟁은 1949년 1, 2차 연방하원선거에서 후자의 승리로 막을 내렸다. 이제 독일은 분명하게 서유럽통합에 적극 나서게 된다. 이것은 미국·영국·프랑스에게는 매우 고무적인 사실이었다. 이제 서방 3개국, 특히 미국은 그들의 계획을 적극적으로 추진할 수 있게 되었다.

1947년 런던 외무장관 회담의 결렬 이후, 미국은 독자적인 서방국가 계획 실현에 소련과 어떠한 종류의 합의를 도출하는 것을 포기하였다. 이후 미국은 본격적인 대소련 봉쇄를 시도하게 되며 소련에 대한 효과적인 전진기지로서 서독의 부흥과 서유럽통합을 적극적으로 추진하게 된다. 1948년 3월에 브뤼셀 조약이 체결되어 서유럽 국가들의 공동 방위를 꾀하게 되었다. 이것에 대해 힐그루버는 소련을 대상으로 한 동맹체제로 평가하고 있으나, 실상은 독일에 대한 방어체제로 기능하였다.

그러나 서유럽이 소련과 동구 국가들에 대항하여 제대로 방위하기 위해서는 독일의 부활이 필요했다. 부언하자면, 독일의 막강한 경제력이 서유럽 방위에 필수적이었다. 이에 미국은 본격적으로 독일의 부활을 추진하기 시작했다. 적어도 서부 독일 지역만이라도 다시 부흥시켜 서독을 서유럽방위의 전초기지로 삼고자 했다. 프랑스가 여기에 반대하면서, 베스트팔렌 조약과 같은 해결책을 시도했지만, 프랑스로서는 미국을 따르지 않을 수 없는 처지였다. 동부 독일이 소련의 영향권에서 벗어나지 못할 것임이 분명해지자 미국과 영국, 프랑스는 서방 3국의 점령지대를 하나로 통합하여 새로운 국가를 수립하는데 합의하였다. 1949년 9월 21일, 정식으로 독일연방공화국(서독)이 출범한다. 동독은 조금 뒤인 10월 7일에 독일민주공화국을 수립하였다. 이로써 독일은 전범국가라는 멍에를 쓴 채, 분단국가로 다시 부활하게 되었다.

소련과 동유럽 국가들 간의 방위동맹체인 **바르샤바 조약기구**가 1955년에 결성되었으며, 그해 서독은 나토에 가입하였다. 미국과 소련은 아시아·아프리카·중동에서 경제·군사·외교상의 세력경쟁을 벌였다. 1956년 소련의 흐르시쵸프가 집권하면서 대내외적으로 해빙정책을 실시한 영향을 받고 동유럽의 헝가리와 폴란드에서 **반소민중봉기**가 일어나자 소련은 무력진압을 했고, 동베린 주민들의 서방으로의 탈주를 저지하고 동독의 안정유지를 위해서 1962년에 **베를린 장벽**을 설치하고 베를린 봉쇄를 감행한다. 이런 과정에서 점증된 미소간의 긴장은 1958~62년 냉전의 최종단계에 들어서면서 미국과 소련의 대륙간탄도 미사일의 개발경쟁을 시작하여 정점에 이룬다.

마침내 1962년 소련이 미국을 공격할 수 있는 핵미사일을 비밀리에 쿠바에 설치하면서 발생한 **쿠바 미사일 위기**로 미·소 양국은 전쟁의 일보 직전까지 치닫는 극한 대결을 벌였으나, 가까스로 미사일 철수에 대한 합의가 이루어졌다.[34] 그 후 미국과 소련은 핵 보복의 결과를 깊이 인식하고 핵무기를 사용할 의사가 없음을 분명히 밝혔다.

1962년 베를린 장벽 설치

34) 1959년 수립된 쿠바의 혁명정부에 대하여 미국은 1961년 4월 중앙정보국(CIA)의 공작에 의한 쿠바 반(反)혁명군의 침공작전을 시작하고, 미주기구(OAS)로부터의 쿠바 축출, 미국 해·공군의 영해·영공 침범 등 군사·외교압력을 가하였다. 이런 과정에서 쿠바는 1962년 9월 '소련－쿠바무기원조협정'을 체결하여 소련의 미사일을 도입하였다. 미국은 그 해 10월 14일 중거리탄도미사일의 발사대가 쿠바에 건설 중임을 공중촬영으로 확인하였다. 22일 미국 대통령 J.F.케네디는 텔레비전 전국방영을 통하여 처음으로 "소련은 서반구에 대하여 핵공격을 가할 수 있는 기지를 쿠바에 건설 중"이라고 공포하고, 쿠바에 대하여 해상봉쇄조치를 취하였다. 케네디는 소련의 N.S.흐루시초프 서기장에 국제연합의 감시 하에 공격용 무기를 철거할 것을 요구하였다. 전 세계의 긴박감 속에서 소련은 26일 미국이 쿠바를 침공하지 않는다는 것을 약속한다면 미사일을 철거하겠다는 뜻을 미국에 전달하고, 27일 쿠바의 소련 미사일기지와 터키의 미국 미사일기지의 상호철수를 제안하였다. 이에 대하여 미국은 27일의 제안을 무시하고, 26일의 제안을 수락할 것을 결정하였다. 28일 흐루시초프는 미사일의 철거를 명령하고 쿠바로 향하던 16척의 소련선단의 방향을 소련으로 돌림으로써 11월 2일 위기는 사라졌다. 소련이 쿠바로부터의 폭격기 철거에 동의한 20일 미국은 해상봉쇄를 풀었으며, 12월 7일 소련은 공격용 무기를 쿠바로부터 철거하였음을 미국에 통고하였다. 이 사건을 계기로 1963년 미·소 간에 핫라인(hot line: 긴급통신연락선)이 개설되었고, 핵전쟁 회피라는 공통의 과제 하에서 부분적 핵실험금지조약(모스크바조약)'이 체결되었다.

아데나워의 서방통합정책

서독의 초대 수상은 **콘라드 아데나워**라는 73세의 보수주의자였다. 그러나 아데나워의 독일부흥에 대한 신념은 누구 못지않았다. 전쟁의 결과, 독일은 완전히 파괴되었고, 국토는 승전국들에 의해 분할점령 되었으며, 주권은 엄격하게 제한되어 있었다.[35) 국민들은 자신감을 잃고 패배의식에 사로잡혀 있었다. 또한, 소련이 점령하고 있던 동부 독일은 사회주의 국가가 되어 민족의 분단이라는 비극적 상황이었다. 아데나워는 이런 절망적인 상황 속에서 수상으로 취임한 것이다. 이러한 문제들의 원만한 해결을 위해서는 무엇보다 이웃 국가들과 관계개선이 시급한 문제였다. 특히 프랑스와 화해가 독일의 재건에 절대적으로 필요했다. 프랑스와 화해, 이웃 국가들과 관계개선을 위해 아데나워는 적극적으로 서유럽통합에 앞장서게 된다.

아데나워가 서유럽통합에 적극적인 자세를 보인 이유는 명확하다. 독일이 나치범죄의 멍에를 벗고 이웃 국가들의 불신과 두려움을 불식시키면서 번영하기 위해서, 그리고 군사적 피점령국의 상태에서 국제사회에서 동등한 주권국가로 조속한 회복과 독일통일은 서유럽이 굳건하게 통합되어야 만 가능하다고 판단했기 때문이다. 즉, 유럽통합을 통해 독일문제를 해결하지 않고서는 독일통일은 단지 비운의 역사가 반복될 따름이라고 보았던 것이다. 독일의 극단적인 민족주의 전통을 유럽이념으로 대체하고, 그 위에서 독일통일을 달성해야 한다는 견해였다. 서독에 주어지지 않고 유보된 주권은 회복될 민족국가를 위해 되찾아지는 것이 아니라 통합된 서유럽에 이관되는 것이었다.

아데나워는 독일이 유럽으로 귀속하는데 우선 서독을 견고하게 유럽에 통합시킬 것을 상정했다. 무엇보다 서방 세계의 견고한 단결과 발전을 통해 힘을 모으고 그 힘을 바탕으로 동유럽세계를 움직여 유럽의 분단을 극복하고 독일을 통일한다는 견해였다. 서유럽이 견고하게 단결하고 경제적으로 번영을 누림으로써 소련으로 하여금 서방의 힘에 굴복하게 하고, 서독은 번영과 분배 정의의 실현을 통하여 동독을 끌어들인다는 것이다. 그는 독일통일은 유럽 안보의 테두리 안에서 이루어져야 함을 분명히 했다. 서유럽 민주주의의 질서 속에서 집단안보체제를 이룩하고, 서독과 서유럽 자체 내의 개혁으로 눈부신 경제 성장과 평등한 분배를 보장하는 자본주의와 민주주의를 정착시키는 것이 통일의 지름길이라고 보았던 것이다.

---

35) 대표적인 예로 서독은 1955년까지 외무부를 가질 수 없었다. 외교권은 국가주권의 핵심사항인데, 외교를 담당할 부서가 없었다는 사실은 주권의 제한을 설명해줄 가장 적합한 예라 할 것이다.

사실, 서독은 소련에 대항하는 미국의 세계전략 가운데에서 하나의 기능을 갖기 위해 출발하였다. 더구나 서독은 궁극적으로 서방지향적인 전 독일을 달성할 핵심으로 이해되었기 때문에 제4점령세력인 소련의 정책과 날카롭게 반대되는 입장에서 건국되었으며, 세계 열강 사이에서 "냉전"이라는 대립의 초점에 있게 되었다. 아데나워에게는 독일의 분단은 이미 기정사실이었다. 그러나 적어도 서독과 서유럽이 소련의 영향력 안에 들어가지 않기 위해서는 철저하게 서유럽에 서독을 통합시키고, 미국과 공동으로 잠재력을 완전히 이용할 수 있도록 하는 것만이 유일한 해결책이라고 믿었던 것이다.

결론적으로 아데나워의 정책은 동독을 포함한 동유럽과 단절하고, 이 지역과 소련으로부터 항복을 받아내어 유럽통합을 이루고 독일통일을 달성한다는 것이었다. 그러나 이러한 정책은 극히 호전적인 정책으로 비판받았으며, 특히 핵무기를 보유한 소련이 항복하리라고는 그 당시에는 아무도 생각하지 않았기 때문에 아데나워는 시대착오적인 인물이거나 교활한 분단 고착자로 공격을 받기도 했다.[36]

서유럽의 번영(1960 – 1974)

흐루시쵸프의 개혁을 통한 경제발전의 꿈이 사라진 후 브레즈네프의 스탈린 체제로의 복원으로 개혁이 중단된 이후 침체에 빠진 동유럽의 계획경제체제와 달리 서유럽은 전후의 경제재건의 성공을 토대로 경제가 비약적으로 발전하기 시작했다.

유럽의 경제적 번영은 경제의 상호개방에 의존했다. 프랑스는 국민총생산에서 수출이 차지하는 비중이 20%였고, 서독은 20%, 벨기에는 30%에 달했다. 풍부한 수요는 고용과 임금을 증대시켰다. 서유럽인들의 구매력은 1960년대 이후 두 배로 늘었다. 세탁기, 냉장고 등의 가전제품, 오디오–비디오 제품의 소비가 비약적으로 증가했다. 여가와 휴가문화의 확산으로 자가용 자동차 보급이 증가했다.

경제 번영의 혜택으로 중산층이 형성되었고, 완전고용과 건강보험 같은 사회복지와 사회보장제도가 형성되었다. 경제의 기간산업에는 국가가 개입하고, 그 외의 분야에는 자유시장 경제체제에서 운영되는 혼합경제체제가 조성되었다.

그러나 1960년대 말부터 경제성장이 둔화되고 실업률이 증가하기 시작했다. 서독과 프랑스의 노동인구 중 10% 이상이 외국인이었다. 프랑스 노동인구는 과거 아프리카 식민지 출신이 많았다. 또한 경제활동 인구 중 여성의 비중이 높아져서 전체

36) 노명환, "유럽통합, 독일의 분단과 통일", 『서유럽연구』 (1995년 창간호), p.39.

노동인구의 1/3을 차지하게 되었다. 이와 더불어 여권신장 운동이 벌어졌다. 여권운동단체들은 이혼, 동거, 낙태에 대한 권리, 피임약 등의 사용과 피임수단의 이용의 합법화 등을 위해 투쟁했다.

수십 년에 걸친 경제성장기에 기존의 사회체제에 흡수되기를 거부하는 베이비붐 시대에 태어난 젊은이들의 저항 문화가 확산되었다. 미국의 록음악이 영국과 다른 유럽국가에 선풍적으로 유행했다. 교회와 기존의 정당들은 이러한 기존의 가치와 체제를 거부하는 젊은이들의 불만을 해소시켜주지 못했다. 따라서 교회에서 심각한 신자이탈 현상이 나타나기 시작했다. 가톨릭 교회는 1962년부터 1965년까지 속개된 2차 바티칸 공의회에서 당시의 새로운 사회 분위기를 수용하여 현실에 맞게 교회의 관행을 개혁하려고 시도했다.

젊은이들의 기존의 사회질서에 대한 저항운동은 1968년에 절정에 이르렀다. 미국에서는 월남전에 반대하는 **반전운동**이 휩쓸었고 프랑스에서는 많은 대학생들이 참여하고 노동자들이 동조하는 파업을 전개하여 경제를 마비시키는 사태가 일어났다. 많은 청년들이 극좌파 정치조직이나 심지어 적군파 같은 테러단체에 가입했다. 이러한 운동은 IRA나 스페인의 바스크 분리독립 운동으로까지 발전했다. 일부의 저항적 청년들은 과도한 경제성장과 발전에 반대하며 자연과 환경을 보존하려는 환경운동으로 전향했다.

1970년 대 초부터 경제성장이 둔화되기 시작하여 경기가 침체되면서 실업이 늘어나 사회문제가 발생하기 시작했다. 월남전의 영향으로 인플레와 재정적자가 늘어나 미국경제가 위기에 처하자 브레튼 우즈 협정에 합의된 교역의 기축통화인 달러와 연동된 고정환율제도가 폐지되자 교역양이 감소했고, 오랜 기간 동안 저유가와 저렴한 에너지 가격에 바탕을 둔 경제가 1973년에 시작된 중동에서 이스라엘과 중동국가들 간의 전쟁이 일어난 후에 이스라엘에 대한 국제적 지지를 저지하기 위해서 OPEC(원유수출협의 기구)를 결성하여 원유가를 급등시킨 후에 일어난 오일쇼크로 유럽의 경제는 장기간의 경기 침체에 빠진다.

경제위기를 타개하기 위해서 유럽의 국가들은 공공지출과 재정을 투입하는 등 국가의 개입으로 경제를 회복하려고 했지만 늘어난 재정적자를 보충하려고 세금을 인상하게 되자 경제는 더욱 더 침체에 빠진다. 대안으로 국가와 정부의 경제에 개입을 자제하고 시장의 자율 조정기능과 감세에 바탕을 둔 자유주의적 경제정책이 실시되었다. 또한 잉여자본과 상품을 해외로의 수출을 통해서 경제적 어려움을 타개해보려는 의도로 동유럽 국가들, 개발도상국들, 후진국들과의 경제협력을 추진하게 되었다.

4. 동·서 유럽 간의 화해(데탕트)와 서독의 동방정책

쿠바 미사일 위기 이후 크렘린과 백악관 사이의 핫라인이 설치되고, 1963년 8월 5일 **핵실험 금지조약**, 1967년 1월 21일 우주의 평화적 이용에 관한 조약체결이 된다. 이러한 미소 화해분위기 속에서 서독정부는 기존의 동독을 합법적으로 인정하지 않고 고립시키는 정책을 지속하면서 동유럽 국가들과 경제교류와 협력을 증대시키고, 동유럽 각국에 **무역 대표부**를 설치한다. 소련 이외의 동독 승인국과는 외교 관계를 가지지 않겠다는 **할슈타인 원칙**을 어기고 1967년부터 서독은 루마니아, 유고와 외교관계의 수립을 시작으로 동유럽 국가들과의 외교관계를 확대한다.

그러나 소련은 서독과 서방국가들의 동유럽권 영향확대를 차단하고 현상유지를 고수하기 위해서 1968년 체코슬로바키아의 정치적·민주적 자유화 운동을 **브레즈네프 독트린**[37]을 내세워 무력탄압 한다. 이 이후 서독은 현상승인으로 **동방정책**의 방향을 전환하지 않을 수 없었다. 1969년 10월 발족한 **브란트 정권**은 아데나워 시대부터 서독의 외교원칙이던 **할슈타인 원칙**을 정식으로 포기하고 동유럽 국가들에 대한 접근외교 이른바 **동방정책**을 적극적으로 전개하였다.

소련의 체코침공

---

37) 한 사회주의 국가의 변화가 다른 사회주의 국가에 부정적인 영향을 끼칠 때는 사회주의 국가권 전체의 안보를 위해서 언제든지 집단적 사회주의 국가군(소련을 비롯한 바르샤바 조약기구에 참여한 국가들의 군대로 구성된)의 이름으로 그 국가의 내정에 간섭할 수 있다는 원칙으로 구 소련이 동구권 국가들의 이탈을 무력을 사용해서까지 억제해 왔던 것을 합리화하는 주장이었다.

빌리 브란트의 동방정책과 데탕트

빌리 브란트는 베를린장벽이 세워지기 전부터 분단의 고통을 완화시키고자 노력했던 인물이다. 베를린시장으로 재임하고 있던 1961년, 그는 베를린에 장벽이 세워지는 것을 보고만 있어야 했고, 바로 앞에서 벌어지고 있는 사건에 대해 아무 조치도 취할 수 없다는 현실에 무력감을 느꼈다. 무엇보다 그는 이때의 경험에서 강대국들에 의존만 하고 있을 수 없다는 생각을 굳힌 것 같다. 브란트는 동서간의 대결은 독일문제의 해결에 아무런 도움이 되지 않는다고 주장하였다. 1963년 투트징에서 다음과 같이 주장하였다.

> "Bohn정부는 경주에 승리하고자 하며, 동쪽에서 제시하는 모든 제안에 대해 그 제안이 단지 동쪽에서부터 왔다는 이유만으로 가장 빠르고 결정적으로 부정적인 답변을 하고 있다. ……독일문제는 세계 정치적 측면, 유럽적 측면, 안보문제, 인간적·국가적 측면 등을 고려해야 한다.…우리 민족이 관심을 가지고 있는 인간적 삶에 편의를 도모하기 위해 우리끼리 많은 이야기를 나눌 자세가 되어 있어야 한다. ……… 독일 내에서 이에 대해 서로 의견을 교환해야 한다. ……… 소련과 함께만이 독일문제의 해결책을 찾을 수 있지, 그들에 반대하고 대립적 입장을 취해서는 해결방안이 없다. 우리는 우리의 권리를 포기할 수 없다. 권리를 현실화하기 위해서는 동·서간의 새로운 관계가 요구되며, 독일과 소련과 관계 역시 요구되며 정립되어야 함을 우리 모두는 잘 알아야 할 것이다."[38]

인간문제의 해결과 민주주의를 위해서는 긴장완화가 필요하며, 그것은 아데나워의 일방적인 서방통합정책이 아닌 서방통합정책과 병행하여 동방과 접근을 통해 이룩할 수 있다는 것이 그의 신념이었던 것이다.

브란트의 동방정책이 단순한 외교정책이 아님을 이 두 가지 언급은 잘 보여주고 있다. 인간의 권리를 보장하고, 민주주의 성숙을 위해 긴장완화가 필요하며, 그것은 소련 및 동구권과 교류와 대화 속에서 이룩될 수 있다는 그의 분명한 신념이라고 하겠다.

브란트에 따르면 긴장완화는 동·서 양 진영의 세력균형을 전제로 한다. 서방세계가 튼튼한 방위능력을 보유할 때 동·서 간에 긴장완화를 위해 노력할 수 있는 기반을 갖게 되고, 거꾸로 동·서간의 긴장완화가 이뤄질 때 서방의 안보가 보장된다는 것이다. 빌리 브란트의 동방정책은 바로 **아데나워**의 정책을 바탕으로 성공할 수 있었고, 브란트의 동방정책은 아데나워의 서방통합정책을 보완하는 것이라고 할 수 있

38) Bily Brandt, "ERINNERUNGEN", 정경섭역, 『빌리 브란트 : 동방정책과 독일의 재통합』(서울, 1990), pp78~79

다. 동방정책이 성공하기 위해서는 동서 양진영의 세력균형이라는 전제 위에서 국제적인 긴장완화가 필요했다. 그 세력균형은 서독의 NATO가입과 동독의 바르샤바조약기구(WTO) 가입으로 가능했으며, 브란트의 동방정책은 결국 아데나워의 서방통합정책 없이는 불가능한 것이었기 때문이다.

동방정책은 서방통합이라는 기반 위에서 동독 및 동유럽 국가들과 접근을 통한 통일정책이라고 요약할 수 있을 것이다. 브란트는 **세력균형 원리**에 바탕을 둔 전쟁방지에 만족한 것이 아니라, 세력 균형 원리에 바탕을 둔 적극적인 평화정책을 실현하고자 했다. 서독의 지속적인 서방 통합과 적극적인 동방정책은 상호 보완적인 것이었다. 이제 양 독일은 각각 진영에서 충실한 구성원이 됨과 동시에 이러한 기반 위에서 긴장 완화 또는 화해정책을 주도할 수 있다는 것이었다. 이러한 역할을 통해 긴장완화정책을 통해 유럽분단이 극복되고, 독일통일이 달성될 수 있다는 논리였다.[39] 이러한 긴장완화는 유럽의 운명을 유럽 스스로 자신의 운명을 개척할 수 있는 여지를 한정적이나마 부여해 주고, 아울러 이것은 독일문제에서 독일이 주체적으로 할 수 있다는 것을 의미하는 것이기도 하다.

브란트의 폴란드 전쟁 희생자들 묘역 참배

39) Brandt는 그의 회고록에서 "강대국의 긴장완화는 우리 없이는 실패하고 말 것이다. 독일의 정책은 전 유럽의 영역에 그리고 유럽을 넘어서까지 영향을 끼친다."라고 그의 생각을 밝히고 있다. Brandt, 정경섭 역, ibid., 사실 1960년대의 동·서 긴장완화의 시대에 동·서독은 미국과 소련의 데탕트에 오히려 걸림돌이었다. 브란트는 할슈타인 독트린으로 대표되는 서독의 전통적인 외교정책에서 급선회하였던 것이다. 프랑스의 퐁피두 대통령이 드골과 달리 EEC에 적극적이었던 이유도 독일의 동방정책으로 서유럽진영에서 이탈하고, 독일이 동방과 접촉을 통해 과거의 힘을 재현할까 두려워했기 때문이다. 이렇게 볼 때 브란트의 언급이 결코 빈말은 아니라고 하겠다.

이러한 논리를 바탕으로 브란트는 **1민족 2국가**를 인정하는 정책을 취했다. 대표적인 예가 UN가입이다. 브란트의 정책이 동·서독 **분단의 현실**(status quo)을 인정하는 것이었고, 동시에 분단의 극복을 위한 대장정이었다. 영구 분단을 상징하는 듯한 UN가입 이후 서독은 이후 장기적 통일정책을 추구하는데 있어서 좀 더 능동적이고 자유롭게 임할 수 있는 국제적·국내적 여건을 조성할 수 있었다. 독일이 통일되기 위해서는 소련의 이해가 필수적이었다.[40] 그리고 소련의 양해를 구하기 위해서는 양국 간에 공통분모를 찾아야 했다.

1969년부터 독일 수상 **브란트**는 적대정책을 포기하고 현상의 국경을 인정하고 동유럽 공산국가들과 경제와 문화협력을 증대시켜서 평화적 변화를 유도하는 정책을 실시한다. 동독의 체제보존에 대한 두려움을 달래주면서 경제협력을 강화한다. **동서화해**에 대한 기여로 브란트는 **1971년 12월 노벨평화상**을 수상한다. 소련의 양해가 동유럽 국가들과의 협력증진에 필요하다 보고 1969년부터 소련과의 관계개선을 위한 노력을 시작한다.

이러한 브란트의 동방정책의 추진을 도와주는 국제환경이 조성되었다. 1967년 6월 미국은 '**닉슨독트린**'을 발표하고, **1968년 핵확산금지조약**(NPT) 조인, 1970년 전략무기제한협정(SALT) 교섭 등으로 미소간의 긴장완화 분위기가 조성되어 가고 있었다. 미국은 월남에서의 철수를 위한 휴전회담의 타결을 위해서는 베트남 공산주의자들에게 군사원조를 제공해 왔던 소련의 협조가 필요했다. 미국은 1960년대 후반에 들면서 베트남전쟁이 장기화되자 국내외적으로 커다란 반발에 부딪치게 되었다. 이런 시기에 미국은 경제적 문제에 봉착하게 된다. 그 배경에는 유럽과 일본이 미국의 안보우산 아래서 급속한 경제성장을 이루면서 기축통화로서의 달러의 위상 약화와 국방비 증액 및 무역에서의 불이익 등이 자리잡고 있었다. 이러한 상황에서 닉슨독트린[41]이 나오게 되었으며 닉슨은 재선을 위해 전쟁 반대와 경제 회복을 기대하

---

40) 그와 동시에 폴란드를 비롯한 여타 동구권 국가들과 차례로 외교관계를 수립하였다.

41) 괌 독트린(Guam Doctrine)이라고도 한다. 1970년 2월 닉슨은 국회에 보낸 외교교서를 통하여 그의 새로운 대아시아정책인 닉슨독트린을 세계에 선포하였다. 내용은 다음과 같다. ① 미국은 앞으로 베트남전쟁과 같은 군사적 개입을 피한다. ② 미국은 아시아 제국(諸國)과의 조약상 약속을 지키지만, 강대국의 핵에 의한 위협의 경우를 제외하고는 내란이나 침략에 대하여 아시아 각국이 스스로 협력하여 그에 대처하여야 할 것이다. ③ 미국은 '태평양 국가'로서 그 지역에서 중요한 역할을 계속하지만 직접적·군사적인 또는 정치적인 과잉개입은 하지 않으며 자조(自助)의 의사를 가진 아시아 제국의 자주적 행동을 측면 지원한다. ④ 아시아 제국에 대한 원조는 경제중심으로 바꾸며 다수국간 방식을 강화하여 미국의 과중한 부담을 피한다. ⑤ 아시아 제국이 5~10년의 장래에는 상호안전보장을 위한 군사기구를 만들기를 기대한다.

는 국내여론을 의식하지 않을 수 없게 되었다. 그리고 소련의 군사력 증강에 따른 미·소간 세력균형에 불안감을 갖기 시작하였다. 닉슨 독트린에 이어 나온 미·중 관계개선 및 미소 간 대화 움직임은 이런 분위기에서 추진되었다.

소련 역시 미국과의 군비경쟁의 영향으로 침체된 경제로 자원을 돌리기 위해서는 미국과의 **군축협상**이 필요했고, 국경분쟁으로 증대되고 있는 중국과의 긴장에 대처하기 위해서는 미국과의 화해가 필요했다. 이러한 미-소 양국의 이해관계가 일치되는 상황에서 1972년에 미국의 닉슨 대통령이 모스크바를 방문하고 뒤이어 동년에 SALT1(전력무기제한 협정이)이 체결되어 미소 양국 간의 데탕트는 시작되었다. 소련 역시 침체된 경제를 회생시키기 위해서는 서독을 비롯한 서방국가들의 경제적 도움이 필요했다.

긴장이 완화되어 가는 국제적 정세 하에서 서독의 브란트 정부는 1969년에 소련과의 관계 정상화를 위한 협상을 시작한다. 그러나 협상은 동독의 법적 또는 사실적 인정문제와 현존 국경의 인정 문제에 관하여 합의에 이르지 못하고 어려움을 겪는다. 유럽의 현존 국경선의 인정과 그것을 무력으로 변경시킬 수 없다는 소련 측의 주장과 서독이 주장하는 '독일 국민들의 자유로운 의사결정에 따라 독일 통일이 이루어져야 한다'는 독일통일에 관한 조항을 양국이 서로 양보하여 받아들이고 동독의 국제법적 인정 문제는 제2차 세계대전 승전국인 미·소·영·불 4대강국이 협의할 문제로 넘김으로써 양국은 합의를 보고 1970년 8월 **서독·소련 불가침협정**이 체결된다. 1972년 6월 발효된 이 조약에 따르면, 무력을 사용하지 않겠다는 것을 골자로 하는 조약이다. 유럽 전역에서 현재의 국경선을 존중하며, UN헌장에 기초를 둔 무력사용금지를 내세웠다. 이 조약으로 제2차 세계대전 이후 25년 동안 계속된 양국 간의 냉전 관계는 종지부를 찍었다.

1972년 6월에는 베를린 문제에 대하여 프랑스·미국·소련·영국 등 전승 4대국이 협정을 체결했다. 이 협정은 현상(現狀) 승인을 전제로 한 것으로 내용은 다음과 같다. ① 서독과 서베를린 사이의 자유통행의 보장 ② 서독과 서베를린의 연결유지, 그리고 서베를린은 서독 영토의 일부분이 아니며, 서독에 의하여 통치되지 않는 것이라는 선언 ③ 서베를린 시민의 동독 방문 인정 ④ 서독은 소련·동유럽을 여행하는 서베를린 시민의 영사보호국이 되는 동시에 국제적으로 서베를린을 대표한다는 것 ⑤ 서베를린에 소련 영사관을 설치한다는 것 ⑥ 서독의 법률은 서베를린에 적용되지만 서독의 의회는 서베를린에서 회합을 가질 수 없다는 것 등이다.

1970년 12월에는 서독-폴란드 간의 **국교정상화조약**이 체결되었다. 이 조약으로

1945년 포츠담협정에서 잠정조치로 정해진 폴란드와 동독 사이의 국경선 오데르-나이세 라인을 서독이 폴란드의 서부 국경으로 인정(동독은 1950년 7월 승인)함으로써 그 국경선 이동(以東)의 구영토를 사실상 포기한 셈이다. 이는 서독의 동방정책을 본 궤도에 올려놓는 계기가 되었다.

1971년 8월에 동서독 간에 통과여행협정이 체결된 뒤이어 1972년에 동·서 독일의 관계정상화를 위한 **동-서독 기본조약**이 체결되었다. 이 조약에서 양 독일은 양국의 국경선을 포함하는 유럽의 현재 경계선을 침범하지 않겠다는 것, 양국이 무력사용을 하지 않겠다는 것, 상호간의 독립과 주권을 존중하겠다는 것 등을 약속하였다. 이로써 제2차 세계대전 후 처음으로 쌍방은 상대편이 별개 국가라는 것을 실질적으로 인정하였으며, 사실상 **1민족 2국가 체제**를 승인한 것이다. 1973년에 동서독이 UN에 동시가입하는 등 일련의 조약으로 화해와 긴장완화의 분위기가 조성되었다.

1970년 동-서독정상회담

양국 간에 외교관계가 수립되어 여행, 왕복, 친척방문, 우편, 통신, 문화, 학술, 스포츠 등의 교류가 활발해졌다. 이러한 교류를 통해 방송과 TV를 시청함으로써 다수의 동독 국민들은 서독의 생활상과 경제 수준, 자유, 인권에 관해 상세히 알게 되었다. 서독 국민들은 동독에 거주하는 친지들을 방문할 때 품질 좋은 서독제품을 선물한다거나 동유럽에서 휴가를 즐기는 동안 서독의 시장경제의 우월성을 간접적으로 과시함으로써 동유럽 공산국가에 휴가 온 동독 국민들의 선망의 대상이 되었다. 따라서 동독 국민들은 그들 정부의 정책에 대해서 회의감과 혐오감을 갖게 되었다.

헬싱키 회담과 유럽안보협력회의(CSCE)

이러한 미소간의 긴장완화와 유럽에 조성된 화해와 평화 분위기를 제도화하기 위한 **유럽안보협력회의**(CSCE)가 헬싱키에서 1975년 7월에 열렸다. 이 회의에 미국·캐나다, 그리고 알바니아를 제외한 유럽국가(33개국) 등 모두 35개국의 정상들이 참가하여, '상호간의 국경 존중' 등 10개 원칙을 중심으로 한 유럽의 안전보장 외의 4개 의제 최종문서에 서명하였다. 제2차 세계대전 뒤 형성된 30년간의 '냉전'에서

'긴장완화'로의 전환을 위해서 애써온 유럽 국가들의 노력이 결실을 맺는 역사적 회담이었다.

조인된 문서는 선언이며, 구속력 있는 조약은 아니다. 원래 이 회의를 앞장서 추진한 것은 소련이었으며, 1950년대부터 계속 회의 개최를 주장해 왔다. 그 이유는 통일 독일의 위협을 억제하고, 현재의 국경을 유지하려는 데 있었다. 그런 의미에서는 현 국경의 존중을 원칙으로 삼은 **헬싱키 선언**은 소련이 얻어낸 수확이라고 할 수 있다. 한편, 회의 개최에 있어서 서방측은 제3의제인 **인권 문제**와 다른 분야에서의 자유로운 협력을, 소련 및 동유럽 여러 나라의 체제의 자유화에 연관 지어 강력히 주장하였다. 즉, 협력은 체제의 자유화 없이는 할 수 없다는 입장이었다.

헬싱키 협정

헬싱키선언 이후 선언의 이행 여부를 따져야 한다는 소리가 높아지자, 이의 해결을 위하여 열린 것이 1977~1978년의 **베오그라드 회의**이다. 그러나 베오그라드 회의는 이미 명백하게 나타나기 시작한 데탕트의 퇴조와 동·서 대립의 격화로 실패로 끝났다.

그 후속 조처로서 열린 것이 **1980년 마드리드 회의**였으나, 이 역시 개막과 함께 곧바로 교착상태에 빠졌다. 그러나 데탕트의 와해, 냉전체제의 부활 등으로 불릴 만큼 막혀 있던 동서관계는, 1980년 11월부터 2년 8개월간의 줄다리기 끝에 1983년 7월 15일 동서관계 전개에 새로운 지침이 될 **마드리드 합의**[42]가 채택됨으로써 동·서 쌍방에 데탕트의 계속적 추진을 확인하게 되었다.

그러나 1979년 말 소련의 아프가니스탄 군사개입으로 인하여 데탕트 분위기가 깨어지고 미·소간의 대립과 긴장이 격화되었다. 미국이 월남에서 철수한 이후 닉슨 독트린에 따른 아시아 아프리카의 제3국가들에 대한 군사적 불개입 정책을 추진해 오고 있는 동안 소련은 제3세계 국가들의 공산 게릴라들을 지원해서 정부를 전복시

42) 내용은 다음 5개항이며, 모두 데탕트의 계속적 추진을 전제로 하고 있다. ① 동·서 인적 교류회의를 1986년 4월 스위스의 베른에서 개최, 이산가족과 국제결혼문제 등을 토의한다. ② 기본인권에 관한 전문가 심포지엄을 1985년 5월 캐나다의 오타와에서 개최한다. ③ 유럽군축회의를 1984년 1월 스웨덴의 스톡홀름에서 개최한다. ④ 스톡홀름군축회의를 위한 준비회의를 1983년 11월 핀란드의 헬싱키에서 개최한다. ⑤ 차기 유럽안보협력회의는 1986년 11월 오스트리아의 빈에서 개최한다.

유럽안보협력회의

키고 친소 공산주의 정권을 수립했다. 이러한 소련의 영향권을 확대하는 정책을 방관해 왔던 미국은 소련의 **아프가니스탄 침공**에 강력히 반발하고 소련의 팽창에 군사적으로 대응하는 정책으로 전환하여 미소관계는 다시 악화된다.

미소간의 데탕트가 끝나고 다시 긴장이 도래하여 독일의 통일에 유리한 유럽의 평화환경 조성을 위해 노력해온 서독의 **동방정책**은 장애에 부디 치게 되고 유럽에는 미소간 미사일 배치 경쟁과 군사적 대립으로 긴장이 형성된다.

소련의 아프가니스탄 침공

5. 미–소간의 신 냉전과 유럽의 핵미사일 위기

1981년에 카터 행정부를 계승하여 대통령에 취임한 **레이건 미국 대통령**은 미국 군사력의 대소 우위 확보 및 소련에 대한 공세적 견제, 제3세계에 대한 개입주의의 강화 등을 중심으로 **반소·반공정책**을 대내외 천명하고, 군사적 우위를 바탕으로 소련 봉쇄를 강화하는 것을 제일의 목표로 SALT를 비롯한 카터의 정책이 소련의 핵 우위를 초래했다고 비판하면서 소련에 대한 강경책, 중미에서의 공산게릴라를 격퇴하기 위한 군사지원을 지속하여 강력한 반공 정책, 급격한 군비 확충을 추진했다.

1970년대의 SALT(전략무기제한협정)가 결과적으로 소련의 군사적 우위를 보장하여 미국의 안보를 위태롭게 했다고 판단하여 SALT의 중단 결정을 내렸다. 그리고 우세한 군사력으로 소련을 다시 봉쇄하겠다는 전략에 맞추어 레이건은 1980년부터 1984년까지 국방예산을 무려 40%나 증대시키고 레이저 발사기를 이용하여 발사된 소련 미사일을 공격·파괴하는 체제, 즉 전략 방위구상 SDI(Strategic Defense Initiative) 이른바 "Star Wars" 계획을 추진하려했다.

그러나 유럽국가들은 미국에게 소련과 중거리 핵협상, 즉 **INF협상**을 시작하라고 압력을 가했다. 1970년대 후반 소련의 중거리 미사일 배치에 대해 카터는 1980년대에 **유럽**에 **퍼싱 미사일**과 **크루즈 미사일**을 배치하기로 약속한 바 있다. 이에 소련은 대대적 선전 공세로 유럽을 선동했고, 1981~82년간 소련 외교의 주 임무는 유럽에 배치된 **미국**의 **신 미사일**을 철수시키는 것이었다. 유럽 각국은 미국이 신형 중거리 미사일을 유럽에 배치하기 이전에 **중거리 미사일**을 유럽에서 철수하거나 감축하는 협약을 소련과 먼저 체결하라고 요구했다. 결국 레이건은 INF(중거리 핵무기 회담)에 미국 대표를 파견할 수밖에 없었다.

레이건은 1970년대에 시작된 미-소 간의 전략 핵무기 제한 회담을 **START(Strategic Arms Reduction Talks: 전략무기감축회담)**이라는 새로운 이름으로 속개하였다. 소련이 서유럽을 겨냥하고 있는 **613기의 중거리 미사일 SS-20**을 폐기한다면, 미국도 퍼싱 II 미사일과 크루즈 미사일 572기를 서유럽에 배치하기로 한 1979년 12월 카터 재임시의 나토 결정을 취소하겠다는 내용이었다. 소련이 이것을 거부하자 레이건은 또 다른 절충안을 내놓았다. 그것은 1983년 12월에 서유럽에 배치하기로 한 미국 미사일의 수를 줄이는 대신 소련은 351기의 다탄두 미사일 중 상당수를 철수시키라는 것이었다.

그러나 서유럽 내의 **반핵 운동** 즉, 미국 미사일의 서유럽 배치 반대 운동의 확산을 기다리고 있는 소련으로서는 이 제안 역시 수용할 이유가 없었다. 특히 영국과 프랑스의 미사일은 유럽 내의 탄두 제한 협정에 포함시키지 말자는 레이건의 제의는 소련으로서는 납득할 수 없는 일이었다. 결국, **INF협상**이 제대로 진척되지 않는 가운데 1983년 11월 23일 영국과 서독에 미국의 크루즈 미사일이 배치되면서 본격적인 **신냉전**으로 들어섰다. 그리고 서유럽의 방위를 소련에 대한 직접 공세로 강화시키려는 의도로 1985년 경 미국 국방예산 3천억 달러 중 절반이 나토에 할당되었다.

1979년 카터와 브르즈네프 간의 SALT협정 체결

6. 냉전의 종식과 유럽

레이건 미국 대통령이 군비강화를 바탕으로 한 대소 강경정책을 추진하는 데 대하여 구 소련의 병약하고 노쇠한 최고지도자들은 적절한 대응책을 세우지 못하고 있었다. 1982년 11월 브레즈네프가 죽고 그 뒤를 이어 안드로포프가 1년 반의 재임 후에 사망하고, 체르넨코가 뒤를 이어 1985년 3월 사망할 때까지 서기장으로 있었다.

고르바초프는 1985년 5월 당서기장으로 선출된 직후 노동기율을 강화하고 부패한 당정부 관료들을 숙청하는 등 사회기강을 확립하여 경제를 활성화하려는 부분적인 개혁에 착수했다.

1986년 27차 공산당 대회에서 고르바초프는 **개혁**(페레스트로이카)과 **개방**(글라스노스티) **정책**과 함께 평화공존의 원칙에 바탕을 둔 **신사고 외교정책**을 실시할 것을 제시한다. 제2차 세계대전 이후 미국과의 군비경쟁에 엄청난 재원이 투자된 부담으로 경제가 파탄상태에 이르게 되었다. 이런 상태에서 미국의 군비증강에 대응해서 국방예산을 증대시킬 경제적 여력이 없었다. 게다가, 1983년 레이건 미국 대통령 행정부가 "**우주방위계획**(SDI)"을 발표하였지만, 당시 소련은 SDI를 상쇄하고 대응하기 위해서는 5－6천억 달러가 소요되고 시간도 4－5년이 소요되는데 소련은 이를 뒷받침할 시간과 재력이 부족했다. 따라서 '**신사고**'를 외교를 통해 미국을 비롯한 서방국가와 긴장완화를 이루고 절감되는 국방재원을 민간부분의 경제로 전환하여 경제를 회생시키려 했다.

고르바초프

그런 정책의 기조에 따라 고르바초프는 아프가니스탄에서 소련군을 철수시켰고, 유럽에서 재래식 군사력을 감축했고, 동독과 다른 동유럽에 주둔한 소련군의 병력을 줄였고, 미국과의 갈등의 소지가 되고 있는 제삼세계 국가들에서의 공산게릴라들에 대한 군사지원을 중지하는 등 괄목할 만한 긴장완화 조치를 취했다. 소련의 신사고 외교는 지역분쟁 해소에도 크게 기여했다. 아프가니스탄에서 소련군을 철수하고(1989. 2.), 베트남을 종용하여 캄보디아에서 물러나게 했으며(1989. 9.) 앙골라에서 소련의 대리군 역할을 했던 쿠바군을 철수시키는 등 현실적인 조치를 취했다.

소련은 1950년대 말부터 갈등관계를 지속해온 중국과 화해를 시도했다. 중국이 내건 이른바 3대 장애물, 즉 중·소 국경문제, 아프가니스탄 분쟁, 베트남 분쟁에 대하여 중국 측의 제의에 크게 양보함으로써 30년 만에 중·소 정상회담(1989. 5.)을 실현, 중·소 화해시대를 열고 국제화해, 특히 동북아시아의 긴장완화 및 화해추세에 기여했다.

소련은 앞에서 말한 바와 같이 동구권의 자율성을 허용함으로써 냉전의 발상지였던 유럽지역의 긴장완화와 새로운 국제정치 질서의 태동을 가능케 했다. 이러한 소련의 변화에 대하여 미국을 비롯한 서방측 국가들은 처음에는 의심의 눈으로 바라보았으나, 이제 소련이 표방하는 정책과 행동이 일치한다는 점에서 신사고 외교정책을 환영하고 소련의 고르바초프 체제가 지속될 수 있도록 적극적으로 협력했다.

몰타 미·소 정상회담(1989. 12)에서 양국 정상은 얄타체제를 바탕으로 한 냉전을 끝내는 데 합의했다. 정상회담의 합의에 따라 부시 미국 대통령은 1990년 1월의 그의 연두교서에서, 유럽 주둔 미군을 19만 5,000명으로 감축할 의도를 발표했다. 2월에 부시 행정부는 군비통제와 동서독 통일에 관해서 소련과 협의했다.

1989년 3월 유럽배치재래식전력감축회의(CFE), 1989년 12월 몰타에서 미·소 정상회담, 1990년 7월 런던에서 북대서양조약기구(NATO) 정상회담에 이어, 1990년 11월 19~21일 **파리회담**이 개최되었다. 이 회의에는 34개 회원국 모두가 참가하였으며, '유럽에서 대립과 분단의 시대는 끝났다'라고 시작되는 '**파리헌장**'을 채택하였다. 그 주요내용은 인권·민주주의와 법의 지배, 경제적 자유와 책임, 참가국간의 우호관계, 안보의 증진 등이다.

1990년 11월 19일에 열린 **유럽 안보협력회의**(CSCE)의 3일간의 정상회담에서, 부시 대통령과 21개국 국가수반들은 '유럽 배치 재래식 무기(CFE)에 관한 조약'에 서명했다. 이 **CFE 조약**은 나토와 구 바르샤바 조약기구 국가들이 대서양에서부터 우랄산맥에 이르기까지 배치해놓은 수천 대의 탱크, 항공기, 각종 포 등에 관한 가장 복잡하고 대규모인 군비통제 조약 중의 하나였다. 그 후, **1991년 7월 31일** 부시 대통령과 고르바쵸프 소련 공산당 서기장이 모스크바에서 미소 양측의 비축 핵무기를 30% 내지 40% 감축할 것을 명령한, 장기간 협상되던 **전략무기 감축조약**(START)에 서명함으로써 미국은 소련과의 마지막 주요한 군비통제 협정을 체결했다.

이렇게 미소 간에 조성된 긴장완화와 냉전의 종식에 대한 합의는 유럽의 평화 분위기 형성에 지대한 영향을 끼쳐서 독일 통일과 동유럽 공산정권들의 몰락을 가져왔다.

1989년 12월 몰타 미·소정상회담

제13장 동유럽 공산주의 몰락과 독일통일

1. 베를린 장벽의 붕괴

고르바초프의 개혁과 개방정책은 동유럽의 공산주의 국가들에게도 많은 영향을 끼쳤다. 1989년 동유럽에서 일어난 민주주의 혁명은 **1980년 8월**부터 시작된 폴란드의 독립적인 노동조합의 결성운동부터 시작되었다고 볼 수 있다. **바웬사**는 그단스크 조선소 노동자들을 이끌고 파업과 임금 협상권을 요구하는 자유노조 운동을 시작했다. 폴란드 공산당 정권은 바웬사의 자유노조를 제한적으로 허용했지만, 1981년 12월 13일에 계엄령을 발표하고, 자유노조를 불법화했으며, 바웬사를 포함한 대부분의 노조지도자들을 체포했다. 이것으로 폴란드의 자유노조운동은 끝나는 것 같았다.

그러나 고르바초프의 개혁개방정책은 폴란드 공산당 정권에게 경제·정치 개혁을 하도록 압박했고 폴란드의 개혁 지도자들을 고무했다. **1989년 6월 폴란드**의 의회선거에서 바웬사(1990년에는 압도적인 표차로 폴란드의 초대 대통령에 선출되었다)가 이끄는 자유노조운동이 집권 공산당을 물리치고 압승을 거두었다 이로써 폴란드는 동구 공산주의 국가 가운데 최초의 비공산 내각을 출범(1989. 8.)시켰다.

노동운동가 바웬사

잇달아 헝가리 공산당은 자발적으로 사회민주주의 채택 및 다당제를 허용하는 헌법개정(1989. 10.)을 하였고, 11월에는 체코의 공산당 지도부가 퇴진하고 개혁적인 인사들인 등장하였다. 1968년 프라하의 봄을 이끌다 숙청되었다 당시 체코공산당 서기장이었던 두부체크가 자유선거를 통해서 국회의장으로 선출되었고 작가이며 민권운동가인 **하벨**이 대통령에 취임하였다. 동독에 이어, 마지막으로 1990년 크리스마스 직전에 스탈린 체제를 수호하려했던 루마니아 차우체스크 정권이 붕괴되었다.

처형된 차우체스크 부부

1989년 8월 폴란드와 헝가리의 평화적인 민주혁명의 불똥이 동독으로 튀었다. 8월 동베를린 주재 서독대표부는 130명의 동독인에게 망명을 허용하였고, 9월에는 5,500명의 동독인의 체코슬로바키아 서독대사관에 피신처를 찾았다. 헝가리는 9월 11일 오스트리아로의 국경을 개방하자 25,000명이 넘는 동독인들이 9월말까지 이곳을 통하여 서독으로 들어갔다. 10월 15일 가을방학이 시작되자 헝가리와 오스트리아를 거치는 피난민 수는 더욱 많아졌다.

동독 국가 주석 **호넥커**는 헝가리의 국경폐쇄를 요구했고 소련의 도움을 청했다. 그러나 10월 초 동독건국 40주년 기념식에 참석차 동베를린에 온 고르바초프는 호넥커와 가진 단독회담에서 동독 인민들의 대량 탈출과 국내시위를 막을 유일한 방법은 동독형 개혁－개방정책의 도입을 촉구했지만 호넥커의 반응은 미온적이었다. 모스크바로 돌아온 고르바초프는 호넥커의 퇴진이 불가피하다고 판단하고 동독 주둔 소련군이 동독의 권력분쟁에 개입하지 말 것을 명령했다.

동독의 경찰이 10월 첫째 주말에 호넥커의 명령에 따라 여러 도시에서 시위대를 향하여 무기와 최류탄을 사용하였다. 이와 같은 강경조치에 소련의 지지가 없음을 안 동독 공산당의 개혁파들이 호넥커의 조치에 반기를 들자 호넥커는 사임했다. 호넥커를 대신해서 국가주석이 된 **에곤 크렌즈**는 시위대를 진압하지 않았다. 소련은 동독사태에 대한 불간섭정책을 다시 한 번 분명히 하였다. 고르바초프는 10월 25일에 핀란드를 방문 중에 소련은 동유럽 사태에 개입할 어떠한 도덕적 정치적 권리를 가지고 있지 않다는 성명을 발표하였다. 이것은 브레즈네프 독트린을 공식적으로 포기하고 동유럽 스스로 자발적인 개혁방향을 취할 수 있다는 것을 의미했다.

동독 공산당 서기장 **크렌즈**는 10월 31일 소련을 방문하여 고르바초프의 정치적 지원을 요청하였다. 고르바초프와의 회담 후에 가진 기자회견에서 동독의 시위상태는 사회주의 개혁을 바라는 인민들의 의시표시이며 베를린 장벽은 두개의 다른 사회체제와 두 군사 블록 간에 보호벽으로서 필요하다고 언급하였다. 독일의 분단을 고정화시키려는 발언에 분개해서 더 많은 동독시민들이 가두로 나서서 시위에 가담하였다. 시위가 더욱 확산되어 소련에 도움을 청하자 고르바초프는 국경을 개방하여 사태를 수습할 것을 권한다.

동독 체제의 붕괴는 1989년 10월 18일부터 11월 9일까지 22일이라는 초단기간에 이뤄졌다. 이는 "신 포럼", "시민운동과 즉각 민주주의", "평화와 인권을 위한 이니셔티브" 등과 같은 시민운동 단체들에 의해 주도되었으나 베를린 장벽의 붕괴는 단연 자발적인 시민들의 참여로 전개된 시위운동으로 가능했다. 초기에 "우리는 민중이다(Wir sind das Volk)"라는 주권자로서의 요구는 점차 "우리는 하나의 민족이다(Wir sind ein Volk)"라는 구호로 변하여 분단 독일의 재통일을 요구하는 것이 되었다. 동독 체제를 민주화하고 2개의 독일을 인정하려는 사회주의 세력의 희망은 사라지고 대세는 불과 1개월 사이에 무조건 통일의 방향으로 줄달음치게 되었다. 초기 콜이 동독 지도자들과 협의했던 조약공동체안도 급류에 떠밀려갔다. 1990년 3월 동독 초유의 자유선거에서 경제 번영을 약속한 콜의 지원 연설 등 서독의 지원을 받은 보수당이 압도적으로 승리했다.

베를린 장벽붕괴

이러한 과정을 통해 독일 통일의 기반이 다져졌으나, 정작 독일의 운명이 좌우된 것은 주변국들이 결정한 국제 상황에 의해서였다. 19세기의 독일 통일(1871년)은 러시아가 크림 전쟁으로 쇠약일로를 걷고 프랑스가 파리 코뮌에 시달리며 영국이 해외 식민지에 전념하는 힘의 진공 상태에서 가능했다. 1990년의 통일 역시 소련이 생존의 한계에 직면하고 그 지배하에 있던 동독을 비롯한 동유럽 위성 국가들의 사회주의 체제가 붕괴하는 과정에서 이루어졌다.

2. 독일 통일에 대한 4대 강국의 입장

1989년 11월 베를린 장벽이 무너지고 독일통일의 실현가능성이 갑자기 대두되자 주변국은 과거 독일의 패권주의에 대한 기억을 떠올렸다. 특히 프랑스와 영국의 정치지도자들은 경제대국으로 성장한 서독이 통일될 경우 유럽의 패권국으로 재등장할 가능성을 우려했다. 그러나 독일 주변국들은 통일에 대해 반대할 뚜렷한 명분을 갖지 못했다. 심지어 영국과 프랑스의 국민여론조사에서도 압도적인 다수가 독일통일에 호의적인 반응을 보였다.

서구체제의 주도국이었던 미국은 영국 및 프랑스와 달리 동독체제의 붕괴 조짐이 보였던 1989년 10월부터 이미 독일 통일을 적극 준비, 지원하는 자세를 보였다. 당시 미국은 서독의 경제적 위상을 감안하여 서독을 서유럽 동맹국들 중 제1의 파트너로 간주하기 시작했으며, 유럽의 안정을 확보하는 정책구도를 가지고 적극적으로 상황을 전개해 나가는 것이 바람직하다고 판단했기 때문이다. 미국의 강력한 지원 덕분으로 1989년 12월 초 개최된 나토정상회담 및 유럽정상회담에서 독일통일에 대한 네 가지 원칙이 확정되었다. 즉 독일민족의 자결권 존중, 평화적·민주적 원칙에 의거한 통일과정, 서독이 과거 체결했던 기존협정과 조약의 준수, 독일통일에 대해 전승 4대국이 결정권한을 갖는다는 소위 '유보권'의 존중, 그리고 유럽안보협력회의(CSCE)의 원칙 존중을 전제로 서방연합국은 독일통일에 찬성한다는 것이었다.

'2+4' 협상과 서독의 외교

영국과 프랑스가 독일 통일에 대해 기본적으로 찬성하게 됨으로써 소련의 결단만이 남게 되었다. 소련은 고르바초프의 등장 이후에도 독일통일에 대해 애써 외면하는 자세로 일관해 왔다. 그러나 1989년 말 동독 주민들이 독일통일을 요구하기 시작하자 더 이상 이 문제를 묵과할 명분이 없었다. 1990년 1월 소련은 독일통일 문제에 대한 국제적 협상에 동참할 의사를 표명했으며, 동년 2월 동서독과 미국·소련·영국·프랑스가 참여하는 '2+4'형식의 국제협상 개최에 마침내 동의하게 되었다.

'2+4 협상'은 1945년 전승4대국이 체결했던 '포츠담 협정'과 1952년 서방연합국과 서독사이의 **'독일조약'**에 명시되어 있는 독일통일에 대한 전승국의 '유보권'에 근거한 것으로서, 통일을 위해 반드시 거쳐야 할 과정이었다. '2+4 협상'에서 가장 중요한 쟁점은 제2차 세계대전 이후 축소되었던 독일의 영토문제와 통일독일의 안보적 위상에 관한 것이었다. 영토문제는 서독이 과거의 결정을 수용한다는 공식입장을 밝힘으로써 쉽게 해결되었으나, 소련은 안보적 위상과 관련하여 통일독일의 나토 탈퇴 및 중립화를 요구했다.

이런 상황에서 서독의 콜은 고르바초프와 1990년 4월 23일부터 여름에 수차례 고르바초프와 만나서 소련에 대한 식량 지원과 경제지원을 약속한 대가로 소련군의 철수와 통일 독일의 나토 잔류 등을 인정받았다. 그리고 **'2+4 회담'**(동서독+미, 소, 영, 프)을 거쳐 1990년 9월 12일 모스크바에서 개최된 6개국 외무장관 회담에서 독일에 관한 최종해결조약이 체결되었다. 이 조약은 독일과 전승국들 간의 제2차 대전의 진정한 종결을 의미하는 강화 조약이었다. 그리하여 1990년 10월 3일 독일은 아무런 제한 없이 완전한 통일주권 국가가 되었다.

3. 1989년과 1990년 10월 3일 독일의 통일

1989년에 들어와 동구 사회주의권은 엄청난 변혁의 물결에 휩싸였다. 동구의 공산주의 국가들은 하나 둘씩 사라졌으며, EC는 이제 서유럽통합이 아니라 범유럽통합의 중심이 되었다. 공산주의에서 벗어난 동구국가들은 EC에 가입을 원했다. EC가 이들을 거부할 수는 없을 것이나, 바로 받아들이기에는 현실적으로 어려운 면이 있었다.[43] 그러나 동독은 달랐다. 이미 동독은 서독과 연결을 통해 EC내에서 특혜적인 위치를 점하고 있었다. 이러한 상황은 EC라는 테두리 안에서 독일 통일의 가능성을 높였다. 또한, 그것은 서독이 선택할 수 있는 유일한 길이었다. 그럴 수밖

43) 그 예로 일자리를 찾아 서유럽으로 밀려올 동유럽인들과 이에 따른 서유럽 지역의 실업문제를 들 수 있다.

에 없었던 이유는 바로 독일의 과거사 때문이다.

이 기간 동안 유럽통합에 결정적인 역할을 한 것은 독일이었다. 독일로서는 독일통일이 야기할 이웃 국가들의 두려움과 불신을 씻어야 할 필요가 있었고, 따라서 그들은 독일이 통일되어도 NATO와 EC에 귀속될 것을 주장하였다. 독일은 독일통일의 유럽적 차원을 강조하였다. 통일은 단순한 동서독의 통합이 아니라, 서독이 이미 견고하게 결속되어 있는 서방체계로 동독을 편입시킨다는 것을 강조하였다. 독일은 유럽통합을 심화시키기 위해 가시적인 노력을 기울였다. 역내공동시장의 창설과, 경제통화동맹의 실현에 독일은 앞장섰으며, 통일 이후에도 공동체에 대한 재정적 기여를 줄이지 않을 것임을 천명하였다. 독일이 통일되면 유럽통합이 가속화될 수 있다는 기대감이 일 정도로 독일 통일과정에서 많은 고무적인 조치들이 취해졌고, 통합 분위기가 고양되었다.

독일이 통일되기 1년 전인 1989년 12월 8일에서 9일까지 개최된 유럽이사회는 다음과 같은 공식선언을 했다. "우리는 유럽에서 평화의 상태가 정착되도록 노력한다. 이러한 가운데 독일 국민은 자유로운 의사결정권을 통해 통일을 달성할 수 있다. 이 과정은 민주적인 그리고 평화적인 방법으로 달성되어야 하고, 기존의 모든 협정과 조약들을 이행해야 하고 헬싱키 최종 선언문에 표현되어 있는 모든 사항이 동서간의 화해라는 취지에서 이행되도록 해야 한다. 그리고 이 통일은 유럽통합과 부합되어야 한다."[44]

결국 당시 EC집행위원장 자크 들로르가 동독이 독립국가로서 EC에 가입한 후 독일통일을 달성하는 방안과, 동서독이 통일된 후 EC에 가입하는 두 가지 안을 제안하는 상황에 이르렀다. 이러한 요구는 사실상 독일의 과거사와 통일독일의 강력해질 힘에 대한 이웃 국가들의 두려움과 우려를 표명한 것이었다. 독일은 이러한 불신감을 해소하고자, 그들이 할 수 있는 모든 노력은 다 기울였으며, 그 결과 유럽통합은 가속화되었을 뿐만 아니라, 독일통일도 순조롭게 이루어 질 수 있었던 것이다.

유럽통합이란 무엇인가. 우리가 흔히 알고 있는 바로는 경제적 지역공동체이다. 그러나 그 출발은 단순한 경제적 지역공동체가 아니었다. 공동시장이라는 매력적인 겉모습 외에 유럽통합은 다시는 독일이 침략전쟁을 일으키지 않도록 통제하는 목적과, 소련에 대항한 서유럽 국가들의 통합이라는 이중적인 정치적 목적을 가지고

44) 노명환, op. cit., p48.

있었다. 그것은 독일이 '가해자'였기 때문이다.

독일은 침략자로서, 가해자로서 죄과를 참회하며, 유럽이라는 지역의 평화와 번영을 확고하게 책임지겠다는 것을 분명히 함으로써 그들은 이웃 국가들의 불신감을 없애고, 통일이라는 민족적 과제를 달성할 수 있었다.

유럽통합이라는 대목표 안에서 독일의 외교정책이 수행되었기 때문에 브란트의 동방정책은 성공할 수 있었고, 독일통일도 가능했다. 또한, 내부적으로도 동독인을 흡수할 충분한 여력을 갖추었으며, 그것은 사회민주화라는 말로 요약할 수 있다. 독일통일은 거기에서부터 시작한다.

독일이 통일될 때, 독일은 유럽공동체에 헌신을 적극적으로 수행하면서, 또한 그러한 면을 강조하면서, 통일을 이룩했다. 독일의 공동체에 대한 헌신을 유럽 이웃 국가들이 긍정적으로 받아들이고 수용할 수 있었던 것에는 독일의 과거사에 대한 끊임없는 반성에 기인한다.

콜 수상과 겐셔 외무장관은 이런 말을 한다. "우리는 독일의 유럽을 건설하는 것이 아니라, 유럽의 독일을 건설하려 한다."[45] 독일은 통일 이후에 예상보다 더 심한 후유증을 앓고 있고, 그것 때문에, 신나치들이 설치고 있기는 하나, 다수 독일인들은 유럽통합의 구조 속에서만이 독일이 번영할 수 있음을 잘 알고 있다. 장기적으로 볼 때 독일인들은 유럽의 발전을 위해 그들이 져야 할 부담은 피하려고 하지 않을 것이다. 신나치의 존재는 거꾸로 유럽통합의 필요성을 부각시켜 준다고 할 수 있다. 유럽인들의 통합에 대한 정열이 무르익었을 때가 바로 나치에 저항하여 투쟁할 때였던 것이다.

콜 수상

통일의 후유증

그런데 통일과정에서 가장 뜨거운 논쟁은 새로운 주(동독 5개주)를 서독에 편입시키는 방법을 사이에 두고 벌어졌다. 이미 1990년 4월 12일, 동독 마르크를 서독 마르크와 1 : 1 등가 교환할 수 있도록 통화 및 경제통합에 관한 결정이 이뤄져 실질적인 통일은 실현된 상태였다. 그런데 연방공화국의 기존 관할권에 속하지 않은 지역을 공화국에 편입시키는 근거가 기본법 23조인가, 아니면 독일 민족의 자유로운 의사결정에 따라 새로운 헌법 제정을 규정한 146조인가에 대해 논의가 집중되었

45) 노명환, obid., p45.

다. 이런 상황에서 역사가 갈(Lothar Gall)은 1871년의 통일도 북독일 연방법(1867)을 토대로 하여 완성되었던 역사적 선례를 지적하기도 했다. 그러나 통일이라는 역사의 급류는 원리 및 이론 논쟁을 전개할 틈을 허용하지 않았다. 기본법 23조에 의한 통일이 선택된 것이다.

역사가 코카(J. Kocka)는 통일을 요구하는 "국민(Nation)"과 자유를 요구하는 "혁명"은 89 / 90년 혁명에서 대립관계에 있는 것이 아니라 깊이 맞물려 있다고 주장했다. 즉 통일의 목표는 인권, 시민권, 의회 민주주의, 자유 헌법과 운동이라는 것이다. 빙클러(E. Winkler) 또한 새로이 통일된 독일은 유럽에 위험한 존재가 아니라고 전제하면서 서독의 연방제와 "다원적 문화"를 토대로 하여 독일이 유럽 공동체와 나토에 편입되면 독일 자체의 군사력은 제한된다고 하여 통일을 적극적으로 평가했다.

다른 한편, 하버마스(J. Habermas)는 비스마르크의 통일이 자유를 희생한 무력에 의한 통일이었다면 1990년의 통일은 헌법애국주의에 기초하지 않는 "마르크화 민족주의"라고 하면서 비판적인 입장을 취했다. 그러나 가장 강렬한 비판은 작가 그라스(G. Grass)에 의해 제기되었다. 그는 독일 통일－독일 제국－바이마르 공화국－제3제국－아우슈비츠로 이어지는 독일 역사의 전철을 되밟지 않기 위해서는 일국민 국가 체제를 피하고 유럽 통합 모델 속에 편입되어야 한다고 강조했다. 그리고 이를 위해서는 "국가 국민(Staatsnation)"의 전통을 버리고 "문화 국민(Kulturnation)"을 지향해야 했다.

통일은 서독 사람들에게는 서독 체제의 존속 및 전통과 동의어였으나, 동독 사람들에게는 모든 분야에 걸친 붕괴, 변화, 개조를 뜻한 것이었다. 사회주의 체제에서 실업의 현상을 모르던 동독 사람들에게 산업과 기업의 붕괴와 구조조정, 그리고 여기서 비롯된 실업의 급증은 충격과 불안의 원천일 수밖에 없었다. 가난한 동독 사람들은 서독으로부터의 연대와 원조가 적다는 불만을 갖게 되었고, 거꾸로 서독 사람들은 40년간에 걸쳐 땀 흘려 이룩한 성과를 그에 참여하지도 않은 동독 사람들에게 퍼줄 수는 없다는 불만을 갖게 되어 서독인의 우월감과 동독인의 열등감이 교차되는 상황이 빚어졌다.

통일 직후부터 독일 경제는 1949년 연방 공화국 창설 이래 가장 심각한 장기적 경기 침체에 빠지게 되었다. 게다가 소련 붕괴 이후 동유럽의 정치적 무정부 상태를 피해 수십만 명의 동유럽 난민들이 쇄도하여 기본법에 명시된 망명권 문제가 재검토되지 않을 수 없었다. 이런 상황에서 각지에서는 외국인 배척을 외치는 **극우 폭력**이 자행되어 심각한 정치적·사회적 문제로 떠올랐다. 요컨대 한 국가내의 가난한 동부와 부유한 서부라는 두 개의 사회가 융합되지 않고 구조화되어 전체의 통합과 연대가 저지되고 있는 것이다.

4. 유고 내전과 민족분규의 대두

유고연방은 여러 다양한 민족들이 오랫동안 역사적으로 다른 배경과 다른 정치제도 하에 살았고, 다른 언어를 사용하였고, 다른 종교를 신봉하였기 때문에 하나의 국가를 구성하고 일체감을 형성한다는 것은 어려운 일이었다. 그런데도 유고연방이 1945년부터 45년간 비교적 안정된 연방국가 체제를 유지하였던 것은 민족이나 국가 개념보다 계급개념을 우선적으로 내세우는 공산정치사상과 1당 체제, 그리고 동·서 냉전 등에도 크게 연유하였지만 무엇보다 카리스마적인 티토 대통령의 통치능력과 통치방식에 크게 연유하였다고 보아야 할 것이다.

그래서 티토 대통령이 사망하는 경우 유고에서의 민족갈등의 재연과 그에 따른 발칸반도 정세 및 국제정세의 긴장이 심각히 우려되었다. 1980년 5월에 티토 대통령이 사망한 이후 유고연방 공화국들 간의 갈등과 대립이 심화되어 가기는 하였으나 민족간 및 공화국들 간의 분열운동이 본격적으로 전개되지는 않았다.

그런데 1990년대에 들어와 소련 및 동유럽국가들 내에서 공산체제가 붕괴되고 민주화가 급속히 추진되는 혁명적인 상황에 자극을 받은 유고연방을 구성하고 있는 여러 공화국들이 경제개혁과 정치적 민주화를 서두르고 특히 연방정부로부터 분리·독립을 선언함으로써 민족 간 및 공화국들 간의 갈등과 대립이 격화되어 유고연방이 내란상태에 빠져들었다. 공산체제가 포기되고 민주화가 이루어지고 동·서 냉전이 종식되면서 잠재되었던 민족개념과 국가개념이 급속히 부각되었고 따라서 뿌리 깊은 민족 간의 갈등과 대립이 재연되었다.

유고연방 공화국들 가운데 정치의식과 경제생활 등에서 앞서 있던 슬로베니아와 크로아티아에서 제일 먼저 공산정권이 몰락하고 민주정부가 수립되어 1991년 6월 26일 연방정부로부터 분리·독립을 선언하였다. 1991년 11월에는 마케도니아가, 1992년 3월에는 보스니아 헤르체고비나가 독립을 선언하였다. 1992년 4월 27일 세르비아공화국과 몬테니그로 공화국이 코소보 자치주와 보이보디나 자치주와 함께 신유고 연방을 결성하여 1945년에 출범한 유고연방은 종말을 고하였다.

세르비아군이 중심이 된 유고연방군이 슬로베니아와 크로아티아, 그리고 보스니

밀로셰비치

아－헤르체고비나 내의 세르비아인들을 보호한다는 명분으로 특히 이들 공화국들의 분리·독립을 저지하기 위하여 군사개입을 감행하여 유고연방이 처절한 내전에 빠져들었다. 세르비아 공화국의 **밀로셰비치** 대통령은 구 유고연방 공화국들에 흩어져 있는 세르비아계를 적극 지원함으로써 대세르비아 국의 건설을 추구하였다. 인구의 90% 이상이 슬로베니아인으로 구성된 슬로베니아를 지배할 명분이 없는 유고슬라비아 연방은 10일 간의 전투 끝에 슬로베니아의 독립을 사실상 묵인하고 철수하였다. 크로아티아에서 무력 충돌이 일어나자 1992년 4월 1만 4,000명 규모의 유엔 평화유지군이 파견되어 완충 역할을 하였으나 유혈 충돌이 계속되었다.

〈자료: '전쟁의 탄생' 존 스토신저 지음〉

유고 내전 당시의 지도

그러나 인구 450만 명의 보스니아 헤르체고비나는 이슬람계 43%, 그리스 정교를 믿는 세르비아계 32%, 로마 가톨릭을 믿는 크로아티아계 17% 등 다민족으로 구성되어 있으며 수세기 동안 서로를 관용하며 공존해 왔다. 1992년 3월 3일에 보스니아－헤르체고비나는 국민투표를 통해 정식으로 분리·독립을 선포했다. 그러나 이슬람교도들과 크로아티아인들이 독립을 주도했지만 세르비아계는 민족별로 공화국을 3분하자고 주장하면서 국민투표에 불참했다. 세 집단의 지도자들이 1992년 3월

18일에 유럽공동체의 중재로 공화국을 동등하게 삼등분하자는데 합의했고 유럽공동체가 4월 7일 보스니아 헤르체고비나 독립을 승인했지만 이슬람계가 반대하면서 세민족 집단 간의 무력분쟁이 시작되었다.

구 유고연방에 세르비아 대국을 건설하려는 민족주의적 야심을 갖고 있었던 세르비아 공화국의 대통령 슬로보단 밀로셰비치의 무력지원을 받은 보스니아 **세르비아계**는 보스니아의 70% 지역을 점령하고 회교도들을 대상으로 '인종청소'라는 대규모 학살만행을 자행하였다.

유고내전에 대한 유럽공동체 회원국 간의 의견은 내전 초기에 합의를 보지 못했다. 영국, 프랑스, 네덜란드는 유고연방의 유지를 지지하여 경제적 차관의 제공을 조건으로 제의하면서 슬로베니아와 크로아티아가 유고연방의 구성원으로 남아있도록 권유했다. 유고 연방의 해체 같은 상황이 동유럽 전체에 확산될 경우 야기되는 불안을 두려워하여 유고연방의 현상 유지하는 정책을 선호했다. 유고내전보다는 유럽연합의 정치적 통합과 구소련의 경제적 원조가 더 당면한 문제였기 때문이었다. 독일과 이탈리아는 유고연방을 구성하는 공화국들의 분리·독립을 지지했다. 이러한 유럽공동체 회원국 간의 의견의 불일치는 유고내전의 평화적 해결을 위한 유럽공동체의 중재노력을 무위로 돌아가게 했다. 유럽은 유고내전 문제를 UN에 상정하여 국제 문제화하여 미국과 러시아의 도움으로 해결책을 추진하게 되었다.

3년 7개월 동안 4백 50만 명의 인구가운데 약 20만 명의 사망자와 2백만 명이 넘는 난민을 발생시켰던 보스니아내전이 1995년 12월 14일 파리에서 보스니아 이슬람 정부, 크로아티아 공화국 그리고 세르비아 공화국의 세 대통령들이 미국을 비롯한 5개국 접촉그룹의 강력한 주도하에 보스니아평화협정에 서명함으로써 내전이 끝났다.

보스니아 평화협정의 주요 내용은 대략 다음과 같다. 보스니아는 현재의 국경선 내에서 이슬람계와 크로아티아계가 연방을 구성하여 영토의 51%를 차지하고 세르비아계가 공화국을 형성하여 영토의 49%를 차지하여 이슬람계·크로아티아 연방과 세르비아계공화국이 연방정부를 구성하여 단일 주권국가를 이룩한다. 나토(NATO) 주도하에 미군 2만 명, 영국군 1만 3천 명, 프랑스군 1만 명을 비롯한 독일군, 러시아군 등 총 25개 국의 6만 명의 다국적 평화유지군(IFOR)을 파견하여 휴전을 감시하고 보스니아의 전후 복구를 지원한다는 것 등이다.

그러나 보스니아 평화협정으로 유고의 안정과 평화가 유지될 것인가는 의문이었다. 왜냐하면 보스니아 평화협정이 내전의 가장 중요한 원인인 여러 민족과 종교들

간의 오랜 불화와 대립의 해소를 바탕으로 서명된 것이 아니고 또한 평화협정의 서명으로 이러한 불화와 대립이 해소된 것도 아니었기 때문이다. 세르비아인들이 이러한 대세르비아주의[46]를 포기하지 않는 한 보스니아와 크로아티아를 비롯한 인접국들과 세르비아인들 간의 대결은 언제든지 다시 시작될 수 있기 때문이다.

보스니아 이슬람계 난민들 행렬

46) 세르비아인들의 대세르비아국 건설의 꿈은 오랜 역사를 가지고 있다. 그리스 정교를 신봉하는 세르비아인들은 6세기경부터 발칸반도 북부에 정착하기 시작하여 14세기에는 지금의 우크라이나, 벨로루시, 그리스 일부까지를 포함하는 광대한 제국을 건설하였다. 그러나 오스만 터키가 발칸반도에 진출하면서 1389년에 코소보 전투에서 세르비아인들이 터키에 패배하여 북쪽으로 쫓겨났다. 그 후 세르비아인들은 5백여 년간 터키의 지배하에 있으면서 여러 차례 반터키 운동을 벌였으나 무자비하게 진압되었다. 19세기에 오스만 터키의 세력이 약화되기 시작하자 세르비아인들은 발칸지역에서 대국을 건설하려는 꿈을 다시 적극적으로 추구하였다.

제 6 부

유럽통합과 유럽연합

제14장 유럽 통합의 역사

1. 유럽통합 운동의 역사적 기원과 배경

우리가 유럽통합운동으로 알고 있는 운동은 제2차 세계대전 이후에 시작되었다고 볼 수 있다. 유럽통합사상은 수백 년의 역사를 가지고 있으며,[47] 18·19세기의 많은 지식인들이 이미 유럽통합 사상을 전개한 바 있으나,[48] 본격적인 유럽통합운동은 제2차 세계대전 이후에 시작되었다.

10세기 이전 유럽은 그리스-로마제국, 그리고 그 뒤를 이은 **프랑크 왕국**의 존재로 하나의 정치적·문화적·경제적으로 통일체를 이루고 있었다고 할 수 있다. 그러나 10세기에 **베르뎅 조약**에 따라 프랑크 왕국이 3분되면서 유럽의 정치적 통일은 깨지고,[49] 이후 분할과 이질화가 심화되었다. 그렇지만 **중세 유럽**은 기독교 문화라는 동질성을 가지고 있었지만 뒤이은 가톨릭과 개신교간의 갈등으로 정치적으로 종교적으로 분열과 이질화가 심화되어 갔다. 그리고 사회·경제적으로 봉건제도가 발달됨에 따라 유럽은 수많은 봉토로 분할되어 갔다. 15세기와 16세기에 르네상스, 종교개혁과 종교전쟁, 십자군 원정을 거치면서 봉건제도가 무너지면서 유럽에서는 행정체제와, 상비군 조세제도 등을 갖춘 중앙집권적 국가들이 출현하기 시작했다.

17·18세기를 거치면서 영·프·오·러시아·프로이센 같은 강대국들이 등장하여 각축을 벌리기 시작했다. 강대국들은 **부국강병정책**을 써서 상업을 장려했다. **나폴레옹**이 등장하여 구질서를 파괴하고 다른 강대국들을 제치고 유럽을 정복해나가면서 다른 민족과 국가를 예속시켜 나감에 따라 이에 대한 반발로 민족의식이 유발되어 **민족-국민국가**로 유럽은 더 분열되어 대립했다.

나폴레옹의 프랑스 제국이 멸망한 후에 구질서로 돌아간 유럽은 혁명의 발발을 예방하고 군주체제를 유지하기 위한 협조체제를 구축했다. 비엔나 회의와 비엔나

---

47) 샤를마뉴 대제의 프랑크 제국에서부터 가까이는 히틀러까지 그러한 예를 찾을 수 있을 것이다. 그러나 히틀러의 경우를 진정한 '유럽통합'이라고 볼 수는 없을 것이다.

48) 예를 들어, '유럽연방공화국' 창설을 촉구한 빅토르 위고와, 생시몽, 공동군의 창설과 유럽의회 설립을 제창한 벤담(Jeremy Bentham), 『영구평화론』을 지은 칸트와 생-피에르 신부 등이 있다.

49) <르몽드>지의 주간 앙드레 폰텐느의 지적처럼 이후 진정한 정치적 실체로서 유럽은 더 이상 존재하지 않게 되었다. 장홍, 『유럽통합의 역사와 현실』(고려원, 1994. 11.), p.26

체제가 형성되었다. 이후에도 프랑스와 다수민족 제국인 보수 군주국가인 오스트리아, 프로이센, 러시아와 대립했다.

19세기 초부터 시작된 산업혁명은 유럽대륙을 자유무역지대로 변모시켰다. 국가들 간에 자본, 상품, 인구의 자유이동이 가능해졌고, 교통의 발달로 교역을 증대시켰고, 경제의 상호의존도를 높였다. 반면에 국가 간의 지나친 경쟁의 부작용으로 국가 간에 제국적 **민족주의**가 서로 대립하게 되었고 식민지 획득 경쟁에 나서기 시작했다. 이러는 과정에서 여러 소 봉건국들을 통합하여 민족 통일 국가인 **독일제국**이 등장하게 되어 유럽의 강대국 간의 **세력균형**이 무너졌다. 독일이 민족주의에 기반을 둔 팽창정책과 이것을 막으려는 국가들 간에 갈등이 1차 세계대전으로 확전되었다. 1차 세계대전 후에 **파리회담**으로 독일의 팽창을 억제하여 유럽에 세력 균형을 유지하고 **국제연맹**과 같은 초국가 기구를 통하여 평화를 유지하려는 유럽국가들의 구상은 수포로 돌아가고 히틀러가 등장하여 유럽전역을 정복하려는 침략전쟁으로 제2차 세계대전이 일어났다. 제2차 세계대전 후에 전쟁의 폐허를 절감한 유럽인들은 항구적인 유럽의 평화를 추구하기 위해 방안으로 **유럽통합**을 모색하기 시작했다.

이러한 전통과 관점에서 전시 중에 나치에 대항한 저항 투사들이 통합운동을 시작하였다.[50] **베스트팔렌 조약** 이후 300여 년 간 유럽세계를 지배해 온 근대 민족국가 체제는 더 이상 유럽인의 안정과 번영을 책임질 수 없는 것으로 보였다. 파괴된 유럽을 재건하면서 저항 운동가들은 통합된 유럽이라는 사상을 설파하였다. 그러나 그들의 이상은 단번에 실현될 수 없었다. 그들이 꿈꾸었던 **유럽연합**은 전쟁의 엄청난 피해로 야기된 경제난 극복이라는 현실적인 과제 앞에 수그러들지 않을 수 없었다. 전쟁은 엄청난 물적·인적 손실을 초래했으며, 따라서 **경제재건**이 유럽연합 건설 계획보다 우선권을 갖게 되는 것은 불가피한 일로 보였다.

제2차 세계대전 종전 후 저항 운동가들에 의해 주도된 **통합운동**은 여러 가지 한계와 장벽으로 인해 실패로 돌아갔다. 그러나 사정은 전과는 달랐다.[51] 통합론자들의

---

50) 나치라고 하는 공동의 적 앞에서 그들은 뭉치지 않을 수 없었다. 점령 치하라는 특수 상황 속에서 현실적으로 공동행동을 취한다는 것은 불가능했지만, 그들의 유럽통합에 대한 기본이념은 동일했다. 1941년 7월의 베네덴토 선언과 1944년 7월 제네바에서 발표된 <유럽 레지스탕스 선언>에서 절정에 달한다. 그러나 그들에게는 우선 조국 해방이라는 당면 과제가 있었고, 또한 공산계와 비공산계 사이에 통합이라는 개념에 대한 상이성으로 인해 내부분열이 일어났다. 레지스탕스가 새로운 유럽통일을 위한 씨를 뿌리기는 했으나, 싹이 트기에는 아직 많은 시간이 필요했다. 장훙, ibid., p.44.

51) 1920년대와 30년대에도 유럽통합운동이 있었다. 대표적인 예로 1930년 프랑스 외무성의 <브리앙 각서>를 들 수 있다. 브리앙은 미국의 대공황을 염두에 두고 유럽의 경제통합을 위한 정치연합

로비 활동은 전처럼 적극적이지는 않았으나, 많은 정치인들이 여기에 관심을 보이고 있었다. 또한 일부 사람들은 좀 더 기능적인 접근 방식을 추구하기 시작하였다. 세계경제에서 축소된 유럽의 역할, 미국의 지배적인 경제력, 소련과 공산주의에 대한 공포, 독일 재건문제, 집단적 유럽협력에 대한 미국의 압력, 유럽 각국의 경제적 어려움 등이 중요 현안으로 제기되었고, 이것을 해결하기 위해 유럽인들은 새로운 형태의 협조체제를 구축하는 것을 모색하기 시작했다.

유럽인들의 '협조체제'라 하여도 그것은 미국의 지원 없이는 사실상 추진하기란 힘들었다. 제2차 세계대전 직후 유럽 각국은 전시경제체제의 평시체제로 전환과 전쟁피해 복구라는 두 가지 긴급한 과제 앞에서 새로운 적 소련과, 그리고 소련과 동유럽의 소련 위성국가들과의 냉전(Cold War)를 펼쳐야 했다. 이 과정에서 유럽은 강력한 영향력을 발휘하고 있던 미국에 절대적으로 의존할 수밖에 없었다. 만일, 미국이 자국의 이익을 위해서 유럽의 새로운 협조체제를 방해한다면, 그들의 새로운 노력은 물거품으로 돌아갈 가능성이 있었다. 미국의 지배적인 경제력을 경계하면서도 미국에 의존할 수밖에 없는 절박한 상황이었던 것이다. 여기서 잠시 미국의 대외정책에 대해 알아보는 것이 이해를 위해 좋을 것이다. 그리고 그것은 이후에도 유럽연합의 발전과정에서 야기되는 여러 가지 문제에 대해 상당한 영향력을 발휘하게 된다.

2. 미국의 대외정책과 유럽경제협력기구(OEEC)

미국은 전쟁이 끝난 후 새롭게 형성된 국제연합과 유럽의 전승국들과 폭넓게 협력하고자 했다. 독일을 공동으로 감시하는 것도 물론 포함되어 있었다. 그러나 1947년에 이르러 미국은 소련과 더 이상 협조가 불가능하다는 것을 깨닫게 되었다. 제2차 세계대전 후 유럽에는 약화된 영국과 프랑스, 그리고 패전으로 몰락한 독일로

을 제안했다. 제2차 세계대전 이후 유럽통합운동과는 정반대이다. 브리앙 각서에서 유럽통합의 장기적 목표는 <유럽공동체 전 지역에 걸쳐 복지수준의 최고화>를 실현하기 위한 공동시장의 형성이다. 이 브리앙각서에서 공동시장, 공동체 등 차후 유럽통합에서 핵심적으로 사용된 용어들이 이미 사용되었다. 그러나 이 브리앙 각서는 결국 빛을 보지 못했다. 장홍, ibid., p.42. 브리앙 외에도 쿠덴호프 칼레르기 백작을 비롯한 많은 선구자들의 헌신으로 몇몇 정치인들이 관심을 보이기도 했고, 실제 벨기에와 룩셈부르크 간에 벨룩스 경제동맹이 체결되기도 했으나, 실질적인 결과를 이끌어낸 것은 없었다. 제2차 세계대전 종전 때까지 유럽통합은 어떤 형태, 어떤 형식으로도 심각한 토론 주제가 되지 못했다. 어윈저, 노명환 편역, 『유럽통합사』 p.7－11.

인해 힘의 공백이 생겼고, 미국은 이 힘의 공백을 메우고 자신의 영향력을 계속 확대하기 위해서 유럽에서 그들의 존재를 확고하게 할 조치를 취해야 했다. 힘의 측면에서 제2차 세계대전이 준 명백한 영향은 미국과 소련이 그들 스스로에 의해 다른 국가들을 훨씬 능가하는 초강대국으로 등장했다는 것이다. 게다가 1차 대전 종전 때와 달리 승자 간에 이념적 갈등이 심했다.[52] 특히 1950년 6월 25일에 발발한 한국전쟁은 더욱 서유럽통합의 필요성을 절감하게 되는 계기가 되었고, 미국의 소련과 공산주의에 대해 더욱 강경한 태도를 취하게 되는 계기가 되었다.

이때부터 미국은 서유럽 통합을 **소련봉쇄정책**의 일환으로 간주, 서유럽통합운동에 결정적인 영향을 끼치게 되었다. 이것은 소련의 유럽공산화정책에 대해 두려워하던 서유럽인들의 요구와 압력에 기인한 것이기도 하였다. 미국은 마음에 내키지는 않았으나, 이제 단호하고 일관성 있게 유럽협력을 강조하게 되었고, 유럽문제에 더 깊숙이 간여하게 되었다. **그리스 내전**을 계기로 미국은 유럽문제에 깊숙이 개입하게 되었으며, 이 과정에서 미국은 **트루먼 독트린**과 저 유명한 **마셜플랜**을 발표하게 된다.[53]

트루먼 독트린으로 미국은 유럽문제에 적극 개입할 것임을 천명했다고 보면, 마셜 플랜은 실제적인 실현방법이었다고 할 수 있다.[54] 전략적 · 경제적 계획이었던 마셜 플랜에서 중요한 점은, 마셜 플랜을 통해 미국이 유럽 국가들과 경제협력체 안에서 긴밀하게 협력하게 되었다는 것이다. 이것은 유럽 국가들에게 귀중한 경험이 되었는데, 유럽통합운동은 이런 경험으로 인해 획기적으로 발전할 수 있었다. 원조는 1948년부터 시작되었는데, 마셜 플랜은 서유럽을 소련과 공산주의에 대항할 이데올로기적인 동맹체로 조직하는데 초점을 맞추고 있었던 것이다.

이러한 목적으로 추진된 마셜 플랜의 효과적인 수행을 위하여 **유럽경제협력기구**(OEEC: Organization for European Economic Cooperation)가 수립되었다. 이것은 전후 초기에 서유럽정부들이 수용한 일련의 서로 연관된 의무들 중의 한 부분이자 유럽통합사의 한 부분이다. OEEC에서 우선 시급한 과제는 **OEEC회원국**들에게 미국의 원조를

---

52) 알브레히트-까리에, 김영식, 이봉철 역『유럽외교사 (下)』, (서울, 1982), p.563.

53) 1947년 6월, 미국 국무장관 마셜은 유럽에 경제적으로 자립할 수 있도록 경제원조를 단행하겠다고 발표하면서 소련을 포함한 동구 공산국가들도 이 원조를 받을 수 있다고 언급하였다. 그러나 미국은 소련이 이 제안을 거부할 것임을 미리 알고 있었고, 사실상 마셜 플랜은 소련에 대항하는 서유럽을 지원하기 위한 것이었다. 이 계획은 결과적으로 냉전을 가속화시켰고, 유럽에서 동서간 반목을 더욱 심화시켰다.

54) 트루먼 대통령의 한 비서는 트루먼 독트린과 마셜 플랜에 대해서 이렇게 표현했다. "마셜계획은 트로먼 독트 린의 실행 형태이다." 암스트롱외 2인, CAPITALISM SINCE 1945, 김수행역『1945년 이후의 자본주의』, (1993,서울), p.115.

효율적으로 배분하는 일이었다. 일단 그 문제는 해결되었으나, 이 기구 내에서 서유럽 국가들의 협력 수준은 원래 의도하였던 정도에는 미치지 못하는 것으로 나타났다. OEEC는 본질적으로 유럽통합을 위한 기반 조직이 아니라 **정부간 협력기구**로 남았다.

대표적인 예로 OEEC의 각료위원회를 들 수 있다. OEEC는 만족스러운 임무 수행을 위해 각료위원회(Council of Ministers)를 구성하였는데, 각료위원회의 결정은 구속력을 가졌다. 그러나 그 구속력은 초국가적인 권위가 없었다. **만장일치로 합의**를 보았을 때에만 구속력이 실현될 수 있었는데, 모든 안건에서 만장일치는 사실상 불가능했기 때문이었다. 각 회원국은 모든 사안에 대해 OEEC의 제안을 거부하거나 무시함으로써 또는 자국의 특수상황에 대한 이해를 구함으로써 독자적인 길을 추구할 수 있었다.

이론적으로 볼 때 OEEC는 많은 것을 성취할 수 없었다. OEEC는 미국이 원했던 포괄적인 유럽재건계획을 발전시킬 수가 없었다. OEEC는 주로 GATT와 협력하면서 관세장벽을 낮추는 등의 일부 중요한 분야에서 자유화의 성과를 얻을 수는 있었다. 그렇다고 전부가 다 해결된 것은 아니었다. OEEC는 해결하기 쉬운 문제, 즉, 장기적 문제보다 단기적 문제에 더 주력하였고, 결국 OEEC의 업무는 초국가적인 유럽통합을 원하는 연방주의자들의 요구에 크게 부응하지 못했다. 1950년대의 유럽공동체 창설자들은 이 OEEC의 경험에서 중요한 교훈을 배웠다. 이 교훈이란 경제협력 같은 기능적인 협력을 강화시키면서 점차 경제통합 그리고 정치통합까지도 이루어 낼 수 있다는 신념이었다.

1940년대 말 이후 유럽통합에 대한 열정은 높아져갔다. 그러나 각국마다 입장은 달랐다. **영국**은 우선 거의 무관심했다. 그들은 미국과 영연방과 관계에 더 집중했으며, 단지 정부간 협력체 외에는 유럽통합에 무관심했다. 그들은 단지 협력만을 바랄 뿐이었다. 이에 비해 **독일**은 유럽통합에 매우 적극적이었다. 서유럽으로 통합만이 독일의 주권을 회복하고, 이웃 국가들과 동등한 자격으로 독일을 재건시킬 수 있다는 **아데나워**의 신념 때문이었다. 프랑스는 처음부터 유럽통합을 주도했다. 프랑스는 유럽통합을 유럽 안에서 프랑스의 영향력을 확대할 수 있으며, 또한 독일을 효과적으로 통제할 수 있는 수단으로 생각하기 시작했다.

1940년대 말에 성립된 **유럽이사회**(The Council of Europe)와 유럽총회(European Assembly)는 초국가주의와 국가간 협력을 추구하는 국가 간에 서로 다른 입장을 확인시켜준 계기가 되었다. 이 두 기구는 제대로 운용되지 않았는데, 이것은 본질적으로 유럽의 장래모습에 대한 이해 대립 때문이었다. 대륙의 유럽주의자들은 영국과 타협할 자세는 되어 있었으나, 영국은 그럴 의사가 별로 없었다. 문제는 영국과 북유럽국가들이 단지 전통적인 **정부간 협력**의 형태만을 바라고 있었던 반면, 프랑스, 이탈리아, 독일, 베네룩스 3국들은 초국가적인 공동의 정치적 제도 발전에 관심을 가지고 있었다는 점이다. 이렇게 서로 다른 생각을 하고 있던 국가들로 구성되어 있던 **유럽이사회**와 유럽총회는 조만간 무너질 수밖에 없는 근본적인 취약성을 안고 있다고 하겠다.

이에 대륙의 6개국은 실제적인 새로운 유럽통합의 길을 걷게 된다. 1950년 5월 **쉬망플랜**의 발표를 계기로 유럽통합 운동은 보다 협소한 부문에서 단지 6개국만이 참가하는 형태로 시작되었다. 급진적인 이상보다 그들은 가능한 범위 내에서 실질적인 협력을 바탕으로 하여 점진적으로 초국가주의 통합을 이루어내고자 하는 기능주의적인 통합방식을 채택하게 된 것이다.

3. 유럽석탄철강공동체(ECSC: European Coal and Steel Community)

기능주의적 통합방식의 첫 출발은 1950년 5월 9일, 프랑스 외무장관 폴 쉬망이 이른바 **쉬망플랜**을 발표하면서 시작되었다. **쉬망**은 서유럽의 석탄과 철강 자원을 모든 관련국들과 새로운 초국가적 정부가 공동 행동을 취함으로써 공동 출자되고 관리되어야 한다고 주장하였다. 구체적으로 그것은 중공업 분야에서 모든 관세를 점진적으로 철폐하려는 목적을 포함하고 있었고, 궁극적으로 정치공동체로 향하는 첫 단계로 간주되었다. 이러한 점에서 **쉬망플랜**은 석탄과 철강생산의 단순한 협력 이상의 의미를 갖고 있다고 할 것이다.[55] 쉬망의 이 제안에 유럽통합에 적극적이었던 서독, 이탈리아, 네덜란드, 벨기에, 룩셈부르크가 동조하였다.[56] 그러나 많은 사람들이 초국가적 정부의 창출에는 열성적으로 지지하면서도 그 초국가적 기구가 얼마나 많은 권력을 가질 것인가에 대해서는 아직도 불안해하고 있었다. 결국, 새로

---

55) 쉬망플랜의 이면에는 또한 새로운 서독을 통제하려는 프랑스의 정치적 구상이 숨겨져 있었다. 쉬망플랜은 독일을 견제하고자 하는 이웃 국가들의 의도를 충족시켜줄 수 있는 대안이었으며, 서독의 입장에서도 서유럽통합을 통한 독일문제 해결이라는 아데나워의 의도를 충족시켜줄 수 있었다.

56) 이 6개국은 전통적으로 유럽통합을 지지하였으며, 유럽은 대륙의 6개국과 영국을 중심으로 한 북유럽국가라는 또 다른 분열을 겪게 되었다.

운 초국가적인 조직 안에서 참가국들의 이익을 대표할 어떤 권위 있는 기구가 있어야 한다는 초국가주의와는 대립되는 제안이 나오기에 이르렀다.

그런 제안이 나오기는 했지만, 영국은 여전히 무관심했다. 영국은 초국가적 정부의 원칙 자체를 받아들일 수가 없었었다. 영국은 노동당이나 보수당 모두 유럽 대륙 국가들의 초국가적 공동체 구성에 참여할 의사가 없었다. 적극적인 방해 시도를 벌이지는 않았으나, 그냥 무관심했다. 덴마크 등 북유럽국가들도 영국을 따랐다.[57] 한편 **대륙의 6개국**은 오랜 토론과 협상 과정을 거쳐 경제적으로는 공동시장을 형성하고, 정치적으로는 초국가적 기구의 틀을 창출하자는 데 의견일치를 보았고[58], 1951년 4월 18일 조약은 서명되었다. 이 조약을 우리는 **파리조약** 또는 **ECSC조약**으로 부른다. 파리조약은 각국에서 반대에 부딪혔지만, 비준에 성공하였고, ECSC(유럽석탄철강공동체)는 1952년 7월부터 본격적인 가동에 들어간다.

ECSC조약의 일반적인 목표는 석탄과 철강의 공동시장 형성을 통해 회원국들의 경제 성장, 고용 증대, 그리고 향상된 생활수준을 달성하는 것이었다. 그리고 ECSC는 우선 관세와 다른 무역제한 조처를 제거해야 했고, 그래야만 자유로운 공동시장을 설립하려는 계획이 추진될 수 있었다. 이러한 업무를 수행하기 위해 ECSC는 몇 개의 기구를 설치하였다. 최고관청, 공동의회, 전문각료이사회, 유럽재판소 등이다. 조약의 입안자들은 최종적으로 ECSC의 구조를 법의 지배 안에 뿌리내리게 함으로써 유럽통합을 위해 전체적으로 하나의 중요한 개념을 도입하였다.

초기 ECSC는 유럽인의 이상이 확대될 수 있는 기반이 약해지는 것을 피하기 위해 조심스럽게 행동했고, 각국 정부들이 인기 없는 결정사항들을 ECSC에 떠넘겼다. 이러한 태도는 조약의 모호성과 더불어 ECSC의 발전을 더디게 하였다. 6개국 상호 무역이 ECSC 설립 이후 많은 성장을 한 것은 사실이나, 이것이 서유럽의 경제발전에 기인한 것인지, 아니면 ECSC 덕분인지 명확하지 않다.

ECSC의 어려움은 근본적으로 정치적인 것이었다. 비록 6개국이 초국가적 기구의 설립에 열성적이었지만, 여전히 주권의 일부를 이양한다는 것에 불안감을 가지고 있었던 것이다.[59] ECSC는 새로운 경제 질서를 수립하는 일에 용감하게 전념할

57) 덴마크 등 북유럽 국가들은 영국과 긴밀한 경제관계를 맺고 있었다. "영국이 하면 우리도 한다"라는 말에서 그들의 입장을 충분히 헤아려 볼 수 있을 것이다.

58) 이 과정에서 미국이 많은 영향력을 발휘했는데, 대표적인 것이 프랑스의 서독 중공업의 기업집중배제 요구를 서독이 거부할 수 있도록 한 것이다. 미국으로선 서독을 서둘러 부강하게 만들어야만 했던 것이다. 1950년 6월의 한국전쟁 또한 협상에 많은 영향을 끼쳤다.

59) 이 문제는 ECSC의 공식 언어를 무엇으로 할 것이냐는 논쟁에서 상징적으로 드러난다. 서로

수 없었다. 각국의 반대와 비타협적 태도와 싸워야 했으며, 각 국가 간에 상이한 국내정책들과 차이점들과도 싸워야 했다. 실례로 1955년까지 벨기에의 석탄과 이탈리아의 철강은 국가의 보호를 받았으며, 차별적인 석탄 수입을 내용으로 하는 프랑스의 수입허가제에 ECSC가 승리를 거둔 것은 1961년이었다. 이러한 어려움에도 불구하고 ECSC는 다소간 성공을 거두었다. 전체적으로 ECSC의 시도들은 과도기간이 끝날 때까지 많은 제한적인 관행들을 제거함으로써 경제적인 경쟁력의 토대를 강화했다. 또, ECSC는 노후한 석탄·철강 공장에 대한 경제적 쇠퇴의 부담을 완화시키기 위해 노력했다.

그러나 공동의 목적을 위해 각국의 이익을 무시함으로써 회원국들의 불만이 가중되었고, 초국가기구의 한계성이 1959년에 명확히 드러났다. 그 직접적 원인은 따뜻한 겨울과 완만한 경제성장으로 인해 초래된 막대한 잉여석탄에 ECSC가 별다른 조치를 취하지 않았기 때문이다. 회원국들은 ECSC국가들을 포함하여 석탄수입을 제한하는 조치를 취했고, 이 때문에 공동시장이라는 ECSC의 목표가 흔들리게 되었다. 그러한 위기를 해결하기 위해 설립된 초국가 기구가 해결하지 못함으로써 ECSC는 권위에 손상을 입게 되었고, 유럽통합이라는 이상이 성취되기 위해서는 단일 경제부문에서 조차 행동을 조화시키는 것이 대단히 어렵다는 것을 보여주게 되었다.

경제적 위기가 ECSC의 권위를 손상시켰지만, ECSC는 단순한 경제기구가 아니었다. 그것은 최종적으로 정치통합을 실현하게 될 부문통합의 첫 번째 구성단위였다. ECSC는 표면상 정치적인 측면에서는 많은 것을 달성하지는 않았다. 초국가주의 실현을 위한 여론을 조성하지도 않았으며, 각국 정부와 의회에 대해 명확한 권위를 확립한 것도 아니었다. 그럼에도 불구하고 ECSC는 유럽통합을 향한 동력을 창출해 냈고, 존재한다는 사실 그 자체만으로도 통합논쟁을 촉진시킬 수 있었다. 유럽재판소의 경우에는 별로 알려지지 않았으나, 미래를 위한 기초를 탄탄히 잡아놓았으며, 여타 공동체의 발전을 자극했다.

ECSC의 설립동기로서 중요한 사항은 회원국들 사이에 상호신뢰의 분위기를 창출했다는 것이다. 이것은 특히 서독과 프랑스의 화해를 의미했다.[60] 이러한 분위기 속에서 특정문제들을 함께 토론하고 해결하며 협력을 강화하고, 이를 토대로 다른 문제에도 협력을 확대하면서 점진적 통합을 이루는 기능주의적 방법이 모색되었다. ECSC의 공헌도는 무엇보다도 회원국들의 지도자들 사이에 상호 신뢰의 분위기를

자국의 언어를 쓰기를 원했고, 결국 4개의 언어가 같이 사용되는 것으로 결말이 났다.

60) 1963년 독·불 우호조약 체결로 이러한 분위기는 절정에 달했다.

확립한 데 있었다. 그 결과 많은 논쟁을 치루면서도 결코 공동체를 떠날 생각을 하는 지도자는 없었다.

4. 유럽방위공동체와 유럽정치공동체

파리조약이 체결되고 나서 이와 비슷한 계획을 도모하는 여러 사상들이 출현하게 되었다. 그러나 이런 사상들은 ECSC에 기원한 것은 아니었고, 주로 **유럽이사회**와 OEEC에 의해 촉진되었다. 그런 예로 본느푸 계획으로 알려진 '유럽운송공동체', 농업부문의 플링린 계획 등이 있으나 어떤 실질적인 결과를 이끌어내지는 못했다. ECSC의 초기 경험을 바탕으로 일부 사람들은 부문별 통합전략보다 전체 경제의 통합을 주장하기 시작했다. 그러나 유럽통합을 위한 새로운 관심의 초점은 경제부문이 아닌 방위정책문제에 모아졌다.

공동방위정책이 제기된 계기는 한국전쟁이었다. 미국은 점증하는 소련의 위협에 대응하여 서독의 재무장을 주장했다. 서독 역시 민주주의라는 거대한 임무에 서독 대중을 참여시키는 방법은 그들에게 서유럽 방어의 책임을 지우는 것이라면서 서독 재무장을 지지했다. 프랑스를 포함한 이웃 국가들은 심각한 딜레마에 빠지게 되었다. 현실적으로 서독이 재무장해야 한다는 필요성에는 공감하고 있었고, 동시에 미국의 압력을 뿌리칠 수 없는 것이 당시 유럽이었다. 그러나 동시에 그들은 과거 독일에 대한 두려움을 여전히 떨쳐버릴 수 없었다. 이러한 딜레마를 해결하기 위한 고육지책으로 프랑스가 들고 나온 것이 **플레뱅 플랜**이라고 알려진 **유럽방위공동체**(EDC: European Defese Community)였으며, EDC의 성공을 위해 공동의 외교정책을 주관할 **유럽정치공동체**(EPC: European Political Community)가 뒤에 제안되었다.

이 계획에 영국과 북유럽국가들이 불참을 공식화함으로써 EDC계획은 ECSC의 6개국에 한정되었다. 이것은 '서유럽의 공동방위'라고 하는 위상이 약화됨을 의미한다. EDC계획에 함축된 바는 ECSC의 것보다 더욱 커서 초국가주의적 통합에 한발 다가선 것처럼 보였다. 그러나 ECSC와 EDC는 달랐다. 특히 중요한 점은 EDC에서 회원국들은 동등한 관계가 아니었다는 점이다. 문제의 초점은 서독이었다.

EDC조약에 따르면, 서독은 군대를 가질 수는 있으나, 모든 서독군의 지휘는 통합 지휘부에 넘겨야 하는 반면, 기타 회원국은 단지 군대의 일부만을 할당하면 되도록 되어 있었던 것이다. 이 점은 설령 EDC계획이 성사되었다고 할지라도 서독이 가만히 두었을 지는 의심스러운 대목이다. 아무튼 여러 가지 부가의정서와 관련하여 이 조약을 대하는 프랑스의 태도는 점점 의구심을 사게 되었다.

EDC계획이 지지부진한 가운데 서독 수상 **아데나워**는 통합된 외교정책이 존재하지 않는 가운데 통합 유럽군을 창설한다는 것은 비합리적이라고 지적하였다. 통합주의자들에게 새로운 활력이 불어넣어졌다. 그들은 새로 통합된 외교정책을 수행할 **EPC계획**을 들고 나왔다. 이로써 정치통합에 한 발짝 더 다가선 것처럼 보였다. 그러나 EPC계획은 EDC계획을 보완하는 것으로 EPC의 성공여부는 EDC계획이 성공하느냐에 달려 있었던 문제였다. 그리고 EDC계획은 프랑스 의회의 비준여하에 달려 있었다.

프랑스가 EDC계획을 진심으로 지지했던 것은 아니었다. 단지 전통적인 프랑스의 두려움을 반영했을 따름이었다. EDC의 주목적은 서독 재무장의 저지였다. 미국이 압력을 가하고, 서독과 베네룩스 3국이 조약을 비준한 가운데, 프랑스 의회는 조약 비준을 거부하였다. EDC계획은 실패로 돌아갔고, 따라서 EPC계획도 사장되었다.[61)]

이로 인해 통합운동에 가해진 피해는 심각했다. ECSC만이 살아남았고, 다시 사람들은 부문별 통합에 관심을 모았다. EDC 및 EPC의 좌절로 야기된 문제는 역시 방위문제였다. 그 대안으로 1948년에 체결된 **브뤼셀조약**이 확대되어 **서유럽동맹**(WEU: Western Europan Union)이 결성되었다. 그러나 WEU는 단지 정부 간 협력체에 지나지 않았으며, 1980년대에 재생될 수 있을 정도로 미약한 존재였다.

EDC와 EPC계획의 실패로 통합주의자들은 크게 낙담하였으나, 그들의 꿈을 완전히 포기한 것은 아니었다. 모든 회원국들의 동의 없이는 어떠한 진전도 이룰 수 없는 OEEC의 제한성과 당시 국제 무역 형태는 통합의 명분과 폭넓은 경제접근의 필요성을 제기하였고, 그 필요성은 1955년의 메시나 회동과 1957년의 **로마조약**을 거쳐 새로운 공동시장을 창설하고자 하는 노력으로 나타났다.

5. 유럽경제공동체(EEC)와 1965년의 위기

로마조약 입안자들이 발전시키고자 노력했던 유럽통합의 목표는 경제통합을 수단으로 한 정치통합이었다. ECSC와 같은 부문별 접근방식은 많은 문제점을 노출시켰

61) 1954년 베트남의 Dien Vien Pu 전투의 패배가 EDC계획에 반대하는 분위기를 고양시켰다.

다. ECSC는 복합산업경제의 한 부문인 석탄과 철강산업 부문에서만 통합노력을 기울이고 있었다. 그리하여 타경제 분야로부터 고립된 가운데 통합의 궁극적 목적은 달성될 수 없었다. 원자력공동체인 **Euratom**은 이러한 부문별 접근방식을 통한 통합이 얼마나 어려운 것인가를 재확인할 수 있게 해주었다.

로마조약으로 탄생한 **유럽경제공동체**(EEC : European Economy Community) 역시 문제점을 안고 있었으나, 어느 정도 힘과 유연성을 지니고 있었다. 6개국은 장기적 안목에서 통합기구를 추구함으로써 OEEC와 경제적 이해충돌을 피할 수 있으리라고 낙관했다. 단기적인 안목에서는 통합추진은 6개국의 대내외적 정치·경제적 요인들의 연관 속에 이루어지게 되었다. EEC는 가능한 더욱 많은 이익집단과 단체들을 수용할 수 있도록 경제적 이해관계의 발전을 통한 정치적 목적의 달성을 꾀하였다.

EEC가 당면한 일반적인 목적은 로마조약에 규정된 대로, "공동시장을 창설하고, 회원국들의 경제정책을 발전적으로 근접시킴으로써 공동체를 통하여 경제활동의 조화로운 발전을 도모하고, 지속적이고 균형을 갖춘 경제성장, 안전성의 증대, 생활수준 향상의 가속화, 그리고 회원국 내의 밀접한 결속을 증진시킨다"였다. 이러한 목적들이 경제적 측면을 강조한 것이기는 하나 정치적 목적이 배후에 깔려 있었다. 필연적으로 로마조약은 매우 방대해질 수밖에 없었다. 그러나 구체적 내용이 없이 일반적인 원칙만을 공표함으로써 관점에 따라 해석이 다를 수 있는 모호함이 있었다. 이러한 모호함은 훗날 심각한 논쟁을 야기하게 되었다.

EEC초기에는 경제발전이 순조롭게 이루어졌다. EEC 성립과 초기의 발전은 우호적인 정치적, 경제적 환경에 의해 고무되었다고 할 수 있다. 1957년 이후 몇 년 동안 EEC발전에 대해 EEC의 결성을 지원한 모든 사람들은 만족했다. 역외 국가들은 이러한 점에 주목하였고, 성공적으로 운용된다고 생각하였다. 그리스와 터키가 1959년에 준회원국 가입신청을 했고, 1961년에는 영국이 자세를 바꾸어 가입신청을 하는 상황이 되었다. EEC는 서유럽 통합의 중심기구가 되어갔으며, 현대 서유럽사는 EEC의 활동과 그 활동에 대한 다른 국가들의 반응이 주요 내용이 되었다. 그러나 EEC의 앞날이 결코 순조로운 것은 아니었다.

EEC는 성공하는 것처럼 보였고, EEC의 목적이 달성되어가자 점차 회원국들 사이에 의견대립이 확연하게 나타나기 시작했다. 이 의견대립은 1965년 이른바 '빈 의자 empty chair' 위기로 그 절정에 달했는데, 드골의 프랑스와 여타 5개국 간의 **로마조약**의 해석을 둘러싼 대립이었다.

6. 드골과 1965년의 위기

1958년 5~6월에 발생한 프랑스의 정치 위기는 드골이 정계에 복귀하는 계기가 되었다. 드골의 정계복귀는 프랑스 국내 정치의 변화와 더불어 유럽통합의 과정에 엄청난 회오리 바람을 몰고 왔다. 그것이 1965년의 **'빈 의자' 위기**로 대표되는 공동체의 위기이다. 표면상 1965년의 위기는 공동농업정책(CAP)과 그것과 관련된 공동체의 제정문제에 대한 프랑스(정확하게는 드골)와 여타 5개국의 충돌이었다. 그 이면에는 '초국가주의에 입각한 통합'과 '국가연합의 유럽'이라는 두 사상의 대립이 있었다.

드골

드골은 '국가중심의 유럽'과 '유럽인의 유럽', 즉 미국을 배제한 유럽 국가들로만 구성된 유럽을 지향했다. 드골은 그의 관점에 따라 유럽의 정치협력을 제안하였다. 정치협력의 필요성은 다른 5개국도 절감하고 있었다. 그러나 어떻게 하느냐가 문제였다. 즉, NATO 차원에서 할 것인가, 아니면 순수하게 유럽차원에서 할 것인가 하는 문제였다. 후자를 선택할 경우 드골의 구상대로 미국과 소련 사이에서 유럽이 제3의 블록을 형성한다는 것인데, 유럽은 그럴만한 힘과 수단을 갖지 못했다. 프랑스를 제외한 여타 5개국은 초국가적 유럽기구를 통한 유럽과 미국의 원조와 방위참여가 보장되는 NATO내에서 정치협력으로 기울어 있었다. 대립은 피할 수 없게 되었다.

1960년 드골은 정치통합을 다른 회원국들에게 제안하였고, 드골의 제안을 연구하기 위해 푸셰위원회가 조직되었다. 1961년 11월, 푸셰위원회는 '국가연합'을 설립하기 위한 초안을 작성했다. 초안은 4가지 제안을 포함하고 있었다. 첫째, 정부수뇌 또는 외상들이 정기적으로 모여 만장일치로 의사 결정을 한다. 둘째 파리에 주둔하는 상임사무국 또한 각국의 외무부 고위 관료로 구성하여 정부 간 협조의 성격을 띠게 한다. 셋째, 외교, 방위, 상업, 문화 분야의 정책을 보호하기 위한 네 개의 상임 정부 간 위원회를 가진다. 넷째, 유럽의원총회의 의원들은 각국의 의회에 의해 임명된다는 것이었다. 1962년 1월 18일, **푸셰플랜** 개정안이 제출되었다. 개정안에서는 핵심적인 부분이 삭제되거나 수정되었다. 전문에 들어있던 NATO와 관계설정에 대한 내용 삭제, 유럽이사회의 경제 분야로 권한 확대, 그리고 신규 가입의 만장일치 허가제 등이다.[62]

드골이 구상하는 유럽이란 결국 현존하는 공동체의 역할을 하향조정하고, 공동체에서 모든 초국가적 성격을 없애며, NATO의 체계를 뒤흔들어놓으려는 의도로 해석되었다. 한마디로 기존의 공동체 기구들의 존재와 운영에 커다란 위협이 되리란 것이었다. 종국에는 공동체를 정부 간 협력기구로 재편할 의도를 드러낸 것이었다.

드골의 이러한 구상에 대해 다른 5개국들, 특히 서독과 이탈리아는 EEC와 NATO를 약화시킬지도 모른다고 두려워했으며, 프랑스의 의도에 대해 의구심을 갖고 푸셰계획에 반대하였다. 이 시기에는 영국의 가입문제가 함께 걸려 있었는데, 베네룩스 3국들은 이 계획에 대한 논의를 영국 가입이 해결될 때까지 연기해야 한다고 주장했다. 그들은 EEC내의 세력 균형을 위해 영국 가입을 희망하고 있었다. 4월말, **푸셰계획**은 협상이 결렬되었으며, 드골은 공동체를 "무국적"이라는 말로 맹렬히 비난했다. 뒤이어 1963년 1월에 드골은 영국 가입을 거부하였다.63)

드골의 거부권 행사는 공동체 내의 대립을 더욱 심화시켰다. 거부권 자체가 문제가 아니라 드골이 거부권을 행사한 방식에 다른 5개국들은 분노하였다. 모든 회원국이 가입 신청자에 대해 토의할 권리가 있음에도 불구하고 드골은 기자 회견을 통해 일방적으로 거부해 버린 것이다. 불만은 쌓여 갔다. 결정적인 대립과 충돌은 공동농업정책과 재정문제에 대한 의견 차이에서 표면화되었다.

드골이 추구한 '국가연합의 유럽(Europe des Parties)'이 성사되기 위해서는 EEC계획이 지연되어야 했고, 프랑스는 그 방법을 모색하게 되었다. 푸셰 계획은 그 일환이었다. 그러나 그 작업은 쉽지 않았다. 푸셰 계획은 실패했고, 아데나워의 후임인 에어하르트는 프랑스보다 미국을 선호하였다. 드골의 로마조약 해석이 기존의 해석과 다르다는 것이 드러났지만, 6개국은 로마조약의 계획을 실현하기 위해 협력하고 있었다. 문제는 앞에서 언급한 것처럼, 그 노력이 초국가주의에 입각한 것인지 아니면 단순한 정부 간 협력체로 남을 것인지에 관해 서였다. 드골의 프랑스는 후자를 선택하였고, 다른 5개국은 전자였다.

1965년에 표면화된 문제는 크게 3가지이다. 첫째는 유럽의회의 EEC예산에 대한 실질적인 권한 확대, 두 번째는 EEC의 독자적 예산마련, 세 번째는 공동농업정책이다. 5개국들과 집행위원회는 공동농업정책과 재정문제를 연관지어 일괄타결을 시도

62) 의결에서 만장일치제의 도입은 드골의 강력한 주장이다. 다중가수결 방식의 투표제는 드골의 영향력을 약화시키고, 공동체를 초국가기구로 끌고 나가게 될 것이기 때문이었다.

63) 푸셰계획의 실패와 여타 5개국들의 반응을 보고 드골은 영국 가입을 더욱 부정적으로 바라보게 되었다. 왜냐하면 드골은 만일 영국이 EEC에 가입하면 EEC내에서 프랑스가 주도권을 확립하는데 방해가 된다고 확신하게 되었던 것이다.

했고, 프랑스는 농업의 안정을 바라면서도 무국적의 초국가 기구에 자국의 예산통제권과 자원통제권을 양보할 생각은 전혀 없었다. EEC가 CAP에 대한 재정적 조치에 합의할 수 없다는 사실이 드러나자 프랑스는 각료이사회에서 대표단을 철수시켰다. 이것이 이른바 '빈 의자' 위기이다.

드골은 무엇보다도 일괄 타결 안에 내포되어 있는 초국가적 요소와 정치적 의도를 단호히 거부했다. 드골은 공동체 구조의 핵심내용을 공격하면서 주권국가들의 연합으로 이루어진 유럽을 계속 추구하였다. 11월, 프랑스는 로마조약 개정을 포함한 공동체의 완벽한 변혁을 주장했고, 프랑스의 반초국가주의적 입장을 더욱 분명히 했다.

이러한 프랑스의 입장에 대해 다른 5개국은 양보하지 않고 자신들의 입장을 고수했고, 드골 역시 이에 강하게 맞대응했다.64) 1965년 말에는 공동체가 해체위기에 처한 것처럼 보였다. 그들에게는 새로운 결정과 지침이 필요했다. 5개국들은 자신들만으로 모든 것을 처리하던가 아니면 양보해야 했다. 프랑스 역시 마찬가지였다. 특히 프랑스가 5개국들로만 공동체를 구성할 것을 허용할 경우, 5개국은 영국을 가입시킬 것이고, 그렇게 되면 유럽에서 프랑스의 영향력은 급속히 약화될 것이 분명했다.

7. 위기의 해결과 공동체의 변화

1965년의 위기를 해결하기 위해 EEC의 여타 5개국은 프랑스를 제자리로 돌려놓기 위해 공동전선을 펼치게 되었다. 10월 26일에 5개국은 프랑스에 공동체로 복귀를 종용하면서 "문제의 해결은 조약과(공동체) 기구 안에서 찾아져야 한다"고 분명히 못 박았다.

1966년 1월 룩셈부르크에서 문제해결을 위한 회담이 개최되었다. 프랑스는 더 이상 공동체 조약 개정에 대해서는 언급하지 않았다.65) 대신, 가중 다수결 제도의

64) 이 기간 동안 프랑스 내에서도 드골에 대한 반대가 심해졌다. 퐁피두내각의 각료 중 6명이 항의사퇴를 했으며, 그 중에서 피에르 플렘린은 다음과 같이 비난했다. "국가로 구성된 유럽은 우리들을 19세기 비엔나 회의로 되돌아가게 하는 것이다. 만약 유럽정치공동체가 만장일치제 투표방식을 택한다면, 유럽정치공동체는 아무런 장래도 없을 것이다." 장홍, ibid, p.140.

65) 바로 직전에 있었던 프랑스 대선에서 드골은 심각한 권위의 손상을 입었다. 공동체 문제에 대한 그의 태도 때문이었다. 드골은 그제 서야 공동체가 얼마나 많은 이익을 프랑스에 안겨주었는지 실감할 수 있었고, 그의 태도를 어느 정도 완화시킬 수밖에 없었다. 물론 그렇다고 해서 근본적으로 변한 것은 아니었다.

폐지, EEC 위원회의 역할 축소, 프랑스의 이익과 직접 관련이 있는 분야에 대한 공동체 업무 일정표 작성을 요구했다. 그러나 다른 회원국들은 앞의 두 가지에 대해서 크게 반발을 일으켰기 때문에, 프랑스는 후퇴할 수밖에 없었다. 가중 다수결 표결제도는 광범위한 사용이 금지되었다. 단 EEC 위원회는 그 역할과 독립성을 거의 유지할 수 있었다. 그밖에 프랑스의 파업으로 6개월간 마비상태에 있었던 공동체의 업무들이 빠르게 재개되었다. 구조적 위기라는 심한 몸살을 앓으면서도 공동농업정책(CAP)과 공동시장의 완성을 통해 EEC는 그 발전의 결정적인 단계로 접어들었다. 마지막으로 ECSC, Euratom, EEC의 공동체 집행부를 하나로 통합하여 단일위원회를 구성하였다. 1967년 7월부터 업무에 들어간 이 단일위원회가 유럽공동체(EC: European Community)이다.

유럽통합의 이행 과정에서 발생한 이 첫 번째 중대 위기와 그 수습을 위해 나온 룩셈부르크 타협안의 결과로 차후 공동체의 발전은 많은 궤도 수정을 요구받게 된다. 룩셈부르크회담을 통해 드골은 5개국 위에 군림하는 것은 실패했으나, 공동체 내의 초국가적 요소는 줄어들었다. 이것은 사실상 드골의 승리였다. 이제 그들은 국가 이익에 치명적인 악영향을 초래할 문제에 대해 거부권을 행사할 수 있게 되었다. 더 중요한 것은 집행위원회보다 각국 정부의 역할이 더 증대되었다는 것이다. 이제 집행위원회는 일부 회원국의 지지만으로는 더 이상 혁신적인 제안을 할 수 없는 처지가 되었다. 다시 말하자면, 공동체 발전을 위한 원동력이 되기보다는 전회원국의 승인을 얻어내기 위한 타협적이고 신중한 제안을 하는데 그칠 수밖에 없었고, 발전은 그만큼 지체될 수밖에 없었다.[66] 덧붙여 말할 것은, 이제 로마조약에서 언급된 '정치통합'은 사실상 봉쇄되었다는 점이다.

8. EEC의 확대와 유럽공동체(Europea Community)의 설립

영국과 1960년 대의 확대 문제

EEC는 영국의 참여 없이 형성되고 발전하였는데, 그것은 영국이 기본적으로 초국가 원칙을 받아들이려 하지 않았기 때문이었다. 그러나 유럽통합으로 실질적인

66) 위기극복에 대한 평가도 달랐다. 프랑스 정부와 드골리스트들은 공동체가 위기를 겪으면서 더욱 현실성을 띠게 되었고, 효율성의 문제에서도 진일보했다고 평가했다. 반면에 친유럽 통합론자들은 유럽 건설의 방향이 정부 간 협력시스템으로 전락했다고 한탄했다. 장홍, ibid., p.160

발전이 이루어짐에 따라 유럽과 관계에 대한 영국의 구상은 뒤흔들렸다. 1955년 로마조약을 위한 메시나회동 이후 영국은 유럽정책을 재검토하지 않을 수 없었다. EDC의 실패 이후, 영국의 대유럽 접근은 세 단계로 이루어지는데 그것은 'WEU', '대계획 Grand Design', 그리고 '유럽자유무역연합 EFTA'이다.

영국은 EEC를 위한 토론이 진행 중일 때 EEC를 포함한 폭넓은 자유무역지대의 창설을 제안하였다. 이것이 '대계획'이다. 당시 영국은 메시나 계획이 EDC처럼 실패할 것으로 보았다. 사실 영국의 제안은 유럽통합을 방해하기 위한 전술이었다. 영국은 6개국을 포함하여 OEEC 국가들을 자신의 견해로 끌어들일 수 있다고 자신하게 되었다. 그러나 이 자신감은 시대착오였다. 1950년대 초라면 몰라도 영국이 6개국에 자신의 의지를 관철시킬 수 없었다. 영국의 제안은 너무 늦게 나온 것이었다. 1957년 7월 좀 더 폭넓은 자유무역지대를 설립하기 위한 영국의 제안을 협상하기 위해 영국 수상 맥밀런은 모들링을 영국 대표로 임명하였다. 그러나 모들링 위원회가 발족한 1957년 10월에는 이미 로마조약은 돌이킬 수 없는 지점에 이르렀다. 6개국은 영국의 대계획을 대안으로서가 아니라 보충물로서 보았다. 영국의 전략은 공업재화의 자유로운 유통을 위한 자유무역지대를 설립하는 것이었다. 농업은 배제되었다. 영연방과 관계 때문이었다. 영국은 유럽과 영연방에서 최상의 입지를 확보하려는 것으로 보였다. EEC는 영국의 제안을 유럽통합에서 퇴보단계로 보았고, 그들은 영국의 제안을 토론하기는 했으나, 결론은 거부였다. 1958년 자유무역지대에 대한 협상은 드골의 프랑스에 의해 갑자기 중단되었다.

모들링 제안이 실패로 돌아간 후 1959년에 영국은 오스트리아, 덴마크, 노르웨이, 포르투갈, 스웨덴, 스위스와 함께 **유럽자유무역연합**(EFTA: European Free Trade Association)을 창설하기로 하였다. **EFTA**는 EEC와 달리 긴밀한 경제통합을 추구하지 않았다. 그들의 경제적 목표는 회원국 간에 공산품에 대한 관세 인하와 더 나아가 관세 제거에 있었다. 그러나 그 이상 나아가지 않았다. EFTA는 공동역외관세에 대해서도 언급이 없었다. 공동역외관세는 로마조약의 핵심이다. 1950년대가 끝나자 유럽은 이념적 분열에 이어 또 다시 EEC와 EFTA로 분리되었다.[67] 두 조직은 따로 각자의 길을 걷게 되었다. 유럽국가들이 통합 또는 제휴의 문제에서 그들의 입장을 명확히 하는데 10년이 걸렸다. 1960년에 EEC회원국들은 최대한의 통합을 추구하고, 나머지 국가들이 정부간 최소한의 연합을 형성하려는 경향은 당분간 끈질기게

---

67) 미국은 상황이 이렇게 되자 유럽 내에서 EEC가 주도권을 잡을 수 있도록 OEEC를 세계적 기구인 OECD로 개편한다. 이것은 영국의 입지를 더욱 약화시켰다.

지속될 것으로 보였다.

그러나 실제로는 오래가지 못했다. 1961년 7월 영국의 **맥밀런 수상**은 EEC 가입의사를 표명했다. 영국과 깊은 관계를 맺고 있던 덴마크, 아일랜드, 노르웨이도 같이 가입신청을 했다. 영국 자신이 EEC와 세력균형을 위해 설립한 EFTA가 발족한 지 겨우 2년 만에 태도를 바꾼 것이다. 영국이 이렇게 태도를 바꾼 이유는 명백하다. EFTA는 영국에게는 너무나 작은 시장이었다. EFTA는 결코 영국의 기대를 충족시켜주지 못한 임시기구였다. EEC가 구축할 관세장벽의 외부에 남아서 입게 될 손해는 EFTA로는 도저히 보상받을 수 없는 것이었다. 또한, 미국과 영연방에서 영국의 영향력은 점점 감소추세였다. 미국은 분명하게 EEC에 지지를 보내고 있었고[68], 영연방은 영국의 영향력에서 이탈하고 있었다. 분명한 것은 EEC의 계획이 성공하고, 영국이 EEC 밖에 남아 있는 한 영국의 정치적 영향력과 경제적 이익은 계속 감소할 것이었다. 영국이 참가 결정을 늦게 할수록 만족스런 조건을 얻기는 더 어려워지고 회원국에 적응하는 일이 어려워질 것이었다.

영국은 1차 EEC 가입신청서를 1961년 8월 10일 브뤼셀에 제출하였다.[69] 영국은 영국 농업에 대한 본질적 이익뿐만 아니라 EFTA 국가들과 그리고 영연방과 특별관계를 계속 주장하였다. 영국은 아직 EEC가입에 대한 절대적 의사는 없었고, '필요한 것' 정도로 취급하였다. 이러한 영국의 태도는 EEC회원국들로부터 진정한 영국의 의도에 대해 의심을 받았다. 베네룩스 3국들은 EEC 내의 프랑스－독일 축에 맞설 수 있는 세력균형으로서 영국가입을 환영하고 있었지만, 유럽통합에 대한 영국의 정책은 변하지 않았다는 의혹이 여전히 남아 있었다. 즉, 영국의 의도가 임시방편적인 편의 추구에서 나왔는지 아닌지에 대한 우려는 아직 완전히 불식되지 않았다. 협상과정에서 영국은 영연방과 EFTA국가들과 관한 특권을 주장했고,[70] 또 한편으로 농업부문에서 예외적인 특혜를 부여해 달라고 주장했다. 특히 후자는 프랑스를 자극하였다. 결국 영국의 입장은 지원자라기보다는 수혜자가 되려는 인상을 주었기 때문에 EEC 내 회의론자들은 영국의 EEC 가입의도에 대해 더욱 강한 의심을 품게

68) 미국은 EEC를 축으로 유럽을 단일화시키고자 했다. OEEC를 OECD라는 세계적 기구로 개편한 것도 그와 같은 전략의 일환이었다.

69) 같은 날 영국과 특별한 경제적 관계를 유지하고 있던 아일랜드와 덴마크가 가입신청을 했고, 노르웨이도 1962년 4월에 가입신청을 했다. 이들의 신청이 받아들여지느냐의 여부는 전적으로 영국에 달려있었다.

70) 이런 입장은 영국 내 반대 여론을 무마하기 위한 것이었다. 그러나 그것은 결국에 영국의 EEC 가입이 거부되는 결과를 낳았다.

되었다. 결국 영국의 가입은 드골의 거부권 행사로 거부되었다.[71]

가입신청이 거부된 영국은 당분간 EFTA에 주력했다. 그러나 영국은 1967년에 또 다시 가입신청을 하게 되었다.[72] 1967년의 가입신청은 상당히 가능성이 높아졌으나, 이번에도 또 다시 드골의 거부권 행사로 좌절되었다. 드골이 프랑스 대통령으로 재직하고 있는 한, 영국의 가입은 희망사항일 뿐이었다.

유럽공동체(EC)

로마조약 체결 이후, 6개국은 EEC가 어떠한 구조적 성격을 지녀야 하는가에 대해 명확한 결론을 내리지 못하고 서로 다른 주장들을 제기하였다. 그런데 1965년의 위기를 해결하면서 공동체는 정부간 협조주의를 향한 방향이 정해졌다. 적어도 EEC는 독립적인 국가의 연합으로 발전해 나가야 하며, 그렇지 않을 경우 발전은 기대하기 어렵게 되었다. 이후 이러한 형태의 공동체에 대한 추구는 1970년대의 발전에 의해 더욱 강화되었다.

경제는 각국 간에 서로 밀접히 상호 연관되고, EEC의 역내무역은 1958년 이래로 역외무역에 비하여 거의 3배가량 늘었다. 그리고 1965년의 위기에도 불구하고 공동체 내에서는 유럽통합에 대해 폭넓은 공감대가 형성되어 있었다. 국제사회에서도 EEC는 6개국의 하나의 공동입장으로 행동하면서 상당한 정도의 대외 협상능력을 보유할 수 있게 되었다. 대표적인 예가 야운데 협정과 케네디 라운드에서 EEC의 이름으로 협상대표를 파견한 것 등이다.

대조적으로 공동체 내의 발전은 그렇게 역동적이지 못했다. 경제통합은 더디게 진행되었고, 정치통합은 거의 진전이 없었다. 그러나 미래에 영향을 끼치게 될 견고한 기반들이 점진적으로 성립되어 가고 있었다. 대표적인 예가 공동농업정책(CAP)이다. 공동농업정책은 초기부터 제기되어 왔으나, 1968년에 이르러서야 정책의 개요가 받아들여졌다. 그러나 공동농업정책은 소비자를 무시한 정책으로 생산의 안정화에도 실패하고 가격 상승을 유발하여 모든 부담을 납세자에게 전가하였다는 비난이 끊이지 않았고, 1970년대 초에 이르러 공동체 내에서는 건드려서는 안 되는 정책이 되어버렸다. 1973년 이후, 확대된 공동체 안에서, 특히 영국에 의해 공동농업

---

71) 앞장에서 살펴본 것처럼 드골의 영국가입은 더욱 복잡한 EEC내 문제에 결부되어 있다. 한편으론 영국이 드골의 야망을 방해하지는 않을까 하는 두려움을 드골은 가지고 있었다.

72) 이번의 가입신청은 첫 번째 가입신청 때 반대파였던 노동당정부였다. EEC 가입의 필요성을 영국은 상당히 절실하게 느끼고 있었던 것이다.

정책의 존속 여부와 합리화 문제는 계속하여 심각한 논쟁의 주제가 된다.

1965년의 위기가 공동체 내의 기구들을 통해서가 아니라 각국 정책간의 협상과 타협을 통하여 타결되었다는 점은 오랫동안 중대한 문제로 부각되었다. 집행위원회는 아직 각료이사회에 앞서 정책 시행과 의제 제안을 할 수 있는 권한을 가지고 있었으나, 갈수록 중요한 의제는 각국 정부에 의해 제기되고 시행되는 경향이 나타났다. 이것은 집행위원회의 정치적 결정권이 매우 약해졌음을 의미한다.

1967년 7월, ECSC, EEE, Euratom이 합병되어 **유럽공동체**(EC : European Communities)로 재편되면서 새로 구성된 집행위원회의 레이 의장은 중재자로서 각국의 입장들을 타협시키고, 균형 있게 조화시키며, 각국 정부가 받아들일 수 있는 정책만을 수행하였다. 집행위원회는 아직도 초국가적 요소들을 지니고 있어 중요한 영향력을 행사할 잠재력을 가지고 있었으나, 이 잠재력을 현실적 힘으로 만들 수 있는 원동력이 좀처럼 찾아지지 않았다. 특히 정치적인 결정을 요하는 문제에는 적절한 해결책을 제시하지 못하였고, 이러한 상황은 공동체가 신속하고 합리적인 미래 지향적인 결정을 내릴 수 있는 능력을 갖추지 못하고, 모순으로 가득 차 있다는 것을 의미하였다.

점점 EC내에서 정부 간 협조주의가 중요한 성격으로 부각되었다. 프랑스 대통령 퐁피두는 6개국의 정기적인 정상회담을 제안하였다.[73] 그 첫 회담이 1969년 12월, 헤이그에서 열렸다. 이 회담을 통해 회원국 확대를 위한 길이 열리게 되었고, 공동체의 정책 발전에 대한 지침이 확립되었으며, 궁극적 목표인 정치통합에 대한 신념이 재확인되었다. 정부수반들의 회동과 합의를 통하여 공동체의 앞길에 청신호가 주어졌다는 것은 EC를 이끌어 가는 힘이 어디에 있는가를 분명히 한 것이었으며, 1970년대에 전개될 새로운 의사결정 방법에 대한 전조를 보여주게 되었다. 즉, EC의 장래는 정부 수반들의 협조 여하에 달려있다는 것이다. 이후 추진되는 공동정책들은 이렇게 각국 정부들의 타협에 의해 이루어지게 되었다.

헤이그 회담의 목적은 EC를 재충전시킬 뿐만 아니라, EC가 확대된 후에도 정체되거나 본궤도에서 이탈하지 않도록 EC를 확고한 토대 위에 올려놓은 것이었다. 이러한 노력은 1972년의 파리 정상회담과 1973년 **코펜하겐 정상회담**을 거쳐 완성되었다. 이 기간 중 EC는 정치적 협력을 모색하고 여러 정치적 목표를 수립하는데

73) 여기에는 독일이 또 관련되어 있다. 브란트의 취임 이후 동방정책을 강화해가던 독일은 점점 동·서독간의 화해가 가능함을 보여주었다. 동·서독간의 화해 가능성은 독일의 괴력에 대한 과거의 망령과 공포를 다시 불러 일으켰다. 프랑스는 EC 내에 효율적인 정책 결정통로를 마련함으로써 서유럽에 서독을 견고히 묶고, 독일의 행동반경을 제한하고자 했다.

성공을 거두었다. 그러나 세계경제가 계속 나빠질 전망이었으므로 경제통합이라는 목표의 달성은 불투명해졌다.

1970년대에 들어와 초강대국들이 긴장완화를 논의할 때, 그들은 서유럽의 목소리를 귀담아 듣지 않았다. 그래서 서유럽 각국에게 직접적인 영향을 미칠 수 있는 문제가 그 해당 국가들과 상의도 없이 초강대국들에 의해서 결정될 수 있다는 우려가 끊임없이 제기되었다. EC는 이제 정치통합이라는 최종목표에 관심을 기울이게 되었다. 그들은 EC 구조 밖에서 각국 간에 정치적 통합을 강화할 수 있는 방법을 찾았다.

1970년 **다비뇽 보고서**는 외무장관들로 구성되는 정기적인 협의회의 설치를 제안하였다. 보고서에서 제안된 사항은 EC의 제도적 틀 밖에서 별도로 실현되었다. 이것은 EC의 장래 발전에 대한 조짐을 보여 주고, 각 나라들의 실질적인 중요성을 반영했다. 즉, 이것은 각 국가가 EC전체를 위하기보다는 각국의 이익을 먼저 생각한다는 것이었다. 이 정치적 협력은 정기적인 정보 교환과 토의를 통하여, 국제정치의 중요한 문제들에 대해 상호 이해를 증진시키고, 각국의 의견을 조화시키며 협력을 촉진하고, 그리고 특정문제에 대한 공동의 접근을 꾀하는 것을 목표로 하고 있었다. 이 결과 '유럽정치협력(EPC : European Political Cooperation)'이라는 명칭이 탄생되었다.

이와 같이 협력이 진행되면서 다른 나라들은 EC를 국제 정치 제도 속에서 하나의 중요하고도 단일한 정치 행위자로서 인식하게 되었다. 이는 또 EC가 점점 국제적 조직과 회담에 단일 대표로 참석할 수 있게 해주었다.

EC의 확대

1969년 드골이 사임하자 영국은 본격적으로 가입을 위한 활동에 들어갔다. 영국의 가입에 대한 결정적 열쇠는 여전히 프랑스가 쥐고 있었다. 새로운 대통령 퐁피두는 아직도 영국의 가입을 달갑게 여기지 않고 있었으나, 공동농업정책을 위한 새로운 재정 충원 제도에 대한 다른 EC국가들의 동의를 받을 수 있다는 계산에서 비롯된 것이었다. 또, 프랑스나 서독 모두 영국을 상대방에 대한 세력균형의 카드로 고려하게 되었다. 이러한 상황 속에서 영국은 1972년 1월, 브뤼셀에서 회원 가입 조약에 서명을 하고, 1년 뒤에 영국은 10여 년 간의 인내 끝에 정식으로 EC의 회원국이 되었다. 이와 동시에 아일랜드와 덴마크가 가입하여 EC회원국은 9개국이 되었다. 노르웨이는 심각한 국내 정치 분열만 남긴 채 가입을 거부하였다.

EC 확대에 따라 EC와 EFTA간에도 특별관계협약이 맺어졌다. 1972년 6월 EC와 EFTA의 16개국은 자유무역지대를 설정하는데 합의를 보았다. 이 협약은 철저한 호혜주의에 입각한 무역협정이었다. 이러한 조약은 1950년대 후반부터 시작된 서유럽내의 EC와 EFTA 간의 반목을 종식시키는 것이었고, 서유럽에서 구심점은 EC가 된다는 점을 인정하는 것이었다. 아울러 그들은 장래의 EC 확대를 위한 확고한 기반을 구축하였고, 핀란드와 협정을 제외한 모든 협정들은 상업분야에서 뿐만이 아니라, 여타 분야에서도 긴밀한 협력이 가능하다는 해석의 여지를 남겨놓았다.

퐁피두

지스카르뎅

두 번째 확대는 1981년에 그리스의 가입으로 이루어졌다. 그리스는 이미 1962년에 준회원국으로 가입한 상태였으나, 군사정권 기간 동안 그 협정은 중지되었다. 1974년 11월 새로운 민간정부가 들어서자 그리스는 정식 회원국으로서 1975년 6월에 EC가입을 신청했다. 그러나 놀랍게도 집행위원회는 그리스의 가입신청에 신중해했다. 그리스가 가입함으로써 야기될 경제문제 때문이었다. 집행위원회의 신중함에 대해 각료이사회는 협상의 조속한 재개를 결정하였다. 그리스의 가입신청과, 포르투갈, 스페인의 가입신청은 EC에 남북유럽간 경제적 균형 문제를 신중히 고려해야 한다는 점을 상기시켜주는 결과를 낳았다. 그리스의 가입신청은 매우 순조로운 편이었는데, 갓 태어난 그리스 민주주의를 지키기 위하여 그리스 행정부가 매우 열광적이었기 때문이다. 여기에 EC도 동의하였다. 이것은 스페인과 포르투갈에도 마찬가지로 적용되었다.

스페인과 포르투갈의 가입에 대해서는 영국과 프랑스가 대립하였다. 영국은 EC를 12개국으로 확대하면서 시장도 넓히고 프랑스의 주도권 약화를 노렸고, 프랑스는 공동체의 첫 번째 확장을 마무리부터 짓자고 주장하였다. 그것은 1982년에 시행된 개정 예산 체계를 도입하기 위해 1980년 5월에 체결된 협약과 영국의 EC예산 기여에 대한 영국 및 여타 EC 회원국들 사이의 격렬한 논쟁이 조속히 해결되어야 한다는 것을 의미했다. 물론 EC 확장으로 인해 프랑스 농업에 야기될 문제점에 대한 걱정이 **지스카르 데스텡**의 담화문 뒤에 숨어있었다.[74] 그러나 그리스의 예처럼, 스페인과 포르투갈도 막 태어난 민주주의를 지키기 위해서 프랑스도 그들의 가입에 동의하지 않을 수 없게 되었다. 1985년, 스페인과 포르투갈은 EC 가입조약에 서명하였다.

9. 경제통화동맹(EMU: Economic and Monetary Uinon)과 정치통합

경제통화동맹(EMU: Economic and Monetary Uinon)

1970년대 이후, 유럽통합 노력은 유럽통화제도와 정치통합에 집중되었다. 공동농업정책과 지역정책 등 많은 정책이 수행되었지만, 모든 노력은 유럽통화제도(EMU)로 이어졌으며, 다른 한편에서는 유럽정치협력(EPC)이 가속화되었다. 공동농업정책, 사회정책, 지역정책 등의 문제들은 재정문제로 항상 어려움을 겪었으며, 그 문제들을 해결하기 위해서는 통합된 통화제도의 필요성을 공유하게 되었다. CAP에 나타난 재정조달방식의 변화는 보다 효과적인 통화기구를 설립할 동기를 부여한 것이다.[75]

1969년 헤이그 정상회담에서 1980년에 **경제통화동맹(EMU**: Economic and Monetary Uinon)을 창설하기로 합의를 보았고, 1970년 3월 6일에 모든 회원국들의 중앙은행장들과 협의하여 EMU에 대한 여러 가지 안을 검토할 베르네 위원회를 구성하였다. 동년 10월 17일에 제출된 베르네 보고서는 EMU의 실현을 위하여 공동체의 대대적인 개혁을 제안했다. 첫째는 국가차원이 아닌 공동체 차원의 경제통화정책을 결정할 독립된 유럽중앙결정기구의 창설, 두 번째로 미국의 연방화폐 보유시스템을 모델로 한 공동체 시스템의 중앙은행설치였다.

동년 10월 29일에 각료이사회에 제출된 집행위원회의 제안은 베르너 보고서보다 훨씬 신중했지만, 회원국들 사이에 의견대립이 심각했다. 특히 모든 부담을 지기 꺼려하던 서독과 초국가기구 창설에 결사반대였던 프랑스로 인해 대립은 심각해졌다. EMU에 대한 견해가 달라 난항을 거듭하던 협상은 이듬해인 1971년 2월 9일에 가서야 겨우 타협할 수 있었다.

그러나 어려운 타협에 성공하여 이제 막 실행에 들어가려던 EMU는 석유파동으로 인한 국제적인 경제불황과 통화위기로 큰 타격을 입게 되었다. 1970년 **브레튼우즈** 체제의 붕괴로 시작된 국제통화위기 앞에 EMU를 위한 첫 프로그램은 실행도 해보

---

74) 스페인의 대규모 어업선단도 가입협상에 걸림돌이었다.

75) 각국의 기부금에 의존하던 기존 재정체제가 각국의 조세 수입원으로부터 직접 징수하게 되었고, 아울러 유럽 의회가 이를 통제하게 되었다.

지 못하고 사라졌다. 미국의 횡포로 빚어진 국제통화질서의 대 혼란으로 가장 큰 피해를 입고 있던 EEC였지만, 서로가 처한 상황의 차이와 유럽 고유의 통화시스템의 결여로 공동체 차원의 대응이 어려웠다. EEC 국가들은 경제통화연합의 실현이라는 공동체적 해결책과는 상반되고, 서로 이해관계가 상충하는 국가차원의 정책을 실현함으로써 독자적인 위기 탈출에 혈안이 되었던 것이다. 통화위기로 크게 흔들린 EEC는 경제통화연합의 실행을 위해 필요한 그 밖의 다른 분야에 대해서는 관심을 쏟을 수 없었다.

경제통화동맹(EMU: Economic and Monetary Union)은 EC발전을 모색하는 사람들의 핵심 사항이었다. 통화동맹은 진정한 경제공동체를 이루기 위해 없어서는 안 될 가장 기본적인 정책이었다. 또한, 정치적으로도 통화동맹은 재정정책, 조세의 평준화, 단일경제, 그리고 나아가 단일화폐 등에 대한 초국가적 결정을 가능하게 해줄 것이었다. 요컨대 이들은 정치통합을 이루는데 필요한 선결 요건들이어서 통화동맹은 실로 많은 장점을 가졌다. 그러나 경제동맹과 통화동맹 중 어느 것을 첫 단계로 하느냐로 의견 대립이 발생했다. 1970년 브레턴우즈 체제의 붕괴로 국제 환경도 EMU에 불리하게 돌아가는 상황 속에서, 베르너 보고서에도 불구하고 경제동맹과 통화동맹 중 어느 것이 EMU를 향한 첫걸음이 되어야 하는가 하는 문제는 여전히 해결이 안 된 채 남게 되었다.

통화위기를 해결하기 위해 'snake'라고 불리는 소폭 변동환율제가 도입되었으나, 이것은 공동체의 운용과 정책에서 결코 효과적으로 시행되지 못했다. 이탈리아는 snake가 실행되는 시점에서 이탈하였고, 프랑스는 snake에 가입과 탈퇴를 자유롭게 하였다. sanke는 서독을 위시한 어느 정도 통화안정을 이룰 수 있는 국가들로만 유지되었다. 통화동맹의 문제는 각국 간 경제정책의 차이가 컸기 때문이다. 1970년대 후반에 들어 새로운 변동환율제도에 대한 불신이 증대되었다. 급격한 환율변동의 위험 때문이었다. 변동환율제도의 실시와 함께 통화를 운용하는 기관을 설립하는 것이 EC에게 무엇보다도 긴급한 과제가 되었다. 1977년에 이르러 새로 집행위원회 의장이 된 젠킨스에 의해 유럽통화제도(EMS)에 대한 의견이 최초로 제시되었다. EMS는 베르너 보고서에서 주창된 완전한 형태의 통화동맹은 아니었으며, 슈미트, 젠킨스, 프랑스의 데스탱 등은 이 제도를 정치연합을 위한 중요한 수단이라고 여기지도 않았다. 그렇지만, EMS는 통화동맹으로 순조롭게 발전했다. EMS는 브레턴우즈체제와 같은 제도를 도입하여 EC를 강화시키는 최초이며 가장 중요한 수단이 되었다.

EMS는 각 회원국 통화와 연계된 '환율조정장치(ERM: exchange rate mechanism)'를 제공하였고, 상대국 통화에 대한 자국 통화의 시세 변동률 허용 한계를 설정하였다. ERM은 각국 화폐와 병행적으로 시행되고 있는 '유럽통화단위(ECU: European Currency Union)'의 설립을 통해 보완되었다. ECU는 1970년대 수준에 비하여 환율 불안정성을 현저히 감소시키는데 성공하였다. ECU는 EC 역내에서 계산 기능을 수행하는 것뿐만 아니라, 역외에서 금융시장을 형성하게 되었다.

중요한 점은 EMS가 공동체를 총괄할 수 있는 영역이 없었다는 점이다. EMS의 설립은 통합으로 가는 여정에서 중요했다. 이것은 각 회원국에 협력정신을 고취하였다. 그렇지만, EMS는 회원국들의 정치적 타협과 경제적 필요로 생겨난 것이었다. 완전한 형태의 통화동맹이 되기 위해서는 EC가 공동통화정책을 수립하는 일뿐만 아니라, 단일화폐와 중앙은행을 설립하는 일까지 고려해야 하나, 이것의 실현을 국가주권과 직접 충돌하는 일이었다. EMS는 국가 주권에 영향을 미친다고 인식하였기 때문에 이에 대한 정치적 논쟁이 오히려 더욱 중요한 사안이 되었다고 볼 수도 있다. EC는 1989년에 가서야 이 문제를 신중히 검토하게 되었고, 유럽이사회는 이 문제와 관련한 들로르 위원회의 보고서를 수용하였다.

정치통합의 추구

1970년대에 들어 EC의 활동은 경직되었다. 세계 경제는 전반적으로 불경기였으며, EC의 각 회원국은 인플레이션과 실업의 증가에 따라 장기적인 경제불황을 겪어야 했다. 이러한 상황에 부딪혀 EC는 정치적 협력을 더욱 긴밀히 하게 되었다. EC의 확대로 의사결정이 어려워지고 어두운 경제 여건을 고려해 볼 때 특히 EPC에서와 같은 그들의 단결력은 매우 신뢰할 만한 것이었다.

EMS제도 자체는 정치적 대의를 발전시키지 못했다. 그러나 EMS는 정치협력의 궁극적 지향점이었고, 따라서 EC는 정치적 통합의 개념을 유지할 수 있었다. 국제적 차원에서 EC는 꾸준히 위상을 신장시켜 나갔다. 즉, EC는 다른 국가들과 공식적 관계를 체결하고, EPC를 통해서 중요한 활동을 수행하며 성장을 거듭하였다. 그 실례로 **유럽안보협력회의**(CSCE : Conferences Security and Cooperation in Europe)에 EC는 '유럽공동체의 이름'으로 서명하였던 것이다. EC 내적으로는 제도, 경제·통화동맹, 정치통합에 대해 많은 논의가 있었지만, 대외적으로는 통합체로서 인정받게 된 것이다. 물론 회원국들은 자국의 독자적인 외교정책 방향을 가지고 있었기 때문에 공통의 입장을 항상 도출해 낼 수는 없었다.[76] 그럼에도, 서유럽 국가들은 더 많은 공통의 입장을 추구하려고 노력하였고, 한 번 이루어 낸 것은 지속적으로 유지하려 하였다.

EPC가 협력 수준을 상승시켰다는 것은 분명하다. 그러나 EPC는 EC 구조 밖에서 정부 간 자발적 운영기구로 남았다. 결국 그것은 EC 회원국들이 국가 주권에 대한 어떠한 침해도 허용하지 않았다는 것을 의미한다. 즉, EPC와 다른 외교정책 방향을 조정해야 할 대부분의 회원국들은 EPC활동과 관련되는 것을 바라지 않았던 것이다. 회원국들은 지속적인 연계를 통해 이익을 얻을 수 있었다. 그러나 각국 간의 연계를 발전시키면서 각 회원국은 자연스럽게 자국의 외교정책을 위해 더 많이 공헌하였다.

이러한 상황 속에서 정치연합을 위한 두 종류의 보고서가 나왔다. 그것은 '**틴더만 보고서**'와 '3인 현인위원회'의 보고서였다. 그러나 두 보고서 모두 실현되지 못한 채 사문화되었다. EC 발전을 위한 그 다음 발의는 집행위원회와 유럽이사회 밖에서 나왔다. EC 발전을 위한 어떤 긍정적인 조치가 취해져야 한다는 공감대가 형성되고 있었다. EC는 일련의 조치를 필요로 하는 상호 관련된 문제들에 직면하고 있었다.[77] 이러한 문제들의 이면에는 EC 자체의 구조적 문제가 깔려 있었다. 효과적인 정책 결정을 위한 제도적인 개혁에는 일반적인 합의가 이루어졌다. 그러나 어떻게 하느냐가 문제였다.

다시 한 번 겐셔-콜롬버 계획이 제안되었다. **유럽이사회**가 어떤 조치 능력을 갖도록 하기 위한 시도였다. 대체적으로 이 제안은 유럽이사회를 유럽의회의 통제를 받는 조직으로 바꾸고 EC기관과 로마조약 틀 밖에서 조직된 유럽이사회의 책임 한계를 규정하는 것이었다. 이 점 때문에 겐셔-콜롬버 계획은 그야말로 유야무야 되었다. 또 다시 유럽연합이라는 수사적 이상은 실질적인 조치를 취해 보지도 못한 채 중단되고 말았다. 이후로도 유럽의회의 지지를 받은 스피넬리가 새로운 시도를 벌였으나, 이것 역시 사장되고 말았다.

1984년 6월, 퐁텐블로 정상회담에서 유럽이사회는 정치연합을 주제로 다루었다. **미테랑** 프랑스 대통령은 여러 가지 문제에 대한 해결책으로 정치연합을 위해 구체적인 조치를 취할 것을 주장하였고, 10개국은 두개의 위원회를 구성하여 통합방안을

---

76) 대표적인 예로 걸프전과 구유고 연방의 민족분규에 대해서 EU는 효과적인 정책을 수행하지 못했다. 이른바 '경제적인 정치난쟁이'인 것이다. 이것은 지금 '통합유럽'이라고 하는 이상에 대해 회의적인 경향을 낳게 하는 주요인이 되고 있다.

77) CAP의 무제한적인 팽창과 예산 고갈의 위협, 영국 문제, 미국과 일본에 대항할 수 있는 산업경쟁력 회복, 스페인과 포르투갈을 포함하는 공동체 확대 문제, 그리고 역내 장벽의 제거 등이다.

찾고자 하였다. EC의 장래와 설립조약의 개정을 논의하기 위해 밀라노에서 정부간 회의를 소집하자는 결정이 내려졌다. 밀라노회담에서 로마조약의 개정이 공식적으로 결정되고, 두 개의 실무 그룹이 조약개정과 EPC 문제를 다루었다. 1986년 12월, 드디어 **단일유럽의정서**(SEA)가 체결되었고, SEA는 1987년 1월부터 실행에 들어갔다.

SEA는 공동시장을 완성하기 위해 필요한 조치들을 다루고 있을 뿐만 아니라, 새로운 정책 목표를 설정하고, 새로운 정책 결정 형식을 채택하고, EC내의 입법과정, 외교정책과 방위 그리고 안보 문제를 포함하기 위한 EC의 영역 확대 등도 다루고 있었다. SEA는 1992년까지 완전한 단일 공동시장 창설을 의무화했다. 궁극적으로 조세와 법률의 국가적 체계, 정책분야에서 과도한 국가기준들과 규제들 그리고 사회복지와 안보 체계라는 전체 영역에 관심의 초점을 맞추게 될 것이었다. 또한 EC권력 구조에 중대한 수정을 가하게 되는 제도 개혁이었다. 기본적으로 어떤 정책이 채택되면, 실행 과정에서는 오직 가중 다수결 표결만이 필요한 것으로 개혁이 이루어진 것이다. 이것은 EC내의 정책 결정 과정을 촉진시킬 것이었다. SEA는 마지막에서 EPC의 조직화를 결정했다. 간단히 말해, SEA는 EC가 흔히 봉착하기 쉬웠던 난관을 근본적으로 해소시키려는 포괄적인 시도였다. SEA의 핵심목표는 상품·서비스·자금과 인력의 공동체 내의 자유로운 이동을 보장하는 국경 없는 공간의 실현이라고 할 것이다. 로마조약으로 형성된 공동시장이 SEA와 공동체 내부의 물리적 국경 제거로 완성되는 것이다.

그러나 SEA는 EC의 주요 문제들에 대한 EP의 요구들을 충분히 반영하지 못했고, 유럽연합 계획을 진전시키지도 못했다. 통합단일시장의 실현과정에서 드러난 많은 결점으로 인해 SEA에 대한 비판의 소리가 높아졌다. 그럼에도 불구하고 SEA는 1980년대에 유럽통합의 진전을 위해 중심기관이 된 유럽이사회가 채택하고 그 가치를 인정했기 때문에 특별한 의미를 가지고 있었다. SEA와 EC를 위해 자크 들로르는 정력적인 노력을 기울였다. 반대도 만만치 않았다. 주요 반대자는 영국이었다. 그러나 대처의 영국은 드골의 프랑스가 아니었다. 이미 통합을 막을 수는 없는 상황이었다. SEA의 성공을 위한 새로운 방안이 모색되었고, 1991년 EMU와 정치협력에 관한 새로운 협정이 **마스트리히트** 유럽이사회에서 최종적으로 구체적인 모습을 드러내었다. **파리조약**(ECSC 창설조약), 로마조약, 그리고 SEA를 하나로 묶어 개정·보완하는 단일조약이 탄생되었다. 그것이 바로 '유럽연합에 관한 조약 Treaty on European Union'인 마스트리히트조약이다.

10. 1992년 마스트리히트조약과 유럽연합(European Union)

1957년 로마조약이 체결된 지 30년이 훨씬 지나서야 유럽공동체는 정치와 통화연합을 위한 구체적인 방안을 겨우 마련하게 되었다. 특히 동구 공산권의 급격한 와해와 갑작스런 독일통일은 유럽통합의 과정에 심한 동요를 불러왔고, 그와 동시에 유럽회의주의도 또 다시 고개를 들고 있었다. 유럽공동체는 안팎의 문제에 대처하여 새로운 돌파구를 열어야 했고, 돌파구를 위한 적극적인 자세의 결과가 1991년 말에 체결된 **마스트리히트조약**이다. 이 조약의 핵심은 경제통화연합 EMU과 정치연합(EPU: European Political Union) 창설이다.

들로르와 그의 참모들이 1990년 역내시장 창출에 따른 당연한 결과로서 유럽연합의 형성을 더욱 강력하게 추진하기로 결정을 한 것은 바로 동유럽의 사건들 때문이었다. **들로르**는 1990년 1월에 집행위원회가 진정한 행정부가 되기 위해서 더 강력한 정책결정권을 부여받아야 한다고 주장했다. 즉, 집행위원회는 미래 연방의 민주적인 기구들, 특히 집행위원회 위원들을 선출할 수 있는 권한을 갖게 될 EP에 대해 책임을 지며, 그것과 세력균형을 이루겠다는 것이다. 이것은 연방주의의 실현에 대한 강력한 의사표시였다. 물론 이것은 국가간 협력체를 원하는 이들의 강력한 반대에 직면했다. 초국가주의와 정부 간 협력주의의 대립은 쉽게 풀 수 없는 문제들이다. 1992년에 형성되는 유럽공동시장의 의미는 유럽통화에 대한 상징성 외에도 각 국가의 주권을 어느 정도 축소시키게 될 것이었다.

EC는 이제 분명히 유럽 세계의 중심이다. 연방주의에 대한 강력한 반대자인 대처도 영국은 여전히 EC의 동등한 그리고 충실한 회원임을 강조했다. EC는 이제 유럽인의 생활의 한 형태로, 많은 경험의 축적을 통해 이루어지는 여러 삶의 형태들 중 하나로 되었다. 아직 방향이나 목적지에 대해서는 분명하게 그리지 못하고 있으나, EU에 가입하지 않은 다른 국가들도 조만간 같은 길을 걸어가게 될 것이 분명해졌다.

EU에 가입하지 않은 국가들, 즉 EFTA의 잔류 국가들과 동유럽 문제는 EC로서는 골치 아픈 일이었다. 특히 동유럽은 EC가 EFTA로 인해 직면했던 문제보다 더 큰 규모의 딜레마였다. 1989년의 동유럽에서 일어난 사건들은 EC의 확장을 요구하는 국가들과 기존 회원국 간에 좀 더 긴밀한 연합을 추구하는 국가들 사이에 새로운 논쟁을 유발시켰다.

유럽연합(European Union)을 성립시키기 위해 1992년 2월에 **마스트리히트 조약**이 체결되었다. 이 조약은 비준 과정에서 많은 논란을 불러일으켰다. 경제불황과 실업 증가, 그에 따른 사회적 불안, 여론의 정치권력에 대한 식상 및 유럽통합에 대한 대여론 홍보부족이라는 열악한 상황에서 마스트리히트조약 비준을 둘러싼 찬반토론이 시작되었다. 가장 큰 문제는 공동체에 대한 부정적인 인식으로, 일반 유럽인들은 공동체를 자기와는 거리가 멀고, 비민주적이고, 신뢰할 수 없는 관료주의 체제로 인식하였다. 덴마크, 영국, 프랑스 국민들은 그들의 민족적 동질성이 위험에 처했다고 판단하기까지 했다. 영국과 독일에서는 마스트리히트 조약이 헌법에 위배되지 않는가에 대한 심판부터 받아야 했다.

그런 어려운 과정을 거치면서 비준에 성공한 마스트리히트 조약으로 공동체 국가들은 더욱 긴밀하게 협조할 수 있게 되었다. 1993년 11월 1일부터 시행에 들어가 유럽공동체는 이제 유럽연합으로 발전하였다. 그러나 동시에 유럽연합은 유럽 각국과 지역의 역사적 다양성을 유지할 것임을 분명히 하고 있다.

EU 국기

1992년 12월부터는 유럽공동시장이 성립되어, 자본과 화폐의 이동이 자유로워졌다. 역내시장은 경제통화동맹으로 발전을 가속화시키고 있으며, 필연적으로 주권의 일부를 회원국들로 하여금 공동체에 이양하도록 하게 될 것이다. 이것은 지금까지 통합단계와는 차원이 다르다. 주권의 양도는 공동체가 정치연합으로 이어질 때만이 이루어질 수 있으며, 주권의 양도가 이루어질 때 정치공동체가 성립되기 때문이다.

본 조약의 구체적인 내용은 첫째, 단일유럽통화의 도입과 유럽중앙은행의 설립 그리고 공동경제통화정책을 시행하며 둘째, 공동외교안보정책을 통해 궁극적으로 공동안보정책(Common Defense Policy)을 이룩하고. 셋째, 회원국간 내무치안정책의 협력을 통해 이민, 범죄행위 등에 공동 대처한다. 넷째, 보충성의 원칙(Principle of subsidiarity)을 강화하여 독자적인 회원국의 정책 수행을 고무한다. 다섯째, 유럽시민권의 강화와 함께 1996년까지 마스트리히트 조약 수정을 위해 정부간 회의(IGC : intergovernmental Conference)를 개최한다고 명시한다.

마스트리히트 조약 체결 이후 경제화폐동맹을 수행할 유럽통화제도(EMI: European Monetary Institute)가 설립된다. 또한 1996년에는 회원국 간 새로운 환율메카니즘(ERM)시행에 합의한다. 동년 12월의 더블린 이사회는 단일통화 출범을 위해 회원국간 거시경제조정을 담은 협약(Stability and Growth Pact)을 체결하고 이후 3단계 준비기로서 **1999년** EU내 11개국 간 **단일통화**(Euro)를 도입한다. 마스트리히트 조약 체결 이후 새로이 통합의 전기를 마련한 EU는 유럽시민권(European Citizenship)의 도입, 경제화폐동맹의 실행, 새로운 정보화 사회(Information Society)로의 진입, 향후 동유럽으로의 회원국 확대를 위한 Agenda 2000 프로그램의 실행 등으로 숨 가쁘게 통합을 진행하고 있다. 이러한 진행은 EU가 단순한 경제적 통합체로 특정 지워지는 여타의 초국가적 기구와는 다른 궁극적인 정치·사회적 통합의 목적으로 나아간다는 것을 역설하는 것이다.

프랑크푸르트의 유럽중앙은행 앞의 유로화 조형물

EURO 등장

정치연합의 성공이 반드시 낙관적이지만은 않다. 1993년 11월 1일부터 유럽연합이 본격적인 가동에 들어갔지만, 처음 로마조약의 체결로 EEC가 탄생했을 때 불러일으켰던 커다란 희망과 비교해 볼 때 상당히 회의적인 반응을 보이고 있다. 공동외교 안보 정책 ECU 등 새로운 희망을 불러일으키기에 충분한 목표가 설정되어 있음에도 불구하고 유럽 회의주의는 날이 갈수록 심화되고 있다. 두 번째로 마스트리히트조약 자체의 모호성과 상반성으로 그 자체 각 국가 간 타협의 산물이다. 로마조약의 경험에 비추어 볼 때, 그때보다 폭넓은 공감대가 형성되어 있어도 차후 논쟁의 여지가 많다고 하겠다. 세 번째로 경제적으로 상당히 통합된 유럽이지만, 정치적으로는 국제사회에서 자신의 역할을 수행할 수 있을 만큼 통합되어 있지 않다. 유고슬라비아의 민족분쟁이 대표적인 예이다. 네 번째로 경제침체에 따른 실업의 증가와 사회 불안정을 들 수 있을 것이다.

그럼에도 불구하고 마스트리히트 조약이 유럽 건설에 새로운 방향과 활력을 제시하고 있는 것은 분명하다. 동구 공산권의 붕괴와 독일통일로 유발된 새로운 국제기류에 능동적으로 대처하려는 유럽 12개국의 의지도 이 조약에 분명히 나타나있다. 유럽통합의 현주소는 많은 희망적 요소를 안고 있는 것만큼 많은 문제를 안고 있는 것 또한 사실이다. 미테랑은 1993년 10월 25일 TV대담에서 유럽통합은 “의지의 문제”라고 전제하면서 현재 유럽이 직면하고 있는 위기의 극복을 위한 가장 확실한 해결책으로 유럽통합의 빠른 실현을 강조했다. 아직 유럽 통합의 미래는 불투명하다. 그 미래의 청사진은 어디에도 그려져 있지 않으며, 더군다나 현재 진행 중인 역사이다. 그리고 유럽통합의 장래에 이처럼 많은 변수가 있을 수 있다는 점이 더욱 우리의 주목을 필요로 한다고 여겨진다.

11. EU 확대의 지속

1995년에는 오스트리아, 핀란드 그리고 스웨덴의 가입으로 회원국은 15개국으로 확대되고 나아가 1997년부터 1999년까지 가입 협상을 거친 후에 **2004년**에 폴란드, 헝가리, 체코, 슬로바키아, 에스토니아, 라트비아, 리투아니아, 슬로베니아, 키프로스, 몰타 등이 가입했고, 2007년에 루마니아와 불가리아가 가입했다. 현재 유럽회원국 수는 27개국이고, 앞으로 더 늘어날 전망이다.

터키는 1999년 12월 후보국 지위를 인정받고 2006년 6월부터 본격적으로 가입협상을 개시했지만, 이슬람 국가인 터키의 경우 종교적 문제가 가장 큰 걸림돌로 작용하고 회원국인 그리스, 키프로스와의 분쟁과 다른 회원국들 간의 여러 이견 때문에 아직 가입이 허용되고 있지 못하다. 터키는 2014년까지 가입을 희망하고 있지만 실현될지 의문이다.

크로아티아는 2004년 6월 후보국 지위를 획득하고 이듬해 10월 가입협상 개시 승인을 받았지만 옛 유고연방 출신 가운데 유일한 EU 회원국인 슬로베니아와의 국경선 분쟁 때문에 EU에 발을 들여놓지 못하고 있다. 그러나 EU의 중재로 양국을 합의에 이르렀고 2009년 10월부터 협상이 재개되어 2011년 상반기 가입을 목표로 협상 중이다.

마케도니아는 2005년 12월 후보국 지위를 인정받았으나 그리스와 19년 동안 벌이고 있는 국가명칭 분쟁과 국내 개혁의 지연 때문에 EU에 발을 들여놓지 못하고 있다. 2009년 12월 외무장관회의에서 가입협상 개시 여부를 2010년 상반기에 결정하기로 했으나 이 시한도 넘겨 언제쯤 가입협상이 개시될지 불투명한 상태다.

몬테네그로는 2008년 12월에 가입 신청했고, 2009년 12월부터 비자 면제가 시행되었고, 알바니아는 2009년 4월에 가입 신청했다. 2010년 12월부터 비자 면제가 시행되었고, 아이슬란드는 2009년 7월에 가입 신청했다. 그러나 영국과 네덜란드가 예금 상환문제로 가입을 반대하고 있다.

세르비아는 2009년 12월에 가입 신청했다. 2009년 12월부터 비자 면제가 시행되었다. 2014년 가입을 목표로 하고 있다. 보스니아 헤르체고비나는 2010년 12월부터 비자 면제가 시행되었다. 이외에 그루지야, 몰도바, 아르메니아, 아제르바이잔, 우크라이나, 벨라루스도 가입에 관심을 가지고 있다. 모로코는 1987년에 가입을 신청했지만 유럽 국가가 아니라는 이유로 거절되었다.

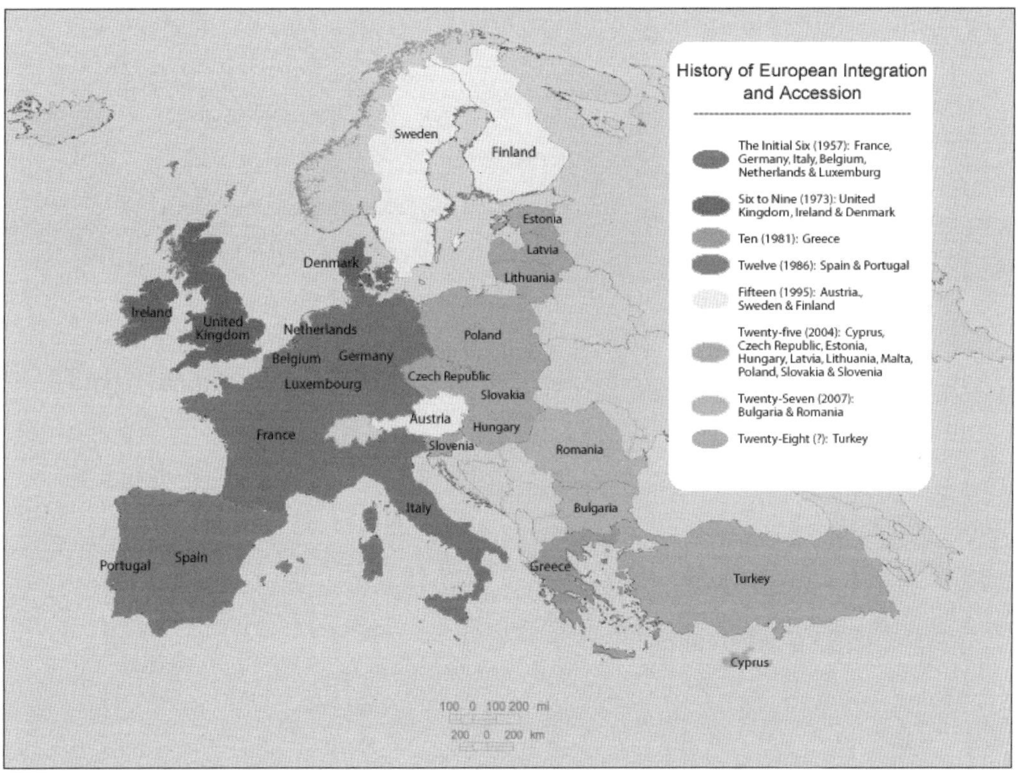

EU의 확대의 역사

제15장 유럽연합(EU)과 아시아

ASEM이란 Asia−Europe Meeting을 줄인 말로서, 한·중·일 및 ASEAN 7개국 등 아시아 10개국과 유럽연합(EU) 회원국(27개국)의 국가원수 또는 정부수반과 EU 집행위원장 등이 모여서 2년에 한 번씩 개최하는 아시아·유럽정상회의를 의미한다.

ASEM은 회원국 정상들 간의 자유로운 의견교환의 장으로서 정치·안보·경제·사회·문화 등 다양한 분야에서 아시아와 유럽 양 지역의 공동발전과 번영을 지향하는 정부 간 협력체이다. 그러나 ASEM은 구속력이 있는 결과를 도출하기 위한 협상기구는 아니며, 탄력성과 역동성을 가지고 포괄적인 관심사를 논의하는 열린 기구이다. 이러한 점이 무역·투자 등 경제협력에 주안점을 두는 일부 지역협력체들과 다르다고 볼 수 있다.

이처럼 다양한 분야의 협력을 효율적으로 증진시키기 위해 ASEM에서는 정상회의 외에 외무·경제·재무장관회의 등 각료급회의를 정상회의가 열리지 않는 해에 개최하고 있다. 또한 실무급인 고위관리회의(SOM: Senior Officials' Meeting)도 수시로 개최하여 정상회의에서 합의된 사항의 이행현황을 점검하는 한편, 회원국 전체가 함께 참여하는 다양한 협력 사업들을 추진해 나가고 있다.

그 동안 제1차 ASEM은 1996년 3월 1일~2일간 태국 방콕에서, 제2차 ASEM은 1998년 4월 3일~4일간 영국 런던에서 각각 개최되었으며, 제3차 ASEM은 2000년 10월 20일~21일간 우리나라 서울에서 개최되었다. 제3차 회의에서는 그간의 제1, 2차 회의시 협의내용을 바탕으로 21세기 아시아와 유럽간 협력을 본격화하기 위한 논의가 진행되었다.

1. ASEM 탄생의 배경

1990년대에 들어서 냉전종식에 따라 정치적으로는 미·소를 축으로 하는 양극체제가 무너지고, 경제·사회적으로는 세계화 추세가 대두되면서 아시아, 북미, 유럽 등 3개 지역을 축으로 한 새로운 국제 질서가 형성되고 있다. 이들 세 지역간에 상호 대화의 채널을 확립하고 또한 균형적인 관계를 발전시켜 나가는 것이 세계경제의 안정적 성장뿐만 아니라 세계평화와 안전을 위해서도 매우 중요한 과제로 부상하게 되었다.

북미는 범대서양자유무역지대(TAFTA)의 구상을 비롯하여 정치·안보·경제·문화 등 모든 분야에서 전통적으로 유럽과 긴밀한 관계를 구축하여 왔고, 아시아와 북미관계도 1989년 발족된 아시아·태평양경제협력체(APEC)를 중심으로 역내협력이 꾸준히 발전되어 왔다. 이에 비해 아시아와 유럽지역의 관계는 상대적으로 연계성이 미약하여 북미－유럽, 아시아－북미간의 관계에 비해 뒤지는 실정이었다.

ASEM 참가국들이 전세계 인구의 38%, 전세계 교역량의 60%, 그리고 전세계 총GDP의 53%를 차지(1996년 기준)하고 있음에도 불구하고, 실제로 양 지역 간의 교류는 계속 미진한 상태에 머물고 있었다. 이 같은 상황 하에서 단일시장 완성을 통해 명실공히 세계 최대의 시장으로 부상한 유럽연합(European Union: EU)과 세계경제에서 가장 역동적인 성장세를 보이고 있는 아시아 제국 간 관계강화의 필요성은 당연한 명제로 부상할 수밖에 없었다.

1990년대 들어 유럽의 주요국가들은 경제적으로 급성장하고 있는 한국·홍콩·싱가포르 등 아시아의 신흥 경제국들과의 관계강화에 관심을 보이기 시작하고, 아시아 국가들도 유럽과의 관계강화 필요성을 인식하여, 양 지역 간 상호관계 강화를 위한 공동인식이 형성되었다. 이에 따라 아시아와 유럽의 지도자들은 경제통합의 완성단계에 돌입하고 있는 유럽과 풍부한 노동력과 역동적인 경제 환경을 보유한 아시아 제국간 정치·경제·문화의 교류를 확대하여 상호이익을 증대하기 위해 ASEM을 출범시키게 되었다. 유럽연합의 기업들의 아시아 진출과 직접투자가 미흡한 것을 인식하고 급격한 경제성장을 하고 있는 아시아 시장의 개방을 유도하여 유럽연합의 수출과 교역을 증대시키려 했고, 아시아 국가들도 유럽연합의 시장접근을 원했다. 뿐만 아니라, 신세계질서가 형성되는 과정에서 정치·안보 및 경제 분야에서의 미국의 독주를 견제하기 위하여 유럽연합과 아시아가 공동 대응하려는 목적도 있다.

게다가, 아시아는 유럽연합의 거대한 시장 잠재력을 인식하고 첨단 산업기술과 유럽식 경영기법을 이전 받겠다는 의도와 아시아의 거대시장 진출에 필요한 교두보를 구축하려는 유럽의 의지가 깔려있다. 물론 아시아·유럽간 협력의 상호 이익은 경제적인 이해관계에만 국한되지 않고, 정치·경제·사회·문화 등 제반 분야에 걸쳐 있어, 앞으로 ASEM을 매개로 양 지역 간 협력관계의 강화와 함께 세계평화와 지역 안보 확립에도 기여할 것으로 기대된다.

1994년 10월 싱가포르는 양 지역 국가 정상들이 한자리에 모여 대화를 나눌 ASEM 창설을 제의하였고, 이에 한·중·일·아세안과 유럽연합(EU)측이 동의하여 **제1차 ASEM**이 1996년 3월 태국에서 개최됨으로써 본격적으로 출범하게 되었다.

ASEM 구조

아시아·유럽 정상회의는 아시아와 유럽의 정치·경제 협력 등 폭넓은 의제를 다루는 대규모 회의로서 정책 도출의 효율성 제고를 위해 다음의 의사 결정 구조를 가지고 있다. 먼저 아시아와 유럽 지역의 지역 내 의견조정을 위해 아시아와 유럽의 조정국을 각각 지정하게 되며, 조정국간의 "**조정국회의**"에서 기초적인 회의 업무와 신규 사업에 대한 논의를 하게 된다.

조정국회의의 논의를 거친 사항은 각국의 실무책임자들의 모임인 "고위관리회의"를 통하여 실무차원에서의 논의 및 협의를 거치게 됩니다. 고위관리회의에서 협의된 사항은 정기적으로 개최되는 아시아·유럽 각국의 **외무장관회의**에서 다루어지게 된다.

외무장관회의는 고위관리회의(SOM)와 더불어 정상회의에서 합의된 후속조치의 이행상황을 점검하고 주요 ASEM 현안에 관한 회원국의 의견을 수렴하는 등 총괄적인 조정기구로서의 역할을 담당하고 있다. 또한, 외무장관회의는 고위관리자회의의 협의 내용을 검토하고 '경제장관회의'와 '재무장관회의'의 논의를 취합하여 정상회의에 의제로서 상정시키는 역할을 한다.

2. 제1차 ASEM의 토의내용 및 성과

주요 토의 내용

아시아와 유럽간 포괄적 동반자관계 구축이라는 주제 하에 1996년 3월 1~2일 양일간 **방콕**에서 개최된 제1차 ASEM에서 각국 정상들은 우선 향후 ASEM에서의 협력과정이 동등한 동반자로서 상호 존중과 이익을 바탕으로 개방적이며 점진적으로 이루어져야 한다는 데에 합의하였다. 제1차 ASEM 정상회의는 정치·안보 대화 증진, 경제협력 강화, 문화 및 기타 분야에서 협력증대라는 3가지 과제를 중심으로 논의를 하여 세부실천방안으로 무역 및 투자촉진계획, 비즈니스 포럼 개최, **아시아**

· 유럽재단(ASEF: Asia－Europe Foundation) 설립 등 다양한 협력 사업을 추진하기로 합의하였다.

경제 분야에서 ASEM 정상들은 우선 아시아 · 유럽간 경제적 동반자관계가 비차별적 자유화 및 개방적 지역주의에 기초해야 함을 다짐하고, 다자주의 자유무역체제의 원활한 발전을 위해 긴밀히 협력하고 GATT와 UR에서 결정된 사항을 이행하는데 함께 노력하기로 합의하였다.

둘째, ASEM 정상들은 통관절차, 표준 및 적합의 간소화 및 개선을 포함하여 무역투자를 확대하는 제반 조치를 취해야 할 것이라는 점을 최우선적으로 지적하였다. 이에 따라 고위관리회의(SOMTI), 투자촉진을 위한 민관 실무그룹 회의, 세관담당자들 간의 회의 등이 개최된 바 있으며, 그 결과 ASEM 투자촉진 행동계획(IPAP)안이 확정되었으며, 무역원활화 행동계획(TFAP)안도 제2차 런던 회의에서 결정하기로 되었다.

셋째, 국가 간 또는 지역 간 경제관계의 긴밀화에는 결국 민간 기업부문에 의한 무역 및 투자 증대가 우선되어야 한다는 인식 아래, ASEM에서는 양 지역의 민간부문 특히 중소기업 간의 협력 강화가 강조되었다.

제1차 ASEM의 성과

ASEM 방콕회담에 대해서 브레진스키 전 미 백악관 안보 보좌관은 "세계 유일의 초강대국인 미국이 불참한 데다 유럽 국가이면서 동시에 아시아 국가이기도 한 러시아도 빠져 있는 등의 사정으로 보아 ASEM은 정치 · 경제적으로 강력한 추진력이 없는 국가들의 모임"이라고 애써 낮게 평가하였다. 그럼에도 불구하고 ASEM은 1차 회의에서 의장성명의 채택, 주요 협력분야별 합의사항 도출, 그리고 ASEM의 향후 방향에 대한 합의 등의 성과를 이끌어 냄으로써 장래 ASEM의 발전을 밝게 해 주었다.

ASEM 방콕에서 합의된 내용은 ① 아시아－유럽간 공식적인 협력 채널의 마련, 양대륙간 새롭고 포괄적인 동반자관계 구축, 참여국간 실질적인 경제협력의 계기 조성, 아시아 국가들은 과거 식민제국주의 시대 이후 최초로 유럽 국가들과 협력의 대상으로서가 아니라 상호보완적인 동반자적 입장에서 최초 회합을 가졌다는 의미를 갖게 되는 것 등으로 요약된다.

한편, 유럽 국가들은 ASEM을 통해 아시아 지역 내에 상대적으로 우위에 있는 미국의 영향력을 견제하고, 세계경제의 지역주의 성향을 **세계무역기구**(WTO)를 중심으로 한 다자주의로 수렴시키는 분위기를 조성하는 성과를 거두었다 할 수 있다.

ASEM 방콕회담은 APEC과는 달리 정치·안보, 경제 및 사회 등 모든 분야를 협력대상으로 삼고 있으나, 주요 의제는 경제부문의 협력 강화에 모아졌고 각국 정상들은 이에 대해 다양한 의견을 제시하였다. 제1차 회담에서 제시된 의견들은 일부 참여국의 의견 불일치로 완전한 합의에 이르지는 못하였으나, 일부는 합의에 도달하여 의장성명에 포함되었다.

아시아 측에서 한국은 경제협력 3원칙을 제창하였고, 아시아－유럽 간 초고속통신망 구축, 아시아－유럽 비전그룹 설치 등을 제시하였다. 일본은 아시아－유럽 비즈니스 포럼과 ASEM 각료회의의 1997년 일본 유치를 제의하였다. 말레이시아는 유럽인 대학의 아시아 지역 내 설치를 제의하였고, 태국은 총리가 양 지역간 투자활성화 실무 그룹의 6개월 내 구성을 제의하였다. 그 외 태국 등 일부 아시아 국가는 APEC처럼 ASEM을 무역 및 투자자유화를 위해 구속력을 갖춘 기구로 발전시켜야 한다고 주장하였다.

한편, 유럽 측에서 이탈리아는 구유고 재건을 위해 아시아 국가들의 참여를, KEDO에는 유럽 국가들의 참여를 주장하였다. 그 외 여타 유럽측 참여국들은 향후 10~20년 이내에 아시아 국가들의 투자장벽을 제거하자고 주장하였다.

특히, 우리나라는 APEC에서 주도적 입지를 굳힌 데 이어 ASEM에 대한 적극 참여로 아시아－유럽을 잇는 가교 역할을 담당하게 되었다. 즉, 한국은 2000년 **제3차 ASEM 정상회담**의 한국(서울) 유치에 성공하였고, 아시아－유럽 간 경제협력의 3원칙을 제시하여 이를 ASEM 합의내용으로 채택되도록 하는 성과를 거두었다. 한국이 제시한 3원칙은 다자주의 무역체제 강화 및 개방적 지역주의 증진, 아시아－유럽 간 상호보완성 최대 활용, 중소기업을 포함한 민간기업 중심의 협력전개 등이다.

이 밖에도 한국은 아시아－EU 비전그룹 설립을 제안하여 ASEM에서 한국이 주도적 역할을 담당할 수 있는 기반을 마련하였다. 또한 유럽의 KEDO 공식참여를 얻어냄으로써 아시아의 안정과 한반도 문제의 평화적 해결의 계기를 마련하였다.

3. 제2차 ASEM 정상회담의 토의내용 및 성과

주요 토의내용

1998년 4월 3~4일 양일간 영국 런던에서 개최된 **제2차** ASEM에서는 제1차 ASEM에서 합의한 바와 같이 정치·안보·경제 및 사회·문화 분야에서 양 지역간 협력 강화 방안이 논의되었으며, 회의 당시 무엇보다 가장 시급한 과제였던 아시아 금융위기 극복방안이 논의되었다. 이와 같은 논의 결과 '아시아-유럽 신탁기금(ASEM Trust Fund)'이 설치되었고, 특히 우리나라가 제안한 아시아 국가들에 대한 구체적인 지원방안으로써 '고위기업인 투자촉진단' 파견계획이 발표되어 ASEM의 양 지역간 실질적인 협력체로서의 역할을 부각시키는 계기가 되었다. **제2차 런던 ASEM 정상회의**에서의 정치·안보협력분야에서는 한반도 문제 등 지역문제 해결을 위한 정상들의 공동 의지가 의장성명서에 명기된 점도 성과로 꼽을 수 있다.

경제협력분야에서는 아시아 지역의 외환위기가 발생한 직후 제2차 ASEM 정상회의가 개최되어 주로 아시아 금융위기 극복을 위한 구체적이고도 실질적인 방안에 대한 토의가 논의의 중심을 이루었다. 회원국 정상들은 아시아 금융경제위기에 대해 나름대로 그 원인에 대한 진단을 내리고 아시아와 유럽 간의 협력 필요성을 강조하였다.

우리나라는 먼저 민주주의 원칙에 입각한 경제 구조개혁 추진을 통한 자구 노력을 알리고 국제금융감독 질서의 강화를 위한 G7, UN 등에서의 국제협력을 촉구하였으며, ASEM 차원에서 유럽이 아시아에 구체적이고 실질적인 지원을 제공해야 할 것이라 역설했다. ASEAN 회원국 정상들은 금융위기가 국제 투기세력 때문에 비롯되었으며, 이들에 대한 규제 대책을 강구할 필요가 있음을 지적하였다. 일본은 아시아 경제회복에 기여하기 위해 일본의 시장개방 및 금융 구조를 개선하고, 중국은 자국의 위안(元)화를 평가절하하지 않겠다고 약속했다. 한편 영국, 프랑스, 이탈리아 등 유럽 회원국들은 아시아 금융위기가 아시아만의 문제가 아니며, 유럽이 적극 지원하여 해결해야 할 과제에 공감을 표시하였다.

그러나 구체적인 지원 방안이 좀처럼 제시되지 않는 가운데 김 대통령은 속개된 회의에서 고위기업인 투자촉진단의 파견을 긴급 제안하여, 유럽 회원국들의 적극적인 지지를 이끌어 내는 데 성공했다. 구체적으로 일본, 영국, 프랑스 등 회원국이 투자 촉진단을 파견할 것이란 계획을 발표했고, '투자 증진을 위한 고위급 기업인 사절단을 파견하는 등 현 위기 해결을 위한 아시아–유럽 간 노력에 합의'라는 요지의 문구를 의장성명서에 추가하였다.

제2차 ASEM의 성과

제2차 런던 정상회의는 제1차 방콕 정상회의와는 달리 1997년부터 비롯된 아시아 금융위기의 영향으로 ASEM 발전에 큰 기여를 하지 못한 것으로 평가되고 있다. 애초 유럽 측의 시각에서 바라본 ASEM의 동인은 다가오는 태평양 시대에 유럽이 배제되지 않으려는 의도와 함께 경이적인 경제성장을 이룩한 아시아에 대한 신뢰감에 기초한 것으로 볼 수 있다. 그러나 아시아 금융위기로 인해 상기 두 가지 동인에 대한 의미가 상당부분 희석된 것으로 볼 수 있다. 실제로 제2차 런던 정상회의에서 동아시아 정상들은 금융위기로부터의 회복에 주된 관심이 있었던 반면 유럽 정상들은 유로화 출범 및 EU의 확대문제 등과 같은 역내문제에 치중하였다.

이에 따라 런던 ASEM 정상회의는 무역 원활화 및 투자증진을 위한 규범적인 접근은 다소 미진하였다. 그러나 당시 아시아의 금융위기로 인한 보호주의의 대두가 우려되는 상황 하에서 현 수준의 시장개방을 유지함과 아울러 다자체제를 중심으로 하는 자유화를 지속적으로 추진한다는 이른바 '**ASEM 무역·투자서약**'을 채택한 것은 괄목할 성과로 간주된다. 이는 동 선언을 통해 ASEM이 G7 혹은 WTO 등 국제기구들과 정합성을 유지해 간다는 결의를 보여 준 것으로 평가되기 때문이다.

제2차 런던 정상회의에서는 아시아 국가들의 금융위기 극복을 지원하기 위하여 **ASEM 신탁기금** 및 **유럽금융전문가 네트워크**(EFEX: European Financial Expertise Network)의 설립 등 특별조치를 취하였다. ASEM 신탁기금은 1998년 6월 세계은행에 설립되어 아시아 금융부문의 구조조정 및 기술지원을 목표하고 있으며 약 470만 불 규모의 기금조성이 약속되었다. EFEX는 주로 아시아 금융부문의 개혁의 추진과정에서 유럽 전문가들의 경험활용을 위해 네트워크를 만든다는 취지로 설립되었다.

종합적으로 보아 아시아 금융위기가 ASEM 프로세스에 어느 정도 부정적인 영향을 초래하였고, 또한 위기관리에 대한 ASEM 차원의 기여도 기대에는 미치지 못하였다. 따라서 이와 같은 관점에서 본다면 제2차 ASEM 정상회의는 그다지 성공적인 평가를 받지 못한 것으로 평가될 수 있다. 그러나 ASEM은 유럽 국가들이 아시아 외환위기국가로의 투자촉진단의 파견 등 장기적인 관점에서 양 지역 간 협력관계를 강화하는 계기를 마련하였던 것으로 평가된다.

한편 한국은 국민의 정부 출범 후 맞이한 첫 번째 다자간 정상외교의 장을 한국의 경제위기 극복의 기회로 활용하였다. 고위기업인 투자 촉진단 파견 결정을 주도적으로 이끌어 내고, ASEM 정상회의 계기로 열린 2국간 정상회담에서도 투자 유치 및 금융분야에서 상호 협력하기로 하였다. 현지 금융인 혹은 기업인과 회동을 갖는 등 공식회의 일정 이외에도 적극적인 '**세일즈 외교**'에 주력했다.

또한 한국은 제2차 ASEM 정상회의를 통하여 IMF 합의 사항 준수 의지를 재천명하고 노·사·정 합의, 구조조정노력 등 자구 노력을 강조함으로써 우리 경제에 국제 신인도를 제고하는 데 크게 기여하였다. 이어서 한국은 한국 측이 제안한 '투자촉진단 파견 결정' 논의를 통해 ASEM을 구체적이고 실질적인 아시아·유럽 간 협력의 장으로 발전시키는 데에도 기여하였다. 아울러, ASEM 정상회의를 국민의 정부의 포용적이고 유연한 대북정책에 대한 국제사회의 이해를 제고하고 의장성명서에 **한반도 문제**가 명기되는 등 한국의 정책에 대한 국제사회에서의 지지를 확산시켰다.

4. 서울 ASEM의 개최의의 및 성과

서울 ASEM의 개최의의

서울 ASEM은 한국이 런던 ASEM 이후 의장국이며 동시에 아시아측 조정국의 자격으로 참여국들의 의견을 수렴하고 조율하는 역할을 담당함으로써 한국의 외교적인 역량을 한 단계 높이는 계기가 되었다. 또한 서울 ASEM은 21세기 아시아 유럽 간 구체적인 협력방안의 도출을 통하여 21세기 새로운 환경의 세계질서 속에서 양 지역이 나아갈 방향을 제시하였다. 한편, 서울 ASEM은 한국에 국제회의 시설기반을 확충하는 계기를 마련하여 우리나라의 국제회의 사업, 관광 및 문화산업 발전에 새로운 전환점을 마련하였다.

특히 서울 ASEM에서는 향후 10년 간 ASEM의 발전방향, 사업계획 및 추진목적 등을 설정한 2000 유럽－아시아 협력체제(Asia－Europe Cooperation Framework 2000)를 채택하여 그 동안의 성과를 바탕으로 ASEM에서의 협력의 확대·심화 및 새로운 참여국의 가입조건의 제시에 따른 ASEM의 확대가 가능하도록 발판을 마련하였다.

서울 ASEM의 주요 내용과 성과

2000년 10월 20~21일 양일간 개최된 서울 ASEM 정상회의에서는 한반도 평화에 관한 **서울 선언문**, 아시아-유럽 협력체제(AECF), 의장성명문을 채택하였으며, 16개의 신규 협력사업을 추진키로 결정하였다. 이 가운데 10월 20일 오후에 개최된 경제·재무분야 회의에서 정상들은 6개의 예시의제를 중심으로 자유로운 분위기 속에서 활발한 토의를 가졌다. 즉, ASEM 참여국 정상들은 ① WTO를 중심으로 한 다자주의 강화 및 개방적 지역주의 증진, ② 지식정보화 및 세계화 시대에 있어서 협력강화, ③ 금융 안정 및 경제위기 재발방지를 위한 협력, ④ 석유 등 에너지 공급안정을 위한 협력, ⑤ 민간부문간 교류 및 민간-정부 간 교류증진, ⑥ 과학기술 협력 증진 등 ASEM 차원에서 참여국간 협력할 수 있는 주제에 대해서 의견을 교환하였다.

정치·안보분야

아시아·유럽 지역 정세와 유엔의 역할 등 국제문제, 군비통제·군축 및 核 비확산 등 안보문제, 그리고 세계화와 21세기 국제정치·경제질서 구축 등의 의제들이 심도 있게 논의되었다.

김대중(金大中) 대통령은 이 회의에서 2000년 6월에 개최된 남북정상회담 이후 급속히 진전되고 있는 한반도 화해와 협력이 동북아는 물론 세계의 안정을 위해서 필수적임을 강조하고, 이에 대한 국제사회의 지속적인 협력과 성원을 당부했다.

이어 ASEM 회원국 정상들은 만장일치로 "**한반도 평화에 관한 서울선언**"을 채택했다. 회원국 정상들은 "서울선언"을 통해 한반도와 동북아에서의 평화와 안정, 신뢰구축을 위한 ASEM의 의지를 재확인하고, ASEM 회원국들이 북한과의 대화, 인적교류, 경제교류 등 관계개선 노력을 기울여 나가는 것이 중요하다는 점을 강조하는 한편, KEDO 사업에 대해서도 지지를 표명했다.

각국 정상들은 또 ASEM이 지역과 범세계적인 공동 관심사에 관한 협의의 장이 되어 왔음을 평가하고, 국제평화·안정·번영을 위해 아시아와 유럽 간 협력을 더욱 강화해 나가기로 의견을 모았다.

회원국 정상들은 안보리를 포함한 UN 체제의 대표성·투명성·효율성 증진을 위한 UN 개혁에 대해 지지를 표명했다. 특히 개발협력 분야에 있어서 UN의 역할이 필요함을 강조하고, 이러한 업무수행을 위해 건전한 UN 재정이 중요하다는 데 의견을 모았다.

또 전 세계에서 지속적으로 발생하고 있는 무력 갈등에 대해 심각한 우려를 표명하면서, 이러한 갈등을 효과적으로 예방하기 위한 노력의 일환으로 범세계적 전략적 균형과 안정 유지, 대량파괴무기관련 군비통제와 군축, 핵 비확산에 관한 지역적·범세계적 조치들을 강화해 나가기로 합의했다. 아울러 기존의 국제 군비통제와 군축 협약의 완전성과 유효성을 유지하고 이 분야에 있어 ASEM내 대화와 협력을 더욱 발전시켜 나가기로 했다.

또한 참가국 정상들은 모든 인권과 기본적 자유를 보호하고 증진시키는 데 최선을 다할 것임을 확인했다. 또 대인지뢰의 무차별적인 사용으로 인한 인명피해문제의 대처와 지뢰제거 훈련, 폭파되지 않은 폭발물의 제거와 희생자 재활 등에 대한 국제적 지원의 필요성과 이러한 지원을 지지해준 국제사회의 노력을 평가하고, 소형무기와 경(輕)무기 문제 해결의 중요성도 강조했다.

사회·문화·기타 분야

문화적·知的·人的 교류의 증진, 아시아·유럽 재단(ASEF)의 역할, 사회적 불균형 해소 및 사회안전망 개선 등 사회분야 협력의 증진방안을 비롯해 환경, 인적 자원개발, 초(超)국경적 범죄, 여성과 아동복지 등 범세계적 문제에 대한 ASEM 차원에서의 협력 방안들이 광범위하게 논의되었다.

앞으로 10년간 아시아·유럽 협력의 발전방향과 중점분야를 규정하는 기본문서인 "AECF 2000"이 채택됨으로써 지난 1996년 출범한 ASEM은 명실상부한 아시아·유럽 간 협력의 중심축으로 자리 잡게 되었으며, 특히 의장성명서는 세계화 및 정보통신, 초국가적 범죄 대처, 인적자원개발 및 환경문제 관련 총 16개 사업의 신규 승인을 포함하고 있어 향후 ASEM 회원국 간 실질 사업협력이 증대할 것으로 기대된다.

세계화의 이점을 널리 공유하는 동시에 세계화의 역효과를 감소시켜야 한다는 필요성에 의견을 같이하고, 회원국들 간 사회·경제 현안에 관한 대화를 강화해 나가기로 합의했다. 이와 관련, 김대중 대통령이 제안한 "세계화에 관한 ASEM Roundtable"을 신규 사업으로 확정했다. 이 사업은 세계화의 부정적 영향을 최소화하기 위한 ASEM의 협력방안 연구를 목적으로 하고 있으며, 한국은 이를 통해 "생산적 복지 증진"을 소개할 예정이다.

아울러 각국 정상은 아시아·유럽의 지속적인 성장과 함께 아시아 저개발 지역의 지속적인 발전을 도모하고, ASEM 회원국내 및 회원국 간의 경제적·사회적 불평등을 완화하는 노력이 필요하다는 데 공감했다. 또 사회개발과 평생교육을 포함한 인적자원 개발이야말로 그러한 불평등을 완화시키는 중요한 방법이며, 사회 취약계층의 복지 증진을 위해 사회안전망 개선이 필요하다는 데에도 의견을 같이했다.

정상들은 다양하고 긴밀한 인적 교류를 통해 두 지역 간 상호 이해를 증진시켜 나가는 노력의 중요성을 강조하고, ASEM이 이를 위해 노력할 것을 결의했다. 특히 학생 및 학계의 교류, 대학 간 협력, 두 지역 학교 간 "전자 네트워킹"의 활성화 등을 포함한 교육교류를 증진시키기로 하고, 두 지역 교육기관 간 학위와 자격증 등의 상호인정 가능성 모색 및 "ASEM 교육망"과 "아시아·유럽대학"(AEU)을 통한 협력증진 등에도 합의했다.

이와 관련, 김대중 대통령과 "시라크" 프랑스 대통령이 공동 제안한 "**ASEM 장학사업**"을 신규 사업으로 채택되었으며, 이를 통해 ASEM 회원국 간 학생·교수 등 교류를 증진시키기로 합의했다. 한국은 이 사업의 사무국을 서울에 유치함으로써 두 지역간 교육 분야 교류의 선도적 역할을 담당하게 될 것으로 기대된다.

이민관리, 돈세탁 등 국제범죄, 불법입국, 성적(性的) 착취를 목적으로 한 여성과 아동의 인신매매, 국제 테러와 해적행위, 인종주의와 외국인 혐오, 마약, 여성과 아동복지, 지역보건의료, AIDS 등 전염병과 기생충 질병, 식량안보·수급 등의 범세계적 관심사 안에도 대해서도 공동으로 대처해 나가기로 합의했다.

경제·재무부문의 토의내용 및 성과

ASEM 정상들은 6개의 예시의 제안에서 정보격차 해소 노력 및 범유라시아 초고속 정보통신망 구축 등 정보기술(IT) 분야의 중요성과 이에 대한 ASEM 차원의 대응, 경제위기 재발방지와 국제금융체제의 강화를 위한 협력, WTO 뉴라운드 조기 출범을 통한 다자무역체제의 강화 필요성, 세계화의 역작용에 대한 효율적이며 체계적인 대응을 통해 혜택을 극대화할 수 있는 방안, 원유가격의 안정적인 유지 방안에 대해 중점적으로 논의하였다.

우선 참여국 정상들은 범유라시아 초고속 정보통신망 구축을 합의하였으며, 이의 기술적인 운영에 관한 구체사항을 협의하기 위해 2001년 초 전문가 회의의 개최 및 정보격차(digital divide)를 해소하기 위한 다각적인 협력을 확대해 가기로 하였다.

또한 1999년 북경에서 개최된 과학기술 장관회의가 양 지역 간 과학·기술협력을 확대하는 계기가 되었다고 평가하고, 협력가능분야를 지속적으로 발굴하는 등 협력 확대를 위한 노력을 계속하기로 하였다. 이는 정상들이 지식·정보화 시대에 있어서 지역 간·계층 간 빈부격차가 심화될 가능성에 대해서 주목하고, 빈부격차가 환경파괴와 인류의 평화를 저해하는 요인이 될 수 있다는 점에서 양 지역 간 협력의 중요성을 인식한 데에서 비롯된 것이다. 또한 정상들은 ASEM이 21세기에 한편으로는 참여국간 경쟁을 하면서 다른 한편으로는 낙후지역과 소외계층에 대한 지원과 협력을 통하여 번영의 나눔과 인류의 화합을 추구해야 한다는 점을 강조하였다.

둘째, 정상들은 ASEM 신탁기금의 운영을 연장하는 한편, 국제금융체제의 강화를 위한 국제사회의 노력에 적극 참여하기로 하였다. 이는 금융·외환위기를 겪었던 국가들이 경제안정을 실현하고, 대내적인 개혁을 완수하여 경제위기의 재발을 방지하기 위한 조치의 하나로 평가된다.

셋째, 정상들은 다자무역체제를 더욱 강화하기 위해 ASEM차원에서 노력하기로 하였다. ASEM 차원에서 무역원활화 행동계획(TFAP)과 투자촉진행동계획(IPAP)을 적극 이행을 통해 ASEM 회원국 간 무역과 투자를 증진시키며, 다자 차원에서는 다자무역체제를 더욱 발전시키기 위해서 광범위한 의제를 다루는 뉴라운드 조기 출범의 필요성을 재확인하고 이를 위한 컨센서스 형성에 노력하기로 하였다. 또한 정상들은 개도국과 최빈개도국의 이익과 관심사항을 배려할 필요성을 강조하는 한편, 이들 국가에 대한 시장접근 개선, 능력 함양을 위한 기술원조, UR 협정의 이행과정에서 직면하는 애로사항 해소 등의 방안을 검토해 나가기로 하였다. 이 밖에도 정상들은 중국과 베트남 등이 WTO에 조기가입을 협력하기로 하였다. 이와 같은 일련의 조치는 개방된 무역체제가 실질적으로 ASEM 참여국들의 무역과 투자를 증진시켜 아시아 금융위기 극복과정에 크게 기여하였으며, 동시에 세계경제가 안정적으로 성장할 수 있는 모멘텀을 제공할 수 있기 때문인 것으로 평가되고 있다.

넷째, 정상들은 유가의 안정이 세계경제의 안정에 바람직하다는 데 의견을 일치하였다. 정상들은 고유가 문제에 많은 관심과 우려를 표명하였으며, 산유국·소비국 모두에게 이익을 가져올 수 있는 적정수준에서 국제유가가 형성되는 것이 바람직하다는 입장을 보였다. 또한 ASEM 회원국의 대부분이 석유 소비국이라는 점에서 장기적으로 대체에너지 개발과 에너지 절약 등 자구책 마련도 고유가 문제 해결에 중요하다는 데 인식을 같이하였다.

다섯째, 이 밖에도 민간부문간 및 민간-정부부문간 교류와 중소기업 간 협력 등 다양한 주제에 대해서도 활발한 논의가 이루어졌다. 지식정보화 시대를 맞이하여 기동성과 유연성이 뛰어난 중소기업은 소극적이고 수동적인 역할에서 탈피하여 ASEM 회원국 경제의 핵심주제로서의 적극적인 역할을 담당하게 될 것이라는 점에서 앞으로 중소기업 협력을 한 차원 높여서 추진키로 하였다.

신규추진사업

서울 ASEM 정상회의에서는 아시아－유럽 간 협력을 강화하기 위해서 세계화 및 정보기술 분야 7개 사업, 범세계적인 문제 및 법집행 관련분야 4개 사업, 인적자원개발, 환경 및 보건 분야 5개 사업 등 16개 신규 사업을 추진하기로 하였으며, 그중 우리나라가 제안하여 채택된 경제 분야 주요 사업 내용과 향후 추진계획을 살펴보면 다음과 같다.

첫째, 우리나라가 주도하고 EU 집행위와 싱가포르가 공동 제안한 **범유라시아 초고속 정보통신망 사업**은 아시아와 유럽을 초고속 정보통신망으로 연결, 각종 공동연구 프로그램을 수행하도록 되어 있으며, 한국과 유럽을 먼저 연결한 후 아시아 지역국가들이 추가로 이에 접속하여 아시아와 유럽 간 네트워크가 완성되도록 계획하고 있다. 현재, 한·EU간 최초연결을 위한 협의가 진행 중에 있으며, 네트워크 구축 및 이용에 관한 기술적 사항과 비용부담문제 등 보다 구체적인 사항은 2001년 서울에서 개최될 전문가 회의에서 결정키로 하였다.

둘째, 정보격차(digital divide) 해소사업은 우리나라의 주도로 일본, 싱가포르, 포르투갈 등이 공동제안하였으며, 정보·통신 혁명시대에서 필연적으로 제기되는 정보접근력의 차이로 인한 계층 간 국가 간 빈부격차를 해소하는 데 목적이 있다. 구체적인 사업으로는 교육훈련을 통한 인력자원 개발, 정보통신기기의 보급 및 정보접근시설의 설치, 세미나 개최를 통한 경험과 지식의 공유추진 등이며, 관련 세미나가 2001년 일본에서 한·일 공동주최로 개최될 예정이다. 일본은 이미 2000년 G－8 회의를 계기로 150억 달러의 자금지원과 협력사업 계획을 발표한바 있으므로 한·일간 긴밀한 협력 아래 동 사업이 추진될 것으로 기대되고 있다.

셋째, 전자상거래 활성화 사업은 아시아－유럽 간 전자상거래를 활성화시키기 위해 관련 조세 부과, 비밀보호, 소비자 보호, 표준 등의 이슈들을 ASEM 차원에서 다루도록 할 계획이다. 이 사업은 2000년 5월 서울에서 개최된 제6차 무역·투자고위관리회의(SOMTI)에서 무역원활화 행동계획(TFAP)의 우선 추진분야로 추가된

데 이어, 이번 서울 정상회의 의장성명서에 반영되었고, 2001년 서울에서 제1차 전자상거래 세미나를 개최할 예정이다.

넷째, 그 외 16개 사업 가운데 경제 분야로 분류되는 여타 사업으로는 중소기업협력 세미나(태국, 벨기에 제안), 정보통신기술 세미나(태국, EU 집행위 제안), 환경장관회의(중국, 독일 제안), 산림보존과 지속개발을 위한 과학기술분야 협력(중국, 필리핀 제안)을 들 수 있으며, 공동 제안국들 주도 아래 동 사업들이 추진될 계획이다.

다섯째, 무역원활화 및 투자 증진분야와 관련하여서는 우선 무역원활화 행동계획(TFAP)은 1998~2000년 간 활동성과를 평가하고 지속적으로 무역원활화 계획을 추진해 갈 수 있도록 이번 서울 정상회의 이후 2000~2002년 성과목표를 설정하여 이를 승인하였으며, 투자촉진행동계획(IPAP)은 지식·정보화 시대에 부응하여 투자의 투명성과 정보교환의 신속성을 보장하기 위한 화상정보교환과 중소기업정보교환 온라인망(ASEM Connect)을 계속 확대하기로 하였다.

성 과

서울 ASEM은 21세기 지역협력 및 국제경제질서 형성에 주도적 역할을 담당할 수 있는 기틀을 형성한 정상회의로 평가되고 있다. 특히 서울 ASEM은 경제협력분야에서 경제위기를 성공적으로 극복하고 재도약에 착수한 동아시아와 1999년 유로화 출범 이후 경기침체에서 벗어나 안정적인 성장궤도에 진입한 EU간 협력이 본격화되고 체계화되는 계기를 마련한 것으로 평가되고 있다.

또한 서울 ASEM은 경제·재무협력분야에서 그 동안 제1, 2차 정상회의가 주로 전통적인 무역·투자활성화에 초점이 맞추어졌던 것과는 달리 지식·정보화 및 세계화 그리고 디지털 혁명으로 대변되는 21세기 새로운 시대에 부응하는 아시아-유럽간 포괄적인 협력체제를 구축하게 되는 계기를 만들었다는 점에서 커다란 의의를 찾을 수 있다.

서울 ASEM 정상회의를 통해 한국은 ASEM 참여국과 협력을 강화할 수 있는 발판을 마련하였다. ASEM 참여국들은 한국의 주요 교역 및 투자 파트너로 그 중요성이 더욱 커지고 있다. 특히 **지식정보화 시대**를 맞아 **전자상거래 분야**를 포함한 8개 우선추진분야에 대한 2000~2002 무역원활화 행동계획(TFAP)의 구체목표를 설정함으로써 비관세 장벽완화를 통한 무역원활화를 지속적으로 추진할 수 있게 되었다.

둘째, 지식정보화 확산 등 정보화의 혜택을 극대화하고, 국가간·계층간 정보화 차이로 인한 빈부격차 심화 등 부정적인 측면을 최소화하기 위한 노력의 일환으로 범유라시아 초고속 정보통신망 구축, 전자상거래 활성화 지원, 정보격차 해소 등 신규사업을 주도함으로써 지식·정보화 분야에서 우리나라의 역할 및 활동범위를 크게 확대하였다.

셋째, 한국은 이번 정상회의를 통하여 한국 정부가 추진하고 있는 금융 및 기업구조조정 등 지속적인 개혁의지를 천명하고 ASEM을 통한 무역·투자원활화, 자유화 및 다자무역체제에 대한 한국의 지지 입장을 확인시킴으로써 한국 경제에 대한 대외신인도를 크게 제고하였다. 특히 국제금융체제 강화에 대한 지속적인 노력을 기울일 것에 합의함으로써 경제위기 재발 방지를 위한 ASEM 차원의 협력을 확보하게 되었다. 또한 ASEM 논의에 적극적인 참여는 우리 경제외교의 다변화와 대외통상환경을 개선시켜 한국 기업의 대외진출기반을 보다 강화할 것으로 기대된다.

넷째, 한국은 ASEM을 통해 EU, ASEAN 등 지역경제협의체와 관계 강화 및 중국, 일본 등 동북아 3국간 경제협력을 강화할 수 있는 계기를 마련하여 장차 나타날 수도 있는 지역경제협의체로부터의 무역장벽을 완화할 수 있는 발판을 마련하였다.

다섯째, 이번 서울 ASEM을 통하여 고유가 문제에 참여국간 공동노력 입장을 재확인하여 향후 경제현안과제가 생기는 경우 ASEM 차원에서 다각적으로 협력방안을 마련하는 등 공동 대응할 수 있는 좋은 선례를 마련하였다 할 수 있다.

5. 제4, 5, 6차 ASEM 정상회의

제4차 ASEM 정상회의

제4차 ASEM 정상회의는 2002년 9월 22－24일 덴마크 코펜하겐에서 열렸다. 제3차 서울 정상회의 합의에 따라 "형식에 구애받지 않고 활발히 토론하는"(more informal and interactive) 방식으로 정상회의가 진행되었다. 정치대화, 경제협력, 문화인적교류 등 3개 분야에 걸쳐 9.11 테러 이후 국제정세 및 반(反)테러 대책, 세계경제 회복을 위한 경제협력, 사회·문화·교육 분야에서의 협력방안 등이 주요한 의제로 토의되었고, '한반도 평화를 위한 정치선언,' 및 '테러근절을 위한 ASEM 코펜하겐 선언'이 의장성명서에 채택되었다.

제5차 아시아·유럽정상회의(ASEM5)

제5차 아시아·유럽정상회의(ASEM5)는 2004년 10월 7－9일에 베트남 수도 하노이에서 열렸다. 참석 국가들은 폐막식에서 채택한 의장성명서를 통해 정치대화 심화, 긴밀한 경제동반자 관계 및 기타 분야 협력 강화, 최근 지역정세에 대한 긴밀한 공조체제 구축, ASEM 프로세스의 진전 등에 대해 공감대를 형성했다. 특히 북한 핵문제의 평화적 해결 및 6자회담의 최대한 조속 개최와 남·북한 간의 대화 및 협력에 대한 지지를 표명하여 ASEM이 한반도의 평화정착에도 기여하겠다는 의지를 내비쳤다.

정치대화의 심화와 관련, 참석 정상들은 테러, 대량살상무기(WMD), 빈부격차, 환경오염 등 범세계적인 문제에 공동 대처하기 위한 ASEM 내 대화와 협력을 강화하고 국제테러에 대해 강력하고 단호하게 대응하겠다는 표시했다. 유엔의 대표성, 투명성, 유효성을 강화하기 위한 유엔체제의 개혁과정 지지에 합의했다.

'**하노이선언**'으로 명명된 긴밀한 경제동반자 관계 구축 부문도 예년과 달리 보다 구체적이고 실질적이라는 평가가 나오고 있다. 참석 국들은 아시아와 유럽의 경제관계를 포괄적이고 미래지향적인 새로운 협력관계로 격상하기 위해 무역·투자증진, 금융문제에 대한 조정과 협력강화, IT 및 지식기반산업·인적자원개발·에너지분야 협력강화, 고유가에 대한 우려 표시와 산유국의 적절한 물량공급 및 에너지자원 보호 등을 이행하기로 뜻을 모았다.

특히 세계무역기구(WTO)를 중심으로 개방되고 공정한 다자무역체계와 개방된 지역통합에 지지를 표명하고, 도하 개발어젠다(DDA)협상의 성공적 타결을 위한 협력을 강화하기로 약속했고, ASEM 경제동반자 관계에 관한 테스크포스의 권고안 및 권고안의 후속조치 이행, 베트남과 라오스의 WTO 가입 지지 등도 양 대륙 간의 경제적 잠재력과 시너지효과를 극대화하고, 경제격차를 해소하는 데 초석을 마련했다는 점에서 주목을 받았다.

기타 분야의 협력 확대 및 강화 부문과 관련해서도 참석 국가들은 세계평화 유지와 안보, 개발협력에 있어서 문화·문명간 대화의 중요성을 강조했다. 이와 관련해 참석 국가들은 '**문화·문명 간 대화에 관한 ASEM선언**'을 채택했다. 또 이를 구체화하기 위해 한국이 주도한 ASEM 듀오장학사업 기간의 5년(2006~2010) 연장을 골자로 하는 교육·교류의 중요성 부문도 성과로 평가됐다.

참석 국가들은 양 지역간 인적·문화적·지적교류 증진을 위한 아시아·유럽재단

(ASEF)의 역할을 긍정평가하고, ASEF의 운영과 재원문제 개선에 관한 권고안을 채택하고 ASEM의 인터넷 사무국 격인 'ASEM Infoborad' 개설에도 합의했고, 최근 지역정세에 대해서도 EU의 확대 및 ASEN(동남아국가연합)+3(한·일·중), 한·중·일 3국간 협력 등 아시아의 통합과정 진전에 대해서도 환영의사를 분명히 했다.

그러나 무엇보다 **제5차 ASEM**의 가장 큰 가시적인 효과는 회원국 확대다. 캄보디아, 라오스, 미얀마가 등 아시아 3개국과 폴란드, 체코, 헝가리 등 유럽권 10개국을 합쳐 모두 13개국이 신규 가입하여 ASEM은 EU(유럽연합)집행위원회를 포함해 모두 39개 회원을 아우르는 영향력 있는 협의체 성격을 갖게 됐다. 물론 일부 EU 회원국들은 미얀마의 민주화 이행 지연 등을 이유로 미얀마의 가입 저지 움직임을 보이기도 했으나 의견을 조정한 끝에 가입을 허용해 우려됐던 충돌 가능성을 사전에 차단하는 성숙함을 보였다.

이 회의에서 한국의 노무현 대통령과 중국의 원자바오(溫家寶)총리의 회담 등 일부 참석 국가 정상들 간의 자연스러운 외교접촉을 통해 관련국 사이에 존재하는 갈등부분을 해소하는 데도 큰 기여를 했다.

이와 함께 지난 1975년 통일과 이후 시장경제체제 전환(1986) 등 일련의 정치적 격변을 거친 베트남이 외부의 우려와는 달리 건국 이래 최대의 외교행사를 대과 없이 치렀다는 점도 베트남의 국제위상 제고와 가장 큰 국가과제인 WTO 가입에 긍정적인 영향을 미칠 것으로 관측된다.

제6차 아시아·유럽 정상회의(ASEM)

제6차 아시아·유럽 정상회의(ASEM)는 2006년 9월 14일−15일 핀란드 헬싱키 열렸다. 북핵문제의 대화를 통한 평화적 해결과 북한의 6자회담 복귀를 촉구하는 것을 골자로 하는 의장성명을 채택했다. 노무현(盧武鉉) 대통령을 비롯하여, 39개국 아시아, 유럽 정상들은 이날 의장성명을 통해 "한반도의 비핵화가 동북아의 평화와 안정을 유지하는데 있어 필수적"이라며 "대화를 통한 북한 핵문제의 평화적 해결에 대해 지지를 표명한다"고 밝혔다.

의장성명은 지난해 채택된 9.19 베이징 6자회담 공동성명에 대한 지지를 재확인하고 "상황을 악화시킬 수 있는 어떠한 행동들도 자제되어야 한다"며 "북한이 전제조건 없이 즉각 6자회담에 복귀하고 공동성명의 신속한 이행을 위해 노력해야 한다"고 촉구했고, "역내외의 평화, 안정 및 안보에 위협이 되는 최근 북한의 미사일

실험 발사에 대해 심각한 우려를 표명한다"고 밝히며 지난 7월 채택된 유엔 안보리 대북결의안(1695호)에 대한 지지입장을 재확인했다.

각국 정상은 특히 '불신과 대립을 대화와 협력으로 성공적으로 변화시킨' 유럽의 경험을 상기하며 "동북아의 다자안보협력 증진이 역내 국가 간의 상호이해와 신뢰를 증진함으로써 동북아의 보다 확고한 평화와 공동번영을 위한 토대가 될 것"이라고 강조했다.

노 대통령은 앞서 ASEM 정상회의 조정국 폐막 기자회견에서 선도발언을 통해 "북한 핵문제의 평화적 해결과 남북관계의 진전을 위한 한국정부의 노력을 유럽과 아시아 정당 모두가 한 목소리로 지지해준데 대해 깊이 감사드린다"고 말했다.

의장성명은 이밖에 이란 핵실험에 대한 국제사회의 우려에 대응하기 위해 외교적 및 평화적 해결 도출에 대한 의지도 강조했고, 세계무역기구(WTO) 도하개발어젠다(DDA) 협상의 중단에 깊은 유감을 표명하며 모든 협상 당사국들에게 "상황이 허락하는 한 조속히 협상이 재개될 수 있도록 필요한 정치적 의지와 신축성을 보여줘야 한다"고 요청했다.

정상들은 또 세계화와 관련, "시장 개방의 과정이 확실한 혜택을 제공하고, 생산성을 향상시킨다"는 점을 재확인하고, 개도국과 최빈개도국들에는 보다 더 신축적인 배려가 제공될 필요가 있음을 강조했고, 지속가능한 발전과 지구의 미래에 큰 위협인 기후변화에 국제적으로 대응한다는 원칙을 담은 '기후변화 선언'과 ASEM의 발전 방안을 담은 'ASEM의 장래'에 관한 헬싱키 선언도 함께 채택했다.

헬싱키 ASEM 정상회의는 신규 회원국으로 불가리아, 루마니아, 인도, 몽골, 파키스탄 및 아세안 사무국을 가입시키기로 결정했다.

6. 제7차 아시아-유럽 정상회의(ASEM)

제7차 아시아-유럽 정상회의(ASEM)는 2008년 10월 24일-15일 중국 베이징에서 열렸고, 아시아 16개 국가와 유럽 27개 국가 정상들, EU집행위원장, ASEAN 사무총장이 참석했다. 다음과 같은 주요한 합의문들이 의장 성명서에 채택되었다.

오염 증가와 환경 악화, 급속한 자원 고갈, 생태계 유지 능력 약화로 생기는 문제들의 해결과 지속가능한 발전을 위하여 상호 호혜적으로 협력할 것이며, 지속가능 발전은 인류의 현재와 미래, 모든 국가의 존속과 발전, 그리고 세계 평화와 번영에 영향을 미친다는 것을 인식하여 모든 국가의 경제발전의 추구는 미래 세대를 위하여 환경의 보존과 유지를 고려해야 한다.

경제발전, 사회 진보, 환경 보호는 지속가능 발전의 상호 보완적이며 상호 의존적인 세 개의 기둥임을 인식하고, 국제적으로 합의된 개발 목표(IADGs)와 특히 UN 새천년개발목표(MDGs), 기후변화와 에너지 안보, 사회적 유대는 지속가능 발전을 달성하는 과정에서 반드시 실현되어야 한다.

지속가능 발전에 관한 세계 정상회의에서 채택된 요하네스버그 이행계획 뿐만 아니라 UN 환경과 개발 회의에서 채택된 리오 선언문과 아젠다 21, 개발 재원에 관한 국제회의의 몬터레이 컨센서스, UN 기후변화협약 제13차 당사국 회의에서 채택된 발리 로드맵에서 확인된 목표들과 원칙들, 이행계획들의 완전한 이행이 필요하다는 점을 재확인한다.

제6차 ASEM 정상회의에서 채택된 지속가능 발전, 특히 새천년개발목표, 기후변화, 환경과 에너지를 ASEM의 향후 10년간 활동을 위한 주요 정책 분야로 확인하면서, 다음의 선언을 발표한다.

(1) 새천년 개발목표

우리는 새천년개발목표(MDGs)와 요하네스버그 목표가 지속가능 발전을 위한 국제협력의 기초가 되고 있다는 것을 재확인하고, MDGs와 여타 국제적으로 합의된 개발목표 달성을 위한 지금까지의 ASEM 파트너들의 노력을 환영하며, 목표 달성 시한까지 MDGs를 달성하는데 있어서 중대한 도전과제를 인식하고 있다.

식량가격 상승이 전 세계적인 빈곤퇴치 노력을 퇴색시키고 절대빈곤과 기아퇴치를 저해하고 있다는 우려에 주목하면서, 우리는 상품시장 안정을 위한 실질적인 협력을 통해 그리고 단기·중기·장기에 걸친 통합적인 접근을 통해 이 문제를 해소하기 위한 포괄적인 전략과 충분히 조정된 대응을 요구한다. 우리는 농업 생산, 무역 증진 및 기술 이전을 지원하는 개발협력의 증대를 요구한다. 우리는 모든 파트너들이 지속가능한 농업생산성과 곡물 생산을 증가시키고, 시장을 왜곡하는 농업보조금을 축소하며, 농업 및 농촌개발을 위한 투자를 확대하고, 저소득층을 위한 더 많은 일자리를 창출하며, 그들의 소득수준을 증대함으로써, 식량안보를 증진하고 기아 및 빈곤을 효과적으로 감소할 것을 요청한다.

우리는 국제적으로 합의된 개발목표, 특히 MDGs 달성에 아직 근접해 있지 못함을 인식하고 있다. 우리는 금년 9월 유엔 MDGs 고위급회의의 실질적인 토의와 컨센서스를 환영하고, 모든 파트너들이 더 큰 정치적 의지를 과시하고 서약을 이행하기 위한 구체적인 조치를 취함으로써 MDGs의 달성을 촉진할 것을 촉구한다.

우리는 진정한 개발협력을 위해 범세계적 파트너십 구축에 대한 다짐을 재확인하고, 국제개발협력을 조정하고 지속가능한 개발문제에서 국제적 컨센서스를 구축하는데 있어 유엔의 주도적 역할에 주목한다. 우리는 국제적으로 합의된 개발목표, 특히 MDGs의 적시 달성을 위해서는 모든 부문이 광범위하게 참여하여야 하며 민간 및 기업부분이 이러한 노력에 있어 적극적인 역할을 할 것을 권장한다. 이러한 맥락에서, 우리는 개발을 위한 양성평등 차원의 접근의 중요성에 주목한다. 우리는 각국이 자국의 개발을 달성하는데 일차적인 책임이 있으며, 이는 개발을 위한 국제적인 환경조성을 통해 보완되어야한다는 점을 강조한다. 우리는 선진국이 개발을 위한 재원을 확대하고, 2015년까지 ODA를 GNI의 0.7%로 확대하기로 한 서약을 이행할 것을 요청한다. 우리는 ASEM이 정부 간 및 다양한 분야별 이니셔티브를 통한 접근을 포함하여 개발을 위한 범세계적 파트너십을 고양하는데 있어 범세계적 차원에서의 노력을 보완하는데 중요한 역할을 한다는데 주목한다.

우리는 개발재원 확보가 MDGs 달성에 있어 중요한 요소이며, 국제사회가 몬테레이 컨센서스를 신속하게 이행하여야 한다는 점을 강조한다. 우리는 2008년 카타르 도하에서 개최되는 개발 재원 동원을 위한 국제회의 이행점검회의에서 개발재원 확보를 위한 국제협력에 있어 실질적인 진전이 있기를 기대한다.

(2) 기후변화와 에너지 안보

우리는 기후변화 문제가 지속가능한 발전의 틀 내에서 다루어져야 한다는 것을 재확인한다. 우리는 지속가능한 발전을 달성하기 위해서는 UN 기후변화 협약(UNFCCC)의 궁극적인 목적에 합치하는 방향으로 전 지구적인 기후변화 문제에 대응할 필요가 있다는 것을 재확인한다. 우리는 기후변화에 관한 정부 간 패널(IPCC) 제4차 보고서의 평가의 중요성을 인정한다.

우리는 기후변화 문제를 위한 협력과 국제 협상의 중요한 채널은 UN 기후변화협약과 교토의정서라는 점을 강조하고, 공통의 차별화된 책임과 개별국가의 능력이라는 UN 기후변화협약과 교토의정서의 중요한 원칙과 목표를 위해 기여할 것을 재확인한다. 우리는 ASEM 회원국들이 UN 기후변화협약과 교토의정서 틀 내에서 장기적이고 다자적인 방식으로 기후변화 문제를 해결하기 위한 방안을 모색하기 위해 공동으로 기여한다는 인식을 공유함을 인정한다. 우리는 기후변화 문제 해결을 위한 국제 협력 강화를 위해 현재, 2012년까지 그리고 2012년 이후의 포괄적이고 효과적이며 야심찬 합의 결과를 위한 모든 주요 요소인 공동 비전, 감축, 적응, 기술 및 재원을 포함하는 발리행동계획의 결정들을 환영하고, 2009년까지 협상을 완료하기 위해 노력할 것이다.

기후변화 문제 해결의 중요함을 인식하면서, 우리는 선진국은 계속해서 강력한 리더십을 보여 주고, 적절한 분야에서의 분야별 접근법을 포함하여 정량적인 감축 한계와 감축 목표를 이행하며, 개도국에게 재정과 기술을 제공해야 할 것을 주장한다. 개도국들은 기술, 재원 그리고 능력 배양을 통한 지원을 받아 측정·보고·검증가능한 방법으로 지속가능한 발전의 맥락에서 배출 잠재량(BAU: Business As Usual) 이하로 온실가스 감축을 달성한다는 관점에서 국내적으로 적절한 감축 행동을 취할 것이다.

우리는 공통의 차별화된 책임과 개별국가의 능력이라는 UN 기후변화협약의 원칙과 조항에 근거하고 경제적·사회적 그리고 기타 다른 요소들을 고려하면서, UN 기후변화협약의 궁극적인 목적을 달성하고 협약의 완전하고도 효과적이면서 지속가능한 이행을 보장하기 위해서는 범세계적인 온실가스 장기 감축을 포함한 장기 협력 행동을 위한 공동 비전이 필요함을 강조한다. 우리는 이러한 공동 비전을 신뢰할 수 있으려면 모든 선진국들이 야심차고 상응하는 구속력 있는 온실가스 감축 목표를 이행함으로써 솔선수범을 보여야 한다는 점을 강조한다. 우리는 국제사회가 기후변화에 관한 정부간 패널(IPCC) 제4차 보고서에 반영된 가장 적극적인 목표를 고려할 것을 촉구한다.

우리는 산림전용과 산림악화로부터 발생하는 온실가스 배출량을 감소시키기 위한 행동과 신규조림, 재조림, 지속가능한 산림 경영, 건전한 토지 이용과 지속가능한 생산·소비 행태와 불법 벌목 및 관련 무역에 대항하는 적절한 방법 증진을 통해 탄소 흡수원을 활성화시키는 행동이 생물 다양성 보전에 필요한 온실가스 감축에 중요한 기여를 할 수 있다는 점을 인정한다. 우리는 또한 산림전용과 산림악화로부터 발생하는 온실가스를 감축하기 위해 필요한 긍정적인 유인책과 정책적 접근방법 계발을 위해 발리에서 채택한 결정들을 지지한다.

기후변화의 불가피한 영향과 군소도서국가와 최빈개도국 등 개도국을 포함한 모든 국가에게 영향을 미치는 기후변화의 부정적인 영향을 해결하기 위해서는 기후

변화에 대한 적응이 절대적이라는 것을 인정하면서, 우리는 UN 기후변화협약의 의무에 합치하는 방향으로 취약성 평가, 우선순위 결정과 적응 행동의 이행, 재원 수요 평가, 기술 지원, 능력 배양, 위험 관리와 전략, 국가 발전 정책과 전략에의 적응의 주류화를 포함한 기후변화 적응을 위한 개도국들의 능력을 강화하기 위해 ASEM 회원국들이 노력할 것을 강조한다.

우리는 기술의 중요한 역할, 기술 협력과 개도국으로의 기술 이전의 필요성을 강조한다. 우리는 특정 경제 부문에서의 기술 협력을 위해서 협력할 것이며, 부문별 효율성·국가별 기술 수요·자발적이고 행동에 초점을 맞춘 국제 협력에 관한 분석과 감축 정보의 교환을 촉진하며, 협약에 부합하는 협력적인 부문별 접근법의 역할과 부문 특화 행동의 역할을 고려한다. 우리는 적응과 감축을 위한 적절한 기술의 개발·전파 및 이전을 가속화하기 위해서, 감축과 적응 행동을 지원하기 위한 기술 개발과 이전에 관한 증진된 행동을 촉구한다. 우리는 상생의 방안을 포함하는 기존의 기술 및 새롭고 혁신적인 기술의 연구 개발에 관한 협력을 환영한다. 우리는 개도국과의 기술협력과 개도국으로의 기술이전이 개도국의 기후변화 문제 해결을 위한 중요한 조건이라는 것을 강조한다.

기후변화 문제를 해결하기 위해서는 국내적·국제적으로 공공 및 민간 재원을 보다 활용할 필요가 있다는 것에 유념하면서, 우리는 UN 기후변화협약의 재정 체계 강화를 통한 개도국을 위한 재정적 지원 확대 노력을 지지한다. 우리는 또한 개도국의 국내 감축 전략과 행동을 증진시키고 공공 부문과 민간 부문의 재원 마련과 투자를 확대하기 위한 유인책의 계발을 지지한다.

기후변화로 인한 극심한 기후 현상이 ASEM 회원국에 심대한 인명 및 재산 피해를 야기한다는 심각한 우려에 유념하면서, 우리는 모든 회원국들이 자연 재해 관리에 관한 정보 교환 체계를 강화하고 조기 경보 체계 구축의 가능성을 검토함으로써 제6차 ASEM 정상회의 결정을 이행할 것을 촉구한다.

우리는 2008년 제14차 폴란드 포즈난 기후변화 당사국 총회를 통해 기후변화 문제에 대응하기 위해 절박함과 결단력을 바탕으로 행동할 필요가 있으며, 2009년 말 덴마크 코펜하겐에서 개최될 제15차 기후변화 당사국 총회에서 2012년 이후의 기후변화 체제에 관한 포괄적이고 효과적이며 야심찬 결과 도출을 위해 협력할 필요가 있음을 강조한다.

우리는 기후변화 문제가 에너지와 밀접한 관련이 있으며, 기후변화 문제는 에너지 안보 보장, 에너지 믹스·에너지 효율·에너지 절약 증진 문제를 충분히 고려하면서 통합적인 방식으로 다루어져야 한다는 것을 인정한다. 우리는 저탄소 발전 경로를 추가로 개발하고 이러한 전략의 지속가능한 개발정책으로의 통합을 지지한다.

코펜하겐의 광장

우리는 에너지 안보가 세계 경제의 안정적인 성장 및 모든 국가의 지속가능한 발전과 밀접하게 연관되어 있음을 강조하고, 개별 국가들은 생태계의 수용력과 지역 환경의 보호를 고려하면서 지속가능한 방식으로 에너지와 자원을 최대한 이용함으로써 자국의 발전을 증진시킬 권리를 보유하고 있음을 강조한다. 우리는 ASEM 회원국들이 에너지 개발과 이용에 있어 공동의 이로운 협력을 강화하고 지구적 에너지 안보를 보장하기 위해 기여할 것을 촉구한다. 우리는 2009년 상반기 브뤼셀에서 개최 예정인 에너지 안보에 관한 제1차 ASEM 각료급 회의 개최를 환영한다. 우리는 또한 2008년 12월 런던에서 개최될 에너지 안보에 관한 제다(Jeddah) 정상회의의 후속 조치를 환영한다.

우리는 에너지 공급의 다변화, 지속가능성 및 에너지 공급원의 안보를 촉진한다. 우리는 모든 회원국들이 에너지 절약과 효율을 증진시키고, 에너지 소비 구조를 최적화하고, 환경적인 피해를 유발하거나 식량 안보에 영향을 미치지 않는 지속가능한 바이오연료를 포함한 재생 및 청정에너지를 이용하며, 환경적으로 건전한 에너지 기술의 개도국으로의 이전, 전파를 제고하도록 촉구한다.

우리는 개도국 특히, 최빈개도국의 에너지에 대한 접근도를 높임으로서 개도국이 사회기반시설 개발을 강화하고 빈곤을 감소시키며 지속가능 발전을 이룩할 수 있도록 하기 위해, 에너지 협력이 빈곤 감소와 환경 보호와 결합할 필요성이 있음을 강조한다. 우리는 환경 보호를 위해 UNEP의 역할 강화가 중요함을 인정한다.

현재의 유가 수준과 변동에 대한 심각한 우려를 공유하면서, 우리는 모든 회원국들이 석유 시장의 안정성, 투명도 및 예측가능성에 기여하기 위해 공동으로 노력할 필요가 있음을 강조한다.

(3) 사회적 유대

평등하고 포용적인 사회는 통합된 전략과 정책을 통해 경제성장과 사회발전, 그리고 환경에 대한 관심을 겸비해야 하는 점을 인식하면서, 우리는 지속가능 발전과 사회적 유대는 상호 지원하는 관계이며 지속가능 개발을 통해서 비로소 사회의 부가 증가하고 삶의 질이 향상되고 인권이 존중되며 사회 평등과 정의가 보장될 것이라는 점을 강조한다.

ASEM 회원국은 일관된 대화와 협력을 통하여 세계화의 지속가능한 사회적 측면에 효과적으로 기여하면서 사회적 유대를 강화하는데 공통의 관심을 가지고 있음을 강조한다. 우리는 세계화라는 맥락에서 문화적 다양성을 고려하고 직업 기회와 의료 혜택, 사회 보장을 제공하는 한편 빈부격차를 좁히고 사회 조화를 유지하는데 있어 ASEM 회원국들이 직면한 도전들을 인식하고, 세계화에서 모두가 혜택을 누릴 수 있도록 협력을 강화하고 사회적 유대를 증진하기 위해 함께 일하기로 합의한다. 우리는 독일과 인도네시아에서 열린 ASEM 노동장관 회의의 결과와 브뤼셀에서 개최된 제1차 ASEM 사회 파트너 포럼의 결과를 환영한다.

사회적 유대를 위해 사회 정의가 중요하다는 점을 인식하면서, 우리는 보편적인 교육 기회가 보장되어야 함을 강조한다. 우리는 ASEM 회원국들이 인적 자본과 인적 자원의 최적 사용에 투자하고 기본 교육을 제공하고, 중·고등 교육의 질을 높이고 범위를 확대하며, 직업교육을 증진하고 모두를 위한 평생교육을 제공하기 위한 노력을 기울일 것을 강조한다.

우리는 완전하고 생산적인 고용과 모두가 적절한 일을 갖도록 장려하는 것이 사람들의 생계를 보호하고 향상시키며, 효과적인 사회적 유대를 실현하고 새천년개발목표를 달성한다는 점을 인식한다. 우리는 1998 ILO 기본권 선언과 2008년 ILO 공정한 세계화를 위한 사회정의 선언에서 확립된 핵심적인 노동표준의 존중과 효과적인 이행뿐만 아니라 좋은 지배구조, 잘 고안된 고용 및 사회정책이 사회적 약자를 비롯한 모두에게 직장에서의 건강과 안전은 물론 기본적인 사회보장 제도에 대한 보편적 접근, 적절한 일자리와 보다 나은 생활환경과 사회 보장 및 의료 서비스를 효과적으로 누릴 기회를 제공하면서 포용적이고 보다 응집된 사회를 만드는데 긍정적으로 기여한다는 점을 주목한다. 우리는 노동시장 참여를 지원하고 사회 안전을 제공하기 위해 사회 보장 체계가 필요함을 인식한다. 우리는 합리적 소득 분배 체계가 사회의 질에 매우 큰 관련이 있음을 강조한다. 우리는 특히 양질의 고용 아젠다(DWA)와 ILO 공정한 세계화를 위한 사회정의 선언을 증진하기 위한 ILO의 권한 강화를 환영한다. 우리는 상호 신뢰와 공유된 목표에 기초한 좋은 산업관계와 효과적인 사회대화가 지속가능 발전과 변화관리에 핵심적인 역할을 할 수 있음을 강조한다. 우리는 ASEM 회원국들이 노동과 고용, 사회 분야에서 호혜적인 협력을 강화할 것을 장려한다. 우리는 호혜적으로 양질의 일자리와 세계 노동시장을 증진하기 위해 2008년 10월 인도네시아에서 개최된 ASEM 노동장관회의에서 채택된 보다 많은 양질의 일자리를 위한 전략적 협력과 파트너십에 관한 발리 선언에서 권고된 활동과 사업들을 환영하고 지지한다.

우리는 사회적 유대를 확보하고 국내는 물론 국가 간 경제적·사회적 불균형을 완화하면서 건전하고 적절하며 지속가능한 사회적 보호와 소비자 안전, 도시와 농촌 지역 내의 공식 및 비공식 부문을 모두 포함하는 사회 보장 시스템이 필요하다는 점에 주목한다. 우리는 지역 공동체의 자립과 상호 협력의 중요성을 강조한다.

우리는 국제이주가 상호 혜택을 제공하며, ASEM회원국이 직면한 인구 및 노동시장의 도전을 해결하고 특히 개도국에서의 지속가능 발전을 달성하는데 도움이 될 수 있음을 인식한다. 이주민의 통합이 사회적 유대를 실현하는데 중요한 요인임을 주목하면서, 우리는 ASEM 회원국들이 불법 이주에 효과적으로 대응하면서 이주와 발전에 관한 관계와 합법적 이주의 증진을 포함하여 이주에 관한 포괄적인 접근법을 개발할 것을 요청한다. 또한 노동이동 파트너십의 추구와 정책대화, 개발 협력 등을 통해 국제 이주에 관한 상호 협력을 발전시키는 방안을 모색해야 한다. 우리는 효과적인 이주관리를 지원하기 위해 2008년 10월 필리핀 마닐라에서 개최된 제2차 이주와 개발에 관한 세계포럼의 중요성을 강조한다.

인구 고령화가 선진국과 개도국 모두가 직면한 중대한 도전이 되고 있음을 인식하면서, 우리는 ASEM 회원국들이 2002년 고령화에 관한 마드리드 국제행동계획에 적시된 목표, 목적, 공약들과 관련 지역 전략들에 부응할 것을 강조한다.

인간과 자연의 조화가 사회적 조화의 일부이고, 환경 친화적 문명이 사회적 유대를 위한 중요한 구성물이며, 친환경 도시(Eco-city)가 환경 친화적이고 자원 보존적인 문화 추세를 대표한다는 점을 인식하면서, 우리는 중국이 제안한 ASEM 친환경 도시네트워크 사업을 환영하고 ASEM 회원국의 적극적 참여를 장려한다.

우리는 기업의 사회적 책임이 무엇보다도 환경 보호, 노동과 인권, 위험 평가, 기업 지배구조와 공동체 발전과 연관이 있음을 인식하고 ASEM 전회원국들이 국내외적으로 기업의 사회적 책임을 촉진할 것을 장려한다. 우리는 기업들이 자발적으로 사회적 책임을 부담하고 개별 국가의 조건과 국제적 기준과 법에 순응하면서 번영하고 조화로우며 사회적으로 책임있는 기업 환경을 조성하는데 기여하도록 장려한다.

'우리는 UN이 세운 지속가능 발전에 관한 원칙과 목표들과 ASEM의 틀 내 동 분야에서 이루어진 합의에 따를 것을 재확인한다. 우리는 지속가능 발전에 관한 현 ASEM 제안들을 환영하며 ASEM 회원국들이 이 선언의 이행을 위해 보다 많은 활동들을 수행할 것을 장려한다'고 의장 성명서는 결론을 내렸다.

7. 제8차 아셈(ASEM. 아시아-유럽미팅) 정상회의

제8차 아셈(ASEM.아시아-유럽미팅) 정상회의가 2010년 10월 4일과 5일에 벨기에 브뤼셀에서 열렸고, 이명박(李明博) 대통령을 포함해 이번에 정식으로 아셈 회원이 된 러시아, 호주, 뉴질랜드를 비롯한 46개국 대표와 헤르만 판롬파위 유럽연합(EU) 정상회의 상임의장, 조제 마누엘 바호주 EU 집행위원장, 수친 피추완 아세안(ASEAN) 사무총장 등이 참석하여 국제적·지역적 쟁점들을 폭넓게 토의되었고, 폐막 의장 성명서에서 세계 경제 지배구조에 관한 '브뤼셀 선언'이 채택되었다.

'삶의 질'을 기본 주제로 진행된 이번 회의를 마무리하면서 정상들은 지속가능 개발의 3대 축인 경제개발, 사회통합, 환경보호 증진 방안을 모색하고 이 분야에서 아셈 차원의 협력을 강화하자는 데 의견을 모았다.

의장 성명은 또 "교착상태에 놓인 도하개발어젠다(DDA)의 포괄적이고 균형 잡힌 협상 결과를 도출하고 보호무역주의를 거부하며 기존의 관세·비관세 장벽을 제거하는 등 세계무역기구(WTO) 체제 하의 다자무역체제 필요성에 인식을 같이 했다"고 명시했다.

기후변화와 관련, 의장 성명은 "멕시코 칸쿤에서 개최되는 제16차 유엔기후변화협약(UNFCCC) 당사국 총회 및 교토의정서 당사국 회의에서 주요 미결 현안을 다뤄야 한다는 것에 의견이 일치했다"고 강조했다.

이러한 국제적 이슈 이외에 지역적 현안도 폭넓게 논의됐는데 이란 핵개발과 관련, 협상을 통한 신속한 해결과 국제원자력기구(IAEA) 요구조치의 준수를 촉구하는 동시에 "원자력의 평화적 이용에 대한 이란의 합법적 권리를 존중한다"는 입장도 밝혔다.

정상들은 중동 평화에 대해서 "이스라엘과 평화적으로 상생하는 독립적·민주적 팔레스타인 국가 설립이 궁극적 목표"임을 재확인했다.

정상들은 서울에서 열리는 주요 20개국(G20) 정상회의의 핵심 의제인 세계 금융·경제 거버넌스(지배구조) 개선과 관련해서는 의장 성명과 별도로 '브뤼셀 선언'을 채택했다. 정상들은 탄탄하고 지속 가능하며 포용적인 균형 성장, 시장의 신뢰 회복, 금융시스템의 복원력과 투명성 강화, 금융 부문 개혁, 개발도상국 경제성장 등을 위해 아시아와 유럽이 협력을 강화하기로 했다.

브뤼셀 선언은 특히 G20이 금융안정위원회(FSB)와의 긴밀한 협력 아래 금융시스템 복원력, 투명성을 신속히 강화하려는 노력의 진전을 촉구하는 한편, 선진국과 개도국 사이에 이해가 갈리는 국제통화기금(IMF) 쿼터 개혁을 내달 서울 G20 정상회의까지 이행하는 것을 지지한다는 점을 명시했다.

바호주 EU 집행위원장은 "브뤼셀 선언의 채택은 국제적인(금융·경제) 거버넌스 개혁을 위해 조율된 행동의 좋은 사례"라고 평가하고 "이번에 아시아 파트너들과 한 대화는 서울 G20 정상회의의 성공에 밑바탕이 될 것"이라고 강조했다.

정상들은 격년제로 열리는 아셈 정상회의의 차기 회의를 개최하겠다는 라오스의 제의를 환영함으로써 제9차 정상회의는 오는 2012년 라오스에서 열릴 예정이다.

한편, 이번 정상회의에서 중국은 자국의 이익이 걸린 문제와 관련해서는 강력한 목소리를 내며 자신들의 입장을 관철시켜 미국과 함께 이른바 'G2'로 불리는 파워를 과시했다. 원자바오(溫家寶) 총리가 이끈 중국 대표단은 유럽 측의 위안화 절상 요구에 반대 의사를 굽히지 않았고 온실가스 배출량 감축과 관련해서도 "과학과 UNFCCC 원칙에 기반을 둔 조치를 촉구하며 개도국의 최우선 순위는 사회, 경제 개발 및 빈곤 퇴치임을 염두에 둔다"는 문구를 명시하도록 주장, 관철시킨 것으로 전해졌다.

8. ASEM의 문제점과 발전방향[78)]

ASEM의 첫 번째 문제점은 아시아지역 국가들의 일천한 지역협력 경험에 있다. 유럽에서처럼 지역통합에 대한 이념을 제공하고 합의를 이끌어 낼 수 있는 지도적인 국가들이 존재하지 않는다.

두 번째 문제점은 ASEM의 제도적 취약성에 있다. 정부 간 회의면서 지역 간 회의의 성격을 띠고 있어서 합의된 사업의 추진에 구속력이 없는 전체 회원국의 자발적 협력에 의존하고 있어서 추진력에 한계가 있다. 그리고 2년에 1회에 개최되고 의사결정방식이 전원합의제여서 ASEM의 합의 사업 추진을 지연시킬 수 있다.

세 번째, 다양한 분야에서의 포괄적이고 보편적인 협력을 추구하지만 협력의 추진 목표가 산만하여 명확한 목표의식이 결여되어 있어 구체적인 합의를 이끌어내는데 어려움이 있다.

네 번째, 양 지역 간에 중요한 안보적 이해관계가 없고 지역안보에 있어 가장 중요한 역할을 담당하고 있는 미국의 위상에 대한 합의가 전혀 없는 상태여서 실질적인 안보협력을 기대하기 어려울 것이다.

다섯 번째, 사무국의 부재 같은 ASEM 제도화 수준의 미흡은 ASEM 진행과정을 지연시킬 수 있다. 아시아 국가들 간 이견조정을 위한 중앙조정기능의 부재에 있다.

여섯 번째, 한·중·일 동북아 3개국과 ASEAN 국가들 간 국력과 이해관계의 차이로 인해 유럽과 같은 효율적인 공조체제를 기대할 수 없었다. ASEM은 회원국 간 결속력이 취약하고 정치제도와 경제발전 면에서 회원국들 사이에 큰 격차가 있어 일관된 협력과 발전을 기대하기가 어렵다.

2000년 서울 ASEM 정상회의는 새 천년의 첫 10년을 시작하면서 아시아와 유럽 간의 관계를 한 차원 더 높은 수준으로 끌어올리는 계기가 되었다. ASEM 협력의 비전, 핵심원칙과 목표, 협력분야별 우선순위 선정 및 신규 참여국의 가입원칙 등을 제시하여 ASEM의 새로운 원동력을 제공하였다.

그러나 ASEM이 앞으로 보다 더 한 차원 높은 단계에서 아시아와 유럽 양 지역간 협력을 확대하기 위해서는 해결해야 할 몇 가지 과제가 남겨져 있다. 우선 ASEM의

78) 이 부분에 대해서는 다음 문헌을 참조함: 이상균, "아시아-유럽간 지역 협력의 동인과 가능성" ; 신용대, "서울 ASEM의 경제분야 성과와 향후 발전방향,"『국가전략』6권 4호 2000년 겨울(통권 제14호)

제도적인 틀에 대한 새로운 컨센서스가 이루어져야 한다. ASEM 차원에서 사무국을 설치하는 등 **제도화 수준**을 점차적으로 높여 갈 때 양 지역 간 협력관계가 보다 체계적으로 이루어질 것이라는 일부 의견에 대해서도 ASEM 차원에서 합의점을 찾아 대안을 마련하는 것이 바람직하다. 또한 향후 ASEM의 발전과 관련하여 ASEM이 정치·경제 분야의 논의 중심에서 점차 사회·문화 분야로 발전하여 협력의 포괄성을 유지하는 것이 바람직하다. 그 동안 ASEM 프로세스의 대화주체가 정부와 기업에서 NGO 등 시민사회의 대표가 참석하여 다양한 사회적인 요구를 정책결정과정에 반영할 구체적인 경로를 마련하여 양 지역관계에서 정치·경제·사회·문화 등 3분야의 균형 잡힌 협력을 추구해 가는 것이 바람직하다. 이 밖에도 경제·재무 분야에서 양 지역이 협력을 확대하기 위해서는 향후 다음과 같은 과제들에 대한 심도 있는 논의의 전개가 필요하다.

ASEM에서 개방적 지역주의를 실천하는 경우, ASEM은 경제협력의 장기발전 방향에 대한 확고한 비전 제시가 선행되어야 할 것이다. ASEM이 장기적으로 경제공동체로 발전할 것인가 또는 APEC에서와 같이 역내무역의 자유화를 실현하는 수준에 머물 것인가에 따라 개방적 지역주의의 범위가 설정될 수 있을 것이다. ASEM이 경제통합을 심화해 장기적으로 자유무역협정형태로 발전하는 경우, 개방적 지역주의는 새로운 회원국의 추가적 가입, 다른 지역무역협정과 자유무역협정 등을 통해 발전이 가능하다. 또한 ASEM이 APEC에서와 같이 역내 무역자유화로 실현하는데 그치는 경우, 개방적 지역주의는 세계교역질서와 정합성을 유지하거나 또는 APEC에서와 같이 일정한 양해 아래 점진적으로 자유화 정도를 실천하는 수준으로의 발전이 가능하다. 종합적으로 ASEM에서의 개방적 지역주의의 달성은 ① 비회원국에도 같은 수준으로 적용하는 일방적 자유화의 공동실시, ② ASEM에서의 무역 및 투자원활화의 속도를 전 세계적인 자유화 속도에 맞추는 방법, ③ 새로운 참여국의 가입 및 ASEM과 다른 지역무역협정과 무역자유화 협정체결 등을 통해 전반적인 자유화 정도를 높여 가는 방안 등이 검토될 수 있다. ①, ②항은 무임승차국에 대한 통제가 사실상 어렵고 또한 자유화의 대상 범위 및 속도에 대한 합의의 어려움이 예상되며, ③항의 경우에는 참여국간 이해조정, 행동계획 마련 등의 어려움이 예상되나 장기적으로는 ASEM의 확대 또는 여타의 지역무역협정과 자유무역협정을 통한 개방적 지역주의의 실천이 예상된다.

9. ASEM과 한국

한국의 입장에서 볼 때, ASEM은 우선 정상외교를 통한 한국의 통상외교 영역을 더욱 넓히고 다변화하여 경제적 실리를 확대할 수 있는 기회를 제공하고 있다 할 수 있다. 즉, 한국은 ASEM을 통하여 아시아 참여국들과의 기존 협력관계를 증진하는 한편, EU 및 동아시아 국가들과 실질적인 협력관계를 강화하여 '상호 신뢰와 협력의 세계질서 창출'에 적극 참여할 수 있게 된다. APEC을 통한 아·태 지역과의 협력확대에 이어 ASEAN, EU 등과의 경제협력 강화는 북미, 유럽, 아시아 등 세계 경제3대 축과 우리 경제의 균형적인 대외 협력기반을 구축하는 데 기여할 것이다. 이를 통하여 한국은 그 동안 미국과 일본에 편중되어 있는 대외협력의 지평을 유럽 및 동남아로 확대함으로써, 세계의 모든 국가를 대상으로 균형적인 대외전략을 마련할 수 있는 기반을 마련하였다 할 수 있다.

둘째, 우리나라는 경제발전 단계와 인구(人口) 및 소득수준이 다양한 국가들이 참여하고 있는 ASEM에서의 참여국간 상호협력을 통한 경제의 보완성을 높여 우리나라의 성장잠재력을 확대하는 계기가 될 것으로 평가하고 있다. 한국은 그 동안의 개발경험을 바탕으로 유럽의 선진기술 및 자본과 협력하여 동아시아의 경제발전에 기여하는 한편, 우리 경제의 성장잠재력을 확대해 갈 수 있을 것이다.

셋째, ASEM 참여는 우리 경제의 선진화에 기여하는 계기가 될 것이다. ASEM에의 참여는 우리의 경제지평을 확대하는 외에도 우리의 기술 및 자본 도입선을 유럽 지역으로까지 확대하는 계기를 마련할 것이다. 즉, EU로부터의 기술도입을 확대함으로써 기술도입선의 다변화를 가져올 것이며, EU 기업과의 투자 및 전략적인 제휴의 확대를 통하여 우리나라의 경제체질을 강화하는 계기가 될 것이다.

10. ASEM 주도력 잃어가는 유럽

지난 2010년 4일과 5일 벨기에 수도 브뤼셀에서 제8차 아시아·유럽 정상회의(ASEM)가 열렸다. ASEM 48개국 정상들이 한곳에 모여 활발한 다자외교를 펼친 것으로 보도됐지만, 그 내용을 확인해 보면 '속 빈 강정'이라고 볼 수 있다. 그 이유와 관련해서는 우선 유럽 정치 지도자들의 리더십 부족을 지적할 수 있다. 기존의 긍정적인 유럽 평가는 전후 프랑스와 독일의 화해, 그리고 이 두 나라의 견인차 역할을 통해 이뤄진 유로화 통합과 옛 사회주의 국가들의 영입을 비롯한 유럽통합 과정 때문이다. 또 유럽 시민은 '사람이 사람답게 사는 삶의 질'에 절대적 가치를 두고 있다고 믿었기 때문이다. 미국식 금융자본주의와는 달리, 공정한 시장질서를 최우선으로 하는 유럽식 자본주의에 대한 신뢰가 있었기 때문에 세계는 유럽에 호감을 가졌다.

그런데 오늘날의 EU는 관료체제에 빠져 '탈민주주의화' 하고 있으며, 니콜라 사르코지 프랑스 대통령과 앙겔라 메르켈 독일 총리 간의 경쟁으로 프랑스와 독일의 균열이 유럽인의 단일 전선을 붕괴시키고 있다. 이탈리아의 **실비오 베를루스코니** 총리는 정치지도자이기에 앞서 성적 기행으로 더욱 유명하고, 영국의 데이비드 캐머런 총리는 타국 비방에나 열을 올리는 등 정치적 카리스마가 없기는 마찬가지다.

이런 지도력 부재와 함께 세계화가 유럽 시민에게 미치는 부정적 영향도 지적할 수 있다. 영국을 비롯해 이제는 프랑스, 독일 등도 어쩔 수 없이 받아들이고 있는 미국식 주주자본주의에 의해 전후 유럽이 자랑해 온 복지국가의 틀이 붕괴되어 가고 있으며, EU는 높은 실업률과 막대한 재정적자의 늪에 빠져들었다.

한때 유럽헌법의 채택으로 '유럽의 배'가 순항하리라는 예측도 있었으나 PIGS(포르투갈, 아일랜드, 그리스, 스페인) 재정위기 해결책을 둘러싼 프랑스와 독일의 갈등으로 유럽에서 정치통합에 대한 의지조차 의심받고 있다. 이제 EU는 PIGS 뿐 아니라 어느 나라 할 것 없이 정부 주도의 긴축정책 없이는 당면한 재정위기를 돌파할 수 없는 형편이다.

그동안 유럽인이 보여줬던 지혜는 새로운 차원의 탈영토적 주권주의의 선택에 있다. 이 같은 지혜는 전후 '프랑스-독일 협력'의 돈독한 유대 관계에서 가능한 것이었다. 과거 샤를 드골과 콘라트 아데나워는 말할 것도 없거니와 **프랑수아 미테랑**과 **헬무트 콜**, **자크 시라크**와 게르하르트 슈뢰더는 각자 좌파와 우파 정당을 기반으로 한 정치지도자임에도 불구하고 서로 합의한 민주적 가치를 향하여 유럽통합을 향한 항해를 멈추지 않았다. 반면 **사르코지**와 **메르켈**, 두 사람은 모두 우파를 대표하는 정치지도자임에도 대립과 갈등, 그리고 참을 수 없는 정치적 가벼움으로 유럽통합의 동력을 상실해 가고 있다. 이와 같은 EU 국가의 무기력으로 인해 ASEM은 중국의 독무대가 될 수밖에 없다. 중국의 대EU 전략은 심모원려형인 것이 특색이다. 현재 20만 명이 넘는 중국의 젊은 학생들이 전 유럽 국가에 흩어져 유학하고 있다. 반면 한국의 관심은 오직 미국에 집중돼 있다. 과거에는 다수의 연구자들이 유럽에서 수학하는 등 유럽 연구의 의지가 있었으나 이제는 그 불씨마저 꺼져가고 있다. 대학에서조차 유럽 지역의 언어를 가르치는 학과는 통폐합 대상이 되고 있는 현실이 안타깝다.

이런 상황에서 자칭 자유무역협정(FTA) 전문가들은 한·EU FTA에 대한 조속한 국회 비준을 앞 다퉈 주장하고 있는데, 유럽의 속내를 들여다보면 경계해야 할 분야가 한두 군데가 아니다. 정부는 정치적인 목적 달성에 급급하지 말고 FTA 체결로 인한 한국의 불리함을 면밀히 살펴 이를 극복할 수 있는 방책의 강구와 함께 유럽 전문가 양성을 위한 프로그램 수립에 각계가 앞장서야 한다.

제 7 부

오늘날 유럽의 이해

제16장 오늘날 유럽의 정치·경제·사회

EU의 부국들은 저성장, 과도한 재정적자, 고임금, 높은 실업률, 인구의 고령화, 저출산, 소수 민족들의 권익보호, 이민자들의 사회갈등 등의 경제·사회적 문제들을 공유하고 있다. 이러한 문제들을 해결하기 위한 정책들이 효과를 보지 못하고 있다. 구조적 문제로 생긴 경제의 저성장으로 조세수입이 충분치 못함에도 불구하고, 의료·건강보험, 실업수당, 연금과 자녀 보조금에 대한 정부지원과 지출이 증가되어 재정적자를 유발했다.

이러한 문제들을 해결하기 위해서 재정예산이 삭감되는 개혁이 필요한데 정치적 반대와 계층적 저항 때문에 쉽지 않다. 고임금과 높은 실업율의 해결을 위해서 경제 상황에 따라 고용과 해고를 유연하게 할 수 있는 유연한 노동정책이 필요한데 강력한 노조와 그와 연대한 정치세력들의 저항으로 개혁이 어렵다. 문화적 종교적 배경이 다른 무슬림들의 대량 이민은 각국의 주류사회와의 사회적 갈등을 증대시키고 있다. 소수 이민자들의 권익보호를 고려해야 하는 인도적·도덕적 의무와 사회의 고용시장과 실업문제, 사회적 갈등 등의 사회·경제적 안정을 추구해야 하는 정책간의 균형을 이루는 정책을 찾으려고 각국의 정부는 노력하고 있다. 고학력과 숙련된 기술을 가졌고 주류문화에 적응할 자세를 가진 이민자들을 선택적으로 수용하려는 정책으로 선회하고 있다.

1. 오늘날의 프랑스의 정치·경제·사회 문제

드골(1958－1969), 퐁피두(1969－1974), 지스카르댕(1974－1981), 미테랑(1981－1995), 자크시락(1995－2007), 사르코지(2007－현재)

1940년대 말부터 1970년대 말까지 높은 성장의 경제적 번영을 누렸다. 그 후 지금까지 저성장하는 경제의 구조적인 문제점에 직면하고 있다. 프랑스는 6천3백만 인구의 세계 6위의 경제 강국으로, 많은 값비싼 명품의 생산국, 핵에너지와 우주과학의 선도국, 고속 인터넷 사용국, 해외에 수출한 고속열차의 기술, 높아진 출산율(여성 1명당 2.1명), 1주일 35시간 노동과 관련된 논쟁 등으로 세계의 관심을 끈다.

미테랑

시라크

사르코지

이탈리아와 독일처럼 프랑스 사회당은 전국민 의료보험, 관대한 실업보험, 아이 보조금, 출산 부모휴가 등의 사회복지 정책의 실현을 목표로 한다. 그러나 이러한 복지정책을 뒷받침할 재정이 충분치 않다는 것이 문제이다. 전후 '베이비 붐' 세대인 노년층의 노인복지금을 감당할 현재의 젊은 세대의 노동인구가 충분치 않다. 오늘날의 프랑스의 젊은이들은 자신들이 한번 쓰고 버려지는 일회용 휴지 같은 세대로 전락하고 있음을 염려하고 있다. 1970년대 이후 8%의 높은 실업률, 게다가 20% 이상의 청년 실업률, 40%의 소수민족 청년의 실업률은 사회불안의 원인이 될 수 있다.

프랑스 사회당 정부의 실업대책은 재정지원을 늘여서 공공분야의 일자리를 만들거나 정부보조금을 늘이는 것이었다. 프랑스의 높은 실업률은 구조적인 원인에서 생겼다. 프랑스의 노동시장의 변화는 환경에 적합하지 못하다. 새로운 일자리를 창출하는 경제성장을 자극하기보다 현재의 일자리를 보호하는 50년간의 노동법(강력한 공산당과 사회당과 노조 간의 합의로 생긴) 때문에 생겼다. 회사들은 직업보장이 어려운 경제 환경에서 노동력이 감축될 수 없다는 것을 의미한다면 새로운 인력을 고용하려 하지 않는다. 최저 임금제와 많은 노동수당은 실업자 일부가 취업하기보다는 실업상태에서 실업수당을 받고 살기를 선호하게 만든다.

유럽 최대의 농산물 수출국인 프랑스에서 농업정책과 농민협회는 정치적 영향력이 크다. 동유럽의 공산당 정권의 몰락과 소련의 해체 이후 프랑스 공산당의 영향과 지지는 급격하게 퇴조했다.

19세기 말과 20세기 전반기에 포르투갈, 이탈리아, 폴란드 같은 다른 유럽 국가에서 많은 사람들이 프랑스로 이민을 왔다. 그러한 국가에서 이민 온 노동자들은 프랑스의 전후 복구사업에 많은 도움이 되었고 프랑스 사회에 잘 통합되었다. 20세기 후반기부터 과거 프랑스 식민지였던 북아프리카의 신생국들 특히 알제리에서 많은 무슬림들이 프랑스로 이민을 왔다.

따라서 프랑스는 유럽의 최대의 무슬림 인구를 가진 나라가 되었다. 총 인구 6천 3백만 명의 8%를 차지하는 약 3백만 명이 무슬림 인구이다. 그 중 30%가 투표권이 있다. 알려진 바와 같이 프랑스는 무슬림 인구를 프랑스 사회에 통합시키는데 어려움을 겪고 있다. 1970년대 말 경제성장이 느리고 실업률이 증가함에 따라 다양한 이민자 집단과 프랑스인들 사이에 경쟁이 심화되기 시작했다. 1980년대에 극우 정치세력인 국민전선이 민족집단 간의 적대감을 부추긴 이후 이민 문제는 정치와 선거의 쟁점이 되었다. 프랑스는 프랑스 사회로의 완전한 통합과 법 앞에 엄격한 평등의 원칙에 토대를 둔 전통적인 이민정책을 실시해 왔다. 그래서 이민자들은 공동체로서 아니라 개인으로 프랑스 사회에 참여할 수 있다. 다양한 이민자 집단의 고유한 문화를 인정하는 이민자 집단들의 다문화 사회를 인정하지 않는다.

평등의 원칙에 따라 공식적인 인구조사에서 출신 국가나 민족을 묻는 것이 불법이기 때문에 프랑스의 아랍계 무슬림의 정확한 인구가 알려져 있지 않다. 예를 들어 3세대 알제리계 프랑스인들은 자신을 미국에서 아랍계 미국인라고 말하는 것처럼 자신들의 원 국적이나 뿌리를 말하지 않는다. 과격한 무슬림은 실제로 그리 많지 않다. 문화적으로 가톨릭 프랑스인들이 성당에 주말마다 가지 않은 것처럼 프랑스의 아랍계 무슬림들도 이슬람 사원에 정기적으로 다니는 사람들은 그리 많지 않다. 민족 간 인종간의 결혼율도 높다. 2005년 11월에 일어난 **무슬림계 청년**들의 집단 폭동은 종교적 원인이 아니라 다른 프랑스인들과 평등한 권리와 혜택을 요구했다. 이 폭동은 프랑스의 모든 이슬람 단체들로부터 비난을 받았다. 이것을 9.11 테러 사건 이후의 전세계적 과격 이슬람 테러와의 전쟁의 관점으로 보는 것은 잘 못이다.

이민 문제는 프랑스의 항시적인 정치적 쟁점이 되었다. 2006년에 새 이민법에 따르면 가족재회는 더 이상 이민비자를 부여하는 법적 근거가 되지 못하고 건설업과 같은 노동력이 부족한 직종에 일하겠다는 것을 입증하는 사람들에게만 이민 비자를 부여하는 이민법이 채택되었다. 이민법이 높은 수준의 교육을 받은 사람들만을 이민으로 받아들이는 선택적 이민정책으로 바뀌었다.

프랑스의 국제관계와 외교정책

드골 대통령 집권시절(1958–1969) 프랑스는 독자적인 외교정책을 견지해 왔다. 드골은 미국의 핵우산에 의존을 거부하고 독자적인 핵 억지력을 보유했으며, 유럽통합을 주도하면서 영국의 가입을 반대해 왔다. 냉전 시대의 미－소 대결구도에서의 미국의 주도권을 인정하지 않고 유럽국가에서 제일 먼저 중국을 외교적으로 승인했다. 이러한 드골주의적인 독자적인 외교정책과 노선의 흔적은 오늘날의 프랑스의 외교정책에도 남아 있다.

세계 6위 경제대국이고, 유럽의 최대 군사 강국 중의 하나이고, UN 안전보장 이사회의 5대 상임 이사국 중의 하나로서 프랑스는 국제정치에서 독자적인 영향력을 행사한다. 게다가 프랑스는 언어, 문화, 생활의 질을 통해서 독특한 위치를 가지고 있다.

유럽통합의 주도국이면서도 프랑스는 농업정책과 EU가입국의 확대문제에서 프랑스 국익, 프랑스의 모델, 프랑스 생활방식, 프랑스의 특수성을 지키기 위해서 EU 회원국의 다수의견과 다른 주장을 하기도 한다. 2005년 EU 헌법의 채택을 국민투표로 부결시키기까지 했다.

프랑스는 국제문제에서 사안별로 미국과 협조하거나 독자적 입장을 취해 왔다. 프랑스는 미국의 부시 대통령의 일방적 이라크 전쟁에 반대했지만, 탈레반 이후의 아프가니스탄에서의 대테러 전쟁에서 정보와 안보 면에서 미국에 협력했다. 중동문제에서 1967년 이후 프랑스는 영미의 친 이스라엘 정책과 달리 이스라엘의 일방주의에 반대하고 아랍 측의 입장을 지지해 왔다. 그 외에도 해외 투자와 수출에서 세계 국가 중에서 수위권을 차지함에도 불구하고 프랑스는 미국 주도의 경제의 세계화 정책이 프랑스의 경제 이익과 국익에 배치되는 것을 두려워하여 그것에 소극적인 정책을 취해 왔다.

2. 오늘날의 영국의 정치·경제·사회

1997년 5월 실시된 총선에서 제3의 길이란 이념을 토대로 한 **토니 블레어**가 이끄는 신 노동당은 20년간 장기 집권해 온 보수당 정권을 패배시켜 집권하여 14년간 집권해 왔다. 토니 블레어는 노동당의 과거와 단절하고 실망한 보수당의 지지자들을 끌어들이기 위한 ‘신 노동당’이란 당 정강을 내세워 집권하는데 성공했다. 그는 2001년과 2005년 총선에서 연달아 대승하여 좋은 경제 환경에서 장기 집권해 왔다.

토니 블레어 정부의 성공과 실패

1994년 노동당의 당수가 된 토니블레어의 당면과제 중의 하나는 '경제적으로 무능력하다'는 노동당의 평판을 제거하는 것이었다. 노동당 정부는 1960년대와 1970년대의 경제적 실패에 책임이 있었다. 대처와 메이저의 보수당 정부가 그러한 경제적 실패들을 해결하는데 기여했지만, 노동당은 영국의 경제를 관리할 책임 있는 정당으로 여겨지지 않았다는 것을 블레어는 인정해야 했다. 더구나 노동당의 전통적 노동자 계급의 지지자들의 늘어나는 상당수가 재산의 소유권과 낮은 세금을 강조하는 보수당이 그들의 생활수준의 개선을 위한 더 많은 기회를 제공한다고 생각했다. 블레어는 노동당의 지지로 돌아오도록 그들을 설득시켜야 했다.

토니 블레어

노동당은 1980년대의 **대처**의 **신자유주의적 시장개혁**을 지지했던 수백만의 유권자들의 지지를 얻어야 했고 대처의 경제정책을 혐오하는 노동당의 충성스러운 지지자들을 유지해야 했다. 그래서 블레어는 **노동당의 정강**과 이념을 근본적으로 수정해야 했다. 경제에 대한 전면적인 국가통제를 주창했던 1918년에 제정된 당의 정강정책의 수정을 제안했다. 그는 노동당의 정강의 조항을 소수가 아닌 다수가 '권력, 부, 기회를 소유하는 사회의 건설'이라는 모호하고 포괄적인 목표로 대체했다. 이것은 노동당이 대처주의 과도함과 노동당이 과거에 주장했던 이미 불신당한 친국유화 정책 사이의 길로 나갈 수 있게 해주었다. 블레어는 유권자들에게 신 노동당은 구 노동과 다르다 과거의 실패한 정책으로의 복귀는 없을 것임을 강조했다.

마거릿 대처

이러한 새로운 접근은 블레어의 절친한 자문자 중의 한 사람인 사회학자 안소니 기든의 '제3의 길'에서 구체적으로 정교화 되었다. 기든은 대처와 레이건이 주창한 신자유주의 친 시장정책과 대조를 이루는 전통적인 사회 민주주의의 국가주의 정책을 뛰어 넘는 정책을 주장했다. 1980년대 대처의 정책들은 노동자 계급의 실업의 급증, 사회적 불평등의 증대, 노조의 영향력의 급격한 약화를 초래했다. 개인 소득세의 삭감과 주택 소유율을 확대하는 대처의 정책으로 보수당은 경제적 변화에 적응할 수 있었던 노동자 계급의 일부의 지지를 확보할 수 있었다. 블레어와 기든은 노동당의 전통적 친 노조, 친 복지정책으로의 복귀는 중도파 유권자들에게 인기 없을 것이라는 것을 인정했다.

1997년 노동당의 총선공약은 제3의 길을 실용적인 용어로 표현한 것이었다. 노동당은 재정적자를 낮추는 명확한 예산회계 원칙, 소득세를 올리지 않을 것, 집권 2년 동안 공공지출을 동결할 것, 보건과 교육 등의 공공 부분에 예산투자의 증대를 공약했다.

부자들과 가난한 사람들에게 보수주의 정권의 유산

고 인플레이와 재정적자 등의 경제적 문제 때문에 1979년 총선에서 패배한 노동당 정부 대신에 집권한 보수당의 대처는 영국의 경제 구조를 변혁시키는 급진적 개혁을 실시했다. 인플레를 억제하기 위한 제한적 통화정책 뿐만 아니라 산업구조의 재편을 위한 강력한 신자유주의적 시장 중심적 개혁을 추진했다. 노조의 권한을 약화시키는 입법, 복지예산 지출의 삭감, 보건과 교육예산 삭감, 고소득자의 감세와 저소득자의 조세부담의 증대를 초래한 감세정책, 국영산업의 민영화 등의 정책들이 강력하게 추진되었다. 이러한 정책들은 실업율의 증대와 소득의 불균형의 증대 등을 유발하여 사회의 양극화 현상을 심화시켰다. 뿐만 아니라 쇠퇴하는 산업기업들이 몰려있는 북부지역과 금융과 무역 등의 산업이 번창하는 남동지역간의 경제력의 지역 간 분열 등을 가져왔다. 대처의 개혁은 1990~1992년의 메이어 집권 때 중·장기적 효과가 나타나기 시작하여 안정된 경제성장이 시작되었다. 1992년에 다시 경제가 침체되었고 노동당에 다시 집권의 기회가 찾아왔다.

노동당은 안정된 경제성장을 해치지 않으면서 사회 양극화와 복지정책의 퇴보를 해결하는 정책들을 주창했다. 자본의 국제적 이동이 증대되는 시대에 런던에 기반을 둔 금융산업은 영국경제의 중요한 전략적 산업이었고, 보수당은 전통적으로 대도시 유권자들의 이익을 대변해 왔다. 노동당의 지도자들은 금융산업 지도자들의 신뢰를 얻기 위한 여러 가지 정책적 약속을 했다. 노동당 정부는 재정적자를 줄이기 위해서 검약한 공공지출을 집행했고, 마침내 재정흑자를 이루었다. 인플레와 이자율이 하락했고, 물가 상승이 없이 실업율도 하락했다. 연금수령자들의 빈곤 율을 낮추기 위해서 개인연금 자격이 없는 사람들에게 국가 연금지급을 증대시키는 노령자들을 위한 최저임금 보장제도를 도입했다. 뉴딜 정책은 장기 실업자들에게 노동시장으로 돌아오도록 기술교육 등의 도움을 제공했다. 이것은 복지국가에 대한 재정적 부담을 증대시키지 않으면서 빈곤을 줄이는 방법으로 고용을 증대시키데 목표를 두었다. 이것은 순수한 시장경제 원리나 연금과 소득의 재분배에 의존하지 않고 실업률을 낮추는 제3의 길이었다. 이러한 정책의 결과 실업률은 지속적으로 감소했다.

토니 블레어 정부의 국내 정치개혁

블레어 정부는 정부의 행정조직을 개편하여 개방성, 투명성, 효율성을 향상시켰다. 비례대표제의 확대실시, 수상권한의 제한, 의회 다수당의 권력횡포와 절제되지 않은 입법권의 남용의 제한 등을 규정하는 정치체제의 개혁이 제기되었다. 비례대표제의 확대를 위한 하원선거제도의 개혁을 추진하려 했지만 의원들이 반대로 좌절되었다.

중앙정부의 권력을 지방정부로 이양하는 개혁이 실시되었다. 그 결과 스코틀랜드와 웨일즈의 지방 정부의 권한이 대폭으로 증대되었다. 이들 지방정부는 외교, 국방, 통화, 예산, 사회보장 등을 제외한 모든 정치적 쟁점들에 대한 입법권을 가지게 되었고, 때때로 중앙정부의 정책목표에 어긋나는 지방이익을 우선하는 정책을 펼치는 경우도 나타났고, 그러한 지방의 이익과 독립성을 주창하는 지역 정당들도 등장했다.

1962년 이후부터 영국에서 분리·독립하여 아일랜드 공화국과의 합병을 주창했던 가톨릭 계 주민들의 입장을 대변했던 IRA의 무장투쟁으로 심각해진 북아일랜드 사태를 해결하는 방안이 마련되었다. 영국과의 통합을 유지하려는 북아일랜드의 개신교 계 주민들을 대변하는 통합주의자들과 영국에서 분리·독립하여 아일랜드 공화국과 합치려는 민족주의자들은 새로 구성되는 의회와 행정부에서 권력의 분점에 합의 했고, 북아일랜드의 민족주의자들은 북아일랜드의 주민이 다수가 분리·독립을 찬성할 때까지 독립을 미룰 것과 영국군의 감축을 조건으로 IRA의 무장해제와 무력사용의 포기를 약속했다.

토니 블레어의 대외정책

제2차 세계대전 이후에 영국은 쇠퇴하는 국력에 적응하여 NATO의 창립국으로서 역사와 언어를 공유하는 미국과의 긴밀한 동맹의 토대 위에서 자국의 국제적 역할과 영향력을 극대화 하려는 외교노선을 유지해 왔다. 그러나 이러한 미국 중심의 외교는 국제정치 무대에서 미국의 독주와 영향력을 견제하려는 서유럽의 강대국들과의 의도와 이익에 배치되었고 그들 국가의 의심과 불신을 유발했다.

전후에 과거의 식민지들과의 관계와 미국과의 특수관계의 유지를 우선으로 했던 영국은 1957년에 창립된 EEC에 불참했지만, 1963년 이후 변화된 세계의 경제-정치적 변화를 고려하여 EEC에 가입을 시도했지만, 프랑스 드골 대통령의 반대로 참여가 거부되었고, 1972년에 뒤늦게 가입했지만, 프랑스와 독일의 연합에 밀려 EEC의 발전과정에서 주도권을 행사해지 못했다.

전통적인 대서양중심주의적 친미정책과 유럽중심주의 외교정책 간의 긴장이 대처 집권 기간에 대두었다. 미국의 경제정책과 반공과 대소 강경정책을 추진하는 미국의 대외정책을 강력히 지지한 친미주의자 대처는 1992년까지 EC의 단일시장 형성을 뛰어 넘는 정치적·통화적 통합에는 미온적이었다. 대처 정부는 1991년에 채결된 마스트리히드 정상회담에서 합의된 유로권에 가입을 거절했고, 광우병 사태 때 영국산 소고기 수입을 금지한 유럽 국가들의 조치로 영국과 유럽 국가들과의 관계는 악화되었다.

1997년 집권 후에 토니블레어는 **친유럽 정책**으로 선회했고, 유로 화폐권에 가입을 공약했다. 토니블레어와 유럽연합의 정치지도자들 간의 밀월관계는 유럽 국가들의 중도좌파 정당들의 집권기까지 지속되었다. 토니블레어 정권은 당시 유럽 국가들의 안 좋은 경제상황이 영국의 보다 나은 경제상황의 안정, 성장, 고용에 미칠 영향을 고려하여 유로존에 가입을 유보했다. 토니블레어는 유럽의 정치지도자들에게 시장의 자유, 기술혁신, 기술의 발달에 토대를 둔 영-미식 경제발전 모델을 채택하도록 권유했다. 그는 유럽연합의 헌법의 채택을 미루다가 프랑스와 네덜란드의 국민투표에서 부결된 것을 이유로 그것을 거부해 버렸다.

토니블레어는 클린턴 행정부와 국제문제에서 군사행동을 포함해서 미국과 긴밀한 협력을 해왔다. 2001년 911 테러 참사 이후에 부시 행정부가 시작한 대테러 전쟁에 적극적으로 참여하고 협조했다. 대량살상 무기의 보유를 구실로 한 미국의 이라크 침공에 참여했다. 이라크와의 전쟁에 영국의 참여는 유럽연합의 국가들과의 갈등을 야기했을 뿐만 아니라 영국내의 무슬림 지지자들과 여론의 반대를 유발했다. 이라크의 대량 살상무기의 보유가 조작된 정보로 밝혀진 후에 토니블레어의 지지도는 가파르게 하락했다. 그 결과로 2007년 총선에서 노동당은 승리는 했지만 총득표의 35%만을 차지했고, 토니블레어는 사임해야 했다. 노동당의 지지기반이 취약해졌고, 보수당의 집권 가능성이 높아졌다. 그러나 양당의 과거의 정치·경제적 정책의 성과를 보려할 때는 어느 당도 의회의 절대 과반수를 차지하지 못할 가능성이 크다. 따라서 연립정부가 등장할 수도 있다.

3. 오늘날의 독일 정치·사회·경제·외교

독일의 정치·경제·사회는 경제·사회적 안정을 추구하는 경향, 높은 수준의 고용과 보호, 노동자들의 넓은 참여권, 노조와 고용주 협회간의 단체협상과 긴밀한 협력, 사회정의, 사회통합, 기회균등 뿐만 아니라 결과의 평등을 강조, 만성적인 높은 실업률, 높은 저축률, 국내 수요의 침체와, 경기회복의 지연 등의 표현으로 특징지울 수 있다.

독일연방 공화국의 건국 초기에 나치당과 공산당은 비민주적 이념 때문에 불법화 되었다. 중도우파 정당인 기민당과 중도좌파인 사민당이 정치권의 양대 축을 형성하여 정권을 위해 경쟁해 왔다. 양당은 유권자들의 비슷한 지지도를 받았고, 선거에서 접전을 벌리면서 서로 바꾸어 가면서 집권해 왔다. 1970년대 중반 이후 기민당과 사민당은 경제와 안보정책에서 비슷한 정책노선을 보여 왔다.

1980년대 이후 등장한 녹색당은 성평등, 환경, 평화, 유권자 참여 등의 쟁점들을 제기해 왔다. 1995~2005년까지 녹색당은 사민당과 연립정부를 구성해 왔다. 녹색당 외에 자민당, 구 동독지역에 지지기반이 있는 민주적 사회주의 당, 유권자 동맹당, 노동과 사회정의당 등의 군소 정당들이 양대 정당 사이에서 중재 역할을 해왔다. 기민당과 사민당은 군소 정당들과 연립하여 소연정 정부를 구성하여 집권해 왔다.

2005년 선거결과는 정책들에 대한 유권자의 분열의 심화를 보여주었다. 경제의 세계화, 지식정보 사회의 도래, 인구구성의 변화에 따른 종합적 정책변화, 사회 안정망의 약화에 대한 우려 등에 대해서 극명한 여론의 분열이 나타났다.

기존의 소연정 정부의 전통과 다르게 2005년 대연정정부의 출현과 최초의 여성총리 **안젤 메르켈**의 등장은 새로운 정치현상이었다. 동독 출신의 최초의 여성 총리인 안젤라 메르켈은 구동독 말기에 반공산주의 운동으로 정치에 입문했고, 동독이 붕괴된 후에 **기민당**에 입당하여 헬메트 콜의 후원으로 정치적 경력을 쌓아왔다. 물리학 박사학위 소지자인 그녀는 탈이념적 실용주의 정책을 추진해 왔다.

대연정 정부는 지방분권화와 연방제도의 개혁을 목표로 교육과 민원행정 등의 권한을 주정부에 더 많이 이양하는 정책을 추진했고, 연방정부와 주정부 간의 권한과 예산배분 문제들이 쟁점이 되었다. 급진적인 변화보다는 점진적인 온건한 개혁들

안젤라 메르켈

이 지루한 열띤 토의와 논쟁 끝에 갈등과 이견을 조정한 후에 합의에 이르는 과정을 거쳐서 결정된다.

장기간의 높은 실업율과 낮은 경제성장율 등의 사회·경제적 문제들을 해결하기 위한 노동과 복지체제의 개혁, 이민 억제정책, 노조의 임금상승 요구의 자제, 노동계약의 유연성 등의 정책들이 실시되었다. 그 결과, 2003년 이후부터 실업률이 하락하고, 독일의 경제가 서서히 회복되었다.

독일의 외교정책

독일은 과거의 적대국이었던 이웃인 프랑스와의 화해, 평화, 경제적 번영, 국제적 인정을 회복하는 방법으로 생각하고 EU의 통합과정에 적극적으로 참여했다. 그래서 독일은 유럽에서의 금융 분야에서의 주도적 위치의 포기를 감수하면서 까지 마르크화 대신에 유로화를 채택하면서 유럽의 경제적 통합에도 어떤 다른 나라들보다도 더 적극적이었다. EU의 통합 과정에서 프랑스와 독일간의 협력과 우호관계는 긴밀하고 공고했다. 독일은 EU에서의 주도국의 지위유지를 위해서 2004년 중·동부 유럽의 10개국과 2007년 루마니아와 불가리아의 EU가입을 적극적으로 환영했다. 2009년 현재 터키의 가입문제가 EU 회원국들 간의 쟁점이 되고 있다.

독일은 러시아의 에너지 자원을 대량 수입하는 등 러시아의 최대 교역국으로서 러시아와 좋은 관계를 유지하고 있다.

독일과 미국의 전통적 우호관계는 2002년 이라크 전쟁에 대한 입장차이 때문에 금이 갔다. 안젤라 메르켈이 집권한 후에 독－미 양국 간의 관계는 정상화되었다. 냉전 전에 대공산권 문제와 국제문제에서 비교적 합의된 입장으로 협력했지만, 냉전 종식 이후 미국은 유일한 총강대국이 되어 국제문제에서 자국의 일방적 이익을 추친하게 되고, 독일과 유럽은 국제문제에서 독자적인 입장을 견지하게 되었다. 미국과 EU의 회원국들은 안보위협과 환경문제의 해석에서 견해의 차이를 보이고 있다.

독일은 국제문제에서 과거보다 더 큰 목소리를 내게 되었다. 국제분쟁에서 군사개입을 삼가해 온 독일의 정책은 1999년 유고 내전 이후 조금씩 변했다. NATO, UN, EU, CSCE 등의 국제기구의 합의 틀 내에서 독일은 구호활동, 평화 유지군, 국제테러와의 전쟁, 위기관리 등의 국제분쟁의 예방활동에 참여해 왔다. 독일의 젊은 세대는 독일의 과거의 역사가 부여하는 책임과 자제에 어울리는 균형 잡힌 국민의식과 자존심을 가지고 있다. 앞으로도 독일의 과거 역사는 대내외 정치 분야에서의 정상화에 지속적으로 영향을 미칠 것이다.

4. 오늘날의 이탈리아의 정치·경제·사회

통일국가의 역사가 길지 않고 부정부패와 불안정의 인상이 깊은 현대 이탈리아는 새로운 좌파 정치의 비전을 제시하고 1990년대의 변동을 통해 개혁정치를 시도하고 있는 이탈리아의 잠재력은 1980년대 후반 세계 5대 경제 강국으로 부상한 경이로운 경제발전을 이룩하고 현대 자본주의 국가에서 과거 공산당의 이름으로 활동했던 정당이 제1당으로 집권한 최초의 역사를 기록하기도 했다. 특히 1990년대 이후의 이탈리아 정치체제는 헌법이 바뀌지 않았음에도 '제2공화국'이라고 불릴 정도로 큰 변화를 겪어 왔다.

이탈리아 정치의 역사적 흔적에 있어 가톨릭의 영향도 빼놓을 수 없는 부분이다. 국가통일에 지속적인 방해 요인으로 작용하였으며 끝까지 통일 이탈리아 국가를 인정하지 않았던 바티칸이 현대 이탈리아에 미친 정치적 영향은 파시스트와 관련된 것이다. 1922년 바티칸은 가톨릭 국민당에 대한 기존의 지지를 포기하고 무솔리니(Mussolini)를 지지하기 시작했다. 더욱이 1929년 **파시스트와의 정교협약**(Concordato: Patti lateranensi)을 통해 바티칸은 이탈리아 국가를 인정하고 파시스트를 합법적인 정권으로 정당화 해준 대신에 가톨릭을 국교화하고 바티칸 시를 독립주권영역으로 보장받았으며 혼인에 대한 전권과 교육제도에 대한 광범위한 영향력을 확보하였다. 이로써 가톨릭은 직접적인 정치영역을 침범하지 않는 한 자유로운 정치-사회적 영향력을 보장받았다. 더욱이 제2차 세계대전 이후에도 가톨릭의 영향은 정치적 필요에 의해 지속적으로 보장되고 있어, 1929년 정교협약은 아직도 유효하게 적용되고 있다.

이와 같이 현대 이탈리아 정치에 영향을 미친 역사적 궤적은 남북의 지역차이와 타협정치적 후견주의 전통 및 파시즘의 경험과 유산 그리고 가톨릭 보수주의와 사회주의 운동 간의 하부정치문화(subculture politiche)적 갈등으로 요약될 수 있다. 남북의 지역차이는 지역주의로 정치화하였고, 타협 정치적 후견주의는 뿌리 깊은 야합과 부정부패로 이어졌으며, 파시즘의 유산은 남부지역을 중심으로 세력을 확대해 왔다. 양대 하부정치문화도 반세기 이탈리아의 정치를 정권교체가 불가능한 불완전한 민주주의로 만든 원인으로 작용하였다. 이러한 제반 요소들은 1990년대에 와서야 격변을 통해 새로운 개혁정치의 대상이 될 수 있었다. 반면 이탈리아 정치의 왜곡된 모습의 대부분은 사회주의 정치세력의 성장에 대한 방어적 표현에 기인하기도 하는 만큼 새로운 사회질서 창출 노력의 밑거름이 되기도 하였다. 바로 이러한 측면에서 이탈리아 정치의 또 다른 동력을 엿볼 수 있는 것이다.

총리는 장관들의 권한과 의무에 근거하고 이를 조정하는 범위 내에서 정치와 행정의 통일적인 지도를 행사할 수 있다. 이러한 규정에 따라 이탈리아의 총리는 영국이나 독일의 총리와 같은 '수상(prime minister)' 혹은 '정부수반(Regierungschef)'으로서의 막강한 권한을 보유하지 못하고, 단지 각료회의 의장(president of ministerrat)으로서 상대적으로 약한 권한을 갖는다.

대통령은 의회와 정부 간 정치행위에서 '조정자(Ordner)'의 역할을 수행한다. '헌법의 수호자'로서 대통령은 국가기구를 감시하고 총리와 각료들을 임명하며, 필요할 경우에는 상원의장과 하원의장의 의견을 청취한 후 양원 모두 또는 하나를 해산할 수 있다(87, 88조). 7년을 임기로 하는 대통령은 또한 상원의 종신의원 5명을 지명할 수 있고, 헌법재판소 판사의 1 / 3을 임명한다. 따라서 이탈리아 대통령의 '조정자' 역할은 내각책임제 국가에서의 의전상의 역할을 초월하는 것이다. 이러한 조정자로서의 역할은 특히 정치 위기 시에 효력을 발휘하는데, 이탈리아 정치의 지각변동기였던 1990년대 초반 내각구성과 과도정부의 정치에 영향력을 미쳤던 스칼파로(Scalfaro) 대통령의 경우가 대표적인 예이다.

1990년대 초반의 변동이 있기까지 반세기 이탈리아 정치사를 지배해온 기민당은 점차 국가정당화되었으며, 제1야당이었던 공산당은 영원한 야당으로 남아야만 했다. 기민당과 공산당의 양극 체제(bipolarismo)는 정권교체를 허용하지 않는다는 의미에서 '불완전한(imperfetto)' 체제였던 것이다.

1980년대 말에는 사회주의의 몰락으로 공산주의의 위협까지 사라지자 가톨릭 정치문화와 반공 이데올로기라는 기민당의 존재이유도 상실되었다. 곧 동구의 몰락은 이탈리아 좌파의 해체가 아니라 반공블럭의 해체를 가져온 것이다. 따라서 1990년대 양대 하부정치문화의 변화는 전체적인 해소가 아니라 가톨릭－보수주의의 일방적인 해체와 사회주의－공산주의의 분열로 설명되어야 한다. '제2공화국' 이탈리아의 정당체제는 가톨릭－보수주의 정치문화가 해체된 공간에 새로운 중도－보수주의가 등장하면서 중도－보수주의와 온건－좌파라는 새로운 양대 **하부정치문화**로

자리잡아가는 모습을 보여준다.

이탈리아 정당들의 분포를 이데올로기 스펙트럼상의 위치와 비교해 보면, '제1공화국' 시절에는 좌파정당들과 중도정당들이 구심점이 되었던 반면, '제2공화국'에서는 변동기에 우파와 극우파가 강화되었다가 최근에는 새로운 중도정당들이 정치무대를 장악해가고 있음을 알 수 있다. 1994년과 1996년 선거에서 네오파시스트인 **민족연맹**(AN: Alleanza Nazionale)이 14~5%를 기록했다가 2001년 선거에서는 12%로 후퇴하였으며, 북부지역주의 정당으로서 우익을 점한 북부동맹(Lega Nord)에 대한 지지율도 1996년 10%를 넘었으나 2001년에는 4%에도 미치지 못했다. 반면 중도에 위치한 전진이탈리아와 새로운 선거연합체인 마르게리타(Margherita)는 각각 약 30%와 15%의 지지율을 얻어 이탈리아 정국을 주도했다.

이탈리아의 정치개혁

1990년대 초반까지 이탈리아의 정치부패는 '세계적 상식'이었다. 정당과 재벌의 유착, 정치권과 마피아의 결탁, 국영기업과 공기업을 이용한 집권세력의 정치자금 조달, 정치자금 유용 등 각종 부패 스캔들이 끊임없이 발생했다. 마피아·정치권·재벌은 서로의 뒤를 봐주는 거대한 부패의 카르텔을 형성했다.

부패 추방은 작은 사건 하나에서 시작됐다. 1992년 3월, 밀라노에서 청소대행업을 하던 한 중소기업이 관급공사를 따기 위해 사회당에 정치자금을 바치다가, 정당 쪽의 '무리한 요구'를 견디다 못해 이를 사법당국에 고발했다. 안토니오 디 피에트로 검사를 비롯한 밀라노 검찰은 작은 사건을 집요하게 파헤쳐 수사를 확대했다. 그 결과 1년 동안 무려 3천여 명의 정·관·재계 인사들이 체포 또는 구속됐고, 전체 하원 의원의 25%인 177명이 검찰조사를 받았다.

열렬한 성원과 지지를 받은 검찰 수사는 부패정치 추방을 위한 전 국민적인 운동으로 번졌다. 그 유명한 '마니풀리테(깨끗한 손)'의 시작이었다. 위기를 느낀 정치권은 선거제도 개혁에 나섰다. 1993년 4월 치러진 국민투표에서 82.7%의 찬성으로 기존의 정치관계법들이 폐지됐다. 법률·경제 전문가들로 구성된 과도정부가 들어섰고, 1993년 8월엔 새로운 선거제도와 정치자금법이 의회를 통과했다.

기존의 중선거구·순수비례대표제 대신 소선거구·다수대표제가 도입됐다. 재벌과 마피아를 등에 업은 보스정치의 전횡을 막기 위한 노력이었다. 새로운 정치자금법도 제정됐다. 정당에 대한 국고보조에서 후보자 중심으로 국고보조 체계를 개편한 것이 핵심이었다. 이에 따라 제2차 세계대전 이후 50여 년 동안 이탈리아 정치를 지배했던 기민당·사회당·공산당의 기반이 근본부터 붕괴됐다. 모든 기성 정당은 당명을 바꾸거나 뭉치고 흩어지기를 통해 새로운 정당을 만들어야 했다. '현역 의원은 모두 부패 정치인'이라는 국민적 비난을 피하기 위한 고육지책이었다.

1994년 총선에서는 정치신인들로 채워진 신당 '포르자 이탈리아(전진 이탈리아)'가 하원 630석 가운데 366석을 차지해 수권정당이 됐다. 50년 묵은 정치구조를 불과 2년 만에 뒤엎어버린 이 사건 이후, 이탈리아 국민들은 스스로를 '제2공화국' 국민으로 부르고 있다. 근본적인 정치체제의 변화를 이끌어 냈다는 자부심이 깃들어 있다.

그러나 부패정치 추방의 노력은 여전히 진행형이다. 반세기에 걸친 정치부패는 단숨에 사라지지 않았다. 검찰로부터 시작된 '마니풀리테'의 열매는 엉뚱하게도 미디어 재벌 베를루스코니에게 돌아간 상태다.

그는 새로운 형태의 정경유착을 시도하고 있다. 지난 1994년 '포르자 이탈리아'를 이끌고 집권에 성공한 그는 재임시절을 전후한 돈세탁과 탈세, 매수 등 각종 부정 혐의로 지난 1998년 2년 9개월의 징역형까지 선고받았지만, 2001년 총선에서도 재집권에 성공했다. 부패 혐의자에게도 여전히 피선거권이 주어지는 이탈리아의 정치제도에 힘입은 것이다. **베를루스코니**는 이제 지구당위원장과 중앙위원, 공직출마자 선출위원을 직접 지명하는 등 '보스중심 정당구조'를 다시 구축했다. 네오파시스트를 포함한 우파 정권은 과거 부패정치의 주범인 기민당 세력까지 흡수했다. 불완전한 제도개혁이 힘들게 쌓은 탑을 조금씩 무너뜨리고 있는 셈이다.

베를루스코니

이탈리아 정치발전의 전망

뒤늦은 민족국가 건설과 가톨릭 정치문화, 파시즘 통치의 경험과 강력한 사회주의 정치 세력의 존재는 이탈리아 현대 정치에 지대한 영향을 미친 역사적 배경이다. 정치·경제·사회·문화적 지역격차를 극복하지 못한 뒤늦은 민족국가 건설의 과제는 오늘날까지도 지역주의 극복의 문제로 전환된 채 남아 있으며, **가톨릭 정치문화**는 보수주의와 결합해 1990년대 변동기에 이르기까지 반세기 이탈리아 정치를 주도해 왔고, 파시즘 통치의 경험은 민족연맹에 대한 남부 주민들의 높은 지지율 속에 잔존하고 있다. 이 역사적 요인들은 지방정치에까지 깊숙이 침투한 후견주의적 정당지배체제를 형성하는 한편, 공산당의 집권 위협에 직면하여 반공블럭을 유지하는 요인으로도 작용해 왔다. 그리고 '제1공화국'의 이러한 후견주의적 정당지배체제를 지탱하는 제도적 요인의 하나는 선호투표를 가미한 비례대표제였다.

반면 **'제2공화국' 이탈리아**는 세속화와 동구몰락의 영향 속에서 선거법 개정이라는 직접적 계기를 통해 성립된 새로운 정치체제이다. 새로운 선거제도에 의한 최초의 선거인 1994년 선거에서 전후 최초의 정권교체가 이루어짐으로써 이탈리아 정치에 대한 선거법 개정의 파격적 효과를 보여 준 것이다. 다수대표제의 도입이 이탈리아 정치개혁에 미친 효과는 과거 후견주의에 기반한 기민당 중심의 정당지배체제 청산의 길을 열었다는 점이다. 그러나 후견주의적 정치체제와 오랜 반공 이데올로기의 잔재가 완전히 청산되지 않은 정치문화에서 새로운 제도의 실험은 반쪽의 승리였다. 구습의 폐해들이 25%의 비례대표제와 연립의 전략 속에 남아 있을 뿐만 아니라, 정당체제의 재편도 민족연맹과 같은 극우파와 후견주의적 정당지배체제의 사생아라 할 수 있는 전진 이탈리아의 집권과 재집권으로 이어진 것이다.

'제2공화국'의 희망은 1996년의 재선거를 통해 집권한 중도-좌파 정부의 개혁정치 5년이었다고 할 수 있다. 재정적자의 해소에 성공함으로써 이탈리아의 유럽통화동맹 가입을 가능케 하기도 했던 중도-좌파 정부의 장기적 과제는 후견주의적 정당지배체제의 폐해를 척결하는 것이었다. 그 구체적인 정책은 정당지배체제의 구습을 타파하기 위한 선거법 개정의 지속 외에 후견주의에 따른 지역격차 해소를 위한 연방제 도입에 있었다. 중앙집권적 단일제 국가의 전통을 가졌으면서도 지역주의의 위협을 안고 있는 이탈리아에서 연방제 도입은 그 어느 나라에서보다 광범위한 권력구조 재편을 야기할 수 있는 요소인 것이다. 더욱이 1999년 이후 좌파민주당과 **월계수 연맹**(L'Ulivo)을 중심으로 전개된 연방제 논의는 연방과 구성국 간 권력배분의 형식을 넘어 총체적 정치체제 개혁의 틀로 논의되면서 향후 권력구조 변화의 진원이 되었다고 할 수 있다. 그러나 국민들의 연방제 도입 여론이 비등해짐에도 불구하고 여러 정치세력들은 각자의 이해관계에 따라 연방제 도입을 다른 정치적 사안을 위한 볼모로 이용함으로써 재차 먹구름이 끼어 오곤 했다. 중도-좌파 정치세력들에게 연방주의가 자신들의 정치적 이해를 관철하는 총체적 노선으로 자리잡은 것과 달리, 중도-우파 연맹인 자유의 집(Casa delle Libertà) 내에서는 중앙집권적 단일제를 주장하는 민족연맹과 북부의 이해관계 관철을 위해 연방주의를 고수하는 북부동맹 간의 갈등이 심각하며, 전진 이탈리아 역시 기본적으로 연방제에 대한 매력을 갖지 못한 것으로 보인다.

중도-좌파 정부 시절 연방제 논의가 적극적으로 추진될 수 있었던 것은 월계수 연맹의 연방주의 노선에 기본적으로 근거한 것이었으나, 다른 한편으로는 북부동맹이 민족연맹 및 전진 이탈리아와 연맹하지 않고 사안에 따라 크로스 보우팅할 수 있었던 것에도 힘입은 바가 적지 않다. 그러나 북부동맹도 근본적으로는 자신의 세력 확대와 주도권이 가능한 상황에서 연방제를 추구할 뿐이거니와, 지난 선거 이후에는 더 이상 연정 내에서 과거와 같은 영향력을 유지하고 있지도 않다. 따라서 중도-우파 연맹이 집권한 현재에는 연방제 논의가 예전처럼 추진되기는 어려울 것이다. 그렇지만 이탈리아 국민들의 연방제 도입을 위한 여론이 이미 비등했음을 감안할 때 중도-우파 연정이 연방제 도입 논의를 협소화하는 것도 간단하지만은 않을 것이다.

향후 이탈리아 정치의 향배는 장기적으로 후견주의적 정당지배체제의 고리를 얼마나 끊어내는 가에 달려 있으며, 그 구체적 실현을 위해서는 선거법 개정과 연방제 도입에 관한 이탈리아 국민들의 여론이 어떻게 확대 혹은 변화하며 정치세력들이 이에 대해 어떻게 대응하는가가 관건이 된다고 할 수 있다.

1996년, 기존의 이탈리아 정치를 이끌던 '이탈리아 기독교민주당'과 '이탈리아 공산당' 등의 급격한 영향력 약화 및 급변하는 국제정세 등의 영향으로 새로운 정치 세력의 출현을 바라는 진보적 정당들의 뭉치고 흩어지기를 통해 만들어졌다. 그해 총선에서 사회주의 계열 정파와 연합해 '제1기 프로디 행정부'가 출범하였는데, 이것이 범진보진영 통합의 모태가 되었다.

2001년부터 2006년까지 이탈리아를 이끈 실비오 베를루스코니 주도의 보수-자유연립정권의 거듭된 우경화(지나친 신자유주의적 정책추진과 부시정권에 협조 등)를 저지하기 위해 2004년 유럽의회 선거(올리브 동맹의 경우, 당시 31.1%득표로 선전)에서 각 정파들이 다시 연합하였고, 2005년에 총리후보 선출을 위한 '국민참여경선' 제도를 도입하여 전 국민적 호응(4,311,149명 참여)을 얻었다. 59,816개 투표소에서 치러진 경선에서 3,182,686표(74.1%)를 득표한 로마노 프로디를 총리후보로 선출했으며, 2006년 4월에 치러진 총선거에서 간발의 차로 승리, '제2기 프로디 행정부'까지 집권세력이다. 2007년 3월, 아프가니스탄 평화유지군 추가파병 논란 등으로 분열위기(프로디 총리는 사퇴위기)에 몰렸으나 상원에서의 재신임으로 이를 모면하였다.

이탈리아의 외교정책

일반적으로 이탈리아 대외정책은 4단계로 나눈다. 우선 남부 수복(1943) 후 1948년까지 미·소·영·불과의 균형 외교를 시도하나 사실상 쉽지 않았던 전후 처리기를 제1단계로 하고, 1948년부터 1950년대 중반까지 국제환경의 변화가 심하고 국가가 진영 선택을 정확히 해야 함을 확신했던 시기를 제2단계로 구분한다. 제2단계에서는 처음으로 대외정책적 분열이 생겨나, 기민당 좌파와 사회당이 자본주의와 공산주의 중간, 즉 미국과 소련 간 중간적 길의 가능성을 주장한 반면, 기민당 우파는 공산당이 너무 강력하다는 이유로 미국중심적인 반공주의를 고수했다. 제3단계는 1950년대 중반부터 1960년대 후반까지 대외정책에서 민족주의적 독자노선을 추구했는데, 특히 지중해와 아랍세계 사이에서 지중해 남부 아랍국가들의 파트너가 될 것을 주장함으로써 동서의 균형 추구보다 시장 개척의 의미를 강하게 두었던 때였다. 마지막으로 제4단계는 1960년대 후반 이후로 국내정치적 요구와 주요 정당들 간 관계 및 경제적 압력에 주목하여 대외정책을 결정해 왔다. 또한 1968년 소련의 체코 침공 이후 복잡한 국제 정세에 복합적으로 대처하기 위한 노력이 본격적으로 시작되었다고 할 수 있다.

1970년대 말 이후를 대외정책의 새로운 노선이 구체화되는 단계로 진입하는 기점으로 볼 필요가 있다. 이 새로운 시기 구분에 알맞은 국제분쟁이 아프가니스탄 분쟁에서 이라크전에 이르는 사건들이다. 그 중에서도 아프가니스탄 분쟁은 이탈리아 국내 정세의 변화와 시기적으로 가장 긴밀한 관계를 가질 뿐만 아니라 소련과 미국의 개입이 순차적으로 이루어짐으로써 복잡한 이탈리아 정세와의 관련성을 논할 수 있는 적절한 사례이다. 또한 이라크 전쟁은 유일 초강대국으로 등장한 미국의 세계지배 전략의 대표적인 사례로서 최근 가장 관심을 갖는 국제분쟁이며, 이탈리아 국내에서도 이 기간 중에 좌우 정권교체가 거듭 이루어짐으로써 정부의 성격에 따른 대외정책의 변화를 파악할 수 있는 적절한 사례이다. 따라서 아프가니스탄 분쟁과 이라크 전쟁을 중심으로 이탈리아 대외정책의 변화를 살펴볼 것이다.

1970년대 말 이전 이탈리아 대외정책은 진영 선택의 갈등에서 민족주의와 국제주의 간 선택으로 전개되면서도 미국에 대해 반응적이고 추종적인 범주를 벗어나지 못했다. 그 결과는 단순히 국제주의적이냐 민족주의적이냐의 갈등이었을 뿐 보다 구체적인 노선으로 발전하지 못하는 한계를 가져왔다.

그러나 1978년에 발발한 아프가니스탄 분쟁에 대한 대응을 보면, 표면적으로는 대미 의존적 경향에서 보인 바와 같이 국내 정치경제적 사정에 의해 소극적 대응으로 나타났지만 내면적으로는 대미 의존적 경향을 벗어나 준강대국으로서의 국가이익을 추구하는 방향으로 나아가기 시작했다. 특히 1980년대의 경제기적과 1990년대 중반의 유럽경제 통화연합가입 성공은 이탈리아의 유럽내 준강대국으로서의 위상을 확고히 해 주었다. 이러한 측면에서 1970년대 말은 이탈리아 대외정책에서 새로운 단계가 시작된 시기라고 할 수 있다.

2000년대에 발발하여 아직까지 실질적 분쟁이 지속되는 이라크 전쟁과 관련해서는 또 한번의 변화가 생겨났다. 기존의 소극적인 국제분쟁 대응을 벗어나 적극적인 대응양상으로 전환된 것이다. 그러나 이러한 변화는 이미 1970년대 말에 시작된 대외정책 변화의 큰 맥락에서 진행된 것으로서 준강대국으로서의 국가이익을 독자적으로 추구하는 경향이 구체적으로 갈등하는 새로운 양대 노선으로 정착된 현상으로 설명할 수 있다. 곧, 단순히 국제주의와 민족주의 간 갈등에 머물렀던 대외정책 노선이 유럽중심주의와 대서양중심주의로 발전해 갔다는 것이다.

베를루스코니의 전진이탈리아를 중심으로 한 중도－우파 정부는 대서양중심주의의 입장에서 연정 내부의 이견과 국내 정치세력들의 입장을 고려하여 완만한 민족주의 및 모순적 유럽현실주의를 노정했으며, 좌파민주당을 중심으로 한 중도－좌파 정부는 유럽중심주의적 입장에서 유럽을 통한 국가이익 신장을 목적으로 해 왔다. 전진 이탈리아는 강화된 국력을 바탕으로 미국의 강력한 동맹자로서 국제분쟁에서 조정자 역할을 수행하고자 한 반면, 좌파민주당은 중동유럽의 유럽연합 가입을 적극적으로 추진하여 유럽연합 내에서 독일과 프랑스에 대항하는 이탈리아 중심 세력을 구축하고자 했다.

2006년 5월 선거에서 이탈리아 대외정책의 양대 노선 간 무게중심은 또 한 번 바뀌었다. 중도－우파가 실각하고 중도－좌파가 집권함으로써 다행히 대서양중심주의가 퇴각하고 유럽중심주의가 등장한 것이다. 사실 베를루스코니의 대서양중심주의는 다각적 상호주의(multi－lateralism)와 유럽연합 파트너들을 포기하고 미국의 일방주의를 선택한다는 의미에서 적지 않은 한계를 가졌다고 할 수 있다.

따라서 이탈리아의 대외정책에서 대서양중심주의보다는 유럽중심주의가 더욱 적합한 노선이라고 할 수 있다. 다만 미국이 주도하는 현재 세계체제에서 이탈리아의 유럽중심주의가 미국의 압력을 극복하고 유럽연합 내 독일과 프랑스의 주도권을 견제하는 데 현실적으로 얼마나 성공하느냐가 관건이 될 것이다.

5. 오늘날의 북유럽 국가들

1930년대 세계 대공황으로 사회·경제적 위기가 닥쳤을 때 북유럽의 국가들은 독특한 복지국가 모델을 확립했다. 국가가 시장경제를 관리를 위해 광범위하게 개입하여 임금과 농산물 가격의 결정, 대출과 환율정책, 실업자들의 고용문제, 실업자들과 노동인구들을 위한 사회 안정망 구축 등의 정책들을 입안하여 실시하였다. **사회민주당**은 중도 정당들과 합의하여 최저 농산물 가격과 실업자들을 위한 공고 근로사업을 실시했다.

부르주아 정당들과의 타협은 사회주의자들과 사회민주주의자들의 사회주의를 실현하려는 노력을 지연시켰다. 그러나 이러한 타협은 사회민주주의의 기반을 위협했던 어려운 상황과 시기에 민주정치의 제도화를 공고히 하는데 기여했다. 붕괴하는 시장경제에 국가의 개입은 농가수입의 안정, 실업자들의 고용증대, 노동시장의 분규의 감소 등을 유발하여 경제침체와 나치 독일의 침략위협에 불안했던 스칸디나비아의 국민들에게 희망을 주었다. 성장, 완전고용, 고용주와 노동자들 간의 합의에 토대를 둔 광범위한 복지정책 등이 조화를 이루도록 시장경제의 관리에 국가가 개입하는 스칸디나비아의 모델은 전후 서유럽 국가들의 정책의 모델이 되었다.

북유럽 국가들의 외교정책

냉전기간에 스칸디나비아 국가들은 중립적 외교정책을 추진했다. UN의 지원국이었지만, 그들 국가들은 UN의 한계를 인정했다. 중립을 유지하는데 필요한 군사력을 제공할 방위동맹을 형성하려는 노력은 1949년은 중단되었고, 덴마크, 노르웨이, 아이슬란드는 NATO에 가입했지만 그들의 활동은 소극적이었다. 제2차 세계대전 당시에 독일 측에서 싸웠던 핀란드는 1944년에 소련과 별도의 평화조약을 맺었고, 자국의 중립을 조약에 의해 보장받았다. 스웨덴은 1815년부터 전쟁에 개입하지 않는 중립적 외교정책을 지속적으로 추진해 왔다. NATO와 바르샤바 조약기구 사이의 스웨덴의 중립은 핀란드의 중립과 소련에 대한 독립을 보장해 주었고, 덴마크와 노르웨이가 자국의 영토에 외국군대와 무기를 허용하기를 거절하여 NATO의 북유럽 회원국에서 긴장을 낮추는 정책을 지속하도록 하는 북유럽에서의 세력균형유지에 기여했다고 방위전략가들은 주장한다.

국제 경제문제에서도 1973년에 덴마크는 영국과 함께 EC에 가입했지만, 활동은 소극적이었다. 그 때 노르웨이 국민들은 EC 가입에 반대했다. 스웨덴과 핀란드는 EC에 가입은 자국의 중립을 훼손한다고 주장했다. 북유럽의 4개국은 동과서, 남과 북의 경계를 초월하여 국제적 협력을 지지하는 독특한 정책을 펼쳐왔다.

보수적 백군이 승리한 1917－1918 백군과 적군간의 내전 때문에 핀란드는 1차 세계대전과 제2차 세계대전 기간에 다르게 발전해 왔다. 그러나 제2차 세계대전 이후에 핀란드는 산업화, 사회복지, 생활수준 등의 국내정책 분야에서 점차적으로 다른 스칸디나비아의 국가들과 비슷해졌다. 핀란드의 독특한 국제적 입장도 다른 스칸디나비아 국가들과 비슷해졌다.

이러한 모든 것은 1980년대 말에 일어나기 시작했다. 동유럽의 공산정권들이 붕괴되고 1991년에 소련이 해체되자 스칸디나비아 국가들은 자국의 중도의 길에 대해서 회의를 갖게 되었다. 1930년대부터 1980년대까지 대내외적으로 추진해 왔던 중립의 길은 국내의 정치적 불화와 함께 등장한 경제적 위기와 세계화에 직면하여 혼돈에 빠졌다. 1995년에 스웨덴과 핀란드도 EU에 가입을 선택하여 유럽에 가까워졌다. 중도적인 광범위한 공공 서비스, 높은 세금, 시장경제에 대한 국가규제 등은 국제적 경제통합과 자유주의적 시장경제 정책의 확산으로 도전을 받게 되었다.

북유럽 국가들은 많은 점에서 동질성을 공유한다. 인구와 영토가 비교적 다른 나라들에 비해서 작다. 스웨덴의 영토는 그리스와 포르투갈과 비슷하고, 덴마크와 핀란드는 아이슬란드와 룩셈부르크보다 조금 크다. 덴마크, 아이슬란드, 노르웨이, 스웨덴은 동일한 인종적·언어적·문화적 뿌리를 공유한다. 다른 어족의 후손들의 나라인 핀란드는 다른 나라들과 북유럽의 역사와 종교를 공유한다. 이러한 것들이 비슷한 **스칸디나비아식 정치·경제·사회 모델**을 가능케 했다.

노르웨이 피오로드

1960년대 대규모 이민을 받아들이기 전에 북유럽 각국의 인구의 97－99%는 같은 문화적, 언어적, 인종적 뿌리의 동질성을 유지했다. 그 결과 다른 나라들이 겪는 종교, 인종적, 언어적, 민족적 갈등과 달리 북유럽 국가들의 정치와 정책은 수십 년 동안 경제와 계층의 쟁점에 집중되어 왔다. 그러나 대부분은 유럽에서 온 이민의 1세대는 문자 그대로 덴마크, 노르웨이, 스웨덴의 얼굴모습을 변화시켰다. 오늘 날 스웨덴 주민의 10명 중 한명은 해외에서 태어났다. 1세기 이상의 기간에 첨으로 인종과 이민과 관련된 쟁점들이 정치적 갈등의 원인이 되었다.

스톡홀름 시내

역사적으로 핀란드는 스칸디나비아의 이웃 나라들보다 더 국내적으로 분열되었다. 1809년까지 스웨덴의 지배와 1809년부터 1917년까지 러시아의 지배는 핀란드의 남서 해안에 거주하는 스웨덴 언어를 사용하는 주민과 러시아 정교를 믿는 상당한 수의 주민들을 남겼다. 게다가 1917년~1918년까지의 적군과 백군간의 내전은 이러한 분열을 심화시켰다. 적군은 레닌식의 볼셰비키 혁명을 추진했고, 백군은 반급진적 민족주의적인 정치세력의 연합이었다. 독일군의 지원을 받은 백군이 내전에 승리하여 적군들을 수년 동안 수용소에 가두었다. 50년 후의 투표양상은 그들의 할아버지들이 내전 시에 싸웠던 소속된 정치세력의 후신과 연계되었다. 1차 세계대전과 제2차 세계대전 직후에만 주요한 역할을 했던 덴마크, 노르웨이, 스웨덴과 달리 내전과 그 후까지 노동운동은 공산주의자들, 사회민주주의자들, 중도주의자들로 분열되었다. 이러한 분열은 1930년대에 핀란드, 덴마크, 노르웨이에 확립된 사회민주주의 정당의 지배를 방해했다.

러시아와 지정학적 인접성은 핀란드의 정치체제의 형성에 영향을 미쳤다. 1939~1940년 겨울전쟁에서 핀란드는 소련과 용감하게 필사적으로 싸웠다. 1941년 6월에 독일이 소련을 침공한 후에 독일 편에 가담하여 소련과 싸웠고, 1944년에 소련과 별도의 평화조약을 체결하여 전쟁에서 철수했다. 소련은 1956년까지 헬싱키와 인접한 핀란드 땅에서 주요한 해군기지를 유지했다.

전후에 동화와 스웨덴으로의 이주로 핀란드의 스웨덴 계 민족의 감소는 전통적인 민족적 언어적 분열을 약화시켰고, 내전의 기억도 점점 잊혀져 갔다. 소련과 인접한 핀란드의 위험한 상황은 소련의 붕괴로 극적으로 변화하였다. 핀란드의 정치는 일반적인 스칸디나비아식 사회민주적 정치·경제 모델로 점차로 통합되어 갔다.

선상에서 바라본 헬싱키

유럽의 변경지역에 있는 북유럽 국가들은 서유럽 국가들보다 산업화, 민주화와 국민국가의 건설에서 뒤쳐져 있었다. 따라서 자유주의를 위한 경제적 토대가 늦게 형성되었다. 19세기 후반에 농업과 노동운동이 북유럽 전 지역을 휩쓸었다. 백지상태에서 조직된 농부들과 산업 노동자들의 대중운동들은 산업화와 정치적 민주화가 진행되는 과정에서 평등주의적 정책들을 주장했다. 18세기와 19세기에 개신교회와 국가 교육정책으로 성취된 높은 문자 해득률 덕분에 민주적 대중운동은 밑에서부터 시작되었고 지도자들과 추종자들의 관계는 오늘날 까지 긴밀하다.

18세기와 19세기에 많은 분야에서 북유럽 국가들은 서유럽 국가들보다 뒤쳐졌지만 그들 국가들은 강한 국가를 건설했다. 16세기와 17세기에 스웨덴은 유럽에서 가장 근대적인 국가를 건설했고 스웨덴의 군사력은 30년 전쟁과 러시아와의 북방전쟁에서 국가의 강성함과 국가의 지원을 받아 발전한 군수산업의 위력을 보여주었다. 19세기 후반에 근대적 정치조직과 민주적 제도들이 건설될 무렵에 북유럽 국가들은 강한 국가와 전문적 행정조직의 잘 확립된 전통을 가졌다. 우파 정치세력이 강한 국가를 선으로, 좌파들은 개혁의 도구로 보았다. 상대적 격리, 강력한 대중운동,

강한 국가 등의 세 가지 요소들이 20세기의 북유럽 국가들의 중도적인 정책의 조건들을 창출했다.

사회적 민주주의와 북유럽형 발전모델의 성공과 위기

경제적으로 차별을 받았던 농민들과 노동자들의 대중운동이 오늘날의 독특한 북유럽 국가들의 정치와 정책에 주도적인 역할을 했다. 19세기 후반에 정치적 형태로 밑에서부터 조직된 농민들과 노동자들의 조직들은 복음화 물결 속에서 시골, 중소도시, 대도시를 휩쓸었다. 민주적 전통의 수호자가 되었던 농업과 노동당의 창당 외에 그러한 정당들은 강건한 경제적 문화적 하부구조를 구축했다.

농업 운동에서 중소 농부들이 대지주들과 경쟁할 수 있는 규모의 경제를 구축했던 구매, 가공, 판매 조합의 형태로 경제적 하부구조가 형성되었다. 문화적인 측면은 농한기에 청년들을 교육시켰던 '민간대학', 주말 댄스, 스터디 그룹, 정치적 토론 등의 모든 것을 제공했던 마을 회관, 계급사회에서 평등주의를 설파했던 농민 신문들에 의해서 제공되었다.

노동 운동 분야에서 노조, 식품부터 의류와 주택에 이르는 등의 소비자 협동조합, 체스, 마칭 밴드, 스카우트, 유치원, 성인 교육 등의 문화적 클럽, 최초의 북유럽 대중신문들인 사회적 민주적 신문들이 활동했다.

농업과 노조운동은 어떤 중심적 가치들 즉 평등주의, 민주주의에 대한 신념, 민주적 제도를 구축하는데 적극적 참여 등을 공유했다. 정치적 민주화를 위한 투쟁에서 연합했던 농부들과 노동자들은 사유재산과 생산수단의 사회가 그들을 분열시켰을 때조차도 많은 것을 공유했다. 이러한 대중적 정치조직은 의회민주주의가 확립되기 전에 일어났다. 과거에는 정치에서 득표수가 고려되지 않았기 때문에 보수주의자들은 급진적 농민과 노동 운동이 농촌의 소작인들과 도시의 근로자들을 지지 세력으로 끌어들인 후에도 쫓아갈 수 있었다.

북유럽의 대중운동은 교육받은 엘리트층 보다는 운동의 활동가들 중에서 선발된 지도자들에서 주도되는 경향이 강했다. 진보적 농업당들은 변호사, 교사, 공무원들이 아니라 농민들에 의해서, 노동당은 노동자들에 의해서 주도되었다. 조직 내부에서 선발된 지도자들이 이끄는 풀뿌리 민주주의와 윤리적 종교적 동질성, 넓은 기본적 가치의 합의, 상대적으로 규모가 작은 공동체 등이 상호적인 의무와 책임에 바탕을 둔 일관성 있는 견고한 복지국가의 건설을 위한 강한 추진력이 되었다.

이러한 이점에도 불구하고 19세기의 북유럽은 가난하고 계급에 찌든 정체된 지역이었고, 많은 사람들이 북아메리카로 이민을 갔다. 수백만의 스웨덴 인들과 노르웨인들 뿐만 아니라 많은 덴마크 인들과 핀란드 인들이 새로운 기회를 찾아서 조국을 떠났다. 첨에 이것은 상당한 정치적 경제적 압력을 제거했지만 나중에 국내의 보수주의자들 사이에서 조차도 사회, 경제, 정치적 개혁에 대한 관심을 자극했다. 보다 나은 경제적 기회와 북아메리카와 영국의 민주적 정부의 성공에 대한 정보는 농민과 노동 운동의 국내의 개혁가들을 고무시켰다. 국가주의자들도 청년들과 능력 있는 시민들의 손실에 당황했다.

이러한 배경 속에서 가장 강한 시민사회가 등장했다. 대중운동에 참여한 시민들은 그들과 국가 사이를 중재했고 직접적인 경제적, 문화적, 사회적 혜택을 제공했던 수많은 자발적 협회에서 연결되었다. 이러한 협회의 주위에서 성공적으로 조직한 대중운동이 결국에는 국가권력을 장악했다. 1930년대부터 국가는 자발적 단체들이 과거에 제공했던 많은 혜택들을 제공하도록 개편되었다. 지난 30년 동안에 대중운동 단체의 복지, 교육, 규제 기능 등은 행정부로 이양되었고, 대중운동 단체가 제공했던 많은 사회적 문화적 기능들도 지방과 중앙 정부로 이관되고 운동원들 대신에 공무원들에 의해서 제공되었다. 이것은 그러한 사회적 혜택이 모든 국민들에게 돌아가도록 했지만, 이것은 밑으로부터의 통제에서 벗어나게 했다. 이것은 대중운동들 특히 사회민주적 노동운동이 그들의 목적을 성취하기 위해서 국가의 통제에 의존하게 했다.

50년 동안 이러한 접근은 성공적이었다. 강한 국가와 정직하고 전문적인 공공 서비스의 전통은 더 평등한 사회의 건설을 위한 구조를 제공했다. 일자리를 창출하는 공공 정책을 주장하는 케인즈 경제학의 원칙들은 세계 대공황 기간에 북유럽 경제학자들에 의해서 독자적으로 발전되었다. 신중하게 적용된 케인즈 경제학은 자본주의적 시장경제의 작동을 개선시키기 위한 국가 개입의 이론적 토대를 제공했다. 시장경제에 국가의 개입은 산업적 자본주의의 전통적인 문제점 즉 풍요속의 만연한 빈곤을 혁명 없이 기존의 부와 소득의 분배보다 더 평등한 성장의 결실을 확산시키겠다는 공약을 지속적으로 주창하여 해결하는 수단을 제공했다. 그러한 정책은 선거에서 집권한 사회적 민주주의자들에 의해서 추진되었다.

한 세대기간 내에 이러한 헌신은 북유럽을 미국으로 대량 이민 가는 빈곤지역에서 풍요를 공유하는 사회로 전환시켰다. 1960년대 쯤에 유럽의 가장 가난한 나라들에 속했던 스웨덴과 노르웨이는 가장 풍요로운 나라들이 되었다. 빈민지역들과 빈곤은 사라졌다. 북유럽의 성공은 거시 경제적 목표를 성취하기 위한 국가의 개입에 의존했고 국민국가가 경제정책을 위한 적절한 단위라는 가정에 근거했다. 이것은 1930년대의 국제무역체제의 붕괴가 일어난 직후와 제2차 세계대전 전후의 경제 부흥기에는 사실이었다. 그러나 1960년대와 1970년대에 증대되는 나라의 풍요가 노동자 계급의 생활을 변화시킴에 따라서 북유럽 국가들은 다시 한 번 상호의존적인 무역체제에 통합되었다. 이러한 사태발전은 번영을 가속시켰지만 1970년대의 오일 충격과 불가피한 경기순환에 북유럽국가들의 취약성을 노출시켰다.

북유럽 국가들의 정치적 민주주의

덴마크와 스웨덴은 순수 의원 내각제로서 의회에서 집행부의 수상과 내각을 선출되고 의회의 불신임에 따라 내각이 해산이 되며, 의회의 어떤 법안도 법원에서 심의의 대상이 되지 않는다. 그러나 노르웨이의 의원 내각제는 의회의 법안이 사법적 심의를 받는 경우가 있으며 1814년에 제정된 노르웨이의 헌법은 의원 내각제의 특징인 초기 총선을 제한하고 있다.

핀란드는 대통령제와 의원 내각제를 혼합한 정치체제이다. 외교, 군대, 통수권, 의회 해산권을 가진 6년 임기의 대통령은 직접 보통선거로 선출된다. 2000년에 개정된 신헌법은 의회에서 선출되는 대통령 권한보다 위에 있도록 수상과 내각의 권한을 강화했다. 냉전 시대에 대통령 권한이 수상의 권한을 압도하는 시기가 있었다. 의회의 법안은 어떠한 사법적 심의의 대상이 되지 않지만 국내법은 EU법의 우위를 규정하고 있다.

다당제에도 불구하고 이른바 타협의 정치로 북유럽 국가들은 안정되고 효율적인 연립정부를 구성해 왔다. 정당간의 타협을 촉진하기 위해서 정책결정과정이 일반적으로 비밀이다. 의회의 결정과정을 언론에 공개하라는 요구가 점증되고 있다. 북유럽 4개국 공통으로 선거제도는 정당명부식 비례 대표제를 채택하여 각 정당이 얻은 득표율에 따라 의석이 배분된다. 수십 년 동안 안정되게 지속되어 온 다당제 의회는 EU, 환경, 이민 등의 쟁점에 따라 분열과 대립이 증대되어 왔다.

노르웨이, 덴마크, 스웨덴은 입헌 군주국이지만, 왕은 헌법의 한계 내에서 왕위를 유지하며, 실제적인 권한은 거의 없지만, 정당간의 대립을 초월하여 국가를 통합하는 상징적인 정치적 의미를 가진다. 핀란드의 대통령은 정당 후보로 선출되지만, 재임기간 동안 당적을 포기하며, 외교와 군구 통수권 등의 실재적인 권한을 갖는다.

북유럽국가는 단일 정부를 가진 단일 국가이지만, 지방과 지역 정부에 자치권과 광범위한 권한을 이양하고 있다. 그래서 예산 집행, 교육, 의료 서비스, 그 외의 공공서비스는 시청, 지방, 지역 행정부에 의해서 실시된다. 그리고 분산된 권한과 행정의 효율성을 위해서 지방 정부와 행정기관들을 통합하는 개혁이 진행되었다. 일반인들의 행정 서비스, 공직자들, 관료들에 신뢰와 정부에 대한 신뢰는 높다. 그러나 행정의 정책에 대한 대중의 신뢰는 그리 높지 않다. 최근에 EU 정책과 국내 정책간의 충돌로 빚어지는 혼란은 이러한 불신을 증대시키는 경향이 있다.

북유럽 국가들의 정당들

수십만 명의 당원들과 유권자들을 조직하는 강력한 규율을 가진 대중 정당들이 정치를 주도한다. 정당은 미래의 정치지도자들을 모집하여 육성한다. 정치 지망생들은 시의원이나 지역의원들부터 그들의 정치적 경력을 시작한다. 공직자들과 당원들간의 정기적인 당 회의는 시민들이 공직자들과 정부의 정책을 통제하는 기회를 제공한다. 엘리트와 유산가들의 이익을 대변하는 우파 정당인 보수당, 중도당인 자유당과 농민당, 중도 좌파 정당인 사회 민주당, 좌파 정당인 급진 사회당과 사회주의 인민당, 공산당 등이 정치에 참여했다. 1930년대부터 1970년대 까지 사회 민주주의 정당들이 유권자의 40~45%를 차지해 왔고, 공산당과 사회주의 인민당이 5내지 6%를 득표했다. 스웨덴과 핀란드의 공산당은 1960년대 이후 소련으로부터 점진적으로 독립되어 왔고, 1980년 대 쯤에 급진적 사회주의 정당으로 개편되었다.

상대적으로 안정된 정당체제는 1970년대와 1980년대에 급격하게 변했다. 높은 세금, 이민자들의 증대에 반대하는 우파계열의 정당 등이 등장했다. 기민당들이 지지세력을 확대했다. 따라서 오랫동안 북유럽 국가들의 정치를 주도해 왔던 사회적 민주주의 정당들이 정치적 경제적 상황의 변화 때문에 상당한 지지기반을 상실했다.

단일제 의회의 권한집중, 강한 정부, 규율이 강한 정당 등은 효율적인 정책집행을 촉진하지만 다수의 횡포의 유령을 유발할 수도 있다. 그래서 스웨덴과 핀란드에서는 행정부의 권한을 견제하는 상설 독립적인 기관이 옴부즈맨(ombudsman: 민원처리 감찰관)을 설치했다. 그리고 덴마크와 노르웨이는 의회의 다수당의 권력남용과 횡포를 견제하기 위해서 의회에서 통과된 중요법안들에 대한 찬반을 묻는 국민 투표제를 채택하고 있다.

북유럽 국가들의 정치문화는 의회의 다수의석을 견제하고 소수의 의견을 존중해 주려는 경향이 강하다. 그래서 중요한 법안이 다수의석의 당과 소수의석의 당들 간의 타협에 의해서 채택되는 경우가 많다. 다수당은 가능한 단순 다수의석이 아니라 광범위한 지지를 얻으려고 노력한다.

북유럽의 높은 세금과 완전 고용에 토대를 둔 복지국가 모델은 1975년부터 1995년까지의 두 번의 오일쇼크와 경제 침체기를 겪는 동안 낮은 경제성장으로 높아진 실업율과 사회복지비용을 충당할 재정의 부족으로 위기를 겪었다. 이 기간 동안 사회복지 혜택을 줄이는 여러 정책들이 실시되었다. 그러나 1995년부터 2005년까지 10년 동안 경제가 회복됨에 따라 과거의 사회복지 혜택이 회복되었다.

북유럽의 사회복지 체제는 인구의 노령화로 연금과 건강유지 비용이 늘어나고, 고임금과 높은 세금 때문에 자본을 유치할 수 없고 오히려 이탈하는 불리한 사회적-경제적 현상들의 등장으로 위험에 직면할 수도 있다. 게다가 이민 인구의 증대는 사회 갈등을 조정하고 주류사회와 통합시켜야 하는데 또 다른 사회적-경제적 비용이 필요하다.

북유럽 국가들은 EU 통합과정에서 각국이 처한 입장에 따라 참여의 정도가 달랐다. 덴마크와 노르웨이는 보다 적극적이었지만(1975년 가입), 스웨덴과 핀란드는 소극적이다(1995년 가입).

6. 오늘날의 동유럽과 EU

1989년 이후의 중·동유럽국가들과 EU

1989년 이후 동유럽 국가들은 시장경제로 전환과정에서 마이너스 경제성장률을 겪었다. 구매력부족, 세수부족, 투자재원 부족 등이 경제 회복에 장애가 되었다. 1996년경에 시장경제로의 개혁의 효과가 나타나면서 두 자리 수의 높은 인플레이션과 실업률이 다소 낮아졌지만 여전히 높은 수준을 유지했다. 게다가 공산당 노멘클라투라가 민주적이고 친시장적인 성향의 관료들로 대체되었지만 공산주의 체제의 유산인 권위주의와 부정부패가 존속했고, 관료집단들과 조직 범죄단체가 결탁한 지하경제가 번창했고, 재정운영과 자원배분의 비효율이 만연했다.

경제침체와 더불어 동유럽 국가들은 정치적 혼란을 겪었다. 공산주의 체제하에서 억눌렸던 민족분쟁이 폭발하여 체코슬로바키아는 분열되었고, 유고연방은 해체되었다. 유고 연방의 해체과정에서 크로아티아와 슬로베니아는 세르비아와 전쟁을 했고, 보스니아-헤르체고비나는 내전을 겪었고, 코소보의 알바니아계 민족들은 세르비아로부터 분리 독립하기 위해서 세르비아와 무력투쟁을 벌렸다. 특히 보스니아 내전의 확산에 대한 유럽연합의 강대국들 간의 이견차이와 세르비아의 입장을 지지하는 러시아 입장이 대립되어 유럽의 안정과 평화를 위협하기까지 했다.

헝가리, 폴란드, 체코, 슬로바키아, 에스토니아, 라트비아, 리투아니아 등은 비교적 순조롭게 법적·제도적 절차에 따라 정치적 민주체제와 시장경제체제로 전환했다. 이런 과정에서 EU의 지원과 EU와의 교역확대가 많은 도움이 되었다. 헝가리, 폴란드, 체코슬로바키아에는 소수민족이 많지 않았고, 다행이도 발트해 삼국은 소수 러시아인들과의 민족적 갈등을 겪지 않았다. 그리고 이들 나라들의 구 공산당 지도자들이 사회민주주의로 전향하여 체제 변화에 적극적으로 활동했다.

이와 대조적으로 남유럽의 지도자들은 국가내의 소수민족의 민족주의를 이용하여 자신들의 권위적 권력을 강화하였고 정치적 민주화와 시장경제로의 개혁을 지체시켰다. 그래서 체제변환 과정에서 과거 공산주의 체제 때보다 더 큰 정치적 혼란과 경제적 어려움을 겪게 되었다. 불가리아, 루마니아, 알바니아는 앞에서 언급한 중유럽국가들보다 더 늦게 정치적·경제적 안정을 찾게 되었다.

리투아니아 빌뉴스

라트비아의 수도 리가

이들 중동 유럽국가들은 EU에 가입하여 민주 정치체제를 확립하고, EU와 통합되어 확대된 단일 시장을 이용하여 경제번영을 기대했고, EU와 함께 NATO에 가입으로 미래의 잠재적인 러시아로부터의 위협에 대한 안보를 확보할 수 있을 것으로 생각했다. 이러한 국가들의 가입신청을 받아들이는 것은 기존의 EU의 회원국들에

에스토니아의 수도 탈린

게 간단한 문제가 아니었다. 막대한 경제적 비용을 감당해야 했고, 뒤쳐진 경제력을 가진 이들 국가와의 통합이 기존의 경제·사회적 안정을 해칠 수도 있고, 러시아와의 불화를 야기할 수도 있는 문제였다. 회원국들 간의 이견이 있었지만 장래의 전략적 이익과 경제적 이익(저렴한 노동력과 생산비를 이용한 상품 생산으로 기존의 EU 국가들의 기업들의 경쟁력을 높일 수 있는 가능성)을 고려하여 조건부로 이들 국가를 받아들이기로 결정했고, 이들 국가들의 정치적· 경제적 안정을 지원하는 프로그램을 실시했다. 가입을 원하는 국가들은 '코펜하겐에서 합의된 원칙들'(민주주의, 법의 통치, 인권, 소수민족의 권리의 존중과 보호)을 준수해야 했다.

가입 신청국들은 EU가 제시한 농업과 환경에서부터 노동의 자유로운 이동을 포함하는 31개 조항들을 점진적으로, 고통스럽게 정확하게 이행해야 했다. 가입 신청국들은 관세철폐, 국영기업들의 사유화, 금융 분야의 전면적 구조조정, 국고보조의 삭감, 통신과 에너지 시장의 개방, 부패척결 등의 조치들을 이행해야 했다. EU는 가입 신청국들을 돕기 위해 폴란드와 헝가리의 경제개혁을 지원하는 원조에 준하는 금융지원을 제공했다.

헝가리 부다페스트

1990년 중반에 지원국들은 자국의 거의 모든 분야에서 EU와 자유무역협정을 체결했다. 가입을 희망하는 나라들은 가격 자유화, 정부지출과 지원금의 중단, 규제 철폐, 자유무역 등을 실시했다. 1990년대 초에 급등한 인플레와 실업률로 고통을 겪으면서도 에스토니아가 가장 급격한 개혁을 추진했다. 그 뒤를 이어 폴란드, 체코, 슬로바키아도 법인세와 소득세를 감세하는 자유주의적 경제정책을 실시했다. 이러한 감세정책은 외국회사들의 새로운 투자를 유치하는데 도움이 되었다.

체코 프라하

EU에 가입을 희망하는 나라들의 이러한 경제개혁들은 막대한 경제혜택을 유발했다. 이러한 국가들이 공식적인 EU 가입 협상국으로 공표되었을 때, 안정된 서유럽과 같은 비즈니스 환경에서 사업을 할 수 있다는 확신을 하게 된 외국회사들이 이러한 나라들에 많은 투자를 시작했다. 저임금, 저렴한 토지가격, 공산주의 체제하에서 허비한 시간을 보완하기를 원하는 활동적인 많은 젊은 인구들이 존재했다. 게다가 EU와 자유무역 협정은 동유럽 국가들에게 관세 없이 상품들을 구매력이 좋은 서유럽 시장에 팔수 있다는 것을 의미했다. 국내외 기업들에 대한 EU 연합의 지원금들도 또 다른 혜택이 되었다.

이러한 EU의 지원책으로 이러한 국가들에 대한 서유럽 회사들의 직접투자의 증가로 고용이 늘고 경제가 성장하기 시작했다. 서유럽의 고객들이 값싼 상품과 저렴한 서비스를 받기 위해 동유럽 국가로 자동차를 타고 다녀가곤 했다. 독일의 자동차 회사들의 투자를 유치한 체코와 슬로바키아의 자동차 제조 회사들이 생산량을 늘리고 성장했다. 에스토니아의 관광, 건설, 조선, 전자 산업에도 외국투자가 유입되었다. 저렴한 임금 때문에 에스토니아에서 노키아와 에릭슨의 휴대폰 전화기들이 조립되었다. 탈린은 인터넷 폰 회사인 스쿠프의 주요한 지사 중의 하나가 되었다. 헝가리도 휴대폰과 컴퓨터 같은 첨단제품들이 제조지가 되었다. 1992~2002년 사이에 이들 국가에서 생산되는 IT제품들이 세계에서 차지하는 비율이 4배가 증가했다. 따라서 2004년까지 이들 국가들의 EU에 대한 수출량도 크게 늘어났다. 1995~2004년 사이에 이들 국가들이 경제 성장률도 점증했다.

동유럽 국가들은 EU의 가입으로 영국, 프랑스, 독일 같은 강대국들과의 동맹국이 되므로 러시아의 잠재적인 안보 위협을 모면할 수 있는 전략적 이익도 기대했다. 폴란드는 러시아와의 관계에 대한 이러한 자신감을 갖고서 2004년의 우크라이나의 오렌지 혁명이 성공할 수 있도록 EU의 지원을 얻기 위해 막후에서 활동할 수 있었다. 그러나 이들 국가들은 오늘날 과거와 같은 군사적 침략의 위협에서는 벗어났지만, 러시아로부터 새로운 정치적 경제적 압력의 위협에 노출되었다.

동유럽에서 소비되는 원유와 에너지의 4분의 3이 러시아에서 공급된다. 2006년 1월에 러시아는 '우크라이나가 유럽과 연결된 송유관에서 원유를 훔쳤고 적절한 원유가격을 지불하고 있지 않다'는 이유로 원유공급을 일시적으로 중단하고 러시아의 요구를 수용할 것을 요구했다. 이러한 경제적 압력에도 불구하고 동유럽과 국가들과 발트해 연안 국가들은 자국의 EU 회원국 지위와 회원국들과의 동맹에 의존하여 러시아와의 관계에서 자신감 있는 대등한 입장을 갖고 대처하고 있다.

7. EU의 주도국들과 신입 동유럽의 회원국들 간의 갈등

2004년에 가입이 예정되었던 폴란드, 발트해 3국, 체코, 슬로바키아 등이 2003년에 미국의 이라크 전쟁에 반대하는 프랑스와 독일의 입장에도 불구하고 미국의 요청에 따라 군대를 파견했을 때 프랑스와 독일은 당황했고, 25개 회원국으로 늘어난 EU에서 미래에 자국들의 주도권과 영향력이 약화되고, 신입 회원국들의 목소리가 높아질 수 도 있다는 사실을 우려하게 되었다. 폴란드는 EU 의회에서 낙태, 동성애, 매매세 등에 대해서 과거의 EU의 주도국들과 의견을 달리하기도 했다.

EU 동유럽으로의 확대로 EU의 서유럽 회원국들은 여러 가지 경제적 문제점들에 직면하게 되었다. 동유럽 회원국들에 대한 투자증가로 서유럽 국가들의 경제가 침체되었고, 동유럽으로부터 높은 임금과 일자리를 찾아 이주해온 노동자들이 저임금으로 일하기 때문에 자국의 노동자들이 일자리를 빼앗겨서 실업률이 증가하고 있다는 불만과 우려가 제기 되었다. 그러나 실제적인 연구결과 동유럽 이주 노동자들은 서유럽 노동자들이 기피하는 3D 직종에서 일하고, 동유럽의 투자 확대도 상당한 일자리를 서유럽 국가들에 창출했다는 것을 보여주고 있다. 그럼에도 불구하고 서유럽의 일부국가들은 자국의 노동자들을 보호하기 위해서 동유럽 이주 노동사들의 몇몇 직종의 노동시장에 진입을 제한하는 정책을 실시했다. 여기에 대해서 영국이나 폴란드 같은 나라는 서비스 분야의 자유로운 노동시장을 지지했다. 이러한 나라들 간에 자유 노동시장과 규제된 노동시장에 대해서 갈등이 존재한다.

EU 헌법채택조약에 대해서도 회원국들 간에 의견이 분열되었다. EU 헌법조약이 회원국 각국에서 효력을 갖기 위해서는 각국의 의회의 동의나 국민투표를 통해서 인준되어야 했다. 자크 시라크 프랑스 대통령이 반대 의견에 영향을 받은 프랑스는 2005년 5월에 실시된 국민투표에서 EU 헌법조약의 채택을 부결시켰을 뿐만 아니라 무슬림 국가인 터키의 EU 가입에 대한 반대 의사를 분명히 밝혔다.

프랑스에 뒤이어 네덜란드 국민투표에서도 이민 온 무슬림이 저명인사를 살해한 반감과 이주한 노동자들이 자국 태생의 노동자들의 일자리를 빼앗고 실업률을 악화시키고 있다는 부정적인 여론 때문에 EU 헌법조약이 부결되었다. 프랑스와 네덜란드의 국민투표 전에 중부와 동부 유럽의 9개국 헝가리, 리투아니아, 슬로바키아, 슬로베니아 등이 헌법조약을 인준했지만, 체코는 2006년 말까지 국민투표를 연기했고, 폴란드는 무한정 국민투표를 연기했다.

EU가입이 힘들게 획득한 정체성, 자율성, 주권을 상실할 수도 있을 뿐만 아니라

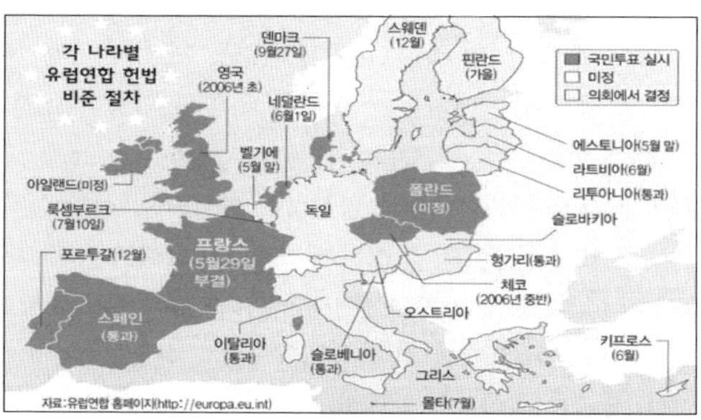

EU헌법비준 현황

이런저런 규제와 제한 때문에 경제가 어려워 질 수 있다는 두려움과 우려 때문에 가입에 회의적인 의견이 가입을 희망하는 나라들에 상당히 확산되어 있음에도 불구하고 동유럽의 국가들은 국민투표로 EU가입을 지지했다. 우려와 달리 신입 회원국이 된 폴란드, 헝가리, 체코, 슬로바키아, 에스토니아 등에서는 외국 투자가 급증했고, GDP가 2배에서 몇 배까지 증가했고, EU의 금융지원으로 농가소득이 증가했다.

EU 가입 직후에 동유럽 국가들에서 반 EU노선을 주창하는 정당들이 상당한 지지를 받았다. EU 가입의 경제적 혜택을 입지 못한 계층들이 이러한 정당들을 지지했다. 폴란드의 경우에 가입 후에도 2006년에 실업률은 18%였고, 젊은 실업자들이 전체노동력이 40% 차지했다. 일반적으로 바르샤바 같은 대도시들은 가입 후에 경제가 성장한 반면에 농촌지역을 더 침체되었다. 교육을 잘 받은 젊은 세대들이 가입의 경제적 혜택을 누린 반면에 노년층, 빈곤층, 실업자들은 그러지 못했다. 바르샤바와 대 도시들은 전문직에 종사하는 중산층들이 자동차를 소유하고 외국으로 여행을 가고, 전자 제품들을 구입할 수 있는 구매력을 갖게 되었지만 중소도시와 농촌에서는 빈곤이 만연하고 생활이 더 어려워졌다.

공산주의 정권이 붕괴된 후 2004년에 EU에 가입하기 까지 폴란드, 헝가리, 슬로바키아는 거의 20개월마다 정권이 바뀌는 정치 불안을 겪었다. 시장경제로의 전환과정에서 불가피하게 감수해야 하는 고인플레, 고실업율, 국고지원 삭감으로 인한 사회복지 혜택이 줄어들어 생활이 어려워지고, 개혁의 피로감을 느끼게 되자, 이들 국가들의 유권자들은 느슨한 시장개혁과 사회복지의 증대를 주장하는 좌파 정당을 지지했고, 생활의 개선이 나아지지 않는 것을 경험한 후에는 다시 친시장 개혁과 친 EU을 지향하는 우파 정당들을 지지함에 따로 좌파와 우파 정당들이 번갈이 집권하는 정치 불안을 겪었다.

공산주의 이후 동유럽 국가 중에서 가장 성공적인 시장경제로의 개혁으로 인기와 지지를 얻고 1997년까지 수상으로 집권했던 체코의 바글라브 클라우스도 부패 스

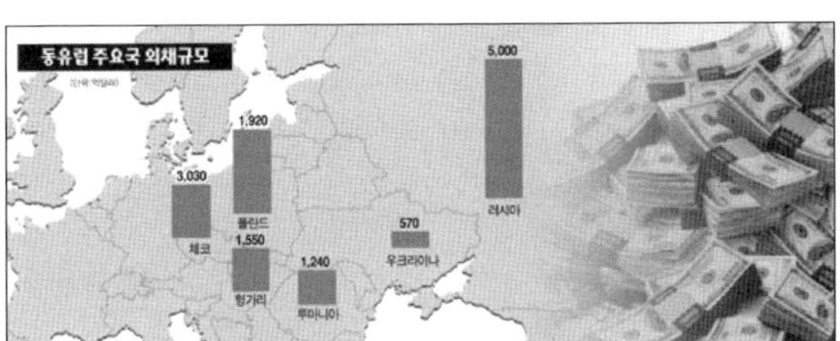

캔들에 연루되어 사임했다. 이런 정치적 불안이 2004년에 EU가입 후에도 계속되어 EU에 비판적인 정당들과 정권을 여러 번 교체했다.

발트해 국가들도 예외 없이 개혁과정에 정치적 혼란을 겪었지만, 에스토니아만 사회보장예산과 세금의 삭감, 외국투자의 유치 등을 핵심으로 하는 엄격한 친시장 개혁을 추진해온 중도우파 정당이 12년 동안 장기 집권해 왔다. 그러나 다른 발트해 국가들은 EU가입 후에 경제개혁을 완화했다.

슬로바키아와 발트해 삼국은 구조조정과 경제개혁을 순조롭고 신속하게 진행한 반면에 체코, 폴란드, 헝가리 3국은 개혁의 속도가 늦었다. 그 결과 이들 3국의 경제는 고실업율과 허약한 금융제도 때문에서 성장이 둔화되었다. 이들 3국은 사회복지 지출과 재정적자를 통제하는데 어려움을 겪었다. 2004년에 헝가리는 과도한 재정적자로 생긴 금융시장의 부담 때문에 외환위기를 겪었다. 2006년 6월에 OECD (경제협력 개발기구)는 체코는 재정적자를 줄이고 국고보조 연금제도를 개혁해야 한다고 경고했다. 폴란드의 경우 높은 세금과 사회복지 혜택이 높은 실업률을 초래했다. 그래서 수만 명의 폴란드 젊은이들이 일자리를 찾아서 해외로 나갔다. 전력회사, 석유화학, 우체국, 철도 등의 민영화는 노조의 반대로 좌절되었고, 여전히 생산성이 낮은 비효율적 농업을 유지하고 있다.

유로권(EURO zone)에 가입하기 위해서는 일정한 기준을 통과해야 한다. 즉, 낮은 이자율과 일정한 수준 이상으로 인플레율이 넘지 말아야 하고, 예산적자가 GDP 3%를 넘어서는 안 되고 국가부채가 GDP의 60% 넘어서는 안 되며. 적어도 2년 동안 유로화 환율 시스템 회원국으로 머물러야 한다. 2004년에 가입한 회원국 중 이러한 기준을 통과하여 유로존에 가입한 국가는 없다.

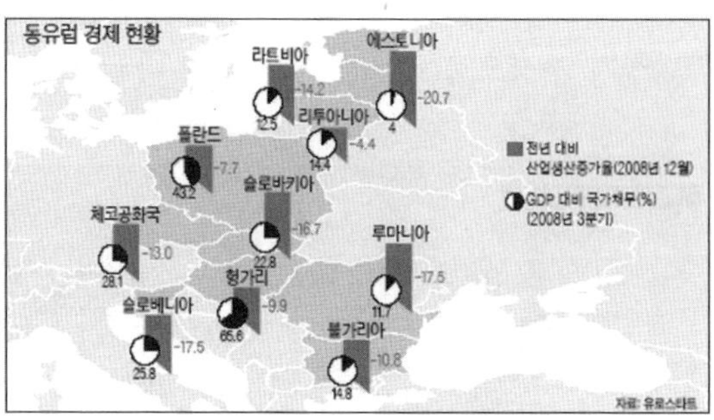

2008년 동유럽의 경제현황

구 유고연방 구성국들 즉, 세르비아, 크로아티아, 몬테네그로, 마케도니아, 알바니아가 EU에 가입을 원하고 있고 가입절차를 협상하고 있다. 우크라이나는 미래에 언젠가 가입을 원한다는 것을 분명히 표명했다. 가입 신청을 한 후 오랫동안 수용을 기다려왔던 터키의 가입은 회원국들 사이에서 논의되고 있다. 그러나 지금 EU의 회원국의 상당히 많은 국민들이나 정치인들이 EU의 계속적인 확대의 필요성에 대해서 회의적인 시각을 갖고 있다.

8. PIGS 국가의 재정위기와 EU와 유로존의 전망

PIGS 국가(포르투갈, 아일랜드, 그리스, 스페인)의 재정위기 위험으로 국제금융시장에서 불안감이 고조되고 있다. 2008년 9월 미국 월가의 투자은행 리먼브러더스 파산으로 촉발된 글로벌 금융위기의 여파로 침체된 경기 부양을 위해 엄청난 예산을 쏟아부으면서 재정상태가 취약해진 PIGS 국가들은 2008~2010년 동안 위기 이전보다 2배 이상 빠르게 국가채무가 증가하여 원리금상환 부담이 증가하고, 경상수지 및 재정수지 적자가 지속되어 채무상환을 위해 부채를 발행하는 악순환에 빠지는 등 재정위기에 빠지게 되었다. 2009년 말 기준 PIGS 국가의 GDP 대비 재정적자 비율은 그리스 13.6%, 스페인 11.2%, 포르투갈 9.4%, 이탈리아 5.3% 순이다. 그리스에 투자한 국가들은, 프랑스 788억 달러, 독일 450억 달러, 영국 154억 달러, 네덜란드 122억 달러, 포르투갈 98억 달러, 아일랜드 86억 달러, 이탈리아 69억 달러 등이다.

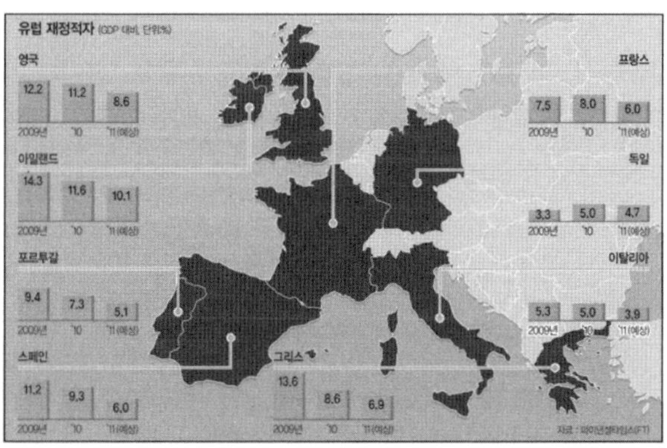

유럽 주요국 재정적자

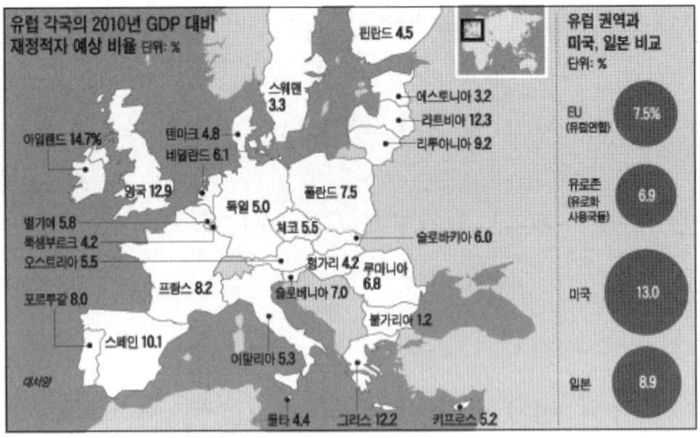

유럽 주요국 재정적자1

특히 그리스는 정부부문 대외채무가 GDP의 89.6%에 달하고 경상 및 **재정수지 적자** 상황이 가장 심각하여 금융 불안에 취약하다. 그리고 아일랜드는 재정수지를 위해 이전 5년간(2003~2007년)보다 GDP의 5.5%, 포르투갈은 3.35% 개선해야 위기 이전 수준으로 국가채무 회복이 가능하여 재정위기 극복이 어려울 전망이다. 이들 국가들의 신용등급이 하락되어 외화 조달이 어려워져 국가채무의 상환을 불이행하는 상태에 빠질 위험이 있다.

이들 국가의 금융과 재정위기는 이들 국가가 발행한 국채를 많이 소유하고 있는 EU의 재정 건전성이 높은 프랑스와 독일 등의 국가의 금융기관에도 파급 효과가 미칠 것이다. EU 전역으로 확산되는 것을 차단하기 위해서 EU 집행위원회와 ECB는 그러한 금융위기를 타개할 구제 금융을 제공하는 방안을 포함한 여러 가지 해결책을 시도하고 있지만 일시적으로 금융파탄을 중지시킬 수 있지만 경제가 호전되어 재정수지와 경상수지가 개선될 때까지는 근본적인 처방을 어려울 것으로 전망된다.

전형적인 재정위기로 시작됐던 그리스 위기가 빠르게 유로존 전체의 위기로 확산된 이유는 유럽 금융시장의 통합으로 정부나 은행의 대규모 지급불능 상황이 벌어지면 곧바로 시스템 전체를 위협하기 때문이다. 이를 염두에 두고 **유로존 위기**를 초래한 요인들을 구체적으로 살펴보자.

우선 외부 요인으로는 **미국발 세계 금융위기**를 꼽을 수 있다. 2007년 8월 미국에서 불거진 서브프라임 위기는 2008년 9월 세계적 금융위기로 변모했다. 이 금융위기는 두 가지 경로를 통해 유로존에 큰 긴장을 유발했다. 첫째, 세계 금융위기에 따른 불황이 재정 수지를 악화시킨 데다 경기 부양을 위한 재정지출을 늘리면서 유로존 각국의 재정 적자를 확대시켰고 국가 채무를 증가시켰다. 둘째, 과열된 주택시장에 직접적으로 또는 파생상품을 통해 간접적으로 깊숙이 발을 들여놓고 있던 유로존의 은행들이 세계 금융위기에 휘말리며 급속히 부실화됐다.

특히 2008년 9월에 세계적으로 신용시장이 급속하게 경색되어 유로존 은행들이 겪은 자본조달 애로는 위기 전파의 촉매로 작용했다. 유럽중앙은행(ECB)은 단기 유동성 공급에 나서면서 급박한 상황을 진정시키려 했다. 하지만 유로존의 각국 정부는 어느 은행이 재무구조가 건전하고 어느 은행이 자본을 추가로 필요로 하는지 확인하는 '스트레스 테스트'(Stress Test : 예외적이기는 하나 개연성이 있는 부정적 사태에 대한 금융기관의 잠재적 취약성을 측정하는 다양한 기법을 통칭하는 용어)를 하지 않았다. 이로 인해 유로존 은행들에 대한 재무구조 개선 작업은 제때 이뤄지지 못했다.

PIGS(포르투갈 · 이탈리아 · 그리스 · 스페인)의 부채에 대한 유로존 중심 국가(독일 · 프랑스 · 오스트리아 · 벨기에 · 네덜란드) 은행들의 위험 노출도가 컸다는 점을 꼽을 수 있다. 유로존의 정치 지도자들과 정책 담당자들이, 그리스가 자국의 부채 문제에 독자적으로 대응하도록 허용하지 못한 데는 이런 배경이 있었다. 그리스가 독자 대응에 나섰다가 실패해 PIGS 중 다른 국가에 위기를 파급시킨다면 유로존 중심 국가들의 은행들에 심각한 위기가 초래될 수 있는 상황이었던 것이다. 유로존 중심 국가들의 은행 부문이 PIGS의 부채 위험에 크게 노출되지 않았다면 그리스 위기는 한 나라의 문제로 머물렀을 것이다.

2010년 봄에 유로존이라는 배가 위기의 태풍 속으로 돌진하게 된 원인은 결국 그 배의 돛대를 지탱해 주던 밧줄 3개가 끊어졌기 때문이라고 분석할 수 있다. 첫째, 유로존의 재정 규율 기준이 그동안 제대로 지켜지지 않았다. 그 결과 규모가 큰 유로존 국가들의 거의 절반이 정부 부채 또는 재정 적자가 마스트리흐트조약 기준을 넘은 상태에서 미국발 세계 금융위기의 시기(2007~2010년)를 맞게 됐다.

둘째, 대외경쟁력을 유지 · 강화하기 위한 정책이 소홀해지면서 유로존의 여러 나라에 대규모 경상수지 불균형이 초래됐다. 이런 경상수지 불균형은 주로 유로존 중심 국가 은행들의 자금으로 메워졌다. 그 결과 유로존 내 주변 국가에서 부채 위기가 일어나면 그 중심 국가에서 은행 위기가 초래되는 구조가 형성됐다.

셋째, 유로존은 은행들에 대해 2007년 이전에는 적절한 규제를 하지 못했고, 이어 2008년 이후에는 은행의 재무구조 개선이 필요한 상황이었는데도 이에 소극적이었다. 이로 인해 중심 국가 은행들을 포함해 유로존 전체 은행들의 재무구조가 매우 취약해졌다.

이런 상황에서 결국 그리스가 유로존 전체로 확산될 위기를 촉발시켰다. 2009년 10월에 집권한 파판드레우 총리는 그리스의 GDP대비 재정적자 비율이 전임 정부가 조작한 숫자보다 두 배 이상 높은 12.7%임을 알게 되자 부랴부랴 재정 긴축에 나섰다. 이를 계기로 그리스 부채에 대한 금리 수준은 크게 높아졌고, 신용평가회사들의 평가등급도 하향 조정됐다. 이어 민간 투자자들까지 대거 '그리스 팔기'에 나서며 그리스 위기가 발발했고, 앞에서 언급한 유로존 내 상호의존 관계라는 경로로 위기는 유로존 전역으로 확산된 것이다.

그리스 금융위기로 시작된 **PIGS의 재정위기**가 유로존과 EU 전역으로 확산되는 과정을 보면서 EU 회원국들은 EU 체제의 안정성과 효율성에 의문을 갖게 되었다. EU의 통화와 경제 통합이 안 이루어졌고 개별 국가별로 금융위기와 재정위기에 신속하게 대응할 수 있었다면 타격도 적고 파급을 차단할 수 있었을 것이라는 평가가 나오고 있다. 그리스에서 시작된 PIGS의 재정위기를 해결할 수 없을 경우에 이러한 국가들이 독자적 해결을 위해 유로존에서 탈퇴하여 유로존에 대한 불신이 커질 때 유로존의 해체와 EU의 해체를 초래할 수도 있다. 이러한 금융위기와 재정위기를 효율적으로 해결할 수 있는 EU 전체 차원의 합리적 제도를 구축할 수 있는 여부가 유로존과 EU의 확대와 발전에 대한 회원국들의 확신에 중요한 영향을 미칠 것이다.

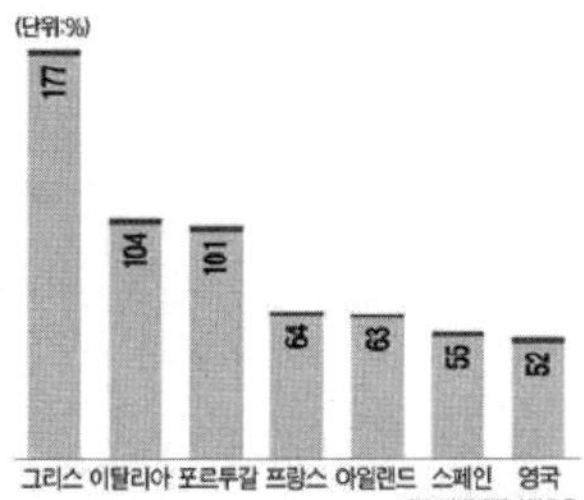

유럽 주요국 GDP대비국채 비율

부록

참고문헌
유럽사와 세계사-한국사 연대 대조표
찾아보기

참고문헌

개설서

Clough, S.B. European Economic History, 2nd ed.(1968).
E. 로드(김경근 옮김)『유럽의 발견: 인류학적 유럽사』(까치, 1997)
F. 들루슈 엮음(유승준 옮김)『새유럽의 역사』(까치, 2000)
Laider. 윤혜원 역.『서양사개론』(서울: 성화문화사, 1960).
김진웅 외,『서양사의 이해』(학지사, 2994).
민석홍,『서양사개론』(서울: 삼영사, 2000).
이광주,『유럽사회: 풍속산책』(까치, 1993).
이주영,『경험으로 본 서양의 역사』(삼지원, 2001).
주경철,『문화로 읽는 세계사』(사계절, 2005).
차하순,『서양사개론』(탐구당, 1976).
위키아 인터넷 백과사전
구글 이미지 파일 검색 사이트
두산 사이버 백과사전 유럽편

제1부 유럽의 정체성과 자연

김진웅 외,『서양사의 이해』(학지사, 2994).
민석홍,『서양사개론』(서울: 삼영사, 2000).
이광규,『문화인류학』(서울: 일조각, 1984).
한상복 외,『문화인류학개론』(서울대출판부, 1997).
두산 사이버 백과사전 유럽편

Albright, W.F. From the Stone Age to Christianity, 2nd ed. (Anchor).
Frankfort, H. The Birth of Civilization in the Near East (Anchor).

제2부 그리스·로마시대의 유럽

기본, 에드워드. 김영진 역,『로마제국쇠망사』(대광서림, 1991).
김진웅 외,『서양사의 이해』(학지사, 2994).
민석홍,『서양사개론』(서울: 삼영사, 2000).
Andrewes, Antony, 김경현 역,『고대그리스사』(이론과 실천, 1991).
B. H. 리델하트.『스키피오 아프리카누스』(출판시대, 1999).
Gibbon, Edward. 김영진 역,『로마제국쇠망사』(대광서림, 1994).
Hadas, Mosses.『로마 제국』(서울: 한국일보 타임라이프, 1992).
『고대 그리스인의 문화－세계생활사 컬러일러스트레이션』(서울: 동아출판사, 1987).
『로마 제국의 발전－세계생활사 컬러일러스트레이션』(서울: 동아출판사, 1987).
『시민의 영웅들－고대 그리스, 로마시대』(서울: 마당, 1982).
『아테네 세계의 대도시 라이프』(서울: 한국일보 타임라이프, 1982).
강우장,『아테네 민주주의』(서울: 법문사, 1982).
김진경 외,『서양고대사강의』(서울: 한울, 1996).
김진경,『그리스 비극과 시민정치』(서울: 일조각, 1991).

나나미, 시오노. 김석희 역, 『로마인 이야기 9 현제의세기)』(한길사, 2000).
나나미, 시오노. 김석희 역, 『로마인에게 묻는 20가지 질문』(한길사, 2000).
더들리, D. R. 김덕수 역, 『로마문명사』(현대지성사, 1997).
디어리, 테리. 남경태 역. 『모든 길은 로마로』(서울: 김영사, 2000).
레베크, 피에르. 최경란 역. 『그리스 문명의 탄생』(서울: 시공사, 1995).
루실라번, 『그리스신화』(범우사, 2000).
리델, B. H. 박성식 역, 『스키피오 아프리카누스』(마니아북스, 1999).
마르틴. 최혁순 역, 『소크라테스의 생애와 사상』(행림출판사, 1982).
미첼, 험프리. 윤진 역. 『스파르타』(서울: 신서원, 2000).
바우러, C. M. 한국일보타임-라이프편집부 역. 『고대 그리이스』(1992).
앤드류스, 앤토니. 『고대 그리스사(학술총서 24)』(이론과 실천, 1999).
양병우, 『고대올림픽』(서울: 지식산업사, 1988).
양병우, 『아테네 민주정치사』(서울대 출판부, 1976).
양병우, 『아테네 민주정치사』(서울: 서울대 출판부, 1976).
윌리엄 포레스트. 『그리스 민주정의 탄생과 발전』(한울. 2001).
이경덕. 『그리스 신화 100장면』(가람기획, 2000).
이석우. 『아우구스티누스』(서울: 민음사, 1995).
지동식 편역. 『로마제국은 왜 멸망했는가』(서울: 대학출판사, 1982).
지동식 편역 『로마제국은 왜 멸망했는가』(서울: 대학문화사, 1982).
지동식, 『로마공화정위기론』(법문사, 1975).
지동식. 『로마 공화정 위기론』(서울: 법문사, 1975).
최현. 『그리스, 로마 신화』(서울: 범우사, 1987).
키토, H. D. F. 김진경 역, 『그리스 문화사, 그 역사와 문화』(탐구당, 1992).
탄, W. W. 지동식 역. 『알랙산더 대왕사』(서울: 삼성미술문화재단, 1986).
필리, M. I. 『헤로도투스: 역사』(서울: 평단문화사, 1991).
해더스, 모우지즈. 한국일보타임-라이프편집부 역. 『로마 제국』(1992).
허승일 외, 『로마 제정사 연구』(서울대학교 출판부, 2000).
허승일. 『로마사입문-공화정편』(서울대학교 출판부, 1993).
허승일. 『로마사회사』(서울: 탐구당, 1979).
허승일. 『스파르타 교육과 시민생활』(삼영사, 1998).
험프리 미첼. 윤진 역. 『스파르타』(서울: 신서원, 2000).

제3부 중세유럽

Bolton, B. M. 홍성표 역. 『중세의 종교개혁』(서울: 느티나무, 1999).
Dawson, 임명방 역. 『중세 유럽의 형성』(서울: 형설출판사, 1983).
Ennen, E. 안상준 역. 『도시로 본 중세 유럽』(서울: 한울, 1997).
Morrall, J. B. 박은구 역. 『중세 서양의 정치사상』(서울: 탐구당, 1983).
Palmer, Colton 공저, 『서양근대사 1-유럽 문명의 탄생에서 과학혁명까지』.
Pirenne, Henri. 강일휴 역. 『중세유럽의 도시』(서울: 신서원, 1997).
R. W. 서던. 이길상 역. 『중세의 형성』(현대지성사. 1999).
Tiemey. 이연규 역. 『서양 중세사-유럽의 형성과 발전』(집문당, 1993).
W. 울만. 박은구 외역. 『서양중세정치사상사』(숭실대학교출판부. 2000).

김진웅 외,『서양사의 이해』(학지사, 2994).
민석홍,『서양사개론』(서울: 삼영사, 2000).
『고대와 중세의 유럽사회』(서울: 동아출판사, 1987).
『민족의 대이동과 그 유산』(서울: 동아출판사, 1987).
대세계사회편찬위원회, 편저.『유럽의 탄생』(서울: 청구출판사, 1974).
대학당 편집부, 편저.『중세유럽과 서아시아』(서울: 대학당, 1979).
『중세의 도시생활』(서울: 동아출판사, 1987).
로베르 들로르. 김동섭 역.『서양중세의 삶과 생활』(서울: 새미, 1999).
르 고프, 자크. 유희수 역.『서양 중세 문명』(서울: 문학과 지성사, 1992).
모랄, J. B. , 박은구 역.『중세 서양의 정치사상』(서울: 탐구당, 1983).
문희상, 외 편.『십자군과 기사』(세계전쟁사 4) (서울: 신한출판사, 1973).
박은구 외『서양중세사상연구』(혜안, 2001)
브런다 볼튼.『중세의 종교 개혁』(느티나무. 1999).
서던, R. W. 이길상 역.『중세의 형성』(서울: 현대지성사, 1999).
이경구.『중세의 정치 이데올로기』(서울: 느티나무, 2000).
이석우.『아우구스티누스』(서울: 민음사, 1995).
이연규.『서양중세사－유럽의 형성과 발전』(서울: 집문당, 1986).
지동식편역,『서양중세사상사론』(한국신학연구소, 1981).
차용구,『영화로 읽는 서양중세 이야기』(푸른역사, 2003)
최재현.『유럽의 봉건제도』(서울: 역사비평사, 1992).
코플스톤, F. 박영도 역.『중세철학사』(서울: 서광사, 1988).
타이어니, B. 박은구 외 역.『서양중세사 연구』(서울: 탐구당, 1994).
한국서양중세사학회,『서양중세사 강의』(느티나무, 2003)
한국종합출판사.『중세유럽』(서울: 한국종합출판사, 1976).

제4부 근대유럽

A. 소부울(최갑수역),『프랑스 대혁명사, 2책』(두레, 1984).
Anderson, Perry, 김현일 역,『절대주의국가의 계보』(베틀, 1990).
Ch. 틸리(유승준 옮김),『유럽의 혁명: 1492－1992 지배와 정복의 역사2』(Ciprio, P., 용경식 역,『프랑스 혁명과 마리 앙뜨와네트』(고려원, 1995).
Deane Phylis, 나경수, 이정우 공역,『영국의 산업혁명』(민음사, 1987).
Emilmer, 임희완 역,『청교도혁명에서 명예혁명까지』(삼문출판사, 1986).
Furet, F., 外, 김응종 역,『프랑스 혁명사』(일월서각, 1990).
J. 부르크하르트(이기숙 옮김)『이탈리아 르네상스문화』(한길사, 2003)
권세원·강명규역,『프로테스탄트의 윤리와 자본주의정신』(일조각, 1958).
김진웅 외,『서양사의 이해』(학지사, 2994).
민석홍,『서양사개론』(서울: 삼영사, 2000).
정윤형, 김종철 공역,『산업혁명사』(창작사, 1987).
채계병 역,『종교개혁 : 루터와 칼뱅, 프로테스탄트의 탄생』(시공사, 1998).
Tocqueville, A., 이용재 역,『구체제와 프랑스 혁명』(일월서각, 1989).
노명식,『프랑스혁명에서 파리 꼼뮨까지』(까지글방, 1989).
노명식,『프랑스혁명에서 파리코뮈까지: 1789－1871』(까치, 1980).

문이상, 외 편, 『절대주의와 계승전쟁(세계전쟁사 6)』(신한출판사, 1973).
월터 페이터 / 이시영 역, 『르네상스』(2001).
이인호, 『러시아지성사 연구』(지식산업사, 1980).
전주한, 『미국혁명과 우리현실』(삼성서적, 1992).
조셉 폰타나, 『거울에 비친 유럽』(새물결, 1999).
차하순, 『서양근대사-르네상스의 사회와 사상』(탐구당, 1974).

제5부 유럽의 현대사

A.J.니콜스, 오인석 역 『바이마르공화국과 히틀러』(과학과 인간사, 1980).
B.하일 르마크, 원철 역 『제1차 세계대전의 기원』(탐구당, 1975).
D.톰슨, 노명식 역 『현대세계사』(탐구당, 1976).
Derek W. Urwin. 노명환 역, 『유럽통합사』(서울: 대한교과서(주), 1994).
Duiker W. J. Twentieth-Century World History, Belmont, CA : West / Wadsworth, 1999.
F. Furet, The Passing of an Illusion, the Idea of communism in the twentieth century. Univ. of Chicago Press, 1999.
F. McDonough, Conflict, Communism and Fascism 1890-1945, Cambridge Univ. Press, 2001.
G. 리히트하임, 『유럽현대사』. 유재건 역, 백산서당, 1982.
G.D.H. Cole, 김철수, 김천우 공역 『영국노동사』(광민사, 1980).
H.펠링, 김영정 역, 『영국현대사』(탐구당, 1985).
H.M.라이트, 박순식 역, 『제국주의란 무엇인가』(까치, 1983).
H.S. 휴즈, 김병익 역, 『현대프랑스』(지성사, 1981).
J. A홉슨, 『제국주의론』(창작과 비평사, 1982).
P. Hayes, Themes in Modern European History 1890-1945, Unwin Hyman, 1992.
P.게이 & R.K.웹, 박무성 역, 『서양최근세사』(법문사, 1983).
볼레인 엮음(김덕호. 이여억 옮김), 『옥스퍼드 유럽현대사』(한울, 2003).
V.알렉산드로프(홍성곤. 박용민 역) 『세계현대사』(태암, 1990).
김학준, 『러시아혁명사』(문학과 지성사, 1979).
김진웅 외, 『서양사의 이해』(학지사, 2994).
노명식, 이광주 편, 『20세기 현대사』(청람, 1981).
민석홍, 『서양사개론』(서울: 삼영사, 2000).
레닌, 『제국주의론』(백산, 1988).
변기찬 옮김, 『연표와 지도로 읽는 20세기 세계사』(이끌리오, 2000).
차하순 외 옮김, 『20세기의 역사』(가지 않은 길, 2000).
『유럽현대사』(백산서당, 1982).
알렉산드로프, 『세계현대사』(태암, 1990).
앙리미셸(김용자역), 『제2차 세계대전, ㄲ세즈30』(탐구당, 1986).
이용우 옮김, 『극단의 시대 : 20세기 역사』 상, 하 (까치, 1997).
우동수 편저, 『세계현대사-제국주의와 파시즘』(청아출판사, 1988).
이주영 등. 『서양현대사-제2차 세계대전에서 현재까지』(삼지원, 1997).
이주영외 『현대유럽의 역사: 제2차 세계대전부터 현재까지』(삼지원, 2002).
클로우드다비드, 정성진 역, 『히틀러와 나치즘』(탐구당, 1986).
김승렬외 옮김, 『독일 프랑스 공동 역사교과서: 1945년 이후 유럽과 세계』(휴머니스트, 2008)

강철구 등 역.『유럽현대사의 제문제: 1890－1945』(명경, 1995).

제6부　유럽통합과 유럽연합

강원택·조홍식,『유럽의 부활』(푸른길, 1999).
노명환,『역사와 문화의 차원에서 본 유럽통합의 문제』(한국외대, 2000).
장 홍,『유럽연합(EU)의 새로운 이해』(고원, 1998).
한종수,『유럽연합(EU)과 한국』(동성사, 1998).
허만,『유럽의 통합정치론』(부산대 출판부 2001).
Borchardt, Klaus－Deter. 4th ed., The AB.C. of Community Law.
Luxem －bourg: Office for Official Publication of the European Communities, 1994.
Charter of Paris for a New Europe; a New Era of Democracy, Peace and Unity, paris, 19－21 November 1990.
DeConde, Alexander. 2nd ed. A History of American Foreign Policy. New York: Charles Scriber's Sons, 1971.
Duke, Simon. The New European Security Disorder. New York: St. Martin's Press, 1994.
Gnesotte, Nicole. "European Union after Minsk and Maastricht," International Affairs, vol. 68, no. 2 (1992),
Gnesotte, Nicole. "European Union after Minsk and Maastricht," International Affairs, vol. 68, no. 2 (1992).
J. Roberts Wegs, 3rd. ed. Europe Since 1945: A Concise History. New York; St. Martin's Press, 1984.
Noel, Emile. "Working Together－The Institutions of the European Community," (Luxembourg: Office for Offical Publications of the European Communities, 1993).
Office for Official Publications of the European Communities, "A Citizen's Europe," (1993), p. 7. 출처:『Eurobarometer』(No. 39, June 1993.
Office for Official Publications of the European Communities, "Europe in A Changing World: The External Relations of the European Community,"(October 1993),
Office for Official Publications of the European Communities, "From Single Market to European Union," (1992), pp. 28－29.
Office for Official Publications of the European Communities,『European Union』(1993).
Owen, Richard and Dynes, Micheal. Guide to The Single European Market(New York: The Times, 1993).
Story, Jonathan. "Europe in the Global State and Market System," in edited by Jonathan Story, The New Europe: Politics, Government and Economy Since 1945(Cambridge: Blackwell Publishers, 1993).
Story, Jonathan. The New Europe: Politics, Government and Economy Since 1945. Cambridge: Blackwell Publishers, 1993.
Wegs, J. Roberts. 3rd. ed. Europe Since 1945: A Concise History New York; St. Martin's Press, 1984.

제7부　오늘날의 유럽의 이해

Baun, Michael, A Wider Europe: The Process and Politics of European Union Enlargement, Lanham,

MD: Rowman & Littlefield. 2000.

Einhorn, Erics S, and John Logue, "Can the Scandinavian Model Adapt to Globalizaiton?" Scandinavian Studies 76(4), winter 2004, 501－534

Einhorn, Erie S. and John Logue, Modern Welfare States: Scandinavian Politics and Policy in the Global Age, New York: Praeger, 2003

Europe, the website of the European Union, www.europa.com

Ronald Tiersky and Erik Jones, ed. Europe Today: A Twenty－first Century Introduction, Third Edition, New York: Rowman & Littlefield Publishers, Inc. 2007

Zielonka, Jan, Europe as Empire: The Nature of the Enlarged European Union, London Oxford University Press, 2006.

유럽사와 세계사-한국사 연대 대조표

연 대	유 럽 사	세계사와 한국사
B.C. 2600–1000년	2600년 - 에게 문명의 시작 2000년 - 아키아인-이오니아인 그리스 정착 1600년 - 크레타 문명의 전성기 1400년 - 미케네 문명의 전성기 1200년 - 도리아인의 그리스 침입 1080년 - 페니키아 식민도시의 번영	2500년 - 인더스 문명과 황하문명 성립 1700년 - 함무라비 법전 완성 1400년 - 중국의 은나라 청동기 시대 1230년 - 모세의 십계 제정
B.C. 1000–500년	766년 - 그리스, 올림픽 경기 시작 753년 - 로마 건립 525년 - 페르시아 오리엔트 통일 522년 - 페르시아 다리우스 1세 즉위 509년 - 로마의 공화정 시작 508년 - 아테네의 클레이스테네스 개혁	B.C.8세기(701-800)경 스키타이인 흑해북안 초원지대에 진출 B.C.6세기(501-600)흑해 연안에 그리스 식민 도시국가들 건설 565년 - 석가 탄생 550년 - 공자 탄생
B.C. 500–250년	492년 - 페르시아전쟁 시작 431년 - 펠로폰네소스전쟁 발발, 430년 - 헤로도터스 『역사』저술 420년 - 투키데스 『역사』저술 399년 - 소크라테스 옥사 387년 - 플라톤 아카데미 건설 335년 - 아리스토텔레스 학원 건립 334년 - 알렉산더 대왕 동방원정 330년 - 페르시아 멸망 323년 - 알렉산더 대왕 사망과 제국의 분열 270년 - 로마 이탈리아 반도 통일 254년 - 제1차 포에니 전쟁	B.C.5세기(401-5)경 흑해 북안의 그리스 식민지시대 종결, 흑해 북안에 보스포로스 왕국 수립 483년경 - 석가 열반 479년 - 공자의 죽음 B.C.3세기 - 이란계 사르마트인 흑해 북안에 진출
B.C. 250년-	218년 - 제2차 포에니(한니발) 전쟁 148년 - 카르타고 멸망 133년 - 그라쿠스 형제의 개혁 80년 - 제1회 삼두 정치 73년 - 스파르타쿠스의 반란 58년 - 카이사르, 갈리아 정복, 31년 - 악티움해전, 27년 - 아우구스투스 즉위(로마제정의 시작)	B.C. 221년 - 진의 시황제 중국 통일, B.C. 202년 - 한제국 건설 57년 - 신라 건국 37년 - 고구려 건국 18년 - 백제 건국
A.D. 1–250년	4년 - 예수 그리스도의 탄생 54년 - 로마 황제 네로 즉위 96년 - 로마 5현제 시대 개막	A.D.1세기 훈족, 볼가강·우랄강 유역에 정착 25년 - 후한의 광무제 즉위, 흉노 남북분열 220년 - 중국의 삼국시대 226년 - 사산왕조 페르시아 성립
A.D. 250–500년	286년 - 로마 분할 통치 306년 - 콘스탄티누스 황제 즉위 313년 - 로마, 그리스도교 공인 325년 - 니케아종교회의, 372년경 훈족서진 시작	A.D.3세기 게르만계 고트족 남하 흑해연안의 초원에 출현 316년 - 중국, 5호16국시대(-439) 317년 - 중국, 동진의 성립(-419) 372년 - 고구려 불교전래

	375년 – 게르만족의 대이동 392년 – 로마, 그리스도교를 국교로 승인 395년 – 로마제국, 동서로 분열 476년 – 서로마제국 멸망 484년 – 동·서교회의 분리 486년 – 프랑크 왕국 성립	384년 – 백제 불교 전래 A.D.5세기경 슬라브족 동, 서, 남의 세 갈래로 분화 400년 – 광개토대왕 신라에 침입한 왜구 격퇴 427년 – 고구려 평양천도 500년 – 인도, 힌두교 창시 5세기 경 슬라브인 드네프르 강으로 진출, 흑해 초원에 투르크계 아바르족 진출
A.D. 500 – 750년	527년 – 유스티니아누스 1세 즉위(– 565) 529년 – ≪유스티니아누스법전≫(로마법대전) 편찬. 606년 – 비잔틴제국과 사산왕조 페르시아의 전쟁. 687년 – 피핀, 프랑크 왕국의 정권 장악 732년 – 프랑크 왕국, 사라센의 침입 격퇴 726년 – 동로마 황제 레오3세 성상예배금지	552년 – 돌궐제국 성립, 579년 – 이슬람교의 창시자 마호메트 출생, 589년 – 중국, 수(隋)의 중국 통일 610년 – 이슬람교 창시, 618년 – 당(唐)의 건국, 646년 – 당의 현장, 인도 여행 ≪대당서역기≫ 저술, 7세기 경 흑해, 카스피 해 연안에 하자르 카간국 수립 660년 – 백제 멸망 668년 – 고구려 멸망 676년 – 삼국 통일 698년 – 대조영 발해 건국 745년 – 중국의 당이 탈라스전투에서 패함 750년 – 위구르 내몽골 통일. 아바스 왕조 성립
A.D. 750 – 1000년	751년 – 카롤링거 왕조 성립(~1258) 771년 – 샤르마뉴대제 프랑크 왕국 통일 9세기 후반 – 북방 게르만족인 바이킹(노르만족)이 대이동 시작 825년 – 바이킹, 잉글랜드 침략(~870) 870년 – 메르센조약, 프랑크 왕국 분열 911년 – 노르망디 공국 성립 936년 – 오토 1세 즉위 962년 – 신성로마제국 성립 987년 – 프랑스 카페왕조 시작	8세기경 – 바랴그 루시의 땅에 출현 862년 – 류리크 노브고르드에 진출 863년 – 비잔틴의 키릴 – 메포지우스 형제 키릴 알파벳 창제 884년 – 중국 황소의 난 882년 – 올레그의 키예프 점령 907년 – 올레그 비잔틴 군사원정 907년 – 중국 당의 멸망과 5대10국 시대(~960) 918년 – 고려 건국 979년 – 송 태종, 중국 통일, 988년 – 블라디미르 키예프 대공 기독교를 국교로 수용 1000년 – 송 나침반 · 화약 발명
A.D. 1000 – 1200년	1054년 – 그리스 – 로마 양 교회 완전분리 1057년 – 신성로마제국 황제 하인리히 4세 즉위 1066년 – 노르만족, 영국 정복 1077년 – 카노사의 굴욕 1096년 – 제1차 십자군원정 1150년 – 파리대학 창립 1152년 – 신성로마황제 프리드리히 1세 즉위 1163년 – 프랑스, 노트르담대성당 건설 시작	1115년 – 여진(女真), 금(金)의 건국 1127년 – 중국, 북송 멸망. 남송(南宋) 건국 1135년 묘청의 난 1145년 – 김부식 삼국사기 편찬 1170년 – 정중부의 난 1192년 – 일본, 가마쿠라막부 수립

	1169년 – 영국, 아일랜드 정복 1170년 – 옥스퍼드 대학 창립 1189년 – 제3차 십자군 원정	
A.D. 1200 – 1300년	1202년 – 제4차 십자군 원정 1204년 – 십자군의 콘스탄티노플 약탈 1215년 – 영국, 마그나카르트타 제정 1241년 – 한자동맹 성립 1254년 – 독일 대공위시대(~1273) 1299년 – 마르코 폴로, ≪동방견문록≫ 발간	1206년 – 몽골의 테무진, 칭기즈칸이 됨 1223년 – 키예프 루시군 칼카강에서 몽고군과 전투 1234년 – 금속활자 발명 1236년 – 8만대장경 조1판 착수 1238년 – 몽고군 모스크바 공격 1240년 – 몽고군 키예프 점령 1243년 – 몽고군 킵차크 한국 세움 1271년 – 원(元)의 성립(~1368) 1299년 – 오스만투르크제국 건국
A.D. 1300 – 1400년	1302년 – 삼부회 소집 1309년 – 교황의 아비뇽유수(~1337) 1337년 – 백년전쟁 발발 1347년 – 유럽에 흑사병 대유행 1378년 – 교회 대분열 시대(~1417) 1381년 – 와트 타일러의 난	1351년 – 공민왕 즉위 1368년 – 중국 원 멸망. 명(明)건국(~1644) 1369년 – 티무르 왕조 성립(~1508) 1380년 – 러시아군 쿨리코보 전투에서 몽고군 격파 1388년 – 이성계 위화도 회군 1392년 – 조선 건국
A.D. 1400 – 1500년	1429년 – 잔 다르크, 영국군 격파 1450년 – 구텐베르크, 금속활자에 의한 인쇄술 발명, 1453년 – 동로마제국 멸망, 1455년 – 장미전쟁(~1485) 1479년 – 에스파냐 왕국 성립 1485년 – 헨리 7세, 튜더 왕가 시작 1488년 – 디아스, 희망봉 발견, 1492년 – 콜럼버스 신대륙 발견 1498년 – 바스코 다가마 인도 항로 개척	1418년 – 세종 치세 시작 1437년 – 킵차크한국의 분열시작 1446년 – 세종의 훈민정음 반포 1448년 – 러시아정교회 콘스탄티노플에서 독립 1480년 – 러시아 이반3세 몽고에서 해방선언 1488년 – 조선 성종 치세기 1494년 – 연산군 즉위
A.D. 1500 – 1600년	1517년 – 루터, 독일 종교개혁 시작 1519년~1522년 – 마젤란 세계일주 항해 1534년 – 영국 국교회의 성립(수장령) 1536년 – 칼뱅, 종교개혁 1543년 – 코페르니쿠스, 지동설 주장 1545년 – 트리엔트공의회(~1563) 1555년 – 아우크스부르크 종교화의 1559년 – 엘리자베스 1세, 영국 교회 기초 확립 1562년 – 위그노전쟁(~1598) 1565년 – 에스파냐, 필리핀 점령 1581년 – 네덜란드, 독립선언 1582년 – 그레고리력(현재의 태양력) 제정 1582년 – 갈릴레이, 중력의 법칙 발견	1502년 – 사파비왕조 창건(~1736) 1506년 – 중종 반정 1526 – 1557년 – 무굴제국 성립 1533년 – 모스크바 공국이반 4세 즉위(– 1584) 1567년 – 선조 즉위 1579년 – 예르마크 시베리아 원정시작 1590년 – 도요토미 히데요시, 일본통일 1592년 – 임진왜란 1598년 – 모스크바 공국 차르 보리스 고두노프 즉위

	1588년 – 영국 해군 에스파냐 무적함대 격파 1600년 – 영국, 동인도회사 설립	
A.D. 1600 – 1700년	1603년 – 영국, 스튜어트 왕가 성립 1618년 – 30년전쟁(~1648) 시작 1620년 – 영국의 청교도, 신대륙으로 이주 1628년 – 영국, 권리청원 제출 1630년 – 인도, 타지마할 건립(~1648) 1632년 – 갈릴레이, 지동설 주장 1640년 – 영국, 청교도혁명(~1660) 1644년 – 크롬웰의 철기대, 왕당군 격파 1648년 – 베스트팔렌 조약 체결 1649년 – 영국, 공화정(~1660) 1651년 – 크롬웰, 항해조례 발표 1665년 – 뉴턴, 만유인력의 법칙 발견	1616년 – 누르하치, 후금의 건국 1623년 – 인조반정 1603년 – 일본, 에도막부 성립(~1867) 1610년 – 폴란드군 모스크바 점령 1613년 – 러시아 미하일로마노프 왕조 시작 1636년 – 후금 태종, 국호를 청으로 바꿈 1645년 – 러시아 차르 알렉세이 즉위 1654년 – 러시아 우크라이나 병합 1654년과 1658년 – 효종의 나선정벌 1661년 – 청의 강희제 즉위 1673년 – 청, 삼번의 난(~1681) 1674년 – 인도의 마라타 왕국 건국 1682년 – 러 표트르대제 통치시작(~1725) 1689년 – 러시아 청과 네르친스크 조약체결
A.D. 1700 – 1800년	1701년 – 에스파냐계승전쟁(~1714) 1701년 – 프로이센왕국 성립 1710년 – 베르사유 궁전 완성 1713년 – 위트레흐트조약 1714년 – 하노버왕가 성립 1740년 – 오스트리아 왕위 계승전쟁 1748년 – 몽테스키외 ≪법의 정신≫저술 1751년 – 프랑스 백과전서간행. 루이 14세 시대 1753년 – 런던에 대영박물관 설립 1753년 – 런던에 대영박물관 설립 1756년 – 7년 전쟁 시작 1762년 – 루소, ≪사회계약론≫ 저술 1763년 – 파리조약 체결 1769년 – 와트, 증기기관 발명 1772년 – 폴란드 1차 분할 1774년 – 괴테, ≪젊은 베르테르의 슬픔≫ 완성 1789년 – 프랑스 대혁명 시작 1793년 – 프랑스 혁명기의 공포정치 시작 폴란드 2차 분할 1798년 – 나폴레옹, 이집트원정	1700년~1721년 – 러시아 스웨덴과 북방전쟁 1703년 – 1712년 – 페테르부르크 건설 1712년 – 백두산 정계비 설치 1722년~1727년 – 러·페르시아 전쟁 1725년 – 영조의 탕평책 1735년 – 청의 건륭제 즉위 1735년~1739년 – 러·터 전쟁 1741년~1743년 – 러·스웨덴 전쟁 1755년 – 모스크바 대학 창립 1756년 – 1762년 – 러·프러시아 전쟁 1758년 – 조선에 천주교 전래 1762년~1796년 – 예카테리나 2세 통치 1768년~1774 – 제1차 러·터전쟁 1775년 – 미국독립전쟁(~1783) 1776년 – 미국 독립선언 1787년 – 1791년 제2차 러·터전쟁
A.D. 1800 – 1825년	1804년 – 나폴레옹 1세 즉위(~1814) 1804년 – ≪나폴레옹법전≫ 제정 1805년~1807년 – 러시아 오스트리아, 영국, 프러시아와 대불동맹 결성 1806년 – 라인동맹 성립, 신성로마제국 멸망 1807년 – 틸지트 화약, 러시아 대륙봉쇄에 가담	1801년~1825년 – 알렉산드르 1세 통치 1804년~1813년 – 페르시아와 전쟁, 북아제르 바이잔과 다케스탄 병합 1809년 – 핀란드 병합, 스페란스키 개혁 1806년 – 1812년 – 터키와의 전쟁. 베사라비아 병합 1817년 – 카프카스 전쟁

	1812년 – 나폴레옹의 러시아 침략 1813년 – 1814년 러시아 유럽원정 1814년 – 1815년 빈회의와 신성동맹 결성 1815년 – 워터루 전투 1821년 – 그리스독립전쟁(~1829)	1823년 – 미국 대통령 먼로 먼로주의 선언
A.D. 1825 – 1900년	1830년 – 프랑스, 7월혁명 1848년 – 마르크스 공산당선언 발표 1848년 – 독일 3월혁명 1853년 – 1856년 크림전쟁 1861년 – 이탈리아 왕국 성립 1866년 – 프로이센 – 오스트리아전쟁 발발 1870년 – 프랑스 – 프로이센 전쟁 1871년 – 독일제국 건립 1878년 – 베를린회의 1875년 – 프랑스 제3공화정 성립 1873년 – 러, 독, 오의 3제동맹 결성 1882년 – 삼국동맹(독일 · 오스트리아 · 이탈리아) 성립 1896년 – 제1회 올림픽대회	1825년 – 데카브리스트의 반란 1840년 – 아편전쟁 발발 1842년 – 난징조약 1855년 – 1881년 알렉산드르 2세 통치 1857년 – 인도 세포이의 항쟁 1858년 – 무굴제국 멸망 1858년 – 중국과 아이훈 조약 아무르 강 국경선 확정 1860년 – 중국과의 베이징조약으로 우수리강 동쪽 연해주 획득 1861년 – 러시아 농노해방령 1861년 – 미국, 남북전쟁(~1865) 발발 1863년 – 링컨, 노예해방 선언 1864년 – 러시아 중앙아시아 병합시작 1864년 – 고종의 즉위 1867년 – 러, 알래스카 미국에 매각 1868년 – 일본, 메이지유신 1869년 – 수에즈운하 개통 1884년 – 청 – 프랑스 전쟁 발발 1894년 – 청일전쟁(~1895) 1894년 – 러시아 마지막황제 니콜라이 2세 통치시작 1898년 – 중국, 무술정변 1898년 – 파쇼다사건 1898년 – 제1차 러시아 사회민주노동당 대회 민스크에서 열림(3월) 1899년 – 보어전쟁
A.D. 1900 – 1920년	1907년 – 삼국협상(영국 · 프랑스 · 러시아) 1914년 – 파나마운하 개통 1914년 – 제1차 세계대전발발 1918년 – 미국 대통령 윌슨 평화원칙 14개조 발표 1919년 – 베르사유조약, 독일공화국 성립, '바이말 헌법' 반포 1920년 – 국제연맹 창립	1900년 – 중국, 의화단운동(~1901) 1903년 – 제2차 러시아 사회민주노동당 대회 볼셰비키와 멘셰비키의 분열 1904년 – 1905년 러 – 일 전쟁 1905년 – 피의 일요일, 10월 선언, 모스크바 무장봉기 1910년 – 대한제국, 일본에 합병 1911년 – 신해혁명 1912년 – 볼셰비키당 결성, 제4차 두마 1915년 – 중국 문학혁명 1917년 – 러시아 2월혁명과 10월혁명 1918년 – 브레스트 – 리토브스크 조약체결 1919년 – 러시아 내전 발발(1921)

A.D. 1920－1930년	1922년－이탈리아 파시스트 정권수립 1925년－로카르노 조약 1928년－파리조약 1929년－세계대공황 1930년－런던회의	1921년－중국공산당 창립 1921년－크론시타트 반란과신경제정책 1922년－소비에트 연방결성 1922년－터키혁명 1924년－레닌 죽음과 권력투쟁 시작 1925년－5 · 30사건 발발 1927년－중국난징에 국민당정부 수립 1928년－스탈린 독재체제 구축과 1차5 개년 계획 시작
A.D. 1930－1940년	1932년－프랑스, 폴란드와 핀란드와 불가침 조약 체결 1933년－히틀러, 독일 총리 취임 1938년－독일, 오스트리아 합병, 뮌헨회담 개최 1939년－독소 불가침조약, 폴란드 침공 1939년－제2차 세계대전 시작 1940년－소련, 핀란드와 평화조약, 발틱 3국 병합	1933년－농업집단화완성과 대숙청 1931년－마오쩌둥, 중화 소비에트 임시정부 수립 1931년－만주사변 발발 1932년－만주국 성립 1933년－뉴딜정책 실시 1935년－러－프 상호원조약 체결, 모스크바 지하철개통 1937년－중일전쟁 시작 1938년－제3차5개년 계획
A.D. 1940－1950년	1941년－독일군 소련침공 1941년－대서양헌장 발표 1941년－태평양전쟁(~1945) 발발 1942년－소련 영국과 상호원조조약(5월), 미국과 무기 대여협정(6월), 스탈린그라드 전투(8월) 1943년－스탈린그라드 전투 승리(2월), 쿠르스크 전투 승리, 미·영·소 테헤란 정상회담(11월) 1944년－노르망디 상륙, 파리 해방 1945년－얄타회담(2월), 일본과 불가침조약(4월), 베를린 점령(5월), 포츠담회담(7월), 일본에 선전포고(8월) 동년－국제연합(UN) 성립, 일본 무조건항복(8월) 1947년－마셜플랜 선포 1948년－베를린 봉쇄(4월), 코민포름에서 유고 공산당 제명(6월) 1949년－유럽상호경제협력회의(CMEA) 결성, 원자포탄보유선언(9월) 1949년－북대서양조약(NATO)창립	1947년－소련헌법개정(2월), 코민포름 결성(9월) 1948년－인도 독립선언 1948년－이스라엘공화국 성립 1948년－세계인권선언 1949년－중화 인민공화국 수립 1950년－한국전쟁 발발 1950년－소련, 중국과 우호동맹조약
A.D. 1950－1960년	1952년－미국, 수소폭탄 실험 성공 발표, 유럽석탄철강공동체 탄생, 영국 수에즈운하 봉쇄 1955년－바르샤바 조약기구 창립(5월) 1956년－폴란드 반소폭동(6월), 헝가리 반소	1952년－소련볼가－돈 운화계통(6월), 제5차 5개년 계획 1953년－스탈린 사망(3월), 베리야 등 7명 총살형(12월) 1953년－한국전쟁 종전

	폭동(10－11월), 1957년－유럽경제공동체(EEC) 창립	1956년－20차 공산당 대회에서 흐르시쵸프의 스탈린 비판연설 1957년－대륙간탄도미사일(ICBM)발사 성공(9월), 인공위성 스푸트니크 1호 발사성공(10월) 동년－제2차 아랍－이스라엘 전쟁, 이집트 수에즈운하 국유화 선언
A.D. 1960－1970년	1968년－소련군 체코슬로바키아 침공, 브레즈네프 독트린 선언 1970년－서독 소련과 무력협정체결, 전략무기제한협정 협상시작	1961년－유인 우주선 보스토크 1호 발사(4월)제1차 비동맹회의, 미국 케네디 대통령 취임 1962년－큐바 미사일 미·소 위기 1963년－중·소 이념분쟁시작 1964년－흐루시쵸프 실각, 브레즈네프 서기장 취임, 코시킨 수상(10월) 1964년－베트남전쟁 발발 1966년－중국 문화대혁명 1967년－제3차 중동전쟁 시작 1969년－중·소 국경무력충돌 1969년－미국의 아폴로 11호 달착륙
A.D. 1970－1979년	1973년－동·서독 유엔 동시가입 1973년－전세계 석유파동 1975년－유럽안보협력회의와 헬싱키 선언, 미·소 우주 협력	1972년－미·소 SALT1조인 1972년－미국과 중국 베이징정상회담 1974년－제4차 중동전쟁 1974년－소련 BAM철도 착공, 솔제니친 국외추방 1975년－닉슨 대통령 사임 1976년－베트남전쟁 종결, 레바논내전 발발 1977년－소련 브레즈네프 헌법채택 1979년－미·소 정상회담, SALT2 체결, 소련군 아프가니스탄 침공
A.D. 1980－1985년		1980년－모스크바 올림픽 개최 －서방측 모스크바 올림픽 불참 1980년－이란·이라크전쟁 1981년－이집트 사다트 대통령 피살, 미 레이건 대통령 취임, 신냉전시작 1982년－START(전략무기감축회담)개시, 브레즈네프 사망, 안드로포프 서기장에 취임(12월) 1982년－포클랜드 전쟁 1983년－KAL기 격추사건 1984년－안드로포프 사망, 체르넨코 취임
A.D. 1985－1991년	1988년－미테랑 프랑스 대통령 재선 1989년－베를린장벽 붕괴, 불가리아, 루마니아, 체코슬라바키아에서 공산당 정	1985년－체르넨코 사망, 고르바초프 서기장에 취임 1986년－제27차 공산당 대회, 페레스트로이

	권붕괴 1990년 – 독일 통일, 폴란드 최초의 직선제 대통령 선거 1991년 – 유럽통합조약인 마스트리히트 조약 체결 1995년 – 시라크 프랑스 대통령 취임 1997년 – 영국, 블레어 총리 취임 1998년 – 독일, 슈뢰더 총리 취임, 코소보 사건	카와 글라스노스티정책 채택, 체르노빌 원자력발전사고 1987년 – 고르바초프 서기장과 레이건 대통령 회담 1988년 – 서울 올림픽 1988년 – 발트해 삼국 인민전성결성 소연방에서 분리독립운동 전개 1989년 – 소련군 아프가니스탄에서 철수, 고르바초프 중국방문, 몰타 미 – 소 정상회담, 냉전종식선언 1989년 – 중국의 천안문사건, 1990년 – 발트 3국 독립선언, 고르바초프 신연방안 제시 1991년 – 걸프전쟁발발, 공산당 보수강경파 쿠테타 실패, 공산당 해산, 민스크 벨로베자 숲에서 우크라이나, 벨로루시, 러시아 연방의 3정상 소련의 해체 선언
A.D. 2000 – 2010년	2001년 – 영국, 블레어 총리 재선 2002년 – 프랑스 시라크 대통령 재선 2003년 – EU, 유로화 통용시작 2004년 – 헝가리, 폴란드, 체코, 슬로바키아, 에스토니아, 라트비아, 리투아니아 EU 가입 2007년 – 루마니아와 불가리아 EU가입 2010년 – 그리스 금융위기를 겪음 – 포르투갈, 아일랜드, 스페인 과도한 재정적자로 금융위기에 직면함.	2000년 – 남북정상회담(평양), 푸틴 대통령에 당선 2001년 – 미국 부시 대통령 취임, 9.11 테러사건발생, 대테러전쟁 시작 2002년 – 한 · 일 월드컵 개최 2003년 – 미국, 이라크 침공, 후세인 정권 붕괴 2004년 – 푸틴 대통령 재선 2005년 – 미국 부시 대통령 재선 2008년 8월 – 미국발 금융위기 전세계로 확산과 급격한 전세계적 경제위기의 도래

찾아보기

저 자

문명식(文明植 ; Moon Myong-Sik)

서경대학교 유럽어학부 교수
고려대학교 국제대학원 강사 역임
고려대학교 노어노문학과 졸업
미국 University of California, Santa Barbara
대학원 졸업과 동 대학 정치학 박사

주요 논문

Political Economy of Soviet-East European Relations: Historical-Structural Analysis, 1945-1990, (박사학위 논문)
"고르바초프 시대의 소련과 동유럽의 정치 · 경제관계," 『슬라브학보』 (제8권, 1993)
"스탈린 시대 소련의 동유럽 정책," 『중소연구』17권 3호, 1993
"구 소련지역의 민족분규와 러시아 연방의 인근외교," 『러시아 연구』 (제4권, 1994)
"지역통합을 위한 중앙아시아 국가들의 대외정책: 러시아 및 주변 접경국가들과의 관계", 『중소연구』 (제20권 제3호 1996)
"구 소련지역과 러시아에서의 이슬람과 민족문제," 『슬라브 연구』 (1998년)
"러시아 연방의 안정과 민족분쟁," 『동북아 연구』 (제1호, 1998년)
"러시아인과 카자흐스탄의 민족문제," 『러시아지역연구』 (제3호, 1999년)
"북카프카스 지역과 체첸공화국의 민족문제와 이슬람," 『유라시아 연구』 (2000년)
"우크라이나의 민족문제와 러시아," 『슬라브 연구』 (2001년)
"러시아 민족정체성의 확립 과정에서의 정교와 이슬람", (중소연구 제29권 제4호 2005 / 2006)

주요저서

유럽의 역사와 국제 관계 (백산출판사, 2004년)
러시아 역사 (신아사, 2009년)
공저 시베리아와 연해주의 정치경제학 (리북, 2004년)

유럽역사의 이해

초판 1쇄 발행 _ 2011년 4월 1일
초판 2쇄 발행 _ 2011년 8월 20일
초판 3쇄 발행 _ 2015년 9월 10일

저 자 • 문 명 식
발행인 • 정 현 걸
발 행 • 신 아 사
인 쇄 • 토탈프로세스
출판등록 • 1956년 1월 5일 (제9-52호)
주 소 • 서울특별시 은평구 통일로 59길 4 (2층)
전 화 • 02)382-6411 • 팩스 02)382-6401
홈페이지 • www.shinasa.co.kr
E-MAIL • shinasa@daum.net

ISBN 978-89-8396-731-2 (93900)

저자와의 협의로 인지를 생략합니다.

정가 *17,000* 원